AF261738

LES BATAILLES

DES

ARMÉES FRANÇAISES

PETIT IN-FOLIO.

LES BATAILLES CÉLÈBRES

DES

ARMÉES FRANÇAISES

1796 A 1815

ÉCRITES A SAINTE-HÉLÈNE SOUS LA DICTÉE DE L'EMPEREUR

NOUVELLE ÉDITION REVUE.

LIMOGES

EUGÈNE ARDANT ET Cie, ÉDITEURS.

BATAILLES CÉLÈBRES

DES

ARMÉES FRANÇAISES

(1796 A 1815)

NAPOLÉON EST NOMMÉ GÉNÉRAL EN CHEF DE L'ARMÉE D'ITALIE.

On reprochait à Scherer, commandant de l'armée d'Italie, de ne pas avoir su profiter de sa bataille de Loano ; depuis on était peu satisfait de sa conduite. On voyait à son quartier général de Nice beaucoup plus d'employés que de militaires. Ce général demandait de l'argent pour solder des troupes et réorganiser les différents services ; il demandait des chevaux pour remplacer les siens qu'on avait laissés périr faute de subsistance : le gouvernement ne pouvait donner ni l'un ni l'autre ; on lui fit des réponses dilatoires, on l'amusa par de vaines promesses. Il fit connaître alors que si l'on tardait davantage, il serait obligé d'évacuer la rivière de Gênes, de revenir sur la Roya et peut-être même de repasser le Var. Le Directoire résolut de le remplacer.

Un jeune général de vingt-cinq ans ne pouvait rester plus longtemps à la tête de l'armée de l'intérieur. Le sentiment de ses talents et la confiance que l'armée d'Italie avait en lui, *le désignaient* comme seul capable de la tirer de la fâcheuse situation où elle se trouvait. Les conférences qu'il eut avec le Directoire à ce sujet, et les projets qu'il lui présenta, ne laissèrent plus aucun doute. Il partit pour Nice, et le général Hatri, âgé de soixante ans, vint de l'armée de Sambre-et-Meuse le remplacer à l'armée de l'intérieur, laquelle avait perdu son importance depuis que la crise des subsistances était passée et que le gouvernement se trouvait assis.

BATAILLE DE MONTENOTTE.

Depuis l'arrivée du général en chef à Nice, le 28 mars 1796, jusqu'à l'armistice de Cherasque,
le 28 avril suivant; espace d'un mois.

I. *Plan de campagne pour entrer en Italie en tournant les Alpes.* — Le roi de Sardaigne, que sa position géographique et militaire a fait appeler le portier des Alpes, avait en 1796 des forteresses à l'issue de toutes les gorges qui conduisent en Piémont. Si l'on eût voulu pénétrer en Italie, en forçant les Alpes, il eût fallu s'emparer de ces forteresses; or, les routes ne permettaient pas le transport de l'artillerie de siége : d'ailleurs, les montagnes sont couvertes de neige les trois quarts de l'année, ce qui ne laisse que très-peu de temps pour le siége de ces places. On conçut l'idée de tourner les Alpes et d'entrer en Italie précisément au point où cessent ces hautes montagnes, et où les Apennins commencent. Le Saint-Gothard est le col le plus élevé des Alpes. A partir de ce col, les autres vont toujours en baissant. Ainsi le Saint-Gothard est plus haut que le Brenner; celui-ci, que les montagnes de Cadore; les montagnes de Cadore, que le col de Tarvis et les montagnes de la Carniole. De l'autre côté, le Saint-Gothard est plus haut que le Simplon; le Simplon plus haut que le Saint-Bernard; le Saint-Bernard plus haut que le Mont-Cénis; le Mont-Cénis plus haut que le col de Tende. Depuis celui-ci, les Alpes continuent de baisser toujours, et finissent enfin aux montagnes Saint-Jacques, près Savone, où commencent les Apennins. Alors la chaîne de l'Apennin se relève et va toujours en augmentant par un mouvement inverse; de sorte que la Bochetta, les cols voisins, ceux qui séparent la Ligurie des Etats de Parme, la Toscane du Modenais, du Bolonais, vont toujours en s'élevant. La vallée de la Madone de Savone, et les mamelons de Saint-Jacques et de Montenotte, sont donc tout à la fois les points les plus abaissés des Alpes et des Apennins, celui où finissent les uns et où les autres commencent.

Savone, port de mer et place forte, se trouvait placée pour servir tout à la fois de magasin et de point d'appui. De cette ville à la Madone, le chemin est une chaussée ferrée de trois milles, et de la Madone à la Carcari il y a quatre ou cinq autres milles. Ce dernier intervalle pourrait être rendu praticable à l'artillerie en peu de jours. A Carcari, l'on trouve des chemins de voiture qui conduisent dans l'intérieur du Piémont et du Montferrat.

Ce point était le seul par où l'on pût entrer en Italie sans trouver de montagnes; les élévations du terrain y sont si peu de chose qu'on a conçu plus tard, sous l'empire, le projet d'un canal qui aurait joint l'Adriatique à la Méditerranée, à l'aide du Pô et d'une branche de la Bormida, dont la source part des hauteurs qui avoisinent Savone.

En pénétrant en Italie par les sources de la Bormida, on pouvait se flatter de séparer et de désunir les armées sardes et autrichiennes, puisque de là on menaçait également la Lombardie et le Piémont. On pouvait marcher sur Milan comme sur Turin. Les Piémontais avaient intérêt à couvrir Turin et les Autrichiens à couvrir Milan.

‛II. *État des deux armées.* — L'armée ennemie était commandée par le général Beaulieu, officier distingué, qui avait acquis de la réputation dans les campagnes du Nord. Cette armée se trouvait munie de tout ce qui pouvait la rendre redoutable. L'armée française, au contraire, manquait de tout, et son gouvernement ne pouvait rien lui donner. L'armée des alliés se composait d'Autrichiens, de Sardes, de Napolitains : ils se trouvaient déjà triples de l'armée française, et devaient s'accroître encore successivement des forces du pape, de Naples, de celles de Modène et de Parme.

Cette armée se divisait en deux grands corps : l'armée active autrichienne, composée de quatre divisions, d'une forte artillerie et d'une nombreuse cavalerie, accrue d'une division napolitaine, formant un total de soixante mille hommes sous les armes. L'armée active de Sardaigne, composée de trois divisions piémontaises, d'une division autrichienne ayant quatre mille chevaux, était commandée par le général autrichien Colli, qui lui-même était aux ordres du général Beaulieu. Le reste des forces sardes tenait garnison dans les places ou défendait les cols opposés à l'armée française des Alpes : elles étaient commandées par le duc d'Aoste. L'armée française était composée de quatre divisions actives, sous les généraux Masséna, Augereau, Laharpe et Serrurier : chacune de ces divisions pouvait, l'une portant l'autre, présenter six à sept mille hommes sous les armes (1). La cavalerie, de trois mille chevaux, était dans le plus mauvais état, quoiqu'elle eût été longtemps sur le Rhône pour se refaire; mais elle y avait manqué de subsistances. L'arsenal d'Antibes et celui de Nice étaient bien pourvus, mais on manquait de moyens de transports : tous les chevaux de trait avaient péri de misère. La pénurie des finances était telle en France, que, malgré tous les efforts du gouvernement, on ne put donner que deux mille louis en espèces au trésor de l'armée pour l'ouverture de la campagne; il n'y avait donc rien à espérer de la France. Toutes les ressources désormais ne pouvaient s'attendre que de la victoire. Ce n'était que dans les plaines d'Italie que l'on pouvait organiser les transports, atteler l'artillerie, habiller les soldats, monter la cavalerie. On conquérait tout cela si l'on forçait l'entrée de l'Italie. L'armée française n'avait guère à la vérité que trente mille hommes, et on lui en présentait plus de quatre-vingt-dix mille. Si ces deux armées eussent eu à lutter dans une bataille générale, sans doute l'infériorité du nombre de l'armée française et son infériorité en artillerie et cavalerie ne lui eussent pas permis de résister; mais ici on pouvait suppléer au nombre par la rapidité des marches; à l'artillerie par la nature des manœuvres; au

(1) On trouve dans une dictée de Napoléon l'addition curieuse suivante : « Le total présentait trente mille hommes sous les armes : il est vrai que l'effectif de l'armée se montait, sur les états du ministère, à cent six mille hommes; mais trente-six mille étaient prisonniers, morts ou désertés. Depuis longtemps on attendait à passer une revue régulière pour les effacer des états de situation. Vingt mille étaient dans la huitième division militaire à Toulon, à Marseille, Avignon; ils ne pouvaient être employés qu'à la défense de la Provence : sur les cinquante mille hommes effectifs restant sur la rive gauche du Var, cinq mille étaient aux hôpitaux; sept mille formaient les dépôts; huit mille étaient employés aux garnisons de Nice, Villa-Franca, Monaco, Saorgio, etc. : restait trente mille hommes prêts à entrer en campagne. »

manque de cavalerie par la nature des positions, et le moral de nos troupes était excellent : tous les soldats avaient fait les autres campagnes d'Italie ou celles des Pyrénées.

III. *Napoléon arrive à Nice.* — Napoléon arriva à Nice du 26 au 29 mars. Le tableau de l'armée, qui lui fut présenté par Scherer, se trouva pire encore que tout ce qu'il avait pu s'imaginer. Le pain était mal assuré, depuis longtemps il ne se faisait plus de distributions de viande ; il ne fallait compter que sur deux cents mulets pour les transports, et l'on ne devait pas songer à conduire plus de douze pièces de canon : chaque jour la position empirait. Il ne fallait pas perdre un instant, l'armée ne pouvait plus vivre où elle était, il fallait avancer ou reculer.

Le général français donna des ordres pour que son armée se mît en mouvement. Il voulait surprendre l'ennemi dès le début de la campagne et l'étourdir par des succès éclatants et décisifs.

Le quartier général n'avait jamais quitté Nice depuis le commencement de la guerre : il reçut l'ordre de se rendre à Albenga. Depuis longtemps toutes les administrations se regardaient comme à poste fixe, et s'occupaient bien plus des commodités de la vie que des besoins de l'armée. Le général français passa la revue des troupes et leur dit : « Soldats ! vous êtes nus, mal nourris ; on nous doit beaucoup, on ne peut rien nous » donner. Votre patience, le courage que vous montrez au milieu de ces rochers, sont » admirables ; mais ils ne vous procurent aucune gloire. Je viens vous conduire dans les » plus fertiles plaines du monde. De riches provinces, de grandes villes seront en notre » pouvoir, et là, vous aurez richesses, honneurs et gloire. Soldats d'Italie, manqueriez- » vous de courage ? »

Ces discours, un général de vingt-cinq ans, en qui la confiance était déjà grande par les opérations brillantes de Toulon, de Saorgio, de Savone, dirigées par lui les années précédentes, étaient accueillis par de vives acclamations.

En voulant tourner toutes les Alpes et entrer en Italie par le col de Cadibonne, il fallait que toute l'armée se rassemblât sur son extrême droite, opération dangereuse, si les neiges n'eussent pas alors couvert les débouchés des Alpes. Le passage de l'ordre défensif à l'ordre offensif est une des opérations les plus délicates. Serrurier fut placé à Garezzio, avec sa division, pour observer les camps que Colli avait sur Ceva. Masséna et Augereau furent placés en réserve à Loano, Finale, et jusqu'à Savone. Laharpe marcha pour menacer Gênes ; son avant-garde, commandée par Cervoni, occupa Volti. Au même moment, le général en chef fit demander au Sénat de Gênes le passage de la Bochetta et les clefs de Gavi, annonçant ainsi qu'il voulait pénétrer en Lombardie, et appuyer ses opérations sur la ville de Gênes. La rumeur fut extrême à Gênes ; les conseils se mirent en permanence.

IV. *Bataille de Montenotte, 11 avril.* — Beaulieu, alarmé, court en toute hâte de Milan au secours de Gênes. Il porte son quartier général à Novi, partage son armée en trois corps : la droite, sous les ordres de Colli, composée de Piémontais, eut son quartier général à Ceva ; elle fut chargée de la défense de la Stura et du Tanaro. Le centre, sous les ordres de d'Argenteau, marche sur Montenotte pour couper l'armée française en tombant sur son flanc gauche et lui intercepter, à Savone, la route de la Corniche. De sa personne, Beaulieu, avec sa gauche, couvre Gênes et marche sur Voltri. Au premier aspect, ces dispositions paraissaient bien entendues; mais, en étudiant mieux les circonstances du pays, on découvre que Beaulieu divisait ses forces, puisque toute communication directe était impraticable entre son centre et sa gauche, autrement que par derrière les montagnes; tandis que l'armée française, au contraire, était placée de manière à se réunir en peu d'heures et tomber en masse sur l'un ou l'autre des corps ennemis; et, l'un d'eux fortement battu, l'autre était dans l'absolue nécessité de se retirer.

Le général d'Argenteau, commandant le centre de l'armée ennemie, vint camper à Montenotte-Inférieure, le 9 avril. Le 10, il marcha sur Monte-Legino, pour déboucher par la Madone. Le colonel Rampon, qui avait été chargé de la garde des trois redoutes de Monte-Legino, ayant eu avis de la marche de l'ennemi, poussa une forte reconnaissance à sa rencontre. Sa reconnaissance fut ramenée depuis midi jusqu'à deux heures, qu'elle rentra dans les redoutes. D'Argenteau essaya de les enlever d'emblée; il fut repoussé dans trois attaques consécutives : il y renonça. Comme ses troupes étaient fatiguées, il prit position, et remit au lendemain à tourner ces redoutes pour les faire tomber. Beaulieu, de son côté, déboucha le 9 sur Gênes. Toute la journée du 10, Laharpe se trouva engagé avec ses avant-gardes en avant de Voltri, pour lui disputer les gorges et le contenir. Mais le 10 au soir, il se replia sur Savone, et le 11, à la pointe du jour, il se trouvait, avec toute sa division, derrière Rampon et les redoutes de Monte-Legino. Dans cette même nuit du 10 au 11, le général en chef marcha avec les divisions Masséna et Augereau, par le col Cadibonne, et déboucha derrière Montenotte. A la pointe du jour, d'Argenteau, enveloppé de tous côtés, fut attaqué en tête par Rampon et Laharpe, en queue et en flanc par le général en chef. La déroute fut complète, tout le corps de d'Argenteau fut écrasé, dans le même temps que Beaulieu se présentait à Voltri, où il ne trouvait plus personne. Ce ne fut que dans la journée du 11 que le général apprit le désastre de Montenotte et l'entrée des Français dans le Piémont. Il lui fallut alors replier en toute hâte ses troupes sur elles-mêmes, et repasser les mauvais chemins où les dispositions de son plan l'avaient forcé de se jeter. Il s'ensuivit que, trois jours après, à la bataille de Millésimo, une partie seule de ses troupes put arriver à temps.

V. *Bataille de Millésimo, 14 avril.* — Le 12, le quartier général de l'armée française était à Carcari; l'armée battue s'était retirée : les Piémontais sur Millésimo, et les Autrichiens sur Dégo.

Ces deux positions étaient liées par une division piémontaise qui devait occuper les hauteurs de Biestro.

A Millésimo, les Piémontais se trouvaient à cheval sur le chemin qui couvre le Piémont : ils furent rejoints par Colli avec tout ce qu'il put tirer de la droite.

A Dégo, les Autrichiens occupaient la position qui défend le chemin d'Acqui, route directe du Milanais; ils furent successivement rejoints par tout ce que Beaulieu put ramener de Voltri : ils se trouvaient là en position de recevoir tous les renforts que pourrait leur fournir la Lombardie. Ainsi les deux grands débouchés du Piémont et du Milanais étaient couverts : l'ennemi se flattait d'avoir le temps de s'y établir et de s'y retrancher.

Quelque avantageuse que nous ait été la bataille de Montenotte, l'ennemi avait trouvé dans sa supériorité du nombre de quoi réparer ses pertes ; mais, le surlendemain 14, la bataille de Millésimo nous ouvrit les deux routes de Turin et de Milan.

Augereau, formant la gauche de l'armée française, marcha sur Millésimo ; Masséna, avec le centre, se porta sur Dégo, et Laharpe, commandant la droite, cheminait sur les hauteurs de Cairo. L'ennemi avait appuyé sa droite, en faisant occuper le mamelon de Cosseria qui domine les deux branches de la Bormida ; mais dès le 13 le général Augereau, qui n'avait pas donné à la bataille de Montenotte, poussa la droite de l'ennemi avec tant d'impétuosité, qu'il lui enleva les gorges de Millésimo et cerna le mamelon de Cosseria. Provera, avec son arrière-garde, forte de deux mille hommes, fut coupé. Dans une position aussi désespérée, il paya d'audace ; ce général se réfugia dans un vieux castel ruiné et s'y barricada. De cette hauteur, il voyait la droite de l'armée sarde qui faisait des dispositions pour la bataille du lendemain, où il espérait être dégagé. Toutes les troupes de Colli, du camp de Ceva, devaient être arrivées dans la nuit. On sentait donc l'importance de s'emparer, dans la journée, du château de Cosseria ; mais ce poste était fort, on y échoua. Le lendemain les deux armées en vinrent aux mains. Masséna et Laharpe enlevèrent Dégo après un combat opiniâtre ; Ménars et Joubert, les hauteurs de Biestro. Toutes les attaques de Colli pour dégager Cosseria furent vaines ; il fut battu et poursuivi l'épée dans les reins : alors Provera dut poser les armes. L'ennemi, vivement poursuivi dans les gorges de Spigno, y laissa une partie de son artillerie, beaucoup de *drapeaux et de prisonniers*. La séparation des deux armées autrichiennes et sarde fut dès lors bien marquée. Beaulieu porta son quartier général à Acqui, *route du Milanais*, et Colli se porta à Ceva pour s'opposer à la jonction de Serrurier et couvrir Turin.

VI. *Combat de Dégo, 15 avril*. — Cependant une division de grenadiers autrichiens, qui avait été dirigée de Voltri par Sassello, arriva à trois heures du matin à Dégo. La position n'était plus occupée que par des avant-gardes. Ces grenadiers enlevèrent donc facilement le village, et l'alarme fut grande au quartier général français, où l'on avait peine à comprendre comment les ennemis pouvaient être à Dégo lorsque nous avions des avant-postes sur la route d'Acqui. Après deux heures d'un combat très-chaud, Dégo fut repris, et la division ennemie presque entièrement prisonnière.

Nous perdîmes dans ces affaires le général Banel à Millésimo, et le général Causse à Dégo. Ces deux officiers étaient de la bravoure la plus brillante ; ils venaient tous les deux de l'armée des Pyrénées-Orientales, et il était à remarquer que les officiers qui arrivaient de cette armée montraient une impétuosité et un courage des plus distingués. C'est dans le village de Dégo que Napoléon distingua, pour la première fois, un chef de bataillon qu'il fit colonel ; c'était Lannes, qui depuis fut maréchal de l'empire, duc de

Montebello et déploya les plus grands talents. On le verra constamment dans la suite prendre la plus grande part à tous les événements militaires.

Le général français dirigea alors ses opérations sur Colli et le roi de Sardaigne, et se contenta de tenir les Autrichiens en échec. Laharpe fut placé en observation près de Dégo, pour garantir nos derrières et tenir en respect Beaulieu, qui, très-affaibli, ne s'occupait plus qu'à rallier et réorganiser les débris de son armée. La division Laharpe, obligée de demeurer plusieurs jours dans cette position, s'y trouva vivement tourmentée par le défaut de subsistances, ou le manque de transports et l'épuisement du pays où avaient séjourné tant de troupes, ce qui donna lieu à quelques désordres.

Serrurier, instruit à Garessio des batailles de Montenotte et de Millésimo, se mit en mouvement, s'empara de la hauteur de Saint-Jean, et entra dans Ceva le même jour qu'Augereau arrivait sur les hauteurs de Montezemoto. Le 17, après quelques légères affaires, Colli évacua le camp retranché de Ceva, les hauteurs de Montezemoto, et se retira derrière la Cursaglia. Le même jour, le général en chef porta son quartier général à Ceva. L'ennemi y avait laissé toute son artillerie, qu'il n'avait pas eu le temps d'emmener, et s'était contenté de laisser garnison dans le château.

Ce fut un spectacle sublime que l'arrivée de l'armée sur les hauteurs de Montezemoto ; de là se découvraient les immenses et fertiles plaines du Piémont. Le Pô, le Tanaro et une foule d'autres rivières serpentaient au loin ; une ceinture blanche de neige et de glace, d'une prodigieuse élévation, cernait à l'horizon ce riche bassin de la terre promise. Ces gigantesques barrières, qui paraissaient les limites d'un autre monde, que la nature s'était plu à rendre si formidables, auxquelles l'art n'avait rien épargné, venaient de tomber comme par enchantement. « Annibal a forcé les Alpes, dit le général français en fixant ses regards sur ces montagnes ; nous, nous les aurons tournées. » Phrase heureuse qui exprimait en deux mots la pensée et le résultat de la campagne.

L'armée passa le Tanaro. Pour la première fois, nous nous trouvions absolument en plaine, et la cavalerie put alors nous être de quelque secours. Le général Stengel, qui la commandait, passa la Cursaglia à Lezegno, et battit la plaine. Le quartier général fut porté au château de Lezegno, sur la droite de la Cursaglia, près de l'endroit où elle se jette dans le Tanaro.

VII. *Combat de Saint-Michel, bataille de Mondovi, 20 et 22 avril.* — Le général Serrurier réunit ses forces à Saint-Michel. Le 20, il passe le pont de Saint-Michel en même temps que Masséna passait le Tanaro pour attaquer les Piémontais. Mais Colli, jugeant le danger de sa position, abandonna le confluent des deux rivières et marcha lui-même pour prendre position à Mondovi. Il se trouva, par une circonstance fortuite, avec ses forces, précisément devant Saint-Michel, comme le général Serrurier débouchait du pont. Il fit halte, lui opposa des forces supérieures et le força de se replier. Serrurier se fût pourtant maintenu dans Saint-Michel, si un de ses régiments d'infanterie légère ne se fût livré au pillage. Le général français déboucha, le 22, par le pont de Torre, et se porta sur Mondovi. Colli y avait déjà élevé quelques redoutes, et s'y est trouvé en position ; sa droite à Notre-Dame de Vico, et son centre à la Bicoque. Dans la journée même, Serrurier enleva la redoute de la Bicoque, et décida de la bataille, qui a pris le nom de Mondovi. Cette ville et tous ses magasins tombèrent au pouvoir du vainqueur.

Le général Stengel, qui s'était trop éloigné en plaine avec un millier de chevaux, fut attaqué par les Piémontais, doubles en force. Il fit toutes les dispositions qu'on devait attendre d'un général consommé, et opérait sa retraite sur ses renforts, lorsque, dans une charge, il tomba blessé à mort d'un coup de pointe. Le général Murat, à la tête de la cavalerie, repoussa les Piémontais et les poursuivit à son tour pendant quelques heures. Le général Stengel, Alsacien, était un excellent officier de hussards : il avait servi sous Dumouriez aux campagnes du Nord, était adroit, intelligent, alerte ; il réunissait les qualités de la jeunesse à celles de l'âge avancé ; c'était un vrai général d'avant-postes. Deux ou trois jours avant sa mort, il était entré le premier dans Lezegno. Le général français y arriva quelques heures après, et quelque chose dont il eût besoin, tout était prêt. Les défilés, les gués avaient été reconnus ; des guides étaient assurés ; le curé, le maître de poste avaient été interrogés ; des intelligences étaient déjà liées avec les habitants ; des espions étaient envoyés dans plusieurs directions ; les lettres de la poste saisies, et celles qui pouvaient donner des renseignements militaires traduites et analysées ; toutes les mesures étaient prises pour former des magasins de subsistances, pour rafraîchir la troupe. Malheureusement Stengel avait la vue basse, défaut essentiel dans sa profession, qui lui devint funeste, et contribua à sa mort.

Après la bataille de Mondovi, le général en chef marcha sur Cherasque ; Serrurier se porta sur Fossano, et Augereau sur Alba.

VIII. *Prise de Cherasque, 25 avril.* — Ces trois colonnes entrèrent à la fois le 25 avril dans Cherasque, Fossano et Alba. Le quartier général de Colli était à Fossano, le jour même que Serrurier l'en délogea. Cherasque, à l'embouchure de la Stura et du Tanaro, était forte, mais mal armée et point approvisionnée, parce qu'elle n'était pas frontière. Le général français attachait une grande importance à sa possession. Il y trouva du canon, et fit travailler à force à la mettre en état de défense. L'avant-garde passa la Stura, et se porta au-delà de la petite ville de Bra.

Cependant la jonction de Serrurier nous avait permis de communiquer avec Nice par Ponte-di-Nava ; nous en reçûmes des renforts d'artillerie et tout ce que l'on avait préparé. On avait pris dans tous les différents combats beaucoup d'artillerie et de chevaux ; on en leva de tous côtés dans la plaine de Mondovi. Peu de jours après l'entrée à Cherasque, l'armée eut soixante bouches à feu approvisionnées ; la cavalerie fit des remontes de chevaux. Les soldats, qui avaient été sans distributions durant les huit ou dix jours de cette campagne, commencèrent à en recevoir de régulières. Le pillage et le désordre, suite ordinaire de la rapidité des mouvements, cessèrent, on rétablit la discipline, et chaque jour l'armée changea de face, au milieu de l'abondance et des ressources qu'offrait ce beau pays. Les pertes se réparèrent. La rapidité des mouvements, l'impétuosité des troupes, et surtout l'art de les opposer toujours à l'ennemi, au moins en nombre égal, et souvent en nombre supérieur, joint aux succès constants qu'on avait obtenus, avaient épargné bien des hommes : d'ailleurs les soldats arrivaient par tous les débouchés, de tous les dépôts, de tous les hôpitaux, au seul bruit de la victoire et de l'abondance qui régnait dans l'armée. On trouva en Piémont de tous les vins : ceux du Mont-Ferrat ressemblaient aux vins de France. La misère avait été telle jusque-là dans l'armée française, qu'on oserait à peine la décrire. Les officiers, depuis plusieurs années, ne recevaient que 8 francs par mois, et l'état-major était entièrement à pied. Le maréchal Berthier a conservé dans ses papiers un ordre du jour d'Albenga, qui accordait une gratification de trois louis à chaque général.

IX. *Armistice de Cherasque, 28 avril.* — L'armée n'était plus éloignée que de dix lieues de Turin.

La cour de Sardaigne ne savait plus à quoi se résoudre; son armée était découragée et en partie détruite. L'armée autrichienne, réduite à plus de moitié, semblait n'avoir d'autre pensée que de couvrir Milan. Les esprits étaient fort agités dans tout le Piémont, et la cour ne jouissait nullement de la confiance publique. Elle se mit à la discrétion du général français, et sollicita un armistice; celui-ci y accéda. Bien des personnes eussent préféré que l'armée eût marché et se fût emparée de Turin. Mais Turin est une place forte; si l'on voulait en fermer les portes, on avait besoin d'un train d'artillerie qu'on n'avait pas pour les faire ouvrir. Le roi avait encore un grand nombre de forteresses, et, malgré les victoires qu'on venait de remporter, le moindre échec, le plus léger caprice de la fortune pouvait tout renverser. Les deux armées ennemies, malgré leurs nombreux revers, étaient encore égales à l'armée française; elles avaient une artillerie considérable, et surtout une cavalerie qui n'avait pas souffert. Dans l'armée française, malgré ses victoires, il y avait de l'étonnement : on demeurait frappé de la grandeur de l'entreprise; l'on doutait de la possibilité du succès, quand on considérait la faiblesse des moyens. Le moindre événement douteux eût donc rencontré beaucoup d'esprits disposés à l'exagération. Des officiers, même des généraux, ne concevaient pas qu'on osât songer à la conquête de l'Italie avec aussi peu d'artillerie, sans presque de cavalerie, et avec une armée aussi faible, que les maladies et l'éloignement de la patrie allaient affaiblir chaque jour. On trouve des traces de ces sentiments de l'armée dans la proclamation suivante du général en chef, qu'il adressa à ses soldats à Cherasque :

« Soldats! vous avez en quinze jours remporté six victoires, pris vingt et un drapeaux, » cinquante-cinq pièces de canon, plusieurs places fortes, et conquis la partie la plus » riche du Piémont. Vous avez fait quinze mille prisonniers, tué ou blessé plus de dix » mille hommes.

» Vous vous étiez jusqu'ici battus pour des rochers stériles, illustrés par votre cou- » rage, mais inutiles à la patrie. Vous égalez aujourd'hui par vos services l'armée con- » quérante de la Hollande et du Rhin. Dénués de tout, vous avez suppléé à tout. Vous » avez gagné des batailles sans canon, passé des rivières sans ponts, fait des marches » forcées sans souliers, bivouaqué sans eau-de-vie et souvent sans pain. Les phalanges » républicaines, les soldats de la liberté étaient seuls capables de souffrir ce que vous » avez souffert. Grâces vous en soient rendues, soldats! la patrie reconnaissante vous

» devra en partie sa prospérité ; et si, vainqueurs de Toulon, vous présageâtes l'immor-
» telle campagne de 1793, vos victoires actuelles en présagent une plus belle encore.

» Les deux armées qui naguère vous attaquaient avec audace fuient épouvantées de-
» vant vous. Les hommes pervers qui riaient de votre misère et se réjouissaient, dans
» leurs pensées, des triomphes de nos ennemis, sont confondus et tremblants. Mais,
» soldats! il ne faut pas vous le dissimuler, vous n'avez rien fait, puisqu'il vous reste
» encore à faire. Ni Turin ni Milan ne sont à vous! Les cendres des vainqueurs de Tar-
» quin sont encore foulées par les assassins de Basseville. Vous étiez dénués de tout au
» commencement de la campagne ; vous êtes aujourd'hui abondamment pourvus. Les
» magasins pris à vos ennemis sont nombreux, l'artillerie de siége et de campagne est
» arrivée. Soldats! la patrie a droit d'attendre de vous de grandes choses! Justifierez-
» vous son attente? Les plus grands obstacles sont franchis sans doute ; mais vous avez
» encore des combats à livrer, des villes à prendre, des rivières à passer. *En est-il entre*
» *nous dont le courage s'amollisse? En est-il qui préféreraient retourner sur les som-*
» *mets de l'Apennin et des Alpes, essuyer patiemment les injures de cette soldatesque*
» *esclave?* Non, il n'en est pas parmi les vainqueurs de Montenotte, de Millésimo, de
» Dégo, de Mondovi. Tous brûlent de porter au loin la gloire du peuple français. Tous
» veulent humilier ces rois orgueilleux qui osaient méditer de nous donner des fers.
» Tous veulent dicter une paix glorieuse, et qui indemnise la patrie des sacrifices im-
» menses qu'elle a faits. Amis, je vous la promets cette conquête ; mais il est une con-
» dition qu'il faut que vous juriez de remplir, c'est de respecter les peuples que vous
» délivrez ; c'est de réprimer les pillages horribles auxquels se portent des scélérats sus-
» cités par vos ennemis. Sans cela vous ne seriez point les libérateurs des peuples, vous
» en seriez les fléaux. Vous ne seriez pas l'honneur du peuple français, il vous désa-
» vouerait. Vos victoires, votre courage, vos succès, le sang de nos frères morts aux
» combats, tout serait perdu, même l'honneur et la gloire. Quant à moi et aux géné-
» raux qui ont votre confiance, nous rougirions de commander à une armée sans disci-
» pline, sans frein, qui ne connaîtrait de loi que la force. Mais investi de l'autorité
» nationale, fort de la justice et par la loi, je saurai faire respecter à ce petit nombre
» d'hommes sans courage, sans cœur, les lois de l'humanité et de l'honneur qu'ils fou-
» lent aux pieds. Je ne souffrirai pas que des brigands souillent vos lauriers, je ferai
» exécuter à la rigueur le règlement que j'ai fait mettre à l'ordre. Les pillards seront
» impitoyablement fusillés ; déjà plusieurs l'ont été. J'ai eu lieu de remarquer avec plaisir
» l'empressement avec lequel les bons soldats de l'armée se sont portés à faire exécuter
» les ordres.

» Peuples d'Italie! l'armée française vient pour rompre vos chaînes : le peuple fran-
» çais est l'ami de tous les peuples ; venez avec confiance au-devant d'elle. Vos pro-
» priétés, votre religion et vos usages seront respectés. Nous ferons la guerre en en-
» nemis généreux, et nous n'en voulons qu'aux tyrans qui vous asservissent. »

Les conférences pour la suspension d'armes eurent lieu au quartier général, chez Sal-
matoris, alors maître d'hôtel du roi, et qui depuis a été préfet du palais de l'empereur.

Le général piémontais Latour et le colonel Lacoste, chargés des pouvoirs du roi, se rendirent à Cherasque. Le comte de Latour était un vieux soldat; lieutenant général au service de Sardaigne, très-opposé à toutes les nouvelles idées, de peu d'instruction et d'une capacité médiocre. Le colonel Lacoste, natif de Savoie, était dans la force de l'âge; il s'exprimait avec facilité, avait beaucoup d'esprit, et se montrait sous des rapports avantageux. Les conditions furent que le roi quitterait la coalition, et enverrait un plénipotentiaire à Paris pour y traiter de la paix définitive; que jusque-là il y aurait armistice; que jusqu'à la paix ou à la rupture des négociations, Ceva, Coni, Tortone, ou à son défaut Alexandrie, seraient remises sur-le-champ à l'armée française avec toute l'artillerie et les magasins : qu'elle continuerait d'occuper tout le terrain qui se trouvait en ce moment dans sa possession; que les routes militaires, dans toutes les directions, permettraient la libre communication de l'armée avec la France et de la France avec l'armée; que Valence serait immédiatement évacuée par les Napolitains, et remise au général français, jusqu'à ce qu'il eût effectué le passage du Pô. Enfin que les milices du pays seraient licenciées, et que les troupes régulières seraient disséminées dans les garnisons, de manière à ne pouvoir donner aucun ombrage à l'armée française. Désormais les Autrichiens isolés pouvaient être poursuivis jusque dans l'intérieur de la Lombardie. Toutes les troupes de l'armée des Alpes et du voisinage de Lyon, devenues disponibles, allaient rejoindre. Notre ligne de communication avec Paris serait raccourcie de moitié; enfin on avait des points d'appui et de grands dépôts d'artillerie pour former des équipages de siége, et pour assiéger Turin même, si le Directoire ne concluait pas la paix.

X. *Le colonel aide de camp Murat traverse le Piémont, et porte à Paris la nouvelle des victoires de l'armée.* — Le général Murat, premier aide de camp du général en chef, fut expédié pour Paris avec vingt et un drapeaux et la copie de l'armistice. Napoléon avait pris cet officier au 13 vendémiaire; il était alors chef d'escadron au 21ᵉ de chasseurs. Il a été marié depuis à la sœur de l'empereur, est devenu maréchal d'empire, grand amiral, grand-duc de Berg et roi de Naples. Il a eu une grande part dans toutes les opérations militaires du temps : il a toujours déployé un grand courage, et surtout une singulière hardiesse dans les mouvements de la cavalerie.

La province d'Alba, que les Français traversèrent, était de tout le Piémont le pays le plus opposé à l'autorité royale, celui qui contenait le plus de germes révolutionnaires : il y avait déjà éclaté des troubles; plus tard encore il en éclata de nouveaux. Si, au lieu de négocier, Napoléon eût voulu continuer la guerre avec le roi de Sardaigne, c'est là qu'il eût trouvé le plus de secours et le plus de disposition à l'insurrection. Ainsi, au bout de quinze jours, le premier point du plan de campagne était atteint, les plus grands résultats obtenus; les forteresses piémontaises des Alpes étaient en notre pouvoir; la coalition se trouvait affaiblie d'une puissance qui avait cinquante mille hommes sur pied, et qui était plus imposante encore par sa position. La législature nationale avait décrété cinq fois que l'armée d'Italie avait bien mérité de la patrie, dans les séances des 21, 22, 24, 25 et 26 avril.

En conformité aux conditions de l'armistice de Cherasque, le roi de Sardaigne envoya à Paris le comte de Revel pour traiter de la paix définitive. Elle y fut conclue et signée le 15 mai. Par ce traité, la place d'Alexandrie resta à demeure aux armées françaises. Suze, Labrunette, Exil, furent démolies. Les Alpes se trouvèrent ouvertes, et le roi demeura à la disposition de la République, n'ayant plus d'autre point fortifié que Turin et le fort de Bard.

N. B. Nous avertissons ici, une fois pour toutes, qu'il se trouvera des différences inévitables entre les rapports officiels et les chapitres. Elles sont fondées sur la précipitation des rapports, le désir du général en chef de déguiser alors ses plans, le besoin de tromper l'ennemi sur ses véritables forces, etc., etc. Par exemple, il est dit, au rapport, que Beaulieu attaqua en personne Montenotte. On le crut alors ainsi. Plus loin, il est dit que l'attaque sur Voltri ne fut faite que par dix mille Autrichiens; mais ils avaient en arrière deux colonnes de même force, qui devaient donner le lendemain, Beaulieu ayant jugé qu'il aurait affaire sur ce point à toute l'armée française. L'on dit aussi que Montenotte ne fut attaquée que par quinze mille hommes, parce que dix mille hommes de ce corps étaient demeurés en arrière, et formaient les communications avec la droite à Ceva. Ce fut sur ces troupes que Masséna, débouchant au point du jour par Cadibonne, tira le premier coup de canon.

S'il n'y est point question des projets du général en chef, ni de ses négociations avec Gênes, c'est que le rapport publié n'est qu'un extrait de la correspondance officielle; et que d'ailleurs, comme nous l'avons déjà observé, il entrait dans les vues du général en chef de dérober à l'ennemi la connaissance de ses plans et de sa manière de faire.

En voilà assez pour expliquer désormais les différences qu'on pourra remarquer. Nous répétons que notre observation actuelle doit être entendue une fois pour toutes.

BATAILLE DE CASTIGLIONE.

Depuis l'invasion de Wurmser, le 29 juillet 1796, jusqu'au reblocus de Mantoue, le 24 août suivant;
espace de vingt-six jours.

I. *Le maréchal Wurmser quitte le commandement de l'armée d'Allemagne, et prend le commandement de l'armée autrichienne en Italie.* — L'armée d'Italie avait ouvert la campagne au mois d'avril. On était en juin, et les armées du Nord, du Rhin et de Sambre-et-Meuse étaient encore inactives. Ces grandes et belles armées, de plus de deux cent mille hommes, faisant les principales forces de la république, tenaient tranquillement garnison en Hollande, sur Meuse et Rhin, et dans l'Alsace.

Lorsqu'on apprit l'arrivée des Français sur l'Adige et le blocus de Mantoue, la cour d'Autriche renonça à l'offensive qu'elle avait projetée en Alsace et sur le Bas-Rhin, et ordonna au maréchal Wurmser, qui avait été destiné à cette opération, de *revenir* en toute hâte diriger les affaires d'Italie, et d'y amener trente mille hommes de ses meillcures troupes, qui, jointes aux renforts envoyés de toute la monarchie, devaient lui composer une armée de *près* de cent mille hommes.

L'armée française d'Italie avait rempli sa tâche en détruisant l'armée qui lui était opposée. Si les armeés du Nord en eussent fait autant, la grande lutte eût été terminée.

Cependant le bruit des préparatifs de la maison d'Autriche retentissait dans toute l'Italie. Toutes les nouvelles confidentielles des agents diplomatiques, toutes les lettres des ennemis de la France étaient pleines de détails sur l'immensité des moyens qu'on allait déployer, sur la certitude que l'*empereur d'Allemagne*, avant la fin d'août, serait maître de Milan, et aurait chassé les Français de l'Italie.

II. *Situation de l'armée d'Italie.* — Dès la fin de juin *le général français* suivait attentivement tous ces préparatifs, et en concevait de vives alarmes. Il faisait sentir au Directoire qu'il était impossible que trente mille Français pussent soutenir seuls l'effort de toute la puissance autrichienne. Il demandait qu'on lui envoyât des renforts des armées du Rhin, ou bien que ces mêmes armées entrassent en campagne *sans délai*. Il rappelait la promesse positive qu'on lui avait donnée, à son départ de Paris, qu'elles commenceraient à opérer le 15 avril ; il se plaignait que deux mois se fussent écoulés sans qu'elles eussent bougé.

Wurmser quitta le Rhin avec ses renforts vers le commencement de juin ; et vers la fin du même mois les armées du Rhin et de Sambre-et-Meuse ouvrirent enfin la campagne. Mais alors leur diversion n'était plus utile à l'armée d'Italie : Wurmser y était déjà arrivé.

Le général français réunit toutes ses forces sur l'Adige et sur la Chiesa ; il ne laissa personne dans les Légations, ni en Toscane, si ce n'est un bataillon de dépôt dans la citadelle de Ferrare et deux à Livourne. Il affaiblit autant que possible les garnisons de Coni, Tortone et Alexandrie ; il rassembla sous sa main tous les moyens disponibles de l'armée. Le siége de Mantoue commençait à donner des malades ; et quelque soin que l'on eût porté à mettre le moins de monde possible devant cette place malsaine, nos pertes ne laissaient pas que d'être considérables.

Le général en chef ne peut réunir *en ligne* que trente mille **hommes** présents sous les armes. C'est avec *cette armée* qu'il allait avoir à lutter contre la principale armée de la maison d'Autriche.

La correspondance des divers pays de l'Italie était très-active avec le Tyrol, où se réunissaient toutes ces forces ennemies, on pouvait s'apercevoir chaque jour de l'influence funeste de ces grands préparatifs sur les esprits. Les partisans des Français tremblaient ; céux de l'Autriche, au contraire, étaient fiers et menaçants. Mais tous s'étonnaient qu'une puissance comme la France laissât une armée qui avait si bien mérité d'elle sans secours et sans appui. Ces observations pénétraient jusqu'aux soldats mêmes, par leur habituelle communication avec les habitants du pays.

A la fin de juillet, le général Soret avait son quartier général à Salo : il était chargé de couvrir le débouché de la Chiesa, où passe une grande route qui communique de Trente à Brescia. Masséna était à Bussolengo, faisant occuper la Corona et Montebaldo par la brigade Joubert, et campait, avec le reste de sa division, sur le plateau de Rıvoli. La brigade de Dallemagne était postée à Vérone; la division d'Augereau occupait Porto-Legnago et le bas Adige. Le général Guillaume commandait à Peschiera, où six galères, sous les ordres du capitaine de vaisseau Lallemand, assuraient le lac de Guarda. Enfin Serrurier pressait le siége de Mantoue. Kilmaine commandait la cavalerie de l'armée.

III. *Plan de campagne de Wurmser.* — *Wurmser pouvait* passer la Brenta, déboucher par Vicence et Padoue, sur l'Adige. Par là il évitait les montagnes; mais il se trouvait séparé de Mantoue par l'Adige, et obligé de la passer de vive force devant l'armée française; ou bien il pouvait déboucher entre l'Adige et le lac de Guarda, s'emparer de Montebaldo, du plateau de Rivoli, faire venir son artillerie et ses bagages par la chaussée qui suit la rive gauche de l'Adige. Son armée se trouvait alors avoir franchi les montagnes et l'Adige, et n'avoir plus d'obstacle pour arriver jusqu'à Mantoue. Mais son artillerie et sa cavalerie ne pouvaient se joindre à son infanterie qu'après la prise du plateau de Rivoli. Il pouvait donc se trouver attaqué, et obligé de livrer une *bataille décisive*, avant d'être joint par son artillerie et sa cavalerie.

Cependant il ne tint pas compte de cet inconvénient, et adopta ce dernier parti. *Wurmser*, instruit de la prise du camp retranché de Mantoue et des dangers de la place, précipita son mouvement de huit à dix jours. Il divisait son armée en trois corps : le premier et le plus considérable, formant son centre, déboucha par Montebaldo et s'empara de tout le pays entre l'Adige et le lac de Guarda; il était composé de quatre divisions formant quarante mille hommes. Le second, formant sa gauche, composé d'une division d'infanterie de dix à douze mille hommes avec toute l'artillerie, la cavalerie et les bagages, suivit la chaussée qui de Roveredo conduit à Vérone, le long de la rive gauche de l'Adige, et devait se réunir à l'armée en passant l'Adige, soit au plateau de Rivoli, soit sur les ponts de Vérone. Le troisième, formant sa droite, fort de trois divisions, composant trente à trente-cinq mille hommes, se dirigea sur la rive gauche du lac de Guarda, suivit le débouché de la Chiesa, en côtoyant le lac d'Idro; par cette marche, ce corps avait tourné le Mincio, coupait une des grandes routes de l'armée française à Milan, et tournait tout le siége de Mantoue. Ce plan était, de la part de l'ennemi, le résultat d'une extrême confiance dans ses forces et dans ses succès. Il comptait tellement sur notre défaite qu'il s'occupait déjà de nous couper toute retraite. Ainsi Wurmser, en perspective, cernait d'avance l'armée française; la croyant enchaînée à la nécessité de défendre le siége de Mantoue, il pensait que cerner ce point fixe, c'était cerner l'armée française, qu'il en regardait comme inséparable.

IV. *Wurmser débouche par Montebaldo, par la chaussée de Roveredo à Vérone, et par celle de la Chiesa, 29 juillet.* — A la fin de juillet, le quartier général de l'armée française fut transporté à Brescia. Le 28, à dix heures du soir, le général français partit de Brescia pour visiter ses avant-postes. Arrivé le 29 à la pointe du jour à Peschiera, il y apprit que la Corona et Montebaldo étaient attaqués par des forces considérable. Il arriva à huit heures du matin à Vérone. A deux heures après midi, les troupes légères de l'ennemi se montrèrent sur le sommet des montagnes qui séparent Vérone du Tyrol, et s'engagèrent avec nos troupes. Le général en chef rétrograda toute la soirée, et porta le quartier général à Castel-Novo, entre l'Adige et le Mincio. Il était là plus à portée de recevoir les rapports de toute la ligne.

Dans le courant de la nuit, il apprit que Joubert, attaqué à la Corona par toute une armée, avait résisté tout le jour; mais qu'il venait de se replier sur le plateau de Rivoli, que Masséna occupait en grande force; que des lignes nombreuses de feu couvraient toutes les montagnes entre le lac de Guarda et l'Adige; que, sur les hauteurs de Vérone, les feux indiquaient qu'à la fin du jour les troupes ennemies s'y étaient augmentées; que du côté de Montebello, Vicence, Bassano, Legnano, il n'y avait ni mouvements ni ennemis; mais que du côté de Brescia, trois divisions ennemies avaient débouché par la vallée de la Chiesa. Une couvrait les hauteurs de Saint-Osetto, semblant se diriger sur Brescia; l'autre avait pris position à Gavardo, et paraissait se porter sur Ponte-Saint-Marco et Lonato; la troisième avait pris sur Salo, où l'on se battait déjà.

Un peu plus tard, il fut instruit que la division *ennemie* de Saint-Osetto avait déjà envoyé son avant-garde à Brescia, où elle n'avait trouvé aucune résistance, puisqu'on n'y avait laissé que trois cents convalescents pour la garde des hôpitaux. Ainsi la communication de l'armée avec Milan par Brescia se trouvait interceptée, on ne pouvait plus correspondre avec cette ville que par Crémone.

Des coureurs ennemis se faisaient déjà voir sur toutes les routes qui de Brescia vont sur Milan, Crémone et Mantoue, annonçant partout qu'une armée de vingt-quatre mille hommes avait débouché par Brescia, en même temps qu'une autre de cent mille débouchait par Vérone.

Il apprit aussi que la division ennemie, dirigée sur Salo, en était venue aux mains avec Soret, et que celui-ci, ayant eu connaissance des deux autres divisions qui se portaient sur Brescia et sur Lonato, avait craint de se trouver coupé et de Brescia et de l'armée, et avait jugé à propos de se replier sur les hauteurs de Dezenzano, afin de conserver ses communications; qu'il avait laissé le général Guieux à Salo avec quinze cents hommes dans un antique château, espèce de forteresse à l'abri d'un coup de main; que la division ennemie de Gavardo avait envoyé quelques coureurs sur Porte-Saint-Marco, mais qu'ils y *avaient été* contenus par une compagnie de chasseurs qui s'y trouvait.

V. *Grande et prompte résolution que prend le général français. Combat de Salo. Combat de Lonato, 31 juillet.* — Dès ce moment, le plan d'attaque de Wurmser se trouvait dévoilé. Seule contre toute ces forces, l'armée française ne pouvait rien . on n'était pas un contre trois. Mais seul contre chacun des corps ennemis, il y avait égalité.

Le général français prit son parti sur-le-champ. L'ennemi avait pris l'initiative, qu'il espérait conserver; le général français résolut de déconcerter ses projets en prenant lui-même cette initiative. Wurmser supposait l'armée française fixée à la position de Mantoue. Napoléon décida aussitôt de la rendre mobile en levant le siége de cette place, sacrifiant son équipage de siége, et se portant rapidement, avec toutes les forces réunies de l'armée, sur un des corps de l'armée ennemie pour revenir successivement contre les autres corps. La droite de l'armée autrichienne, qui avait débouché par la chaussée de la Chiesa et Brescia, étant la plus engagée, il marcha d'abord sur elle.

Serrurier *brûla ses affûts et ses plates-formes, jeta* ses poudres à l'eau, enterra ses projectiles, encloua ses pièces, et leva le siége de *Mantoue* dans la nuit du 31 juillet au 1ᵉʳ août.

Augereau se porta de *Legnano* sur le Mincio à Borghetto. Masséna défendit toute la journée du 30 les hauteurs entre l'Adige et le lac de Guarda. Dallemagne se dirigea sur Lonato.

Le général en chef se rendit sur les hauteurs, en arrière de Dezenzano. Il fit marcher Soret sur Salo pour dégager le général Guieux, qui se trouvait compromis dans la mauvaise position où il l'avait laissé. Cependant ce général s'était battu quarante-huit heures contre toute une division ennemie; cinq fois on lui avait livré l'assaut, et cinq fois il avait couvert les avenues de cadavres. Soret arriva au moment même où l'ennemi tentait un dernier effort : il tomba sur ses flancs, le défit entièrement, lui prit des drapeaux, et dégagea Guieux.

Dans le même moment, la division autrichienne de Gavardo s'était portée sur Lonato pour prendre *position sur les hauteurs*, et tâcher d'opérer sa jonction avec Wurmser sur le Mincio. Le général en chef mena lui-même la brigade de Dallemagne contre cette division. *Cette brigade* fit des prodiges de valeur; la 32ᵉ en faisait partie. L'ennemi fut battu, mis en déroute, et éprouva une grande perte.

Ces deux divisions ennemies, battues par Soret et Dallemagne, *se rallièrent* à Gavardo. Soret craignit *de se compromettre*, et revint prendre une position intermédiaire entre Salo et Dezenzano.

Pendant ce temps, Wurmser avait fait passer sur les ponts de Vérone son artillerie et sa cavalerie. Maître de tout le pays entre l'Adige et le lac de Guarda, il plaçait une de ses divisions sur les hauteurs de Peschiera pour masquer cette place et garder ses communications. Il en dirigeait deux autres avec une partie de sa cavalerie sur Borghetto pour s'emparer du pont sur le Mincio, et déboucher sur la Chiesa, afin de se mettre en communication avec sa droite. Enfin, avec ses deux dernières divisions d'infanterie et le reste de sa cavalerie, il marchait sur Mantoue pour faire lever le siége de cette place.

Depuis vingt-quatre heures, les troupes françaises avaient tout évacué *de devant Mantoue : Wurmser* y trouva les tranchées et les batteries ennemies entières, les pièces renversées et enclouées, et partout des débris d'affûts, de plates-formes et de munitions de toute espèce. La précipitation qui semblait avoir présidé à ces mesures dut le réjouir agréablement; tout ce qu'il voyait autour de lui semblait bien plus le résultat de l'épouvante que les suites d'un plan calculé.

Masséna, après avoir contenu l'ennemi toute la journée du 30, passa dans la nuit le Mincio à Peschiera, et continua sur Brescia. La division autrichienne qui *se présenta devant* Peschiera trouva la rive droite du Mincio garnie de tirailleurs fournis *par la garnison et par* une arrière-garde laissée par Masséna, laquelle avait ordre de *disputer le passage du Mincio*, et lorsqu'il serait forcé de se concentrer sur Lonato.

En se dirigeant sur Brescia, Augereau avait passé le Mincio à Borghetto. Il avait coupé le pont et laissé aussi une arrière-garde pour border la rivière, avec ordre de se concentrer à Castiglione *lorsqu'elle serait forcée.*

Toute la nuit du 31 juillet au 1er août, *le général en chef* marcha avec *les divisions* Augereau et Masséna sur Brescia, où l'on arriva à dix heures du matin. La division ennemie de Brescia, instruite que toute l'armée française débouchait sur elle par toutes les routes, n'eut garde d'attendre, et se retira en toute hâte. Les Autrichiens, en entrant dans Brescia, y avaient trouvé tous nos malades et nos convalescents; mais ils y restèrent si peu et furent contraints d'en sortir si précipitamment, qu'ils n'eurent pas le temps de reconnaître leurs prisonniers ni d'en disposer.

Le général Despinois et l'adjudant général Herbin, chacun avec quelques bataillons, furent mis à la poursuite des ennemis sur Saint-Osetto et *les débouchés de la Chiesa.*

Les deux divisions Augereau et Masséna *retournèrent*, par une contre-marche rapide, du côté du Mincio, d'où elles étaient parties *pour soutenir leur arrière-garde.*

VI. *Bataille de Lonato, 3 août.* — Le 2 août Augereau, formant la droite, occupait Montechiaro; Masséna, formant le centre, était campé à Ponte-Marco, se liant avec Soret, qui, formant la gauche, occupait une hauteur entre Salo et Dezenzano, faisant face en arrière pour contenir toute la droite de l'ennemi.

Cependant les arrières-gardes qu'Augereau et Masséna avaient laissées sur le Mincio s'étaient retirées devant les divisions ennemies qui avaient passé cette rivière. Celle d'Augereau, qui avait ordre de se réunir à Castiglione, quitta ce poste avant le temps, et revint en désordre joindre son corps.

Napoléon, mécontent du général Valette, qui la commandait, le destitua devant les troupes pour n'avoir pas montré plus de fermeté dans cette occasion. Quant au général Pigeon, chargé de l'arrière-garde de Masséna, il vint en bon ordre sur Lonato, qui lui avait été indiqué, et s'y établit.

L'ennemi, profitant de la faute du général Valette, s'empara de Castiglione le 2 même, et s'y retrancha.

Le 3 eut lieu la bataille de Lonato : elle fut donnée par les deux divisions de Wurmser venues de Borghetto, et par une des brigades de la division demeurée sur Peschiera, ce qui avec la cavalerie pouvait composer trente mille hommes. Les Français en avaient vingt à vingt-trois mille; aussi le succès ne fut pas douteux. Wurmser, avec les deux divisions d'infanterie et la cavalerie qu'il avait conduites à Mantoue, ne put s'y trouver.

A l'aube du jour, l'ennemi se porta sur Lonato, qu'il attaqua vivement : c'est par là qu'il prétendait faire sa jonction avec sa droite, sur laquelle du reste il commençait à concevoir des inquiétudes. L'avant-garde de Masséna fut culbutée; l'ennemi prit Lonato. Le général en chef, qui était à Ponte-Marco, marcha lui-même pour reprendre Lonato. Le général autrichien, s'étant trop étendu, toujours dans l'intention de gagner sur la droite, afin d'ouvrir ses communications avec Salo, fut enfoncé, Lonato repris au pas de charge, et la ligne ennemie coupée. Une partie se replia sur le Mincio, l'autre se jeta sur Salo ; mais elle rencontra le général Soret en front, et avait le général Saint-Hilaire en queue.

Tournée de tout côté, elle fut obligée de mettre bas les armes. Si nous fûmes attaqués au centre, ce fut nous qui attaquâmes à la droite. Au jour, Augereau aborda l'ennemi qui couvrait Castiglione, et l'enfonça après un combat opiniâtre où la valeur des troupes suppléa au nombre. L'ennemi éprouva beaucoup de mal, perdit Castiglione, et se retira sur Mantoue, d'où lui arrivèrent les premiers renforts, mais seulement quand la journée était déjà finie. Nous perdîmes beaucoup de braves dans cette affaire opiniâtre ; l'armée regretta particulièrement le général Beyrand et le colonel Pourailles, officiers très-distingués.

VII. *Reddition des trois divisions de droite de l'ennemi et d'une partie de son centre.* — Les trois divisions de droite de l'armée ennemie eurent nouvelle dans la nuit de la bataille de Lonato ; elles en entendaient le canon : leur découragement devint extrême. Leur jonction avec le corps principal de l'armée devenait impossible. Elles avaient vu d'ailleurs sur elles *plusieurs divisions* françaises, et les croyaient toujours manœuvrant contre elles. *L'armée française* leur semblait innombrable ; elles la voyaient partout.

Wurmser avait de Mantoue dirigé une partie de ses troupes vers Marcaria pour poursuivre Serrurier. Il fallut perdre du temps pour faire revenir ces troupes sur *Castiglione.* Le 4, il ne se trouvait pas en mesure. Il employa toute la journée à rassembler ces corps, à réorganiser ce qui avait combattu à Lonato, et à réapprovisionner son artillerie.

Quand le général français, sur les deux ou trois heures après midi, vint observer sa ligne de bataille, il la trouva formidable ; elle présentait encore quarante mille combattants. Il ordonna qu'on se retranchât à Castiglione, et partit lui-même pour Lonato, afin de veiller en personne au mouvement de ses troupes, qu'il devenait de la plus haute importance de rassembler dans la nuit autour de Castiglione. Toute la journée, Soret et Herbin d'un côté, Dallemagne et Saint-Hilaire de l'autre, avaient marché à la suite des trois divisions ennemies de la droite, *et de celles coupées du centre à la journée de Lonato,* les avaient poursuivies sans relâche, faisant des prisonniers à chaque pas. Des bataillons entiers avaient posé les armes à Saint-Osetto, d'autres à Gavardo, d'autres enfin erraient incertains dans les vallées voisines.

Quatre ou cinq mille de ceux-ci sont instruits par des paysans qu'il n'y avait que douze cents Français dans Lonato ; ils y marchent dans l'espoir de s'ouvrir un chemin vers le Mincio. Il était quatre heures après midi ; Napoléon y entrait de son côté, venant de Castiglione. On lui annonce un parlementaire ; il apprend en même temps qu'on prend les armes, que des colonnes ennemies débouchent par Ponte-Saint-Marco, qu'elles veulent entrer dans Lonato, et font sommer cette ville de se rendre.

Cependant nous étions toujours maîtres de Salo et de Gavardo ; dès lors il devenait évident que ce ne pouvait être que des colonnes perdues qui cherchaient à se frayer un passage. Napoléon fait monter à cheval son nombreux état-major; il se fait amener l'officier parlementaire, et lui fait débander les yeux au milieu de tout le mouvement d'un grand quartier général. « Allez dire à votre général, lui dit-il, que je lui donne » huit minutes pour poser les armes. Il se trouve au milieu de l'armée française; passé » ce temps, il n'aurait rien à espérer. »

Harassés depuis trois jours, errants, incertains, ne sachant plus que devenir, persuadés qu'ils avaient été trompés par les paysans, ces quatre ou cinq mille hommes posèrent les armes. Ce seul trait peut donner une idée du désordre et de la confusion de ces divisions autrichiennes, qui, battues à Salo, à Lonato, à Gavardo, poursuivies dans toutes les directions, étaient désormais à peu près fondues. Tout le reste du 4 et la nuit entière se passèrent à rallier la totalité des colonnes et à les concentrer sur Castiglione.

VIII. *Bataille de Castiglione, 5 août.* — Le 5, avant le jour, *l'armée française toute réunie,* forte de vingt-cinq mille hommes, y compris la division Serrurier, *occupa les hauteurs de Castiglione,* excellente position. Le général Serrurier, avec la division du siége de Mantoue, avait reçu l'ordre de marcher toute la nuit et de tomber au jour sur les derrières de la gauche de Wurmser; son attaque devait être le signal de la bataille. On attendait un grand succès moral de cette attaque inopinée; et pour la rendre plus sensible, *l'armée française frémit* de reculer.

Aussitôt qu'on entendit les premiers coups du corps de Serrurier, qui, étant malade, avait été remplacé par le *général* Fiorella, on marcha vivement à l'ennemi, et l'on tomba sur des gens déjà ébranlés dans leur confiance *et n'ayant plus* leur première ardeur. Un mamelon au milieu de la plaine formait un fort appui pour la gauche ennemie. L'adjudant général Verdier fut chargé de l'attaquer; l'aide de camp *du général en chef* Marmont s'y dirigea avec vingt pièces d'artillerie; le poste fut enlevé. Masséna attaqua la droite, Augereau le centre, Fiorella prit la gauche à revers. Partout on fut victorieux; l'ennemi fut mis dans une déroute complète; l'excessive fatigue des troupes françaises put seule sauver les débris de Wurmser; ils fuirent en désordre au-delà du Mincio, où Wurmser espérait se maintenir. Il y eût trouvé l'avantage de rester en communication avec Mantoue; mais la division Augereau se dirigea sur Borghetto, celle de Masséna sur Peschiera.

Le général Guillaume, commandant de cette dernière place, qui y avait été laissé avec quatre cents hommes seulement, en avait muré les portes pour s'y mieux défendre. Il eût fallu quarante-huit heures pour les désencombrer. Les soldats durent sauter par-dessus les remparts pour aller à l'ennemi. Les troupes autrichiennes qui bloquaient Peschiera étaient fraîches. Elles soutinrent longtemps le combat contre le 18° de ligne. Elles furent enfin enfoncées, perdirent dix-huit pièces de canon et beaucoup de prisonniers.

Le général en chef marcha avec la division Serrurier sur Vérone. Il y arriva le 7 dans la nuit; Wurmser en avait fait fermer les portes, voulant la nuit pour faire filer ses bagages; mais on les enfonça à coups de canon, et l'on pénétra dans la ville. Les Autrichiens y perdirent beaucoup de monde. La division Augereau, éprouvant des difficultés à opérer son passage à Borghetto, revint passer à Peschiera.

Perdant l'espérance de conserver la ligne du Mincio, Wurmser essaya de conserver les positions importantes du Montebaldo et de la Roca d'Anfo. Le général Saint-Hilaire marcha sur la Roca d'Anfo, attaqua l'ennemi dans la vallée de Loudon, et lui fit beaucoup de prisonniers. On s'empara de Riva, et Wurmser fut obligé de brûler sa flottille. Masséna marcha sur le Montebaldo et reprit la Corona. Augereau remonta la rive gauche de l'Adige, en suivant les crêtes des montagnes, et arriva jusqu'à la hauteur d'Ala. L'ennemi éprouva des pertes considérables dans les tentatives dont il accompagna sa retraite. Ses troupes n'avaient plus de moral.

Après la perte de deux batailles comme celles de Lonato et de Castiglione, Wurmser aurait dû comprendre qu'il ne pouvait plus disputer ce qu'il convenait aux Français d'occuper pour s'assurer de la ligne de l'Adige. Il se retira à Roveredo et à Trente. L'armée française avait elle-même besoin de repos. Les forces de Wurmser, après ses défaites, étaient encore égales aux nôtres, mais avec cette différence que désormais un bataillon de l'armée d'Italie en mettait quatre des ennemis en fuite, et que partout on ramassait du canon, des prisonniers et des objets militaires.

Wurmser avait ravitaillé la garnison de Mantoue, il est vrai; mais il ne ramenait pas en ce moment de toute sa belle armée, y compris sa cavalerie, plus de quarante à quarante-cinq mille hommes. Du reste, rien ne saurait être comparable au découragement et à la démoralisation de cette belle armée, après ses revers, si ce n'est l'extrême confiance dont elle était animée au commencement de la campagne.

Le plan de Wurmser, qui pouvait réussir dans d'autres circonstances, ou contre un autre homme que son adversaire, devait pourtant avoir l'issue funeste qu'il a eue; et, bien qu'au premier coup d'œil la défaite de cette grande et belle armée en si peu de jours semble ne devoir être attribuée qu'à l'habileté du général français, qui improvisa sans cesse ses manœuvres contre un plan général arrêté à l'avance, il faut convenir que ce plan reposait sur des bases fausses. C'était une faute que de faire agir séparément des corps qui n'avaient entre eux aucune communication *vis-à-vis d'une armée centralisée*, et dont les communications étaient faciles.

La droite ne pouvait communiquer avec le centre que par Roveredo et Lodron. Ce fut une seconde faute encore que de subdiviser le corps de la droite et de donner des buts différents à ces différentes divisions. Celle qui fut à Brescia ne trouva personne contre elle, et celle qui atteignit Lonato eut affaire aux troupes qui la veille étaient à Vérone devant la gauche *autrichienne*, laquelle dans ce moment n'avait plus rien devant elle. L'armée autrichienne comptait de très-bonnes troupes, mais elle en avait aussi de médiocres; tout ce qui était venu du Rhin avec Wurmser était excellent et animé de l'espoir de la victoire, mais tous les cadres de l'ancienne armée de Beaulieu, battue dans tant de circonstances, traînaient avec eux le découragement. Une des dispositions de Wurmser, que les circonstances rendirent des plus funestes, c'est que la plus grande

partie de sa droite se trouva composée de Hongrois, troupes lourdes, qui une fois déroutées ne surent plus comment se tirer de ces montagnes, et qui à cause de leur langage
ne purent se faire entendre.

IX. *Second siége de Mantoue.* — Les premiers *jours* de la levée du blocus de Mantoue furent employés par la garnison à défaire les ouvrages des assiégeants, à faire entrer les pièces et les munitions qu'ils *trouvèrent.* Mais les prompts revers de Wurmser
ramenèrent bientôt les Français devant la place. La perte de l'équipage d'artillerie ne
laissait plus d'espérance de pouvoir en faire le siége. Cet équipage, formé à grande
peine de pièces recueillies dans les différentes places de l'Italie, était presque entièrement perdu. D'ailleurs la saison devenait trop mauvaise, l'ouverture et le service de la
tranchée eussent été trop dangereux pour les troupes, au moment où la malignité du
climat allait exercer ses ravages. *Le général français* n'ayant donc pas sous la main un
équipage de siége qui pût lui donner l'assurance de prendre Mantoue avant six semaines, ne voulut pas songer à en former un second, qui n'eût été prêt qu'au moment
même où de nouveaux événements pouvaient l'exposer à le perdre de nouveau, en le
forçant de lever le siége une seconde fois. Il se contenta donc d'un simple blocus. Le
général Sahuguet en fut chargé; il attaqua Governolo, et le général Dallemagne
Borgo-Forte : ils s'en emparèrent, ainsi que de tout le Séraglio, rejetèrent l'ennemi
dans la place et en resserrèrent étroitement le blocus. On s'occupa de multiplier les redoutes et les fortifications autour de la ville, afin d'y employer le moins de monde possible; car tous les jours les assiégeants diminuaient par le ravage de la fièvre, et l'on
prévoyait avec effroi que ce ravage ne ferait qu'accroître avec l'automne. Il était vrai
que la garnison était soumise aux mêmes maux et à la même diminution.

X. *Conduite des différents peuples d'Italie durant cette crise.* — Cependant la
position de l'Italie, dans le peu de jours qui venaient de s'écouler, avait été une véritable révélation. Toutes les passions s'étaient montrées au grand jour; chacun se démasqua. Le parti ennemi se montra à Crémone, à Casal-Major, et quelques étincelles se
laissèrent voir à Pavie. En général, la Lombardie montra un bon esprit; à Milan surtout presque tout le peuple témoigna une grande constance et beaucoup de fortitude :
ils gagnèrent notre confiance, et méritèrent les armes qu'ils ne cessaient de demander
avec instances. Aussi le général français leur écrivait-il dans sa satisfaction : « Lorsque
» l'armée battait en retraite, que les partisans de l'Autriche et les ennemis de la liberté
» la croyaient perdue sans ressource, lorsqu'il était impossible à vous-mêmes de soup
» çonner que cette retraite n'était qu'une ruse, vous avez montré de l'attachement pour
» la France, de l'amour pour la liberté; vous avez déployé un zèle et un caractère qui
» vous ont mérité l'estime de l'armée, et vous mériteront la protection de la république
» française.

» Chaque jour votre peuple se rend davantage digne de la liberté. Il acquiert chaque
» jour de l'énergie. Il paraîtra sans doute un jour avec gloire sur la scène du monde.
» Recevez le témoignage de ma satisfaction et le vœu sincère que fait le peuple français
» pour vous voir libres et heureux. »

Les peuples de Bologne, Ferrare, Reggio, Modène, montrèrent un véritable intérêt pour notre cause. Parme demeura fidèle à son armistice, mais la régence de Modène se montra ouvertement notre ennemie. A Rome, les Français furent insultés dans les rues, on y proclama leur expulsion de l'Italie. On suspendit l'accomplissement des conditions de l'armistice non encore remplies. Le général en chef eût pu punir une pareille conduite; mais d'autres pensées le portaient ailleurs, et l'obligeaient d'ajourner le châtiment, si les négociations n'amenaient le repentir.

N. B. Ecrit sous dictée. — Le rapport ne donne que vingt mille hommes amenés du Rhin par Wurmser. Le chapitre dit trente, et celui-ci a raison. L'inégalité des forces a toujours été telle entre les deux armées, que le général français, dans ses rapports, croyait être obligé souvent de diminuer les forces de l'ennemi pour ne pas décourager sa propre armée. C'est ce qui explique la différence des nombres qu'on rencontre parfois entre l'ouvrage et les pièces officielles.

BATAILLE D'ARCOLE.

De l'offensive d'Alvinzi, le 2 novembre 1796, jusqu'à l'entière expulsion de son armée, le 21 du même mois, espace de dix-neuf jours.

I. *Le maréchal Alvinzi prend le commandement de la nouvelle armée autrichienne; sa force.* — Les armées françaises du Rhin et de Sambre-et-Meuse avaient été battues en Allemagne; elles avaient repassé le Rhin. Ces succès consolaient la cour de Vienne de ses pertes en Italie. Ils lui donnaient la facilité d'humilier l'orgueil des Français dans cette partie. Elle donna des ordres pour former une armée, dégager Mantoue, délivrer Wurmser, et réparer les affronts qu'elle avait reçus de ce côté. Elle assembla quatre divisions d'*infanterie et une de cavalerie* dans le Frioul, et deux dans le Tyrol, faisant ensemble soixante mille hommes. Ces troupes se composaient de forts détachements des armées victorieuses d'Allemagne, des cadres recrutés de l'armée de Wurmser, et d'une levée extraordinaire de quinze mille Croates. Le commandement général fut donné au maréchal Alvinzi, et l'on confia le corps particulier du Tyrol d'environ dix-huit mille hommes au général Davidowich. Le Sénat de Venise secondait en secret les Autrichiens. Il lui demeurait démontré que les succès de la cause française seraient la ruine de son aristocratie. Il voyait chaque jour l'esprit de ses peuples de terre ferme se détériorer, et appeler à grands cris une révolution. La cour de Rome n'espérait plus son salut que dans les succès de l'Autriche.

II. *Bon état de l'armée française; l'opinion des peuples d'Italie appelle ses succès.* — Le général français s'était flatté longtemps de recevoir de nouveaux renforts. Il avait fortement représenté au Directoire, ou que les armées du Nord devaient repasser le Rhin, ou qu'il fallait qu'on lui envoyât cinquante mille hommes. On lui fit des promosses qu'on ne réalisa pas; et tous les secours qu'on lui donna se réduisirent à quatre régiments détachés de la Vendée : l'esprit de cette province s'était amélioré. Ces régiments, composant environ huit mille hommes, arrivèrent successivement dans un intervalle de deux mois. Ils furent d'un grand secours, compensèrent les pertes éprouvées *les mois précédents*, et maintinrent l'armée active à son nombre habituel de trente mille combattants. Les lettres du Tyrol, du Frioul, de Venise, de Rome, ne cessaient *de parler* des grands préparatifs qui se faisaient entre les Français; mais cette fois l'esprit plus prononcé des peuples, et d'autres circonstances, donnaient une tout autre physionomie à l'Italie et aux affaires. Ce n'était plus *comme* avant Lonato et Castiglione. Les prodiges accomplis par les Français, les nombreuses défaites éprouvées par les Autrichiens avaient tourné l'opinion. Alors les trois quarts de l'Italie pensaient qu'il était impossible que les Français pussent conserver leur conquête. Aujourd'hui les trois quarts de cette même Italie ne croyaient pas qu'il fût au pouvoir des Autrichiens de jamais la leur arracher. On fit sonner bien haut l'arrivée de quatre régiments venant de France. Leur mouvement se fit par bataillon, ce qui composa douze colonnes. On prit toutes les mesures pour que le pays et une partie de l'armée crussent qu'on s'était renforcé de douze régiments.

On croyait que les vivres manquaient dans Mantoue et que cette place tomberait infailliblement avant que l'armée autrichienne pût recommencer la lutte, de sorte que nos troupes *entendaient parler* des préparatifs de l'*Autriche* avec confiance : *elles semblaient sûres* de la victoire. L'armée était bien nourrie, bien payée, bien vêtue; son artillerie était nombreuse et bien attelée; sa cavalerie faible en nombre, à la vérité, mais ne manquant de rien, et en aussi bon état que possible.

La population de tous les pays occupés par nos armées faisait à présent cause commune avec nous. Elle appelait nos succès de tous ses vœux.

III. *Combat de la Brenta.* — *Vaubois évacue le Tyrol en désordre.* — Au commencement de novembre, le quartier général de l'armée autrichienne était à Conégliano, et de nombreux *postes* garnissaient la rive *gauche* de la Piave. Dans le Tyrol, des corps opposés à chacun des nôtres se formaient sur la ligne du Lavisio; partout l'ennemi se montrait en force. Le projet d'Alvinzi n'était pas douteux; il ne voulait pas, comme Wurmser, attaquer par le Tyrol; il craignait de s'engager dans les montagnes. Il attribuait à l'intelligence du soldat français, à sa plus grande dextérité, les succès de *Lonato et de Castiglione.* Il résolut donc de faire sa principale attaque par la plaine, et d'arriver sur l'Adige par le Véronais, le Vicentin et le Padouan. Le 2 novembre, ce général jeta deux ponts sur la Piave, et se porta sur Bassano avec quarante-neuf à cinquante mille hommes. Masséna, en observation, contint toutes ses colonnes, l'obligea de déployer toutes ses forces, gagna quelques jours, et se replia sur Vicence, où il fut joint par le général français, qui amenait avec lui la division Augereau, une brigade de Mantoue, et se trouvait dès lors avoir sous sa main vingt à vingt-deux mille hommes. Le projet de Napoléon était de battre Alvinzi, et de se porter ensuite sur Trente, par un mouvement inverse à celui qu'il avait fait il y avait peu de temps, et de prendre à dos l'armée qui opérait dans le Tyrol. Alvinzi, qui avait passé la Brenta, fut attaqué le 5 et culbuté Toutes ses divisions furent jetées au-delà de cette rivière.

Mais Vaubois, qui était aux mains avec l'ennemi depuis le 2 novembre, n'avait pu se maintenir ni à Trente ni dans aucune position intermédiaire. Sa division, ne disputant plus le terrain, revenait en désordre sur Vérone. Tout paraissait faire craindre que la position de la Corona et du Montebaldo *ne pourrait arrêter l'ennemi. On craignait pour le siége de* Mantoue. Le général en chef *fut donc obligé* de rétrograder sur Vérone et d'y arriver assez à temps pour rallier Vaubois et *assurer* les positions de Montebaldo et de Rivoli. Il passa la revue de la division Vaubois sur le plateau de Rivoli. « Soldats, » leur dit-il d'un ton sévère, je ne suis pas content de vous. Vous n'avez marqué ni dis- » cipline ni constance. Vous avez cédé au premier échec. Aucune position n'a pu vous » rallier. Il en était dans votre retraite, qui était inexpugnable. Soldats du 85° et du 89°, » vous n'êtes pas des soldats français. Que l'on me donne ces drapeaux, et que l'on écrive » dessus : Ils ne sont plus de l'armée d'Italie! » Un morne silence régnait dans tous les rangs; la consternation était peinte sur toutes les figures. Des sanglots se font entendre; de grosses larmes coulent de tous les yeux, et l'on voit ces vieux soldats, dans leur émotion, déranger leurs armes pour essuyer leurs pleurs. Le général en chef fut obligé de leur adresser quelques paroles de consolation. « Général, lui criaient-ils, *mets-nous* » *à l'avant-garde*, et tu verras si nous sommes de l'armée d'Italie!!! » Effectivement, ces régiments qui avaient été le plus grondés furent mis à l'avant-garde et s'y couvrirent de gloire.

IV. *Bataille de Caldiero, 12 novembre.* — Les opérations d'Alvinzi se trouvèrent couronnées des plus heureux succès : déjà il était maître de tout le Tyrol et de tout le pays entre la Brenta et l'Adige; mais le plus difficile lui restait encore *à faire;* c'était de passer l'Adige de vive force devant l'armée française. Le chemin de Vérone à Vicence longe l'Adige pendant trois lieues, et ne quitte la direction du *fleuve qu'à* Ronco, où il tourne perpendiculairement à gauche pour *se diriger* sur Vicence, à Villa-Nova; la petite rivière de l'Alpon coupe la grande route, et se jette, après avoir traversé Arcole, dans l'Adige, entre Ronco et Albaredo. Sur la gauche de Villa-Nova se trouvent des hauteurs offrant de très-belles positions connues sous le nom de Caldiero. En occupant ces positions on garde une partie de l'Adige, on couvre Vérone, et l'on se trouve en mesure de tomber sur les derrières de l'ennemi si celui-ci se dirigeait sur le bas Adige.

Le général français eut à peine *assuré* la défense de Montebaldo et raffermi les troupes de Vaubois, qu'il voulut occuper Caldiero comme donnant plus de chances à la défensive et plus d'énergie à son attitude. Il déboucha le 11 de Vérone, la brigade de Verdier en tête, culbuta l'avant-garde ennemie, et parvint bientôt au pied de Caldiero : mais Alvinzi lui-même avait occupé cette position, qui est *bonne* également contre Vérone. Le 12, à la pointe du jour, on vit toute son armée couronner ces hauteurs, qu'il avait couvertes de formidables batteries. Le terrain reconnu, Masséna dut attaquer la hauteur et forcer la droite de l'ennemi; cette hauteur enlevée, et l'ennemi la gardait mal, la bataille se trouvait décidée. Le général Launay marcha avec sa demi-brigade et s'empara de la hauteur; mais il ne put s'y maintenir et fut fait prisonnier. Cependant la pluie tombait par torrents; le chemin devint bientôt impraticable pour notre artillerie, pendant que nous étions écrasés par celle de l'ennemi. Nous avions trop de désavantage à gravir contre un ennemi en position. L'attaque fut contremandée, et l'on se contenta de soutenir la bataille tout le reste du jour. Comme la pluie dura toute la journée et celle du lendemain, le général français prit le parti de retourner au camp de Vérone.

Les pertes dans cette affaire avaient été égales, cependant l'ennemi s'attribua avec raison la victoire, ses avant-postes s'approchèrent de Saint-Michel, et la situation des Français devint critique.

V. *Murmures et sentiments divers qui agitent l'armée française.* — Vaubois, battu en Tyrol, avait fait des pertes considérables; il n'avait plus que six mille hommes. Les deux autres divisions, après s'être vaillamment battues sur la Brenta, s'étaient vues en retraite sur Vérone, ayant manqué leur opération sur Caldiero. Le sentiment des forces de l'ennemi était dans toutes les têtes. Les soldats de Vaubois, pour justifier leur retraite dans le Tyrol, disaient s'y être battus un contre trois. Les soldats mêmes demeurés sous les yeux de Napoléon trouvaient les ennemis trop nombreux. Les deux divisions, après leurs pertes, ne comptaient pas plus de treize mille hommes sous les armes.

L'ennemi avait perdu aussi sans doute, mais il avait eu l'avantage; il avait acquis le sentiment de sa supériorité, il avait pu compter à son aise le petit nombre des Français; aussi ne doutait-il déjà plus de la délivrance de Mantoue ni de la conquête de l'Italie. Il avait fait ramasser une grande quantité d'échelles, et en faisait faire beaucoup d'autres, voulant enlever Vérone d'assaut. A Mantoue, la garnison s'était réveillée; elle faisait de fréquentes sorties, qui harcelaient sans cesse les assiégeants; et les troupes se trouvaient trop faibles pour contenir une si forte garnison. Tous les jours on était instruit que quelque nouveau secours arrivait à l'ennemi : nous ne pouvions en espérer aucun! Enfin les agents de l'Autriche, ceux de Venise et du pape, faisaient sonner très-haut les avantages obtenus par Alvinzi et sa supériorité sur nous. Nous n'étions plus en position de prendre l'offensive nulle part : d'un côté, la position de Caldiero, que nous n'avions pu enlever; de l'autre, les gorges du Tyrol, qui venaient d'être le théâtre de la défaite de Vaubois. Mais eussions-nous occupé des positions qui eussent permis d'entreprendre sur Alvinzi, il avait trop de supériorité par le nombre. Tout interdisait pour l'instant toute offensive; il fallait donc laisser l'initiative à l'ennemi, et attendre froidement ce qu'il voudrait entreprendre. La saison était extrêmement mauvaise, la pluie tombait par torrents, et tous les mouvements se faisaient dans la boue. L'affaire de Caldiero, celle du Tyrol, avaient sensiblement baissé le moral de l'armée. On avait bien encore le sentiment de la supériorité sur l'ennemi à nombre égal, mais on ne croyait pas pouvoir lui résister, dans l'infériorité où l'on se trouvait. Un grand nombre de braves avaient été blessés deux ou trois fois à différentes batailles depuis l'entrée en Italie. La mauvaise humeur s'en mêlait.

« Nous ne pouvons pas seuls, disaient-ils, remplir la tâche de tous : l'armée d'Alvinzi, » qui se trouve ici, est celle devant laquelle les armées du Rhin et de Sambre-et-Meuse

» se sont retirées, et elles sont oisives dans ce moment : pourquoi est-ce à nous à rem-
» plir leur tâche? On ne nous envoie aucun secours; si nous sommes battus, nous rega-
» gnerons les Alpes en fuyards et sans honneur. Si au contraire nous sommes vain-
» queurs, à quoi aboutira cette nouvelle victoire? on nous opposera une autre armée
» semblable à celle d'Alvinzi, comme Alvinzi lui-même a succédé à Wurmser, et, dans
» cette lutte constamment inégale, il faudra bien que nous finissions par être écrasés. »

Napoléon faisait *répondre :* « Nous n'avons plus qu'un effort à faire, et l'Italie est à
» nous. Alvinzi est sans doute plus nombreux que nous, mais la moitié de ses troupes
» sont de véritables recrues, et, lui battu, Mantoue succombe, nous demeurons maîtres
» de l'Italie, nous voyons finir nos travaux, car non-seulement l'Italie, mais encore la
» paix générale, sont dans Mantoue. Vous voulez aller sur les Alpes, vous n'en êtes plus
» capables. De la vie dure et fatigante de ces stériles rochers, vous avez bien pu venir
» conquérir les délices de la Lombardie ; mais des bivouacs riants et fleuris de l'Italie,
» vous ne vous élèveriez plus aux rigueurs de ces âpres sommets, vous ne supporteriez
» plus longtemps sans murmurer les neiges ni les glaces des Alpes. Des secours nous
» sont arrivés; nous en attendons encore; beaucoup sont en route. Que ceux qui ne
» veulent plus se battre, qui sont assez riches, ne nous parlent pas de l'avenir. Battez
» Alvinzi, et je vous réponds du reste!!! » Ces paroles, répétées par tout ce qu'il y avait
de cœurs généreux, relevaient les âmes et faisaient passer successivement à des sentiments opposés. Ainsi, tantôt l'armée, dans son découragement, eût voulu se retirer;
tantôt, remplie d'enthousiasme, elle parlait de courir aux armes.

Lorsque l'on apprit à Brescia, Bergame, Milan, Crémone, Lodi, Pavie, Bologne, que
l'armée avait essuyé un échec, les blessés, les malades sortirent des hôpitaux encore
mal guéris et vinrent se ranger dans les rangs la blessure encore sanglante. Ce spectacle était touchant et remplit l'armée des plus vives émotions.

VI. *Marche de nuit de l'armée sur Ronco; elle y passe l'Adige sur un pont de
bateaux.* — Enfin le 14 novembre, à la nuit tombante, *le camp de Vérone* prit les armes. Les colonnes se mettent en marche dans le plus grand silence : on traverse la ville,
et l'on vient se former sur la rive droite. L'heure à laquelle on part, la direction qui est
celle de la retraite, le silence qu'on garde, contre l'habitude constante d'apprendre, par
l'ordre du jour, qu'on va se battre; la situation des affaires, tout enfin ne laisse aucun
doute qu'on se retire. Ce premier pas de retraite, qui entraîne nécessairement la levée
du siége de Mantoue, *présage* la perte de toute l'Italie. Ceux des habitants qui plaçaient
dans nos victoires l'espoir de leurs nouvelles destinées suivent inquiets et le cœur serré
les mouvements de cette armée qui emporte toutes leurs espérances.

Cependant l'armée, au lieu de suivre la route de Peschiera, prend tout à coup à gauche et longe l'Adige : on arrive avant le jour à Ronco. Andréossy achevait d'y jeter un
pont; et l'armée, aux premiers rayons du soleil, se voit avec étonnement, par un simple
à gauche, sur l'autre rive. Alors les officiers et les soldats, qui du temps qu'ils poursuivaient Wurmser avaient traversé ces lieux, commencèrent à deviner l'intention du
général. Il voit que ne pouvant enlever Caldiero, il le tourne; qu'avec douze mille hom-

mes ne pouvant rien en plaine contre quarante-cinq mille, il les attire sur de simples chaussées, dans de vastes marais, où le nombre ne sera plus rien, mais où le courage des têtes de colonnes sera tout. Alors l'espoir de la victoire ranime tous les cœurs, et chacun promet de se surpasser pour seconder un plan si beau et si hardi.

Kilmaine était resté dans Vérone avec quinze cents hommes de toutes armes, les portes étroitement fermées, les communications sévèrement interdites. L'ennemi ignorait parfaitement notre mouvement.

Le pont de Ronco fut jeté sur la droite de l'Alpon, à peu près à un quart de lieue de son embouchure. S'il l'eût été sur la rive gauche, du côté d'Albaredo, on se fût trouvé en plaine, tandis qu'on voulait se placer dans des marais, où le nombre demeurait sans effet. D'un autre côté, on craignait qu'Alvinzi, instruit, ne marchât subitement à Vérone et ne s'en emparât, ce qui eût obligé le corps de Rivoli de se retirer à Peschiera, et eût compromis celui de Ronco. Il fallut donc se placer sur la rive droite de l'Alpon, de manière à pouvoir tomber sur les derrières de l'ennemi qui attaquerait Vérone, et par là soutenir cette place par la rive gauche, ce que l'on n'eût pu faire si l'on eût jeté le pont sur la rive gauche de l'Alpon, parce que l'ennemi aurait pu border la rive droite de cette rivière, et, sous cette protection, enlever Vérone. Cette double raison avait donc déterminé le placement du pont. Or, trois chaussées partaient de Ronco, où ce pont avait été jeté, et toutes étaient environnées de marais. La première se dirige sur Vérone en remontant l'Adige; la deuxième conduit à Villa-Nova, et passe devant Arcole, qui a un pont à une lieue et démie de l'Adige, sur la petite rivière de l'Alpon ; la troisième descend l'Adige et va sur Albaredo.

VII. *Bataille d'Arcole, première journée, 15 novembre.* — Trois colonnes se dirigèrent sur ces trois chaussées. L'une, à gauche, *remonta l'Adige* jusqu'à l'extrémité des marais; *de là* l'on communiquait sans obstacle avec Vérone : ce point était des plus importants. Par là, plus de craintes de voir l'ennemi attaquer Vérone, puisqu'on se fût trouvé sur ses derrières. La colonne de droite prit vers Albaredo et occupa jusqu'à l'Alpon. Celle du centre se porta sur Arcole, où nos tirailleurs parvinrent jusqu'au pont sans être aperçus. Il était cinq heures du matin, et l'ennemi ignorait tout. Les premiers coups de fusil se tirèrent sur le pont d'Arcole, où deux bataillons de Croates, avec deux pièces de canon, bivouaquaient comme corps d'observation pour garder les derrières de l'armée où étaient tous les parcs, et surveiller les partis que la garnison de Legnano aurait pu jeter dans la campagne. Cette place n'était qu'à trois lieues : l'ennemi avait eu la négligence de ne pas pousser des postes jusqu'à l'Adige ; il regardait cet espace comme des marais impraticables. L'intervalle d'Arcole à l'Adige n'était point gardé; on s'était contenté d'ordonner des patrouilles de hussards, qui, trois fois par jour, parcouraient les digues et éclairaient l'Adige. La route de Ronco à Arcole rencontre l'Alpon à deux milles, et de là remonte pendant un mille la rive droite de ce petit ruisseau jusqu'au pont, qui tourne perpendiculairement à droite et entre dans le village d'Arcole. Des Croates étaient bivouaqués, *la droite* appuyée au village, et la gauche vers l'embouchure. Par ce bivouac ils avaient devant leur front *la digue,* dont ils n'étaient séparés que par le ruisseau; tirant devant eux, ils prirent en flanc la colonne dont la tête était sur Arcole. Il fallut se replier en toute hâte jusqu'au pont de la chaussée, qui ne prêtait plus son flanc à la rive gauche. On instruisit Alvinzi que quelques coups de fusil avaient été tirés au pont d'Arcole; il y fit peu d'attention. Cependant, à la pointe du jour, on put observer de Caldiero et des clochers voisins le mouvement des Français. D'ailleurs les reconnaissances des hussards, qui tous les matins longeaient l'Adige pour s'assurer des événements de la nuit, furent reçues à coups de fusil de toutes les digues et poursuivies par la cavalerie française. Alvinzi acquit donc de tout côté la certitude que les Français avaient passé l'Adige et se trouvaient en force sur toutes les digues. Il lui parut insensé d'imaginer qu'on pût jeter ainsi toute une armée dans des marais impraticables. Il pensa plutôt que c'était un détachement posté de ce côté pour l'inquiéter lorsqu'on l'attaquerait en force du côté de Vérone. Cependant ses reconnaissances du côté de Vérone lui ayant rapporté que tout y était tranquille, Alvinzi crut important de rejeter ces troupes françaises au-delà de l'Adige, pour tranquilliser ses derrières. Il dirigea une division sur la digue d'Arcole, et une autre vers la digue qui *longe* l'Adige, avec ordre de tomber tête baissée sur ce qu'elles rencontreraient, et de *tout* jeter *dans la rivière*. Vers les neuf heures *du matin*, ces deux divisions attaquèrent en effet vivement. Masséna, qui était chargé de la digue de gauche, ayant laissé engager l'ennemi, courut sur lui au pas de charge, l'enfonça, lui causa beaucoup de perte, et lui fit un grand nombre de prisonniers. On en fit autant sur la digue d'Arcole : on attendit que l'ennemi eût dépassé le coude du pont. On l'attaqua au pas de charge, on le mit en déroute, et on lui fit beaucoup de prisonniers. Il devenait de la plus haute importance de s'emparer d'Arcole, puisque de là on débouchait sur les derrières de l'ennemi et qu'on pouvait s'y établir avant que l'ennemi pût être formé. Mais ce pont d'Arcole, par sa situation, résistait à toutes nos attaques. Napoléon essaya un dernier effort de sa personne : il saisit un drapeau, s'élança vers le pont et l'*y plaça*. La colonne qu'il conduisait l'avait à moitié franchi, lorsque le feu de flanc fit manquer l'attaque. Les grenadiers de la tête, abandonnés par la queue, hésitent, ils sont entraînés dans la fuite, mais ils ne veulent pas se dessaisir de leur général; ils le prennent par le bras, les cheveux, les habits, et l'entraînent dans leur fuite, au milieu des morts, des mourants et de la fumée. *Le général en chef* est précipité dans un marais; il y enfonce jusqu'à la moitié du corps; *il est au milieu des ennemis;* mais les Français s'aperçoivent que leur général n'est point avec eux. Un cri se fait entendre : « Soldats, en avant pour sauver le général! » Les braves reviennent aussitôt au pas de course sur l'ennemi, le repoussent jusqu'au-delà du pont, et Napoléon est sauvé. Cette journée fut celle du dévouement militaire. Le général Lanne était accouru de Milan; il avait été blessé à *Governolo;* il était encore souffrant dans ce moment : il se plaça entre l'ennemi et Napoléon, le couvrit de son corps et reçut trois blessures, ne voulant jamais le quitter. Muiron, aide de camp du général en chef, fut tué couvrant de son corps son général... Mort héroïque et touchante!... Belliard, Vignoles furent blessés en ramenant les troupes en *avant*. Le brave *général* Robert y fut tué.

On fit jeter un pont à l'embouchure de l'Alpon, afin de prendre Arcole à revers; mais pendant ce temps Alvinzi, instruit du véritable état des choses, et concevant les plus vives alarmes sur le *danger* de sa position, avait abandonné Caldiero, défait ses batteries, et fait repasser l'Alpon à tous ses parcs, ses bagages et ses réserves. Les Français, du haut du clocher de Ronco, virent avec douleur cette proie leur échapper; et c'est alors, et dans les mouvements précipités de l'ennemi, qu'on put juger toute l'étendue et les conséquences du plan du général français. Chacun vit quels auraient pu être les résultats d'une combinaison si profonde et si hardie : l'armée ennemie échappait à sa destruction. Ce ne fut que vers les quatre heures que le général Guieux put marcher sur Arcole par la rive gauche *de l'Alpon.* Le village fut enlevé sans coup férir; mais alors il n'y avait plus rien d'utile; il était six heures trop tard, l'ennemi s'était mis en position naturelle. Arcole n'était plus qu'un poste intermédiaire entre le front des deux armées. Le matin, ce village était sur les derrières de l'ennemi.

Toutefois, de grands résultats avaient couronné cette journée : Caldiero était évacué et Vérone ne courait plus de dangers. Deux divisions d'Alvinzi avaient été défaites avec des pertes considérables. De nombreuses colonnes de prisonniers et grand nombre de trophées qui défilèrent *au travers du camp*, remplirent d'enthousiasme les soldats et les officiers, et chacun reprit la confiance et le sentiment de la victoire.

VIII. *Seconde journée*, 16 *novembre.* — Cependant Davidowich, avec son corps du Tyrol, avait attaqué, dès la veille, les hauteurs de Rivoli. Il en avait chassé Vaubois, et l'avait contraint de se retirer sur Castel-Novo. Déjà les coureurs ennemis paraissent aux portes de Vérone. Kilmaine, débarrassé d'Alvinzi et de toutes craintes sur la rive gauche, par l'évacuation de Caldiero, avait dirigé toute *son attention* sur la rive droite; mais il était à craindre que si l'ennemi marchait vigoureusement sur Castel-Novo, il ne forçât Vaubois, n'arrivât à Mantoue, ne surprît l'armée assiégeante, ne se joignît à la garnison, ne coupât la retraite au quartier général et à l'armée qui était à Ronco. Il fallait donc être, à la pointe du jour, en mesure de soutenir Vaubois, protéger Mantoue et ses communications, et battre Davidowich, s'il s'était avancé dans la journée. Il était nécessaire, pour la réussite de ce projet, de calculer les heures. Il se résolut donc, dans l'incertitude de ce qui se serait passé dans la journée, de supposer que tout avait été mal du côté de Vaubois. Il fit évacuer Arcole, qui avait coûté tant de sang, replia toute son armée sur la rive droite de l'Adige, ne laissant sur la rive gauche qu'une brigade et quelques pièces de canon. Il ordonna, dans cette position, qu'on fît la soupe, en attendant ce qui se serait passé du côté de Vaubois pendant cette journée. Si l'ennemi avait marché sur Castel-Novo, il fallait lever le pont de l'Adige, disparaître de devant Alvinzi, se trouver à dix heures derrière Vaubois à *Castel-Novo, et culbuter l'ennemi sur Rivoli.* On avait laissé à Arcole des bivouacs allumés, ainsi que des piquets de grand'garde pour qu'Alvinzi ne s'aperçût de rien. A quatre heures après minuit, l'on battit pour prendre les armes, afin d'être prêt à marcher. Mais dans le moment on apprit que Vaubois *était encore en* position à moitié chemin de Rivoli à Castel-Novo, et qu'il garantissait de tenir toute la journée. Davidowich était le même général qui avait com-

mandé une des divisions que Wurmser avait fait déboucher par la Chiesa : il se souve-
nait des résultats, il n'avait garde de se compromettre. Cependant, vers trois heures du
matin, Alvinzi, instruit de la marche rétrograde des Français, fit occuper Arcole sur-le-
champ, dirigea au jour deux colonnes sur les digues de l'Adige et d'Arcole, pour marcher sur nous. La fusillade s'engagea à deux cents toises de notre pont, les troupes le
repassèrent au pas de charge, tombèrent sur l'ennemi, le rompirent, le poursuivirent
vivement jusqu'aux débouchés des marais, qu'ils remplirent de leurs morts. Des drapeaux, du canon et des prisonniers, furent les trophées de cette journée, où deux nouvelles divisions d'Alvinzi furent défaites.

Sur le soir, le *général français*, par les mêmes motifs et les mêmes combinaisons, fit
le même mouvement que la veille. Il concentra toutes ses troupes sur la rive droite de
l'Adige, ne laissant qu'une avant-garde sur la rive gauche.

IX. *Troisième journée*, 17 *novembre*. — Cependant Alvinzi, induit en erreur par un
espion qui assurait que le général avait repassé l'Adige, marche sur Mantoue et n'avait
laissé qu'une arrière-garde à Ronco, déboucha à la pointe du jour, avec l'intention
d'enlever le pont de Ronco. Un moment avant le jour, on apprit que rien n'avait bougé
du côté de Vaubois, que Davidowich n'avait point fait de mouvements. On revint sur
l'autre bord de l'Adige. Les têtes de nos colonnes se rencontrèrent à moitié des digues
avec deux autres divisions d'Alvinzi. Il se livra un combat opiniâtre, nos troupes furent
alternativement en avant et en arrière. Pendant un moment, les balles arrivaient sur
le pont. La 75ᵉ avait été rompue ; le général en chef plaça la 32ᵉ en embuscade, ventre
à terre dans un petit bois de saules, le long *de la digue* d'Arcole. Cette demi-brigade
se releva, fit une décharge, marcha à la baïonnette et culbuta dans les marais une
colonne ennemie, épaisse de toute sa longueur, c'était trois mille Croates, et ils y périrent tous. Masséna, sur la gauche, éprouvait des vicissitudes ; mais il marcha *à la tête
de sa division*, son chapeau au bout de son épée en signe de drapeau, et fit un horrible
carnage de la division *qui lui était* opposée.

Après midi, *le général français* jugea qu'enfin le moment d'en finir était venu. Car, si
Vaubois *avait* été battu le *jour encore* par Davidowich, il serait obligé de se porter, *la
nuit prochaine*, à son secours et à celui de Mantoue. Dès lors Alvinzi se porterait sur
Vérone, il recueillerait l'honneur et les résultats de la victoire ; tant d'avantages rem-
portés dans trois journées seraient perdus. Il fit compter soigneusement le nombre des
prisonniers, récapitula les pertes de l'ennemi ; il conclut qu'il s'était affaibli *dans ces
trois jours* de plus de vingt mille hommes, qu'ainsi désormais ses forces de bataille ne
seraient pas *beaucoup plus d'un tiers au-dessus des nôtres. Il donna ordre de sortir
des marais et d'aller attaquer l'ennemi en plaine.*

Les circonstances de ces trois journées avaient tellement changé le moral des deux
armées, que la victoire nous était assurée. L'armée passa le pont jeté à l'embouchure de
l'Alpon. Elliot, *aide de camp* du général en chef, chargé d'en construire un second, y
fut tué. A deux heures *après midi*, l'armée française était en bataille, sa gauche à Arcole et sa droite dans la direction de Porto-Legnano ; elle avait en face l'ennemi, dont

la droite s'appuyant sur l'Alpon et la gauche à des marais. *L'ennemi était à cheval* sur la route de Montebello. L'adjudant Lorcet était parti de Legnano avec six à sept cents hommes, quatre pièces de canon et deux cents chevaux, pour tourner les marais auxquels l'ennemi appuyait sa gauche.

Vers les trois heures, au moment où ce détachement de la garnison de Legnano se portait sur l'ennemi, que la canonnade était vive sur toute la ligne, et que les tirailleurs en étaient aux mains, *le général français* ordonna au chef d'escadron Hercule de se porter, avec cinquante guides et quatre ou cinq trompettes, au travers des roseaux, et le charger sur l'extrémité de la gauche de l'ennemi, au même moment que la garnison de Legnano commencerait à la canonner par derrière; ce qu'il exécuta avec intelligence, et qui contribua beaucoup au succès de la journée. L'ennemi fut culbuté partout; sa ligne fut rompue, il laissa beaucoup de prisonniers. Alvinzi avait échelonné sept à huit mille hommes sur ses derrières, pour assurer sa retraite et pour escorter ses parcs, et par là sa ligne de bataille ne se trouva pas plus forte que la nôtre. Il fut mené battant tout le reste de la soirée. Toute la nuit il continua sa retraite sur Vicence. Notre cavalerie le poursuivit au-delà de Montebello.

Arrivé à Villa-Nova, Napoléon s'arrêta pour avoir les rapports de la poursuite de l'ennemi et de la contenance que faisait son arrière-garde. Il entra dans le couvent de Saint-Boniface; l'église avait servi d'ambulance : il y trouva quatre ou cinq cents blessés, la plus grande partie morts : *il en sortait une odeur de cadavre,* il recula d'horreur! Il s'entendit appeler par son nom : deux malheureux soldats français blessés étaient depuis trois jours au milieu des morts, sans avoir mangé; ils n'avaient point été pansés, ils désespéraient d'eux-mêmes; mais ils furent rappelés à la vie par la vue du général : tous les secours leur furent prodigués.

Le général français visita les hauteurs de Caldiero et se remit en marche vers Vérone. A mi-chemin, il rencontra un officier d'état-major autrichien que Davidowich envoyait à Alvinzi. Ce jeune homme se croyait au milieu des siens. D'après ses dépêches, il y avait trois jours que les deux armées ne s'étaient communiquées. Davidowich ignorait tout.

X. *L'armée française rentre triomphante dans Vérone par la rive gauche.* — Napoléon entre triomphant dans Vérone par la porte de Venise, trois jours après en être sorti mystérieusement par la porte de Milan. On se peindrait difficilement l'étonnement et l'enthousiasme des habitants; nos ennemis mêmes les plus déclarés ne purent rester froids, et joignirent leurs hommages à ceux de nos amis. Le général français passe *sur la rive droite de l'Adige* et court sur Davidowich, qui était encore à Rivoli. Il est chassé de poste en poste et poursuivi l'épée dans les reins jusqu'à Roveredo. De ses soixante à soixante-dix mille hommes, on calcule qu'Alvinzi en perdit de trente à trente-cinq mille dans ces affaires, et que ce fut l'élite de ses troupes.

Cependant de si grands résultats ne s'étaient pas obtenus sans pertes, et l'armée avait plus que jamais besoin de repos. Le général français ne jugea pas devoir reprendre le Tyrol et s'étendre jusqu'à Trente. Il se contenta de faire occuper Montebello, la Corona.

les gorges de la Chiesa et de l'Adige. Alvinzi se rallia à Bassano et Davidowich à Trente. Cependant on devait croire qu'on obtiendrait bientôt Mantoue avant que le général autrichien pût recevoir une nouvelle armée. Les fréquentes sorties de Wurmser pour obtenir quelques vivres, le grand nombre de déserteurs, qui étaient maigres, et depuis un mois à la demi-ration, le dénûment de ses hôpitaux et le grand nombre de ses malades, tout dut donner l'espoir d'une prompte reddition.

BATAILLE DE RIVOLI.

Depuis l'offensive de Provera, le 1er janvier 1797, jusqu'à la reddition de Mantoue, le 1er février suivant, espace d'un mois.

I. *Etat de l'Italie.* — Venise faisait de nouvelles levées d'Esclavons, il arrivait tous les jours de nouveaux bataillons dans les lagunes ; les partis étaient en présence dans toutes les villes du pays vénitien. Les citadelles de Vérone et de Brescia étaient dans les mains des troupes françaises. Des troubles survenus à Bergame firent sentir la nécessité d'occuper la citadelle ; le général Baraguay-d'Hilliers en prit possession.

Les négociations avec Rome continuaient ; *mais elles ne marchaient pas.*

Le général en chef annonça à Milan son départ pour Rome ; il fit partir *le général Lahosse avec* quatre mille *Italiens* pour Bologne, y dirigea une colonne de trois mille Français, et fit prévenir le grand-duc de Toscane que ses troupes traverseraient ses Etats pour se rendre à Perrugia ; il partit effectivement lui-même, et *se rendit à Bologne.* Manfredini vint l'y trouver pour ménager les intérêts de son maître, et s'en retourna convaincu que le général français marchait sur Rome. Pour cette fois, cette cour ne fut point dupe de toutes ces apparences ; elle resta immobile. Elle était au fait des plans adoptés à Vienne et en espérait le succès. Cependant, lorsqu'elle apprit que le général français était à Bologne, le secrétaire d'Etat fut étonné ; mais le ministre d'Autriche soutint son courage en lui faisant comprendre que rien n'était plus heureux pour leurs vues que d'attirer le général français dans le fond de l'Italie, et que, fallût-il quitter Rome, ce serait encore un bonheur, puisque la défaite des Français sur l'Adige en serait d'autant plus assurée.

II. *Situation de l'armée autrichienne.* — Alvinzi recevait *tous les jours* des renforts considérables. Le Padouan, le Trevisan et tout le Bassanais, étaient *couverts* de troupes autrichiennes. Il s'était écoulé deux mois depuis la bataille d'Arcole ; l'Autriche les avait *mis à profit pour* faire arriver dans le *Frioul les divisions* tirées des rives du Rhin, où les armées françaises étaient inactives et en plein quartier d'hiver. Un mouvement avait été imprimé à toute la monarchie autrichienne. On leva dans le Tyrol plusieurs bataillons d'excellents tireurs : il fut aisé de leur persuader qu'il fallait défendre leur territoire et aider à reconquérir l'Italie, si essentielle à la prospérité du Tyrol. Les succès de l'Autriche, dans la campagne dernière en Allemagne, et ses humiliations en Italie, avaient remué l'*esprit public.* Les grandes villes offraient des bataillons de volontaires : Vienne en fournit quatre; on leva ainsi *un renfort* de dix à douze mille volontaires. Les bataillons de Vienne reçurent de l'impératrice des drapeaux brodés de ses propres mains. *Ils les perdirent,* mais les défendirent avec honneur. L'armée d'Autriche se composait de huit divisions de forces inégales, de plusieurs brigades de cavalerie incorporées avec ces divisions, et de deux divisions de cavalerie. On évaluait cette armée à plus de quatre-vingt mille combattants.

III. *Situation de l'armée française.* — L'armée française avait été renforcée, depuis Arcole, de deux régiments d'infanterie tirés des côtes de la Provence, la 57° en faisait partie, et d'un régiment de cavalerie. *Cela faisait environ* cinq à six mille hommes, et *compensait* les pertes d'Arcole et du blocus de Mantoue. Joubert, avec une forte division, occupait Montebaldo, Rivoli et Bussolengo. Rey, avec une division moins forte, était en réserve à Dezenzano. Masséna était à Vérone, avec une avant-garde à Saint-Michel; Augereau à Legnano, avec une avant-garde à Bevilaqua. Serrurier bloquait Mantoue. La Corona était couverte de retranchements. Les châteaux de Vérone et de Legnano étaient en bon état, ainsi que Peschiera et Pizzighitone. On occupait les citadelles de Brescia, Bergame, le fort de Fuente, la citadelle de Ferrare et le fort Urbin. Des forces navales sur le lac de Guarda nous assuraient la possession de ce lac. Des barques armées, placées sur le lac Majeur et le lac de Côme, y exerçaient une sévère police.

IV. *Plan d'opération adopté par la cour de Vienne.* — Wurmser avait débouché sur trois colonnes : sa droite par la chaussée de Chiusa, au-delà du lac de Guarda; son centre par Montebaldo, entre le lac de Guarda et l'Adige; sa gauche par la rive gauche de l'Adige. Quelques mois après, Alvinzi avait attaqué sur deux colonnes; l'une opérant dans le Tyrol, l'autre sur la Piave, la Brenta et l'Adige. Mais *la bataille de Lonato, celles de Castiglione, d'Arcole, avaient fait échouer ces deux plans de campagne. La cour de Vienne adopta cette fois un nouveau plan,* qui se liait avec les opérations de Rome. Il fut arrêté que l'armée autrichienne ferait deux grandes attaques : la première par le Montebaldo, comme avait fait Wurmser, la seconde sur l'Adige, par les plaines du Padouan; que les deux corps qui exécuteraient ces deux attaques n'auraient rien de commun entre eux; qu'ils marcheraient indépendamment l'un de l'autre; de sorte que si l'un réussissait, le premier but serait rempli et Mantoue débloqué. Le corps principal devait déboucher par le Tyrol; et, s'il battait l'armée française, il arriverait sous les murs de Mantoue, et y ferait sa jonction avec le deuxième corps qui agissait sur l'Adige. Si au contraire la principale attaque échouait, et que le second corps réussît, le siége de Mantoue serait également levé et la place réapprovisionnée. Alors ce corps d'armée se jetterait dans le Seraglio, et établirait ses communications avec Rome. Le maréchal Wurmser prendrait le commandement de l'armée qui était dans la Romagne. La grande quantité de généraux, d'officiers et de cavalerie démontée qui se trouvait dans Mantoue, servirait à discipliner l'armée du pape et ferait une diversion qui obligerait le général français à avoir aussi deux corps d'armée, l'un sur la rive gauche, l'autre sur la rive droite du Pô.

Un agent secret *envoyé* de Vienne, fort intelligent, fut arrêté par une sentinelle comme il franchissait le dernier poste de l'armée française devant Mantoue. On lui fit rendre sa dépêche, qu'il avait avalée, renfermée dans une petite boule de cire à cacheter. Cette dépêche était une petite lettre écrite en caractères très-fins, signée de l'empereur François. Il annonçait à Wurmser qu'il allait être incessamment dégagé. Dans tous les cas, il lui ordonnait de ne pas se rendre prisonnier, d'évacuer la place, de passer le Pô, ce qu'il pouvait faire puisqu'il était maître du Seraglio, et de se rendre dans les Etats du pape, où il prendrait le commandement de son armée. L'empereur d'Autriche supposait, comme on le voit, que Wurmser était maître du Seraglio; il était mal informé.

V. *Combat de Saint-Michel.* — En exécution du plan adopté par la cour de Vienne, Provera eut le commandement du corps d'armée qui devait agir sur l'Adige pour passer cette rivière et se porter sur Mantoue. Les bataillons volontaires de Vienne faisaient partie du corps d'armée, qui était composé de trois divisions formant vingt-cinq mille hommes. Aux premiers jours de janvier, Provera porta son quartier général à Padoue. Le 12, il se dirigea, avec deux divisions, sur Montagna, où était l'avant-garde d'Augereau, commandée par le brave général Duphot. Au même moment, la troisième division autrichienne, qui avait pris position sur les hauteurs de Caldiero, marcha sur Saint-Michel pour y attaquer l'avant-garde de Masséna, dont le quartier général était à Vérone; c'était une fausse attaque. Le général Duphot, attaqué à la pointe du jour par l'avant-garde de Provera, composée des volontaires de Vienne, la contint facilement et la repoussa. Mais vers midi, toute l'armée autrichienne s'étant déployée, Duphot fit retraite et repassa l'Adige à Legnano. La division qui forma la droite de Provera, et qui attaqua Saint-Michel, était la plus faible. Le général Masséna marcha de Vérone au secours de son avant-garde. La division autrichienne fut rompue, dispersée et poursuivie l'épée dans les reins jusqu'au-delà de l'Alpon.

Ce fut dans ce moment que le général français arriva en poste de Bologne. Il avait été instruit, par ses agents de Venise, du mouvement de l'armée autrichienne sur Padoue. Il avait fait camper les troupes italiennes sur la frontière de la Transpadane pour s'opposer au pape, dirigé les deux mille Français de Bologne sur Ferrare, où ils avaient passé le Pô à Pont-di-Lagoscuro, et rejoint l'armée sur l'Adige. De sa personne il passa le Pô à Borgoforte, se rendit au quartier général de Roverbella, et arriva à Vérone au plus fort du feu du combat de Saint-Michel. Il ordonna sur-le-champ à Masséna de replier dans la nuit toutes ses troupes sur Vérone.

L'ennemi paraissait être en opération, et il fallait tenir toutes les troupes disponibles pour pouvoir se porter où serait la véritable attaque. Dans la nuit, on reçut des nouvelles du quartier général de Legnano, qui disaient que toute l'armée autrichienne était en mouvement sur le bas Adige; que le grand état-major de l'ennemi y était, ainsi que deux équipages de pont. Le rapport du général Duphot, officier de confiance, ne laissait aucun doute sur les nombreuses forces déployées devant lui : il les portait à vingt mille hommes, et supposait que c'était la première ligne de l'ennemi. On fut confirmé dans l'opinion que l'ennemi opérait sur le bas Adige par la nouvelle de ce qui s'était passé à la Corona. Joubert manda que, pendant toute la journée du 12, il avait été attaqué par l'ennemi, qu'il l'avait contenu, et que la division autrichienne avait été repoussée dans toutes ses tentatives.

VI. *Le général Alvinzi occupe la Corona et jette un pont sur l'Adige.* — Le général français ordonna à la division Masséna de repasser l'Adige et de se réunir sur la rive droite. Il attendit ainsi toute la journée du 13 ce qui se serait passé ce même jour à Legnano, sur l'Adige et la Corona. Les troupes furent prévenues d'être prêtes à faire une marche de nuit et d'être sous les armes à dix heures du soir. La division qui était à Dezenzano se porta le 11 à Castel-Novo et attendit là de nouveaux ordres.

Il pleuvait à grands flots. Les troupes étaient sous les armes ; mais le général en chef ignorait encore de quel côté il les dirigerait. A dix heures du soir, les rapports du Montebaldo et du bas Adige arrivèrent. Joubert mandait que le 13, à neuf heures du matin, l'ennemi avait déployé de grandes forces, qu'il s'était battu toute la journée ; que sa position étant très-serrée, il avait eu le bonheur de se maintenir ; mais qu'à deux heures après midi, s'étant aperçu qu'il était débordé par la gauche par la marche d'une division autrichienne qui longeait le lac de Guarda et menaçait de se placer entre Peschiera et lui, et par sa droite par une autre division ennemie qui avait longé la rive gauche de l'Adige, jeté un pont à une heure au-dessus de Rivoli, passé ce fleuve et filait par la rive droite, longeant le pied du Montemagone, pour enlever le plateau de Rivoli, il avait jugé indispensable d'envoyer une brigade pour s'assurer le plateau de Rivoli, la clef de toute la position, et que sur les quatre heures il avait jugé lui-même nécessaire d'abandonner la Corona, afin d'arriver de jour sur le plateau de Rivoli, qu'il serait obligé d'évacuer le lendemain avant neuf heures. Sur le bas Adige, l'ennemi avait bordé la rive gauche. Nous étions sur la rive droite. Le projet de l'ennemi se trouva dès lors démasqué. Il fut évident qu'il opérait avec deux grandes armées sur le Montebaldo et sur le bas Adige. La division Augereau parut suffisante pour disputer et défendre le passage de la rivière. Sur le Montebaldo, il n'y avait pas un moment à perdre, puisque l'ennemi allait faire sa jonction avec son artillerie et sa cavalerie, en s'emparant du plateau de Rivoli ; et que si on pouvait l'attaquer avant qu'il se fût emparé de ce point important, il serait obligé de combattre sans son artillerie et sans sa cavalerie. Il ne fut plus douteux que la principale attaque de l'ennemi ne fût par le Montebaldo. Toutes les troupes furent donc dirigées sur le plateau de Rivoli. Le général en chef s'y rendit lui-même à deux heures du matin.

VII. *Bataille de Rivoli.* — Le temps s'était éclairci, il faisait un clair de lune superbe. Napoléon monta sur différentes hauteurs et observa les diverses lignes des feux ennemis. Elles remplissaient le pays entre l'Adige et le lac de Guarda ; l'atmosphère en était embrasée. On distingua fort bien cinq corps qui paraissaient formés par cinq divisions *qui avaient déjà commencé leur* mouvement la veille. Les feux des bivouacs *an-*

nonçaient quarante ou cinquante mille hommes. Les Français devaient être à six heures du matin à Rivoli, avec vingt-deux mille hommes : *c'était encore une très-grande disproportion ; mais nous avions sur l'ennemi l'avantage d'avoir soixante pièces de canon et plusieurs milliers de chevaux.* Il fut évident, par la position des cinq bivouacs ennemis, qu'ils *voulaient* nous attaquer vers neuf ou dix heures du matin. La colonne de droite, qui était fort éloignée, avait pour but de venir cerner *le plateau de* Rivoli par derrière : *elle ne pouvait être arrivée avant dix heures ;* la première division du centre devait avoir la destination d'attaquer notre position de gauche. La seconde, qui était sur la crête supérieure de Montebaldo, près Saint-Marco, avait pour but de s'emparer de la chapelle de Saint-Marco, de descendre par le plateau de Rivoli, et d'ouvrir le chemin à la colonne de gauche, qui avait longé le pied du Montebaldo, et se trouvait bivouaquée au bord du plateau le long de l'Adige, au fond de la vallée. Le cinquième bivouac paraissait une division de réserve : *il était en arrière.*

Sur ces données, Napoléon établit son plan. Il ordonna à Joubert, qui avait évacué la chapelle Saint-Marco, et qui n'occupait plus le plateau de Rivoli que par une arrière-garde, de reprendre *de suite* l'offensive ; de se réemparer de la chapelle, et, à l'aube du jour, de pousser la deuxième division du centre de l'ennemi, qui était sur la crête supérieure, aussi loin que possible. Cent Croates, instruits par un prisonnier de l'évacuation de Saint-Marco, venaient d'en prendre possession, lorsque Joubert remonta sur cette chapelle à quatre heures du matin, et reprit sa position en avant.

La fusillade s'engagea avec un régiment de Croates. Au jour, Joubert attaqua la division qui était devant lui, et la poussa de hauteurs en hauteurs sur la crête supérieure de Montebaldo, qui domine le village de l'Adige. La première division autrichienne du centre pressa alors sa marche, et un peu avant neuf heures *elle arriva* sur les hauteurs de gauche du plateau de Rivoli. Elle n'avait point d'artillerie. La 14ᵉ et la 85ᵉ, qui garnissaient ce plateau, avaient chacune une batterie. La 14ᵉ, qui occupait la droite, repoussa les attaques de l'ennemi ; la 85ᵉ fut débordée et rompue. Mais le général français courut à la division Masséna, qui, ayant marché toute la nuit, prenait un peu de repos, *la mena à l'ennemi ;* et, en moins d'une *demi-heure*, la première division autrichienne du centre fut battue et mise en déroute : il était dix heures et demie. La division autrichienne de la gauche, composée de trois mille hommes d'infanterie, de cinq à six mille hommes de cavalerie, de toute l'ambulance et le gros bagage de l'armée, qui était au fond de la vallée, entendant la fusillade près du plateau, et s'étant aperçue que Joubert, qui était à une lieue en avant, n'avait plus personne à la chapelle Saint-Marco, fit monter quelques bataillons de troupes légères pour l'occuper et prendre Joubert à dos. Lorsque ces bataillons furent à demi hauteur, l'ennemi se hasarda à faire déboucher douze pièces de canon, deux à trois bataillons d'infanterie et mille chevaux. Cette opération était difficile ; c'était une véritable escalade. Joubert, *s'en étant aperçu*, envoya au pas de course trois bataillons, qui arrivèrent à la chapelle avant l'ennemi, et le précipitèrent au fond de la vallée. Une batterie de quinze pièces, placée au plateau de Rivoli, mitrailla la partie de la colonne de gauche qui *commençait* à déboucher. Le colonel

Leclerc chargea par peloton avec trois cents chevaux. Le chef d'escadron Lasalle était à la tête du premier peloton, et, par son intrépidité, décida du succès. L'ennemi fut culbuté dans le ravin; on prit tout ce qui avait débouché, infanterie, cavalerie, artillerie.

A onze heures, la colonne de droite de l'armée autrichienne arriva à la position qui lui était indiquée. Elle y trouva notre division de réserve de Dezenzano. Elle plaça une brigade pour la tenir en échec. L'autre brigade, forte de quatre mille hommes, *se plaça sur la hauteur, à cheval sur le chemin de Vérone au plateau de Rivoli.* Elle n'avait point d'artillerie, elle croyait avoir tourné l'armée française, mais il était trop tard. A peine arrivée sur la hauteur, elle put voir la déroute de trois divisions autrichiennes *du centre et de la gauche.* On dirigea contre elle douze à quinze *pièces de la réserve. Après une vive* canonnade *elle fut attaquée,* cernée et entièrement prise. La deuxième brigade, qui était plus en arrière, en position contre la réserve de Dezenzano, se mit en retraite. Elle fut vivement poursuivie; une grande partie fut tuée ou prise. Il était une heure après midi; l'ennemi était partout en retraite et vivement poursuivi.

Joubert avança avec tant de rapidité qu'un moment nous crûmes toute l'armée d'Alvinzi prise. Joubert arrivait à l'escalier, seule retraite de l'ennemi; mais Alvinzi, sentant le danger où il était, marcha avec ses troupes de réserve, contint Joubert, et même lui fit perdre un peu de terrain. La bataille était gagnée. Nous avions du canon, des drapeaux et un grand nombre de prisonniers. Deux de nos détachements qui venaient rejoindre l'armée *donnèrent dans la division qui nous avait coupé le chemin de Vérone.* Le bruit se répandit aussitôt *sur les derrières* que l'armée française était cernée *et perdue.*

Dans cette journée, le *général en chef* fut plusieurs fois entouré par l'ennemi. Il eut plusieurs chevaux tués ou blessés. Chabot occupait Vérone avec une poignée de monde; mais la division de Caldiero avait été si bien battue le 12 à Saint-Michel, qu'elle n'avait pu rien entreprendre. Elle se contenta de garder sa position.

VIII. *Passage de l'Adige par Provera. Il marche sur Mantoue.* — Le 14, Provera jeta un pont à Anghiari; et le 15, à la pointe du jour, il passa l'Adige et se mit en marche sur Mantoue. Augereau se porta sur le pont de l'ennemi, fit prisonniers quinze cents hommes que Provera avait laissés pour sa garde, et s'empara du pont pendant la journée du 15; mais Provera avait gagné *une marche* sur lui : *Mantoue était compromise.*

Il est difficile d'empêcher un ennemi qui a plusieurs équipages de pont de passer une rivière lorsque l'armée qui défend le passage a pour but de couvrir un siége. Le général doit avoir pris ses mesures pour *arriver à une* position intermédiaire entre la rivière qu'il défend et la place qu'il couvre avant l'ennemi. Le général français avait donné des ordres en conséquence. Aussitôt que l'ennemi aurait passé, il fallait se diriger sur la Molinella, y arriver avant lui, et, après avoir couvert la place, marcher à sa rencontre. L'oubli de ce principe et de ces instructions compromit Mantoue.

Napoléon, ayant appris à trois heures après midi que Provera jetait un pont à Anghiari, prévit sur-le-champ ce qui allait arriver. Il laissa à Masséna, à Murat et à Joubert le soin de suivre le lendemain Alvinzi, et partit à l'heure même avec quatre régiments pour se rendre devant Mantoue. Il arriva à Roverbello comme Provera arrivait devant Saint-Georges. Hohenzollern, qui commandait l'avant-garde de Provera, parut le 16 à l'aube du jour. Il arrivait à la tête d'un régiment couvert de manteaux blancs à la porte de Saint-Georges. Il savait que ce faubourg n'était point fortifié, qu'il n'était couvert que par un simple retranchement de campagne; il espérait le surprendre. Miolis, qui y commandait, ne se gardait que du côté de la ville. Il savait qu'il était couvert par une division qui était sur l'Adige, et que l'ennemi était très-loin. Les hussards de Hohenzollern ressemblaient au premier de hussards français. Cependant un vieux sergent de la garnison de Saint-Georges, qui faisait du bois à deux cents pas de la place, fixe cette cavalerie arrivant sur la ville; il conçut des doutes, qu'il communiqua à un de ses camarades; il leur parut que les manteaux blancs étaient bien neufs pour être Berchini. Ces braves gens, dans l'incertitude, se jettent dans Saint-Georges, crient aux armes et poussent la barrière. La cavalerie se mit au galop; mais il n'était plus temps : elle fut reconnue et mitraillée. Toutes les troupes furent bientôt sur les remparts. A midi Provera cerna la place. Le brave Miolis, avec quinze cents hommes, se défendit toute la journée.

IX. *Bataille de la Favorite.* — Cependant Provera communiqua avec Wurmser par une barque au travers du lac. Le 17, à la pointe du jour, Wurmser sort avec la garnison et prend position à la Favorite. A une heure du matin, Napoléon plaça les quatre régiments entre la Favorite et Saint-Georges, et empêcha la garnison de Mantoue de se joindre à Provera. Serrurier attaqua à la pointe du jour la garnison de Mantoue avec les troupes du blocus. Le général en chef attaqua Provera. C'est à cette bataille que la 57e mérita le nom de *terrible*. Seule elle aborda la ligne autrichienne à la baïonnette et renversa tout ce qui voulut résister. A deux heures après midi, la garnison de Mantoue ayant été rejetée, Provera capitula et posa les armes, nous laissant beaucoup de drapeaux, de bagages, plusieurs équipages de pont. Six mille prisonniers et plusieurs généraux restèrent en notre pouvoir. Il ne s'échappa des vingt-deux mille hommes de Provera que ce qui était resté de la division qui le 12 avait attaqué Saint-Michel, et qui continua de rester dans sa position de Caldiero, et quinze cents hommes que Provera avait laissés sur la rive gauche de l'Adige à la garde de ses parcs et magasins; tout le reste fut pris ou tué. Cette bataille fut appelée de la Favorite.

Le 15, Joubert poussa toute la journée Alvinzi devant lui, et arriva si rapidement sur l'escalier, que six à sept mille hommes furent coupés. Murat, avec une colonne, se porta sur la Corona et entra dans le Tyrol. La division Masséna se rendit à Bassano. Une division d'Alvinzi commençait à se rallier sur la Brenta; on la défit, et on la jeta au-delà de la Piave. Le général Augereau marcha à Castel-Franco, et de là à Trévise. Il eut aussi à soutenir quelques légères affaires d'avant-garde. Toutes les troupes autrichiennes repassèrent la Piave. Les neiges remplissaient toutes les gorges du Tyrol; ce fut le plus grand obstacle que Joubert eut à surmonter : l'infanterie française triompha de tout. Joubert entra dans Trente. Le général Victor fut envoyé sur le Laviso, et par les gorges de la Brenta il se mit en communication avec Masséna, dont le quartier général était à Bassano.

On ramassa beaucoup de prisonniers dans divers petits combats; on **trouva** partout des malades autrichiens et beaucoup de magasins. L'armée se trouva dans la même position qu'après les batailles de Roveredo, de Bassano et avant celle d'Arcole, et Bessières fut envoyé porter de nouveaux trophées à Paris. Les combats de Saint-Michel, de Rivoli, d'Anghiari et de la Favorite firent perdre à Alvinzi plus des deux tiers de son armée. De ses quatre-vingt mille hommes il n'en ramena que vingt-cinq mille en Autriche.

X. *Reddition de Mantoue.* — Désormais nous n'avions plus d'inquiétude sur Mantoue. Depuis longtemps la garnison avait été mise à la demi-ration; tous les chevaux étaient mangés. On fit connaître à Wurmser les résultats de la bataille de Rivoli; il n'avait plus rien à espérer. On le somma de se rendre; il répondit fièrement qu'il avait des vivres pour un an. Cependant, à quelques jours de là, Klenau, son premier aide de camp, se rendit au quartier général de Serrurier : il protesta que la *garnison* avait encore pour trois mois de vivres; mais que, le maréchal ne croyant pas que l'Autriche pût dégager la place à temps, sa conduite serait réglée par les conditions qu'on lui ferait. Serrurier répondit qu'il allait prendre les ordres du général en chef à ce sujet.

Napoléon se rendit à Roverbello; Serrurier fit appeler Klenau. Le général français resta inconnu, enveloppé dans sa capote. La conversation s'engagea entre Serrurier et Klenau; Klenau employait tous les moyens d'usage, et dissertait longuement sur les grands moyens qui restaient à Wurmser, et la grande quantité de vivres *qu'il avait dans ses magasins de réserve.* Le général français s'approcha de la table et écrivit près d'une demi-heure ses décisions en marge des propositions de Wurmser pendant que la discussion durait toujours avec Serrurier. *Quand il eut fini :* « Si Wurmser, dit-il à
» Klenau, avait seulement pour dix-huit à vingt jours de vivres et qu'il parlât de se
» rendre, il ne mériterait aucune capitulation *honorable.* Voici les conditions que je lui
» accorde, ajouta-t-il en rendant le papier à Serrurier; vous y lirez surtout qu'il sera
» libre de sa personne, parce que j'honore son grand âge et ses mérites, et que je ne
» veux pas qu'il devienne la victime des intrigants qui voudraient le perdre à Vienne.
» *S'il ouvre ses portes demain, il aura les conditions que je viens d'écrire; s'il tarde*
» *quinze jours, un mois, deux, il aura encore les mêmes conditions. Il peut donc désor-*
» *mais attendre jusqu'au dernier morceau de pain. Je pars à l'instant pour passer le*
» *Pô; je marche sur Rome.* Vous connaissez mes intentions, allez les dire à votre
» général. »

Klenau, qui n'avait rien conçu aux premières paroles, ne tarda pas à juger *à qui il avait affaire.* Il prit connaissance des décisions, dont la nature le pénétra de reconnaissance et d'admiration pour un procédé aussi généreux et aussi peu attendu. Il ne fut plus question de dissimuler, et il convint qu'il n'avait plus de vivres que pour trois jours. Wurmser fit solliciter *le général français*, puisqu'il devait traverser le Pô, de venir le passer à Mantoue, ce qui lui éviterait beaucoup de détours et de difficultés.

Mais déjà tous les **arrangements** de voyage étaient disposés. Wurmser lui écrivit pour lui exprimer toute sa reconnaissance. Peu de jours après, il lui expédia un aide de camp à Bologne pour l'instruire d'une trame d'empoisonnement qui devait avoir lieu dans la Romagne, et lui donna des renseignements nécessaires pour s'en garantir : cet avis fut utile. Le général Serrurier présida donc aux détails de la reddition de Mantoue, et vit défiler devant lui le vieux maréchal et tout l'état-major de son armée. Déjà Napoléon était dans la Romagne. L'indifférence avec laquelle il se dérobait au spectacle si flatteur d'un maréchal de grande réputation, généralissime des forces autrichiennes, à la tête de tout son état-major, lui remettant son épée, fut un sujet d'étonnement *qui retentit dans toute l'Europe.*

N. B. Ecrit sous dictée. — 1° Alvinzi, quoi qu'on trouve dans les divers rapports, avait quatre-vingt mille hommes, Provera compris. Les forces du Tyrol étaient de plus de cinquante mille hommes. Provera en avait vingt-cinq, dont cinq mille combattaient à Saint-Michel, et dix-huit mille, formant deux divisions, avaient marché sur Mantoue. De ces dix-huit mille hommes, trois mille restèrent sur ses derrières, dix mille arrivèrent à Saint-Georges, et cinq mille restèrent en arrière sur la Molinella pour parer le mouvement d'Augereau qui suivait : tout cela fut pris. S'il ne se trouva que sept mille prisonniers dans la colonne de Provera, c'est qu'il avait livré deux combats, l'un à Anghiari, un autre à Saint-Georges, et donné la bataille de la Favorite, qui lui avait coûté du monde, et que beaucoup de soldats autrichiens entrés dans les hôpitaux ne sont pas compris dans le nombre des prisonniers. Les rapports ne marquent que vingt-trois mille prisonniers : le vrai est que les Français en firent plus de trente mille ; c'est qu'en général l'armée gardait mal ses prisonniers ; elle en laissait échapper un grand nombre. Le cabinet de Vienne avait organisé des administrations en Suisse et sur les routes pour favoriser leur désertion. On peut calculer qu'un quart des prisonniers se sauvait avant d'être arrivé au quartier général central ; un autre quart avant de parvenir en France, où il n'en arrivait guère qu'une moitié. Beaucoup aussi s'encombraient dans les hôpitaux.

2° Si, dans le rapport officiel, Bessières ne présenta au Directoire que soixante et onze drapeaux, c'est que les méprises communes dans les mouvements d'un grand état-major en retinrent treize en arrière. On les trouva dans le nombre de ceux que présenta Augereau après la prise de Mantoue.

3° Des soixante drapeaux qu'Augereau présenta au Directoire, treize étaient un reste des trophées de Rivoli et de la Favorite qu'aurait dû présenter Bessières. Les quarante-sept autres furent trouvés dans Mantoue, et font connaître les nombreux cadres de l'armée de Wurmser qui s'étaient renfermés dans cette place. Le choix d'Augereau pour porter ces drapeaux fut la récompense des services qu'il avait rendus à l'armée, surtout à la journée de Castiglione. Cependant il eût été plus naturel encore de les envoyer par Masséna, qui avait des titres bien supérieurs. Mais le général en chef comptait beaucoup plus sur celui-ci pour sa campagne d'Allemagne, et ne voulut point s'en séparer. Il en est qui ont cru que Napoléon s'apercevant qu'on affectait d'élever outre mesure le général Augereau, fut bien aise, en l'envoyant à Paris, de mettre chacun à même d'apprécier justement le caractère et les talents de cet officier, qui ne pouvait que perdre à l'épreuve. D'autres ont pensé, au contraire, que le général en chef avait eu pour but de fixer les regards de Paris sur un de ses lieutenants. Augereau était Parisien.

BATAILLE DU TAGLIAMENTO.

Depuis le passage de la Piave, le 13 mars 1797, jusqu'à l'entrée de l'armée française en Allemagne, le 28 du même mois, espace de dix-sept jours.

I. *Situation de l'Italie au commencement de* 1797. — La *paix de Tolentino* avait *rétabli les relations avec Rome*. La cour de Naples *était* satisfaite de la modération des Français *à l'égard du pape : elle y voyait* une preuve que l'intention de la république était de *ne pas* se mêler de ses affaires intérieures, *et de ne donner aucun appui aux mécontents*. Nous étions maîtres de la république de Gênes, le parti oligarchique y était sans crédit. Les républiques cispadane et transpadane étaient animées du meilleur esprit; nous y trouvions toute espèce d'assistance. *En Piémont*, Alexandrie, Fenestrelles, Cherasque, Coni, Tortone, avaient garnison française; Suze, Labrunette, Desmont, étaient démolies. La misère et le mécontentement étaient à l'extrême *parmi le peuple*. Des mouvements d'insurrection s'étaient manifestés dans diverses provinces *contre la cour;* le roi de Sardaigne *avait* réuni ses troupes de ligne en corps d'armée *pour les dissiper*. Le général français avait tout fait pour *maintenir l'ordre et la tranquillité en Piémont;* il avait souvent menacé de faire marcher des troupes contre *les mécontents;* mais les communications *étaient* rétablies entre le Piémont, la France et les républiques cispadane et transpadane. *L'esprit qui dominait dans ces républiques se propageait en Piémont*. Les officiers et les soldats français, *animés des principes républicains, les propageaient dans toute l'Italie*. Les circonstances étaient *devenues* telles qu'il fallait, *pour assurer les desseins du général français*, ou détruire *le roi de Sardaigne*, ou dissiper entièrement toutes ses inquiétudes, *et contenir les mécontents. Le général français imagina de proposer* un traité offensif et défensif à la cour de Sardaigne; il fut signé par le général Clarke et le marquis de Saint-Marsan. La république garantissait au roi sa couronne; le roi *déclarait la guerre à l'Autriche, et fournissait un contingent de dix mille hommes et vingt pièces de canon à l'armée française. Ce traité était très-important pour l'exécution du grand plan du général en chef; son armée se trouvait renforcée, et il avait avec lui des otages qui lui assuraient le Piémont pendant son absence de l'Italie*. Mais le Directoire ne sentit point l'importance de ce traité, et en ajourna constamment la ratification. Cependant la publicité du traité donna un nouveau crédit au roi et découragea les malveillants. L'état de Venise seul donnait des inquiétudes : Brescia, Bergame, la Polésine, une partie du Vicentin et du Padouan étaient parfaitement disposés pour la cause française ; mais *le parti autrichien, qui était celui du Sénat de Venise, pouvait disposer de la plus grande partie du Véronais, et de douze mille Esclavons qui étaient dans Venise.* Tous les moyens que Napoléon put imaginer pour aplanir les difficultés ayant échoué, il fut obligé de passer outre, de se contenter d'occuper la forteresse de Vérone, et de laisser un corps de réserve pour observer le pays vénitien et garantir la sûreté de ses derrières. On verra dans le chapitre suivant les raisons qui s'opposèrent à ce qu'il mît fin aux troubles de cette répuplique avant d'entrer en Allemagne.

II. *L'empereur d'Allemagne refuse de reconnaître la république française et d'entrer en négociation. Le général français se dispose à l'y forcer.* — Avant et après la prise de Mantoue, diverses ouvertures pacifiques avaient été faites à la cour de Vienne : toutes furent infructueuses ; le général Clarke avait été envoyé de Paris avec une lettre du Directoire à l'empereur d'Allemagne, et des pleins pouvoirs pour négocier et conclure des préliminaires de paix. Une conférence avait eu lieu à Vicence, avant la bataille de Rivoli, entre Clarke et le baron de Vincent, *aide de camp de l'empereur.* Ce dernier dit que son maître ne reconnaissait point la république française, et ne *pouvait* entendre parler de paix *sans le concours de son alliée, c'est-à-dire de l'Angleterre.* Depuis la prise de Mantoue, Clarke fit une seconde tentative. Il se rendit à Florence, et vit le grand-duc ; il obtint la même réponse. Le général français, tranquille sur l'Italie, résolut de rejeter les Autrichiens au-delà des Alpes Juliennes, de les poursuivre sur la Drave, sur la Mur, de passer le Simmering, et d'obliger l'empereur d'Autriche à signer la paix dans Vienne. Le projet était vaste, le succès paraissait assuré. Le général en chef promit la paix au gouvernement *français* dans le courant de l'été.

L'armée d'Italie n'avait jamais été si belle, si nombreuse ni en meilleur état : elle se composait de huit divisions d'infanterie, de six mille chevaux, et comptait cent cinquante pièces de canon bien attelées. Ses troupes étaient bien habillées, bien chaussées, bien payées, composées de vieux soldats et d'excellents officiers. Cette armée, d'environ soixante mille hommes, *pouvait* tout entreprendre.

L'armée française, depuis la prise de Mantoue, menaçait directement les Etats héréditaires de la maison d'Autriche ; ses avant-postes étaient sur les frontières. Les armées françaises du Rhin et de Sambre-et-Meuse, qui avaient leurs quartiers d'hiver sur la rive gauche du Rhin, en étaient éloignées de plus de cent lieues, *en étant séparées par les Etats* du corps germanique. L'armée d'Italie était éloignée d'environ cent quatrevingts lieues de Vienne, et les armées du Rhin et de Sambre-et-Meuse de plus de deux cents lieues. L'armée d'Italie fixa donc toute l'attention de la cour de Vienne. Le prince Charles, qui avait obtenu des succès *sur le Danube* dans les campagnes précédentes, fut envoyé sur la Piave avec quarante mille hommes de *renfort* des meilleures troupes de la monarchie.

Dès le mois de janvier, les ingénieurs autrichiens parcouraient tous les cols et les hauteurs des Alpes Noriques, projetaient des retranchements, dressaient des plans pour fortifier Gradisca, Clagenfurt, Tarvis. Mais tous ces travaux ne pouvaient se commencer qu'après la fonte des neiges, qui, dans les Alpes Noriques, ne disparaissent que vers la fin de mars. Il était donc important de prévenir l'ennemi avant qu'il eût réuni tous ses moyens et retranché les gorges et passages difficiles qu'on avait à traverser : Napoléon résolut d'être en Allemagne à la fin de mars.

III. *Plan de campagne de l'armée française pour marcher sur Vienne.* —- Le Brenner est la sommité la plus élevée des Alpes du Tyrol; c'est la division géographique de l'Allemagne et de l'Italie. L'Inn, l'Adda et l'Adige prennent leurs sources sur cette haute chaîne; l'Inn coule du sud-ouest au nord-est, cinquante lieues dans le Tyrol, sur le revers du Brenner, vers le Danube, dans lequel il se jette, séparant la Bavière de l'Autriche. L'Adda, dont les sources sont près de celles de l'Inn, coule du nord au sud, et se jette, après vingt-huit lieues de cours, dans le lac de Côme, d'où elle sort pour traverser la Lombardie. L'Adige, qui prend sa source à peu de lieues de celle de l'Inn, court du nord au sud, à une cinquantaine de lieues sur l'autre penchant du Brenner, entre en Italie à Vérone, d'où elle se jette dans l'Adriatique près de l'embouchure du Pô. Un grand nombre d'affluents coulent dans ces diverses rivières, et forment des gorges à pic où il est impossible de pénétrer sans être maître des sommités. C'est la partie des Alpes la plus rude et la plus difficile, celle qui est la plus coupée et dont la pente est la plus brusque.

Pour se rendre de l'Italie à Vienne, il n'y a que trois grandes chaussées : celle du Tyrol, celle de la Carinthie et celle de la Carniole. La première traverse la chaîne supérieure des Alpes au col du Brenner; la seconde au col des Alpes Noriques, entre Ponteba et Tarvis; la troisième au col des Alpes de la Carniole, à quelques lieues de Laybach. Suivant la loi générale des Alpes, le col du Brenner est beaucoup plus élevé que le col de Tarvis; le col de Tarvis que celui de Laybach.

La chaussée du Tyrol part de Vérone, remonte la rive gauche de l'Adige, passe à Trente, Bolzano, Brixen; traverse le Brenner à soixante lieues de Vérone; rencontre l'Inn à Inspruck, à neuf lieues et demie; longe l'Inn jusqu'à mi-chemin de Rattemberg à Kuftein, et trouve Salzburg à trente-quatre lieues et demie, d'où elle traverse Ens sur le Danube, à trente-deux lieues, et de là jusqu'à Vienne court trente-six lieues. Cette chaussée, qui porte le nom de chaussée du Tyrol, a donc de Vérone à Vienne cent soixante et onze lieues.

La chaussée de la Carinthie part de Saint-Danièle, traverse la chaîne des Alpes Noriques entre Tarvis et la Ponteba, en parcourant trente et une lieues; elle passe la Drave à Villach, à vingt-quatre lieues et demie; traverse Clagenfurt, capitale de la Carinthie, à huit lieues de Villach; rencontre la Mur, qu'elle suit jusqu'à Judenbourg, à vingt lieues et demie, et continue, en serpentant sur l'une et l'autre rive, jusqu'à Bruch, pendant l'espace de douze lieues. De Bruch, la chaussée quitte la Mur et monte pendant douze lieues sur le Simmering, montagne qui sépare la vallée du Danube de la vallée de la Mur, et de là descend dans la plaine qui conduit à Vienne, qui n'en est plus qu'à vingt lieues. Il y a donc des frontières de l'Italie à Vienne quatre-vingt-dix-sept lieues, ou de Saint-Danièle cent vingt-huit lieues.

La chaussée de la Carniole part de Goritz, arrive à Laybach après vingt-sept lieues, passe la Save, les Alpes, et descend sur la Drave, qu'elle passe à Marbourg, à trente lieues et demie de Laybach; de Marbourg, elle rencontre la Mur à Ehrenhausen, à quatre lieues et demie; elle longe cette rivière jusqu'à Bruch, en passant par Gratz, capitale de la Syrie, pendant l'espace de vingt-six lieues; là elle rencontre la chaussée de la Carinthie : de Goritz à Vienne il y a donc, par la chaussée de la Carniole, cent trois lieues.

La chaussée du Tyrol se joint à la chaussée de la Carinthie par six communications transversales : 1° un peu au-dessus de Brixen, une chaussée dite Pusthersthal prend à droite, remonte un des affluents de l'Adige, passe à Lienz, Spital, et aboutit à Villach, à quarante-six lieues et demie de Brixen; 2° de Salzbourg part une chaussée qui traverse Rastadt, rencontre le Pusthersthal à Spital, et arrive à Villach, à cinquante-deux lieues de Salzbourg; 3° de la seconde chaussée transversale, à quatre lieues au-dessous de Rastadt, part une chaussée qui suit la Mur jusqu'à Scheiffing, où elle rencontre la chaussée de la Carinthie; elle a environ seize lieues; 4° de Lintz sur le Danube part une chaussée qui passe l'Ens près de Rottenman, traverse de hautes montagnes, et descend sur Judenbourg; 5° d'Ens sur le Danube, une chaussée remonte l'Ens pendant environ vingt lieues, et redescend sur Leoben pendant environ huit lieues; 6° enfin du Danube par Saint-Polten, une chaussée arrive à Bruch, qui en est à environ vingt-quatre lieues. Les deux chaussées de la Carniole et de la Carinthie se joignent par trois communications transversales : 1° de Goritz, en remontant l'Isonzo pendant dix lieues, on arrive à Caporetto, où l'on trouve la chaussée d'Udine; six lieues plus haut, on trouve la Chiusa autrichienne; et enfin, cinq lieues plus haut, Tarvis, où elle joint la chaussée de la Ponteba ou de la Carinthie; 2° de Laybach part une chaussée qui traverse la Save, la Drave, et arrive, après dix-sept lieues, à Clagenfurt; mais elle est très-difficile pour l'artillerie; 3° enfin de Marbourg une chaussée remonte la Drave, et arrive, après environ vingt-cinq lieues, à Clagenfurt, où elle rencontre la chaussée de la Carinthie; une fois dépassé Clagenfurt et Marbourg, ces deux chaussées de la Carinthie et de la Carniole cheminent parallèlement à une vingtaine de lieues l'une de l'autre, et n'ont plus aucune communication transversale praticable aux voitures.

Le projet de Napoléon était de pénétrer en Allemagne par la chaussée de *la Carinthie*, de traverser la Carniole, la Styrie, et d'arriver sur le Simmering; mais le prince Charles *avait deux* armées : *l'une* en Tyrol, et l'autre *derrière* la Piave; il fallait donc laisser une partie de l'armée en observation contre l'armée du Tyrol. Le général français préféra faire prendre également l'offensive aux divisions du Tyrol, les faire arriver jusqu'à Brixen, et *les diriger sur Clagenfurt* par la chaussée de Pusthersthal, dans le temps que le principal corps de l'armée se porterait sur la Piave, traverserait le Tagliamento, déboucherait par la chaussée de la *Carinthie* sur la Drave et Villach, *où il serait rejoint par* son aile du Tyrol; et alors toute l'armée réunie marcherait sur le Simmering.

Trois divisions, formant un ensemble de quinze mille hommes sous les ordres du général Joubert, furent destinées à l'opération du Tyrol; quatre, sous les ordres du général en chef en personne, *faisant* trente-cinq mille hommes, marchèrent sur le Tagliamento; le 8°, qui se composait en partie des troupes qui avaient marché sur Rome, fut destiné à former un corps d'observation contre Venise, et assurer la tranquillité de nos derrières. Les généraux de division Baraguay-d'Hilliers et Delmas commandaient dans le Tyrol sous Joubert; les généraux Masséna, Serrurier, Guieux et Bernadotte étaient à la tête des quatre divisions d'infanterie qui marchaient sur le Tagliamento; le général Dugua commandait la cavalerie. Les armées du Rhin et de Sambre-et-Meuse devaient passer le Rhin et entrer en Allemagne, de manière à arriver sur le Lech *et le Danube* en même temps que l'armée française arriverait sur le Simmering. On avait compté sur la division du Piémont, forte de dix mille hommes; mais le retard des ratifications priva l'armée française de ce renfort *si important*.

IV. *Passage de la Piave, 13 mars.* — Dans le Tyrol, tout le mois de février se passa en fortes escarmouches. Les Autrichiens s'y étaient montrés en force et très-hardis. Sur la Piave le prince Charles fit divers mouvements pour profiter de l'éloignement *d'une partie* de l'armée française, qu'il supposait sur Rome. Le général Guieux se crut menacé à Trévise, et repassa la Brenta; mais le prince Charles, *mieux instruit, sut que le général français n'avait mené sur Rome que quatre ou cinq mille hommes, et s'arrêta.* Tout se réduisit à quelques escarmouches. Le quartier général français arriva dans les premiers jours de mars à Bassano.

La proclamation suivante fut mise à l'ordre du jour :

« La prise de Mantoue vient de finir une campagne qui vous a donné des titres éter» nels à la reconnaissance de la patrie.

» Vous avez remporté la victoire dans quatorze batailles rangées et soixante-dix com. bats; vous avez fait plus de cent mille prisonniers, pris à l'ennemi cinq cents pièces de » canon de campagne, deux mille de gros calibre, quatre équipages de pont.

» Les contributions mises sur les pays que vous avez conquis ont nourri, entretenu, » soldé l'armée pendant toute la campagne; vous avez en outre envoyé trente millions » au ministère des finances pour le soulagement du trésor public.

» Vous avez enrichi le Muséum de Paris de plus de trois cents objets, chefs-d'œuvre » de l'ancienne et nouvelle Italie, et qu'il a fallu trente siècles pour produire.

» Vous avez conquis à la république les plus belles contrées de l'Europe; les républi» ques lombarde et transpadane vous doivent leur liberté; les couleurs françaises flottent » pour la première fois sur les bords de l'Adriatique, en face et à vingt-quatre heures » de navigation de l'ancienne Macédoine; les rois de Sardaigne, de Naples, le pape, le » duc de Parme, se sont détachés de la coalition de nos ennemis et ont brigué notre » amitié; vous avez chassé les Anglais de Livourne, de Gênes, de la Corse... Mais vous » n'avez pas encore tout achevé; une grande destinée vous est réservée : c'est en vous » que la patrie met ses plus chères espérances; vous continuerez à en être dignes.

» De tant d'ennemis qui se coalisèrent pour étouffer la république à sa naissance,

» l'empereur seul reste devant nous : se dégradant lui-même du rang d'une grande
» puissance, ce prince s'est mis à la solde des marchands de Londres; il n'a plus de
» volonté, de politique, que celles de ces insulaires perfides, qui, étrangers aux malheurs
» de la guerre, sourient avec plaisir aux maux du continent.

    » Le Directoire exécutif n'a rien épargné pour donner la paix à l'Europe; la modéra-
» tion de ses propositions ne se ressentait pas de la force de ses armées; il n'avait pas
» consulté votre courage, mais l'humanité et l'envie de vous faire rentrer dans vos
» familles : il n'a pas été écouté à Vienne; il n'est donc plus d'espérance pour la paix
» qu'en allant la chercher dans le cœur des Etats héréditaires de la maison d'Autriche.
» Vous y trouverez un brave peuple accablé par la guerre qu'il a eue contre les Turcs et
» par la guerre actuelle. Les habitants de Vienne et des Etats d'Autriche gémissent sur
» l'aveuglement et l'arbitraire de leur gouvernement : il n'en est pas un qui ne soit con-
» vaincu que l'or de l'Angleterre a corrompu les ministres de l'empereur. Vous respec-
» terez leur religion et leurs mœurs; vous protégerez leurs propriétés : c'est la liberté
» que vous apporterez à la brave nation hongroise.

    » La maison d'Autriche, qui depuis trois siècles va perdant à chaque guerre une
» partie de sa puissance, qui mécontente ses peuples en les dépouillant de leurs privi-
» léges, se trouvera réduite, à la fin de cette sixième campagne (puisqu'elle nous con-
» traint à la faire), à accepter la paix que nous lui accorderons, et à descendre, dans la
» réalité, au rang des puissances secondaires, où elle s'est déjà placée en se mettant aux
» gages et à la disposition de l'Angleterre.

» Signé BONAPARTE. »

    L'armée se mit en mouvement. Il fallait passer la Piave, que défendait l'armée du
prince Charles, et chercher à gagner avant lui les gorges d'Osopo et de la Ponteba.
Masséna, avec sa belle division, fut destiné à remplir cet objet important; il partit de
Bassano, passa la Piave et le Tagliamento dans les montagnes, tournant ainsi toute
l'armée du prince Charles. *Celui-ci détacha* une division pour l'opposer à cette manœuvre. Masséna la battit, la poursuivit l'épée dans les reins, lui prit beaucoup de monde et
quelques pièces de canon. Parmi ces prisonniers se trouva le général de Lusignan, qui
avait insulté les malades français ses compatriotes, aux hôpitaux de Brescia, durant les
succès éphémères de Wurmser. Masséna se rendit maître de Feltres, de Cadore et de
Bellune, *menant battant* la division autrichienne, sans éprouver de pertes considérables.

    Le général en chef se porta le 12 sur Azolo avec la division Serrurier, passa la Piave
à la pointe du jour, marcha sur Conégliano, où était le quartier général autrichien,
tournant ainsi toutes les divisions autrichiennes qui défendaient la basse Piave, ce qui
permit au général Guieux d'exécuter son passage, à deux heures après midi, à Ospe-
daletto. La rivière dans cet endroit est assez haute, et eût exigé un pont; mais la bonne
volonté y suppléa. Un seul tambour courut des risques, et fut sauvé par une vivandière
de l'armée, qui se jeta à la nage : le général en chef la récompensa en lui attachant au

cou une chaîne d'or. Le 12, le général français fut à Conégliano avec les divisions Serrurier et Guieux. La division Bernadotte rejoignit le lendemain.

Le prince Charles avait choisi les plaines du Tagliamento pour champ de bataille, les croyant avantageuses *pour tirer parti* de sa cavalerie. Son arrière-garde essaya de tenir à Sacile ; mais elle fut battue par le général Guieux, qui y entra le 13.

V. *Bataille du Tagliamento*, 13 *mars*. — Le 16, à neuf heures du matin, les deux armées furent en présence, l'armée française sur la rive droite, l'armée autrichienne sur la rive gauche du Tagliamento. Les divisions Guieux, Serrurier, Bernadotte faisaient la gauche du centre, et la droite était, avec le quartier général, en avant de Valvasone. Le prince Charles, avec des forces à peu près égales, était rangé de la même manière, en face, sur la rive gauche. Par cette position, le prince Charles *ne couvrait pas la chaussée de la Ponteba*. Les débris de la division opposée à Masséna n'étaient plus capables de l'arrêter. Cependant la Ponteba était la route la plus courte de Vienne, et la direction naturelle pour couvrir cette capitale. Cette conduite du prince Charles ne pouvait s'expliquer qu'en supposant qu'il ne connaissait pas encore bien le nouveau terrain sur lequel il devait opérer, lequel n'avait jamais été le théâtre de la guerre dans les temps modernes ; ou que, ne croyant pas le général français assez hardi pour se porter sur Vienne, il n'eût de crainte que pour Trieste, centre des établissements maritimes de l'Autriche ; ou enfin, que ses positions n'étaient point définitivement prises et que, couvert par le Tagliamento, il espérait gagner quelques jours qui suffiraient à une division de grenadiers, déjà arrivée à Clagenfurt, pour venir renforcer la division opposée à Masséna.

La canonnade s'engagea d'une rive à l'autre. La cavalerie légère fit plusieurs charges sur le gravier du torrent. Le général en chef, voyant l'ennemi trop bien préparé, fit poser les armes à ses soldats et établir les bivouacs. Le général autrichien y fut trompé ; il crut que l'armée française, *qui avait marché toute la nuit,* prenait position ; il fit un mouvement en arrière, *et alla* reprendre ses bivouacs. Mais deux heures après, quand tout fut tranquille dans les deux camps, les Français reprirent subitement les armes, et Duphot, à la tête de la 27° légère, formant l'avant-garde de Guieux, et Murat, à la tête de la 15° légère, conduisant l'avant-garde de Bernadotte, soutenus chacun par leurs divisions, chaque brigade formant une ligne, et celles-ci appuyées par Serrurier, marchant derrière en réserve, se précipitèrent dans la rivière. L'ennemi avait couru aux armes ; mais déjà toutes nos troupes avaient passé dans le plus bel ordre et se trouvaient rangées en bataille sur la rive gauche. La canonnade et la fusillade s'engagèrent de toutes parts. Aux premiers coups de canon, Masséna exécuta son passage à Saint-Danièle : il éprouva peu de résistance et s'empara d'Osopo, cette clef de la chaussée de Ponteba que l'ennemi avait fait la faute de négliger : il l'intercepta désormais à l'armée autrichienne, sépara tout à fait de celle-ci la division qui lui était opposée, et la poursuivit jusqu'au pont de Casasola, en la jetant toujours sur la Carinthie. Le prince Charles désespéra de la victoire. Après plusieurs heures de combat et différentes charges d'infanterie et de cavalerie, il se mit en retraite, nous laissant du canon et des prisonniers.

VI. *Plan de retraite du prince Charles.* — Le prince Charles ne pouvait plus se retirer vers la Ponteba *par la chaussée de Saint-Danièle et d'Osopo*, que Masséna tenait en sa possession. Il prit le parti de regagner cette chaussée à Tarvis, *avec la plus grande partie de son armée*, par Udine, Cividale, Caporetto, la Chiusa autrichienne; il jeta une de ses divisions sur sa gauche, par Palma-Nova, Gradisca et Laybach, pour couvrir *la Carniole.* Mais Masséna n'était qu'à deux journées de Tarvis, et l'armée autrichienne, par cette nouvelle route, avait cinq ou six marches à faire. Le prince Charles compromettait donc son armée : il le sentit, et, de sa personne, courut à Clagenfurt presser la marche d'une division de grenadiers qui s'y trouvait. *Cependant Masséna avait lui-même perdu deux jours; mais ayant reçu l'ordre de se porter sans hésitation sur Tarvis, il y rencontra le prince Charles en bataille, avec les débris de la division qui, depuis la Piave, fuyait devant lui, et une belle division* de grenadiers hongrois.

Le combat fut vif et opiniâtre de part et d'autre. Chacun sentait l'importance du succès : car si Masséna parvenait à s'emparer du débouché de Tarvis, la partie de l'armée autrichienne que le prince Charles avait engagée dans la vallée de l'Isonzo était perdue. Le prince Charles se prodigua de sa personne, et fut *plusieurs fois* sur le point d'être arrêté par les tirailleurs français. Le général Brune, qui commandait une brigade de la division Masséna, s'y comporta avec la plus grande valeur. Le prince Charles fut rompu : il avait fait donner jusqu'à ses dernières réserves; il ne put opérer aucune retraite. Les débris de ses troupes allèrent se rallier à Villach, derrière la Drave. Masséna, maître de Tarvis, s'y établit *en faisant face du côté de Villach et du côté de Goritz, barrant les débouchés de l'Isonzo.*

VII. *Combat de Gradisca. Prise de Laybach et de Trieste.* — Le lendemain de la bataille du Tagliamento, le quartier général se rendit à Palma-Nova : c'est une place forte qui appartient aux Vénitiens. Le prince Charles l'avait fait occuper et y avait établi ses magasins; mais jugeant qu'il lui faudrait laisser cinq à six mille hommes pour la garder, son artillerie de place n'étant pas encore arrivée, il résolut de l'évacuer. *Nous l'armâmes aussitôt* et la mîmes à l'abri d'un coup de main. Le lendemain 19, on mar-. cha sur l'Isonzo.

Le général Bernadotte se présenta à Gradisca pour passer cette rivière. Il trouva la ville fermée et fut reçu à coups de canon; on voulut parlementer avec le commandant de la place, mais il s'y refusa. Napoléon partit alors avec la division Serrurier, prit le chemin de Montefalcone, et marcha jusqu'au lieu où la rive gauche de la rivière cesse de dominer la rive droite. Il lui fallait perdre du temps pour construire un pont; le colonel Andréossi, directeur des ponts, se jeta le premier dans la rivière pour la sonder; les colonnes suivirent son exemple, et l'on passa, ayant de l'eau jusqu'à mi-corps, sous la faible fusillade de deux bataillons de Croates, qui furent mis en déroute. Il était une heure après midi; on prit alors sur la gauche; on monta sur les hauteurs, qu'on suivit jusque vis-à-vis Gradisca, où l'on arriva à cinq heures du soir. La place se trouva ainsi cernée et dominée. La division Serrurier avait marché avec d'autant plus de rapidité que la fusillade était vive sur la rive droite, où Bernadotte était aux prises. Ce général avait eu l'imprudence de vouloir enlever la place d'assaut : il avait été repoussé et avait perdu quatre à cinq cents hommes sans nécessité. Cet excès d'ardeur était justifié par l'envie qu'avaient les troupes de Sambre-et-Meuse de se signaler, et par la noble émulation d'arriver à Gradisca avant les anciennes troupes d'Italie. Lorsque le gouverneur de Gradisca vit l'Isonzo passé et les hauteurs couronnées, il capitula et se rendit prisonnier de guerre *avec plusieurs régiments et beaucoup de canons.* Le quartier général fut porté le surlendemain à Goritz. La division Bernadotte fut dirigée sur Laybach. Le général Dugua, *avec mille chevaux, prit possession de Trieste.* La division Serrurier de Goritz remonta l'Isonzo pour soutenir le général Guieux et regagner à Tarvis la chaussée de la Carinthie. Le général Guieux, du champ de bataille du Tagliamento s'était dirigé vers Udine et Cividale, et avait rencontré à Caporetto la chaussée de l'Isonzo. Il avait eu tout le jour de forts engagements avec le *principal corps* du prince Charles, qui avait pris la même route pour gagner Tarvis ; il lui avait tué beaucoup de monde et fait beaucoup de prisonniers. Le général autrichien avait laissé une arrière-garde à la Chiusa vénitienne, et s'était porté sur Tarvis, espérant que le prince Charles l'occupait encore. Mais Masséna y était depuis deux jours. Il fut attaqué en front par Masséna et en queue par Guieux. La position même de la Chiusa vénitienne, qui était *forte*, ne put résister à l'impétueuse 4ᵉ de ligne ; elle gravit avec une rapidité inouïe une montagne qui domine la gauche de la Chiusa ; et tournant ainsi ce poste important, il ne resta plus d'autre ressource aux ennemis que de poser les armes. Bagages, canons, parc, drapeaux, tout fut pris. On ne fit que cinq mille prisonniers ; dix mille avaient été tués ou blessés dans différents combats. *Depuis le Tagliamento, dix mille soldats, habitants* de la Carniole ou de la Croatie, voyant *que tout était perdu,* se débandèrent dans les gorges et gagnèrent isolément leurs villages.

Le quartier général se rendit successivement à Caporetto, à Tarvis, à Villach, à Clagenfurt.

VIII. *Entrée en Allemagne, passage de la Drave, prise de Clagenfurt, 29 mars.* — La province de Goritz, qui est la première des États héréditaires de la maison d'Autriche, confine avec l'Italie. Les habitants y parlent italien. Cette province fut sur-le-champ organisée : le vieux château de Goritz fut armé : on composa un gouvernement provisoire des sept personnes les plus considérables, que l'on chargea de l'administration du pays. Toutes les mesures furent prises pour rassurer les habitants et pour alléger le fardeau que leur occasionnait la garnison.

Les mêmes mesures furent prises à Trieste pour l'Istrie. Toutes les marchandises anglaises furent confisquées ; on répara le vieux château pour servir de refuge à la petite garnison qu'on voulait y laisser. Les habitants étaient dans des dispositions très-favorables aux Français.

Laybach est la capitale de la Carniole : on y organisa un gouvernement provisoire sur les mêmes principes qu'à Goritz et Trieste. Cette ville fut mise en état de défense :

elle avait une enceinte bastionnée d'un très-vieux tracé. On abattit les maisons qui se trouvaient sur les remparts.

Dans ces pays situés près des Alpes, la saison était encore froide. Les habitants, qui avaient d'abord été effrayés, n'eurent qu'à se louer de l'armée française, laquelle à son tour n'eut pas à se plaindre de ces peuples.

Les dispositions des habitants du cercle de Villach parurent favorables aux Français; ils fournirent avec un grand empressement tout ce qui était nécessaire à l'armée. Nous étions en Allemagne, les mœurs y étaient différentes, nos soldats eurent beaucoup à se louer de l'esprit d'hospitalité qui caractérise le paysan allemand. La grande quantité de chevaux et de voitures, qu'ils se procuraient plus facilement qu'en Italie, leur fut d'une grande utilité.

On mit en état la ville de Clagenfurt, capitale de la Carinthie : on y organisa aussi un gouvernement provisoire. Cette ville a une enceinte bastionnée, mais négligée depuis des siècles, et ne servant guère qu'à la police de la ville; les remparts étaient couverts de maisons, on les abattit, et on en fit un point d'appui pour l'armée.

Le général Dugua, à Trieste, confisqua tous les magasins appartenant aux Anglais ou aux Autrichiens; on en trouva de considérables et de toute espèce. On prit également possession des mines d'Idria : on y trouva pour plusieurs millions de vif argent, qu'on évacua immédiatement sur Palma-Nova.

En entrant en Carinthie, on avait publié la proclamation suivante :

« L'armée française ne vient point dans votre pays pour le conquérir ni pour porter » aucun changement à votre religion, à vos mœurs, à vos coutumes. Elle est l'amie de » toutes les nations, et particulièrement des braves peuples de la Germanie.

» Le Directoire exécutif de la république française n'a rien épargné pour terminer les » calamités qui désolent le continent : il s'était décidé à faire le premier pas et à en- » voyer le général Clarke à Vienne, comme plénipotentiaire, pour entamer des négo- » ciations de paix. Mais la cour de Vienne a refusé de l'entendre ; elle a même déclaré » à Vicence, par l'organe de M. de Vincent, qu'elle ne reconnaissait pas la république » française. Le général Clarke a demandé un passeport pour aller lui-même parler à » l'empereur; mais les ministres de la cour de Vienne ont craint, avec raison, que la » modération des propositions qu'il était chargé de faire ne décidât l'empereur à la » paix. Ces ministres, corrompus par l'or de l'Angleterre, trahissent l'Allemagne et leur » prince, et n'ont plus de volonté que celle de ces insulaires perfides, l'horreur de l'Eu- » rope entière.

» Habitants de la Carinthie, je le sais, vous détestez autant que nous et les Anglais, » qui seuls gagnent à la guerre actuelle, et votre ministère, qui leur est vendu. Si nous » sommes en guerre depuis six ans, c'est contre le vœu des braves Hongrois, des » citoyens éclairés de Vienne, et des simples et bons habitants de la Carinthie.

» Eh bien! malgré l'Angleterre et les ministres de la cour de Vienne, soyons amis La république française a sur vous les droits de conquête; qu'ils disparaissent devant » un contrat qui nous lie réciproquement. Vous ne vous mêlerez pas d'une guerre qui

» n'a pas votre aveu. Vous fournirez les vivres dont nous pourrons avoir besoin. De
» mon côté, je protégerai votre religion, vos mœurs, vos propriétés; je ne tirerai de
» vous aucune contribution : la guerre n'est-elle pas par elle-même assez horrible? Ne
» souffrez-vous pas déjà trop, vous, innocentes victimes des sottises des autres? Toutes
» les impositions que vous avez coutume de payer à l'empereur serviront à indemniser
» des dégâts inséparables de la marche d'une armée, et à payer les vivres que vous nous
» aurez fournis. »

IX. *Affaire du Tyrol.* — Immédiatement après la bataille du Tagliamento, le général français expédia l'ordre au général Joubert d'attaquer l'armée qui lui était opposée,
de s'emparer de tout le Tyrol italien, d'exécuter hardiment la marche qu'il lui avait prescrite, et de pénétrer en Carinthie par le Pusthersthal.

Le général Joubert entra en opérations le 28 mars, passa le Lavisio, battit l'ennemi,
lui fit plusieurs milliers de prisonniers, passa l'Adige, le battit à Tramin, s'empara
de Bolzano, livra un nouveau combat à Clauzen, força les gorges d'*Inspruck* le 28, *rejeta les troupes autrichiennes au-delà du Brenner*, et se dirigea sur la Carinthie,
après avoir fait éprouver beaucoup de pertes à l'ennemi et lui avoir pris sept à huit
mille hommes. Le général Joubert montra du talent, de la constance et de l'activité
dans la direction de cette opération difficile. *Les généraux Delmas, Baraguay-
d'Hilliers et Dumas se distinguèrent. Les troupes montrèrent la plus grande intrépidité.*

X. *Résumé.* — Ainsi, en dix-sept jours, les deux armées du prince Charles avaient
été défaites. L'ennemi, rejeté au-delà du Brenner, avait évacué le Tyrol après avoir fait
des pertes très-considérables. L'Autriche avait perdu Palma-Nova, place très-forte, et
Trieste et Fiume, seuls ports de la monarchie autrichienne; la province de Goritz,
l'Istrie, la Carniole, la Carinthie étaient conquises; la Save, la Drave, les Alpes Noriques étaient passées. L'armée n'était plus qu'à soixante lieues de Vienne. Elle était
fondée à espérer d'y arriver avant la fin de mai.

L'armée autrichienne, démoralisée et ruinée, ne pouvait plus lutter contre l'armée
française, qui n'avait éprouvé aucune perte sensible, et chez qui le moral et le sentiment
de sa supériorité étaient à un degré inexprimable.

PRÉLIMINAIRES DE PAIX SIGNÉS A LÉOBEN.

VI. *Opérations de Joubert dans le Tyrol.* — Joubert avait battu l'ennemi sur le
Lavisio le 20 mars, il lui avait fait plusieurs milliers de prisonniers; il l'avait poursuivi
à Botzen, l'avait défait de nouveau à Clauzen, avait forcé les gorges d'Inspruck le 28,
et, se dirigeant à la droite par le Pusthersthal le long de la Drave, avait marché pour

déboucher la Carinthie et venir prendre la gauche de l'armée française. Il avait laissé un corps d'observation sur le Lavisio, pour couvrir Vérone en Italie. Ce corps devait au besoin se replier sur le Montebaldo.

Bernadotte, de son côté, après avoir organisé la Carniole, avait rejoint l'armée, en laissant sous les ordres du général Friant un corps d'observation pour couvrir Laybach : on était menacé du côté de la Croatie. L'Autriche avait fait une levée très-considérable dans cette population d'une organisation spéciale toute militaire. Friant avait eu des affaires très-brillantes; mais, ne croyant pas garder Fiume, il se contenta de prendre une position propre à couvrir Laybach et Trieste. Du reste, il avait eu pour instructions de regagner, en cas de besoin, Palma-Nova, qui avait été bien armée, et d'y grossir le corps d'observation qu'on y avait laissé pour couvrir l'Italie. De Clagenfurt, l'armée française continua sa marche pour gagner la Mur.

Le prince Charles espérait tenir dans les gorges de Newmark : il lui était très-important de couvrir ses communications avec Salzbourg, l'Inn et le Tyrol, d'où il attendait des renforts très-considérables. Pour en être plus certain, il demanda une suspension d'armes au général français, qui, comprenant son but, la lui refusa. Il fut donc attaqué à Newmark et forcé sans coup férir : il perdit du canon et des prisonniers. Une division de grenadiers venue du Rhin couvrait sa retraite; il fut attaqué encore et battu de nouveau à Hundsmark. Enfin le quartier général atteignit Judemburg, et nos avant-postes parvinrent jusqu'au Simmering. Dès lors toute combinaison du prince Charles à l'égard de ses renforts se trouva déjouée. Nous lui coupions désormais les deux routes du Tyrol et de Salzbourg. Les troupes qui avaient été opposées à Joubert et dans le Tyrol, et que ce prince avait appelées à lui, celles bien plus considérables encore qui lui arrivaient du Rhin par Salzbourg, et qui se trouvaient déjà les unes et les autres engagées dans ces routes transversales, furent obligées de rétrograder, ne pouvant plus désormais se rallier au prince Charles que par derrière le Simmering.

Le désordre et la terreur régnaient dans Vienne, rien n'arrêtait cette redoutable armée française. Tant de positions réputées inexpugnables, tant de gorges que l'on croyait impossible de forcer, se trouvaient toutes franchies, et le pavillon tricolore flottait sur le sommet du Simmering, à trois journées de Vienne. Une partie de la famille impériale avait quitté cette capitale; Marie-Louise, mariée depuis à Napoléon et impératrice des Français, alors âgée de cinq ans, fut mise en route avec ses sœurs; les archives et les objets les plus précieux se transportaient en Hongrie; toutes les premières familles, imitant celle du souverain, faisaient évacuer à la hâte ce qu'elles avaient de plus cher; et les esprits les plus sages voyaient la monarchie à la veille d'un entier bouleversement.

Lorsque le général français avait ouvert la campagne, le gouvernement lui avait promis qu'aussitôt qu'il aurait passé l'Isonzo, les armées du Rhin et de Sambre-et-Meuse, fortes de plus de cent cinquante mille hommes, sortiraient de leurs quartiers d'hiver et pénétreraient en Allemagne. Mais l'Isonzo était déjà passé depuis longtemps, et ces armées demeuraient encore dans leurs quartiers d'hiver. Le général français, pro

fitant de la victoire du Tagliamento et des fausses directions que le prince Charles avait
données à ses colonnes, avait franchi et sans perte, par cette seule victoire, tous les
obstacles entre les Alpes et le Simmering.

VII. *Napoléon écrit au prince Charles.* — Le lendemain de la victoire du Tagliamento, Napoléon instruisit le Directoire qu'il suivait le prince Charles l'épée dans les
reins, et que bientôt les drapeaux français flotteraient sur les sommités du Simmering;
qu'il se flattait que les armées du Rhin et de Sambre-et-Meuse étaient en marche, ou
que, si elles n'y étaient pas, elles y seraient bientôt; il insistait surtout pour connaître
le moment précis de leurs mouvements; quinze à vingt jours de retard lui importaient
peu, mais il devait en être instruit, afin d'agir en conséquence; il prévenait qu'il aurait
constamment toute son armée réunie sous sa main, et que ses positions seraient telles
qu'il demeurerait toujours maître des événements, qu'il suffirait donc de lui désigner
seulement l'époque précise de la marche de ces deux armées. Ce fut à Clagenfurt qu'il
reçut la réponse à cette dépêche : elle portait les félicitations du Directoire sur ses nouveaux succès, mais contenait en même temps la déclaration singulière et inattendue que
les armées du Rhin et de Sambre-et-Meuse ne passeraient pas le Rhin, et qu'on ne devait plus compter sur leur diversion en Allemagne, parce que les désastres de la campagne dernière les privaient de bateaux et du matériel nécessaire. Cette étrange dépêche
ne pouvait provenir que d'intrigues ou de vues politiques qu'il devenait inutile de pénétrer; seulement il ne convenait plus au général français de réaliser désormais ce qui
avait été le plus ardent de ses vœux, de planter ses drapeaux victorieux sur les remparts
de Vienne. Il ne devait plus songer à dépasser le Simmering sans manquer aux règles
de la sagesse. Aussi, deux heures après la réception du courrier, il écrivit au prince
Charles qu'ayant pouvoir de négocier, il lui offrait la gloire de donner la paix au monde
et de finir les maux de son pays.

« Monsieur le général en chef, les braves militaires font la guerre et désirent la paix :
» celle-ci ne dure-t-elle pas depuis six ans? Avons-nous assez tué de monde et assez
» commis de maux à la triste humanité? Elle réclame de tous côtés. L'Europe, qui avait
» pris les armes contre la république française, les a posées; votre nation reste seule, et
» cependant le sang va couler encore plus que jamais. Cette sixième campagne s'an-
» nonce par des présages sinistres; quelle qu'en soit l'issue, nous tuerons de part et
» d'autre quelques milliers d'hommes de plus, et il faudra bien que l'on finisse par s'en-
» tendre, puisque tout a un terme, même les passions haineuses!

» Le Directoire exécutif de la république française avait fait connaître à Sa Majesté
» l'empereur le désir de mettre fin à la guerre qui désole tous les peuples; l'intervention
» de la cour de Londres s'y est opposée : n'y a-t-il donc aucun espoir de nous enten-
» dre? et faut-il, pour les intérêts et les passions d'une nation étrangère aux maux de la
» guerre, que nous continuions à nous entr'égorger? Vous, monsieur le général en chef,
» qui par votre naissance approchez si près du trône et êtes au-dessus de toutes les
» petites passions qui animent souvent les ministres et les gouvernements, êtes-vous
» décidé à mériter le titre de bienfaiteur de l'humanité entière et de vrai sauveur de

» l'Allemagne? Ne croyez pas, monsieur le général en chef, que j'entende par là qu'il
» ne soit pas possible de la sauver par la force des armes ; mais, dans la supposition que
» les chances de la guerre vous deviennent favorables, l'Allemagne n'en sera pas moins
» ravagée. Quant à moi, monsieur le général en chef, si l'ouverture que je viens de vous
» faire peut sauver la vie à un seul homme, je m'estimerai plus fier de la couronne
» civique que je me trouverais avoir méritée, que de la triste gloire qui peut revenir
» des succès militaires.

    » Je vous prie, etc.   *Signé* BONAPARTE. »

Ces nouvelles laissèrent respirer à Vienne et y donnèrent quelques espérances. Le
marquis de Gallo, ambassadeur de Naples, fut aussitôt envoyé au général français ;
mais, n'ayant pas de pouvoirs, il fut obligé de retourner, après une conférence de deux
heures. Le lendemain, les généraux Bellegarde et Merfelt vinrent au quartier général
français à Judemburg, et sur leur parole que des plénipotentiaires allaient arriver de
Vienne pour y traiter de la paix définitive, ils obtinrent une suspension d'armes qui
assurait à l'armée française la possession des pays qu'elle occupait déjà, et d'autres encore qu'elle n'occupait pas, mais qui étaient nécessaires à sa ligne. Les généraux autrichiens comprenaient avec peine comment le général français, dans sa belle situation,
pouvait accorder un armistice ; ils ne l'expliquaient que par l'inaction des armées françaises sur le Rhin.

Cependant Napoléon ressentait vivement la force des circonstances ; il déplorait dans
son cœur qu'un défaut de combinaison ou qu'une vaine jalousie le privassent des immenses résultats qu'il était à la veille de recueillir. S'il avait été peu sensible à la gloire
d'entrer dans Rome, il s'était passionné de l'idée d'entrer dans Vienne, et rien que la
seule déclaration du Directoire pouvait en ce moment l'en empêcher.

IX. *Les préliminaires furent signés à Léoben.* — Pour la signature, on se réunit
dans une petite maison de campagne qu'on neutralisa. Les secrétaires dressèrent d'abord
le procès-verbal de la neutralisation, et les plénipotentiaires respectifs s'y rendirent ensuite pour signer. Les commissaires autrichiens avaient mis en tête du traité que l'empereur reconnaissait la république française. « Effacez, dit Napoléon : l'existence de la
» république est aussi visible que le soleil ; un pareil article ne pourrait convenir qu'à
» des aveugles ; nous sommes maîtres chez nous, nous voulons y établir le gouverne-
» ment qu'il nous plaît, sans que personne y trouve à redire. » A Léoben, le quartier
général français se trouva chez l'évêque même. On était alors dans la semaine sainte :
toutes les cérémonies religieuses de cette semaine et celles de Pâques se firent avec la
plus grande solennité au milieu de l'armée française. Cette armée, accoutumée au respect pour le culte et les religions du pays où elle se trouvait, en agit ici comme auraient
agi les troupes autrichiennes : ce qui satisfit au dernier degré le peuple et le clergé.

Les préliminaires avaient été signés à Léoben le 18, et le 20 le général français reçut
de nouvelles dépêches du Directoire, annonçant que les armées du Rhin se mettaient en
mouvement, qu'elles allaient passer le Rhin, et qu'elles seraient bientôt au cœur de

l'Allemagne. Effectivement, quelques jours après on apprit que l'armée de Sambre-et-Meuse, sous le commandement de Hoche, avait passé le Rhin le 19, veille du jour même de la signature des préliminaires de Léoben, mais quarante jours après l'ouverture de la campagne en Italie. L'adjudant général Dessolles, qui portait les préliminaires à Paris, rencontra nos troupes aux prises avec celles de l'ennemi. Il est difficile d'expliquer la cause de ce changement subit dans le système du gouvernement. Si Napoléon eût appris le 17, au lieu du 20, les nouvelles intentions du Directoire, il est certain que les préliminaires n'auraient pas été signés, ou qu'on eût exigé de bien meilleures conditions; toutefois, celles qu'on obtint dépassèrent encore de beaucoup les espérances du Directoire. Dans ses instructions au général français, on l'avait autorisé à conclure la paix toutes les fois que les frontières constitutionnelles de la république seraient reconnues. Il est vrai qu'en donnant ces instructions, le Directoire avait été loin de deviner les succès et l'ascendant de cette armée, et n'avait pu prévoir ainsi tout ce qu'il pourrait exiger.

X. Parmi les diverses causes auxquelles on attribua l'étrange conduite du Directoire dans cette occasion, beaucoup ont pensé que bien des personnes en France voyaient avec quelque jalousie la grande renommée de Napoléon; sa marche hardie et décidée leur inspirait des craintes sur les projets ultérieurs que pourrait nourrir son ambition. La proclamation par laquelle il avait protégé en Italie les prêtres déportés, et qui lui avait gagné beaucoup de partisans en France; son style respectueux envers le pape, son refus de détruire le Saint-Siége, ses ménagements pour le roi de Sardaigne et pour les aristocrates de Gênes et de Venise, tout cela avait fait de grandes impressions, et se trouvait commenté souvent avec des intentions fort malignes. Lorsqu'on vit la victoire du Tagliamento et les succès qui suivirent, les Alpes Noriques passées, et l'Allemagne envahie par cette route inconnue, la joie de la république à la vue des grandes humiliations de notre implacable ennemi fut beaucoup diminuée, aux yeux de plusieurs, par la crainte de voir Napoléon acquérir une nouvelle gloire en entrant triomphant dans Vienne, et réunir alors sous son commandement toutes les forces de la république. Qui pourra, se disaient-ils, sauver la liberté publique de l'influence d'un caractère et d'une gloire si extraordinaires? Si les armées du Rhin ont été battues l'an passé, elles ne devront leur succès cette année qu'à Napoléon, qui aura tourné à lui seul toute l'Allemagne et les devancera de quinze à vingt jours dans Vienne. Ces armées d'ailleurs, participant déjà à la gloire de l'armée d'Italie par les deux divisions qui ont été envoyées, partageront aussi son enthousiasme pour le jeune héros : il les maîtrisera toutes. Beaucoup de raisons faisaient donc désirer que Napoléon fût empêché d'entrer dans Vienne : que non-seulement les trois armées demeurassent séparées, mais qu'encore on alimentât entre elles une certaine jalousie. Il parut que ces idées influèrent d'abord sur la décision du Directoire; mais dès que les nouvelles des brillants succès de l'armée d'Italie et son entrée en Allemagne eurent atteint les armées du Rhin par la voie des papiers publics et les relations de l'ennemi, alors elles s'indignèrent elles-mêmes de leur oisiveté, et demandèrent à grands cris si l'armée d'Italie devait tout faire. A ce mouvement se joignit le sentiment du grand nombre de familles qui avaient leurs enfants à l'armée d'Italie, et l'opinion de la généralité des citoyens, animés de sentiments nobles et purs, qui ne pouvaient rien comprendre à l'inaction des autres armées. L'impulsion fut si violente que ces armées du Rhin et de Sambre-et-Meuse durent alors passer le fleuve et marcher en Allemagne. On retira le commandement de l'armée de Sambre-et-Meuse à Beurnonville, homme nul, sans talent civil ou militaire, et on le confia à Hoche, jeune général du plus grand mérite. Son patriotisme ardent, joint à une extrême activité, à une ambition désordonnée, au soin qu'il prenait de se concilier les officiers et de se créer un grand nombre de partisans, faisait espérer que, placé à la tête de l'armée la plus nombreuse, et secondé de toute l'influence du gouvernement, il serait aisément un rival propre à partager l'opinion des soldats et des citoyens, et garantir ainsi la république, quelles que fussent d'ailleurs l'amitié, l'estime, l'espèce d'enthousiasme même que Hoche n'eût cessé de témoigner en toute occasion pour Napoléon.

Ces réflexions étaient faites publiquement dans les sociétés de Paris, et ne pouvaient manquer de revenir à Napoléon, qui, au sommet des grandeurs et de la gloire, ne se trouvait donc environné que de précipices. La guerre ne pouvait plus désormais qu'empirer sa situation, surtout en accroissant sa gloire : il en chercha aussitôt une nouvelle dans la paix, qui devait le rendre cher à toute la population, et créer pour lui un nouvel ordre d'événements ; car c'était désormais le seul qui pût soustraire la république à la situation fâcheuse à laquelle la portait en ce moment la fausse direction de l'esprit public dans l'intérieur.

PRISE DE MALTE.

I. Projet de guerre contre l'Angleterre pour la campagne de 1798. — II. Préparatifs et composition de l'armée d'Orient. — III. Départ de la flotte de Toulon (19 mai). — IV. De l'île de Malte et de l'ordre de Saint-Jean de Jérusalem. — V. Moyens de défense de Malte. — VI. Perplexité du grand maître et de son conseil. — VII. Hostilités ; combats ; suspension d'armes (11 juin). — VIII. Négociation et capitulation (12 juin). — IX. Entrée de l'armée à Malte ; organisation de Malte. — X. Départ de l'île (19 juin).

I. Le traité de Campo-Formio avait rétabli la paix sur le continent. L'empereur d'Allemagne était satisfait des conditions qui lui avaient été accordées. La France était rentrée dans l'héritage des Gaulois. Elle avait reconquis ses limites naturelles. La première coalition qui avait menacé d'étouffer la République à son berceau était vaincue et dissoute. L'Angleterre restait seule armée. Elle avait profité des calamités du continent pour s'emparer des deux Indes et s'arroger la tyrannie sur les mers. Le Directoire avait rompu les négociations de Lille, convaincu que l'on ne pouvait espérer le rétablissement de l'équilibre aux Indes et la liberté des mers qu'en faisant une campagne heureuse sur mer et dans les colonies.

Plusieurs projets de campagne furent discutés pour l'année 1798. On parla de descente en Angleterre avec des bateaux plats partant de Calais et sous la protection d'un mouvement combiné des escadres françaises et espagnoles. Mais il fallait pour les préparatifs une centaine de millions que l'état dérangé des finances ne permettait pas d'espérer. D'ailleurs une invasion en Angleterre exigeait l'emploi des principales forces de la France, ce qui était prématuré dans l'état d'agitation où se trouvait encore le continent. Le gouvernement adopta le plan de tenir dans des camps, sur les côtes de la Manche, cent cinquante mille hommes, menaçant l'Angleterre d'une invasion imminente, mais en effet prêts à se porter sur le Rhin si cela devenait nécessaire, pendant que deux petites armées, chacune de trente mille hommes, agiraient offensivement. L'une serait embarquée sur l'escadre de Brest et opérerait une descente en Irlande, où cent mille insurgés l'attendaient; l'autre opérerait dans l'Orient, traversant la Méditerranée, où dominait l'escadre de Toulon. Les établissements anglais aux Indes en seraient ébranlés. Tippo-Saïb, les Mahrattes, les Seïkhs n'attendaient qu'un signal. Napoléon parut nécessaire à l'armée d'Orient. L'Egypte, la Syrie, l'Arabie, l'Irack attendaient un homme. Le gouvernement turc était tombé en décrépitude. Les suites de cette expédition pouvaient être aussi étendues que la fortune et le génie du chef qui la dirigerait.

Une ambassade solennelle, avec les moyens nécessaires pour réussir, devait être rendue à Constantinople en même temps que l'armée aborderait en Orient. En 1775, les mameluks avaient conclu un traité de commerce avec la compagnie des Indes anglaises. Depuis ce moment les maisons françaises avaient été insultées et couvertes d'avanies. Sur les plaintes de la cour de Versailles, la Porte avait envoyé en 1786 le capitan-pacha Hassan contre les beys; mais depuis la révolution, le commerce français était maltraité de nouveau. La Porte avait déclaré qu'elle ne pouvait rien, que les beys étaient *gens avides, irréligieux et rebelles,* et laissa entrevoir qu'elle tolérerait une expédition contre l'Egypte, comme elle avait toléré celles contre Alger, Tunis et Tripoli.

II. Les escadres anglaises avaient évacué la Méditerranée à la fin de 1796, après que le roi de Naples eut fait sa paix. Depuis ce temps le drapeau tricolore dominait dans l'Adriatique, dans le Levant, et jusqu'au détroit de Gibraltar. Le succès de la marche de l'armée d'Orient dépendait du secret avec lequel seraient faits les préparatifs. Napoléon, comme général en chef de l'armée d'Angleterre, visita d'abord les camps de la Manche, paraissant s'en occuper uniquement, mais ne s'occupant effectivement que de l'armée d'Orient. Des villes de la Flandre et de la Belgique où il séjourna, il expédia des courriers pour porter ses ordres sur les côtes de la Méditerranée. Il s'était chargé de diriger tous les préparatifs de terre et de mer. La flotte, les convois, l'armée, tout fut prêt en peu de semaines. Il correspondait avec les généraux Caffarelli à Toulon, Reynier à Marseille, Baraguay-d'Hilliers à Gênes, Desaix à Civita-Vecchia, Vaubois en Corse. Ces cinq commissaires firent confectionner les vivres, réunir et armer les bâtiments avec une telle activité que le 15 avril les troupes étaient embarquées dans ces cinq ports. Les commandants n'attendaient plus que les ordres de mouvement. L'état de situation de ces expéditions était le suivant :

Treize vaisseaux de ligne, neuf frégates, onze corvettes et avisos, deux cent trente-deux flûtes, trente-deux mille trois cents hommes à bord, et six cent quatre-vingts chevaux à bord.

Sur les treize vaisseaux de ligne qui composaient l'escadre, l'*Amiral* était de cent vingt canons, trois étaient de quatre-vingts et neuf de soixante-quatorze. Parmi ceux-ci, *le Guerrier* et *le Conquérant* étaient vieux et mauvais ; ils n'étaient armés que de pièces de 18. Parmi les flûtes du convoi il y avait deux vaisseaux vénitiens de soixante-quatre, quatre frégates de quarante canons, et dix corvettes avisos qui lui servaient d'escorte.' Le vice-amiral Brueys, officier de l'ancienne marine qui avait commandé l'année précédente dans l'Adriatique, passait pour un des meilleurs marins de la République. Les deux tiers des vaisseaux étaient bien commandés, mais l'autre tiers l'était par des officiers incapables. L'escadre et l'armée étaient approvisionnées pour cent jours en vivres et quarante jours d'eau.

L'armée de terre était composée de quinze demi-brigades d'infanterie, de sept régiments de cavalerie et de vingt-huit compagnies d'artillerie, d'ouvriers, de sapeurs, de mineurs, savoir : des 2°, 4°, 21°, 22° demi-brigades d'infanterie légère ; des 9°, 18°, 19°, 25°, 32°, 61°, 69°, 71°, 80°, 85°, 88° demi-brigades d'infanterie de ligne, chacune de trois bataillons, chaque bataillon de neuf compagnies ; des 7° de hussards, 22° de chasseurs, 3°, 14°, 15°, 18°, 20° de dragons ; de seize compagnies d'artillerie, huit compagnies d'ouvriers, de sapeurs, de mineurs, quatre compagnies du train d'artillerie. La cavalerie avait ses selles et brides, et seulement trois cents chevaux ; l'artillerie avait triple approvisionnement, beaucoup de boulets, de poudre, d'outils, un équipage de siége et tout ce qui est propre à l'armement d'une grande côte, douze mille fusils de rechange, des équipements, des harnais pour six mille chevaux. La commission des sciences et arts avait des ouvriers, des bibliothèques, des imprimeries française et arabe, turque, grecque, et des interprètes de toutes ces langues. Infanterie, vingt-quatre mille trois cents. Cavalerie, quatre mille. Artillerie, trois mille. Non-combattants, mille. Total, trente-deux mille trois cents hommes.

Le général Berthier était chef de l'état-major de l'armée. Le général Caffarelli du Falga commandait le génie et avait sous ses ordres un bon nombre d'officiers les plus distingués de cette arme. Le général Dommartin commandait l'artillerie, sous lui les généraux Songis et Faultrier. Les généraux Desaix, Kléber, Menou, Reynier, Bon, Dugua étaient les lieutenants généraux. Parmi les maréchaux de camp, on citait les généraux Murat, Lannes, Lanusse, Vial, Vaux, Rampon, Junot, Marmont, Davoust, Friant, Belliard, Leclerc, Verdier, Andréossy.

Desaix était l'officier le plus distingué de l'armée ; actif, éclairé, aimant la gloire pour elle-même. Il était d'une petite taille, d'un extérieur peu prévenant, mais capable à la fois de combiner une opération et de la conduire dans les détails d'exécution. Il pouvait commander une armée comme une avant-garde. La nature lui avait assigné un rôle distingué, soit dans la guerre, soit dans l'état civil. Il eût su gouverner une province aussi bien que la conquérir ou la défendre.

Kléber était le plus bel homme de l'armée. Il en était le Nestor. Il était âgé de cinquante ans. Il avait l'accent et les mœurs allemandes. Il avait servi huit ans dans l'armée autrichienne en qualité d'officier d'infanterie. En 1790, il avait été nommé chef d'un bataillon de volontaires de l'Alsace, sa patrie. Il se distingua au siége de Mayence, passa avec la garnison de cette place dans la Vendée, où il servit un an, fit les campagnes de 1794, 1795, 1796 à l'armée de Sambre-et-Meuse. Il en commandait la principale division, s'y distingua, y rendit des services importants, y acquit la réputation d'un général habile. Mais son esprit caustique lui fit des ennemis. Il quitta l'armée pour cause d'insubordination. Il fut mis à la demi-paye. Il demeurait à Chaillot pendant les années 1796 et 1797. Il était fort gêné dans ses affaires, lorsqu'en novembre 1797 Napoléon arriva à Paris. Il se jeta dans ses bras. Il fut accueilli avec distinction. Le Directoire avait une grande aversion pour lui, et celui-ci le lui rendait complètement. Kléber avait dans le caractère on ne sait quoi de nonchalant qui le rendait facilement dupe des intrigants. Il avait des favoris. Il aimait la gloire comme le chemin des jouissances. Il était homme d'esprit, de courage, savait la guerre, était capable de grandes choses, mais seulement lorsqu'il y était forcé par la nécessité des circonstances; alors les conseils de la nonchalance et des favoris n'étaient plus de saison.

Le général Bon était de Valence en Dauphiné. Il avait servi à l'armée des Pyrénées-Orientales, où il avait acquis tous ses grades. C'était un intrépide soldat. Il s'était distingué à l'armée d'Italie dans les campagnes précédentes. Il commandait la gauche de l'armée à la bataille de Saint-Georges.

Le général Caffarelli était d'une activité qui ne permettait pas de s'apercevoir qu'il eût une jambe de moins. Il entendait parfaitement les détails de son arme. Mais il excellait par les qualités morales et par l'étendue de ses connaissances dans toutes les parties de l'administration publique. C'était un homme de bien, brave soldat, fidèle ami, bon citoyen. Il périt glorieusement au siége de Saint-Jean-d'Acre en prononçant un très-éloquent discours sur l'instruction publique. Il était chargé de la direction de la commission des savants et artistes qui étaient à la suite de l'armée. Il était plus propre que personne à les contenir, diriger, utiliser, et à les faire coucourir au but du chef. Cette commission était composée des académiciens Monge et Berthollet, Dolomieu, Denon; des ingénieurs en chef des ponts et chaussées Lepère, Girard; des mathématiciens Fourier, Costaz, Corancez; des astronomes Nouet, Beauchamp et Méchain; des naturalistes Geoffroy, Savigny; des chimistes Descostils, Champy et Delile; des dessinateurs Dutertre, Redouté; du musicien Villoteau, du poète Parseval, des architectes Lepère, Protain, Norry; enfin de Conté, qui était à la tête des aéronautes, homme universel, ayant le goût, la connaissance et le génie des arts, précieux dans un pays éloigné, bon à tout, capable de créer les arts de la France au milieu des déserts de l'Arabie. A la suite de cette commission étaient une vingtaine d'élèves de l'école polytechnique ou de celle des Mines, parmi lesquels se sont fait remarquer Jomard, Dubois aîné, Lancret, Chabrol, Rozière, Cordier, Regnault, etc.

III. Comme tous les préparatifs étaient achevés, arriva l'événement de Bernadotte à

Vienne, qui fit craindre le renouvellement de la guerre continentale. Le départ de l'armée fut retardé de vingt jours, ce qui devait compromettre. Le secret s'était divulgué et tous les préparatifs faits en Italie avaient eu le temps d'être connus à Londres. Cependant, ce ne fut que le 16 mai que l'amirauté fit partir une escadre de la Tamise pour la Méditerranée. Elle arriva le 12 juin devant Toulon. La flotte française en était partie le 19 mai. Elle avait une avance de vingt-cinq jours. Cette avance eût été de quarante-cinq jours sans l'incartade si folle de Bernadotte.

Napoléon arriva à Toulon le 9 mai. Il passa la revue de l'armée ; il lui dit en substance par l'ordre du jour : « Soldats, vous êtes une des ailes de l'armée d'Angleterre... » Les légions romaines, que vous avez imitées, mais pas encore égalées, combattaient » Carthage tour à tour sur cette même mer et aux plaines de Zama... L'Europe a les » yeux sur vous... Vous avez de grandes destinées à remplir... Soldats, matelots, la plus » grande sollicitude de la République est pour vous... Vous serez dignes de l'armée dont » vous faites partie !... » Le convoi de Marseille appareilla sous la protection de deux frégates. Il mouilla le 15 dans la rade de Toulon. Napoléon monta sur *l'Orient*, de cent vingt canons. C'était un des plus beaux vaisseaux, ayant toutes les qualités qu'on pouvait souhaiter. Le 18, la croix des Sablettes signala des vaisseaux anglais. C'était la division légère de Nelson, de trois vaisseaux. Le 19, la flotte mit à la voile. Dans la nuit du 20 au 21, elle doubla le cap Corse et y essuya un coup de vent. Le convoi de Gênes rallia le lendemain, celui de Corse le 26, par le travers du détroit de Bonifacio. Le 2 juin, elle reconnut le cap Carbonara, à l'extrémité de la Sardaigne. Une corvette envoyée à **Cagliari** y apprit que la division légère de trois vaisseaux anglais, commandée par Nelson, avait eu des avaries ; qu'elle était à les réparer dans la rade de Saint-Pierre. L'amiral aurait été l'y attaquer, mais un brick anglais, poursuivi par l'aviso *le Corcyre*, fut obligé de se jeter à la côte de Sardaigne. L'équipage fut fait prisonnier. Il donna la nouvelle que que Nelson attendait dix vaisseaux d'Angleterre. La flotte croisa trois jours pour attendre le convoi de Civita-Vecchia qui avait manqué le premier rendez-vous. Le 4, elle continua sa route, reconnut l'île de Maretimo. Le 5, un aviso communiqua avec la Sicile et rassura le gouverneur, qui était fort alarmé. Une frégate fut expédiée à Naples, une à Tunis, une à Tripoli, et une devant Messine.

L'escadre naviguait dans le plus bel ordre, sur trois colonnes, deux de quatre vaisseaux, celle du centre de cinq vaisseaux. Le capitaine de vaisseau Decrès éclairait la marche avec une escadre légère composée de frégates et de corvettes bonnes marcheuses. Le convoi, escorté par les deux vaisseaux vénitiens de soixante-quatre, par les quatre frégates et un grand nombre de petits bâtiments, s'éclairait de son côté dans tous les sens. Il avait ordre, si l'escadre était attaquée par une flotte ennemie, de gagner un port ami. Des troupes d'élite étaient distribuées sur tous les vaisseaux de guerre. Elles étaient exercées trois fois par jour aux manœuvres du canon. Napoléon avait le commandement de l'armée de terre et de mer. Il ne se faisait rien que par son ordre ; il dirigeait la marche. Il se plaignait souvent que les vaisseaux de guerre se tinssent trop éloignés les uns des autres ; mais il ne se mêla jamais d'aucun détail qui eût supposé des

connaissances et l'expérience de la mer. A la hauteur du cap Carbonara, l'amiral Brueys
soumit, le 3 juin, à son approbation, un ordre pour détacher quatre vaisseaux et trois
frégates à la rencontre du convoi de Civita-Vecchia ; il écrivit en marge : « Si, vingt-
» quatre heures après cette séparation, on signalait dix vaisseaux anglais, je n'en
» aurais que neuf au lieu de treize. » L'amiral n'eut rien à répliquer. Le 9 juin, à la
pointe du jour, on signala Gozzo et le convoi de Civita-Vecchia. L'armée se trouva ainsi
toute réunie.

IV. Sur sept langues qui composaient l'Ordre de Saint-Jean de Jérusalem, trois
étaient françaises. La République ne pouvant reconnaître chez elle un Ordre fondé sur
les distinctions de naissance, l'avait supprimé, assimilé ses biens à ceux des autres Ordres religieux et admis à la pension les chevaliers. Le grand maître Rohan, en repré-
sailles, avait refusé de recevoir un chargé d'affaires de France. Les bâtiments marchands
français n'étaient reçus dans le port qu'en masquant le pavillon tricolore. Aucune relation diplomatique n'existait entre la République et l'Ordre. Les Anglais y étaient reçus
et favorisés ; les secours leur étaient prodigués ; les autorités constituées veillaient au
recrutement et à l'approvisionnement de leurs escadres. Vingt milliers de poudre avaient
été fournis des magasins du grand maître au vice-roi de Corse Elliot. Mais ce qui décida
du sort de cet Ordre, c'est qu'il s'était mis sous la protection de l'empereur Paul, ennemi de la France. Un prieuré grec avait été créé, ce qui blessait la religion et les
puissances du rit romain. La Russie visait à la domination de cette île si importante par
sa situation, la bonté et la sûreté de son port, la force de ses remparts. En cherchant
une protection dans le nord, l'Ordre avait méconnu et compromis les intérêts des puissances du midi. Napoléon était résolu de s'emparer de l'île, si toutefois il pouvait le faire
sans compromettre son objet principal.

Malte est située à vingt lieues de la Sicile et à soixante des côtes d'Afrique. Cette île
a six à sept lieues de long, quatre de large et vingt de circonférence. Les côtes ouest et
sud sont escarpées, mais celles du nord et de l'est ont un très-grand nombre de calcs et
de très-bons mouillages. L'île de Comino, qui a trois cents toises de circuit, est située
entre Malte et Gozzo. Gozzo a quatre lieues de longueur, deux de largeur, dix de circonférence. La population des trois îles était de cent mille âmes. Le sol de Malte est un
rocher couvert de huit à dix pouces de terre végétale. La principale production est le
coton, qui est le meilleur du Levant. L'ancienne capitale de Malte était la ville noble
ou Civita-Vecchia, qui est au centre de l'île. La ville de La Valette, bâtie en 1566, a été
assiégée plusieurs fois par les Turcs. Elle possède le meilleur port de la Méditerranée, a
trente mille habitants, de jolies maisons, de beaux quais, de superbes magasins de blé
de belles fontaines. Les fortifications sont bien entendues, construites en pierres de
taille, tous les magasins à l'abri de la bombe. Les ouvrages, les batteries et les forts sont
nombreux et entassés les uns sur les autres. Le général Caffarelli dit plaisamment, en
les visitant le lendemain de la reddition : « Il est heureux qu'il y ait eu du monde de-
dans pour nous ouvrir les portes. » Il faisait allusion au grand nombre de fossés, d'es-
carpes, de contre-escarpes qu'il eût fallu franchir si les portes fussent restées fermées.

L'Ordre jouissait en 1789 de dix-huit à vingt millions de rente dans les divers pays de la chrétienté; de sept millions de rente en France. Il avait hérité dans le quartorzième siècle des biens des Templiers. Après son expulsion de Rhodes, Charles-Quint lui céda les trois îles de Malte, Comino et Gozzo. Ce fut avec la condition qu'il protégerait les côtes d'Espagne et d'Italie contre les pirateries des Barbaresques. Cela lui eût été facile. Il pouvait avoir six à sept vaisseaux de guerre de soixante-quatorze, autant de frégates, et le double de petits bâtiments, en tenir constamment le tiers à la mer en croisière devant Alger, Tunis et Tripoli. Il aurait fait cesser les pirateries des Barbaresques, qui auraient été contraints de vivre en paix. L'Ordre aurait alors bien mérité de toute la chrétienté. La moitié de ses revenus eût été suffisante pour remplir ce grand et bienfaisant résultat. Mais les chevaliers, à l'exemple des autres moines, s'était approprié les biens qui leur avaient été donnés pour l'utilité publique et le service de la chrétienté. Le luxe des prieurs, des baillis, des commandeurs, scandalisait toute l'Europe. Les moines au moins, disait-on, administrent les sacrements, ils sont utiles au spirituel; mais ces chevaliers ne sont bons à rien, ne font rien, ne rendent aucun service. Ils étaient obligés de faire leurs caravanes. A cet effet, quatre ou cinq galères se promenaient tous les ans dans la Méditerranée et allaient recevoir des fêtes dans les ports d'Italie, d'Espagne ou de France, évitant soigneusement les Barbaresques. Ils avaient raison; ils montaient des bâtiments qui n'étaient pas propres à lutter contre les frégates algériennes. Les Babaresques insultaient impunément la Sicile, la Sardaigne et les côtes d'Italie. Ils ravageaient les plages vis-à-vis de Rome. L'Ordre s'était rendu inutile. Lorsque les Templiers, institués pour la garde du Temple de Jérusalem et pour escorter les pèlerins sur les routes d'Antioche, de Ptolémaïs, de Joppé au Saint-Sépulcre, furent transportés en Europe, l'Ordre n'eut plus de but, tomba et dut tomber.

V. Le grand maître Hompesch avait succédé depuis peu de mois au grand maître Rohan. C'était un homme âgé, malade, irrésolu. Les baillis, commandeurs, sénéchaux, officiers de l'Ordre, étaient des vieillards qui n'avaient point fait la guerre, de vieux garçons ayant passé leur vie dans les sociétés les plus aimables. Se trouvant à Malte comme dans un lieu d'exil, ils désiraient mourir dans le pays où ils avaient pris naissance. Ils n'étaient animés par aucun des motifs qui portent les hommes à courir de grands dangers. Qui pouvait les porter à exposer leur vie pour la conservation d'un rocher stérile au milieu des mers? Les sentiments de religion? ils en avaient peu. La conscience de leur utilité? Ce sentiment d'orgueil qui porte l'homme à faire des sacrifices parce qu'il protége sa patrie et son semblable? ils ne faisaient rien et n'étaient utiles à personne. Malte avait, pour sa défense, huit ou neuf cents chevaliers peu propres à faire la guerre, divisés entre eux comme les mœurs et les intérêts des nations auxquelles ils appartenaient; quinze à dix-huit cents hommes de mauvaises troupes, Italiens, Allemands, Français, Espagnols, la plupart déserteurs ou aventuriers, qui voyaient avec une secrète joie l'occasion d'attacher leur destinée au plus grand nom militaire de l'Europe; et huit à neuf cents hommes de milice. Ces miliciens, fiers comme tous les insulaires, étaient depuis longtemps blessés de l'arrogance et de la supériorité qu'affectaient les nobles chevaliers. Ils se plaignaient d'être étrangers dans leur pays, éloignés de toutes les places honorifiques et lucratives. Ils n'étaient point affectionnés à l'Ordre; ils voyaient dans les Français les défenseurs de leurs droits. Le service des milices même était depuis longtemps négligé, parce que depuis longtemps l'Ordre ne craignait plus l'invasion des Turcs et qu'il redoutait au contraire la prépondérance des naturels. Si les fortifications, les moyens matériels de résistance étaient immenses, les ressorts moraux les rendaient nuls. La capitulation de Mantoue, le traitement honorable qu'avait reçu Wurmser étaient présents à tous les esprits. Si l'heure de capituler était arrivée, on préférait se rendre à un guerrier qui avait donné une grande idée de la générosité de son caractère. La ville de Malte ne pouvait, ne voulait, ne devait pas se défendre. Elle ne pouvait résister à vingt-quatre heures de bombardement. Napoléon s'assura qu'il pouvait oser, et il osa!!!

VI. Le 8 juin, lorsque le convoi de Civita-Vecchia parut devant Gozzo, le grand maître pressentit les dangers qui menaçaient l'Ordre, et rassembla le grand conseil pour délibérer sur des circonstances aussi importantes. « L'escadre française se rallie à la vue de nos côtes. Si elle demande à entrer dans le port, quel parti devons-nous prendre? » Les opinions furent partagées. Les uns pensèrent : « Qu'il fallait donner le signal d'alarme, tendre la chaîne, courir aux armes, déclarer l'île en état de guerre; que cet appareil en imposerait au général français; qu'il craindrait de se compromettre contre la plus forte place de l'Europe; qu'il fallait en même temps ne rien épargner de tout ce qui pouvait rendre favorables à l'Ordre le général et ses premiers officiers; que c'était le seul moyen pour conjurer cet orage. » D'autres au contraire dirent : « Que la destination de l'Ordre était de faire la guerre aux Turcs; qu'ils ne devaient montrer aucune défiance à l'approche d'une flotte chrétienne; que donner à sa vue le signal de l'alarme, que l'on n'était accoutumé de donner qu'à la vue du Croissant, c'était provoquer et faire éclater sur la cité cet orage qu'on voulait conjurer; le général français n'a peut-être aucune intention hostile; si nous ne lui montrons aucune méfiance, peut-être continuera-t-il sa route sans nous inquiéter. » Pendant ces délibérations toute la flotte arriva. Le 9, à midi, elle se présenta à l'entrée du port, à portée de canon. Un aide de camp français demanda l'entrée pour faire de l'eau. Les membres du conseil qui étaient d'opinion qu'il fallait se défendre, représentèrent alors avec une nouvelle chaleur « l'imprudence qu'il y aurait à se livrer, les poings et les mains liés, à la disposition d'une force étrangère dont on ignorait les intentions; il ne pouvait rien leur arriver de pis; qu'on serait toujours à temps de se rendre à discrétion; qu'on n'avait aucune relation diplomatique avec la République; qu'on ne savait même pas si l'on était en guerre ou en paix; et qu'enfin, s'il fallait périr, il valait mieux périr les armes à la main que par une lâcheté. » Le parti opposé représentait « qu'on n'avait pas les moyens de se défendre; que c'était donc une extrême imprudence que de provoquer cette redoutable armée, qui déjà était à portée de canon; qu'en peu d'heures, après les hostilités déclarées, elle serait maîtresse des campagnes de Malte et de Gozzo; qu'on n'aurait d'autre ressource que de fermer les portes de la capitale, et que la capitale bloquée par terre et par mer ne pourrait pas se défendre par défaut de vivres ; qu'on avait, il est vrai, du blé, mais qu'on manquait de tous les autres objets de consommation ; qu'il fallait moins de vingt-quatre heures aux Français pour construire plusieurs batteries de mortiers et bombarder la place par terre et par mer ; qu'il fallait s'attendre alors à la révolte de milices qui, déjà mal disposées, ne resteraient pas témoins indifférents de l'incendie de leurs foyers ; que les hostilités mettraient en évidence l'extrême faiblesse de l'Ordre, et qu'on perdrait tout ; au lieu qu'on était en position, s'il le fallait absolument, de négocier avec avantage et de stipuler des conditions honorables pour l'Ordre et avantageuses pour les individus ! » Les débats furent vifs ; la majorité du conseil adopta le parti des armes. Le grand maître fit appeler le sieur Carusson, négociant de la ville, qui faisait les affaires des Français. Il le chargea de faire connaître cette volonté au général en chef. En même temps il donna le signal d'alarme. Les portes furent fermées, les grils à boulets rouges allumés, les commandants distribués. Toutes les milices prirent les armes, se portèrent aux batteries. Le commandeur Boisredon de Ransuyet, de la langue d'Auvergne, protesta contre ces mesures. Il déclara que, Français, il ne porterait jamais les armes contre la France. Plusieurs chevaliers se rangèrent de son opinion. Ils furent arrêtés et mis en prison. Le prince Camille de Rohan prit le commandement des milices de l'île, ayant sous ses ordres le bailli de Cluny. Le commandeur de Mesgrigny se porta dans l'île de Gozzo, le chevalier Valin dans l'île de Comino. Les chevaliers se distribuèrent dans les diverses batteries et tours qui environnaient l'île. Toute la journée et toute la nuit l'agitation fut extrême.

Le 9, à dix heures du soir, le sieur Carusson rendit compte au général en chef de sa mission. Il reçut l'ordre de répondre au grand maître dans les termes suivants : « Le général en chef a été indigné de ce que vous ne vouliez accorder la permission de faire de l'eau qu'à quatre bâtiments à la fois ; et en effet, quel temps ne faudrait-il pas à quatre ou cinq cents voiles pour se procurer de cette manière l'eau et d'autres choses dont elles ont un pressant besoin ? Ce refus a d'autant plus surpris le général, qu'il n'ignore pas la préférence accordée aux Anglais et la proclamation faite par votre prédécesseur. Le général est résolu à se procurer de force ce qu'on aurait dû lui accorder en suivant les principes de l'hospitalité qui sont la base de votre Ordre. J'ai vu les forces considérables qui sont à ses ordres, et je prévois l'impossibilité où se trouve l'île de résister... Le général n'a pas voulu que je retournasse dans une ville qu'il se croit obligé désormais de traiter en ennemie... Il a donné des ordres pour que la religion, les mœurs et les propriétés des Maltais fussent respectées. » Le vaisseau *l'Orient* donna en même temps le signal des hostilités. Le général Reynier se mit en mouvement avec le convoi de Marseille, pour débarquer au point du jour à l'île de Gozzo. Le général Desaix, avec le convoi de Civita-Vecchia, sous l'escorte du contre-amiral Blanquet du Chayla, mouilla dans la cale de Marsa-Siroco. Le convoi de Gênes mouilla dans la cale de Saint-Paul.

On attendit à Malte, toute la nuit, l'arrivée du consul avec la plus grande impatience. Quand on connut qu'il était resté à bord, que les hostilités étaient commencées, la consternation et le mécontentement fut général. Un seul sentiment domina tous les esprits : l'impossibilité et les dangers de la défense.

VII. Le 10, à la pointe du jour, *l'Orient* donna le signal de débarquement. Napoléon débarqua avec trois mille hommes entre la ville et la cale de Saint-Paul. Le capitaine de frégate Mutard commanda les chaloupes de débarquement. Aussitôt que l'on fut à portée des tours et des batteries, elles commencèrent le feu. Quelques canonnières armées de vingt-quatre y répondirent. Les chaloupes continuèrent à s'avancer dans le plus bel ordre. La mer était calme ; cela était nécessaire, car le débarquement s'opéra sur des rochers. L'infanterie ennemie s'opposa à la descente. Les tirailleurs s'engagèrent. En une heure de temps les batteries, les tours furent prises et l'ennemi chassé dans la ville. Le général Baraguay-d'Hilliers s'empara des cales de Saint-Paul et de Malte. Après une légère résistance, il se rendit maître des batteries, des tours et de tout le midi de l'île ; il fit cent cinquante prisonniers et eut trois hommes tués. Le général Desaix fit débarquer le général Belliard avec la 21ᵉ légère. Il s'empara de toutes les batteries de Marsa-Siroco. A midi, Malte était cerné de tous côtés. Les troupes françaises étaient sous ses formidables remparts, à mi-portée de canon. La place tirait contre les tirailleurs qui s'approchaient trop. Le général Vaubois se porta à la ville noble, qui a une enceinte, et s'en rendit maître sans résistance. Le général Reynier s'empara de toute l'île de Gozzo, qui était défendue par deux mille cinq cents hommes, la plupart naturels du pays, et fit prisonniers tous les chevaliers qui la défendaient. A une heure, les chaloupes commencèrent à débarquer douze bouches à feu et tout ce qui était nécessaire pour l'établissement de trois plates-formes de mortiers, six bombardes, douze canonnières ou tartanes armées de vingt-quatre. Plusieurs frégates prirent position devant le port. Le 11 au soir, la ville aurait été bombardée avec vingt-quatre mortiers par cinq côtés à la fois. Le général en chef, accompagné du général du génie Caffarelli, alla reconnaître l'emplacement des batteries qu'il fit tracer sous ses yeux. Entre quatre et cinq heures, les assiégés firent une sortie. L'aide de camp Marmont les repoussa et leur fit quelques prisonniers. Il fut fait, en cette occasion, général de brigade. A sept heures du soir, un peu avant la nuit, un nombreux essaim de peuple se présenta pour sortir. Le cas avait été prévu, le passage lui fut refusé. Au signal du canon d'alarme, une grande partie des habitants de l'île étaient accourus se réfugier avec leurs familles et leurs bestiaux dans les remparts de la capitale, ce qui avait augmenté le désordre. Le général en chef retourna le soir à bord de *l'Orient.* Une heure après, il reçut la lettre suivante du consul batave : « ... Le grand maître et son conseil m'ont chargé de vous marquer, » citoyen général, que lorsqu'ils vous ont refusé l'entrée des ports... ils avaient prétendu » seulement savoir en quoi vous désiriez qu'ils dérogeassent aux lois que leur neutralité » leur impose... Le grand maître et son conseil demandent donc la suspension des hos- » tilités, et que vous donniez à connaître quelles sont vos intentions, qui seront sans » doute conformes à la générosité de la nation française et aux sentiments connus du » célèbre général qui la représente. » Le général Junot, son premier aide de camp, partit à l'heure même pour Malte, et signa, à deux heures du matin, la suspension d'armes

suivante : « Il est accordé pour vingt-quatre heures, à compter depuis six heures du
» soir d'aujourd'hui 11 juin 1798, jusqu'à six heures du soir demain 12 du même mois,
» une suspension d'armes entre l'armée de la République française, commandée par le
» général Bonaparte, représenté par le chef de brigade Junot, premier aide de camp
» dudit général, et entre le grand maître de Saint-Jean de Jérusalem.

» *Signé* : Junot, Hompesch. »

VIII. Le 11, à la pointe du jour, les plénipotentiaires du grand maître se présentèrent
à bord de *l'Orient* avec les pouvoirs nécessaires pour traiter de la reddition de la place.
Ils avaient à leur tête le commandeur Boisredon de Ransuyet, qui avait été tiré des
prisons, porté en triomphe par le peuple, et accueilli par le grand maître. Pendant toute
la journée du 10 le désordre avait été croissant dans Malte. A chaque nouvelle que l'on
recevait de la prise des tours et batteries, des progrès des assiégeants, les habitants se
livraient au plus grand désordre. Les préparatifs du bombardement excitaient le mécontentement des milices. Plusieurs chevaliers furent tués dans les rues, et ce levain de
haine qui fermentait depuis longtemps dans le cœur des habitants éclata sans contrainte. Les membres du Conseil qui avaient le plus provoqué à la résistance furent ceux
qui sollicitèrent davantage la protection du général français, parce qu'ils étaient le plus
en butte à l'indignation du peuple. La capitulation fut signée à bord de *l'Orient*, le
12 juin, à deux heures du matin.

« Art. Ier. Les chevaliers de l'Ordre de Saint-Jean de Jérusalem remettront à l'armée
» française la ville et les forts de Malte. Ils renoncent, en faveur de la République fran-
» çaise, aux droits de souveraineté et de propriété qu'ils ont, tant sur cette ville que sur
» les îles de Malte, de Gozzo et de Comino.

» Art. ii. La République emploiera son influence au congrès de Rastadt pour faire
» avoir au grand maître, sa vie durant, une principauté équivalente à celle qu'il perd,
» et en attendant elle s'engage à lui faire une pension de trois cent mille francs. Il lui
» sera donné, en outre, la valeur de deux années de ladite pension à titre d'indemnité
» pour son mobilier. Il conservera, pendant le temps qu'il restera à Malte, les honneurs
» militaires dont il jouissait.

» Art. iii. Les chevaliers de l'Ordre de Saint-Jean de Jérusalem qui sont Français,
« actuellement à Malte, et dont l'état sera arrêté par le général en chef, pourront ren-
» trer dans leur patrie; et leur résidence à Malte leur sera comptée comme une résidence
» en France.

» La République française emploiera ses bons offices auprès des Républiques cisal-
» pine, ligurienne, romaine et helvétique, pour que le présent article soit déclaré com-
» mun aux chevaliers de ces différentes nations.

» Art. iv. La République française fera une pension de sept cents francs aux cheva-
» liers français actuellement à Malte, leur vie durant. Cette pension sera de mille francs
» pour les chevaliers sexagénaires et au-dessus.

» La République française emploiera ses bons offices auprès des Républiques cisal-

» pine, ligurienne, romaine et helvétique, pour qu'elles accordent la même pension aux
» chevaliers de ces différentes nations.

Art. v. La République française emploiera ses bons offices auprès des autres puissan-
» ces de l'Europe pour qu'elles conservent aux chevaliers de leur nation l'exercice de
» leurs droits sur les biens de l'ordre de Malte situés dans leurs Etats.

» Art. vi. Les chevaliers conserveront les propriétés qu'ils possèdent dans les îles de
» Malte et de Gozzo, à titre de propriété particulière.

» Art. vii. Les habitants des îles de Malte et de Gozzo continueront à jouir, comme
» par le passé, du libre exercice de la religion catholique, apostolique et romaine; ils
» conserveront les priviléges qu'ils possèdent, il ne sera mis aucune contribution ex-
» traordinaire.

» Art. viii. Tous les actes civils passés sous le gouvernement de l'Ordre seront vala-
» bles et auront leur exécution. »

En exécution des articles conclus le 12 juin (24 prairial) entre la République française et l'Ordre de Malte, ont été arrêtées les dispositions suivantes :

« Art. 1er. Aujourd'hui 12 juin, le fort Manoël, le fort Tigni, le château Saint-Ange,
» les ouvrages de la Bormola, de la Cottonara et de la Cité-Victorieuse, seront remis à
» midi aux troupes françaises.

» Art. ii. Demain 13 juin, le fort de Riccazoli, le château Saint-Elme, les ouvrages
» de la Cité-Valette, ceux de la Florianne et tous les autres, seront remis à midi aux
» troupes françaises.

» Art. iii. Des officiers français se rendront aujourd'hui, à 10 heures du matin, chez
» le grand maître, afin d'y prendre les ordres pour les gouverneurs qui commandent
» dans les différents ports et ouvrages qui doivent être mis au pouvoir des Français.
» Ils seront accompagnés d'un officier maltais. Il y aura autant d'officiers qu'il sera
» remis de forts.

» Art. iv. Il sera fait les mêmes dispositions que ci-dessus pour les forts et ouvrages
» qui doivent être mis au pouvoir des Français demain 13 juin.

» Art. v. En même temps que l'on consignera les ouvrages de fortifications, l'on con-
» signera l'artillerie, les magasins et les papiers du génie.

» Art. vi. Les troupes de l'île de l'Ordre de Malte pourront rester dans les casernes
» qu'elles occupent jusqu'à ce qu'il y soit autrement pourvu.

» Art. vii. L'amiral commandant la flotte française nommera un officier pour prendre
» possession aujourd'hui des vaisseaux, galères, bâtiments, magasins et autres effets de
» marine appartenant à l'Ordre de Malte. »

La publication de cette capitulation rassura les esprits, calma l'insurrection et rétablit
l'ordre. Napoléon écrivit à l'évêque de Malte pour tranquilliser les prêtres, qui étaient
fort alarmés. Il lui disait : « J'ai appris avec un véritable plaisir, monsieur l'évêque, la
» bonne conduite que vous avez tenue et l'accueil que vous avez fait aux troupes fran-
» çaises à leur entrée à Civita-Noble. Vous pouvez assurer vos diocésains que la religion
» catholique, apostolique et romaine sera non-seulement respectée, mais que ses minis-

» tres seront spécialement protégés… Je ne connais pas de caractère plus respectable et
» plus digne de la vénération des hommes qu'un prêtre qui, plein du véritable esprit de
» l'Evangile, est persuadé que ses devoirs lui ordonnent de prêter obéissance au pou-
» voir temporel et de maintenir la paix, la tranquillité et l'union parmi ses ouailles…
» Je désire, monsieur l'évêque, que vous vous rendiez sur-le-champ dans la ville de La
» Valette, et que, par votre influence, vous mainteniez le calme et la tranquillité parmi
» le peuple. Je m'y rendrai moi-même ce soir. Dès mon arrivée, vous me présenterez
» tous les curés et les chefs des ordres religieux… Soyez persuadé, monsieur l'évêque,
» du désir que j'ai de vous donner des preuves de l'estime et de la considération que j'ai
» pour votre personne. »

IX. A huit heures du matin, le 12, les ports et les forts de Malte furent remis aux
troupes françaises. L'entrée du général en chef fut annoncée pour le lendemain. Mais à
une heure après midi il débarqua incognito, fit le tour des remparts, visita tous les
forts, et se rendit chez le grand maître pour lui faire une visite, à la grande surprise de
celui-ci. Le 13, à la pointe du jour, l'escadre entra. Ce fut un superbe coup d'œil. Ces
trois cents voiles se placèrent sans confusion. Il en aurait tenu le triple dans ce beau
port. Les magasins de Malte étaient abondamment fournis. L'Ordre avait un vaisseau
de guerre de soixante-quatre dans la rade, un sur le chantier. L'amiral prit, pour augmenter les bâtiments légers de la flotte, deux demi-galères et deux chebecs. Il fit embarquer à bord de ses vaisseaux les matelots qui étaient au service de l'Ordre. Huit cents
Turcs, qui étaient esclaves au bagne, furent habillés et répartis entre les vaisseaux de
ligne. Une légion des bataillons dits maltais suivit l'armée. Elle fut formée par les soldats qui étaient au service de l'Ordre. Les grenadiers de la garde du grand maître,
plusieurs chevaliers, prirent du service. Des habitants parlant arabe s'attachèrent aux
généraux et aux administrations. Trois compagnies de vétérans, composées de tous les
vieux soldats de l'Ordre, furent envoyées à Corfou et en Corse. Il y avait dans la place
douze cents pièces de canon, quarante mille fusils, un million de poudre. L'artillerie fit
embarquer, de ces objets, tout ce qu'elle jugea lui être nécessaire pour compléter et
augmenter son matériel. L'escadre fit son eau et ses vivres. Les magasins de blé étaient
très-considérables, il y en avait pour nourrir la ville pendant trois ans. La frégate *la
Sensible* porta en France les trophées et plusieurs objets rares que le général en chef
envoya au gouvernement. Le général Baraguay-d'Hilliers, par inconstance de caractère, ayant désiré retourner à Paris, en reçut la permission et fut chargé de porter le
grand drapeau de l'Ordre. Tous les chevaliers de Malte, Français et Italiens, reçurent
des passeports pour se rendre en France et en Italie. Conformément à la capitulation,
tous les autres évacuèrent l'île. Le 18 juin il n'y avait plus un chevalier dans Malte.
Le grand maître partit le 17 pour Trieste. Un million d'argenterie trouvé dans le trésor
servit à alimenter la monnaie du Caire.

Le général Vaubois prit le commandement de l'île avec quatre mille hommes de garnison. Il en fallait huit mille pour la défendre. Le général Berthier donna des ordres
pour que six mille hommes des dépôts de l'armée qui étaient à Toulon s'y rendissent

que mille hommes y fussent envoyés de Corse; mille cinq cents de Civita-Vecchia; mille cinq cents de Gênes. Pour compléter les vivres, il manquait des viandes salées et des médicaments. Il le fit connaître à l'administration de la marine à Toulon. Napoléon fit sentir au Directoire la nécessité de faire passer à Malte ces renforts et les approvisionnements qui manquaient, afin d'assurer le service de cette place importante. Huit mille hommes pourraient se maintenir maîtres de l'île, et se trouveraient alors en position de recevoir des rafraîchissements. La mer fut libre pendant juin, juillet, août, septembre. Mais, selon sa coutume, le Directoire ne pourvut à rien. Vaubois fut abandonné à ses propres forces.

X. La conquête de Malte excita le plus vif enthousiasme en France et beaucoup de surprise en Europe. L'armée s'affaiblit de quatre mille hommes, mais elle se renforça de deux mille de la légion maltaise. Le vaisseau amiral donna le signal du départ le 19 juin, juste un mois après avoir quitté la rade de Toulon. La prise de Malte ne retarda la marche de l'armée que de dix jours. Il fut convenu qu'on se dirigerait d'abord sur Candie. Les opinions se partagèrent sur la destination ultérieure. Allait-on relever Athènes ou Sparte! Le drapeau tricolore allait-il flotter sur le sérail ou sur les Pyramides et les ruines de l'antique Thèbes! Ou allait-on d'Alep se diriger sur l'Inde!!! Ces incertitudes entretinrent celles de Nelson.

BATAILLE DES PYRAMIDES.

I. Navigation de Malte aux côtes d'Egypte; débarquement au Marabout; marche sur Alexandrie (1er juillet). — II. Assaut d'Alexandrie (2 juillet); Arabes Bédouins; l'escadre mouille à Aboukir (5 juillet). — III. Marche de l'armée sur le Caire; combat de Rahmaniêh (10 juillet). — IV. Bataille de Chobrakhit (13 juillet). — V. Marche de l'armée jusqu'à Embabéh. — VI. Bataille des Pyramides (21 juillet). — VII. Passage du Nil; entrée au Caire (23 juillet). — VIII. Combat de Salhéyéh; Ibrahim-Bey chassé de l'Egypte (11 août). — IX. Retour de Napoléon au Caire; il apprend le désastre de l'escadre (15 août). — X. Si les Français s'étaient conduits en Egypte, en 1250, comme ils l'ont fait en 1798, ils auraient réussi; si en 1798 ils se fussent conduits comme en 1250, ils auraient été battus et chassés du pays.

I. Après sept jours d'une navigation fort douce, l'escadre arriva devant Candie. Cette célèbre Crète excita toute la curiosité française. Le lendemain, la frégate qui avait été détachée sur Naples rejoignit l'amiral, et porta la nouvelle que Nelson, avec treize vaisseaux de soixante-quatorze, avait paru devant cette capitale le 20 juin, d'où il s'était dirigé sur Malte. A ces nouvelles, Napoléon ordonna de naviguer de manière à attaquer l'Afrique à trente lieues à l'ouest, vers le cap d'Aras, au vent d'Alexandrie, afin de ne se présenter devant ce port qu'après avoir reçu les rapports de ce qui s'y passait. Une frégate y fut envoyée pour prendre le consul français. Si elle était chassée, elle devait faire fausse route. Le 29 juin, l'escadre légère signala le cap d'Aras. Un chebec arraisonna un caboteur sorti le 28 d'Alexandrie. Il annonça qu'il n'y avait rien de nouveau dans cette ville. Le 31 on signala la tour des Arabes, le 1ᵉʳ juillet la colonne de Pompée et Alexandrie. Le consul de France fit connaître que Nelson, avec treize vaisseaux de soixante-quatorze et une frégate, avait paru le 28 juin devant Alexandrie, annonçant qu'il était à la recherche d'une armée française ; qu'il avait continué sa navigation pour se porter sur les côtes de Caramanie ; que les Turcs, fort alarmés, travaillaient jour et nuit à réparer les brèches de leurs murailles ; que les chrétiens étaient sous le couteau. Les officiers de marine ne redoutaient pas la rencontre d'une escadre si inférieure en force, mais ils craignaient d'être attaqués pendant qu'ils seraient occupés à débarquer l'armée de terre ou après son débarquement. Leur confiance se reposait spécialement sur le courage de ces vieux vétérans d'Italie couverts de tant de trophées.

Napoléon ordonna le débarquement pour le soir même. Le convoi s'approcha de terre à la hauteur du Marabout. Le vaisseau amiral, ayant abordé un autre vaisseau, fut obligé de mouiller à trois lieues de la côte. La mer était grosse, les soldats éprouvèrent beaucoup de difficulté à entrer dans les chaloupes et à traverser les rochers qui ferment la rade d'Alexandrie et se trouvent en avant de la plage où s'opérait le débarquement. Dix-neuf hommes se noyèrent. L'amiral donna la main au général en chef pour l'aider à descendre dans son canot, et le voyant s'éloigner, il s'écria : « *Ma fortune m'abandonne.* » Ces paroles étaient prophétiques!!! Avant le débarquement, l'ordre du jour dit : « Soldats... vous portez à l'Angleterre le coup le plus sensible en attendant que » vous lui donniez le coup de mort... vous réussirez dans toutes vos entreprises... les » destins vous sont favorables... dans quelques jours les mameluks qui ont outragé la » France n'existeront plus... les peuples au milieu desquels vous allez vivre tiennent » pour premier article de foi : *qu'il n'y a pas d'autre Dieu que Dieu, et que Mahomet* » *est son prophète!!!* Ne les contredisez pas... Les légions romaines aimaient toutes les » religions... Le pillage déshonore les armées et ne profite qu'à un petit nombre... La » ville qui est devant vous, et où vous serez demain, a été bâtie par Alexandre!!! »

Le général Menou débarqua le premier, à neuf heures du soir, au Marabout. Il était conduit par un pilote provençal qui avait la pratique de ces parages. Le général en chef, après quelques fatigues et des risques, mit pied à terre à une heure après minuit près du Santon-sidi-el-Palabri. A trois heures, il fit battre au ralliement et passa la revue de ce qui était débarqué. Il y avait quatre mille cinq cents hommes de tous les régiments. La lune brillait de tout son éclat. On voyait comme en plein jour le sol blanchâtre de l'aride Afrique. Après une longue et périlleuse traversée, on se trouvait sur la plage de la vieille Egypte, habitée par des nations orientales, bien étrangères à nos mœurs, à nos habitudes et à notre religion ; cependant, pressé par les circonstances, il fallait, avec une poignée d'hommes, sans artillerie, sans cavalerie, attaquer et prendre une place défendue par une population sous les armes et fanatisée. Que de périls, que d'événements, que de chances, que de fatigues on avait encore à essuyer!... Desaix, avec six cents hommes de sa division, resta pour garder le débarcadère et organiser les troupes à mesure qu'elles toucheraient terre. La petite armée marcha sur trois colonnes. Menou, à la gauche, avait dix-huit cents hommes : Kléber, au centre, neuf cents hommes; Bon, à la droite, douze cents hommes; total, trois mille neuf cents hommes. Le général en chef marchait à pied; aucun cheval n'était encore débarqué.

La vue d'une flotte de près de trois cents voiles, parmi lesquelles on en comptait un grand nombre de premier rang, fut un spectacle qui agita vivement les habitants d'Alexandrie pendant toute la soirée du 1er juillet. Si cette armée était destinée à s'emparer de leur ville, ils s'attendaient qu'elle irait mouiller dans la rade d'Aboukir, et que le temps qu'il lui faudrait pour effectuer son débarquement leur donnerait plusieurs jours de répit. Ils redoublèrent d'activité pour compléter leur armement. Mais, à une heure après minuit, Koraïm, commandant de la ville, apprit par un Arabe Bédouin que les infidèles s'étaient emparés du fort du Marabout, que la mer était couverte de leurs chaloupes et la plage toute noire des hommes qui débarquaient. Il monta à cheval à la tête de vingt mameluks. Il se rencontra au jour avec une compagnie de tirailleurs français qui étaient en flanqueurs, la chargea, coupa la tête du capitaine qui la commandait et la promena en triomphe dans les rues d'Alexandrie. Cette vue électrisa la population. A cinq heures les premiers Bédouins furent aperçus sur les flancs de l'armée, et peu après on en vit quatre ou cinq cents. C'était la tribu des Henâdy, Arabes les plus féroces de ces déserts. Ils étaient presque nus, noirs et maigres; leurs chevaux paraissaient des haridelles; au casque près, c'était don Quichotte tel que le représentent les gravures; mais ces haridelles se mouvaient avec la rapidité de l'éclair; lancées au galop, elles s'arrêtaient court, qualité particulière au cheval de ces contrées. S'apercevant que l'armée n'avait pas de cavalerie, ils s'enhardirent et se jetèrent dans les intervalles et derrière les colonnes. Il y eut un moment d'alarme. La communication avec le débarcadère fut interceptée. On fit halte pour se former. De son côté, Desaix plaça ses postes et se mit sous les armes. Si ces cinq cents Arabes eussent été des mameluks, ils auraient pu obtenir de grands succès dans ce premier moment d'étonnement où l'imagination du soldat était éveillée et en disposition de recevoir toutes les impressions. Mais ces Arabes étaient aussi lâches que les mameluks, qui avaient chargé une heure avant, étaient braves. Les tirailleurs français se rallièrent quatre à quatre et se portèrent contre cette cavalerie sans hésiter. La marche de l'armée devint lente; elle craignait des embûches. Au lever du soleil, la chaleur fut insupportable. Le vent du nord-ouest, si rafraîchissant dans cette saison, ne se leva que sur les neuf heures. Ces Arabes firent une douzaine de prisonniers, qui excitèrent vivement leur curiosité. Ils admirèrent leur blancheur, et plusieurs de ces prisonniers, qui furent rendus quelques jours après, donnèrent des détails grotesques et horribles des mœurs de ces hommes du désert.

II. A six heures, Napoléon découvrit la colonne de Pompée; peu après, la muraille dentelée de l'enceinte des Arabes, et successivement les minarets de la ville, les mâts de la caravelle turque qui était mouillée dans le port. A huit heures, se trouvant à la portée du canon, il monta sur le piédestal de la colonne de Pompée pour reconnaître la place. Les murailles étaient hautes et fort épaisses; il aurait fallu du vingt-quatre pour les ouvrir; mais il existait beaucoup de brèches réparées à la hâte. Ces murailles étaient couvertes de peuple qui paraissait dans une grande agitation. C'étaient des cavaliers, des fantassins armés de fusils et de lances, des femmes, des enfants, des vieillards, etc. Napoléon donna ses ordres. Menou attaqua la droite de l'enceinte, près du fort triangulaire; Kléber, le centre; Bon se porta sur le chemin d'Aboukir pour pénétrer par la porte de Rosette. La fusillade s'engagea. Quoique mal servi, le canon des assiégés fit quelque impression sur les assiégeants, qui n'en avaient pas. Les tirailleurs français, avec cette intelligence qui leur est propre, se logèrent sur les monticules de sable. Les trois attaques réussirent; la muraille fut franchie. Les généraux Kléber et Menou furent blessés, comme ils montaient à l'assaut, à la tête de leurs grenadiers. La division Bon éprouva moins d'obstacles, et quoique la plus éloignée, arriva la première sur la seconde enceinte, celle qui ferme l'isthme où est la ville actuelle. Il l'enleva au pas de charge. Les tirailleurs pénétrèrent à la tête des rues. Les maisons étaient crénelées. Une vive fusillade s'engagea. Le général en chef se porta sur la hauteur du fort Caffarelli. Il envoya le capitaine de la caravelle turque, qui l'avait joint, faire des propositions d'accommodement. Cet officier fit comprendre aux cheyks, aux ulémas et aux notables le danger que courait la ville d'une entière destruction. Ils se soumirent.

Napoléon entra au milieu d'eux dans la ville et descendit à la maison du consul de France; il était midi. Comme il tournait une rue, une balle partie d'une fenêtre rasa la botte de sa jambe gauche. Les chasseurs de sa garde montèrent sur le toit, entrèrent dans la maison et trouvèrent un Turc seul, barricadé dans sa chambre, ayant autour de lui six fusils. Il fut tué sur la place. La perte des Français fut de trois cents hommes tués ou blessés, celle des Turcs de sept ou huit cents. Le commandant Koraïm se retira dans le Phare avec les plus braves de sa maison. Il y fut bloqué. Toute la nuit se passa en négociations qui eurent une heureuse issue. Koraïm capitula, s'attacha au général français, se reconnut son esclave, lui prêta serment. Il fut chargé de la police des habitants, car l'anarchie est le plus grand ennemi qu'ait à redouter un conquérant, surtout dans un pays si différent par la langue, les mœurs et la religion. Koraïm rétablit l'ordre, fit opérer le désarmement, procura à l'armée tout ce qui lui était nécessaire. Un personnage important par le crédit dont il jouissait, qui s'attacha aussi à Napoléon et lui fut constamment fidèle, le cheyk El-Messiri, était uléma, schérif et chef de la religion de la ville, fort honoré par son savoir et sa sainteté. Plus éclairé que ses compatriotes, il avait des idées de justice et de bon gouvernement, ce qui contrastait avec tout ce qui l'environnait. Koraïm avait de l'influence par son audace, la bravoure de ses principaux esclaves, et ses grandes richesses; le cheyk El-Messiri, par ses vertus, sa piété et la justice qui guidait toutes ses actions.

Dans la soirée du 2, le convoi entra dans le port vieux, les deux vaisseaux de soixante-quatre et les frégates d'escorte en tête; l'artillerie, le génie, l'administration choisirent leurs magasins, leurs emplacements; ils travaillèrent toute la nuit à débarquer les chevaux, les bagages et le matériel. Le général Desaix sortit le soir même de la ville, et alla prendre position à une lieue et demie sur la route de Damanhour, la gauche appuyée au lac Madiéh. Berthier fit afficher dans la ville, en français, en arabe, en turc, et il répandit avec profusion une proclamation qui disait en substance : « Cadis, cheyks, ulémas, imans, tchorbadgis, peuple d'Egypte! depuis assez longtemps » les beys insultent à la France ; l'heure de les châtier est arrivée... Dieu, de qui tout » dépend, a dit : Le règne des mameluks est terminé... On vous dira que je viens dé- » truire la religion de l'islamisme... répondez que j'aime le prophète et le Coran, que je » viens pour vous restituer vos droits... Nous avons dans tous les siècles été les amis du » grand sultan... Trois fois heureux ceux qui se déclareront pour nous! Heureux ceux » qui resteront neutres, ils auront le temps de nous connaître. Malheur aux insensés qui » s'armeront contre nous, ils périront!!! Les villages qui voudront être protégés arbo- » reront au haut du minaret de la principale mosquée le pavillon du Grand Seigneur et » celui de l'armée... Les villages dont les habitants commettront des hostilités seront » traités militairement; ils seront brûlés, s'il y a lieu. Les cheyks-el-beled, les imans, » les mouezzins, sont confirmés dans leurs places... »

Le général en chef écrivit au pacha, et lui fit porter au Caire la lettre par un officier turc de la caravelle. Il lui disait : « Le Gouvernement français s'est adressé plusieurs » fois à la Sublime Porte pour demander le châtiment des beys, et qu'elle fît cesser les » outrages qu'éprouvait la nation en Egypte; la Sublime Porte a déclaré que les » mameluks étaient des gens avides et capricieux... qu'elle leur ôtait sa protection im- » périale... La République française envoie une puissante armée pour réprimer le » brigandage des beys d'Egypte, ainsi qu'elle l'a fait plusieurs fois contre Alger et » Tunis... Viens donc à ma rencontre. »

Les sept cents esclaves turcs délivrés à Malte furent renvoyés par terre dans leur patrie. Il y en avait de Tripoli, d'Alger, de Tunis, de Maroc, de Damas, de la Syrie, de Smyrne, de Constantinople même. Ils avaient été bien nourris, bien habillés, traités avec distinction. On leur avait distribué des sommes d'argent suffisantes pour faire leur route. Leurs cœurs étaient pleins de reconnaissance. Ils répandirent dans tout l'empire turc la nouvelle de la victoire des Français, l'opinion de leur puissance, de leurs bonnes intentions pour les musulmans; ils ne tarirent pas sur la générosité de Napoléon; leur langue suffisait à peine à l'expression de tous les sentiments dont ils étaient pleins. Ils produisirent dans tout l'Orient la plus heureuse sensation.

Il fallait à l'armée des chevaux pour remonter sa cavalerie, des chameaux pour por- ter ses bagages et ses vivres. Les ressources qu'offrait Alexandrie étaient peu considé- rables. Les Arabes du Baheiréh pouvaient seuls satisfaire à tout. Il était important d'ailleurs de se les concilier, afin de maintenir libres les communications et les derrières de l'armée. Koraïm leur expédia des sauf-conduits par des dromadaires. Il était leur protecteur, ils accoururent à sa voix. Le 4 juillet, trente cheyks des tribus des Henâdy, des Oulad-A'ly et des Beny-Aounous se présentèrent au quartier général. La vue de ces hommes du désert excita vivement la curiosité du soldat, et tout ce qu'eux voyaient de l'armée française excitait vivement la leur. Ils touchaient à tout. Ils signèrent un traité par lequel ils s'engagèrent à maintenir libre la route d'Alexandrie à Damanhour, même pour les hommes isolés; à livrer dans quarante-huit heures, pour le prix de deux cent quarante livres, trois cents chevaux, et pour le prix de cent vingt livres, cinq cents dromadaires; de louer mille chameaux avec leurs conducteurs; de restituer tous les prisonniers qu'ils avaient faits. Ils mangèrent et burent avec le général. Ils reçurent comme arrhes et en présent mille louis d'or. L'armée se félicita de cet heureux événement, qui parut d'un heureux présage. Le lendemain ils rendirent les douze soldats qu'ils avaient faits prisonniers, livrèrent quatre-vingts chevaux et une centaine de chameaux. Le reste fut promis pour les jours suivants.

Cependant l'escadre n'était pas encore entrée dans le port, elle tenait la mer. Les pilotes turcs s'étaient refusés à diriger les vaisseaux de soixante-quatorze, et à plus forte raison ceux de quatre-vingts. Le capitaine Barré fut chargé de vérifier et de sonder les passes. Mais l'escadre se trouvant encombrée d'une grande quantité d'artillerie et autres effets appartenant à l'armée, l'amiral désira aller mouiller dans la rade d'Aboukir pour se débarrasser et s'alléger. Il représenta qu'il lui faudrait huit jours pour le faire à la voile, tandis qu'il le ferait en trois jours au mouillage. Cependant le capitaine Barré fit son rapport le 13 juillet. Il déclara que l'escadre pouvait entrer sans crainte. Napoléon en expédia sur-le-champ l'ordre à l'amiral. Mais le rapport du capitaine Barré fut critiqué. L'amiral assembla ses contre-amiraux et ses capitaines de vaisseau. Ce conseil maritime décida qu'il fallait une vérification. Dans ce temps, le général en chef partit d'Alexandrie pour se diriger sur le Caire. En partant, il réitéra à l'amiral l'ordre d'entrer dans le port d'Alexandrie; si cela était reconnu impossible, il lui ordonnait de se rendre à Corfou, où il trouverait des ordres du ministre de France à Constantinople, et, dans le cas où il n'en trouverait pas, de faire route pour Toulon et d'y prendre sous son escorte le convoi qui se trouverait prêt à partir, sur lequel étaient six mille hommes appartenant aux régiments de l'armée, et qui étaient restés en arrière pour cause de maladie, de congé, la marche des troupes sur Toulon ayant été secrète et rapide.

Le général Kléber, ayant besoin de repos pour soigner sa blessure, fut laissé à Alexandrie comme commandant de la place et de la province, avec une garnison de huit ou neuf mille hommes (1). Le colonel Cretin, un des meilleurs officiers du corps du génie, reçut des instructions pour les fortifications de la place. Il y avait beaucoup d'obstacles; il les surmonta tous, et en peu de mois il occupa les trois hauteurs dominantes par des forts; il déploya dans ces travaux tous les secrets de son art. Le Marabout, le Phare et les avenues des forts furent garnis de batteries de trente-six et de mortiers à grande portée. Toutes les fois que les Anglais voulurent depuis s'en approcher, ils eurent lieu de s'en repentir.

III. L'armée se mit en marche sur le Caire. Elle était forte de cinq divisions sous les ordres des généraux Desaix, Reynier, Bon, Dugua et Vial; d'une réserve de deux mille

---

(1) Dans ce nombre étaient compris les marins qui pouvaient être retirés des bâtiments du convoi.

(Note des éditeurs.)

six cents hommes sous les ordres du général Murat; et de deux brigades de cavalerie à pied, chacune de mille cinq cents hommes, sous les généraux de brigade Zayonchek et Andréossy. L'artillerie était composée de quarante-deux bouches à feu, à pied et à cheval, six forges, six affûts de rechange, cinquante caissons attelés par cinq cents chevaux ou mulets; le reste des approvisionnements était porté à dos de mulets. La force totale était de vingt et un mille hommes de toutes armes.

Le contre-amiral Perrée, intrépide marin, du port de Saint-Valery-sur-Somme, prit le commandement de la flottille du Nil, composée de deux demi-galères, trois demi-chebecs, quatre avisos et six djermes armés, total : quinze bâtiments, montés par six cents marins français. Il n'y avait pas de temps à perdre pour arriver dans la capitale, afin de profiter du premier moment d'étonnement, et de ne pas permettre aux ennemis d'armer et de se retrancher dans cette grande ville. Le 5 juillet, le général Dugua partit pour Rosette avec sa division et les deux brigades de cavaliers à pied. Le contre-amiral Perrée avec la flottille se porta au lac Madiéh pour y passer les troupes. Le 6, le général Dugua, suivant les bords de la mer, arriva à l'embouchure du Nil et s'empara du fort Julien, en même temps que le contre-amiral Perrée pessait le Boghaz, et mouillait vis-à-vis de Rosette. Le général Menou prit le commandement de la province. Sa blessure exigeait du repos. Il eut pour garnison un bataillon d'infanterie, une batterie d'artillerie non attelée, cinq cents cavaliers à pied ayant leurs selles avec l'ordre de les monter, et deux bâtiments armés. Le contre-amiral Perrée réunit les barques nécessaires pour embarquer les deux brigades de cavalerie à pied, leurs selles et bagages, des vivres et des munitions de guerre. Il prit ce convoi sous son escorte. Le 9, il appareilla de Rosette et remonta le Nil. Le général Dugua, avec sa division, suivit son mouvement, en remontant par la rive gauche.

Les quatre autres divisions et la réserve marchèrent sur Damanhour. Desaix se mit en marche le 4 et y arriva le 6. Reynier se mit en marche le 5, Bon le 6, Vial le 7, à la pointe du jour. Le général en chef, avec la réserve, partit le même jour à cinq heures de l'après-midi. Il y a d'Alexandrie à Damanhour quinze lieues; cette plaine est ordinairement fertilisée par les inondations du Nil, mais par divers accidents elle ne l'avait pas été en 1797. On était au moment de l'année où le Nil est le plus bas. Tous les puits étaient secs, et depuis Alexandrie, l'armée ne trouva de l'eau qu'au puits de Beda. Elle n'était pas organisée pour marcher dans un pareil pays. Elle souffrit beaucoup de l'ardeur du soleil, du manque d'ombre et de la privation d'eau. Elle prit du dégoût pour ces immenses solitudes, et surtout pour les Arabes Bédouins.

Ceux-ci, comme ils se mettaient en marche pour livrer les chevaux et les chameaux qu'ils s'étaient engagés à fournir par leur traité d'Alexandrie, reçurent un fetfa des ulémas et des cheykhs du Caire, qui leur ordonnait de courir aux armes pour la défense de la religion du prophète menacée par les infidèles. Cela changea leurs bonnes dispositions. Ils firent déclarer à Koraïm que leur religion étant compromise, ils considéraient le traité comme nul. Cinq de leurs tribus, ayant mille huit cents chevaux disponibles, entrèrent en campagne et commencèrent, le 7, les hostilités. Ces Arabes étaient sans cesse sur les flancs, sur les derrières et à la vue de l'armée. Ils se cachaient avec la plus grande habileté derrière les moindres plis du terrain, d'où ils s'élançaient comme l'éclair sur tous les soldats qui s'écartaient des rangs. La cavalerie de l'armée était peu nombreuse, les chevaux harassés de fatigue, et d'une qualité d'ailleurs fort inférieure au cheval arabe. Les colonnes françaises, envelopées par les Bédouins, semblaient des escadres suivies par des requins ; ou, comme disait le soldat : « C'était la maréchaussée qui faisait la police. » Cette police était sévère, mais elle concourut à l'ordre. Le soldat s'y accoutuma. Il perdit l'habitude de traîner, de quitter ses rangs. Il n'avança plus sans s'être éclairé sur les flancs. Les bagages marchaient en ordre au milieu des colonnes. Les camps furent pris avec le plus grand soin, et sans oublier aucune règle de la castramétation. *Les Francs*, chez qui les soldats avaient cherché des renseignements à Alexandrie, s'étaient plu à leur faire la peinture la plus séduisante : ils allaient trouver à Damanhour tout le luxe de l'Orient, les commodités de la vie, les richesses du commerce d'une grande ville, capitale d'une grande province ; c'était tout autre chose qu'Alexandrie.

Napoléon marcha toute la nuit. Il traversa les bivouacs de plusieurs divisions. A trois heures après minuit, la lune était couchée, il faisait extrêmement obscur, le feu des grand'gardes de la division Bon était éteint ; les chasseurs d'escorte donnèrent dans ces bivouacs ; la sentinelle tira... un seul cri : *Aux armes!* mit toute la division sur pied. Le feu de deux rangs commença et dura assez longtemps ; enfin on se reconnut. L'armée était saisie d'une espèce de terreur, les imaginations étaient fort échauffées, tout était nouveau et tout lui déplaisait.

A huit heures du matin, après une marche de seize heures, Napoléon aperçut enfin Damanhour. La ville était environnée d'une forêt de palmiers. Les mosquées paraissaient nombreuses, les minarets se dessinaient avec grâce. Plusieurs monticules voisins étaient couverts de santons. La ville se présentait à son avantage : c'était Modène, Crémone ou Ferrare. Il y eut du mécompte. Desaix se porta à la rencontre du général en chef, et le mena dans une espèce de grange sans fenêtres, sans porte. Là étaient réunis les cheykhs-el-beled, le chaheb, le scrraf, les imans, les principaux cheykhs, qui lui offrirent une tasse de lait et des galettes cuites sous les cendres. Quel régal pour l'état-major de l'armée d'Italie!!! Ce n'était pas ainsi qu'il était reçu à Milan, à Brescia, à Vérone, dans la docte Bologne ; mais il fallut bien prendre le parti d'en rire. Les *Francs* qui suivaient l'armée et surtout Magallon, devinrent l'objet des brocards du soldat. Les pauvres gens, ils ne connaissaient de l'Egypte que le Caire, Rosette et Alexandrie. Descendant le Nil sur des djermes, sous les yeux inquiets des Turcs, ils n'étaient entrés dans aucun village, et s'étaient fait des idées du pays sur le pittoresque du tableau qui se présentait à leur vue du haut des mâts.

Le quartier général s'établit dans une prairie artificielle, sur la lisière d'un très-beau bois d'acacias. L'eau était bonne et abondante. Les bivouacs étaient à l'ombre ; la paille, les légumes, la viande ne manquaient pas. On avait encore du biscuit de mer. Les hommes et les chevaux avaient également besoin de repos. On séjourna le 9. Le général de brigade Muireur se rendant d'un bivouac à un autre, malgré les observations que lui firent les grand'gardes, fut surpris dans une petite vallée à cent pas d'elles par quatre Arabes et percé de coups de lance. C'était un officier distingué, l'armée le regretta. Le 10, avant le jour, l'armée se remit en marche. Elle rencontra le Nil, à Rahmaniéh, à neuf heures du matin, et salua par des cris de joie la vue de ce fleuve miraculeux. Généraux et soldats, tous s'y précipitèrent tout habillés pour se rafraîchir. Rahmaniéh était un grand bourg, moins grand que Damanhour, mais plus fertile et plus riche.

Cependant la nouvelle arriva au Caire le 5 juillet qu'une armée d'infidèles était débarquée, qu'elle avait attaqué et pris Alexandrie, qu'elle était fort nombreuse en infanterie, mais qu'elle n'avait pas de cavalerie. Les beys et leurs kiachefs poussèrent des cris de joie, le Caire fut illuminé. « *Ce sont des pastèques à couper,* » disaient-ils. Il n'était aucun mameluk qui ne se promît de porter une centaine de têtes ; cette armée, fût-elle de cent mille hommes, serait anéantie, puisqu'il faudrait qu'elle traversât les plaines qui bordent le Nil ! Les infortunés, c'est avec ces illusions qu'ils se préparèrent à marcher à la rencontre de l'armée française !!! Un bey partit, le 5 au soir, avec six cents mameluks pour se porter sur Damanhour, rallier les Arabes du Baheiréh et retarder la marche de l'armée. Il arriva le 10 à Damanhour comme la division Desaix, qui formait l'arrière-garde, quittait ses bivouacs. Desaix marchait en colonne serrée, par division, son artillerie à la tête et à la queue, ses bagages au centre, entre ses deux brigades. A la vue de l'ennemi, il fit prendre les distances de peloton et continua sa marche, côtoyé, escarmouchant avec cette belle cavalerie, qui enfin se décida à le charger. Aussitôt Desaix commanda : *Par peloton, à droite et à gauche en bataille, feu de deux rangs!* Il serait difficile de peindre l'étonnement et le mécompte qu'éprouvèrent les mameluks, quand ils virent la contenance de cette infanterie et l'épouvantable feu de mitraille et de mousqueterie qui leur portait la mort, si loin, dans toutes les directions. Quelques braves moururent sur les baïonnettes. Le gros de la troupe s'éloigna hors de la portée du canon. Desaix rompit alors son carré, continua sa marche, n'ayant perdu dans ce combat que quatre hommes. Quand Mourad-Bey apprit cet étrange événement qu'il ne pouvait s'expliquer, il s'emporta contre le bey et ses kiachefs et les traita de lâches, qui s'étaient laissé imposer par le nombre, comme si des mameluks devaient jamais compter pour quelque chose des piétons en plaine.

L'armée séjourna le 10, le 11 et le 12 à Rahmaniéh. La flottille et la division Dugua la joignirent le 12 au matin. La flottille était nécessaire pour pouvoir manœuvrer sur les deux rives, et pour combattre celle des mameluks, qui était nombreuse et bien armée. Le nombre des Bédouins s'accroissait chaque jour. Les Français se trouvaient dans le camp de Rahmaniéh comme bloqués. Les Bédouins avaient des postes à portée de fusil des grand'gardes. Ils s'étaient aperçus que les chevaux français ne valaient rien, ce qui leur avait inspiré le plus grand mépris pour notre cavalerie.

L'armée se trouvait alors placée de la manière suivante : Kléber était à Alexandrie avec le convoi et l'escadre qu'on supposait entrés dans le port ; il tenait garnison dans le château d'Aboukir; il avait un régiment d'infanterie, le 69°; mille canonniers, sapeurs et ouvriers; deux mille hommes des dépôts des corps d'infanterie et de cavalerie à pied; total, six mille cinq cents de la ligne et trois mille cinq cents hommes formant les équipages des bâtiments de transport organisés en garde nationale, ce qui lui formait, indépendamment de l'escadre, une garnison de neuf à dix mille hommes. Menou était à Rosette avec mille deux cents hommes et trois avisos. Le camp de Rahmanié était de vingt mille hommes. Le génie avait retranché une mosquée située sur la hauteur de Damanhour; elle contenait trois cents hommes et deux pièces de canon, qui furent relevés par la garnison d'Alexandrie. Une redoute, jugée nécessaire à Rahmaniéh, fut construite pour trois cents hommes et trois pièces de canon. Le contre-amiral Perrée y laissa une barque armée pour la police du Nil.

IV. Mourad-Bey était parti le 6 du Caire avec trois mille mameluks, deux mille janissaires à pied, et une flottille nombreuse composée d'une soixantaine de bâtiments, dont vingt-cinq armés. Il avait convoqué tous les Arabes du Faïoum. Il espérait arriver à temps à Damanhour pour soutenir son avant-garde. Il était suivi par Ibrahim-Bey avec une force plus considérable encore. Il apprit à Terranéh l'événement de Rahmaniéh, la prise de Rosette, et la marche de l'armée sur le Caire. Il se porta sur Chobrakhit, y construisit deux batteries de neuf pièces de canon, et fit travailler à retrancher le village, où il posta ses janissaires. Sa flottille prit position, la gauche appuyée au village et la droite au Delta.

Le 12, à sept heures du soir, l'armée française campa au village de Miniéh, à une lieue de Rahmaniéh. Elle eut ordre de prendre les armes à une heure du matin. Il était de la plus grande importance de ne pas donner à Mourad-Bey le temps d'achever ses retranchements et de compléter le ralliement de ses troupes. Aussitôt que la lune fut levée, l'armée se mit en marche. A huit heures elle se trouva en présence de Mourad-Bey, qui avait sa droite toute composée de mameluks, appuyée au village de Chobrakhit; sa gauche, formée par deux mille Arabes, prolongeait sa ligne dans le désert. Ce coup d'œil frappa d'étonnement. Chaque mameluk avait trois ou quatre hommes pour le servir, et les Arabes étaient dans un continuel mouvement. La ligne parut être de quinze à dix-huit mille hommes.

Les Bédouins du Baheiréh avaient, selon leur coutume, coupé les communications avec Rahmaniéh, et caracolaient sur nos derrières et sur nos flancs. Ils étaient aussi autour d'Alexandrie, de Damanhour et de Rosette. L'armée se rangea en bataille, et se déploya sur un espace de mille huit cents toises : la gauche appuyée à un petit village près du Nil, la droite à un gros village près du désert. Desaix formait la droite; il fit barricader ce village, y laissa un bataillon et trois pièces de canon; il rangea sa division en un seul carré de cent cinquante toises de front sur vingt-cinq de flanc. A cent toises en arrière du village, la gauche, formée par le général Vial, fit les mêmes dispositions; les trois autres divisions se placèrent dans l'intervalle à environ trois cents toises l'une de l'autre, se flanquant entre elles, le centre un peu en arrière. La cavalerie, divisée en cinq pelotons, fut placée au milieu des carrés; la réserve, dans deux villages à mille toises en arrière de la ligne et éloignés entre eux de huit à neuf cents toises, chaque village étant barricadé et ayant une demi-batterie. Si les ennemis surent juger ces dispositions, elles durent leur paraître redoutables. Sur trente-six pièces de canon qui étaient en ligne, dix-huit pouvaient battre au même point.

Les deux armées s'observèrent pendant plusieurs heures. Les Français attendaient leur flottille, mais elle était encore à l'ancre devant Rahmaniéh; elle ne pouvait remonter le fleuve qu'avec le vent du nord, qui ne s'éleva qu'à huit heures. Le soleil, qui donnait sur les casques et les cottes de mailles des mameluks, faisait briller cette belle troupe de tout son éclat. Un grand nombre de combats singuliers se livrèrent, à la mode des Orientaux, entre les plus braves des mameluks et les intrépides tirailleurs des Alpes. Le mameluk déployait toute son adresse et son courage; il excitait notre admiration. Il était lié à son cheval, qui paraissait partager toutes ses passions; le sabre pendant au poignet, il tirait sa carabine, son tromblon, ses quatre pistolets, et après avoir ainsi déchargé six armes à feu, il tournait le peloton de tirailleurs, et passait entre eux et la ligne avec une merveilleuse dextérité. Mais on vit les sept queues, avec les pelotons d'hommes d'élite qui leur servaient de garde, se réunir en un point central sur un petit tertre : c'étaient les beys qui tenaient conseil. Un moment après, cette belle cavalerie s'ébranla, les sept beys à la tête, perça entre le carré du général Reynier et celui du général Dugua, où était le général en chef, espérant sans doute les trouver ouverts par derrière et les prendre à dos. La mitraille et la fusillade du front des carrés, et immédiatement après des flancs, et enfin de l'arrière, en tuèrent et en blessèrent un bon nombre. Quelques braves lancés sur les derrières des carrés périrent sur les baïonnettes. Mais lorsque Mourad-Bey s'aperçut que le feu était aussi vif derrière que de front, il s'éloigna rapidement, et donna dans les deux villages retranchés où était placée la réserve. Il en essuya la mitraille, fit alors un à gauche au grand galop, et se porta à une demi-lieue sur le flanc droit de l'armée; soixante mameluks restèrent sur le champ de bataille. Leurs dépouilles réjouirent le soldat. Leur habitude est de porter tout leur or dans leur ceinture lorsqu'ils vont au combat. Indépendamment de cela, le cheval, l'habillement, l'armement étaient d'un grand prix, ce qui fit comprendre qu'un pays qui avait des défenseurs aussi riches ne pouvait pas cependant être aussi misérable qu'on le pensait.

La ligne française resta fixe. Elle s'attendait à une seconde charge. Enfin elle aperçut les mâts de la flottille. Il était une heure après midi. Une épouvantable canonnade s'engagea un quart d'heure après sur le Nil. Le contre-amiral, en tête, avait formé sa ligne de bataille et dépassé le village de Chobrakhit. Il donna au milieu de la ligne des bâtiments ennemis; accablée par le nombre, une de ses demi-galères fut prise à l'abordage, lui-même fut en danger; mais il sauva sa flottille par d'habiles manœuvres. Aussitôt que Napoléon s'aperçut du péril que courait son armée navale, il ordonna à la ligne d'infanterie de marcher en avant. La division de gauche aborda le village de Crobrakhit. Les batteries turques avaient été démontées. Les deux mille janissaires, menacés d'être coupés et tournés par le mouvement de l'armée, prirent la fuite après quelque résistance.

Les mameluks, effrayés et ne comprenant rien à tout ce qu'ils voyaient, se tenaient hors de la portée du canon, et reculaient à mesure que la ligne avançait. Le feu des tirailleurs placés dans les maisons de Chobrakhit et répartis le long de la digue, celui des pièces de douze, de huit et des obusiers réunis sur le bord du Nil, firent changer promptement le sort du combat naval. Les marins turcs les plus habiles comprirent le danger de leur position, virèrent de bord, et profitèrent du vent pour s'éloigner et refouler le courant. Les autres le firent plus tard, mais il n'était plus temps; ils furent contraints de mettre le feu à leurs bâtiments. Le vent du nord cesse habituellement dans cette saison à quatre ou cinq heures après midi. D'ailleurs, avant d'arriver à Chabour, le Nil forme un coude. Il était donc possible de s'emparer du reste de la flottille. Les cinq divisions de l'armée se mirent en colonnes et marchèrent sur cinq directions, à distance de déploiement, à travers champs. Mourad-Bey, s'apercevant de la frayeur et du découragement de ses gens, quitta la vue de l'armée et se rendit en toute hâte devant le Caire.

A six heures après midi, l'armée campa à Chabour. Les équipages turcs se voyant coupés se réfugièrent dans le Delta, après avoir mis le feu à leurs bâtiments; on parvint à en sauver quelques-uns. Le camp fut établi dans un bois de sycomores. A la nuit le contre-amiral Perrée mouilla à la hauteur du village. La perte des Français fut dans cette journée de trois à quatre cents hommes tués ou blessés, les trois quarts matelots. Monge, Berthollet, le secrétaire Bourienne, qui étaient embarqués sur la flottille, montrèrent du sang-froid et de la résignation au moment du danger. Les mameluks perdirent trois cents de leurs plus braves cavaliers, tués, blessés ou prisonniers; quatre à cinq cents fantassins ou hommes des équipages de leur flottille, neuf mauvaises pièces de canon de fer sur affûts marins qu'ils avaient mis en batterie à Chobrakhit, et toute leur flottille.

Dès ce moment, Mourad-Bey désespéra de son salut. Il comprit qu'il n'y avait pas égalité d'armes, que la bravoure n'était pas suffisante pour vaincre, et que l'infanterie n'était pas aussi méprisable qu'il se l'était imaginé jusqu'alors. Au fait, les dix mille mameluks n'eussent pas craint d'attaquer en plaine une armée de cinquante mille Ottomans. Ils répandirent au Caire mille bruits. Tout ce qu'ils voyaient, tout ce qu'ils avaient ouï raconter ou appris par leur propre expérience bouleversait tellement leurs idées que cela les portait à croire au sortilége. Le sultan français était un sorcier qui tenait tous ses soldats liés par une grosse corde blanche, et, selon qu'il la tirait d'un côté ou d'un autre, ils allaient à droite ou à gauche, se remuant tout d'une pièce; ils le nommaient le père du feu pour exprimer la vivacité du feu de la fusillade de son infanterie.

Cependant les Arabes inquiétaient les marches, empêchaient les détachements de s'écarter, ce qui rendait les vivres très-difficiles. Le général Zayonchek et le général Andréossy débarquèrent avec leur brigade dans le Delta, et marchèrent parallèlement à l'armée sur la rive droite, n'ayant ni Arabes ni ennemis à combattre; ils firent des vivres en abondance et en fournirent à l'armée. En peu de jours ils se procurèrent une centaine de chevaux, ce qui les mit à même de s'éclairer. La bataille de Chobrakhit fut glorieuse pour l'armée française. Elle avait, il est vrai, vingt mille hommes et quarante deux pièces de canon sur le champ de bataille, où son ennemi n'avait réellement que huit mille combattants; mais c'était la première fois qu'elle se trouvait vis-à-vis cette belle et redoutable cavalerie.

V. La journée du 13 avait fatigué l'armée. Elle avait fait sept grandes lieues, indépendamment des mouvements de la bataille. Le temps avait été fort chaud, la marche, au travers des terres gercées, très-difficile. La flottille ne pouvait pas appareiller avant neuf heures; c'est à cette heure que s'élevait le vent du nord. Or, il fallait marcher de concert, afin de maintenir ses communications avec la rive droite et de s'appuyer réciproquement. L'armée partit fort tard le 14, et arriva à la nuit à Koum-Cherif, à la prise d'eau d'un canal d'irrigation qui porte les eaux du Nil dans la province de Mariout. Les soldats trouvaient en abondance des pastèques ou melons d'eau, fruit extraordinairement rafraîchissant, et, quoiqu'ils en mangeassent avec excès, ils n'en éprouvèrent pas d'inconvénient. Le 15, l'armée campa à Al-Kam, village arabe; elle ne fit ce jour-là que trois lieues et demie. Le 16, elle arriva à Abou-Néchabéh; elle fit quatre lieues et demie. Là, le désert s'approchait fort du Nil. Le 17, elle campa à Wardân, à l'ombre d'une forêt de palmiers. Elle reçut un convoi de vivres de la rive droite. Elle marchait à petites journées; elle partait à deux heures du matin et était campée à neuf heures. La cause en était l'excessive chaleur, la difficulté de se procurer des vivres, l'incommodité des Arabes qui obligeaient les colonnes à marcher doucement, afin que tout le monde pût suivre, la nécessité d'attendre la flottille sur laquelle on plaçait les malades et les hommes fatigués, ce qui dispensait d'occuper des points intermédiaires qui l'eussent affaibli. Enfin, il fallait se trouver à toute heure en mesure de combattre, car on recevait tous les jours des nouvelles des préparatifs formidables qui se faisaient au Caire.

Les beys, les janissaires, les Arabes, les milices, avaient quitté la ville et marchaient à la rencontre des infidèles. Le général Zayonchek prit position au point où le Nil se divise en deux branches pour former le Delta, point dit *le Ventre de la Vache*. Les Hébreux, dans le désert de *l'Egarement*, regrettaient les marmites d'Egypte, pleines de viandes, d'oignons et de toutes sortes de légumes dont ils pouvaient manger tout leur soûl, disaient-ils; les Français ne cessaient d'appeler à grands cris les délices de l'Italie, depuis quinze jours leur mécontentement avait été en augmentant, ils comparaient ce peuple barbare qu'ils ne pouvaient pas entendre, les demeures de ces misérables fellahs aussi abrutis que leurs bufiles, ces arides plaines découvertes et sans ombre, ce Nil, chétif ruisseau qui charriait une eau sale et bourbeuse, enfin ces horribles hommes du désert, si laids, si féroces, et leurs femmes plus sales encore, aux plaines fleuries et abondantes de la Lombardie, au peuple sociable, doux et éclairé des Etats vénitiens. Ils se plaignaient d'être dans un pays où ils ne pouvaient se procurer ni pain ni vin. On leur répondait que, loin d'être misérable, ce pays était le plus riche du monde; qu'ils auraient du pain, du vin, aussitôt qu'ils seraient au Caire; que le pays où ils étaient avait été le grenier de Rome, et était encore celui de Constantinople. Rien ne pouvait calmer des imaginations effarouchées. Quand les *Francs* racontaient les beautés et l'opulence du Caire, les soldats répondaient tristement : « Vous nous avez dit la même » chose de Damanhour. Le Caire sera peut-être deux ou trois fois plus grand ; mais ce » sera un ramassis de cabanes dépourvues de tout ce qui peut rendre la vie supportable. » Napoléon s'approchait souvent de ses soldats ; il leur dit : « *Que ce Nil qui répondait si* » *peu, dans ce moment, à sa réputation, commençait à grossir, et que bientôt il justi-* » *fierait tout ce qu'ils en avaient ouï raconter ; qu'ils campaient sur des monceaux de* » *blé, et que sous peu de jours ils auraient des moulins et des fours ; que cette terre si* » *nue, si monotone, si triste, sur laquelle ils marchaient avec tant de difficulté serait* » *bientôt couverte de moissons et de riches cultures, qui leur représenteraient l'abon-* » *dance et la fertilité des rives du Pô ; qu'ils avaient des lentilles, des fèves, des poules,* » *des pigeons ; que leurs plaintes étaient exagérées ; que la chaleur était excessive,* » *sans doute, mais serait supportable quand ils se trouveraient en repos et seraient* » *organisés ; que, pendant les campagnes d'Italie, les marches, au mois de juillet et* » *d'août, étaient aussi bien fatigantes.* » Mais ces discours ne produisaient qu'un effet passager. Les généraux et les officiers murmuraient plus haut que les soldats. Ce genre de guerre était encore plus pénible pour eux, et contrastait davantage avec les commodités des palais et des casins d'Italie.

L'armée était frappée d'une mélancolie vague que rien ne pouvait surmonter ; plusieurs soldats se jetèrent dans le Nil pour y trouver une mort prompte ; elle était attaquée du spleen. Tous les jours, après que les bivouacs étaient pris, son premier besoin était de se baigner. En sortant du Nil, les soldats commençaient à faire de la politique, à s'exaspérer, à se lamenter sur la fâcheuse position des choses : « *Que sommes-* » *nous venus faire ici ? Le Directoire nous a déportés !...* » Quelquefois ils s'apitoyaient sur leur chef, qui bivouaquait constamment sur les bords du Nil, était privé de tout comme le dernier soldat ; le dîner de l'état-major consistait souvent en un plat de lentilles. « *C'est de lui qu'on voulait se défaire,* disaient-ils ; *mais, au lieu de nous con-* » *duire ici, que ne nous faisait-il un signal ! nous eussions chassé ses ennemis du* » *palais, comme nous avons chassé les Clichiens.* » S'étant aperçus que partout où il y avait quelques traces d'antiquités, les savants s'y arrêtaient et faisaient des fouilles, ils supposèrent que c'étaient eux qui, pour chercher des antiquités, avaient conseillé l'expédition. Cela les indisposa contre eux. Ils appelaient les ânes des savants. Caffarelli était à la tête de cette commission. Ce brave général avait une jambe de bois. Il se donnait beaucoup de mouvement. Il parcourait les rangs pour prêcher le soldat. Il ne parlait que de la beauté du pays, des grands résultats de cette conquête. Quelquefois, après l'avoir entendu, les soldats murmuraient ; mais la gaieté française reprenait le dessus. « *Pardi,* lui dit un jour un grenadier, *vous vous moquez de cela, général, vous qui avez un pied en France !!!* » Ce mot répété de bivouac en bivouac fit rire tous les camps. Jamais cependant le soldat ne manqua aux membres de la commission des arts, qu'au fond il respectait ; et, ce premier mouvement passé, Caffarelli et les savants furent l'objet de leur estime. L'industrie française venait aussi à l'aide des circonstances. **Les** uns broyaient le blé pour se procurer de la farine; les autres en faisaient d'abord rôtir le grain dans une poêle, et, ainsi rôti, le faisaient bouillir, et en obtenaient une nourriture saine et satisfaisante.

Le 19, l'armée arriva à Omm-Dinar, vis-à-vis de la pointe du Delta et à cinq lieues du Caire. Elle aperçut pour la première fois les Pyramides. Toutes les lunettes furent braquées sur ces plus grands et ces plus anciens monuments qui soient sortis de la main des hommes. Les trois Pyramides bordaient l'horizon du désert. Elles paraissaient comme trois énormes rochers. Mais, en les regardant avec attention, la régularité des arêtes décelait la main des hommes. On apercevait aussi la mosquée du Mokattam. Au pied était le Caire. L'armée séjourna le 20 et reçut l'ordre de se préparer à la bataille. L'ennemi avait pris position sur la rive gauche du Nil, vis-à-vis le Caire, entre Embabéh et les Pyramides. Il était nombreux en infanterie, en artillerie et en cavalerie. Une flottille considérable, parmi laquelle il y avait même une frégate, protégeait son camp. La flottille française était restée en arrière. Elle était d'ailleurs fort inférieure en nombre. Le Nil étant très-bas, il fallut renoncer aux secours de toute espèce qu'elle portait, et aux services qu'elle pouvait rendre. Les mameluks, les agas, les marins, fiers de leur nombre et de la belle position qu'ils occupaient, encouragés par les regards de leurs pères, de leurs mères, de leurs femmes, de leurs enfants, étaient pleins d'ardeur et de confiance. Ils disaient : « *Qu'au pied de ces Pyramides, bâties par leurs* » *ancêtres, les Français trouveraient leurs tombeaux, et finiraient leurs destins!!!* »

VI. Le 21, à deux heures du matin, l'armée se mit en marche. Au jour, elle rencontra une avant-garde de mameluks, qui disparut après avoir essuyé quelques coups de canon. A huit heures, les soldats poussèrent mille cris de joie, à la vue des quatre cents minarets du Caire. Il leur fut donc prouvé qu'il existait une grande ville qui ne pouvait pas être comparée à ce qu'ils avaient vu depuis qu'ils étaient débarqués. A neuf heures, ils découvrirent la ligne de bataille de l'armée ennemie. La droite, composée de vingt mille janissaires, Arabes et milices du Caire, était dans un camp retranché en avant du village d'Embabéh, sur la rive gauche du Nil, vis-à-vis Boulac; ce camp retranché était armé de quarante pièces de canon. Le centre et la gauche étaient formés par un corps de cavalerie de douze mille mameluks, agas, cheyks et autres notables de l'Egypte, tous à cheval et ayant chacun trois ou quatre hommes à pied pour le servir, ce qui formait une ligne de cinquante mille hommes. La gauche était formée par huit mille Arabes Bédouins à cheval, et s'appuyait aux Pyramides. Cette ligne avait une étendue de trois lieues. Le Nil, d'Embabéh à Boulac et au vieux Caire, était à peine suffisant pour contenir la flottille, dont les mâts apparaissaient comme une forêt. Elle était de trois cents voiles. La rive droite était couverte de toute la population du Caire, hommes, femmes et enfants, qui étaient accourus pour voir cette bataille d'où allait dépendre leur sort. Ils y attachaient d'autant plus d'importance que, vaincus, ils deviendraient esclaves de ces infidèles.

L'armée française prit le même ordre de bataille dont elle s'était si bien trouvée à Chobrakhit, mais parallèlement au Nil, parce que l'ennemi en était maître. Les officiers d'état-major reconnurent le camp retranché. Il consistait en de simples boyaux qui pouvaient être de quelque effet contre la cavalerie, mais étaient nuls contre l'infanterie. Le travail était mal tracé, à peine ébauché. Il avait été commencé depuis deux jours seulement. L'artillerie était de fer, sur affût marin; elle était fixe et ne pouvait pas se remuer. L'infanterie paraissait mal en ordre et incapable de se battre en plaine. Son projet était de se battre derrière ses retranchements. Elle était peu redoutable, ainsi que les Arabes, si nuls un jour de bataille. Le corps des mameluks était seul à craindre, mais hors d'état de résister. Desaix, en tête, marchant par la droite, passa à deux portées de canon du camp retranché, lui prêtant le flanc gauche, et se porta sur le centre de la ligne des mameluks. Reynier, Dugua, Vial et Bon le suivirent à distance. Un village se trouvait vis-à-vis du point de la ligne ennemie qu'on voulait percer. C'était le point de direction. Il y avait une demi-heure que l'armée s'avançait dans cet ordre et dans le plus grand silence, lorsque Mourad-Bey, qui commandait en chef, devina l'intention du général français, quoiqu'il n'eût aucune expérience des manœuvres des batailles. La nature l'avait doué d'un grand caractère, d'un brillant courage, et d'un coup d'œil pénétrant. Il saisit la bataille avec une habileté qui aurait honoré le général le plus consommé. Il sentit qu'il était perdu s'il laissait l'armée française achever son mouvement, et qu'avec sa nombreuse cavalerie, il devait attaquer l'infanterie, pendant qu'elle était en marche. Il partit comme l'éclair avec sept à huit mille chevaux, passa entre la division Desaix et celle de Reynier, et les enveloppa. Ce mouvement se fit avec une telle rapidité, qu'on craignit un moment que le général Desaix n'eût pas le temps de se mettre en position. Son artillerie était embarrassée au passage d'un bois de palmiers. Mais les premiers mameluks qui arrivèrent sur lui étaient peu nombreux. Une décharge en jeta la moitié par terre. Le général Desaix eut le temps de former son carré. La mitraille et la fusillade s'engagèrent sur les quatre côtés. Le général Reynier ne tarda pas à prendre position et à commencer le feu de tous côtés. La division Dugua, où était le général en chef, changea de direction, et se porta entre le Nil et le général Desaix, coupant, par cette manœuvre, l'ennemi du camp d'Embabéh, et lui barrant la rivière; elle se trouva bientôt à portée de commencer la canonnade sur la queue des mameluks. Quarante-cinq ou cinquante hommes des plus braves, beys, kachefs, mameluks, moururent dans les carrés. Le champ de bataille fut couvert de leurs morts et de leurs blessés. Ils s'obstinèrent, pendant une demi-heure, à caracoler, à portée de mitraille, passant d'un intervalle à l'autre, au milieu de la poussière, des chevaux, de la fumée, de la mitraille, de la fusillade et des cris des mourants. Mais enfin, ne gagnant rien, ils s'éloignèrent, et se mirent hors de portée. Mourad-Bey avec trois mille chevaux opéra sa retraite sur Gizéh, route de la haute Egypte. Le reste, se trouvant sur les derrières des carrés, appuya sur le camp retranché, au moment où la division Bon l'aborda. Le général Rampon, avec deux bataillons, occupa un fossé et une digue qui interceptaient la communication entre Embabéh et Gizéh. La cavalerie qui se trouvait dans le camp, étant repoussée par la division Bon, voulut regagner Gizéh. Mais, arrêtée par Rampon et par la division Dugua, qui l'appuyait, elle hésita, flotta plusieurs fois, et enfin, par un mouvement naturel, s'appuya sur la ligne de moindre résistance, et se jeta dans le Nil, qui en engloutit plusieurs milliers. Aucun ne put gagner l'autre rive. Le camp retranché ne fit aucune résistance. L'infanterie, voyant la déroute de la cavalerie, abandonna le combat, se jeta dans de petites barques ou à la nage. Le plus grand nombre descendit le Nil, le long de la rive gauche, et se sauva dans la campagne, à la faveur de la nuit. Les canons, les chameaux, les bagages tombèrent au pouvoir des Français.

Mourad-Bey avait fourni plusieurs charges dans l'espoir de rouvrir la communication avec son camp, et de lui faciliter la retraite. Toutes ces charges manquèrent. A la nuit, il opéra sa retraite, et donna le signal par l'incendie de la flotte. Le Nil fut sur-le-champ couvert de feu. Sur ces navires étaient les richesses de l'Egypte, qui périrent, au grand regret de l'armée. De douze mille mameluks, trois mille seulement, avec Mourad-Bey, se retirèrent dans la haute Egypte; douze cents qui étaient restés pour contenir le Caire, avec Ibrahim-Bey, firent, depuis, leur retraite sur la Syrie; sept mille périrent dans cette bataille, si fatale à cette brave milice, qui ne s'en releva jamais. Les cadavres des mameluks portèrent, en peu de jours, à Damiette, à Rosette, et dans les villages de la basse Egypte, la nouvelle de la victoire de l'armée française. Au moment de la bataille, Napoléon avait dit à ses troupes, en leur montrant les Pyramides : « *Soldats, quarante siècles vous regardent.* » Les Arabes, suivant leur coutume, voyant la bataille perdue, s'éloignèrent et se dispersèrent dans les déserts.

Si la flottille française eût pu arriver, la journée eût été plus décisive. Elle eût fait des prisonniers, elle eût sauvé des bagages. Elle avait entendu toute la journée la canonnade de la bataille. Le vent du nord qui soufflait en amortissait le bruit. Mais, sur le soir, comme s'il s'était calmé, le bruit du canon devint plus fort, le feu parut s'approcher. Les équipages crurent que la bataille était perdue. Ils ne furent détrompés que par le grand nombre de cadavres turcs que le Nil charriait.

Le quartier général arriva à Gizéh à neuf heures du soir. Il n'était resté aucun esclave à la belle maison de campagne de Mourad-Bey. Rien de sa distribution intérieure ne ressemblait aux palais d'Europe. Cependant les officiers virent avec plaisir une maison bien meublée, des divans des plus belles soieries de Lyon ornées de franges d'or, des vestiges du luxe et des arts d'Europe. Le jardin était rempli des plus beaux arbres, mais il n'était percé d'aucune allée. Un grand berceau couvert de vignes et chargé des plus excellents raisins fut une ressource précieuse. Le bruit s'en répandit dans le camp, qui accourut en masse; la vendange fut bientôt faite. Les divisions qui avaient pris le camp d'Embabéh étaient dans l'abondance; elles y avaient trouvé les bagages des beys et des kachefs, des cantines pleines de confitures et de sucreries. Les tapis, les porcelaines, l'argenterie étaient en grande abondance. Pendant toute la nuit, au travers des tourbillons de flammes des trois cents bâtiments égyptiens en feu, se dessinaient les minarets du Caire. La lueur se réfléchissait jusque sur les parois des Pyramides. Pendant les jours qui suivirent la bataille, les soldats furent occupés à pêcher les cadavres; beaucoup avaient deux ou trois cents pièces d'or sur eux. La perte de l'armée française fut de trois cents hommes tués ou blessés. Celle de l'ennemi, en tués, blessés, noyés ou prisonniers, se monta à dix mille mameluks, Arabes, janissaires, Arabes, etc.

VII. A la pointe du jour, la division Vial passa dans l'île de Roudah et mit un bataillon dans le mékias. Les tirailleurs franchirent le canal et se logèrent dans la maison de campagne d'Ibrahim-Bey. Le vent du nord soufflait avec force, cependant la flottille n'arrivait pas. Le contre-amiral Perrée fit enfin connaître qu'on ne devait plus compter sur lui; que les bâtiments étaient échoués; qu'il ne pourrait arriver que quand le Nil aurait monté d'un pied. Cette contrariété était extrême. Le Caire était fort agité. Une partie de la population pillait les maisons des beys devenues désormais propriétés françaises; une autre partie était vivement sollicitée par Ibrahim-Bey, qui travaillait à donner du courage et une impulsion de défense à la population. Mais les milices du Caire avaient été battues, comme les mameluks, à la bataille des Pyramides; tout ce que cette ville comptait d'hommes en état de porter les armes y avait pris part. Ils étaient consternés et découragés. Les Français leur paraissaient plus que des hommes.

La lettre au pacha, écrite d'Alexandrie, et traduite en arabe, fut répandue dans la ville. Un drogman fut envoyé aux ulémas et aux cheyks de Gama-el-Azhar. Ceux-ci se rassemblèrent, prirent le gouvernement de la ville, et résolurent de se soumettre. Ibrahim-Bey et le pacha se retirèrent à Birkel-el-Hadji. Une députation des cheyks se rendit à Gizéh, ayant à sa tête le kiaya du pacha. Elle prit confiance dans la clémence du vainqueur. La ville attendait avec la plus vive inquiétude son retour. La députation se loua de l'accueil qu'elle avait reçu et des bonnes dispositions du sultan Kébir. Le général Dupuis entra au Caire comme commandant d'armes, prit possession de la citadelle et des principales positions. Il afficha la proclamation suivante du général en chef : « Peuple du Caire, je suis content de votre conduite... Je suis venu pour détruire » la race des mameluks, protéger le commerce et les naturels du pays. Que tous ceux » qui ont peur se tranquillisent; que ceux qui se sont éloignés reviennent. Que la » prière ait lieu aujourd'hui comme à l'ordinaire... Ne craignez rien pour vos familles, » vos maisons, vos propriétés, et surtout pour la religion du prophète, que j'aime... Il y » aura un divan composé de sept personnes qui se réuniront à la mosquée de Ver (1). »

Pendant la journée du 23 et du 24, tout ce que le Caire avait de distingué passa le Nil et se rendit à Gizéh pour voir le sultan Kébir et lui faire ses soumissions. Napoléon n'oublia rien de ce qui pouvait les rassurer, leur inspirer de la confiance et des sentiments favorables. Il était parfaitement secondé par son interprète, le citoyen Venture, qui avait passé quarante ans à Constantinople et dans différents pays musulmans; c'était le premier orientaliste d'Europe; il rendait tous ses discours avec élégance, facilité, et de manière à produire l'effet convenable.

Le 25, le général en chef fit son entrée dans le Caire et descendit à la maison d'Elfi-Bey, située sur la place d'Ezbekiéh, à une extrémité de la ville. Elle avait un très-beau jardin et communiquait par la campagne avec Boulac et le vieux Caire. Les maisons

---

(1) Il n'y a que ces trois lettres dans le manuscrit.   (*De Las Cases.*)

des Français, des Vénitiens et des Anglais établis au Caire, fournirent au quartier général des lits, des chaises, des tables et autres meubles à l'usage des Européens. Plus tard, l'architecte Lepère bâtit un très-bel escalier, et changea toute la distribution de la maison, afin de la rendre propre aux mœurs et aux usages français.

Les femmes des mameluks étaient effrayées. Un des premiers soins du général en chef fut de les rassurer. Il employa à cet effet l'influence de la femme de Mourad-Bey, qui était la principale. Cette femme avait été à Aly-Bey. Elle jouissait dans la ville d'une haute considération. Il lui envoya le capitaine Beauharnais, son beau-fils, pour la complimenter et lui porter un firman qui lui confirmait la propriété de tous ses villages. Elle était extrêmement riche, avait un grand train de maison, et le sérail à la tête duquel elle se trouvait était composé d'une cinquantaine de femmes de tous les pays et de toutes les couleurs. Les officiers de son palais eurent beaucoup de peine à les contenir; toutes ces esclaves voulaient voir le jeune et joli Français. Sitti-Néfiséh reçut le messager du sultan Kébir avec dignité et grâce. Elle le fit entrer dans le sérail, lui fit, avec beaucoup de gentillesse, les honneurs d'une élégante collation, et lui offrit une bague d'une assez grande valeur. Cependant, comme les trésors des mameluks étaient dans les mains de leurs femmes, et que le trésor de l'armée éprouvait beaucoup de difficultés à faire face aux besoins du soldat, elles durent, selon l'usage du pays, racheter les richesses des maris en les soumettant à une contribution proportionnée à leur fortune.

Rassurés sur leurs personnes et leurs propriétés, les habitants le furent bientôt sur l'article si essentiel de leur religion. Les imans continuèrent à faire la lecture dans les mosquées, les mouezzins continuèrent leurs cris, au haut des minarets, à toutes les heures de la nuit. Les ulémas et les grands cheyks furent l'objet spécial de l'attention, des cajoleries de Napoléon. Il leur confirma tous leurs villages, tous leurs priviléges, et les environna d'une plus haute considération que celle dont ils avaient joui jusqu'alors. Ils formèrent le divan. C'est d'eux dont il se servit pour le gouvernement du pays.

Malgré l'ordre de remettre les armes, un grand nombre de fusils existaient encore dans l'intérieur des harems. Un pacha ou un bey ne faisait pas difficulté de faire arrêter, bâtonner, sans aucune formalité, l'habitant qui lui avait déplu, même de lui faire couper la tête; mais jamais il ne violait l'intérieur du harem. Le mameluk est esclave du maître partout ailleurs que dans l'intérieur de la maison, où il est inviolable; cet usage fut respecté. La confiance s'établit. Mourad-Bey fut très-sensible aux égards que l'on eut pour ses femmes, et laissa dès lors entretenir des dispositions pacifiques.

La nouvelle de la bataille des Pyramides se répandit avec une singulière rapidité dans tous les déserts et dans toute la basse Egypte. Les circulaires des ulémas du Caire et des chefs de la religion furent lues et affichées dans toutes les mosquées. Cela rétablit les communications sur les derrières de l'armée avec Alexandrie et Rosette. L'état-major reçut des nouvelles du général Kléber, commandant à Alexandrie; du général Menou, commandant à Rosette, et de l'amiral Brueys, commandant l'escadre. Celle-ci était encore mouillée à Aboukir, ce qui excita l'étonnement et le mécontentement du général en chef.

VIII. L'armée était depuis dix jours au Caire, elle restait immobile. Mourad-Bey réorganisait ses débris dans la haute Egypte. De Belbeis, Ibrahim-Bey exerçait son influence sur toute la basse Egypte : il commandait dans le Charkiéh, dans une partie du Kélioubiéh, à Damiette, et dans une partie du Delta. Il se renforçait tous les jours par de nouvelles levées. Il était de la plus haute importance, afin de pouvoir jouir tranquillement de la basse Egypte, de le chasser au-delà du désert. Mais les soldats s'accoutumaient difficilement au pays, quoique leur position se trouvât fort améliorée.

Le 2 août, le général Leclerc se porta à El-Khancah pour observer de plus près Ibrahim-Bey. El-Khancah est à six lieues du Caire. Il avait ordre d'y organiser une manutention. Le général Murat marcha sur le Kélioubiéh pour soumettre cette partie et lever des chevaux. Le général Reynier campa à Coubbé. Le 5 août, Ibrahim-Bey partit de Belbeis, dans la nuit, et cerna l'avant-garde à El-Khancah. La fusillade et la mitraille le tinrent en respect. Les généraux Murat et Reynier, au bruit du canon, marchèrent sans perdre de temps sur El-Khancah. Ils arrivèrent à temps pour recueillir l'avant-garde, qui opérait sa retraite. Ils repoussèrent Ibrahim-Bey et le jetèrent sur Belbeis. Napoléon donna le commandement du Caire à Desaix ; il lui recommanda d'activer les préparatifs pour l'expédition de la haute Egypte, et se mit aussitôt en opération avec l'armée. Celle-ci, dès qu'elle sut qu'elle allait quitter le Caire, fit entendre des murmures. Le mécontentement prit une couleur de sédition et de complot inconnue jusqu'alors. Les régiments se firent des députations ; plusieurs généraux se concertèrent entre eux. « Il était inouï qu'on prétendît, dans le fort de la canicule, faire marcher des troupes dans des déserts sans eau, et les exposer, sans ombre, au soleil brûlant du tropique. » Cependant le 7, à la pointe du jour, les divisions prirent les armes. La 9ᵉ de ligne devait ouvrir la marche : c'était celle qui avait le plus mauvais esprit. Le général en chef se porta sur son front, lui témoigna son mécontentement, et ordonna au colonel de faire demi-tour à droite et de rentrer dans la ville, disant avec dureté : « *Soldats de* » *la 9ᵉ, je n'ai pas besoin de vous.* » Il ordonna à la 32ᵉ de rompre par peloton et d'ouvrir la marche. Cela fut suffisant pour déjouer le complot. La 9ᵉ obtint, après de longues sollicitations, de faire partie de l'expédition. Elle marcha la dernière. L'armée coucha le 7 à El-Khancah ; le 8, à Belbeis. Elle suivit la lisière du désert, mais ayant à sa gauche le pays cultivé, un grand nombre de villages et presque une forêt continuelle de palmiers. Belbeis est une grosse bourgade ayant plusieurs milliers d'habitants : c'est un chef-lieu. Ibrahim-Bey en était parti depuis douze heures et s'était retiré sur Salhéyéh. On campa le 9 dans la forêt de palmiers de Koraïm. La caravane de la Mecque était arrivée depuis plusieurs jours sur les frontières de l'Egypte. L'Emir-Aga, avec son escorte, s'était joint à Ibrahim-Bey. Les Arabes Houâtat et Billis crurent pouvoir, sans courir aucun danger, profiter de cette occasion pour la dépouiller : ils s'emparèrent de toutes les marchandises. El-Marouki, un des principaux négociants, vint se jeter aux pieds du général avec deux de ses femmes, et implora sa protection. On lui avait enlevé deux de ses esclaves et pour cent mille écus de marchandises. Cette famille malheureuse fut accueillie. Elle fut touchée des égards et de la courtoisie française. Les femmes, autant que l'on en put juger par la délicatesse de leurs manières, leurs jolies mains, la grâce de leur démarche, l'accent de leur voix et leurs grands yeux noirs, étaient jolies. Les enquêtes furent faites avec tant de soin et de zèle, que toutes ses marchandises furent retrouvées. La caravane fut réorganisée et renvoyée sous bonne escorte au Caire, ce qui excita vivement la reconnaissance de la ville et du commerce.

Le 10, à deux heures après midi, l'avant-garde entra dans le bois de palmiers de Salhéyéh, et la cavalerie, forte de trois cent cinquante chevaux, arriva près de la mosquée. Elle y trouva encore Ibrahim-Bey avec sa maison ; il venait de recevoir l'alarme et était occupé à faire charger les chameaux qui portaient ses femmes et ses richesses. Il fit bonne contenance ; il avait douze cents mameluks et cinq cents Arabes. L'infanterie était encore à deux lieues. Deux pièces d'artillerie à cheval et soixante officiers montés joignirent la cavalerie. Mais la chaleur était étouffante. L'infanterie avait peine à suivre dans ces sables mobiles. Cependant les pièces engagèrent bientôt la canonnade. La cavalerie française exécuta alors quelques charges. Elle prit deux chameaux qui portaient deux petites pièces de canon légères, et cent cinquante autres chameaux chargés d'effets de peu de valeur, qu'Ibrahim-Bey abandonna pour accélérer sa marche. Désespéré de voir ce beau convoi échapper, le colonel Lasalle exécuta une nouvelle charge, où il perdit une trentaine d'hommes tués ou blessés, sans pouvoir forcer l'arrière-garde ennemie, qui était composée de six cents mameluks. Ibrahim-Bey continua sa retraite, s'enfonçant dans le désert ; il séjourna à Katiéh, d'où il gagna El-Arich et la Syrie ; il fut accueilli par Djezzar-Pacha. Pendant le combat de Salhéyéh, les cinq cents Arabes se séparèrent d'Ibrahim-Bey ; ils prirent une position sur ses flancs, et envoyèrent une députation aux Français pour leur demander la permission de charger de concert avec la cavalerie française. Mais ils se gardèrent bien d'affronter ces terribles mameluks : un de ceux-ci faisait fuir vingt Arabes. Les aides de camp Sulkouski, Duroc, Beauharnais, le colonel Destrées, qui fut grièvement blessé, se distinguèrent dans cette charge. Salhéyéh est à trente lieues du Caire et à soixante-seize lieues de Gaza ; c'est le dernier point où arrive aujourd'hui l'inondation du Nil. Au-delà des palmiers de Salhéyéh commence le désert aride qui sépare l'Afrique de l'Asie. Il était nécessaire d'y établir un fort ; ce serait à la fois une vedette pour observer le désert et une place de dépôt pour l'armée qui serait obligée de manœuvrer sur cette frontière ou même qui voudrait se porter en Syrie. Le général Caffarelli du Falga donna les instructions convenables pour le système de fortifications qu'il fallait suivre.

Le 12, la division Dugua se porta sur Damiette, dont elle s'empara sans difficulté. Première ville de la basse Egypte après le Caire, elle était le centre d'un grand commerce. Sa douane rendait autant que celle d'Alexandrie. Le général Dugua trouva des magasins très-considérables de riz appartenant aux beys. Il fit établir une batterie pour défendre le Bogaz. Il s'empara du lac Menzaleh, du château de Tinéh. Une brigade d'officiers du génie, une avant-garde de trois bataillons d'infanterie, d'un escadron de cavalerie et d'une batterie d'artillerie, prirent position à Salhéyéh. Le reste de l'armée repartit pour le Caire. Le 12, dans la nuit, des hommes arrivés de Damiette donnèrent vaguement la nouvelle qu'un grand combat naval avait eu lieu à Alexandrie, que les Français avaient été vainqueurs, qu'un grand nombre de vaisseaux avaient été brûlés; on n'y prêta aucune attention.

IX. A mi-chemin de Koraïm à Belbeis, un courrier d'Alexandrie remit au général Berthier des nouvelles de France apportées par un aviso qui était heureusement entré dans le port. Une lettre du ministre de la guerre lui faisait connaître la loi du 22 floréal, et ordonnait qu'elle fût mise à l'ordre du jour. Le Directoire et le Corps Législatif avaient cassé une partie des élections faites par les conseils électoraux. Ils attentaient ainsi à la souveraineté du peuple. Cela fit le plus mauvais effet dans l'armée. « *Ils sont* » *à Paris*, disait-on, *une poignée d'avocats qui parlent sans cesse de principes, mais* » *qui ne veulent que le pouvoir; ils se moquent de nous.* » Ce courrier portait une nouvelle plus importante pour l'armée : Kléber rendait compte de la destruction de l'escadre. Ce malheureux événement avait eu lieu à Aboukir le 1er août. Le courrier avait mis douze jours en route, ayant été obligé de marcher avec des escortes d'infanterie. « En arrivant devant Alexandrie, dit Napoléon, je demandais à la fortune qu'elle » préservât mon escadre pour cinq jours; elle en a accordé trente, et l'amiral n'a pas » voulu mettre ses vaisseaux en sûreté dans le port. Il ne lui fallait cependant que six » heures pour cela. Une implacable fatalité poursuit notre marine. Ce grand événement » aura des conséquences qui se feront sentir ici et loin d'ici. » Les habitants du Caire témoignèrent une véritable satisfaction du retour de l'armée. Les ulémas de Gama-el-Azhar présentèrent au lever les principaux négociants; ils témoignèrent leur gratitude pour la protection accordée à la caravane; ils exprimèrent le désir de voir bientôt occuper la haute Egypte, qui était nécessaire pour les approvisionnements et le bien-être du Caire.

La catastrophe de l'escadre avait consterné les Français. « *Nous voilà donc*, disait-on, » *abandonnés dans ce pays barbare, sans communication, sans espérance de retourner* » *chez nous.* » Le général en chef parla aux officiers et aux soldats : « Eh bien! dit-il, » nous voilà dans l'obligation de faire de grandes choses, nous les ferons; de fonder un » grand empire, nous le fonderons. Des mers, dont nous ne sommes pas maîtres, nous » séparent de la patrie; mais aucune mer ne nous sépare ni de l'Afrique ni de l'Asie. » Nous sommes nombreux, nous ne manquerons pas d'hommes pour recruter nos cadres. » Nous ne manquerons pas de munitions de guerre, nous en avons beaucoup; au » besoin Champy et Conté nous en fabriqueront. » Les esprits s'électrisèrent. On cessa de se plaindre. On s'occupa à s'établir sérieusement. Tous les Français s'exhortèrent les uns les autres à être dignes de leur propre renommée! Le plus grand obstacle que l'on éprouva fut la rareté de l'argent et la difficulté de s'en procurer.

L'administration s'organisa dans toutes les provinces de la basse Egypte. Des remontes nombreuses arrivèrent dans le dépôt central du Caire. Les contributions se perçurent. Trois chaloupes canonnières à fond plat, portant chacune une pièce de vingt-quatre et quatre pièces de quatre, ne tirant que deux pieds d'eau, furent construites sur les chantiers du Caire. Une descendit dans le lac Bourlos, et les deux autres dans le lac Menzaléh. Chacune de ces chaloupes pouvait porter jusqu'à deux cents hommes. Elles avaient quatre caïques ne tirant qu'un pied d'eau et portant une pièce de trois. Ces lacs furent, par là, entièrement maîtrisés. Les officiers du génie firent travailler avec activité au rétablissement du canal d'Alexandrie; le Nil y entra; la place fut approvisionnée d'eau, les trois citernes remplies, et la navigation, qui eut lieu pendant six semaines, permit de garnir les magasins de blé, de riz et d'autres denrées nécessaires sur ce point important. Les officiers commandant les provinces portèrent la plus grande activité à réprimer les insurrections suscitées par la turbulence des Arabes. Cela donna lieu à quelques combats peu importants où la supériorité de l'armée française s'établit dans l'esprit des Orientaux.

Le 28 août, Desaix partit enfin pour la haute Egypte avec quatre ou cinq mille hommes de toutes armes, dont cinq cents de cavalerie, montés sur d'excellents chevaux, et une flottille qui lui assurait la supériorité sur le Nil et les canaux. Mourad-Bey évacua toute la province de Gizéh et de Beni-Soueif, et, en peu de jours, le pavillon tricolore fut arboré sur les deux rives jusqu'à quarante lieues du Caire. L'arsenal, les salles d'artifice, les magasins d'artillerie furent réunis à Gizéh, et l'enceinte, qui consistait en une grande muraille, fut fortifiée par des redoutes, des flèches et de bonnes batteries. La citadelle du Caire fut mise dans un état respectable. La communication avec Alexandrie, Rosette et Damiette n'éprouvait aucun obstacle. La maison de campagne d'Ibrahim-Bey, située sur la rive droite du Nil, forma une tête de pont à l'île de Roudah, et fut transformée en un grand hôpital qui contenait six cents malades. Deux autres des plus grandes maisons du Caire furent destinées au même service. Toutes les parties de l'administration s'organisèrent avec une singulière activité, pendant les mois d'août et de septembre. L'Institut établit ses bibliothèques, ses imprimeries, ses mécaniques, son cabinet de physique dans un des plus beaux palais de la ville.

X. En 1798, l'escadre française arrive devant Alexandrie, le 1er juillet, à dix heures du matin. Elle opère le même jour son débarquement. Elle est, le lendemain, maîtresse d'Alexandrie. Le 10, elle arrive à Rahmaniéh sur le Nil. Le 13, elle donne une bataille. Le 21, elle en donne une autre. Le 23, elle entre au Caire; les mameluks sont détruits. Toute la basse Egypte et la capitale sont soumises en vingt-trois jours.

Saint Louis paraît devant Damiette le 5 juin 1250. Il débarque le lendemain. L'ennemi évacue la ville de Damiette, il y entre le même jour. Du 6 juin au 6 décembre, c'est-à-dire pendant six mois, il ne bouge point de la ville. Au commencement de décembre il se met en marche. Il arrive, le 17, vis-à-vis de Mansourah, sur les bords du canal d'Achmoun. Ce canal, qui a été un ancien bras du Nil, est fort large et plein d'eau dans cette saison; il y campe deux mois. Le 12 février (1251), les eaux sont basses, il passe le canal, et livre une bataille huit mois après son débarquement à Damiette.

Si, le 6 juin 1250, les Français eussent manœuvré comme ils ont fait en 1798, ils seraient arrivés, le 12 juin, devant Mansourah, ils auraient trouvé le canal d'Achmoun à sec, car c'est le moment où les eaux du Nil sont le plus basses ; ils fussent arrivés le 25 juin au Caire ; le grand bras du Nil, à cette époque, n'a que cinq pieds d'eau ; ils auraient conquis la basse Egypte et la capitale dans le mois de leur arrivée. Lorsque le premier pigeon porta au Caire la nouvelle du débarquement de saint Louis à Damiette, la consternation fut générale ; on ne voyait aucun moyen de résister. La dépêche, lue aux mosquées, fit répandre des torrents de larmes. A chaque instant on s'attendait à apprendre la nouvelle de l'arrivée des Français à Mansourah et aux portes du Caire. Mais, en huit mois, les musulmans eurent le temps de revenir de leur étonnement et d'appeler des secours. Des troupes accoururent de la haute Egypte, de l'Arabie et de la Syrie. Saint Louis fut battu, fait prisonnier et chassé de l'Egypte.

Si, en 1798, les Français eussent manœuvré comme saint Louis, s'ils eussent passé juillet, août, septembre, octobre, novembre et décembre sans quitter les environs d'Alexandrie, ils auraient trouvé en janvier et février des obstacles insurmontables. Damanhour, Rahmaniéh et Rosette auraient été retranchés, couverts de canons et de troupes, ainsi que le Caire et Gizéh. Douze mille mameluks, quinze ou vingt mille Arabes à cheval, et quarante ou cinquante mille janissaires, Azabs ou milices, eussent été réunis et retranchés dans ces positions. Le pacha de Jérusalem, celui d'Acre, celui de Damas, le bey de Tripoli, eussent envoyé des secours aux fidèles. Quelques succès que l'armée française eût pu avoir dans des rencontres, la conquête eût été impossible, et il eût fallu se rembarquer.

BATAILLE NAVALE DU NIL.

I. Mouvement des escadres anglaises dans la Méditerranée, en mai, juin, juillet 1798. — **II.** L'escadre française reçoit l'ordre d'entrer dans le port vieux ; elle le peut ; elle ne le fait pas. — **III.** L'amiral s'embosse dans la rade d'Aboukir ; mécontentement du général en chef. — **IV.** Bataille navale (1ᵉʳ août). — **V.** Effet de la bataille navale sur le peuple d'Egypte. — **VI.** Effet de la perte de l'escadre française sur la politique de l'Europe.

I. En février 1798, le ministère anglais fut instruit que des armements considérables se préparaient à Brest, à Rochefort, à Toulon, à Gênes, au Ferrol et à Cadix ; que cent cinquante mille hommes étaient campés sur les côtes de la Normandie et de la Flandre ; que Napoléon, général en chef de l'armée d'Angleterre, environné de plusieurs des officiers les plus distingués de l'ancienne marine, parcourait les ports de l'Océan. Il pensa que la France voulait profiter de la paix qu'elle venait de conclure avec le continent pour terminer sa querelle avec l'Angleterre par une lutte corps à corps, et que les escadres réunies de Cadix et de Brest porteraient des armées en Angleterre et en Irlande. Mais il apprit le 12 mai que Napoléon était parti le 4 pour Toulon. Il donna aussitôt l'ordre à l'amiral Roger de se rendre avec dix vaisseaux de guerre devant Cadix pour renforcer l'escadre de l'amiral Saint-Vincent, qui était devant ce port.

Cet amiral, parti le 16 mai des côtes de l'Angleterre, arriva le 24 à Cadix. Lord Saint-Vincent envoya sans délai dix vaisseaux renforcer la division légère de Nelson, composée de trois vaisseaux qui croisaient dans la Méditerranée. Nelson, avec treize vaisseaux et deux frégates, se présenta le 12 juin devant Toulon. Il y apprit que la flotte en était partie depuis fort longtemps. Il se rendit successivement devant la rade de Talamone, sur les côtes de Toscane, et devant Naples, où il arriva le 18 juin. Lord Saint-Vincent était resté avec vingt vaisseaux devant Cadix, admettant qu'il était possible que l'escadre française s'y présentât pour se réunir à l'escadre espagnole. Son ordre à Nelson était de ne respecter la neutralité d'aucune puissance, et soit que l'escadre française se portât devant Constantinople, dans la mer Noire ou au Brésil, de l'attaquer partout où il croirait pouvoir le faire avec avantage. Dans ces instructions, qui ont été imprimées, il n'est pas question de l'Egypte. Nelson apprit à Naples que l'armée française assiégeait Malte. Il fit voile pour Messine. Lorsqu'il eut appris que l'escadre française, après s'être emparée de Malte, en était partie et paraissait se diriger sur Candie, il passa le détroit de Messine le 22 juin, et se dirigea sur Alexandrie, où il arriva le 28, au moment même où la flotte française reconnaissait le cap d'Aras, à trente lieues à l'ouest et au vent. Ne trouvant à Alexandrie aucun renseignement, il se dirigea sur Alexandrette, reconnut les Dardanelles, l'entrée de la mer Adriatique, et mouilla le 18 juillet à Syracuse en Sicile pour y faire de l'eau, croyant que l'escadre française avait passé dans l'Océan. Cependant il se porta le 24 juillet à Coron dans la Morée. Il interrogea un bâtiment grec venu d'Alexandrie, et en apprit que, trois jours après que l'escadre anglaise s'était présentée devant ce port, une flotte française y était arrivée, avait débarqué une armée nombreuse, qui le 2 juillet s'était emparée de la ville et depuis avait marché sur le Caire; que cette flotte était mouillée dans le port vieux. Il fit voile pour les côtes d'Egypte, où il arriva le 1er août.

II. Nous avons dit que l'amiral Brueys avait voulu mouiller à Aboukir pour opérer plus promptement le débarquement des effets de l'armée pendant que le capitaine Barré faisait l'inspection du port vieux. Cette inspection avait été terminée le 12 juillet. Le capitaine Barré s'exprimait dans les termes suivants :

« Alexandrie, le (sans date) an VI (1798.)

» *Au général Bonaparte.*

» J'ai été chargé, de votre part et de celle de Brueys, de lever le plan et les sondes du port vieux. Je suis entré le 19 messidor (7 juillet) dans la rade de ce port, et j'ai commencé mes opérations, qui ont duré jusqu'au 24 dudit mois (12 juillet), où j'adressai le rapport du résultat de mon ouvrage au général Brueys et au commandant de division Dumanoir, qui, approuvant les dispositions que j'avais prises pour faire entrer l'escadre, en fit part officiellement à l'amiral, lequel me répondit le 2 thermidor (20 juillet). Je joins copie de sa lettre à mon rapport.

» *Signé* BARRÉ. »

Rapport fait par le capitaine de frégate Barré, commandant la frégate de la République l'Alceste, au général Brueys, commandant les forces navales de la République dans la Méditerranée, sur les moyens d'entrer dans le port vieux, à Alexandrie.

« Alexandrie, le 25 messidor an VI (13 juillet 1798.)

» Les trois passes d'Alexandrie sont susceptibles, général, d'obtenir de la profondeur en faisant briser quelques roches qui se trouvent dans le milieu et sur les côtés, ce qui pourrait se faire aisément, ces roches étant très-friables. D'ailleurs il n'existe dans la grande passe qu'un seul endroit où il serait nécessaire d'employer ce moyen, le rocher se trouvant dans le milieu de la passe, quoiqu'il y ait un passage de dix brasses tribord et bâbord, et assez large pour passer des vaisseaux de ligne de premier rang.

» La passe du Marabout est large de trois cents toises et longue de cinq cents, et est très-difficultueuse à raison de l'inégalité de ces fonds, qui ne donnent que quatre brasses, quatre brasses et demie. Mais celle du milieu, qui est la meilleure et celle où il y a le plus d'eau, a deux cents toises de large dans l'endroit le plus étroit, sur six cent soixante de long, et donne dans toute son étendue six et sept brasses, excepté à l'entrée, où il n'y en a que cinq, et dans le milieu cinq et demie; et je dois observer qu'il y a passage de chaque côté de ces hauts fonds, et qu'alors il n'y a plus que le milieu qui n'offre que cinq brasses et demie à basse mer, les marées donnant tous les jours deux pieds et demi, et davantage dans les pleines lunes, et surtout dans le débordement du Nil.

» Il y a louvoyage dans les deux passes en portant la bordée dans la passe du Marabout et dans l'ouest du banc où s'est perdu *le Patriote;* et comme l'on rencontre alors la grande passe, on se trouve au large de tout danger, et l'on doit prendre pour remarque à terre, lorsque l'on sort, le château par la pointe de l'île du Phare bien effacé. Alors on est en-dehors de tout, la sonde rapportant dix et douze brasses.

» Ces passes m'étant connues, j'ai mouillé des barriques goudronnées et bien étalinguées dans les deux principales passes; sur lesquelles barriques j'ai mis des pavillons rouges à tribord en entrant et des jaunes à bâbord. Il est essentiel, comme il y a plus d'eau sur tribord, de ranger la première bouée rouge, le fond donnant six brasses, et de continuer à gouverner à l'aire de vent indiquée dans le plan, conservant toujours le milieu des bouées, et alors venir en arrondissant pour éviter le banc qui est au sud-ouest des récifs. D'ailleurs on peut approcher la terre d'Alexandrie, le fond étant, jusque par le travers des Figuiers, de neuf et dix brasses.

» La troisième passe, à l'est de la pointe des Figuiers, peut recevoir des bâtiments du commerce, y ayant trois et quatre brasses dans toute la longueur de cette passe; et même dans un cas pressé, de fortes corvettes ou de petites frégates.

» Le port est sain partout, ainsi qu'il est aisé de le vérifier dans le plan que je vous adresse, et, s'il était nettoyé, il pourrait recevoir des bâtiments encore plus forts; cependant toutes les sondes rapportent neuf, dix et onze brasses.

» Je pense aussi qu'on pourrait pratiquer une passe du port vieux au port neuf, ce qui faciliterait beaucoup l'entrée et la sortie de ces deux ports; mais elle ne peut encore avoir lieu, ainsi il n'y faut plus penser.

» Je dois encore vous faire observer qu'il serait essentiel que vous donnassiez l'ordre qu'on fabriquât des plateaux en fer pour établir des balises que rien ne puisse déranger, les bouées ayant l'inconvénient de chasser lorsqu'il y a beaucoup de mer.

» Je désire, général, avoir rempli vos intentions, ainsi que celles du général en chef, et mon avis en dernière analyse est que les vaisseaux peuvent passer avec les précautions d'usage que vous connaissez mieux que moi.

» *Signé* BARRÉ. »

Rien ne devait donc plus s'opposer à l'exécution de l'ordre précis que Napoléon avait donné à l'amiral Brueys de faire entrer l'escadre dans le port vieux d'Alexandrie. Mais l'amiral était résolu à rester dans la rade d'Aboukir.

Cependant, pour mettre sa responsabilité à couvert, car l'ordre de Napoléon était positif et avait été réitéré plusieurs fois, d'entrer sans délai dans le port vieux, il feignit de n'ajouter aucune foi au rapport du capitaine Barré, et lui adressa la lettre suivante :

Lettre de l'amiral Brueys au citoyen Barré, commandant l'Alceste, *en date du*
2 thermidor an vi (20 juillet 1798).

« J'ai reçu, citoyen, votre lettre du 30 messidor, et je ne peux que donner des éloges aux soins et aux peines que vous vous êtes donnés pour trouver une passe au milieu des récifs qui ferment l'entrée du port vieux, et qui puisse permettre aux vaisseaux de guerre d'y aller mouiller sans courir aucun danger. Ce que vous me dites ne me paraît pas encore assez satisfaisant, puisqu'on est obligé de passer sur un fond de vingt-cinq pieds, et que nos vaisseaux de soixante-quatorze en tirent au moins vingt-deux; qu'il faudrait par conséquent un vent fait exprès et une mer calme pour hasarder d'y passer sans courir les plus grands risques d'y perdre un vaisseau, d'autant que le passage est étroit, et que l'effet du gouvernail est moins prompt lorsqu'il y a peu d'eau sous la quille.

» Peut-être vos recherches vous feront-elles trouver quelque chose de plus avantageux, et je vous engage à ne les abandonner qu'après vous êtes assuré que l'espace compris entre la tour du Marabout et la côte de l'Est n'offre rien de mieux que l'endroit que vous avez fait baliser. Soyez persuadé que je ne négligerai pas de faire valoir la nouvelle preuve de zèle que vous aurez donnée dans cette occasion; ce qui, ajouté aux services distingués que vous avez déjà rendus, doit vous être un sûr garant des éloges et des récompenses que vous recevrez du gouvernement.

» Lorsque votre travail sera fini, il sera nécessaire que vous en fassiez part au général en chef, et, en lui envoyant un plan exact de vos sondes, vous lui ferez part de votre façon de penser sur la qualité des vaisseaux qu'on peut se permettre de faire entrer dans le port vieux avec la certitude de ne pas les risquer.

» Signé Brueys. »

III. La bataille des Pyramides, la soumission du Caire et les proclamations des ulémas avaient pacifié toute la basse Egypte. Les communications avaient été rétablies avec Rosette et Alexandrie. Le 30 juillet, le quartier général en reçut pour la première fois des nouvelles depuis le départ de Damanhour, c'est-à-dire depuis vingt jours. De trois lettres de l'amiral, une était du 10 juillet; elle disait que la commission chargée de vérifier le travail du capitaine Barré était occupée à sonder une nouvelle passe qui paraissait préférable à la passe ordinaire. Par une seconde, datée du 15, il rendait compte de diverses escarmouches qui avaient eu lieu au puits d'Aboukir entre les matelots et les Arabes, quelques matelots avaient été tués; la communication avec Alexandrie et Rosette était interceptée par terre. Par la troisième, du 20 juillet, il donnait des nouvelles de Nelson, qui avait été aperçu par des bâtiments grecs entrés dans Alexandrie; il disait : qu'il paraissait que l'escadre anglaise croisait entre Corfou et la Sicile; qu'inférieure en forces à l'escadre française, elle n'osait s'en approcher; que cependant, pour plus grande précaution, il avait vérifié son embossage, et qu'il occupait une position inexpugnable; que sa gauche était couverte par l'île d'El-Bequier, avancée dans la mer à six cents toises du port; qu'il avait fait occuper cette île par cinquante soldats d'infanterie et deux pièces de douze de campagne, jugeant prudent de la mettre à l'abri des tentatives de l'ennemi; que ses deux plus mauvais vaisseaux, le Guerrier et le Conquérant, formaient la gauche de sa ligne d'embossage; que, couverts par l'île, ils étaient hors de toute atteinte; qu'il avait placé à son centre le Franklin, l'Orient et le Tonnant, un vaisseau de cent vingt et deux vaisseaux de quatre-vingts; que des vaisseaux de soixante-quatorze ne se placeraient pas impunément sous cette redoutable batterie; que sa droite était en l'air, et fort éloignée de terre, mais qu'il était impossible à l'ennemi de la tourner sans perdre le vent, qui, dans cette saison, souffle constamment du nord-ouest; que, si ce cas arrivait, il appareillerait avec sa gauche et son centre, et attaquerait l'ennemi à la voile.

Le général en chef, extrêmement étonné et fort mécontent de ces dispositions de l'amiral, dépêcha sur-le-champ le capitaine Julien, son aide de camp, avec ordre de s'embarquer sur l'Orient, et de ne pas débarquer qu'il n'eût vu toute l'escadre mouillée dans le port vieux; il écrivit à l'amiral que, depuis vingt jours, il avait eu le temps de s'assurer si son escadre pouvait, ou non, entrer dans le port vieux; pourquoi donc n'y était-il pas entré? ou pourquoi n'avait-il pas, conformément à ses ordres, appareillé pour Corfou ou pour Toulon? Qu'il lui réitérait l'ordre de ne point rester dans cette mauvaise position et de lever l'ancre immédiatement; qu'Aboukir était une rade foraine, puisque son aile droite ne pouvait être protégée par la terre; que le raisonnement qu'il faisait

serait plausible, s'il était attaqué par des forces égales ; mais les manœuvres de l'amiral
anglais, depuis un mois, indiquaient assez qu'il attendait un renfort de devant Cadix, et
qu'aussitôt que les renforts l'auraient joint, il se présenterait devant Aboukir peut-être
avec dix-huit, vingt ou vingt-cinq vaisseaux ; qu'il fallait éviter toute bataille navale,
et ne mettre sa confiance que dans le port vieux d'Alexandrie. Le capitaine Julien fut
attaqué près d'Al-Kam par un parti d'Arabes ; le bâtiment sur lequel il était fut pillé, et
ce brave officier assassiné en défendant ses dépêches. Il ne pouvait d'ailleurs arriver que
le lendemain du désastre qu'il était chargé de prévenir.

Tous les rapports d'Alexandrie contenaient des plaintes contre l'escadre ; elle était
sans discipline, les matelots descendaient à terre et sur la plage, les ports d'Alexandrie
et de Rosette étaient encombrés des chaloupes des vaisseaux ; à bord on avait cessé les
exercices, on ne faisait jamais de branle-bas ; aucune escadrille légère n'était à la voile,
pas même une frégate ; des bâtiments suspects paraissaient tous les jours à l'horizon
sans qu'ils fussent chassés, et, de la manière dont se faisait le service, l'escadre pouvait
être surprise d'un moment à l'autre. Le général en chef écrivit à l'amiral pour lui
témoigner son mécontentement de toutes ces négligences ; il ne concevait pas comment
il ne profitait point de la protection du port vieux d'Alexandrie ; l'île qui appuyait la
gauche de la ligne d'embossage, n'étant pas occupée par une trentaine de bouches à
feu, lui était inutile, il eût fallu y placer douze pièces de trente-six en fer, quatre de
seize ou dix-huit, de bronze, avec un gril à boulets rouges et sept ou huit mortiers à la
Gomer de douze pouces ; alors vraiment la gauche eût été en sûreté ; il ne pouvait pas
pénétrer les raisons qui avaient porté l'amiral à laisser les deux vaisseaux de soixante-
quatre dans le port d'Alexandrie ; ces deux vaisseaux étaient neufs et d'une très-bonne
construction ; ils tiraient beaucoup moins d'eau que les vaisseaux de soixante-quatorze ;
ils pouvaient être placés avec avantage entre la gauche de sa ligne et l'île ; ces vaisseaux étaient préférables au *Conquérant*, vieux vaisseau condamné depuis longtemps,
qu'on n'avait armé à Toulon qu'avec du dix-huit ; toute la ligne d'embossage aurait pu
également être renforcée d'une frégate par vaisseau, l'amiral en avait onze en tout ; les
frégates vénitiennes étaient très-bonnes, plus grandes et plus larges que les frégates
françaises de quarante-quatre, elles pouvaient porter du vingt-quatre, elles tiraient
moins d'eau, ce qui était un inconvénient pour leur marche, mais était un avantage
pour la ligne d'embossage ; enfin six bombardes, dix chaloupes canonnières ou tartanes
armées de vingt-quatre, étaient dans le convoi. Pourquoi ne pas les employer à fortifier
la droite de la ligne d'embossage ? Mille cinq cents matelots étaient dans le port
d'Alexandrie sur le convoi ; l'amiral pouvait en renforcer les équipages, ce qui les aurait portés à cent hommes de plus que leur complet. Toutes ces réflexions faisaient
naître des idées fort tristes et tourmentaient le général en chef. Mais, le 2 août au soir,
il fut entièrement rassuré par l'arrivée d'une dépêche datée du 30 juillet. L'amiral lui
écrivait : qu'il venait d'apprendre officiellement la nouvelle de la baille des Pyramides
et la prise du Caire ; qu'elle avait influé sur les Arabes, qui avaient sur-le-champ fait
leur soumission ; qu'il avait trouvé une passe pour entrer dans le port vieux, qu'il la

faisait baliser, que, sous peu de jours, son escadre serait en sûreté, et qu'il demandait la permission de pouvoir immédiatement après se rendre au Caire; qu'il avait fait reconnaître les batteries qui défendaient le port vieux, qu'il n'avait que les plus grands éloges à faire des officiers d'artillerie et du génie, que tous les points étaient parfaitement défendus; qu'une fois l'escadre mouillée dans le port vieux on pourrait dormir tranquille.

IV. Le 1er août, à deux heures et demie après midi, l'escadre anglaise apparut à l'horizon d'Aboukir, toutes voiles dehors. Il ventait grand frais nord-ouest. L'amiral était à table avec ses officiers. Une partie des équipages et des chaloupes étaient à Alexandrie, à Rosette ou à terre sur la plage d'Aboukir. Son premier signal fut d'ordonner le branle-bas; son second, ordre aux chaloupes qui étaient à Alexandrie, à Rosette et à terre, de rejoindre leurs vaisseaux; le troisième, ordre aux équipages des bâtiments de transport qui étaient à Alexandrie, de se rendre par terre à bord de ses vaisseaux pour en renforcer les équipages; le quatrième, ordre de se tenir prêt à combattre; le cinquième, ordre de se tenir prêt à appareiller; le sixième, à cinq heures dix minutes, ordre de commencer le feu. L'escadre anglaise arrivait avec la plus grande rapidité, mais elle ne montrait que onze vaisseaux de soixante-quatorze, un de cinquante et une petite corvette. Il était cinq heures après midi, il ne paraissait pas possible qu'avec des forces si inférieures, l'amiral anglais voulût attaquer la ligne. Mais deux autres vaisseaux étaient à l'ouest d'Alexandrie hors de vue. Ils n'arrivèrent sur le champ de bataille qu'à huit heures du soir. La ligne d'embossage de l'armée française était composée : la gauche, par *le Guerrier, le Conquérant, le Spartiate* et *l'Aquilon,* tous les quatre de soixante-quatorze; *la Sérieuse,* frégate de trente-six, était derrière *le Guerrier;* le centre, par *le Peuple-Souverain* de soixante-quatorze, *le Franklin* de quatre-vingts, *l'Orient* de cent vingt, *le Tonnant* de quatre-vingts, *l'Artémise,* frégate de quarante, *l'Alerte* et *le Castor,* deux petites corvettes, mouillaient derrière l'amiral; la droite était composée de *l'Heureux* de soixante-quatorze, *le Timoléon* de soixante-quatorze, *le Guillaume-Tell* de quatre-vingts, que montait l'amiral Villeneuve, *le Mercure* de soixante-quatorze, *le Généreux* de soixante-quatorze; derrière *le Généreux* étaient mouillées les frégates *la Diane* et *la Justice,* chacune de quarante-quatre, les meilleures de la flotte. L'escadre anglaise marchait dans l'ordre suivant : 1º *le Culloden* en tête, 2º *le Goliath,* 3º *le Zélé,* 4º *l'Orion,* 5º *l'Audacieux,* 6º *le Thésée,* 7º *le Vanguard,* vaisseau amiral, 8º *le Minotaure,* 9º *le Bellérophon,* 10º *la Défense,* 11º *le Majestueux,* tous de soixante-quatorze, 12º *le Léandre* de cinquante, et *la Mutine,* corvette de quatorze canons, 13º *l'Alexandre,* 14º *le Swiftsure,* ces deux vaisseaux étaient hors de vue, à l'ouest d'Alexandrie.

L'opinion générale, dans l'escadre française, était que la bataille serait remise au lendemain, si toutefois d'autres vaisseaux ne venaient renforcer l'ennemi dans la nuit; car il ne paraissait pas possible que Nelson risquât une bataille avec ceux qu'il montrait. Le branle-bas fut fort mal fait. On laissa subsister sur *l'Orient* les cabanes construites pour les passagers. *Le Guerrier* et *le Conquérant* ne dégagèrent qu'une seule batterie et encombrèrent la batterie du côté de terre. Il paraît que Bruéys avait le projet d'appareiller, mais qu'il attendait les matelots d'Alexandrie, qui n'arrivèrent qu'à neuf heures du soir. Cependant l'escadre ennemie était à portée de canon, et au grand étonnement des deux armées, l'amiral français ne faisait pas le signal de commencer le feu. L'ordre de Nelson fut d'attaquer vaisseau par vaisseau, chaque vaisseau jetant l'ancre et se plaçant par le travers de la proue du vaisseau français. *Le Culloden*, destiné à attaquer *le Guerrier*, qui formait l'extrême gauche de l'armée française, voulant passer entre *le Guerrier* et l'île d'El-Bequier, toucha et s'échoua. Si cette île eût été armée de gros canon, il eût été obligé d'amener; du moins il fut inutile pendant toute la bataille. *Le Goliath*, qui le suivait, passa entre lui et la ligne française. Il voulut jeter l'ancre et mouiller par le travers de la proue du *Guerrier*, mais il fut entraîné par le vent et le courant; il doubla *le Guerrier* qui, ayant sa batterie de tribord embarrassée, ne put s'en servir. Le capitaine du *Goliath* fut surpris de ne recevoir aucune bordée ni du *Guerrier* ni du *Conquérant*, pendant que le pavillon français y flottait; il ne connut depuis qu'avec étonnement la raison de cette contradiction. Si *le Guerrier* eût été mouillé sur quatre ancres, plus près de l'île, il eût été impossible de le doubler. *Le Zélé* imita la manœuvre du *Goliath; l'Orion* suivit; mais il fut attaqué par la frégate française *la Sérieuse*. Cette attaque audacieuse retarda son mouvement; il mouilla entre *le Franklin* et *le Peuple-Souverain*. *Le Vanguard*, vaisseau amiral anglais, jeta l'ancre par le travers du *Spartiate*, troisième vaisseau de la ligne française *La Défense, le Belléro-phon, le Majestueux, le Minotaure*, suivirent son mouvement, et toute la gauche et le centre de la ligne française se trouvèrent engagés, jusqu'au huitième vaisseau *le Tonnant*. Les cinq vaisseaux de la droite ne prirent aucune part à l'action. L'amiral français et ses deux *matelots*, fort supérieurs par leur échantillon aux vaisseaux ennemis, firent des merveilles. Le vaisseau anglais *le Bellérophon* fut dégréé, démâté et obligé d'amener. Deux autres soixante-quatorze furent démâtés, obligés de s'éloigner; et si, dans ce moment, le contre-amiral Villeneuve eût appareillé avec la droite et fût tombé sur la ligne anglaise, avec les cinq vaisseaux et les deux frégates sous ses ordres, la victoire était aux Français. Le vaisseau anglais *le Culloden* avait échoué, *le Léandre* était occupé à le relever, *l'Alexandre* et *le Swiftsure*, il est vrai, paraissaient en vue, mais étaient encore loin du champ de bataille, et *le Bellérophon* avait amené. Nelson ne soutenait le combat qu'avec dix vaisseaux. *Le Léandre*, voyant le danger que courait la flotte anglaise, abandonna *le Culloden*, et se jeta au milieu du feu. *L'Alexandre* et *le Swiftsure* arrivèrent enfin, se portèrent sur *le Franklin* et *l'Orient*. La bataille n'était rien moins que décidée et se soutenait encore avec assez d'égalité. Du côté des Français, *le Guerrier* et *le Conquérant* ne tiraient plus, mais c'étaient leurs plus mauvais vaisseaux; et du côté des Anglais *le Culloden* et *le Bellérophon* étaient aussi hors de combat. Les vaisseaux anglais avaient plus souffert que les vaisseaux français par la supériorité du feu de *l'Orient*, du *Franklin* et du *Tonnant*. Il était probable que le feu se soutiendrait ainsi toute la nuit, et qu'enfin l'amiral Villeneuve prendrait part à l'action. Mais, sur les neuf heures du soir, le feu prit à *l'Orient*. A dix heures il sauta, ce qui décida la victoire en faveur des Anglais. Son explosion fut épouvantable, pendant une demi-heure le combat cessa. La ligne française recommença le feu. *Le Spartiate,* *l'Aquilon*, *le Peuple-Souverain*, *le Franklin*, *le Tonnant*, soutinrent l'honneur de leur pavillon. La canonnade fut vive jusqu'à trois heures du matin, de trois à cinq elle se ralentit des deux côtés, à cinq heures elle recommença avec une nouvelle fureur. Qu'eût-ce été si *l'Orient* y avait pris part? A midi, le 2 août, le décret du destin était prononcé. Alors seulement l'amiral Villeneuve parut s'apercevoir qu'on se battait depuis dix-huit heures. Il coupa ses câbles et gagna le large avec *le Guillaume-Tell* de quatre-vingts, *le Généreux* et les frégates *la Diane* et *la Justice*. Les autres vaisseaux de sa droite s'étaient jetés à la côte sans presque rendre de combat.

La perte et le désordre des Anglais furent tels, que, vingt-quatre heures après le commencement de la bataille, le pavillon tricolore flottait encore sur *le Tonnant*, et Nelson n'avait aucun vaisseau en état de l'attaquer, tant était grand le délabrement de son escadre. Il vit avec plaisir *le Guillaume-Tell* et *le Généreux* se sauver. Il ne fut pas tenté de les faire suivre. Il dut sa victoire à l'ineptie et à la négligence des capitaines du *Guerrier* et du *Conquérant*, à l'accident de *l'Orient*, et à la mauvaise conduite de l'amiral Villeneuve. Brueys déploya le plus grand courage. Plusieurs fois blessé, il refusa de descendre à l'ambulance. Il mourut sur son banc de quart, et son dernier soupir fut un ordre de combattre. Casabianca, capitaine de *l'Orient*, Thévenard, Dupetit Thouars, officiers distingués, périrent avec gloire. Casabianca avait avec lui son fils. Quand il vit le feu gagner le vaisseau, il chercha à sauver cet enfant; il l'attacha sur un mât de hune qui flottait; mais cet intéressant enfant fut englouti par l'explosion. Casabianca sauta avec *l'Orient*, tenant à la main le grand pavillon national. L'opinion des marins des deux escadres est unanime : Villeneuve a toujours pu décider la victoire en faveur des Français, il l'a pu à huit heures du soir, il l'a pu à minuit après la perte de *l'Orient*, il l'a pu encore à la pointe du jour. Cet amiral a dit, pour sa justification, qu'il attendait le signal de l'amiral; mais au milieu des tourbillons de fumée, le signal ne put être aperçu. Est-il besoin d'un signal pour secourir ses camarades et prendre part au combat? D'ailleurs, *l'Orient* a sauté à dix heures du soir, le combat a fini le lendemain à midi, Villeneuve a donc commandé l'escadre pendant quatorze heures. Cet officier général ne manquait pas d'expérience de la mer, il manquait de résolution et de vigueur. Il avait le mérite d'un capitaine de port, mais non les qualités d'un soldat. A la hauteur de Candie, *le Guillaume-Tell* et *le Généreux* se séparèrent. *Le Guillaume-Tell* entra dans Malte avec les deux frégates; *le Généreux*, commandé par le brave Lejoille, entra dans l'Adriatique, et donna la chasse au *Léandre*, le vaisseau de cinquante, qui était à la bataille d'Aboukir et allait en mission. Il le prit, après un combat de quatre heures, et le mena à Corfou. Les Anglais perdirent dans cette bataille huit cents hommes tués ou blessés. Ils prirent sept vaisseaux; deux vaisseaux et une frégate échouèrent et furent pris; un vaisseau et une frégate s'échouèrent et furent brûlés à la côte par leur équipage; un vaisseau sauta en l'air; deux vaisseaux et deux frégates se sauvèrent. Le nombre de prisonniers ou de tués fut près de trois mille hommes. Trois mille cinq cents entrèrent dans Alexandrie, dont neuf cents blessés rendus par les Anglais. Les capitaines du *Guerrier*, du *Conquérant*, de *l'Heureux*, du *Mercure*, du *Timoléon*, se couvrirent de honte. Les capitaines de la frégate *la Sérieuse*, du *Spartiate*, de *l'Aquilon*, du *Peuple-Souverain*, du *Franklin*, du *Tonnant*, méritèrent les plus grands éloges.

V. Mille hommes, soldats de marine ou matelots, sauvés de l'escadre, furent incorporés dans l'artillerie et l'infanterie de l'armée ; mille cinq cents formèrent une légion maritime, composée de trois bataillons ; mille servirent à compléter les équipages des deux vaisseaux de soixante-quatre, des sept frégates et des bricks, corvettes ou avisos qui se trouvaient dans Alexandrie. L'ordonnateur de la marine Le Roy s'employa avec activité au sauvetage. Il sauva des pièces de canon, des boulets, des mâts, des pièces de bois. Le capitaine Ganteaume, chef d'état-major de l'escadre, qui s'était jeté à l'eau lorsqu'il avait vu *l'Orient* en flammes, et avait gagné terre, fut nommé contre-amiral et prit le commandement de la marine de l'armée.

L'amiral Brueys avait réparé autant qu'il avait été en lui, par son sang-froid et son intrépidité, les fautes dont il s'était rendu coupable : 1° d'avoir désobéi à l'ordre de son chef et de ne pas être entré dans le port vieux d'Alexandrie ; il le pouvait dès le 8 juillet ; 2° d'être resté mouillé à Aboukir, sans prendre les précautions convenables. S'il eût tenu une escadre légère à la voile, il eût été prévenu à la pointe du jour de l'approche de l'ennemi, et n'aurait pas été surpris ; s'il eût armé l'île d'El-Bequier, et s'il se fût servi des deux vaisseaux de soixante-quatre, des sept frégates, des bombardes, des canonnières, qui étaient dans le port d'Alexandrie, et des matelots qui étaient à sa disposition, il se fût donné de grandes chances de victoire ; s'il avait maintenu une bonne discipline, qu'il eût fait faire tous les jours le branle-bas, deux fois par jour l'exercice du canon, que deux fois par semaine au moins il eût inspecté lui-même ses vaisseaux, *le Guerrier* et *le Conquérant* n'auraient pas encombré leurs batteries de tribord. Cependant, malgré toutes ces fautes, si *l'Orient* n'eût pas sauté ou si l'amiral Villeneuve eût voulu prendre part au combat, et ne pas rester spectateur oisif, les Français pouvaient encore espérer la victoire. L'action de Nelson a été une action désespérée qui ne saurait être proposée pour modèle, mais où il a déployé, ainsi que les équipages anglais, toute l'habileté et la vigueur possibles, tandis que la moitié de l'escadre française a montré autant d'ineptie que de pusillanimité.

Peu de jours après la bataille, Nelson abandonna les parages d'Egypte et cingla vers Naples. Il laissa devant Alexandrie une croisière de trois vaisseaux de guerre. Quarante bâtiments napolitains qui faisaient partie du convoi, demandèrent à retourner à Naples ; ils eurent quelques pourparlers avec la croisière anglaise. On leur permit de sortir ; mais à la sortie du port ils furent pris, amarinés et brûlés ; leurs équipages furent faits prisonniers. Cet événement eut le plus heureux effet pour l'armée. Il excita au plus haut point l'indignation des Génois et des autres matelots des côtes d'Italie qui faisaient partie du convoi ; ils firent, depuis, cause commune, et servirent l'armée de tout leur zèle.

Après le combat de Salhéyéh, le général en chef avait entamé une négociation avec

Ibrahim-Bey. Ce bey comprit parfaitement tout ce que sa situation avait de déplorable Il était à la disposition de Djezzar-Pacha, avec la réputation de posséder un grand trésor. Il se trouvait environné de dangers. On lui fit proposer de lui laisser, à lui et à tous ses mameluks, la propriété de tous leurs villages, celle de leurs maisons, de les prendre à la solde de la République, les beys comme généraux, les kachefs comme colonels; de lui accorder le titre et les honneurs de prince. Cette proposition avait été écoutée. Un kachef de confiance s'était rendu au Caire. Mais huit jours après son arrivée, il reçut une lettre d'Ibrahim-Bey qui le rappelait. Ibrahim lui disait : que la destruction de l'escadre avait changé la situation des choses, que, ne pouvant plus recevoir de secours et ayant des ennemis de tous côtés, les Français finiraient par être vaincus.

Quelques jours après la bataille des Pyramides, le général en chef écrivit à Mourad-Bey et lui envoya le négociant Rosetti, homme habile, ami des mameluks, et consul de Venise. Il lui faisait les mêmes propositions qu'à Ibrahim-Bey. Il y ajoutait l'offre du gouvernement d'une des provinces de la haute Egypte, jusqu'à ce qu'il pût être revêtu d'une souveraineté en Syrie. Mourad-Bey, qui avait la plus haute estime pour l'armée française, accéda à ces propositions, et dit qu'il s'en remettait entièrement à la générosité du général français, dont il connaissait et estimait la nation ; qu'il se retirerait à Esné et aurait la jouissance de la vallée, depuis les *deux montagnes* jusqu'à Syène, avec le titre d'émir ; qu'il se regarderait comme sujet de la nation française et fournirait un corps de huit cents mameluks, à la disposition du général, pour être employé où il le jugerait nécessaire ; que tous les villages ou propriétés appartenant à lui ou à ses mameluks lui seraient confirmés, et que, si le général étendait son pouvoir sur la Syrie, il acceptait la proposition éventuelle qu'il lui faisait d'y recevoir un établissement, mais qu'il s'entendrait sur cette question avec le général, qu'il désirait vivement voir. Rosetti partit avec cette dépêche. Il fut retardé fort longtemps à Beni-Soucif, et avant de quitter cette ville, il reçut une nouvelle lettre de Mourad-Bey, qui lui faisait connaître que, venant d'être instruit par le commandant de la croisière anglaise du désastre de l'escadre française à Aboukir, il ne pouvait prendre aucuns engagements ; que, s'il les avait signés, il les tiendrait ; mais que, se trouvant encore libre, il voulait courir toutes les chances de sa fortune.

Koraïm, ce commandant d'Alexandrie qui, le premier, s'était soumis aux armes françaises et avait alors rendu des services importants, eut des correspondances avec le commandant de la croisière anglaise. Il fut traduit devant une commission militaire et condamné à mort. Pendant quelques jours, le général en chef hésita ; mais il sacrifia la prédilection qu'il avait pour cet homme à l'urgence des circonstances qui voulaient un exemple. Des agents anglais débarquèrent à Gaza, communiquèrent avec Ibrahim-Bey, Djezzar-Pacha et les Arabes du désert de Suez. D'autres débarquèrent du côté de la tour des Arabes, agitèrent les tribus du Baheiréh, du désert, de la grande et de la petite Oasis, correspondirent avec Mourad-Bey, fournirent de l'argent, des munitions et des armes aux Arabes. Dans le courant de novembre, un régiment de cavalerie française fut surpris de se trouver au milieu d'Arabes armés de fusils anglais avec des baïonnettes. Le mauvais effet de la bataille d'Aboukir se faisait sentir au Caire même. Les amis des Anglais y propageaient avec exagération les conséquences de leur victoire. Mais l'escadre de Nelson ayant quitté les côtes d'Egypte, on parvint à convaincre les cheyks qu'elle avait été poursuivie par une autre escadre française. D'ailleurs l'armée gagnait à vue d'œil. La cavalerie se remontait avec activité sur de superbes chevaux ; l'infanterie reposée s'accoutumait au pays. Bientôt elle fut tout autre dès que les chaleurs de la canicule furent passées. Les remontes des attelages d'artillerie étaient aussi nombreuses qu'il était nécessaire. Le mouvement de toutes les troupes, les fréquentes revues et exercices, confirmèrent tous les jours davantage la puissance française dans l'opinion des Arabes, et, en peu de semaines le sentiment qu'avait produit le désastre d'Aboukir ne laissa plus aucune trace.

VI. Nelson se rendit dans le port de Naples et y fut reçu en triomphe. Le roi et surtout la reine laissèrent voir à découvert la haine qui les animait contre la nation française : la guerre en fut une conséquence. Le roi de Naples entra dans Rome à la tête de soixante mille hommes, en novembre 1798 ; mais il fut battu, repoussé, chassé de Naples, obligé de se réfugier en Sicile. La Russie et l'Autriche s'unirent à l'Angleterre et recommencèrent la guerre de la seconde coalition en mars 1799. Aussitôt que la Porte avait été instruite de l'invasion de l'Egypte, elle en avait témoigné du mécontentement, mais avec modération. Djezzar-Pacha, ayant expédié Tartare sur Tartare pour demander des secours et des pouvoirs, il lui avait été répondu de se défendre en Syrie si on l'y attaquait, mais de n'entreprendre aucune hostilité et de garder du sang-froid ; que le Grand-Seigneur attendait des explications de Paris, et qu'il n'avait pas oublié que les Français étaient les plus anciens alliés de l'empire. L'Angleterre, l'Autriche, la Russie et Naples, firent de concert des démarches pour pousser la Porte à la guerre contre la République ; l'empereur Sélim s'y refusa constamment. Il attendait, disait-il, des explications ; mais, dans le fait, il n'avait garde de s'engager dans une guerre contre la France, ennemie de ses ennemis naturels, la Russie et l'Autriche. Il comprenait parfaitement qu'une fois que ses armées seraient engagées dans les déserts de l'Arabie, Constantinople serait exposée à la haine et à l'ambition des Russes.

Un officier du sérail, ayant la confiance particulière de Sélim, arriva au Caire par la voie de Derne avec la caravane des pèlerins. Il vit le général en chef ; il lui fit connaître les vraies dispositions de la Porte ; il demanda, ce qu'il obtint sur l'heure, que toutes les propriétés de la ville de la Mecque lui fussent confirmées, qu'un Ottoman fût nommé pour Emir-Ága, et qu'un corps de troupes musulmanes fût levé pour l'escorte de la caravane de la Mecque ; enfin, que le général donnât des explications sur ses projets, l'assurant que la Porte était résolue à ne rien faire avec précipitation, et à ne se laisser emporter par aucune passion. Cet officier séjourna plus de quarante jours au quartier général ; il eut lieu d'être satisfait de ce que lui dirent les cheykhs du Caire des dispositions du sultan Kébir et des Français ; il s'embarqua sur la mer Rouge sous prétexte d'aller à la Mecque, et arriva à Constantinople dans le courant de décembre. Mais alors la Porte était entraînée; la destruction de l'escadre d'Aboukir la laissait à la merci des escadres anglaise et russe. Les lettres des officiers français, interceptées par la croisière, et communiquées à la Porte par les ministres anglais, eurent aussi de l'influence sur ses dispositions. Ces officiers y montraient tant de mécontentement, ils y peignaient la position de l'armée comme tellement critique, que le divan crut qu'il serait facile aux alliés de reprendre l'Egypte, et craignit qu'une fois maîtres de ce pays les Anglais ne le gardassent comme ils l'en menaçaient. Ce fut cette considération surtout qui le détermina à déclarer la guerre à la République.

INSURRECTION DU CAIRE.

I. Réunion du grand divan d'Egypte. — II. La Porte déclare la guerre à la France. — III. Fermentation de la ville. — IV. Insurrection du peuple. — V. Restitution des livres saints. — VI. Fortifications. — VII. Suez (10 novembre.) — VIII. Passage de la mer Rouge. — IX. Canal des deux mers. — X. Divers objets.

I. Les trois quarts des villages étaient sans moultezims. Ceux-ci avaient péri sur le champ de bataille des Pyramides. La circonstance paraissait favorable pour changer le système qui régissait les propriétés et y introduire les lois de l'Occident. Les avis étaient cependant partagés. Ceux qui ne voulaient aucune innovation disaient qu'il ne fallait pas se priver des moyens de récompenser les officiers de l'armée et d'accroître le nombre des partisans de la France; que la nature des circonstances particulières à l'Egypte ne permettait d'imposer que le produit net; que le territoire productif variait tous les ans selon le plus ou moins d'étendue de l'inondation, ce qui obligeait de le constater tous les ans par un cadastre; que le produit d'un même champ étant différent selon la nature de la culture, il fallait à chaque récolte faire un inventaire des produits; que l'intervention et l'autorité des moultezims était indispensable pour diriger et surveiller ces opérations, de leur nature si délicates; qu'il était d'ailleurs plus important de s'attacher la classe intermédiaire, qui est susceptible de reconnaissance, que la multitude plus ignorante, plus crédule, plus ingrate encore en Orient que dans l'Occident; enfin qu'il était surtout essentiel de ne froisser aucun intérêt, et de n'autoriser aucune de ces injustices dont les effets se font longtemps sentir sur le crédit et sur l'esprit des sociétés. Il est vrai que tout ce qui était relatif aux propriétés et aux impositions était encore environné d'obscurité.

D'autres faisaient observer que sur trois millions d'habitants que contenait l'Egypte, deux millions six cent mille étaient paysans et éprouveraient une grande amélioration dans leur état et dans leur bien-être par l'affranchissement des terres dites atar, ce qui les attacherait d'affection à la France; que tout ce qu'on disait sur la nécessité de n'imposer que le produit net était vrai partout, et sans doute plus particulièrement en

Egypte, mais que l'intervention des moultezims n'y était nécessaire en rien, et qu'une bonne direction des contributions qui embrasserait tout le pays ferait mieux et opérerait plus justement.

Depuis soixante ans que les mameluks avaient usurpé tous les pouvoirs, les institutions qui protégeaient le peuple avaient été abrogées. L'opinion réclamait des lois et des tribunaux réguliers pour assurer aux habitants la jouissance de deux grands bienfaits de l'état social, la sûreté des personnes et celle des propriétés. Dans la position où l'on se trouvait, il y avait quelques avantages à placer le peuple de ce pays dans une situation où il dévoilât lui-même son caractère et ses secrètes pensées, ce qui mettrait les Français à même de pouvoir s'assurer de ce qu'ils devaient espérer ou de ce qu'ils avaient à craindre du jeu de ses passions. Cela donna l'idée de réunir un grand divan composé de tous les notables et des députés des provinces, et de provoquer ses délibérations sur toutes ces importantes questions d'intérêt public.

Le grand divan tint sa première séance le 1er octobre, et se montra animé des meilleurs sentiments pour le nouvel ordre de choses. Il haïssait également les mameluks et les Osmanlis. Le gouvernement des uns et des autres était également contraire aux préceptes du Coran. Les premiers, nés infidèles, n'étaient pas sincèrement convertis à l'islamisme; les seconds étaient cupides, capricieux et ignorants. Les hommes instruits sentaient l'excellence des principes qui régissaient les nations de l'Europe; ils étaient séduits par la perspective du bonheur qui devait résulter pour eux d'un bon gouvernement et d'une justice civile et criminelle fondée sur les saines idées. La gloire et le bonheur de la patrie arabe étaient chers à tous; c'était une fibre de laquelle on pouvait un jour tout espérer.

La marche des discussions dans l'assemblée fut fort lente, soit par l'effet du caractère calme et silencieux des Orientaux, soit par le peu d'habitude qu'ils en avaient, soit à cause de la diversité des usages qui régissaient les provinces et de la difficulté de consulter le passé dans un pays où il ne s'imprime rien. Mais peu à peu les choses se réglèrent et on perdit moins de temps. Consulté sur la grande question s'il valait mieux conserver les lois et les usages qui régissaient les propriétés ou bien s'il était préférable qu'on y adaptât les lois de l'Occident, où les propriétés sont incommutables et transmissibles soit par des actes de dernière volonté, soit par des donations entre vifs, soit par des ventes librement consenties, le tout en suivant les lois et les formes établies, le grand divan n'hésita pas. Il déclara unanimement que les lois d'Occident étaient conformes à l'esprit du livre de vérité; que c'était par ces principes qu'avait été régie l'Arabie du temps des califes ommiades, abassides et fatimites; que le principe féodal que toute terre appartient au sultan avait été apporté par les Mongols, les Tartares et les Turcs; que leurs ancêtres ne s'y étaient soumis qu'avec répugnance. Il discuta chaudement sur la suppression des moultezims et l'affranchissement des terres atar. Les imans craignirent pour les biens des mosquées, les moultezims étaient en majorité dans l'assemblée, les cheykhs-el-beled qui étaient députés des villages insistèrent seuls pour leur affranchissement. On désintéressa d'abord les imans en convenant que toutes les terres appartenant aux mosquées, de quelque nature qu'elles fussent, seraient louées à bail emphytéotique pour quatre-vingt-dix-neuf ans; les moultezims se récrièrent sur l'injustice dont on se rendrait coupable en les dépouillant. Mais il en restait peu, et on leur offrit la conservation des terres dites ousyéh qu'ils possédaient dans leurs villages, et une indemnité pour ce qu'ils perdraient par l'affranchissement des atar, laquelle serait prise sur les terres ousyéh des autres communes. Dans ce nouvel état de choses, quelle devait être la quotité du myry? les uns dirent qu'on pouvait l'élever jusqu'à moitié du produit net, les autres pensaient qu'on ne pouvait point, sans faire souffrir l'agriculture, dépasser le quart. D'autres questions furent discutées dans cette assemblée, pendant vingt jours qu'elle fut réunie. Les lumières se propageaient, lorsque des événements extraordinaires vinrent détourner de ces grandes pensées qui devaient tant influer sur le bonheur de ces peuples, sur son esprit public, et le lier pour toujours à l'Occident.

II. Le gouvernement français avait contremandé l'expédition d'Irlande. Les Irlandais, à qui on avait promis de puissants secours, s'étaient insurgés; après avoir longtemps tenu tête aux forces anglaises, ils avaient succombé. La Porte ne recevant aucune explication, l'ambassadeur français qui lui avait été annoncé ne venant pas, elle s'abandonna à l'impulsion de l'Angleterre et de la Russie, et déclara la guerre à la République. Pendant que Paris oubliait ou négligeait tout ce qui avait été convenu lorsqu'on avait arrêté le plan de campagne de 1798, Napoléon exécutait ponctuellement ce qu'il avait promis. Arrivé à Alexandrie, il se concilia l'amour des officiers de la caravelle turque; il écrivit au pacha, l'engagea à rester au Caire; mais celui-ci, obligé de suivre Ibrahim-Bey, y laissa seulement son kiaya; il fit partout arborer le pavillon du Grand-Seigneur avec le pavillon français; il fit continuer les prières dans les mosquées pour le sultan de Constantinople; il satisfit aux désirs de la Porte en confiant la charge d'émir-aga à un Osmanli; il en revêtit le kiaya lui-même. La caravelle ayant reçu du capitan-pacha l'ordre de retourner à Constantinople, il fit réparer ses avaries, lui fournit des vivres à ses frais, et y fit embarquer le sieur Beauchamp, savant astronome qui avait longtemps séjourné à Constantinople et dans la mer Noire; il lui confia une mission diplomatique; il ouvrit aussi plusieurs communications par Damas avec le reis-effendi. Mais toutes ces opérations furent contrariées par le silence et l'inertie du cabinet du Luxembourg.

La Porte avait déjà étendu le pouvoir de Djezzar-Pacha sur toute la Syrie. Alep, Tripoli, Damas, Jérusalem et Jaffa étaient sous ses ordres. A la fin d'octobre, elle le nomma sérasquier d'Egypte. Celui-ci expédia au cheykh Sadah le firman qui contenait la déclaration de guerre du Grand-Seigneur contre la France. Napoléon alla dîner chez le cheykh. Quand il se trouva seul avec lui, il lui commanda impérieusement de lui remettre l'original du firman. Sadah nia en avoir connaissance, hésita, se contredit, et enfin le remit. Cependant mille bruits circulaient dans la ville; le capitan-pacha, disait-on, avait mouillé à Jaffa et avait débarqué une armée d'Osmanlis qui, accrue de l'armée de Djezzar, tirée d'Alep, de Damas, de Jérusalam, était innombrable; elle tarissait tous les puits de la Syrie. Ces nouvelles consternèrent le divan; il fut effrayé de voir les armes de la Porte réunies aux armes anglaises et russes, et commença à douter de l'issue de la guerre. Les plus zélés se refroidirent, ceux qui étaient froids et timides devinrent ennemis. De leur côté, Ibrahim-Bey, en Syrie, et Mourad-Bey, dans la haute Egypte, ne restaient pas oisifs. Les mameluks inondaient les provinces de menaces contre les cheykhs-el-beled qui avaient pris le parti des Français et cessaient de leur payer le fayz.

III. Les ingénieurs français travaillaient sans discontinuer aux fortifications et à l'armement de la citadelle. Ils avaient d'abord réparé les fronts du côté de la campagne, ce qui n'avait point excité l'attention du peuple; mais lorsqu'en continuant l'ordre de leur travail, ils arrivèrent au front de fortifications du côté de la ville, qu'ils firent démolir une grande quantité de kiosques, de maisons et une mosquée qui obstruaient les remparts; que sur les décombres ils élevèrent de fortes batteries, les habitants témoignèrent hautement leurs inquiétudes : « Pourquoi braque-t-on des canons contre nous? ne sommes-nous pas des amis? nourrirait-on contre nous de méchants desseins? »

La ville était séparée en cinquante quartiers, fermés par des enceintes particulières. Les portes s'en ouvraient ou s'en fermaient, suivant la volonté des chefs de quartier. La moindre négligence dans le service interrompait les communications et donnait lieu à beaucoup de rixes avec les soldats. Cela formait des barricades perpétuelles qui étaient dangereuses pour l'autorité française et excitaient la confiance et l'insolence du peuple. La circonstance de la réunion du grand divan, dont les dispositions étaient très-bienveillantes, parut favorable pour la destruction de toutes les barrières. Les ingénieurs, qui étaient préparés, s'y portèrent avec la plus grande activité. Les propriétaires des okels, les malveillants, se récrièrent sur ces nouveautés : « Pourquoi changer ce qui existe de tout temps? » Ils firent remarquer la coïncidence de la destruction de ces enceintes avec l'armement de la citadelle et la levée de la contribution extraordinaire. Les esprits s'aigrirent; en peu de jours la fermentation devint apparente. « On nous demande de l'argent, disaient-ils : la somme, quoique forte, peut cependant être payée; mais, en même temps, on détruit nos barrières et on braque contre nous des canons. Quels sont donc les projets que nourrissent ces hommes de l'Occident? Ils ont réuni les principaux de l'Egypte sous prétexte d'un divan; mais ne sont-ce pas des otages qu'ils ont voulu mettre sous leurs mains, pour pouvoir tout d'un coup détruire tout ce que l'Egypte a de grand et de capable de servir de ralliement au peuple? »

Le général Dupuis était commandant d'armes. C'était un bon et brave militaire, mais d'un caractère vif et très-emporté. Il était de Toulouse. La pétulance gasconne cadrait mal avec la gravité orientale. Il n'attachait aucune conséquence à ses propos, et souvent il menaçait assez légèrement les habitants de leur faire infliger des peines afflictives. On sait en Europe que de pareilles menaces ne veulent rien dire, puisqu'elles passent le pouvoir de celui qui les fait; que, pour infliger des peines afflictives, il y a des formes publiques nécessaires; mais sous un gouvernement arbitraire, où les agents de l'autorité peuvent tout se permettre, tout homme menacé se tenait pour perdu, et vivait en proie aux plus vives alarmes.

Le 6 octobre, après le lever du sultan Kébir, le cheykh El-Cherkaoui dit qu'il était arrivé un homme de Smyrne à Gama-el-Azhar, qu'il y était demeuré dix jours, qu'il l'avait fait observer, et lui avait arraché l'aveu qu'il avait une mission de Djezzar pour engager le combat sacré contre le chef des Français ; qu'il avait pris le parti de ne faire aucun éclat, pour ne point s'ôter les moyens de prévenir une autre fois de pareils crimes ; qu'il s'était contenté de renvoyer ce fanatique en Syrie, le faisant accompagner par deux de ses affidés ; mais qu'il était convenable de prendre plus de précautions, car d'autres individus étaient peut-être actuellement dans d'autres mosquées, nourrissant de semblables desseins.

IV. Le grand divan avait réparti une somme de six millions, en forme d'emprunt, entre les divers corps de marchands du Caire. La répartition excita de grandes réclamations qui occupèrent l'audience du cadi, ce qui y attira beaucoup de monde. Elle devint un rendez-vous de mode ; elle s'ouvrait au soleil levant, on y passait une partie de la matinée. Le 22 octobre, la foule fut plus considérable qu'à l'ordinaire ; les escaliers et les cours du palais étaient remplis de curieux, attirés par une corporation qui avait dénoncé son syndic. L'aga de la police s'y rendit ; il fit prévenir le commandant d'armes qu'il y avait beaucoup de malintentionnés qui travaillaient le public. Mais, comme les habitants du Caire sont parleurs, d'un caractère remuant et extrêmement curieux de nouvelles, le général Dupuis était accoutumé à de pareilles alarmes. Il se rendit pourtant au palais, mais trop tard. Il laissa son piquet de dragons dans la cour, et monta chez le cadi. Voyant que les esprits étaient fort agités, il conseilla à ce magistrat d'ajourner l'audience au lendemain, ce qu'il fit. Dupuis eut de la peine à regagner son cheval au milieu de la foule. Les dragons furent pressés. Un cheval foula un Maugrabin ; cet homme féroce, et qui arrivait de la Mecque, tira un coup de pistolet, tua le cavalier et monta sur son cheval. Le détachement français chargea et dissipa le peuple. Le général Dupuis, sortant de la cour, reçut, comme il entrait dans la rue à la tête de son piquet, un coup de lance d'un homme qui était là à poste fixe ; il tomba mort. Le bruit se répandit sur-le-champ dans la ville que le sultan Kébir avait été tué, que les Français avaient jeté le masque et massacraient les fidèles. Les mouezzins, du haut de leurs minarets, appelèrent les vrais croyants à la défense des mosquées et de la ville. Les marchands fermèrent leurs boutiques. Les soldats se précipitèrent de tous côtés pour gagner leurs quartiers. Les malveillants firent fermer celles des barrières qui n'étaient pas encore démolies. Les femmes, montées sur leurs terrasses, faisaient entendre d'horribles hurlements. La population se porta à la maison du général du Falga, qui imprudemment s'était logé près de la grande mosquée. On en voulait beaucoup aux officiers du génie, parce que c'était eux qui démolissaient les barrières, qui dirigeaient les travaux et les fortifications de la citadelle, et que souvent ils avaient profané des tombeaux pour construire leurs ouvrages. En un moment la maison fut dévastée, les livres et les instruments pillés, et cinq ou six individus qui s'y trouvaient massacrés. Leurs têtes furent promenées dans les rues, et ensuite suspendues à la porte de la grande mosquée. La vue du sang anime les fanatiques. Les grands, épouvantés, s'étaient enfermés chez eux ; mais le peuple court les arracher à leur domicile et les mène en triomphe à Gama-el-Azhar ; il crée un divan de défense, il organise les milices, il déterre les armes, il n'oublie rien de ce qui peut assurer l'impunité de la rébellion.

Par un événement fortuit, à la petite pointe du jour, Napoléon avait passé le Nil pour visiter l'arsenal de Gizéh. Il retourna à la ville à neuf heures. A la contenance des habitants du quartier qu'il traversa, il ne lui fut pas difficile de s'apercevoir de ce qui se passait. Il fit appeler les grands ulémas, mais déjà tous les chemins étaient interceptés. Des corps de garde d'insurgés étaient placés au coin de toutes les rues, des épaulements et des murs étaient déjà commencés, l'armée était sous les armes, chacun était à son poste. Les grands cheykhs avaient cherché à éclairer le peuple sur les suites immanquables qu'aurait la conduite qu'il tenait ; ils ne purent rien obtenir ; ils furent contraints de se taire et de suivre le mouvement, qui était irrésistible. Le cheykh Sadah fut choisi pour présider le divan des insurgés ; cette assemblée était composée d'une centaine d'imans, de mouezzins, de chefs de Maugrabins, tous gens de la basse classe. Elle fit une proclamation dans laquelle elle annonça « que la Porte avait déclaré la guerre à la » France ; que Djezzar-Pacha, nommé sérasquier, était déjà arrivé à Belbeis avec son » armée ; que les Français se disposaient à se sauver, mais qu'ils avaient démoli les bar-» rières, afin de piller la ville au moment de leur départ. » Du haut des quatre cents minarets du Caire, on entendit toute la nuit la voix aigre des mouezzins faisant retentir l'air d'imprécations contre les ennemis de Dieu, les infidèles et les idolâtres. Toute la journée du 22, toute la nuit du 22 au 23, se passa de cette manière. Les insurgés l'employèrent à s'organiser. On entendait quelques coups de fusil, mais peu vifs. Les affaires prenaient un aspect fort sérieux ; la soumission du Caire pouvait être difficile. Mais ce qui donnait plus à penser encore, c'était la suite que cela devait nécessairement avoir. Il fallait soumettre cette grande ville, en évitant tout ce qui pouvait porter les choses à l'extrême et rendre le peuple d'Egypte irréconciliable avec l'armée. Une proclamation fut affichée en turc et en arabe, afin d'éclairer les habitants sur les fausses nouvelles dont les malveillants se servaient pour les égarer. « Il n'était pas vrai que Djezzar eût passé » le désert ; la destruction des barrières était conforme aux règles d'une bonne police ; » l'armement de la citadelle du côté de la ville n'était que l'exécution d'une règle militaire ; » on rappelait aux habitants la bataille des Pyramides, la conduite que le sultan Kébir » avait tenue envers eux ; on finissait par proposer de s'en remettre au jugement du » divan. » Cette proclamation fit un mauvais effet. Les meneurs s'en servirent pour persuader au peuple que les Français avaient peur, ce qui le rendit insolent. Les muphtis firent dire qu'on n'avait rien à espérer, qu'il fallait sans délai employer la force, que les Arabes du désert étaient en marche, que les tribus qui étaient le plus près arriveraient dans la journée. Effectivement, une heure après, on apprit que les *Billis* et les *Térabins,* au nombre de sept ou huit cents hommes, commettaient des hostilités et infestaient les communications de Boulac. L'aide de camp Sulkouski partit avec deux cents chevaux, passa le canal sur le petit pont, chargea les Bédouins, en tua quelques-uns, et les poursuivit pendant plusieurs lieues. Il nettoya tous les environs de la ville, mais il fut blessé un moment après. Son cheval ayant été tué, il tomba et fut percé de dix coups de lance. Sulkouski était Polonais, bon officier; il était de l'Institut d'Egypte. Sa mort fut une perte vivement sentie.

Le général d'artillerie Dommartin, avec une batterie de quatre mortiers et de six obusiers, était parti de Boulac pour s'établir sur les hauteurs du fort Dupuis. A une heure après midi, trente mortiers et obusiers de la citadelle et de la batterie du fort Dupuis donnèrent le signal de l'attaque. Plusieurs bombes éclatèrent dans la mosquée de Gama-el-Azhar; une heure après, le feu se manifesta dans divers quartiers de la ville. A trois heures, les insurgés débouchèrent par la porte des Victoires pour enlever la batterie du fort Dupuis. Ils étaient sept ou huit mille tirailleurs, dont sept à huit cents à cheval. Les minarets et toute la coupole de la mosquée de Hassan se couvrirent de tirailleurs pour faire taire les canonniers de la citadelle, mais vainement. Le général Dommartin avait trois bataillons et trois cents chevaux pour protéger ses batteries. Il les fit charger, la baïonnette au bout du fusil. Les insurgés furent repoussés ; la cavalerie leur fit quatre cents prisonniers. Le général en chef donna sur-le-champ le signal aux quatre colonnes d'attaque qui étaient préparées. Elles étaient composées chacune de deux bataillons, et conduites par des Coptes, des Syriens et des janissaires, restés fidèles. Elles arrivèrent toutes les quatre à la mosquée de Gama-el-Azhar, comme les fuyards de l'attaque du fort Dupuis y entraient épouvantés. La mosquée fut enlevée au pas de charge. A sept heures du soir, tout était tranquille. Le feu avait cessé. Les agas de la police arrêtèrent quatre-vingts des cent membres qui composaient le divan de défense. Ils furent enfermés dans la citadelle. Toute la nuit fut silencieuse et sombre. Les grands, retirés au fond de leurs harems, étaient fort inquiets de leur position. Ils ignoraient de quelle manière on jugerait leur conduite et si on ne les rendrait pas responsables de la révolte du peuple. Près de quatre mille hommes partirent avant le jour, traversèrent le désert et se réfugièrent à Suez. Trois maisons seulement furent consumées par les flammes, une vingtaine furent endommagées; la mosquée de Gama-el-Azhar souffrit peu. La perte des Français se monta à trois cents hommes, parmi lesquels une centaine de tués. Trente malades qui arrivaient de Belbeis traversaient la ville au moment où l'insurrection éclata ; ils furent massacrés. La perte la plus sensible fut une vingtaine d'officiers d'état-major, du génie ou de membres de la commission des arts, qui furent égorgés au premier moment de l'insurrection. Ils étaient isolés dans les divers quartiers. Bon nombre de Français furent sauvés par les honnêtes gens de la ville. Tout ce qui avait de la fortune, de l'éducation, resta fidèle et rendit des services importants aux Européens. Le 24, à six heures du matin, une commission militaire constata que les quatre-vingts prisonniers de la citadelle avaient fait partie du divan de défense, et les fit passer par les armes. C'étaient des hommes d'un esprit violent et irréconciliable.

V. Au soleil levant les soixante cheykhs et imans de la grande mosquée se rendirent au palais. Depuis trois jours ils ne s'étaient pas couchés. Leur contenance était celle de coupables et d'hommes rongés d'inquiétudes. Il n'y avait pas cependant de reproches à leur faire. Ils avaient été fidèles, mais n'avaient pas pu lutter contre le torrent de l'opinion populaire. Le cheykh Sadah se fit excuser, prétextant son état de maladie. On pouvait ignorer sa mauvaise conduite; si on paraissait en être instruit, il faudrait lui faire couper la tête. Dans la situation des esprits, cette mort aurait plus d'inconvénients que d'avantages; son nom était vénéré de tout l'Orient; c'eût été en faire un martyr. Le général en chef lui fit dire qu'il n'était pas surpris qu'au milieu d'événements si étranges, à son âge, il se trouvât incommodé; mais qu'il désirait le voir le lendemain, si cela lui était possible. Napoléon accueillit les cheykhs comme à l'ordinaire, et leur dit : « Je sais que beaucoup de vous ont été faibles, mais j'aime à croire qu'aucun n'est » criminel; ce que le prophète condamne surtout, c'est l'ingratitude et la rébellion... » Je ne veux pas qu'il se passe un seul jour où la ville du Caire soit sans faire les prières » d'usage; la mosquée de Gama-el-Azhar a été prise d'assaut, le sang y a coulé : allez » la purifier. Tous les saints livres ont été pris par mes soldats; mais, pleins de mon » esprit, ils me les ont apportés; les voilà, je vous les restitue. Ceux qui sont morts » satisfont à ma vengeance. Dites au peuple du Caire que je veux continuer à être » clément et miséricordieux pour lui. Il a été l'objet spécial de ma protection; il sait » combien je l'ai aimé, qu'il juge lui-même de sa conduite! Je pardonne à tous; mais » dites-leur bien que ce qui arrive et arrivera est depuis longtemps écrit, et qu'il n'est » au pouvoir de personne d'arrêter ma marche; ce serait vouloir arrêter le destin... Tout » ce qui arrive et arrivera est dans le livre de la vérité. » Ces vieillards se jetèrent à genoux, baisèrent les livres du Coran; il y en avait de la plus grande antiquité. Un exemplaire avait appartenu à Hassan, d'autres à Saladin. Ils exprimèrent leur reconnaissance plus par leur contenance que par leur langage. Ils se rendirent à Gama-el-Azhar. La mosquée était remplie d'un peuple transi de peur. Elle fut purifiée. Les cadavres furent ensevelis. Des ablutions et d'autres cérémonies conformes à l'usage précédèrent les prières ordinaires. Le cheykh El-Cherkaoui monta dans la chaire et répéta ce que le sultan Kébir leur avait dit. Le peuple fut rassuré. L'intercession du prophète, les bénédictions de Dieu, furent appelées sur ce prince grand et clément. Pendant la journée du 24 on enleva les barrières, on nettoya les rues et on rétablit l'ordre.

Le 25, le cheykh Sadah se rendit au lever, il y fut reçu comme à l'ordinaire. Il n'était pas difficile de voir à sa contenance la frayeur qui le maîtrisait. Il divagua et prononça des paroles sans suite. Voulant complimenter le sultan Kébir sur les dangers auxquels il avait échappé, il remercia Dieu d'avoir enchaîné la sédition et d'avoir donné la victoire à la justice; par un mouvement convulsif et comme voulant davantage assurer son pardon, il prit et baisa la main du sultan Kébir. Toute la journée du 25 se passa, de la part du peuple, en observation; mais il parut enfin rassuré et se livra à la joie. Il avoua que tous avaient mérité la mort, et que, sous un prince moins clément, le Caire aurait vu sa dernière journée.

L'armée française ne partagea pas la joie et la satisfaction des habitants. Officiers et soldats murmuraient et témoignaient leur mécontentement. Ils blâmaient cette extrême indulgence. « Pourquoi toujours caresser ces vieux cheykhs, ces cafards?... C'était eux » les auteurs de tout, c'était sur eux qu'il fallait venger le sang des Français aussi

» traîtreusement massacrés. Qu'avait-on besoin de tant les cajoler? Il ne restait plus
» qu'à donner à ces vieillards hypocrites des récompenses pour l'horrible conduite qu'ils
» avaient tenue. » Napoléon resta insensible aux murmures de l'armée, qui ne reconnut
que beaucoup plus tard combien sa conduite avait été sage. Comme le cheykh Sadah
baisait la main du général en chef, Kléber, qui arrivait d'Alexandrie, lui demanda quel
était ce vieillard qui paraissait si interdit et dont les traits étaient si bouleversés. « C'est
» le chef de la révolte, lui répondit-il. — Eh! quoi! vous ne le faites pas fusiller? —
» Non, ce peuple est trop étranger à nous, à nos habitudes; il lui faut des chefs. J'aime
» mieux qu'il ait des chefs d'une espèce pareille à celui-ci, qui ne peut ni monter à
» cheval ni manier le sabre, que de lui en voir comme Mourad-Bey et Osman-Bey. La
» mort de ce vieillard impotent ne produirait aucun avantage et aurait pour nous des
» conséquences plus funestes que vous ne pensez. » Les événements qui sont arrivés
longtemps après ont fait revenir sur cette conversation (1).

Les ulémas firent des proclamations; elles calmèrent les révoltes qui s'étaient déjà
déclarées sur divers points. Plusieurs d'entre eux envoyés en mission dans les provinces
parlèrent avec chaleur; leur cœur était plein de reconnaissance pour la généreuse conduite qu'on avait tenue à leur égard. Ils furent persuadés plus que jamais que Napoléon
aimait le Coran, le prophète, et qu'il était sincère dans toutes les protestations qu'il
leur avait faites sur le désir qu'il avait de voir heureux le peuple de l'Arabie. Mille
bruits se répandirent dans la ville et dans les provinces : Mahomet avait apparu au
sultan Kébir au moment de la révolte et lui avait dit : « Le peuple du Caire est criminel,
» car tu as été bon pour lui, ainsi tu seras victorieux ; tes troupes entreront dans Gama-
» el-Azhar; mais aie soin de respecter les choses saintes et les livres de la loi ; car, si tu
» n'es pas généreux après la victoire, je cesserai d'être avec toi, et tu n'éprouveras plus
» que des défaites. » Tout ceci était un mélange de superstition et d'orgueil; c'était le
prophète qui avait tout fait et qui continuait à les protéger. Cet événement, qui pouvait être si malheureux, consolida le pouvoir des Français dans le pays. Jamais, depuis,
les habitants n'ont manqué de fidélité, ni trahi les sentiments de reconnaissance qu'ils
conservaient pour un si généreux pardon. Mais le divan général fut congédié, on crut
la présence des membres qui le composaient utile dans les provinces. On remit l'exécution des projets que l'on avait conçus au moment où la paix serait rétablie avec le sultan
de Constantinople, ou bien au moment où quelques événements militaires d'importance
auraient dissipé cet orage qui menaçait encore.

Pendant octobre, novembre et une partie de décembre, la ville du Caire, pour punition, resta sans divan. Enfin le général en chef se rendit aux sollicitations réitérées des
habitants. Il leur dit dans une proclamation : « J'ai été mécontent de vous, je vous ai
» privés de votre divan; je suis aujourd'hui content de votre repentir et de votre con-
» duite... Je vous le rends. Aucun pouvoir humain ne peut rien contre moi. Mon ar-

---

(1) C'est ce même cheykh que, plus tard, le général Kleber fit bâtonner ; ce qui fut une des principales causes de la mort de ce général.

» rivée de l'Occident sur les bords du Nil a été prédite dans plus d'un passage du .
» Coran. Un jour tout le monde en sera convaincu. » Le lendemain, au lever, les
» cheykhs se prosternèrent, et le cheykh Fayoumi, portant la parole, demanda la grâce
des malheureux imans et mouezzins qui étaient détenus dans la citadelle. Le général
en chef leur répondit sans s'émouvoir : « Ils ont été condamnés et exécutés avant le
» lever du soleil qui a suivi la fin de la révolte. » Les cheykhs levèrent alors les yeux
au ciel, firent une courte prière et dirent « que Dieu l'avait ordonné ainsi; qu'ils étaient
» bien coupables et l'avaient bien mérité; que Dieu était juste, que Dieu était partout,
» que Dieu disposait de tout, que tout venait de Dieu, que tout allait à Dieu ; que Dieu
» était grand, très-grand, que tout ce qui arrivait dans ce monde et dans les sept cieux
» venait de Dieu. »

VI. Sur le monticule où l'artillerie avait établi sa batterie de mortiers et d'obusiers,
le capitaine du génie Bertrand construisit un fort en maçonnerie ; ce fort dominait le
quartier le plus mutin, il croisait son feu avec celui de la citadelle, il battait le grand
chemin qui aboutit à la porte des Victoires et la gorge qui sépare la citadelle du
Mokattam. Une grande mosquée ayant des murs très-élevés, située sur le canal du
Prince des Fidèles sur la route de Belbeis, qui couvrait l'enceinte de la ville du côté du
nord, fut convertie en fort sous le nom de Sulkouski ; ce fort pouvait contenir plusieurs
bataillons et des magasins; peu d'hommes suffisaient pour le défendre. Sur la hauteur
qui dominait la ville du côté du nord-ouest, à mi-chemin de Boulac, on établit une
tour qu'on appela le fort Camin; il protégeait la place Ezbekiéh, et défendait les
avenues de la ville. Sur le monticule près du jardin de l'Institut s'éleva le fort appelé
de l'Institut; il battait toute l'esplanade entre le Caire, le vieux Caire et le Nil, assurait
les communications avec l'île de Roudah; il protégeait l'hôpital établi dans la maison
d'Ibrahim-Bey. Cet hôpital était couvert par un mur crénelé, en forme d'ouvrage à cor-
nes, qui était une tête de pont en avant de l'île de Roudah. On plaça des batteries au
mékias, on convertit en fort la prise d'eau de l'aqueduc au vieux Caire. Il y eut ainsi
une série de positions retranchées depuis le Caire jusqu'à l'île de Roudah et Gizéh, situé
vis-à-vis, sur la rive gauche du Nil. Cette grande ville se trouvait cernée par des forts
contenant des batteries incendiaires, qui pouvaient jeter des bombes et des obus à la fois
dans tous les quartiers, qui défendaient les approches, et que cinq cents hommes pouvaient garder. On organisa une troupe de gens du pays pour prêter main-forte aux agas
de la police et des marchands, afin de surveiller, suivant l'usage de ces contrées, les
cafés, les rassemblements, les places publiques, les marchés.

La suppression de toutes les barrières intérieures donna une tout autre physionomie
à la ville. Les boutiques, cafés, auberges et petites manufactures établies par des Européens reçurent une nouvelle extension et procurèrent à l'armée des jouissances qui lui
rendirent moins pénible son éloignement d'Europe.

VII. Les insurgés échappés du Caire, établis dans la ville de Suez, troublaient la
tranquillité du pays. Ils servaient d'intermédiaire à la correspondance d'Ibrahim-Bey,
qui était en Syrie, avec Mourad-Bey, qui était dans le Saïd. Ils remuaient par leur cor-

respondance toutes les tribus du désert. Il était nécessaire d'ailleurs d'occuper cette ville importante, ce qui avait été négligé jusqu'alors, parce que pour y arriver il **faut** traverser un désert très-aride, sans eau, sans ombre, de quarante-deux heures de marche, trajet extraordinairement fatigant pendant l'été. On devait éviter tout ce qui pouvait exciter le mécontentement du soldat. Mais, à la fin d'octobre, les chaleurs cessèrent d'être incommodes; les belles journées de l'automne répandirent la satisfaction dans l'armée. Elle était enfin accoutumée au pays; elle avait de très-bon pain, du riz, du vin de Chypre, de l'eau-de-vie de dattes, de la bière, de la viande, des volailles, des œufs et toute espèce d'herbages. La solde des officiers et des soldats, payée sur le même pied qu'en France, était d'une valeur quadruple, vu le bon marché de toutes les denrées. L'ordonnateur Daure faisait donner régulièrement des distributions de café moka, chaque escouade avait sa cafetière. Pour remplacer les fourgons et les voitures d'équipages militaires, il avait donné à chaque bataillon des chameaux en suffisance pour porter l'eau, les vivres, les ambulances et les équipages. Les officiers généraux et supérieurs avaient leurs lits, leurs tentes, leurs chameaux; tout le monde était enfin organisé selon la mode du pays. Le soldat était revenu à son esprit naturel; il était plein d'ardeur et du désir d'entreprendre. S'il faisait entendre quelque plainte, c'était sur l'oisiveté dans laquelle il vivait depuis plusieurs mois. Ce changement dans ses dispositions en avait opéré un plus grand encore dans sa manière de voir le pays. Il était convaincu de sa fertilité, de son abondance, de sa salubrité et de tout ce qu'un établissement solide pouvait offrir d'avantageux aux individus et à la République.

Le général de division Bon partit le 8 novembre avec douze cents hommes d'infanterie, deux cents chevaux et deux pièces de canon. Il porta son camp à Birket-el-Hadji, au bord d'un lac d'eau du Nil, à cinq lieues du Caire, sur la route de Suez. Il fut joint par tout ce qui lui était nécessaire pour traverser le désert. Un chameau porte deux outres pleines d'eau qui suffisent pour abreuver quatre cents hommes pendant un jour ou pour quarante chevaux. Il était nécessaire de porter du bois pour faire la soupe; et quoique la traversée du désert jusqu'à Suez ne soit que de trois jours, il était prudent de porter des vivres pour vingt jours, de l'eau et du bois pour dix jours, ce qui exigea un millier de chameaux. Le général Bon n'éprouva aucun obstacle, entra dans Suez, fit travailler sur-le-champ aux fortifications pour mettre à couvert la petite garnison qu'il voulait y laisser. Les ingénieurs de la marine avaient mis sur le chantier au Caire quatre chaloupes canonnières portant des pièces de 24. Ils les avaient démontées; des chameaux les portèrent à Suez, où elles furent remontées et calfatées. Le pavillon tricolore flotta sur la mer Rouge. Elles naviguèrent dans le nord de cette mer jusqu'à Cosséir et Iambo.

La mer Rouge, au nord, se divise en deux bras : l'un, appelé la mer de Suez, a de cinq à dix lieues de large et cinquante lieues de long; l'autre, appelé Akaba, entre dans les terres d'une trentaine de lieues, et a trois à cinq lieues de large. A l'extrémité est la ville d'Ælana ou Aïlah, située à soixante lieues de Suez sur le chemin des caravanes de la Mecque. Il existe à Aïlah un fort dont la petite garnison est turque, des puits dont

l'eau est bonne et abondante. Ce port a appartenu aux Iduméens, qui rivalisèrent avec
Tyr; il était le port de Jérusalem. Le désert de Tor est entre Suez, El-Akaba et le mont
Sinaï. Il est habité par trois tribus d'Arabes de Tor, de quatre à cinq mille âmes. On y
trouve des ruines qui ne laissent aucun doute sur les villes qui y ont existé. Dans la
vallée de Pharan, il y a des bois et des broussailles dont les Arabes font du charbon.

A la fin de décembre, le général en chef partit du Caire avec les académiciens Monge
et Berthollet, l'ingénieur des ponts et chaussées Lepère, son état-major, deux cents gardes à cheval et quatre cents dromadaires. Il voulait visiter lui-même les bords de la mer
Rouge, et reconnaître les traces du canal des deux mers. Depuis la révolte du Caire, il
ne s'était pas absenté. Il était bien aise d'accoutumer cette grande ville à son absence.
Pour se rendre du Caire à Suez, il y a trois chemins : le premier passe par le village de
Baçatin, à deux lieues au sud du Caire, d'où il se dirige à l'est, entre dans la vallée de
l'Egarement, à huit lieues rencontre les puits de Gandéli; ces puits sont au nombre de
huit; l'eau y est un peu saumâtre; les caravanes, qui de Syrie se rendent dans la haute
Egypte, séjournent à ces puits. Des puits de Gandéli on chemine pendant seize lieues
jusqu'aux bords de la mer Rouge; là on côtoie la mer pendant neuf lieues, et on arrive
à Suez : total du Caire à Suez par cette route trente-cinq lieues, et seulement vingt-six
jusqu'à la mer Rouge. Il pleut dans ce désert. Il serait facile de construire des citernes
toutes les quatre lieues pour les besoins des voyageurs, et d'organiser une aiguade au
bord de la mer pour les bâtiments. Cette route était la plus fréquentée par les habitants
de Memphis. La deuxième route va du Caire au lac dit Birket-el-Hadji, cinq lieues; de
Birket-el-Hadji, où elle entre dans le désert que l'on traverse sans rencontrer d'eau jusqu'au château d'Adjéroud, qui est la troisième station de la caravane de la Mecque, il
y a vingt-trois lieues; d'Adjéroud à Suez il y a cinq lieues; total trente-trois lieues. La
troisième route est par Belbeis. Du Caire à Belbeis, douze lieues; par le désert jusqu'à
Adjéroud, dix-neuf lieues; à Suez cinq lieues; total trente-six lieues, mais seulement
dix-neuf lieues de désert. La distance astronomique de Suez au Caire est de vingt-sept
lieues et demie; de Suez à la grande pyramide de Gizéh il y a trente et une lieues.
Toutes ces lieues sont de vingt-cinq au degré.

Le 24 décembre, le camp fut dressé sur les bords du lac dit Birket-el-Hadji. Plusieurs
négociants qui avaient affaire à Suez s'y joignirent. Le 25, à deux heures avant le
jour, le camp se remit en route. La caravane marcha toute la journée au milieu d'un
sable aride; le temps était beau; la chaleur du soleil n'était pas désagréable. La marche dans le désert est monotone; elle inspire une douce mélancolie. Les Arabes qui servaient de guides s'orientaient sans suivre aucune trace. La caravane fit dans la journée
deux haltes chacune d'une demi-heure, et la nuit elle prit position à l'arbre de Hamra,
à quatorze lieues de Birket-el-Hadji. Le Hamra est l'objet du culte des Arabes; la malé-
diction et les anathèmes sont lancés contre ceux qui seraient assez impies pour toucher
à ce prodige du désert. Le soldat n'avait pas apporté de bois pour le bivouac; il souffrit
du froid; il ne fut que médiocrement soulagé par le feu qu'il essaya d'allumer avec des
os et quelques plantes sèches de sept ou huit pouces de hauteur, qu'il trouva dans une

vallée à portée du camp. Ces plantes forment la nourriture des chameaux. A deux heures avant le jour, le 26, la caravane se remit en marche. Il n'était pas encore jour quand elle passa près du puits El-Bétar. C'est un trou de cinquante toises de profondeur, extrêmement large; les Arabes l'ont creusé dans l'espérance d'y trouver de l'eau; ils ont été obligés d'y renoncer. Près de là on distingua, mais seulement au clair de la lune, un vieil acacia; il était couvert d'écrits (1)......... et autres témoignages de dévotion des pèlerins qui, en revenant de la Mecque, rendent hommage à cette première végétation qui leur annonce les eaux du Nil. A deux heures après midi, Napoléon arriva à Adjéroud. Le chemin en passe à cinq cents toises. Adjéroud est un petit fort placé sur une petite éminence qui domine au loin. Il a deux enceintes en maçonnerie, un puits très-profond. L'eau y est abondante, mais saumâtre; elle devient moins saumâtre si elle reste plusieurs heures exposée à l'air; elle est excellente pour les chevaux, les chameaux et les animaux; les hommes ne s'en servent qu'à la dernière extrémité. Il y a dans ce fort une mosquée, un caravansérail et des logements pour cent cinquante hommes. Napoléon y plaça un commandant d'armes, quinze hommes de garnison et deux pièces de canon. On arriva à Suez à la nuit obscure; le général en chef préféra rester dans sa tente, et refusa une maison qui lui avait été préparée.

Suez est au bord de la mer Rouge, située à deux mille six cents toises de l'extrémité du golfe et à quatre ou cinq cents toises de l'embouchure de l'ancien canal. La ville a joui d'une assez grande prospérité. Les géographes arabes la décrivent comme une oasis. L'eau provenait probablement du canal. Il y pleut assez pour qu'en recueillant l'eau dans des réservoirs on puisse en avoir suffisamment, non-seulement pour les besoins de la ville, mais encore pour la culture. Aujourd'hui il n'y a rien; les citernes sont peu spacieuses et mal entretenues; l'eau, pour les hommes, vient des fontaines de Moïse, pour les chevaux et les chameaux, de la fontaine de Suez, située à une lieue sur le chemin du fort Adjéroud. La ville contient un beau bazar, quelques belles mosquées, des restes de beaux quais, une trentaine de magasins, et des maisons pour une population de deux à trois mille âmes. Dans le temps du séjour des caravanes et des bâtiments de Djeddah, Suez contient en effet cette population; mais quand les affaires sont terminées, elle ne reste habitée que par deux ou trois cents malheureux. La rade est à une lieue de la ville; les navires y mouillent par huit brasses d'eau; elle a une lieue de tour; elle communique à la ville par un chemin qui a soixante ou quatre-vingts toises de largeur, et à basse mer dix pieds d'eau, ce qui fait quinze ou seize à haute mer. Le fond est bon; les ancres y tiennent; c'est un fond de sable vaseux. La rade est couverte par des récifs et par des bancs de sable. Son vent traversier est le sud-est, qui règne rarement dans ces parages.

VIII. Napoléon employa la journée du 27 à visiter la ville et à donner quelques ordres pour l'établissement d'une batterie qui pût protéger le chenal et le port. Le 28, il partit à cheval pour se rendre aux fontaines de Moïse. Il traversa, à trois heures du

---

matin, le Madiéh, bras de mer guéable à marée basse, qui a trois quarts de lieue de
large. Le contre-amiral Ganteaume monta une chaloupe canonnière, embarqua des
sapeurs, les ingénieurs, plusieurs savants, et s'y rendit par mer. Les fontaines de Moïse
sont à trois lieues de Suez; on en compte neuf. Ce sont des sources d'eau sortant de
mamelons élevés de quelques toises au-dessus de la surface du sol. Elles proviennent des
montagnes qui sont à quatre lieues de là. Ces sources sont à sept cents toises de la mer.
On y voit les ruines d'un aqueduc et de plusieurs magasins qui avaient été construits
par les Vénitiens dans le quinzième siècle, lorsqu'ils voulurent intercepter aux Por-
tugais la route des Indes. Les sapeurs commencèrent à fouiller; ils travaillèrent jusqu'à
la nuit. Le général en chef monta à cheval pour retourner à Suez. Ceux qui étaient
venus par mer s'embarquèrent sur la canonnière. A neuf heures du soir, les chasseurs
d'avant-garde crièrent qu'ils enfonçaient. On appela les guides; les soldats s'étaient
amusés à les griser avec de l'eau-de-vie, et il fut impossible d'en tirer aucun renseignement. On était hors de route. Les chasseurs s'étaient guidés sur un feu qu'ils avaient
pris pour les lumières de Suez; c'était le fanal de la chambre de la chaloupe canonnière, ce que l'on remarqua promptement, il changeait de place à chaque instant. Les
chasseurs s'orientèrent et déterminèrent la position de Suez. Ils se mirent en marche à
cinquante pas l'un de l'autre; mais après avoir fait deux cents toises, le chasseur de
tête cria qu'il enfonçait. Il fallut replier cette ligne, et en tâtonnant ainsi dans plusieurs directions, ils eurent le bonheur de trouver la véritable. A dix heures du soir,
l'escadron était rangé en bataille au milieu du sinus, les chevaux ayant de l'eau jusqu'au ventre; le temps était noir, la lune ne se levait cette nuit-là qu'à minuit; la mer
était un peu agitée, et le vent paraissait vouloir fraîchir; la marée montait : il y avait
autant de danger à aller en avant qu'à reculer. La position devint assez critique pour
que Napoléon dît : « Serions-nous venus ici pour périr comme Pharaon? Ce sera un
» beau texte pour les prédicateurs de Rome. » Mais l'escorte était composée de soldats
de huit à dix ans de service, fort intelligents. Ce furent les nommés Louis, maréchal des
logis, et Carbonel, brigadier, qui découvrirent le passage. Louis revint à la rencontre;
il avait touché bord, mais il n'y avait pas un moment à perdre. L'eau montait à chaque
moment. Du Falga était plus embarrassant que les autres à cause de sa jambe de bois;
deux hommes de cinq pieds dix pouces, nageant parfaitement bien, se chargèrent de le
sauver : c'étaient des hommes d'honneur, dignes de toute confiance. Rassuré sur ce
point, le général en chef se hâta pour gagner la terre. Se trouvant sous le vent, il entendit derrière lui une vive dispute et des cris. Il supposa que les deux sous-officiers
avaient abandonné du Falga. Il retourna sur ses pas; c'était l'opposé : celui-ci ordonnait
aux deux hommes de l'abandonner. « Je ne veux pas, leur disait-il, être la cause de la
» mort de deux braves; il est impossible que je m'en puisse tirer; vous êtes en arrière de
» tout le monde; puisque je dois mourir, je veux mourir seul. » La présence du général
en chef fit finir cette querelle. On se hâta, on toucha la terre : Caffarelli en fut quitte
pour sa jambe de bois, ce qui lui arrivait au reste toutes les semaines. La perte fut
légère, quelques carabines et quelques manteaux. L'alarme était au camp. Des officiers

eurent la pensée d'allumer des feux sur le rivage ; mais ils n'avaient pas de bois. Ils démolirent une maison, ce qui demanda du temps. Cependant le premier feu était allumé sur le rivage lorsqu'on prit terre. Les plus vieux soldats qui avaient appris leur catéchisme racontaient la fuite de Moïse, la catastrophe de Pharaon, et ce fut pendant longtemps l'objet de leurs entretiens.

Le 19, les Arabes de Tor, qui, ayant reçu la visite des chaloupes canonnières françaises, avaient appris l'arrivée du sultan Kébir dans leurs parages, vinrent demander sa protection. Tor est situé sur le bord de la mer : c'est le port du mont Sinaï. Ces Arabes portent au Caire du charbon, de très-beaux fruits, et en rapportent tout ce qui leur est nécessaire. Les moines du mont Sinaï montrèrent au général en chef le livre sur lequel était la signature de Mahomet, de Saladin et de Selim pour recommander le couvent aux détachements de leur armée. A leur demande, il fit la même recommandation, pour leur servir de sauvegarde auprès des patrouilles françaises.

IX. Le 30, l'état-major partit de Suez. Les tentes, les bagages et l'escorte se dirigèrent sur Adjéroud, où on dressa le camp à quatre heures après midi. Napoléon avec l'académicien Monge, plusieurs généraux et officiers d'état-major, côtoya la mer Rouge, fit le tour du sinus. Il retournait sur ses pas, dans la direction de Suez, lorsqu'à quatre ou cinq cents toises de cette ville il découvrit quelques restes de maçonnerie qui fixèrent son attention. Il marcha dans cette direction perpendiculairement à la mer, soixante ou quatre-vingts toises, et il se trouva au milieu des vestiges de l'ancien canal, qu'il suivit pendant l'espace de cinq heures. La nuit approchant et ayant sept lieues à faire pour gagner le camp à travers le désert, il s'y dirigea au grand galop. Après quelques incertitudes, il le rejoignit, n'ayant avec lui que trois ou quatre personnes les mieux montées ; les autres étaient en arrière. Il fit allumer de grands feux sur un monticule, et sur le minaret de la mosquée du fort Adjéroud ; il fit tirer tous les quarts d'heure un coup de canon jusqu'à onze heures du soir, moment où tout le monde avait heureusement rejoint : personne n'était égaré.

Les ruines du canal des deux mers sont bien marquées. Les deux berges sont éloignées de vingt-cinq toises. Un homme à cheval est caché et couvert au milieu du canal. Le 31, le camp fut établi dans une vallée, à dix lieues d'Adjéroud, où il y avait assez abondamment de ces petites plantes épineuses qu'affectionnent les chameaux. Plusieurs centaines de ces jeunes animaux y paissaient sans être gardés. Le 1er janvier 1799, le camp fut placé à une portée de fusil des fortifications de Belbeis ; les travaux de Belbeis étaient fort avancés. A défaut de pierre, les officiers du génie avaient employé des briques séchées au soleil faites avec le limon du Nil, qui est très-propre à cet usage. Le 3, le général en chef partit avec deux cents dromadaires et chevaux dans la direction de l'Ouady de Tomilât. A quatre heures après midi, il arrive au milieu du désert, au puits de Saba-Biar ; la chaleur était extrême, l'eau du puits peu abondante ; elle avait le goût des eaux de Baréges. Pendant qu'on faisait la distribution de cette eau détestable, un chasseur vit arriver un dromadaire qui, apercevant trop tard les troupes françaises, voulut s'éloigner. Il était porteur des dépêches d'Ibrahim-Bey et de Djezzar-

Pacha pour la haute Egypte. Il donna la nouvelle que les hostilités avaient commencé sur la frontière de Syrie, que l'armée de Djezzar-Pacha était entrée sur le territoire d'Egypte, que son avant-garde occupait l'oasis d'El-Arich, et qu'elle travaillait à mettre le fort en état de défense. La nuit, on bivouaqua dans l'oasis au milieu d'un taillis; elle fut assez froide. Des chacals, espèce de loups du désert, dont les cris ressemblent à ceux de l'homme, firent que plusieurs vedettes crièrent aux armes; elles se crurent attaquées par les Bédouins. Le lendemain, Berthier retrouva les vestiges du canal qui traversait l'Ouady pour prendre les eaux du Nil à Bubaste sur la branche Pelusiaque. Les vestiges de ce canal ont les mêmes dimensions que du côté de Suez.

Pendant ce temps, la flotte de Djeddah était arrivée à Suez, portant une très-grande quantité de café et de marchandises des Indes. Napoléon traversa le désert et retourna dans cette ville. Les bâtiments étaient de quatre à cinq cents tonneaux. Une caravane était arrivée du Caire; Suez avait pris de la vie et la physionomie d'une ville indienne. Napoléon y reçut des agents qui revenaient des Indes. De là il traversa l'isthme dans une autre direction et se rendit à Salhéyéh; les fortifications étaient à l'abri d'un coup de main, les magasins abondamment approvisionnés d'orge, de riz, de fèves et de munitions de guerre. Il envoya deux bataillons avec de l'artillerie à Katiéh; les puits étaient en bon état. Les officiers du génie construisirent une bonne redoute en palissades de cinquante toises de côté, y établirent des plates-formes, le canon battant tous les puits, qui furent nettoyés peu de semaines après. Des blockhaus préparés au Caire furent montés dans la redoute pour servir de magasins. Des convois de chameaux chargés de riz, de farine, d'orge, de fèves, venus du Caire et de Damiette, approvisionnèrent les magasins de cette oasis. Lorsque Djezzar apprit que de l'infanterie française arrivait à Katiéh et qu'on y construisait une redoute, il renonça à s'avancer davantage, de peur de compromettre ses troupes. Le général Reynier, dont le quartier général était à Belbeis, envoya une forte avant-garde à Salhéyéh pour soutenir le poste de Katiéh.

Le général en chef arriva au Caire quinze jours après en être parti. Il trouva tout dans un état satisfaisant. On savait le mouvement de Djezzar sur l'Egypte, mais on n'en était pas inquiet; la confiance était entière. Les Anglais se montrèrent avec quelques bâtiments de transport et quelques canonnières devant Alexandrie. Cela n'imposa pas davantage. Plusieurs bombardes furent coulées bas par les batteries d'Alexandrie. Mourad-Bey était chassé de la haute Egypte; le pavillon tricolore flottait sur la cataracte de Syène; tout le pays était soumis; la grande et la petite oasis et le pays des Barâbras étaient les seuls refuges que les mameluks eussent dans leurs malheurs.

X. Napoléon était décidé à porter la guerre en Syrie. Les préparatifs se faisaient avec activité sur tous les points. Avant de quitter l'Egypte, il voulut aller voir de près et mesurer ces fameuses Pyramides. Il y campa plusieurs jours, fit plusieurs courses dans le désert, dans la direction de la petite Oasis. La haute et la basse Egypte étaient tranquilles. Le divan était en pleine activité, et les habitants du Caire ne conservaient plus de leur révolte que le souvenir de la clémence à laquelle ils devaient leur salut.

Les Arabes n'avaient jamais soutenu le feu de l'infanterie française. Les mameluks, qui d'abord l'avaient bravé, avaient fini par reconnaître leur infériorité et l'impossibilité de l'enfoncer. L'expérience de Chobrakhit, des Pyramides, de Sédiman, leur servit à ne plus mépriser les troupes à pied. Cent hommes d'infanterie purent, dès cette époque, parcourir le pays dans toutes les directions; eussent-ils été rencontrés par sept ou huit cents mameluks, ceux-ci se seraient bien gardés de les attaquer. Aux trois batailles, les carrés français avaient été rangés sur six de hauteur; pendant longtemps chaque soldat porta un pieu de quatre pieds de long et d'un pouce de diamètre, garni en fer, avec deux chaînettes de huit pouces de chaque côté; ces pieux servaient à couvrir l'infanterie. Mais lorsque sa supériorité eut imposé aux ennemis, on renonça à ces précautions. Les carrés ne se formèrent plus que sur trois rangs; souvent même les soldats se plaçaient sur deux de hauteur. Les officiers avaient l'ordre de faire commencer le feu de deux rangs lorsque la cavalerie était à cent vingt toises, parce que si l'on attendait qu'elle fût trop près, comme cela était l'opinion de quelques-uns, les chevaux étant lancés, on n'était plus à même de les arrêter. La cavalerie, si elle est bonne, ne met que (1)....... à parcourir cette distance; pendant ce temps le soldat ne peut tirer que (2)....... Les tirailleurs contre les Bédouins ou les mameluks marchaient toujours par quatre, et formaient leurs bataillons carrés, ce qui déconcertait la cavalerie. Ce n'est pas qu'il y ait eu bien des exemples qu'un seul tirailleur, de pied ferme, ait jeté à terre le cavalier d'un coup de fusil, mais cela ne doit pas servir de règle.

Les Arabes n'avaient jamais attendu la cavalerie française, à moins qu'ils ne fussent quatre contre un. Les mameluks au contraire faisaient parade de la mépriser. Mais lorsqu'elle fut montée sur des chevaux du pays, elle leur tint tête. Un mameluk était plus fort qu'un Français; il était plus exercé et mieux armé. Cent mameluks se battaient avec probabilité de succès contre cent cavaliers français; mais dans une rencontre de deux corps d'un nombre supérieur à deux cents chevaux, la probabilité était pour les Français. Les mameluks se battent sans ordre; ils forment un tourbillon sur les ailes pour tourner les flancs et se jeter sur les derrières de la ligne. Un régiment de trois cents Français se plaçait sur trois lignes, se portait par division à droite et à gauche, sur la droite et la gauche de la première ligne, et la cavalerie ennemie, déjà en mouvement pour tourner les flancs de la première ligne, s'arrêtait pour tourner les flancs de cette nouvelle ligne; la troisième faisait le même mouvement, et au même moment toute la ligne chargeait; les mameluks étaient alors mis en déroute et cédaient le champ de bataille. Les cavaliers français, comme les mameluks, avaient leurs pistolets attachés au pommeau de la selle par une courroie. Leur sabre pendait au poignet par une dragonne. Les feux à cheval des dragons furent quelquefois utiles; mais cela a bien des inconvénients, si l'escadron n'est pas séparé de l'ennemi par un obstacle qui l'empêche d'être chargé. L'infanterie, la cavalerie, l'artillerie françaises, avaient également une grande supériorité. La cavalerie française ne marchait jamais en nombre sans avoir du

---

canon servi par l'artillerie à cheval. Les mameluks, avant de charger, faisaient feu de six armes : d'un fusil, d'un tromblon, de deux paires de pistolets qu'ils portent, une à l'arçon, une sur la poitrine. La lance était portée par un de leurs saïs qui les suivait à pied. C'était une brave et belle milice.

CONQUÊTE DE LA HAUTE EGYPTE.

I. Plan de campagne. — II. Soumission des provinces de Beni-Soueif et du Faïoum ; bataille de Sédiman (7 octobre) ; combat de Miniéh-el-Faïoum (8 novembre). — III. Siout et Gizéh, les deux provinces de la haute Egypte, sont soumises ; combat de Saouaki (3 janvier) ; combat de Tahtah (8 janvier). — IV. Desaix s'empare de Syène ; les mameluks sont chassés de l'Egypte ; combat de Samhoud (22 janvier) ; combat de Thèbes (12 février) ; combat de Kénéh (12 février) ; combat de Aboumanah (17 février). — V. Mourad-Bey marche sur le Caire ; combat de Saouâmah (5 mars) ; perte de la flottille française (6 mars) ; combat de Coptos (8 mars). — VI. Le vieux Hassan est cerné dans le désert de la Thebaïde ; combat de Bir-el-Bar (2 avril) ; combat de Girgèh (6 avril) ; combat de Gehînéh (10 avril). — VII. Pillage et incendie de Beni-Adin (18 avril) ; combat de Syène (10 mars) ; le vieux Hassan est tué. — VIII. Prise de Cosseir (29 mai.)

I. Si, le lendemain de la bataille des Pyramides, une division de l'armée française eût poursuivi Mourad-Bey, elle n'aurait éprouvé de résistance nulle part ; elle se serait emparée en quinze jours de toute la haute Egypte. Mais il fallait attendre que la cavalerie fût remontée et que les eaux du Nil fussent assez hautes pour que la navigation devînt praticable. Les ennemis profitèrent de ce moment de relâche, qui dura deux mois. Ils revinrent de leur extrême consternation. L'impression de cette bataille s'affaiblit. Ils reçurent des secours de diverses tribus et des protestations de fidélité de diverses provinces. Depuis la perte de l'escadre française, les subsides qu'ils reçurent par l'intermédiaire de la croisière anglaise devant Alexandrie, leur rendirent l'espérance, ce premier mobile de toute action et de toute énergie.

En septembre, Mourad-Bey avait une armée de terre et une flottille considérables. Les kachefs qu'il avait envoyés dans la péninsule arabique pour appeler les musulmans au secours des fidèles, et implorer l'assistance des schérifs au turban vert, étaient de retour. Ils avaient réussi. Ils lui annoncèrent que de nombreuses cohortes d'Arabes d'Iambo, renommés par leur bravoure, allaient traverser la mer Rouge et débarquer à Cosseir.

Hassan-Bey, depuis dix-huit ans, était exilé à Esné avec sa maison, vivant du chétif revenu de la première zone de la vallée du Nil. Il était misérable, mais il s'était allié par des mariages avec les deux grandes tribus d'Arabes du pays de Sennaar. Il jouissait d'un grand crédit parmi les tribus de la Thébaïde et les Bédouins du désert de la grande Oasis. Les deux cent cinquante mameluks qui lui restaient en état de monter à cheval, étaient des hommes d'élite qui joignaient à la connaissance du pays un courage éprouvé, une âme trempée dans le malheur, et les ruses de l'âge avancé. Ce vieillard resta implacable. Ni l'occupation du Caire par les infidèles, ni les soumissions de Mourad-Bey ne purent diminuer sa haine. Il se plaisait à voir des vengeurs dans les Français. Il en attendait une amélioration dans son sort, car il ambitionnait d'étendre sa domination sur tout le Saïd.

Le 25 août, Desaix, avec cinq mille hommes, dont six cents de cavalerie, trois cents d'artillerie ou de sapeurs, et quatre mille trois cents d'infanterie, une escadrille de huit bâtiments, demi-galères, avisos ou demi-chebecs, montés par des marins français, partit du Caire. C'était à la fois une opération militaire importante et un voyage scientifique d'un grand intérêt. Pour la première fois, depuis la chute de l'empire romain, une nation civilisée et cultivant les sciences et les arts, allait visiter, mesurer, fouiller ces superbes ruines qui occupent depuis tant de siècles la curiosité du monde savant. Personne n'était plus propre à diriger une pareille opération que Desaix ; personne ne le désirait avec plus d'ardeur. Jeune, la guerre était sa passion ; insatiable de gloire, il connaissait toute celle qui était attachée à la conquête de ce berceau des arts et des sciences. Au seul nom de Thèbes, de Coptos, de Philæ, son cœur palpitait d'impatience. Les généraux Friand et Belliard, l'adjudant commandant Donzelot, le colonel d'artillerie La Tournerie, étaient sous ses ordres. Le 21e léger, les 6e et 88e de ligne, excellents régiments qui s'étaient embarqués à Civita-Vecchia, étaient les plus nombreux de l'armée. Ils occupaient le même camp, au sud de Gizéh, depuis deux mois, et Desaix les avait employés à se préparer à cette campagne. La cavalerie était montée sur des chevaux arabes, aussi bons que ceux des mameluks, provenant des remontes et des prises, mais elle n'était pas nombreuse. Les remontes se faisaient avec difficulté, le pays était encore mal soumis. Des savants et des artistes désiraient suivre Desaix. Cela eût eu le double inconvénient d'exposer aux périls de la guerre des hommes précieux et de porter du retard dans les opérations militaires. Denon seul eut la permission de suivre comme volontaire le quartier général de la division.

Desaix a mis cinq mois à la conquête de la haute Egypte : septembre, octobre, novembre, décembre, janvier. Au 2 février, il était maître de Syène. Il employa cinq autres mois à réprimer les insurrections et affermir ses conquêtes. Sa campagne se divise en six opérations : la première comprend cent jours ; l'événement militaire le plus important est la bataille de Sédiman ; la conquête de la province de Beni-Soueif et du Faïoum en a été le résultat. La deuxième comprend cinquante jours de décembre et de janvier ; les combats de Saouaki et de Tahtah sont les seuls événements militaires ; il a fait la conquête des provinces de Miniéh, de Siout et de Girgéh. La troisième comprend trente jours de janvier et de février 1799 ; le combat de Samhoud est l'événement le plus important ; les mameluks chassés de la vallée, ayant tout perdu, se réfugièrent dans les Oasis, dans le pays des Barâbras au-delà des cataractes, et dans les déserts de la Thébaïde ; le pavillon tricolore flotta sur toute l'Egypte. La quatrième comprend quarante jours de février et mars 1799 ; Mourad-Bey, Elfi-Bey, Hassan-Bey, Hassan d'Iambo, profitant de la marche de l'armée en Syrie, rentrent dans la vallée, marchent sur le Caire, projettent de s'y réunir, et de reconquérir d'un seul coup la haute et la basse Egypte; ils échouent dans leur entreprise; la destruction d'une partie de la flottille française de la haute Egypte, le combat de Coptos, sont des faits d'armes importants. Dans la cinquième époque, les débris des schérifs d'Iambo infestent les provinces de Siout et de Girgéh; ils sont poursuivis. La sixième comprend mai et juin; la haute Egypte est complètement soumise; Mourad-Bey et Elfi-Bey, peu accompagnés, errent dans les déserts; le combat de Beni-Adin entraîne la perte de cette belle ville; Cosseir est occupé par le général Belliard. L'armée de Syrie rentre au Caire. Toute l'Egypte, haute et basse, est parfaitement tranquille.

L'instruction que Napoléon donna au général Desaix pour cette guerre fut : de marcher à Mourad-Bey, de le battre, de profiter de sa défaite pour le poursuivre l'épée dans les reins et le jeter au-delà des cataractes et dans les Oasis; de faire, à mesure qu'il s'avancerait, fortifier sur les points les plus importants des mosquées qui domineraient le Nil en protégeant la navigation. Si, après cette marche triomphante, des révoltes partielles avaient lieu, comme il fallait s'y attendre, il les réprimerait dans des combats particuliers qui amèneraient enfin la soumission sincère du pays. Mais d'abord il fallait occuper toute la vallée. Une division de mille deux cents chevaux qui était occupée à se remonter, et de mille cinq cents hommes d'infanterie des troisièmes bataillons qui restaient au Caire, ainsi que huit barques installées par les ingénieurs de la marine pour cette expédition, seraient prêtes sous peu pour le soutenir, lui servir de réserve, et réparer ses pertes.

II. Desaix arriva le 30 août à Beni-Soueif. Les mameluks ne lui opposèrent aucune résistance. Ils se concentrèrent dans le Faïoum, au nombre de dix-huit mille hommes, à pied et à cheval, ayant une flottille et cent quatre-vingts bâtiments, dont douze armés de canons. Elle était mouillée dans le canal de Joseph. De Beni-Soueif, Desaix pouvait marcher sur le Faïoum, qui était à quatre lieues sur sa droite, et combattre Mourad-Bey. Mais il pensa qu'en continuant de remonter le Nil, il arriverait à Daroût-el-Chérif, petite ville où est la prise d'eau du canal de Joseph, qu'il intercepterait la flottille ennemie et l'enfermerait dans le canal; que, descendant alors ce canal avec son armée et ses bâtiments, il obtiendrait par une seule victoire le Faïoum et les richesses des beys portées sur leurs navires, ce qui serait un coup décisif, à moins que, pour éviter cette catastrophe, Mourad-Bey ne le prévînt avec sa flottille et son armée sur Siout; mais alors le Faïoum évacué tomberait de lui-même et n'aurait pas retardé sa marche. En conséquence de ce plan, il continua de remonter le fleuve, et arriva à Abou-Girgéh le 4 septembre. Mourad-Bey, ayant pénétré le projet de son ennemi, fit remonter à sa flottille le canal de Joseph, la fit entrer dans le Nil à Daroût-el-Chérif, et lui donna l'ordre de mouiller vis-à-vis Siout. Mais il resta immobile dans le Faïoum avec son armée, maître de la rive gauche du canal de Joseph, le long de laquelle il étendit sa droite communiquant avec Siout, ayant perpendiculairement derrière lui la petite Oasis. Le 5 au soir, Desaix eut des nouvelles à Abou-Girgéh de ce mouvement de la flottille. Il partit avec un bataillon du 21° léger, le 6, à la pointe du jour, marcha sur sa droite et fit huit grandes lieues. Il arriva à Bahnacéh, coupant le canal de Joseph ; mais il arriva trop tard. Les bâtiments ennemis avaient passé, hormis douze bateaux chargés de bagages, qu'il prit après une légère fusillade. Une de ces barques portait sept pièces de canon. Le 7, il rentra à Abou-Girgéh ; il y séjourna plusieurs jours. Il se persuada que, puisque Mourad-Bey avait fait évacuer sa flottille, lui-même se rendrait par le désert dans la haute Egypte. Il se confirma dans le parti de continuer son mouvement en remontant le Nil, et se porta d'un trait à Siout, où il arriva le 14 septembre. A son approche, la flottille ennemie, pour éviter un engagement, continua de remonter le fleuve jusqu'à Girgéh. Mourad-Bey resta tranquille dans le Faïoum ; mais lorsqu'il vit que les Français étaient à soixante lieues en avant de lui, il coupa leurs communications avec le Caire, insurgea les provinces de Miniéh et de Siout, ce qui rendit la position de Desaix critique. Celui-ci ne pouvait pas manœuvrer sur les flancs de l'ennemi, qui conservait sa communication avec la haute Egypte par le désert, et qui d'ailleurs avait derrière lui l'Oasis. Que faire dans cette position ? Persister dans son projet ? C'était tout risquer. Le plus sage était de céder et d'obéir à la combinaison de son ennemi. C'est ce qu'il fit. Il rétrograda sur Daroût-el-Chérif, entra dans le canal de Joseph, descendit dans le Faïoum. La flottille ennemie redescendit sur Daroût-el-Chérif, sur Abou-Girgéh, et jusque vis-à-vis de Beni-Soueif ; tout le pays l'accueillit avec des cris de victoire. Les Français, puisqu'ils reculaient, étaient donc battus ! Cependant l'armée française éprouvait les plus grandes difficultés. Les bâtiments s'engravaient à chaque pas. Elle surmonta tout. Le 3 octobre, elle arriva au bourg d'El-Lahoun, à l'entrée du Faïoum, s'empara du pont de pierre qui est sur le canal et qui lui permettait de manœuvrer sur les deux rives. Après deux mois de fatigues, pendant lesquels elle avait parcouru deux cents lieues de terrain, elle se trouvait aussi peu avancée que les premiers jours.

Après quelques légères escarmouches, quelques marches et contre-marches, impatienté, Desaix marcha droit à Mourad-Bey, qui était animé de la même résolution. Les deux armées se rencontrèrent. Celle des mameluks couronnait toutes les hauteurs de Sédiman, au milieu du désert, et à une lieue du canal de Joseph. Elle comptait deux mille mameluks, dont le sabre était redoutable, huit mille Arabes à cheval, autant à pied, et quatre pièces de canon. Les Français avaient trois mille quatre cents hommes d'infanterie, six cents de cavalerie et huit pièces de canon, en tout quatre mille cinq cents hommes. Desaix forma un seul carré de son infanterie et de sa cavalerie ; il se fit éclairer par un petit carré de trois compagnies de voltigeurs. La canonnade s'engagea. Le petit carré de voltigeurs s'étant imprudemment éloigné, Mourad-Bey saisit l'à-propos, le chargea. Cinq à six mille chevaux entourèrent sur-le-champ toute l'armée française. Le capitaine Valette, qui commandait le petit carré, officier intrépide, ordonna à ses voltigeurs de ne faire feu qu'à bout portant. Ils exécutèrent cet ordre imprudent avec sang-froid. Quarante des plus braves mameluks tombèrent morts au bout des baïonnettes. Mais les chevaux étaient lancés, le carré fut enfoncé, les soldats sabrés ; ils eussent été tous perdus si le grand carré ne s'était approché pour les protéger. La

mitraille et le feu de la mousqueterie continrent les mameluks, les obligèrent à s'éloigner à la portée du boulet. Cependant l'artillerie ennemie, soutenue par l'infanterie,
s'avança et prit une position qui incommoda les Français. Pour s'en débarrasser, ils
marchèrent droit aux pièces. L'infanterie arabe lâcha pied après une vive mais courte
fusillade, les pièces furent enlevées. Mourad-Bey alarmé partit au galop pour reprendre
son canon, il fut repoussé, les Arabes s'éloignèrent dans le désert. La bataille fut
gagnée, mais la perte de Desaix avait été considérable ; quatre cents tués, blessés ou
prisonniers : c'était un sur neuf. Les mameluks perdirent cinq cents hommes d'élite,
dont trois beys et plusieurs kachefs. Les Arabes en perdirent autant. Les Arabes
Bédouins, dégoûtés, abandonnèrent Mourad-Bey. Celui-ci se rallia derrière le lac de
Garaq, projetant de se retirer dans la petite Oasis, s'il était poursuivi. Desaix s'arrêta
au village de Sédiman, où il prit une partie des bagages de l'ennemi. Le lendemain, il
rétrograda sur le Faïoum. Peu de jours après, les habitants de cette province se soumirent. Mourad-Bey fut déçu de ses espérances. Lorsque la charge réussit sur le petit
carré, il crut un moment au retour de la fortune !!! Vaine espérance. La perfide l'avait
abandonné pour toujours.

Desaix passa tout le mois d'octobre à organiser le Faïoum. Il envoya au Caire une
grande quantité de barques chargées de blé, de légumes et de fourrages, et reçut en
échange des munitions de guerre, des effets d'habillement. Il avait beaucoup d'ophthal-
mies ; il évacua tous ses malades sur l'hôpital d'Ibrahim-Bey. Ses régiments reçurent de
leurs dépôts un même nombre d'hommes en bon état. Mais il ne poursuivit pas les
mameluks, il les laissa respirer. Revenus de leur première consternation, ils se portèrent
à Bahnacéh, sur le canal de Joseph, ayant sur leur gauche leur flottille mouillée à
Abou-Girgéh. Ainsi ils étaient maîtres de toute la haute Egypte depuis Beni-Soueif, et
de tout le canal de Joseph depuis Bahnacéh. Desaix occupait sur la gauche Beni-Soueif,
par sa droite le Faïoum.

Sur la fin d'octobre, la nouvelle arriva dans la haute Egypte que la Porte avait déclaré la guerre à la France, que Djezzar-Séraskier marchait sur le Caire, que cette
grande ville s'était révoltée, que les Français étaient tous tués. Les esprits fermentaient.
Mourad-Bey, habile à profiter de tout, envoya sur plusieurs points des mameluks qui
insurgèrent à la fois la plus grande partie du Faïoum. Desaix partit de cette capitale,
marcha sur les villages qui avaient levé l'étendard de l'insurrection. Il se croisa dans sa
marche avec les insurgés, qui, de leur côté, s'étaient de plusieurs points donné rendez-
vous sur Miniéh. Le 8 novembre, ils s'emparèrent des premières maisons de cette ville ;
il y avait trois cents Français de garnison et cent cinquante malades. Le colonel Heppler
commandait la place. Le général Robin était à l'hôpital. L'usage des malades de l'armée
d'Orient était de conserver leur fusil au chevet de leur lit. Dans ce moment, un grand
nombre d'entre eux étaient affectés d'ophthalmie plus ou moins avancée, mais ils pouvaient se battre. Les ennemis s'étaient emparés de la ville sans éprouver une grande
résistance. Ils se livrèrent au pillage et s'y dispersèrent sans ordre. Le général Robin en
profita. Il rallia d'abord tout le monde à l'hôpital, de là déboucha sur l'ennemi en deux

colonnes au pas de charge, en tua deux à trois cents. Une terreur panique se saisit du reste, qui se sauva. Les habitants, pour se venger, se joignirent aux Français. Lorsque Desaix apprit qu'il s'était croisé avec les insurgés, il rebroussa chemin et marcha toute la nuit sur leurs traces. Il était vivement alarmé pour son hôpital de Miniéh. Il y arriva le lendemain à la pointe du jour pour apprendre la bonne conduite de la garnison et des malades, et la victoire qu'ils avaient remportée.

Cependant le général en chef était mécontent de cette lenteur. « Voilà près de trois mois, disait-il à Desaix, que vous êtes parti du Caire, et vous êtes encore au Faïoum. » Celui-ci n'avait pas assez de cavalerie. Les combats, comme ceux de Sédiman, lui offraient pour perspective, s'il était battu, une ruine totale, et, s'il était vainqueur, de ne pouvoir pas profiter de la victoire. Le renfort de mille deux cents chevaux étant prêt, partit enfin du Caire avec une batterie d'artillerie légère, six bâtiments de guerre bien bastingués et bien armés, le tout commandé par le général Davoust, excellent officier, depuis maréchal, prince d'Ekmul. Parmi les bâtiments armés était *l'Italie*, qui contenait plusieurs salons meublés en soieries de Lyon, pour servir au quartier général.

III. A l'arrivée de ces renforts, Desaix remonta par terre la rive droite du canal de Joseph, qui ressemblait en ce moment aux plus belles parties du cours de la Seine. La terre était couverte de fruits; les pois, les fèves étaient en graines, l'oranger en fleur. Le pays entre ce canal et le Nil est le plus beau qu'on puisse voir. Les villages y étaient si nombreux qu'on en découvrait trente à quarante à la vue. Mourad-Bey se refusa à tout combat, et gagna d'abord Siout; les Français le poursuivirent vivement. Ils arrivèrent à Miniéh le 20 décembre. Cette ville est située sur la rive gauche du Nil, elle est grande et assez belle. Ils y prirent quatre djermes qui étaient restées engravées, dont une contenait une pièce de douze, un mortier et quinze pièces en fer. Le lendemain, ils couchèrent à Melaoui-el-Arich. C'est une ville plus jolie que Miniéh; elle a dix mille habitants. Les antiquaires visitèrent en passant les ruines d'Hermopolis. Le 24, Desaix fit son entrée dans Siout; le 29, dans Girgéh, capitale du Saïd. La province de Siout est riche; il y a des citernes d'une construction solide et élégante, qui servaient pour abreuver les hommes et les chevaux, et une belle écluse, la seule qui soit en Egypte, où il en faudrait un millier. Le village de Beni-Adin est très-populeux. Les caravanes de Dârfour y séjournent. Les habitants, fiers et fanatiques, présentèrent au vainqueur des figures menaçantes. C'était le présage de l'insurrection qui, quelques mois après, a causé leur ruine. Les infortunés étaient loin de prévoir qu'ils seraient dans peu à la discrétion de ces mêmes soldats qu'ils recevaient avec tant d'arrogance et d'inhospitalité.

Girgéh est située à égale distance du Caire et de Syène; elle est moins grande que Siout, mais plus grande que Miniéh. Il règne dans le pays une telle abondance que, malgré le séjour et la consommation de l'armée, une livre de pain s'y vendait un sou, douze œufs deux sous, deux pigeons un sou, un canard pesant douze livres, dix sous.

Mourad-Bey fuyait toujours, en proie à la plus sombre mélancolie. Son dépit éclatait

toutes les fois qu'il faisait prisonniers quelques voltigeurs. « Quoi! s'écriait-il, voilà
» mes vainqueurs! Ne pourrai-je jamais battre ces petits hommes? » Passant sur son
champ de gloire (1)........ à quelques lieues de Girgéh, il s'y arrêta une heure; il pleura,
dit-on, sur les vicissitudes de sa fortune actuelle; en 1788, sur ce même terrain, à la
tête de cinq mille mameluks, il avait battu Hassan, capitan-pacha de la Porte, qui
comptait sous ses ordres seize mille hommes des meilleurs soldats ottomans, soutenus
par deux mille mameluks de Hassan-Bey. La présence d'esprit de Mourad-Bey, son
coup d'œil, son intrépidité, lui avaient donné une victoire complète. Peu après, il était
rentré triomphant au Caire. Et aujourd'hui, poussé jusqu'aux confins de la terre
habitable, il n'aura bientôt plus, comme le malheureux Bédouin, d'autre refuge que
le désert! Existence affreuse; il invoque en vain la mort; son heure n'était pas
sonnée !

Cependant la flottille était retenue par les vents contraires à vingt lieues sur les derrières; elle était exposée; on pouvait la brûler, ce qui ferait échouer ou retarderait
pour longtemps la marche de Desaix. Mourad-Bey chargea de cette entreprise Osman,
qui fit un crochet avec trois cents mameluks, et se rendit par le désert derrière l'armée
française, intercepta la communication entre Siout et Girgéh, souleva les populations,
les anima par l'espérance de trouver des richesses immenses dans ces bâtiments. Il
réussit à interrompre les communications de Girgéh avec la flottille.

Ces nouvelles plongèrent Desaix dans la plus vive inquiétude. S'il perdait la flottille,
il fallait qu'il retournât au Caire, en évacuant toute la haute Egypte. Il délibéra s'il
abandonnerait Girgéh pour descendre lui-même le Nil, portant son camp sous le canon
de ses bâtiments. Ce mouvement rétrograde, qui aurait été suivi par Mourad-Bey, aurait accru l'insurrection. Il prit le parti plus sage de rester à Girgéh avec son infanterie,
et d'envoyer le général Davoust avec douze cents chevaux et six pièces de canon pour
rouvrir ses communications.

Davoust arriva le 3 janvier aux portes du village de Saouaki, où s'était formé le premier rassemblement d'insurgés. Plusieurs milliers d'hommes armés en défendaient les
avenues, qu'ils avaient barricadées. Après un combat d'une heure, la cavalerie française força la ligne des ennemis, en jeta un grand nombre dans le Nil, en passa trois
cents par les armes, détruisit les barricades, désarma la population, et soumit tous les
villages des environs. De là il se porta au gros village de Tahtah. Il y arriva le 8 janvier. Après quelques dispositions préalables, il força les barricades, jeta une partie des
défenseurs dans la rivière et en tua un bon nombre. Attaqué lui-même, pendant ce
temps, par un détachement d'un millier d'Arabes et de mameluks, il fit volte-face et les
mit en déroute. Il employa plusieurs jours à désarmer et à soumettre tous les villages de
la contrée et à rétablir la communication avec la flottille, qui, le 17 janvier, profitant
d'un bon vent du nord, mouilla à Girgéh, à la gauche du camp. Par cette jonction,
Desaix fut tiré d'inquiétude, et mis à même de suivre sa conquête. Mais ce contre-

---

(1) Il y a un espace laissé en blanc dans le manuscrit.   (De Las Cases.)

temps lui avait fait perdre dix-huit jours, et la perte de temps à la guerre est irréparable.

IV. Mourad-Bey apprit la défaite de ses troupes, mais en même temps il reçut la nouvelle de sa réconciliation avec Hassan-Bey, et de l'arrivée des schérifs d'Iambo. Hassan avait enfin cédé à l'influence d'une esclave grecque qu'il aimait. Il consentit à oublier le passé et à employer sa maison et son influence à combattre les ennemis du nom musulman. Il rejoignit Mourad-Bey avec trois mille hommes, dont deux cent cinquante mameluks. Ce vieillard jouissait d'un grand crédit dans toute la haute Egypte. Sa réconciliation eut une grande influence sur l'esprit de toute cette contrée. Deux mille schérifs d'Iambo, commandés par Hassan, étaient arrivés. Hassan d'Iambo était une espèce de derviche militaire; intrépide devant l'ennemi, il était plus dangereux encore par l'enthousiasme dont il savait animer ses soldats et les fidèles, lorsqu'il leur parlait du haut de la chaire dans les mosquées. Ces schérifs d'Iambo étaient réputés les plus braves fantassins de toute l'Arabie. Ils étaient armés d'une carabine, d'une paire de pistolets et d'une lance. Ils avaient tous des turbans verts comme descendants de la tribu du prophète. Ils avaient la soif du sang et du pillage. Mourad-Bey attribuait ses défaites précédentes au manque d'une bonne tête d'infanterie qui pût donner l'exemple; il crut avoir enfin ce qui devait le faire vaincre. Deux mille autres schérifs étaient réunis à Iambo, où ils attendaient des bâtiments pour passer la mer Rouge.

Mourad-Bey se trouva à la tête de douze à quatorze mille hommes; il conçut un projet hardi et nouveau. Il voulait se porter sur Girgéh, lorsque Desaix l'aurait abandonné, soutenir les insurgés et s'y fortifier. Placé ainsi sur les derrières de Desaix, celui-ci serait obligé de retourner sur ses pas, et d'engager un combat de maisons, dont Mourad-Bey espérait un heureux résultat. A cet effet il se tint dans le désert, sur la rive gauche du canal de la haute Egypte. Desaix, parti le 20 de Girgéh, marcha entre le Nil et le canal. Mais le 22, à la pointe du jour, les deux armées se rencontrèrent à la hauteur de Samhoud, marchant en sens inverse. Elles étaient séparées par le canal, qui était à sec. L'armée française était forte de cinq mille hommes, infanterie et cavalerie, et de quatorze pièces de canon; sur le Nil elle avait une nombreuse flottille armée. L'armée égyptienne était composée de mille huit cents mameluks, sept mille Arabes à cheval, deux mille schérifs à pied d'Iambo, et trois mille Arabes à pied sans artillerie; total : treize à quatorze mille hommes. Aussitôt que les deux armées se furent reconnues, elles se mirent en bataille. La première se forma en trois carrés, deux d'infanterie sur les ailes, un de cavalerie au centre; la gauche, du côté du Nil, commandée par le général Belliard; la droite, sur la gauche du canal, commandée par le général Friant; le centre à cheval sur le canal, commandé par le général Davoust. Les mameluks prirent un ordre de bataille opposé : la cavalerie sur les ailes, l'infanterie au centre. Mourad-Bey avec ses mameluks formait la droite du côté du Nil, son infanterie au centre vis-à-vis de Samhoud; les Arabes formaient la gauche, placés dans le désert. Les Français mettaient spécialement leur confiance dans leur infanterie, les mameluks dans leur cavalerie.

Les schérifs d'Iambo pétillaient d'impatience. Leur chef Hassan, avec mille cinq cents schérifs et mille Arabes à pied, se jette dans le ravin en avant de la ville; l'intrépide colonel Rapp, avec une compagnie de voltigeurs du 21° léger et cinquante chevaux, l'attaque, précipite dans le ravin un millier de schérifs, mais il est blessé, le peloton de dragons est repoussé, les schérifs jettent des cris de victoire; le colonel La Tournerie place deux pièces d'artillerie légère à portée de mitraille qui enfilent le ravin; en même temps un bataillon français se précipite à la baïonnette sur les schérifs, en tue un grand nombre, le reste évacue le ravin en désordre; une centaine s'enferment dans une mosquée et y sont égorgés. Mourad-Bey, indécis, restait spectateur de ce combat d'infanterie. Mais bientôt les obus et les boulets portèrent la mort dans ses rangs; il n'avait pas d'artillerie pour y répondre : « *Pourquoi délibérer?* dit le vieux Hassan-» Bey; *qui a du cœur me suive!...* » Il déborda la gauche de l'armée française, enveloppa le carré du général Belliard, en fit plusieurs fois le tour, exposé à un feu de mitraille et de mousqueterie épouvantable. Hassan-Bey, qui, pour la première fois, se trouvait à un combat contre les Européens, comprit alors que le courage n'est qu'un des éléments de la victoire. Il fut contraint de se mettre hors de la portée du canon. Les batteries s'avancèrent devant Samhoud; trois compagnies d'infanterie légère y entrèrent au pas de charge; les fiers schérifs d'Iambo s'enfuirent en désordre aux premiers boulets qui les atteignirent; les Arabes s'éloignèrent et se dispersèrent dans le désert. Davoust s'ébranla alors avec la cavalerie et trois pièces d'artillerie légère; il chargea Mourad-Bey et le mena battant jusque près de Farchout. Avant d'y arriver, Hassan d'Iambo, écumant de rage, se barricada dans un village. Davoust fut obligé d'attendre l'infanterie, qui enleva le village au pas de charge. Cette journée ne fut pas un moment douteuse; trois cents hommes d'élite des mameluks, quatre cents schérifs d'Iambo, les plus braves, et deux cents Arabes, restèrent sur le champ de bataille.

Le cheykh-el-beled de Farchout était le dernier descendant du fameux prince Hamman. Cet Hamman, chef d'une tribu d'Arabes Maugrabins, s'était, dans le seizième siècle, transporté de Tunis à Farchout. Il y avait prospéré, et successivement s'était établi dans une partie de la haute Egypte. Cette tribu s'appelait Daouaréh. Son cheykh dominait en souverain tout le pays depuis Siout jusqu'à Syène. Il payait cependant deux cent cinquante mille ardebs de blé au pacha du Caire et aux beys. Les princes de cette maison, qui régnèrent successivement pendant cent cinquante ans, se firent adorer; leur mémoire est encore chère dans ce pays. En 1768, Aly-Bey marcha contre le prince Hamman, qui alla à sa rencontre avec vingt-cinq mille cavaliers. Hamman perdit la bataille près de Siout; l'année suivante il mourut à Esné. Ses enfants achetèrent du vainqueur la paix et la vie par le sacrifice de la plus grande partie de leurs richesses. Le dernier de cette maison était le cheykh-el-beled de Farchout. A l'approche des mameluks il se cacha. Mourad-Bey le fit chercher. Amené enfin en sa présence, il irrita un vainqueur au désespoir en déguisant mal la joie secrète qu'il éprouvait en voyant la défaite et la chute des ennemis de sa maison. Mourad-Bey, dans sa fureur, abattit d'un coup de sabre la tête de ce dernier rejeton d'une si illustre race. Aussitôt après leur arrivée, les Français se firent un devoir de lui rendre les honneurs funèbres.

Mourad-Bey continua sa retraite en remontant le Nil. Hassan d'Iambo passa le fleuve et se dirigea sur Kénéh pour y attendre le second détachement de schérifs qui était déjà débarqué à Cosseir. L'armée française coucha, le 22, à Hou. Le 23, elle arriva à Dendérah, et bivouaqua au milieu de ces superbes ruines. Le 24, après avoir doublé le promontoire de la chaîne Libyque, qui s'avance dans la vallée du Nil, elle aperçut devant elle les célèbres ruines de Thèbes aux cent portes. Le caractère de grandeur qui les distingue frappa tous les esprits; plusieurs heures furent employées à les considérer. Le 25 janvier l'armée coucha au détroit des *Deux-Montagnes*, et le 26 elle arriva à Esné. Les mameluks fuyaient devant leur vainqueur. Ils avaient brûlé leurs bagages, leurs tentes, et s'étaient partagés en plusieurs corps. Mourad-Bey, Hassan-Bey et huit autres beys avec leurs mameluks se jetèrent dans le pays des Barâbras; Elfi-Bey se réfugia dans la grande Oasis. Desaix occupa Esné, y fit construire des fortifications, y établit une manutention, des magasins et un grand hôpital. A mesure qu'on remonte le Nil, la vallée devient plus étroite, la navigation plus difficile. Friant, avec sa brigade, resta à Esné pour observer Elfi-Bey et Hassan d'Iambo. L'armée traversa Edfou, ou l'ancienne Apollinopolis Magna, gros bourg situé à dix lieues d'Esné, puis les ruines d'un grand temple placé sur la hauteur qui domine le cours de la rivière; les habitants l'appellent la Citadelle. Le général n'accorda qu'une heure pour la visite de ces ruines; il était pressé de rejoindre l'ennemi. Il traversa les monticules de schistes qui sont contigus au Nil; le soldat y marchait avec difficulté. Il suivit les traces d'une ancienne chaussée romaine, dont on distinguait encore les vestiges, et coucha au village de Bibàn, vis-à-vis de la belle île de ce nom.

Le 2 février, il bivouaqua vis-à-vis de Syène, sur la rive gauche; le 3 février, il traversa le fleuve dans la ville. Là le Nil a cinq cents toises de large. Pour la première fois Desaix quitta la rive gauche. Les mameluks y étaient toujours restés, parce que la vallée est plus large, parce que ce côté est plus fertile et plus à portée des Oasis, tandis que, manœuvrant sur la rive droite, ils eussent pu être acculés contre la mer Rouge.

L'île d'Eléphantine, appelée par les gens du pays *Ile-Fleurie*, est grande et très-productive. Elle est située vis-à-vis de Syène, à trois mille cinq cents toises de l'île de Philæ; une ancienne muraille ferme cet espace, qui forme un triangle ayant le Nil des deux côtés. La cataracte est entre l'île d'Eléphantine et l'île de Philæ. De Syène à la cataracte il y a, en suivant les sinuosités du Nil, trois mille toises. Au-dessus de la cataracte, le Nil se divise et forme trois îles : celle de Philæ, à deux cents toises de la rive droite, où est le principal courant; celle de Bégéh et celle de Hefféh, qui ensemble ont mille deux cents toises. Dans l'île de Philæ était le tombeau d'Osiris; c'était un lieu de pèlerinage. L'île de Philæ est pleine de monuments. Elle n'a jamais contenu aucune ville, il n'y a jamais existé aucune culture. Elle est hors des limites actuelles de l'Egypte, puisqu'elle est au sud de la cataracte de Syène.

La vallée au-dessus de l'île de Philæ n'a que six cents toises. Les deux montagnes sont rapprochées, elles ne sont séparées que par le lit du fleuve qui arrive perpendiculairement sur cette île d'aussi loin que la vue peut s'étendre. Le général Belliard prit cent cinquante bateaux, reste de la flottille des mameluks; le Nil étant très-bas, on n'avait pu leur faire franchir la cataracte. Ils avaient été pillés par les habitants des villages voisins, qui s'étaient réfugiés avec leur butin dans l'île de Philæ, où ils se croyaient inexpugnables.

Le général, avec trois cents hommes, se mit en marche le 5, pour reconnaître la nature de la barrière qui le séparait du pays des Barâbras, où s'était réfugié Mourad-Bey. Il fut obligé de gravir plusieurs hautes montagnes qui dominent à pic le cours du Nil, interrompant le chemin de halage. Il arriva au premier village des Barâbras. Des mameluks qui y étaient en cantonnement prirent et donnèrent l'alarme. A son retour, en passant, il fit sommer l'île de Philæ. Les misérables pillards répondirent par des huées et des provocations tout à fait risibles. Ils disaient qu'ils n'étaient pas des mameluks, qu'ils ne se rendraient jamais, et ne fuiraient pas devant des chrétiens. Il était impossible de faire arriver des bateaux pour traverser le Nil, mais les sapeurs construisirent un radeau; quarante voltigeurs s'y embarquèrent, protégés par quelques volées d'une pièce de quatre. Ils abordèrent dans cette fameuse Philæ; ils y trouvèrent les dépouilles de la flottille des mameluks. Les Français visitèrent avec curiosité les ruines des monuments qui illustraient cette petite île. Desaix porta son quartier général à Esné, laissant le général Belliard à Syène, pour observer le pays des Barâbras.

Cependant la famine obligea Hassan-Bey avec sa maison, ses femmes, ses trésors, à quitter le pays des Barâbras. Pour laisser plus de place à Mourad-Bey, il descendit la rive droite, se dirigeant sur l'isthme de Coptos, où il avait des intelligences et possédait des villages. Le général Davoust, instruit qu'il s'approchait de Thèbes, passa le Nil avec le 22ᵉ de chasseurs et le 15ᵉ de dragons, et le surprit le 12 février. Les Français étaient plus nombreux, mais un mameluk se vantait de valoir deux dragons. Hassan était embarrassé du convoi de ses femmes et de ses bagages, qui se trouvaient fort exposés. Cet intrépide vieillard fit face à tout avec le plus admirable sang-froid. Le combat devint terrible. Le convoi fut sauvé, il fila. La perte fut égale de part et d'autre. Le bey pourfendit un dragon; il eut un cheval tué sous lui. Osman-Bey, son lieutenant, fut blessé. Ne pouvant plus camper dans la vallée, Hassan se porta dans le désert, et tendit son camp près des puits de la Guitta.

Le colonel Conroux partit d'Esné avec trois cents hommes de son régiment, passa le Nil et chassa Hassan d'Iambo de Kénéh, le jetant dans le désert. Mais peu de jours après celui-ci fut joint par le détachement qui était débarqué à Cosseir. Avec ce renfort, il se porta de nuit pour surprendre Conroux et égorger son détachement. Effectivement le 11, à onze heures du soir, les grand'gardes françaises donnèrent l'alarme et soutinrent le premier effort des ennemis, qui, guidés par les habitants, pénétrèrent dans la ville par quatre côtés. Conroux marcha sur une seule colonne au pas de charge, les défit tous successivement et les chassa de la ville; il fut blessé. Dorsenne (depuis général de division), colonel des grenadiers à pied, le remplaça. Les schérifs effrayés se rallièrent à une lieue de Kénéh, dans un bois de dattiers. Au lever de la lune, Dorsenne les attaqua, les débusqua de leur position, et les chassa loin dans le désert.

Le général Friant arriva à la pointe du jour avec le 7ᵉ de hussards. Il se mit à la poursuite des schérifs, qui s'étaient ralliés près de Aboumanah. Il les enveloppa par trois colonnes, les chassa du village, et acheva de les ruiner. Le colonel Sully prit un bataillon du 88ᵉ et lui fit faire une marche de cinq lieues dans le désert, sans eau et sans chameaux; c'étaient des hommes morts de soif s'ils eussent manqué leur coup. Heureusement le cheyk qui leur servait de guide les fit parvenir au camp des Arabes d'Iambo par un chemin détourné. Ils y arrivèrent sans être attendus, s'emparèrent de tous les chameaux chargés d'eau, des vivres, de troupeaux nombreux, et des bagages des schérifs, qui étaient très-pillards.

V. Le pays des Barâbras n'avait plus de fourrages; il ne pouvait pas fournir aux consommations de Mourad-Bey. Ce chef se disposait à se porter sur Dongolah, lorsqu'il reçut la nouvelle que Napoléon avait quitté le Caire et se dirigeait sur l'Asie. Il prit sur-le-champ son parti. Qu'avait-il à perdre? Il fit un crochet par le désert, marcha sur le Caire, laissant Desaix derrière lui. Il donna rendez-vous, à Siout, à Elfi-Bey, qui occupait la petite Oasis. Hassan-Bey se réunit avec les schérifs et descendit par la rive droite du fleuve sur Siout et le Caire. Ce projet souriait au vieux Hassan, qui, depuis tant d'années, était absent de sa maison et de ces lieux si chers à son enfance. L'idée de délivrer cette première clef de la sainte Kaaba et de faire des ablutions dans la grande mosquée de Gama-el-Azhar réveillait le fanatisme des schérifs.

Desaix s'occupait, à Esné, à achever la pacification des provinces de son commandement, à y organiser la justice et l'administration, lorsqu'il apprit par des courriers qui lui arrivèrent à la fois de divers côtés que Mourad avait quitté les Barâbras, gagné trois marches, et s'était laissé voir entre Esné et Siout; qu'Elfi-Bey avait quitté l'Oasis; que les schérifs et Hassan-Bey étaient sortis du désert et descendaient la rive droite du Nil. Il pénétra le projet de ses ennemis. Il ordonna au général Belliard de quitter Syène et de se porter à Esné avec toutes ses troupes, pour faire son arrière-garde et pour contenir le Saïd; il ordonna à Friant de réunir ses détachements et de se porter à grande marche sur Siout; à sa flottille de descendre le Nil et de suivre Friant. Lui-même partit le 2 mars.

Le général Friant arriva le 5 mars à Saouamah, comme l'avant-garde chargée de préparer son logement entrait dans ce gros bourg; il fut reçu à coups de fusil. Trois ou quatre mille paysans l'occupaient; ils étaient en insurrection. L'avant-garde se replia sur les colonnes, qui entrèrent dans la ville par trois endroits, battant la charge, et jetant plusieurs centaines d'insurgés dans le Nil. Le lendemain, il continua sa route sur Girgéh et Siout. Le général Desaix le rejoignit. Cependant Mourad-Bey et Elfi-Bey avaient réussi à opérer leur jonction à Siout. Ils y apprirent que Napoléon avait pris El-Arich, était entré en Syrie, mais qu'il restait au Caire plus de Français qu'il n'y en avait dans la haute Egypte, qu'ils occupaient la citadelle, et que les habitants étaient portés pour eux; que les cheyks de Gama-el-Azhar et tous les principaux avaient déclaré que si les mameluks s'approchaient de la ville, ils marcheraient avec les Français, qu'ils voulaient rester tranquilles; d'un autre côté, Desaix était sur leurs talons, éloigné seulement de deux journées; ils allaient se trouver entre Desaix, qui les prenait en queue, et les Français du Caire, qui les recevraient en tête; ils prirent le parti d'attendre l'issue de l'expédition de Syrie. Mourad-Bey se réfugia dans la grande Oasis: Elfi-Bey, dans la petite; beaucoup de mameluks se dispersèrent dans le pays, se déguisant sous des habits de fellahs.

Cependant, sur la rive droite, Hassan-Bey et les schérifs, à peine réunis à la hauteur de Kénéh, apprirent que la flottille française était retenue par les vents contraires à Baroul. Ils marchèrent pour l'attaquer. Elle était composée de douze bâtiments armés de gros canons, chargés des bagages, des dépôts, des caisses militaires, des musiques des corps; elle était montée par trois cents hommes malingres ou écloppés. Hassan partagea son monde sur les deux rives. Il fut joint par dix mille habitants attirés par l'espoir du pillage. Le combat s'engagea. Les ennemis occupaient les îles et les minarets. Ils n'avaient pas de canon. La mitraille des bâtiments porta d'abord la mort sur les deux rives. Mais les munitions manquèrent. Les bâtiments eurent grand nombre de blessés. *L'Italie* échoua; elle fut en danger d'être prise. Le commandant Morandy y mit le feu et la fit sauter; il y trouva une mort glorieuse. Les autres bâtiments furent pris. Les équipages, les soldats furent égorgés. Tous les bagages, caisses militaires, etc., servirent de trophées aux schérifs. La perte de l'armée dans cette affaire fut de deux cents matelots français et trois cents malingres qui formaient les garnisons; total cinq cents Français. Ce fut la plus grande perte qu'elle éprouva dans la campagne. Cette catastrophe, dont le souvenir se conserva longtemps, affecta sensiblement les soldats, qui reprochèrent avec raison à leur général de n'avoir pas placé sa flottille sous la protection d'un de ses forts, et d'avoir espéré à tort qu'elle pourrait suivre l'armée dans une saison où le Nil est si bas.

Le général Belliard, instruit que Hassan descendait le Nil, partit d'Esné, passa sur la rive droite, et se porta sur Kénéh. Chemin faisant, il fut instruit par la rumeur du pays qu'une grande bataille avait eu lieu, que les Français avaient été battus, avaient perdu une grande quantité d'hommes, et surtout d'immenses trésors et beaucoup de bagages. Arrivé à la hauteur de Coptos, il rencontra l'armée ennemie qui revenait triomphante. Elle était précédée par les têtes des Français portées au haut des piques; elle était grossie par une foule d'habitants, couverts d'habits d'Européens, armés de leurs armes, marchant au son des instruments de musique; c'était un épouvantable charivari. Le désordre, l'ivresse de cette multitude était une véritable saturnale. Hassan d'Iambo proclamait partout d'un ton prophétique que le temps de la destruction des Français était enfin arrivé, que désormais ils n'éprouveraient plus que des défaites, que tous les pas des fidèles seraient des victoires. Peu de temps après, les tirailleurs s'engagèrent. Les Français étaient mille huit cents hommes et avaient une pièce de quatre dont la mitraille contint d'abord la fougue des schérifs et protégea la marche de la colonne. Celle-ci continuait à descendre, longeant le Nil à droite, suivie et entourée par cette multitude armée. Après avoir fait une lieue, elle fut accueillie par le feu d'une batterie de quatre pièces de canon provenant de la flottille, que les Arabes d'Iambo avaient débarquées et mises en position. Au signal de leur artillerie, les schérifs s'élancèrent sur le carré français avec leur ardeur accoutumée. Mais le 15ᵉ de dragons les prit en flanc, en sabra un grand nombre ; le champ de bataille en fut couvert. Le général profita de ce moment pour marcher sur la batterie, qui l'incommodait. Il était sur le point de se saisir des pièces, lorsque Hassan-Bey le chargea avec ses mameluks ; mais les carabiniers de la 21ⁿ légère firent demi-tour à droite, reçurent la charge et la repoussèrent ; les pièces prises furent tournées contre l'ennemi. Ces deux succès changèrent la fortune de la journée. Les schérifs se jetèrent dans le village de Benout, dans une grande mosquée et un château qu'ils crénelèrent. Le combat dura toute la journée et la nuit. Les pièces prises à l'ennemi servirent avec succès. Le village fut incendié, la mosquée fut enlevée au pas de charge. La nuit se passa au milieu de l'incendie, des morts et des cris des mourants. Hassan d'Iambo s'enferma dans le château ; il déclara vouloir y mourir de la mort des martyrs. Sous la protection de ce château, les ennemis se rallièrent ; mais il sauta en l'air avec tous ses défenseurs, et couvrit de ses débris les deux armées. Les barils de poudre trouvés sur les bâtiments français y étaient emmagasinés, le feu y prit ; Hassan d'Iambo y trouva la mort. L'ennemi consterné s'enfuit de tous côtés. Dans ce combat acharné, les schérifs perdirent mille deux cents hommes ; les Français, avec une seule pièce de quatre, se battirent un contre six. Cette journée fit honneur au général Belliard. Il sauva ainsi sa colonne et la haute Egypte, qu'il eût fallu reconquérir de nouveau, si Hassan eût eu la victoire ; ce combat eut lieu le 5 et le 6 mars.

VI. Desaix apprit à Siout le désastre de sa flottille, le combat de Coptos et la position critique où avait été Belliard ; il sut que celui-ci n'avait plus de munitions de guerre ; il réunit aussitôt les bâtiments armés qui lui restaient et remonta le Nil ; il ne put arriver à Kéné avec sa flottille que le 30 mars. Après avoir ravitaillé les troupes, il disposa tout pour cerner Hassan-Bey, qui était campé vis-à-vis de la Guitta. Hassan ne pouvait pas y rester longtemps, les vivres qu'il avait apportés étaient sur le point de finir ; il fallait empêcher qu'il n'en reçût ; Desaix le bloqua dans ce désert. Les déserts de l'isthme de Coptos sont couverts de collines raboteuses et impraticables ; on ne peut passer que par les gorges ; il y en a trois : une qui débouche sur le Nil au puits de Bir-el-Bar, l'autre au village de Hagâzy, et la troisième à Redeciéh, vis-à-vis Edfou. Desaix campa à Bir-el-Bar avec la moitié de ses forces ; il envoya le général Belliard occuper Hagâzy avec l'autre moitié. Il considéra le débouché de Redeciéh, qui exigeait un détour de plus de quarante-cinq lieues de désert sans eau, comme impraticable. Par ce moyen, Hassan ne pouvait ni recevoir de vivres ni sortir sans combat ; il devait périr. Le 2 avril, Hassan, mourant de faim, quitta son camp de la Guitta pour gagner la vallée à Bir-el-Bar. Il se rencontra avec le colonel Duplessis du 7ᵉ de hussards. L'engagement devint des plus terribles ; les mameluks étaient plus nombreux ; Duplessis fut tué par Osman-Bey, qu'il avait saisi à la gorge ; la victoire paraissait se décider pour les mameluks ; mais Desaix arriva au secours de son avant-garde. Hassan, voyant le débouché occupé en force, rentra dans le désert et reprit son camp de la Guitta. Quelques jours après, il en partit, se porta par le détour de quarante-cinq lieues sur le débouché de Redeciéh, remonta le Nil jusqu'à Ombos, séjourna dans l'île de Mansouriéh, et de là se rendit à Syène. Aussitôt qu'il en fut instruit, Belliard le poursuivit, et arriva à Redeciéh trois jours après que Hassan y avait passé. Il trouva des traces sanglantes des mameluks, une dizaine de cadavres des plus âgés d'entre eux, ceux de vingt-cinq femmes et de soixante chevaux restés dans le désert; manquant de vivres et d'eau, ils avaient succombé à l'excessive chaleur. Pendant ce temps, les restes des schérifs d'Iambo descendirent le Nil, n'ayant plus d'autre but que de piller et d'échapper. Ils arrivèrent à Hargéh, village de la rive droite, passèrent sur la rive gauche, pénétrèrent à Girgéh, où ils n'étaient pas attendus; ils entrèrent dans le bazar. Le colonel Morand, qui les suivait, entra dans la ville après eux et en passa une partie au fil de l'épée. Le colonel du 22ᵉ de chasseurs, Lasalle, officier actif et d'un mérite distingué, les attaqua avec son régiment et un bataillon du 88ᵉ; il parvint par ses manœuvres à les cerner dans un enclos, et les passa tous au fil de l'épée. Parmi les morts, on trouva le corps du schérif successeur de Hassan. Tel fut le sort qu'éprouvèrent quatre mille schérifs d'Iambo; cinq ou six cents, la plupart blessés, revirent seuls leur patrie. Cependant le schérif de la Mecque fut mécontent de cette conduite des Arabes d'Iambo; il leur écrivit pour leur en faire sentir les conséquences. Il expédia un ministre près du sultan Kébir, au Caire, pour désavouer cet acte d'hostilité qu'il attribuait aux liaisons particulières d'une tribu d'Iambo avec Mourad-Bey. Il donna des assurances que cet exemple ne serait suivi par aucune autre tribu et que toute l'Arabie resterait tranquille. Il écrivit directement, par Cosseir, au général Desaix, dans le même sens. Ce chef de la religion craignait que cela ne pût porter les Français à détruire les mosquées, à persécuter les musulmans, à confisquer les riches dotations que la Mecque possédait en Egypte, et à intercepter les communications de la Mecque avec toute l'Afrique. Napoléon le rassura, et les relations amicales continuèrent avec ce serviteur de la sainte Kaaba, qui ne cessait de proclamer le sultan français et d'appeler sur lui les bénédictions du prophète.

VII. Dans le courant de février et de mars, les nouvelles des succès de l'armée de Syrie, de la prise d'El-Arich, du combat de Gaza, de l'assaut de Jaffa, arrivèrent dans le Saïd. Parmi les prisonniers faits à Jaffa il y avait deux cent soixante hommes de cette province; ils y furent renvoyés et y accréditèrent la réputation des armes françaises. Cela produisit un bon effet sur l'esprit de ces peuples. Mais la nouvelle des premiers échecs de Saint-Jean-d'Acre se répandit en mai, avec l'assurance que l'armée de Damas cernait dans son camp d'Acre l'armée française. La révolte de l'émir Hadjy, qui avait été la conséquence de ces bruits, les accrédita encore. Hassan-Bey était à Syène depuis le milieu d'avril. Le village de Beni-Adin, près de Siout, qui a vingt mille habitants, est l'entrepôt du commerce du Dârfour avec l'Egypte. La population est plus fanatique, plus sauvage, plus féroce et plus noire que celle des autres contrées de l'Egypte. Les Français, comme nous l'avons dit, avaient été mal accueillis la première fois qu'ils y étaient entrés. Depuis, ils avaient toujours évité d'y coucher et d'y séjourner. Les regards des habitants, leur contenance, leur langage, avaient toujours été menaçants. Ils étaient fiers de leurs richesses : on calcule que, pendant le séjour de la grande caravane, il y a sur le marché pour six millions de marchandises en entrepôt pour Dârfour, le Caire ou Alexandrie; en mars de cette année, cette grande caravane, composée de dix mille chameaux et six mille esclaves, était arrivée, escortée par deux mille hommes armés, Maugrabins, tous gens féroces comme le grand désert, qui s'indignaient de voir triompher ces petits hommes de l'Occident sans couleur. Les mameluks démontés, le reste des schérifs, se réunirent à Beni-Adin, qui devint bientôt un centre d'insurrection.

Mourad-Bey, qui d'abord n'y voulut placer aucune confiance, s'y attacha lorsqu'il fut encouragé par les nouvelles de Syrie contraires aux Français. Il envoya des beys, des kachefs de sa maison pour diriger, organiser et accréditer ce rassemblement. Le général Davoust, alarmé de l'accroissement qu'il prenait, réunit ses forces, marcha avec deux mille hommes, cavalerie, infanterie, artillerie. Les insurgés étaient au nombre de six mille, bien armés et bien préparés; ils attendaient Mourad-Bey. Les deux généraux se rencontrèrent. La cavalerie française chargea l'avant-garde du bey, qui, n'ayant que trois cents cavaliers, fut repoussée sur l'Oasis. Au même moment, Beni-Adin fut cerné. Après une vive fusillade, les barricades furent forcées; les vainqueurs entrèrent au pas de charge, massacrèrent tout ce qu'ils rencontrèrent. L'ennemi s'était crénelé dans les maisons, qui devinrent la proie des flammes. L'armée perdit le colonel Pinon, un des plus braves officiers de cavalerie de la France. Le pillage enrichit le soldat, qui y trouva quatre ou cinq mille femmes, esclaves noires, beaucoup de chameaux, d'outres, des plumes d'autruche, des gommes, des ivoires, de grandes caisses de poudre d'or, beaucoup d'or monnayé. La fille du roi de Dârfour fut au nombre des prisonniers.

Il ne restait plus dans la haute Egypte qu'Hassan-Bey, qui, depuis qu'il s'était retiré du désert de Cosseir, était resté tranquillement en possession de Syène. Soit qu'on ne connût pas bien ses forces, soit qu'on supposât qu'il avait déjà passé les cataractes et qu'il n'avait qu'une arrière-garde à Syène, le général fit partir d'Esné le capitaine Renaud, avec deux cents hommes d'infanterie seulement, pour s'emparer de cette ville : ces deux cents hommes devaient être perdus. Aussitôt qu'Hassan fut instruit de leur petit nombre, il sourit à l'espérance d'assouvir sa vengeance dans le sang des infidèles. Avec cent quatre-vingts mameluks, deux cents Arabes et trois cents fantassins, il marcha à la rencontre de cette poignée de fantassins isolés et sans canon. Le capitaine Renaud, avec une présence d'esprit admirable, sans se laisser étonner par cette foule d'assiégeants, forma son carré, se tourna vers ses soldats : « *Camarades*, leur dit-il, *les » soldats d'Italie ne comptent pas le nombre des ennemis; ajustez bien, que chacun » tue son homme, et je réponds de tout.* » Effectivement, cent mameluks sont jetés par terre à la première décharge; tout se sauve. Peu d'heures après, Renaud entre dans Syène; il fait main basse sur les bagages et les blessés. L'heure du vieux Hassan était arrivée. Blessé d'un coup de baïonnette ainsi qu'Osman-Bey, tous deux moururent à quelques jours de là. Le capitaine Renaud n'eut que quatre hommes tués et quinze blessés. Ce combat est le plus beau de toute la guerre d'Egypte.

Mourad-Bey avec quatre cents hommes traînait sa misérable existence au fond des déserts; Hassan-Bey et les redoutables mameluks de sa maison étaient morts; il n'existait plus un seul schérif d'Iambo. Desaix déploya autant de talent dans le gouvernement de ces provinces qu'il avait montré d'activité pendant la campagne. Il fit régner la justice et le bon ordre; la tranquillité fut parfaite. Quoique son gouvernement fût très-sévère, il fut surnommé par les habitants le *Sultan-Juste.* Il rendit les communes responsables de tout ce qui se passait sur leur territoire. Un soldat français armé ou désarmé parcourait toute la vallée sans courir aucun danger. Les contributions étaient payées exactement.

Dans le courant d'avril et de mai, l'armée d'Orient occupait les trois angles d'Alexandrie, de Syène et de Saint-Jean-d'Acre; c'est un triangle de trois cents lieues de côtés, et de trente mille lieues carrées de surface. La correspondance du quartier général de (1)........ Saint-Jean-d'Acre en Syrie, avec la haute Egypte, se faisait par le régiment des dromadaires qui traversait le désert de Gaza à Suez. Plusieurs forts étaient établis depuis Syène jusqu'à Beni-Soueif; celui de Kénéh était le principal comme défendant les gorges de Cosseir. Tous ces forts étaient garnis de batteries qui maîtrisaient la navigation du Nil, et contenaient des magasins et de petits hôpitaux. Pour témoigner sa satisfaction à son lieutenant, Napoléon lui envoya d'abord un sabre pris sur les prisonniers faits à Alexandrie, sur lequel était écrit : *Bataille de Sédiman.* Depuis il lui donna un poignard enrichi de diamants que portait Méhémet-Pacha, fait prisonnier à la bataille d'Aboukir; sur un côté de la lame était écrit : *Napoléon à Desaix vainqueur de la haute Egypte;* et de l'autre, *Thèbes aux cent portes. Sésostris le Grand.*

VIII. Il restait à occuper le port de Cosseir, la grande et la petite Oasis. Les chaleurs sont trop fortes au mois de mai et le passage du désert trop fatigant; il fallut remettre l'expédition des Oasis au mois de novembre. Mais l'occupation de Cosseir ne comportait aucun délai. Les bâtiments de l'Arabie, de Djeddah, d'Iambo y étaient annoncés chargés de marchandises, et devant en retour faire leur chargement avec des riz, des blés et autres denrées nécersaires à la péninsule, surtout à la Mecque et à Médine. Le général Belliard fit toutes les dispositious convenables pour traverser ce désert, prendre possession de Cosseir et l'armer. L'isthme de Coptos est une partie de désert comprise entre le Nil et la mer Rouge, au lieu où le fleuve s'approche le plus de la mer. De Kénéh à Thèbes il y a onze lieues; un coude du Nil, de neuf lieues de cours, fait couler le fleuve à vingt-cinq lieues de la mer Rouge, distance moyenne. Ces vingt-cinq lieues s'appellent l'isthme de Coptos. Si de Thèbes on remonte le Nil pendant cinq lieues jusqu'à Aboukilgân, la rivière qui a couru à l'ouest, et la mer Rouge vis-à-vis, qui par une direction contraire a couru à l'est, se sont éloignées, de sorte que la distance de ces

---

(1) Il y a un espace laissé en blanc dans le manuscrit.   *(De Las Cases.)*

deux points est de quarante lieues. Si l'on remonte jusqu'à Syène, de là à la mer il y a soixante lieues environ : si on descend le Nil jusqu'à la hauteur de Girgéh, on se trouve à une quarantaine de lieues de la mer Rouge ; à Siout on en est à cinquante. La partie du Nil qui forme le coude au-dessus de Kénéh, laquelle a neuf lieues de long, est donc la seule qui ne soit qu'à vingt-cinq lieues en ligne droite de cette mer.

Pour aller du Nil à la mer Rouge en traversant la presqu'île de Coptos, il faut suivre des gorges entre des montagnes. Il y en a six différentes qui ont une longueur moyenne de trente-quatre lieues, ou de quarante-deux heures de marche, vu les détours qu'elles font. Ainsi, des deux seuls ports de la mer Rouge qui communiquent aujourd'hui avec le Nil, Cosseir et Suez, Cosseir est à vingt-neuf lieues de Kénéh en ligne directe, et à trente-quatre à trente-cinq en suivant la gorge, et Suez est à vingt-sept lieues du Caire. Des six routes qui conduisent à travers la presqu'île de Coptos à Cosseir, on n'en connaît bien que trois. La plupart de ces gorges aboutissent à la petite oasis de la Guitta, d'où il y a deux chemins pour joindre le Nil. L'un se dirige sur Kénéh, et rencontre la terre cultivée à Bir-el-Bar : c'est un petit village ; l'autre se dirige sur Thèbes, et remonte le Nil au petit village de Hagâzy. La troisième gorge que nous connaissons va droit de Cosseir dans la vallée du Nil, et débouche vis-à-vis d'Edfou, au village de Redeciéh. Cette gorge a un peu plus de quarante-cinq lieues, c'est celle par où s'échappa Hassan-Bey ; de sorte que pour fermer tous les abords du Nil, il faut occuper les villages de Bir-el-Bar, de Hagâzy, ou les puits de la Guitta, et enfin la gorge de Redeciéh vis-à-vis d'Edfou.

Sur les neuf lieues du coude du Nil, qui forme un des côtés de la presqu'île de Coptos, ont successivement existé trois villes qui ont fait le commerce de la mer Rouge : Coptos, ville célèbre, puissante et riche dans le quatrième siècle ; on en voit les ruines à une lieue du Nil. A Coptos a succédé Kous, qui est un peu plus haut vers le sud : Kous est encore une grande ville, mais elle est fort déchue ; la population est toute Copte. Enfin la troisième, qui est au nord, à l'extrémité du coude, est la petite ville de Kénéh, qui est aujourd'hui l'entrepôt du commerce du Nil avec la mer Rouge. Elle n'a point atteint la prospérité de Coptos et de Kous, parce que le commerce de la mer Rouge aujourd'hui ne peut pas se comparer avec le commerce de la mer Rouge avant la découverte du cap de Bonne-Espérance.

Le général Belliard partit de Kénéh le 25 mai, avec deux bataillons, deux pièces de canon et cent chevaux. Il mit trois heures pour aller au puits de Bir-el-Bar, il s'y arrêta pour compléter sa provision d'eau ; il alla coucher à cinq lieues dans le désert. A une heure du matin la lune se leva ; il arriva à la pointe du jour à la Guitta. La Guitta a trois puits, revêtus en briques, fort larges, avec de grandes rampes ; les animaux y descendent. Il y a un fort, un caravansérail ; c'est une des maisons militaires que Ptolémée Philadelphe fit construire sur le chemin de Bérénice. Le général se reposa plusieurs heures à la Guitta, coucha à cinq lieues de là dans le désert. Le 27, au lever de la lune, il se mit en marche, arriva après neuf heures de marche au puits d'El-Hawéh ; il campa dans le désert. Enfin le 28, il arriva au puits de l'Ambagéh ; c'est une oasis, il y a des acacias, une petite rivière, de l'eau saumâtre : là on est à deux heures de Cosseir.

Ainsi, de Kénéh à la Guitta, en prenant par Bir-el-Bar.   . . . . 13 heures

De la Guitta, aux fontaines d'El-Hawéh.   15

Des fontaines, à l'Ambagéh.   11

De l'Ambagéh, à Cosseir.   2

Total.   . . . . 41 heures

qui, à mille huit cent cinquante toises par heure, font environ soixante-quinze mille huit cents toises ou trente-trois lieues de vingt-cinq au degré. Les Arabes Ababdéh errent dans tout ce désert. Ils se vantent de pouvoir mettre deux mille hommes sous les armes. Ils ont peu de chevaux, mais beaucoup de chameaux, pour faire la traversée du Nil à la mer Rouge, et jusqu'au Sennaar.

La ville de Cosseir est située sur le bord de la mer Rouge, à environ cent lieues sud de Suez en ligne directe, à 26° 7' de latitude nord, 32° 1' 36" de longitude de Paris. Elle a quatre ou cinq cents toises de tour; la bonne eau lui arrive de neuf lieues de là. Le château domine toute la ville; il y a une citerne dont l'eau est bonne pour les animaux. Tout est désert autour de cette ville. Elle n'est peuplée qu'au temps de l'arrivée des bâtiments de Djeddah et d'Iambo. On y voit alors beaucoup d'Arabes d'Iambo et de marchands égyptiens. Les habitants accueillirent les troupes françaises avec des transports de joie. Les Arabes Ababdéh avaient fait leur paix et servaient l'armée française avec zèle. Après y avoir séjourné deux jours, le général Belliard retourna à Kénéh, laissant un commandant, une garnison, des vivres et des canons dans le fort de Cosseir. Le port de Cosseir est à l'abri des vents d'est et du nord, mais tourmenté par les vents d'ouest. Le vieux Cosseir, qui est au nord, est, suivant quelques-uns, l'ancienne Bérénice.

Le 14 de juin, l'entrée triomphante de Napoléon au Caire, à la tête de l'armée revenant de Syrie, consolida la tranquillité de toute l'Egypte.

CONQUÊTE DE LA PALESTINE.

I. Résolution de la guerre de Syrie (1799). — II. L'armée est partagée en trois corps. — III. Passage du désert; de l'isthme Suez; combat d'El-Arich (9 février); combat de nuit (15 février); prise du fort (21 février). — IV. L'avant-garde erre dans le désert (22 février); combat de Gaza (26 février). — V. Marche sur Jaffa; armistice conclu avec l'aga de Jérusalem (10 mars). — VII. Combat de Naplouse (15 mars). — Prise de Haïffa; arrivée devant Acre (18 mars).

I. Les colonies françaises des Indes-Occidentales étaient perdues. La liberté accordée aux noirs, et les événements dont Saint-Domingue était le théâtre depuis huit ans, ne laissaient plus d'espoir de rétablir l'ancien système colonial. D'ailleurs l'établissement à

Saint-Domingue d'une nouvelle puissance gouvernée par les noirs, sous la protection de la République, entraînerait la ruine de la Jamaïque et des colonies anglaises. Dans cet état de choses, la France avait besoin d'une nouvelle et grande colonie qui lui tînt lieu de celles de l'Amérique.

Depuis la dernière lutte que la France avait soutenue contre l'Angleterre dans l'Indoustan, elle y avait perdu tous ses établissements. Il ne lui restait plus que la belle mais petite colonie de l'Ile-de-France. Les Anglais, au contraire, avaient tellement accru et consolidé leur domination dans les Indes, qu'il était devenu difficile de les y attaquer directement. Ils étaient maîtres de tous les ports; ils y entretenaient cent vingt-cinq mille hommes, dont trente mille Européens; ils couvraient, il est vrai, une grande étendue de pays. Tippoo-Saïb, les Mahrattes, les Seïkhs et d'autres peuples guerriers non soumis, formaient une masse de forces prêtes à se rallier à une armée française. Mais pour entreprendre avec espérance de succès une guerre sur un théâtre si éloigné, il fallait être maître d'une position intermédiaire qui servît de place d'armes. L'Egypte, située à six cents lieues de Toulon, à quinze cents du Malabar, était cette place d'armes. La France, solidement établie dans ce pays, deviendrait un peu plus tôt, un peu plus tard, maîtresse de l'Inde. Le riche commerce de l'Orient reprendrait son ancienne route par la mer Rouge et la Méditerranée. Ainsi, d'un côté l'Egypte remplacerait Saint-Domingue et les Antilles; de l'autre, elle serait un acheminement à la conquête de l'Inde.

Alexandre pénétra dans l'Indoustan en passant l'Indus dans la partie supérieure de son cours; il opéra son retour sur Babylone, en traversant la Gédrosie ou le Mékran. Si son armée y souffrit, c'est qu'il n'était pas pourvu de tout ce qui était nécessaire pour cette traversée. Avec des vaisseaux on franchit l'Océan, avec des chameaux les déserts cessent d'être un obstacle. De l'Egypte, une armée montée sur des chameaux peut arriver à Bassora en trente ou quarante-cinq jours; de Bassora, elle peut en quarante se porter sur les confins du Mékran; elle trouvera sur sa route Chyraz, grande et belle ville. Tout le Kerman est un pays abondant, où elle s'approvisionnera pour le passage du désert jusqu'à l'Indus. Ces déserts sont moins arides que ceux de l'Arabie. Partant de l'Egypte en octobre, cette armée arriverait en mars à sa destination. Là, elle se trouverait au milieu des Seïkhs et des Mahrattes.

L'armée française n'était forte que de trente mille hommes, mais les cadres étaient suffisants pour soixante mille. En effet, elle avait quatre cent quatre-vingts compagnies d'infanterie, soixante compagnies de cavalerie, quarante compagnies d'artillerie, sapeurs, mineurs, ouvriers, trains d'artillerie; elle pouvait donc recevoir trente mille recrues du pays. On comptait les prendre ainsi : quinze mille esclaves noirs de Sennaar et de Dârfour; et quinze mille Grecs, Coptes, Syriens, jeunes mameluks, maugrabins et musulmans de la haute Egypte, accoutumés au désert et aux chaleurs de la zone torride.

L'Egypte pouvait tout fournir : les dix mille chevaux, les quinze cents mulets, les cinquante mille chameaux, les outres, les farines, les riz et tous les autres objets néces saires à cette opération. Un solide établissement dans cette contrée était donc la base de tout l'édifice. Avant de partir de France, Napoléon avait calculé le temps et les moyens pour faire la conquête de l'Egypte, sauf à marcher sur l'Indus, plus tôt ou plus tard, selon la disposition plus ou moins favorable des peuples de l'Orient, et selon que les événements seraient plus ou moins heureux. Il s'était flatté que les quinze premiers mois, depuis juillet 1798 jusqu'à octobre 1799, lui suffiraient pour faire la conquête du pays, pour la levée des recrues, des chevaux, des chameaux, pour leur équipement, armement; et que dans l'automne de 1799 et l'hiver de 1800, il pourrait marcher à sa destination avec tout ou partie de son armée. Car, quarante mille hommes, dont six mille chevaux, quarante mille chameaux et cent vingt pièces de canon de campagne, étaient jugés suffisants pour soulever l'Indoustan. Il avait été convenu en France que le gouvernement ferait partir en octobre ou novembre 1798, trois vaisseaux de soixante-quatorze, quatre frégates et cinq flûtes portant trois mille hommes, pour ravitailler l'Ile-de-France et croiser dans les mers des Indes; que dès que l'époque de la marche de l'armée sur l'Indus serait décidée, une escadre de quinze vaisseaux de guerre, six frégates, quinze grosses flûtes, partirait de Brest, portant cinq mille hommes, des vivres et des munitions de guerre. Cette escadre devait communiquer avec l'armée de terre sur les côtes du Mékran. Après avoir donné tous les secours à l'armée pour l'aider à s'emparer d'une place forte, Surate, Bombay ou Goa, elle devait se partager en petites divisions pour croiser dans les mers depuis l'Indus jusqu'à la Chine. Trois divisions devaient partir de l'Ile-de-France pour former des magasins aux trois ports de la côte du Mékran qui avaient été désignés. Les trois mille hommes de troupes qui se trouveraient à l'Ile-de-France, ayant des cadres pour six mille hommes, devaient être complétés par quinze cents colons blancs, et quinze cents noirs. Ces six mille hommes serviraient à la garde de ces établissements ou échelles, et suivraient l'armée à son passage.

Le succès de l'assaut d'Alexandrie, des batailles de Chobrakhit et des Pyramides, le bon esprit des ulémas qui avaient levé le plus grand obstacle, celui du fanatisme religieux, firent un moment espérer que Mourad et Ibrahim beys se soumettraient. Mais la destruction de l'escadre eut le double effet d'empêcher les mameluks de se soumettre et de permettre à l'ennemi d'établir un sévère blocus sur les côtes. On n'eut plus de communication avec la France, d'où on attendait un second convoi de six mille hommes, déjà embarqués à Toulon, ainsi que beaucoup d'effets d'habillement, d'armement, etc. Enfin, la perte de l'escadre obligea l'empereur Sélim à déclarer la guerre à la République.

Après la bataille de Sédiman et la révolte du Caire, de nouvelles négociations eurent lieu avec Mourad et Ibrahim beys; ils étaient disposés à se soumettre et à servir sous les drapeaux français; mais ils reçurent l'avis que la Porte mettait deux armées en campagne. Ils voulurent voir l'issue de cette entreprise. Les deux armées étaient chacune de cinquante mille hommes; l'une se réunissait à Rhodes, l'autre en Syrie; elles devaient agir simultanément dans le courant du mois de juin 1799. La première devait débarquer à Damiette ou à Aboukir; la seconde, traverser le désert de Gaza à Salhéyéh, et marcher sur le Caire. Les mameluks, les Arabes et les partisans devaient s'ébranler au même moment. Dans les premiers jours de janvier 1799, on apprit que quarante pièces de canon et deux cents caissons de campagne étaient arrivés de Constantinople a Jaffa. Elles étaient servies par quinze cents canonniers qui avaient été dressés par des officiers français. Des magasins considérables de biscuit, de poudre, d'outres pour passer le désert, étaient réunis à Jaffa, à Ramléh, à Gaza. L'avant-garde de Djezzar-Pacha, au nombre de quatre mille hommes, était arrivée à El-Arich. Abdallah, son général, était à Gaza avec huit autres mille hommes; il attendait dix mille hommes de Damas, huit mille de Jérusalem, dix mille d'Alep, et autant de la province de l'Irack. Il y avait déjà huit mille hommes réunis à Rhodes. On attendait dix mille Albanais, neuf mille janissaires de Constantinople, quinze mille de l'Asie-Mineure, huit mille de la Grèce; une escadre turque et des transports se préparaient à Constantinople.

Dans la crainte de cette invasion, l'esprit public de l'Egypte rétrogradait; il n'était plus possible de rien faire. Si une division anglaise se joignait à l'armée de Rhodes, cette invasion deviendrait bien dangereuse. Napoléon résolut de prendre l'offensive, de passer lui-même le désert, de battre l'armée de Syrie à mesure que les diverses divisions se réuniraient, de s'emparer de tous ses magasins et des places d'El-Arich, de Gaza, de Jaffa, d'Acre, d'armer les chrétiens de la Syrie, de soulever les Druses et les Maronites, et de prendre ensuite conseil des circonstances. Il espérait qu'à la nouvelle de la prise de Saint-Jean-d'Acre, les mameluks, les Arabes d'Egypte, les partisans de la maison de Daher, se joindraient à lui, qu'il serait en juin maître de Damas et d'Alep; que ses avant-postes seraient sur le mont Taurus, ayant sous ses ordres immédiats vingt-six mille Français, six mille mameluks et Arabes à cheval d'Egypte, dix-huit mille Druses, Maronites et autres troupes de Syrie; que Desaix serait en Egypte prêt à le seconder, à la tête de vingt mille hommes, dont dix mille Français et dix mille noirs, encadrés. Dans cette situation, il serait en état d'imposer à la Porte, de l'obliger à la paix, et de lui faire agréer sa marche sur l'Inde. Si la fortune se plaisait à favoriser ses projets, il pouvait encore arriver sur l'Indus au mois de mars 1800, avec plus de quarante mille hommes, en dépit de la perte de la flotte. Il avait des intelligences en Perse, il était assuré que le schah ne s'opposerait pas au passage de l'armée par Bassora, Chyraz et le Mékran. Les événements ont déjoué ces calculs. Toutefois, la guerre de Syrie a rempli un de ses buts, la destruction des armées turques; elle a sauvé l'Egypte des horreurs de la guerre, et a consolidé cette brillante conquête. Le second but eût encore été effectué en 1801, après le traité de Lunéville, si Kléber eût vécu.

II. L'armée d'Orient comptait à l'effectif, au 1ᵉʳ janvier 1799, vingt-neuf mille sept cents hommes combattants ou non combattants, savoir: vingt-deux mille infanterie; trois mille cavalerie; trois mille deux cents artillerie-génie; six cents guides; neuf cents non combattants, ouvriers, employés civils.

Les généraux Desaix, Friant, Belliard, Davoust, Lasalle commandaient dans la haute Egypte; les généraux Dugua, Lanusse, Marmont, Almeras, dans la basse; les généraux Kléber, Bon, Reynier, Lannes, Murat, Dommartin, Caffarelli du Falga, Vial, Vaux, Junot, Verdier, Lagrange faisaient partie de l'armée de Syrie.

Chaque division de l'armée de Syrie avait six pièces d'artillerie de campagne, la cavalerie en avait six à cheval, la garde six pièces à cheval, total trente-six bouches à feu. Le parc avait quatre pièces de douze, quatre de huit, quatre obusiers, quatre mortiers de six pouces, total seize pièces; en tout cinquante-deux bouches à feu avec un double approvisionnement, des outils et un équipage de mine. Un équipage de siége de quatre pièces de vingt-quatre, quatre de seize, quatre mortiers de huit pouces avec tout le nécessaire, étaient embarqués à Damiette sur six petits chebecs ou tartanes; il était impossible de traîner dans les sables mouvants du désert de si fortes pièces. Un pareil équipage de siége embarqué sur les trois frégates *la Junon, la Courageuse* et *l'Alceste,* était en rade d'Alexandrie, sous les ordres du contre-amiral Perrée. Le général en chef avait ainsi pris double précaution pour être assuré de ne pas manquer de gros canons qui étaient jugés nécessaires pour Jaffa et Acre.

Les grands du Caire étaient dans les intérêts de Napoléon; ils voyaient avec plaisir une opération qui allait éloigner la guerre de leurs foyers, en la portant en Syrie. L'espérance de voir l'Egypte, la Syrie et l'Arabie soumises à un même prince leur souriait. Ils nommèrent une députation de cinq cheykhs des plus instruits pour prêcher dans les mosquées, afin de disposer l'esprit des musulmans en faveur de l'armée; de défendre la cause des musulmans près des Français et d'exciter le patriotisme arabe. Dans cette députation il se trouvait des hommes vénérés dans tout l'Orient. Le départ de cette députation des grands cheykhs fit une vive impression sur toute la population de l'Egypte. Les naturels souriaient aux succès des Français; leur esprit, éveillé sur ces matières délicates, s'ouvrit à de nouvelles idées qui avant leur étaient tout à fait inconnues.

L'ordonnateur Sucy était malade; sa blessure n'était point guérie; il désira retourner en France. Il partit, s'embarqua à Alexandrie sur un gros transport avec deux cents invalides amputés ou aveugles. Sa navigation fut d'abord heureuse, mais ayant manqué d'eau, le bâtiment mouilla en Sicile pour en faire. Ces féroces insulaires attaquèrent le bâtiment, égorgèrent Sucy et les infortunés soldats échappés à tant de périls et aux dangers de tant de batailles; ce crime si atroce ne fut point puni; on a dit qu'il avait été récompensé!!!

L'armée de Syrie eut besoin de trois mille chameaux et de trois mille ânes pour porter les vivres, l'eau et les bagages, savoir : mille chameaux pour les vivres de quatorze mille hommes, pendant quinze jours, et pour trois mille chevaux de cavalerie, d'étatmajor, d'artillerie; deux mille chameaux pour porter l'eau pour trois jours, vu que l'on peut renouveler cette eau à Katiéh et à El-Arich. Les trois mille ânes furent distribués à raison de un pour dix hommes d'infanterie, ce qui mit quinze livres à la disposition de chaque soldat.

III. Le 20 décembre, Abdallah, général de Djezzar, avait campé à Gaza avec une armée de douze mille hommes; il avait fait occuper El-Arich le 2 janvier 1799 par quatre mille hommes. Le général Reynier, qui avait depuis le commencement de janvier une garnison dans le fort de Katiéh, porta le 23 janvier son quartier général à Saléyéh, et le 5 février à Katiéh, d'où il partit le 6, arriva le 8 aux puits de Méçoudiah, et porta l'alarme au camp d'El-Arich. Un coureur mameluk d'Ibrahim-Bey fut fait prisonnier; il donna des renseignements fort exagérés. Le général Reynier, alarmé, expédia sur-le-champ un dromadaire au général en chef pour lui faire part de la position critique où il allait se trouver.

Arrivé à huit heures du matin à portée de canon d'El-Arich, il prit position. Les Turcs occupaient le fort et une position en avant du village d'El-Arich, dont les maisons étaient construites en pierres; ils s'y étaient barricadés, protégés par l'artillerie du fort. Aussitôt que l'ennemi se fut assuré du peu de cavalerie qu'avaient les Français, il fit porter la sienne sur leurs flancs et leurs derrières. Les Turcs défendaient tous les puits et la forêt de palmiers. Les Français étaient bivouaqués sur un monticule de sable sans eau, sans ombre, ni fourrages, ni bois. Abdallah avec le reste de ses troupes et douze pièces de canon destinées à armer le fort, qui n'en avait encore que trois, était attendu à chaque instant de Gaza. La position des ennemis était formidable, Reynier la reconnut; mais prenant conseil de la force des circonstances, il ordonna l'attaque. Il fit les meilleures dispositions possibles. Après une vive canonnade d'une demi-heure, le 85° régiment enleva au pas de charge le village d'El-Arich; cinq cents Turcs furent tués ou pris, les deux mille cinq cents autres se jetèrent dans le fort, où ils furent bloqués; la cavalerie turque se retira et prit position à une demi lieue d'El-Arich, couverte par un grand ravin, à cheval sur la route de Gaza. Reynier perdit deux cent cinquante hommes tués ou blessés : l'armée en murmura, elle le lui reprocha. Ces reproches étaient injustes, ce général fit ce que la prudence et les circonstances exigeaient

Abdallah arriva de Gaza avec ses huit mille hommes au secours d'El-Arich, le 11 au soir. Il se plaça derrière sa cavalerie, sur la rive droite du ravin de l'Egyptus. La position de Reynier devenait fort critique; mais la division Kléber, qui s'était embarquée à Damiette sur le lac Menzaléh, avait débarqué au fort de Tinéh, près les ruines de Peluse, à deux lieues de Katiéh. Le 6 février, elle avait continué sa route en toute hâte sur El-Arich, où elle arrivait le 12 au matin.

Le général Kléber prit le blocus du fort. Le général Reynier réunit, dans la matinée du 12, sa division dans la forêt de palmiers sur la rive gauche du ravin, vis-à-vis de la division d'Abdallah; il passa la journée du 13 et du 14 à reconnaître le terrain, à faire ses dispositions, à instruire les différents officiers qui devaient commander ses colonnes, et dans la nuit du 14 au 15 il exécuta une des plus belles opérations de guerre qu'il soit possible de faire. Il leva son camp à onze heures du soir, marcha par sa droite, remonta le ravin d'Egyptus pendant une lieue; là, le passa, se rangea en bataille, sa gauche au ravin et sa droite du côté de la Syrie, se trouvant en potence sur la gauche de l'armée ennemie; il rangea dans le plus profond silence sa division en colonnes par régiment; il formait ainsi trois colonnes, et chaque colonne à distance de déploiement, son artillerie dans les intervalles; il réunit à deux cents pas de chaque colonne les grenadiers, auxquels il joignit cinquante hommes de cavalerie, ce qui porta la force de chacune d'elles à deux cents hommes. Ainsi formé il se mit en marche ; aussitôt qu'il rencontra les premières sentinelles, il fit halte et rectifia sa position. Les trois colonnes de grenadiers se jetèrent par trois directions différentes au milieu du camp ennemi ; chaque colonne était munie de plusieurs lanternes sourdes, chaque soldat portait au bras un mouchoir blanc ; d'ailleurs, la différence de langage rendit la reconnaissance plus facile. En un moment, l'alarme fut dans le camp d'Abdallah. Reynier, avec la colonne du centre, arriva à la tente du pacha, qui n'eut que le temps de se sauver à pied ; plusieurs kachefs d'Ibrahim-Bey furent pris ; l'ennemi laissa quatre ou cinq cents morts sur le champ de bataille, neuf cents prisonniers, tous ses chameaux, une grande partie de ses chevaux, toutes ses tentes et ses bagages. Abdallah se sauva épouvanté et ne rallia sa division qu'à Khan-Iounès. Reynier n'eut que trois hommes tués et quinze ou vingt blessés ; il campa le 17 dans la position qu'avait occupée l'ennemi, couvrant le siége d'El-Arich. Cette affaire fit le plus grand honneur au sang-froid et aux sages dispositions de ce général.

Dans les premiers jours de février, deux vaisseaux de guerre anglais et une quinzaine de bâtiments parurent devant Alexandrie. Ils bombardèrent la ville, mais les batteries de côte tirèrent avec tant d'adresse, que les bombardes furent bientôt hors de service. Il parut évident que le but de l'ennemi était d'arrêter le mouvement de l'armée sur la Syrie, en menaçant Alexandrie. L'armée de Rhodes n'était point encore prête.

Le général en chef partit du Caire avec les divisions Bon et Lannes. Il campa le 9 février à El-Khancah et le 10 à Belbeis. Il se rendit au camp de Birket, où était la députation du divan ; c'était un camp tout oriental ; les quinze cheykhs avaient chacun trois tentes, où ils déployaient tout le luxe asiatique. Il déjeuna avec eux, visita leur camp et rejoignit le soir son quartier général à Belbeis. Le 11 février, il campa sous les palmiers de Roraïm ; ses tentes venaient d'être dressées, lorsqu'il reçut le dromadaire porteur des dépêches du général Reynier, datées du 9 février au matin, du puits de Méçoudiah. Il écrivait que les renseignements qu'il avait reçus lui faisaient penser que toute l'armée de Djezzar était en mouvement, qu'un corps de troupes considérable était arrivé à El-Arich ; que sa position allait devenir bien délicate au milieu de cet immense désert. Cela décida le général en chef à partir sur-le-champ. Il monta sur son dromadaire, marcha toute la nuit, et arriva le 15 février à El-Arich à la pointe du jour, comme le combat de nuit finissait ; il se rendit au camp d'Abdallah et témoigna aux troupes sa satisfaction au sujet de leurs exploits de la nuit. Le quartier général, les parcs de réserve, les divisions Bon et Lannes, couchèrent le 12 février à Saléyéh, le 13 à El-Aras, le 14 à Katiéh, le 15 à Bir-el-Abd, le 16 à Birket-Aich, le 17 à Méçoudiah, le 18, le 19 et le 20 février, elles arrivèrent à El-Arich.

La défaite d'Abdallah n'avait pas influé sur les dispositions de la garnison du fort, qui paraissait déterminée à la plus opiniâtre résistance. Le général Caffarelli construisit deux batteries, une de huit pièces de huit et de quatre obusiers, à cent cinquante toises, pour battre à plein fouet, l'autre, de brèche. Il profita, pour placer celle-ci, d'un grand magasin en pierres situé à dix toises du fort ; il l'arma de quatre pièces de douze. Le

13, la batterie à plein fouet battit le fort et en démonta l'artillerie, qui fut réduite au silence. Les pièces de douze étaient avec la réserve du parc; elles ne pouvaient arriver au plus tôt que le 20. Le général Dommartin fit doubler les attelages; deux de ces pièces arrivèrent le 19 au matin; il les plaça de suite en batterie; en cinq ou six heures de temps, la brèche fut faite au fort. Le général Berthier somma la garnison; elle n'avait aucun homme de considération à sa tête; elle était commandée par quatre capitans. Ils députèrent deux d'entre eux pour répondre à la sommation : ils avaient l'ordre de défendre le fort jusqu'à la mort, et étaient résolus à obéir; ils ne voulurent rien entendre. Enfin, ils proposèrent pour leur ultimatum qu'on leur accorderait une trêve de quinze jours, au bout de laquelle ils rendraient le fort s'ils n'étaient pas secourus. Ces chefs parlèrent avec résolution et se montrèrent déterminés à courir les chances de l'assaut. On était si près du fort, que l'on entendait les discours que les imans faisaient aux soldats et les prières qu'ils récitaient. Ces hommes étaient fanatisés; l'assaut, dont la réussite était probable, coûterait peut-être quatre ou cinq cents hommes, sacrifice que notre position ne nous permettait pas de faire. Cependant on n'avait pas un moment à perdre; Abdallah avait rallié son monde à Khan-Iounès, et recevait tous les jours des renforts. La contenance de la garnison faisait assez comprendre qu'elle espérait être secourue. Les eaux des puits d'El-Arich s'épuisaient; il était urgent d'en finir.

Le général Dommartin réunit les obusiers des divisions; le 20 février au matin, il fit bombarder le fort. Les canonniers jetèrent huit ou neuf cents obus avec tant d'adresse, qu'ils portèrent la terreur et la mort parmi la garnison. Chaque obus tuait ou blessait du monde, car tous éclataient au milieu d'un petit fort, où les hommes étaient les uns sur les autres. La garnison changea alors de ton, elle battit la chamade; après de vains discours, les quatre capitans signèrent la capitulation qui leur fut proposée. La garnison posa les armes sur le glacis; elle remit ses chevaux, jura de se rendre à Bagdad par la route du désert, de ne point porter les armes contre les Français pendant la présente guerre, et de ne rentrer avant un an ni en Egypte ni en Syrie; elle fut escortée pendant six lieues dans la direction de Bagdad. Elle avait eu au combat du village d'El-Arich et à l'attaque du fort sept cents hommes tués, blessés ou prisonniers; trois cents de ces Maugrabins demandèrent du service. Il y avait dans le fort deux cent cinquante chevaux, une centaine de chameaux, trois pièces de canon. Les prisonniers, les drapeaux, les canons furent envoyés à la députation du divan à Salhéyéh, et de là au Caire; ils servirent à une entrée triomphale par la porte des Victoires. Les ingénieurs firent réparer la brèche, remirent le fort en bon état, construisirent quatre lunettes, ce qui augmenta la capacité du fort et donna des feux dans des bas fonds qui étaient tout près.

IV. Le général Kléber, commandant l'avant-garde, partit le 22 février avant le jour; il devait aller coucher au puits de Zawi pour arriver le lendemain à Khan-Iounès; il avait ordre de pousser un avant-poste sur Khan-Iounès si cela lui était possible; d'El-Arich à Khan-Iounès, il y a quatorze lieues. Le général en chef partit le 23 à une heure après midi, avec cent dromadaires et deux cents gardes à cheval. Il marcha au grand trot pour joindre l'avant-garde; arrivé au Santon de Karouh, il trouva un grand nombre de fosses où les Arabes enterrent des blés et des légumes; aucune n'était fouillée. Arrivé au puits de Zawi, il ne trouva pas de traces de l'avant-garde. Le temps était frais, il arrivait souvent dans le désert que les soldats préféraient doubler la marche pour gagner un meilleur pays. Arrivé au puits de Raphia, le soleil se couchait; il ne trouva là non plus aucune trace de la division : il arriva enfin sur la hauteur, vis-à-vis de Khan-Iounès. Le village est dans le fond; il faisait encore un peu jour; il aperçut une grande quantité de tentes; le camp était beaucoup trop grand pour pouvoir être celui du général Kléber. Peu de moments après, le piquet d'escorte tira quelques coups de carabine contre les grand'gardes de l'ennemi; un chasseur arriva au galop pour prévenir qu'il faisait le coup de carabine avec les mameluks d'Ibrahim-Bey, qu'on voyait un camp très-considérable qui prenait les armes, et dont la cavalerie montait à cheval. On se peindra facilement l'étonnement de l'état-major. Qu'était donc devenue l'avant-garde? Les chevaux étaient très-fatigués; ils avaient, en neuf heures de temps, fait douze lieues; on allait être poursuivi par une nombreuse cavalerie fraîche; il fallut battre promptement en retraite; les puits de Raphia étaient trop près, on arriva à celui de Zawi à onze heures du soir. Les partis qui s'étaient dirigés le long de la mer et par le désert n'apportèrent aucune nouvelle.

A trois heures après minuit, un piquet de douze dromadaires, revenant de Gaïan, amena un Arabe qu'il avait trouvé dans une petite cabane; il gardait une troupe de chameaux. Il dit que les Français, à trois lieues d'El-Arich, avaient quitté la route de Syrie pour suivre une route tracée, et s'étaient dirigés du côté de Gaïan; c'était le chemin de Karak. Le général en chef partit sur l'heure même, guidé par cet Arabe. A la pointe du jour, il rencontra trois ou quatre dragons de l'avant-garde, qui lui donnèrent les nouvelles les plus déplorables. Kléber s'était égaré, il avait marché quinze heures sans s'apercevoir de son erreur; mais à cinq heures après midi, plusieurs soldats, étonnés de ne point trouver le Santon de Karoub, où les gens d'El-Arich leur avaient dit qu'ils devaient trouver des fosses de légumes, communiquèrent leurs inquiétudes à leurs officiers, qui en instruisirent le général. Ainsi prévenu, Kléber s'orienta et s'aperçut qu'il s'était égaré. L'avant-garde n'avait à sa suite que quelques chameaux chargés d'eau; elle avait fait la soupe, et, immédiatement après, elle s'était remise en marche au lever de la lune pour revenir sur ses pas et regagner le puits de Zawi; elle savait que le général en chef devait la suivre; elle en était fort inquiète, lorsqu'à dix heures du matin il leur apparut. Aussitôt que les soldats reconnurent sa capote grise, ils la saluèrent par des cris de joie redoublés. Le découragement était tel, que plusieurs avaient brisé leur fusil. Napoléon rallia la division, fit battre à l'ordre, et dit aux soldats « que ce n'était point en se mutinant qu'ils remédieraient à leurs maux; au pis-aller, » qu'il valait mieux enfoncer sa tête dans le sable et mourir avec honneur que de se » livrer au désordre et de violer la discipline. » Il leur annonça qu'ils n'étaient point éloignés du puits de Zawi, que des chameaux chargés d'eau venaient à leur rencontre. A midi la division Kléber arriva au puits de Zawi, au même moment où le reste de l'armée et les chameaux de réserve y arrivaient d'El-Arich. Il ne lui manqua que cinq hommes morts de soif ou égarés. Lannes prit l'avant-garde et coucha le soir même à Khan-Iounès. Des prisonniers dirent que l'avant-veille, à la vue de l'escorte du général en chef, Abdallah avait monté à cheval et poussé jusqu'à Raphia avec toute sa cavalerie. Mais la nuit étant devenue très-obscure, il avait cessé sa poursuite, de crainte de tomber dans quelque embuscade. Le grand désert était passé. Il y avait à Khan-Iounès de grands jardins; l'eau des puits était bonne et assez abondante, non-seulement pour suffire aux besoins du jour, mais encore pour remplir les outres, car de ce village à Gaza il n'y a pas de puits.

On avait passé les limites de l'Afrique, on était en Asie. Khan-Iounès est le premier village de Syrie. On allait traverser la Terre-Sainte. Ses soldats se livrèrent à toute sorte de conjectures. Tous se faisaient une fête d'aller à Jérusalem; cette fameuse Sion parlait à toutes les imaginations et réveillait toute espèce de sentiments. Les chrétiens leur avaient montré dans le désert un puits où la Vierge, venant de Syrie, s'était reposée avec l'enfant Jésus. Les généraux avaient comme drogmans, intendants ou secrétaires, un grand nombre de catholiques syriens qui parlaient un peu la langue franque, jargon italien; ils expliquaient aux soldats toutes les traditions de leurs légendes chargées de superstitions.

L'armée séjourna, le 24 février, à Khan-Iounès; elle partit le 25 avant le jour; à trois lieues elle rencontra l'avant-garde d'Abdallah, lui fit quelques prisonniers. Ce général couvrait la ville de Gaza; il avait reçu des renforts. Il comptait sous ses ordres douze mille hommes, dont six mille de cavalerie. Il attendait à chaque instant l'armée de l'aga de Jérusalem, ainsi que quatorze pièces de canon du parc de campagne de Jaffa; il aurait donc une armée d'une vingtaine de mille hommes. Son infanterie n'était pas disciplinée; elle ne pouvait être de quelque considération qu'autant qu'elle se posterait derrière les murailles de Gaza. La cavalerie était composée de trois espèces d'hommes, les mameluks d'Ibrahim-Bey, c'étaient des troupes d'élite : mais ce bey, qui était arrivé en Syrie avec mille hommes, n'en avait plus que cinq ou six cents à cheval; les Arnautes de Djezzar-Pacha étaient au nombre de trois mille chevaux, les Delhis de Damas au nombre de deux mille. Les Arabes augmentaient ou diminuaient au camp, selon leur usage; les prisonniers calculaient qu'il y en avait constamment un mille. A trois heures après midi, les deux armées se trouvèrent en présence. Celle d'Abdallah avait sa droite appuyée au gros mamelon, dit d'Hebron, où Samson porta les portes de Gaza. Ce mamelon est situé vis-à-vis de Gaza, dont il est séparé par une vallée de sept à huit cents toises de largeur. Sa cavalerie était toute sur sa gauche. Il n'occupait pas la ville de Gaza, mais seulement le fort, où il y avait de grosses pièces d'artillerie. Napoléon donna la gauche à Kléber, le centre au général Bon. Toute la cavalerie, sous les ordres de Murat, tint la droite; et comme elle était fort inférieure en nombre, il l'appuya par trois carrés de l'infanterie du général Lannes. Les hussards amenèrent quelques prisonniers, qui annoncèrent que l'aga de Jérusalem n'était pas encore arrivé, et que la division d'artillerie du parc de Jaffa n'était pas encore sortie de cette place, faute d'attelages. Abdallah n'avait donc que dix à douze mille hommes avec deux seules pièces d'artillerie; il n'était pas bien redoutable. Le général Kléber donna tête baissée dans la vallée, entre Gaza et la droite de l'ennemi, et se porta sur ses derrières. La cavalerie, soutenue par les carrés du général Lannes, tourna la gauche, tandis que le général Bon, avec le centre, marchait de front. Aussitôt que ces mouvements furent démasqués, les Turcs se mirent en retraite et évacuèrent toutes leurs positions. Les mameluks d'Ibrahim-Bey se comportèrent seuls avec courage; ils enfoncèrent trois escadrons de tête du général Murat; mais, pris en flanc, ils furent ramenés. Les Torbagis étaient un peu meilleurs que les Arabes, toutefois très-inférieurs aux mameluks, et hors d'état de se mesurer, même en nombre triple, avec les dragons. Ces derniers poursuivirent l'ennemi pendant deux lieues, l'épée dans les reins. Mais les Turcs sont très-lestes; ils n'avaient aucun bagage, et seulement deux pièces d'artillerie qu'ils abandonnèrent. Les mameluks d'Ibrahim-Bey soutinrent la retraite; Abdallah perdit deux ou trois cents hommes. L'armée française eut une soixantaine d'hommes tués, blessés ou prisonniers.

Les cheykhs et les ulémas de Gaza apportèrent les clefs de leur ville. Les proclamations du divan de Gama-el-Azhar, qui suivait l'armée, nous avaient concilié l'opinion des habitants; ils ne se démentirent pas pendant toute la campagne. Le soir même le fort fut cerné, et, par l'influence des habitants, l'aga qui le commandait le remit à la pointe du jour. Il y avait de l'artillerie, des magasins, et l'équipage d'outres de l'armée turque. Gaza est située à une demi-lieue de la mer; le débarquement à la plage y est très-difficile : il n'y a aucun havre ni aucun débarcadère. La ville est placée sur un beau plateau qui a deux lieues de tour. Cette ville a été forte : Alexandre l'assiégea, eut des difficultés à vaincre, et y fut dangereusement blessé. Mais aujourd'hui ce n'est plus que l'assemblage de trois misérables bourgades dont la population s'élève à trois ou quatre mille âmes. La plaine de Gaza est belle, riche, couverte d'une forêt d'oliviers, arrosée par beaucoup de ruisseaux; il y a un très-grand nombre de beaux villages.

L'armée campa dans les vergers autour de la ville; elle occupa les hauteurs par de forts détachements. Au milieu de la nuit, elle fut réveillée par un phénomène auquel elle n'était plus accoutumée. Le tonnerre gronda, l'atmosphère fut embrasée d'éclairs, la pluie tombait par torrents. Le soldat poussa des cris de joie; depuis près d'un an il n'avait pas vu une seule goutte de pluie : « C'est le climat de France, » disait-il. Mais la première heure passée, la pluie, contre laquelle ils n'avaient aucun abri, les fatigua; la vallée fut bientôt inondée; le général en chef fit porter ses tentes sur la hauteur d'Hébron. On se ressentit de l'abondance du territoire. L'armée se reposa quatre jours pour se refaire des fatigues du désert; elle eut des vivres en abondance et de très-bonne qualité. La terre était grasse, boueuse, l'atmosphère couverte de nuages. Après quelques jours, la chaussure du soldat souffrit.

Berthier profita de ce moment de repos pour expédier des proclamations à Jérusalem, à Nazareth, dans le Liban. C'étaient des proclamations du sultan Kébir aux Turcs; c'étaient des allocutions des ulémas de Gama-el-Azhar aux fidèles musulmans, et enfin des circulaires aux chrétiens. Ces proclamations étaient en arabe; le quartier général avait une imprimerie. Jérusalem était sur la droite de la route; on espérait y recruter bon nombre de chrétiens et y trouver pour l'armée des ressources importantes; mais l'aga avait pris des mesures pour défendre cette ville. Toute l'armée se faisait une fête d'entrer dans cette Jérusalem si renommée; quelques vieux soldats chantaient les cantiques et les lamentations de Jérémie, que l'on entend pendant la semaine sainte dans les églises d'Europe.

V. En sortant de Gaza l'armée prit à gauche et marcha au milieu d'une plaine de six lieues de large. A gauche elle avait les dunes qui bordent la mer, et à droite les premiers mamelons des montagnes de la Palestine, qui vont en s'élevant pendant quatre. ou cinq lieues, puis descendent sur l'autre revers jusqu'au Jourdain. Le 1er mars, après une journée de sept lieues, l'armée campa à Esdoud; elle passa à gué le torrent qui descend de Jérusalem et se jette dans la mer à Ascalon. Cette dernière ville est célèbre par les siéges et batailles qui l'ont illustrée dans les guerres des croisades. Elle est aujourd'hui ruinée et le port comblé. Napoléon employa trois heures à parcourir le champ de bataille d'Ascalon, où Godefroy battit l'armée du soudan d'Egypte et les Maures d'Ethiopie. Cette bataille valut à la chrétienté la possession de Jérusalem pendant cent ans. Le Tasse l'a chantée dans ses beaux vers du Saint-Sépulcre. Esdoud était redoutée pour ses scorpions. En campant sur les ruines de ces anciennes villes (1)..... on lisait tous les soirs l'Ecriture sainte à haute voix, sous la tente du général en chef. L'analogie et la vérité des descriptions étaient frappantes; elles conviennent encore à ce pays, après tant de siècles et de vicissitudes. Le 2 mars, après sept lieues de marche, on campa à Ramléh, ville célèbre, à sept lieues de Jérusalem. La population est chrétienne, il s'y trouve plusieurs couvents de moines. Il y a des fabriques de savon; les oliviers y sont nombreux et fort gros. Les coureurs de l'armée s'approchèrent à trois lieues de la ville sainte. L'armée brûlait de voir la colline du Calvaire, le Sépulcre, le plateau du temple de Salomon; elle éprouva un sentiment de peine lorsqu'elle reçut l'ordre de tourner à gauche. Mais il était pressant d'occuper Jaffa, où une nombreuse garnison travaillait à se fortifier. Jaffa est la seule rade que l'on trouve depuis Damiette. Sa possession était nécessaire pour ouvrir les communications par mer avec cette dernière ville, et recevoir les bateaux chargés de riz et de biscuits, ainsi que l'équipage de siége. Marcher sur Jérusalem sans avoir occupé Jaffa eût été manquer à toutes les règles de la prudence. Pendant les premiers quinze jours de mars, la pluie ne cessa de tomber; ce qui fit périr beaucoup de chameaux, ces animaux n'aiment pas les terrains boueux ni les pays humides. De Ramléh à Jaffa il y a cinq lieues.

L'armée campa devant Jaffa. La garnison fut renfermée dans ses murailles et bloquée. La division Lannes prit la gauche du siége, le général Bon la droite. Kléber se porta en observation sur le Nahar, rivière à une lieue de Jaffa, sur la route d'Acre. Reynier, qui faisait l'arrière-garde, n'arriva que le 5 à Ramléh. Jaffa est située à quatre-

---

(1) Ici était un mot écrit au crayon de la main de Napoléon; on n'a pu le déchiffrer. (*De Las Cases.*)

vingt-dix lieues de Damiette, avec qui elle fait un grand commerce. Ses quais sont
assez beaux. Sa population était de sept à huit mille âmes, dont quelques centaines de
Grecs. Elle avait plusieurs couvents, dont un dit des Pères de la Terre-Sainte. Elle est
située sur une colline. Elle a deux sources d'excellente eau, qui sont très-abondantes.
Du côté de terre, elle était fermée par un demi-hexagone flanqué de tours. Les murailles
étaient fort élevées, mais sans fossés; les tours étaient armées d'artillerie. Le côté du
sud faisait face à Gaza, celui du milieu au Jourdain, le troisième à Saint-Jean-d'Acre.
Le côté de la mer qui fait le diamètre de l'hexagone est un peu concave. Les environs
forment un vallon couvert de jardins et de vergers, d'un terrain accidenté, ce qui permit d'approcher à une demi-portée de pistolet de la place sans être découvert. A une
grande portée de canon est le rideau qui domine la campagne : c'était la position naturelle pour camper l'armée ; mais comme ce rideau était entièrement nu, et qu'on y aurait été éloigné de l'eau et exposé aux ardeurs du soleil, on préféra s'établir dans la
vallée, entre la ville et la position, en gardant cette dernière par des postes. Les subsistances étaient assurées par les magasins de Gaza et ceux de Ramléh. Les légumes se
trouvaient en abondance dans le pays. L'armée était campée sous des orangers ; les
oranges étaient mûres, petites, blanches, mais très-douces. Elles furent très-agréables
aux soldats.

Toute l'infanterie d'Abdallah, lui-même en tête, s'était jetée dans Jaffa. Il y avait
beaucoup d'artillerie; le corps des tobgis, ou canonniers de Constantinople, y était
tout entier. Le génie et l'artillerie employèrent toute la journée du 4 à reconnaître la
place. Dans la nuit du 4 au 5 mars, ils ouvrirent la tranchée et construisirent trois
batteries. Les places d'armes et les parallèles étaient inutiles; il leur suffit de creuser
quelques boyaux pour servir de communication. Dans la nuit du 5 au 6, l'artillerie
arma les trois batteries de vingt pièces de canon; les deux à pleins fouet, chacune de
quatre pièces de huit et de deux obusiers; celle de brèche, de quatre pièces de douze et
quatre obusiers. La garnison fit deux sorties sous le feu de son artillerie et de la mousqueterie de ses créneaux; mais l'une et l'autre n'eurent qu'un succès momentané, et
furent vivement repoussées. Ces sorties étaient un spectacle qui n'était pas dépourvu
d'intérêt; elles étaient faites par des hommes de dix nations diversement costumées :
c'étaient des Maugrabins, des Albanais, des Kourdes, des Anatoliens, des Caramaniens,
des Damasquiens, des Alépyns, des noirs du Técout. Parmi les prisonniers, il se trouva
trois Albanais de la garnison d'El-Arich qui donnèrent la nouvelle que toute cette garnison s'était rendue dans la ville de Jaffa, violant la capitulation et son serment.

Le 6 mars, les batteries firent une salve de deux coups par pièce, après quoi le général Berthier envoya au commandant de Jaffa un parlementaire chargé de lui dire :
« Dieu est clément et miséricordieux. Le général en chef Bonaparte me charge de vous
» faire connaître que Djezzar-Pacha a commencé les hostilités contre l'Egypte en en-
» vahissant le fort d'El-Arich; que Dieu qui seconde la justice a donné la victoire à
» l'armée française, et qu'elle a repris ce fort; que c'est par suite de cette opération que
» le général en chef est entré dans la Palestine, d'où il veut chasser les troupes de

» Djezzar-Pacha, qui n'aurait jamais dû y entrer; que la place est cernée de tous côtés;
» que les batteries de plein fouet à bombes et à brèche vont en deux heures en ruiner
» les défenses; que le général en chef Bonaparte est touché des maux qui affligeraient
» la ville entière si elle était prise d'assaut; qu'il offre sauvegarde à la garnison, protec-
» tion à la ville, qu'il retarde en conséquence le commencement du feu jusqu'à sept
» heures du matin. » L'officier et le trompette furent reçus; mais au bout d'un quart
d'heure l'armée vit avec horreur leurs têtes au bout de piques plantées sur les deux plus
grandes tours, et leurs cadavres jetés du haut des murailles au pied des batteries de
brèche. On commença le feu des batteries; celle de brèche fit tomber le pan de la tour
qu'elle battait; la brèche fut reconnue praticable; le chef de bataillon du génie
Lazowsky avec vingt-cinq carabiniers, quinze sapeurs et cinq ouvriers d'artillerie, fit
le logement et déblaya le pied de la brèche. Le 22ᵉ d'infanterie légère était en colonne
derrière un pli du terrain qui servait de place d'armes. Il attendait le signal pour monter à la brèche. Le général en chef était debout sur l'épaulement de la batterie, indi-
quant du doigt au colonel Lejeune, de ce régiment, la manœuvre qu'il devait faire,
lorsqu'une balle de fusil jeta son chapeau par terre, passa à trois pouces de sa tête, et
renversa roide mort le colonel, qui avait cinq pieds dix pouces. « Voilà la seconde fois
» depuis que je fais la guerre, dit le soir le général en chef, que je dois la vie à ma taille
» de cinq pieds deux pouces. » Le général Lannes se mit à la tête du 22ᵉ, et fut suivi
par les autres régiments de la division; il franchit la brèche, traversa la tour, s'étendit
de droite et de gauche le long de la muraille, et s'empara de toutes les tours; il parvint
bientôt à la citadelle, qu'il occupa. La division Bon, qui avait été chargée de faire une
fausse attaque sur la droite, monta sur les remparts avec des échelles, aussitôt que le
désordre fut parmi les assiégés. La fureur du soldat était à son comble; tout fut passé
au fil de l'épée. La ville, ainsi livrée au pillage, éprouva toutes les horreurs d'une ville
prise d'assaut. La nuit survint. Sur la minuit, on fit publier un pardon général, en ex-
ceptant ceux qui avaient fait partie de la garnison d'El-Arich. On défendit aux soldats
de maltraiter qui que ce fût; on parvint à faire cesser le feu; on plaça des sentinelles
aux mosquées où s'étaient réfugiés les habitants, à divers magasins et aux établissements publics. On ramassa les prisonniers et on les parqua hors des murailles; mais le
pillage continua; ce ne fut qu'au jour que l'ordre fut entièrement rétabli. Il se trouva
deux mille cinq cents prisonniers, dont huit à neuf cents hommes de la garnison d'El-
Arich. Ces derniers, après avoir juré de ne pas rentrer en Syrie avant une année, avaient
fait trois journées dans la direction de Bagdad, mais depuis, par un crochet, s'étaient
jetés dans Jaffa. Ils avaient ainsi violé leur serment; ils furent passés par les armes. Les
autres prisonniers furent renvoyés en Egypte avec les trophées, les drapeaux, etc.
Abdallah s'était caché et déguisé sous le costume d'un père de la Terre-Sainte; il sortit
de Jaffa, arriva à la tente du général en chef et se jeta à ses genoux. Il fut traité aussi
bien qu'il le pouvait désirer. Il rendit quelques services et fut envoyé au Caire. Sept cents
chameliers, domestiques et soldats étaient Egyptiens, ils se réclamèrent avec confiance
des cheykbs et furent sauvés. En se jetant aux pieds des soldats, ils s'écriaient :

« *Mesri, Mesri!* » comme ils auraient dit : Français, Français! » Arrivés en Egypte, ils se louèrent du respect dont ils avaient été l'objet aussitôt qu'il avait été connu qu'ils étaient Egyptiens. Cinq cents soldats de la garnison parvinrent à se soustraire à la fureur du soldat en se faisant passer pour habitants. Ils reçurent depuis des sauf-conduits pour aller au-delà du Jourdain.

Le lendemain, les ulémas purifièrent les mosquées, et les prières se firent comme à l'ordinaire; le tumulte commença à se ralentir. On prit le train d'artillerie de campagne de quarante bouches à feu : c'était le parc de l'armée qui se réunissait en Syrie; il était composé de pièces de quatre et d'obusiers de six pouces avec leurs caissons, tous de modèle français. Les trente pièces de canon qui servaient à l'armement de la place étaient de bronze, mais de tout calibre. Dans les magasins, il y avait des biscuits de forme parallélipipède confectionnés depuis dix ans; ils venaient de Constantinople, et étaient mangeables. Les officiers de l'armée s'armèrent d'une grande quantité de candjars, et les valets d'une grande quantité d'escopettes et de fusils de luxe turcs. La perte qu'éprouva la ville par le pillage peut être évaluée à plusieurs millions; mais les soldats vendirent tout à très-bon marché; les gens du pays rachetèrent leurs effets au dixième de leur valeur. Beaucoup de militaires firent des gains considérables. Comme il arrive dans de pareils événements, cet argent fut utile pendant le siége d'Acre. On trouva aussi beaucoup de café, de sucre, de tabac, de pelisses, de châles de toute espèce. Cela changea un peu le costume du soldat; le fond resta européen, mais il prit un mélange oriental.

Le lendemain de la prise de la ville, un convoi de seize bâtiments chargés de riz, farine, huile, poudre, cartouches, qui était parti d'Acre depuis deux jours, mouilla dans la rade et fut capturé. Le contre-amiral Ganteaume en changea les équipages et les dirigea sur Haïffa. Les colonels Andréossy et Duroc, le chef de bataillon Aimée, se distinguèrent dans cet assaut.

VI. La traversée du désert avait été très-fatigante, et le passage d'un climat extrêmement sec à un climat humide et pluvieux influa sur la santé de l'armée. L'hôpital, qui était établi dans le couvent des pères de la Terre-Sainte, ne fut plus suffisant. Le nombre des malades se monta à sept cents, les corridors, les cellules, les dortoirs, la cour en furent obstrués. Le chirurgien en chef Larrey ne dissimula pas toutes ses inquiétudes; plusieurs personnes étaient mortes vingt-quatre heures après être entrées à l'hôpital; leur maladie avait marché avec une grande rapidité, il y avait reconnu des symptômes de peste. La maladie commençait par des vomissements; la fièvre était violente, le délire très-fort; des bubons sortaient aux aines, et immédiatement après, si l'éruption ne s'était pas faite facilement, le malade mourait. Les pères de la Terre-Sainte s'enfermèrent et ne voulurent plus communiquer avec les malades, tous les infirmiers désertèrent, l'hôpital fut abandonné à un tel point que les distributions manquaient et que les officiers de santé furent obligés de pourvoir à tout. C'est en vain qu'ils contredisaient ceux qui voulaient reconnaître des symptômes de peste dans ce qui n'était, disaient-ils, qu'une fièvre pernicieuse connue, appelée *la fièvre à bubons*. C'était en vain qu'ils prêchaient d'exemple, servant avec un redoublement de soin et de zèle ; la frayeur était dans l'armée. C'est une des circonstances particulières à la peste qu'elle est plus dangereuse pour les personnes qui la craignent ; ceux qui se laissèrent maîtriser par la peur en sont presque tous morts. Le général en chef se défit des pères de la Terre-Sainte en les envoyant à Jérusalem et à Nazareth ; il alla lui-même à l'hôpital ; sa présence y porta la consolation ; il fit opérer plusieurs malades devant lui, on perça les bubons pour faciliter la crise ; il toucha ceux qui paraissaient être les plus découragés, afin de leur prouver qu'ils n'avaient qu'une maladie ordinaire et non contagieuse. Le résultat de tous ces moyens fut tel, que l'armée resta persuadée que ce n'était pas la peste ; ce ne fut que plusieurs mois après qu'il fallut bien en convenir. On ne négligea point toutefois les précautions nécessaires, on fit brûler indistinctement et rigoureusement tout ce qui avait été pris dans le pillage de la ville ; mais de pareilles précautions se prennent dans les hôpitaux toutes les fois qu'il y règne des fièvres pernicieuses.

Berthier écrivit à Djezzar : « Depuis mon entrée en Egypte, je vous ai fait connaître plusieurs fois que mon intention n'était point de vous faire la guerre ; que mon seul but était de chasser les mameluks, vous n'avez répondu à aucune des ouvertures que je vous ai faites. Je vous ai fait connaître que je désirais que vous éloignassiez Ibrahim-Bey des frontières de l'Egypte ; bien loin de là (1)....... Les provinces de Gaza, Ramléh et Jafia sont en mon pouvoir ; j'ai traité avec générosité celles de vos troupes qui se sont remises à ma discrétion ; j'ai été sévère envers celles qui ont violé les lois de la guerre. Je marcherai sous peu de jours sur Saint-Jean-d'Acre ; mais quelles raisons ai-je d'ôter quelques années de vie à un vieillard que je ne connais pas ? que sont quelques lieues de plus à côté du pays que j'ai conquis ? et, puisque Dieu me donne la victoire, je veux, à son exemple, être clément et miséricordieux non-seulement envers le peuple, mais encore envers les grands..... Redevenez mon ami, soyez l'ennemi des mameluks et des Anglais, je vous ferai autant de bien que je vous ai fait et que je peux vous faire de mal..... Le 8 mars je serai en marche sur Saint-Jean-d'Acre, il faut que j'aie votre réponse avant ce jour. » Djezzar était peu affectionné à la Porte. Les négociations avec l'aga de Jérusalem commencèrent à Gaza, et continuèrent pendant la route et le siége de Jaffa. Après la prise de cette ville, l'armée devait marcher et se porter en deux journées sur Jérusalem ; la population en était toute chrétienne ; elle offrait plus de ressources qu'aucune ville de la Palestine. Mais le 10 mars le général en chef reçut une députation des chrétiens qui le conjurèrent de les sauver ; ils étaient sous le couteau ; les Turcs étaient décidés à les égorger avant d'abandonner la ville et de passer le Jourdain. L'aga, qui était un homme habile, proposa en même temps un armistice ; il s'engagea à mettre en liberté et à protéger les chrétiens, à ne fournir aucun secours à Djezzar, et après la prise d'Acre à se soumettre au vainqueur. Cela était avantageux. Ce n'était pas renoncer à la visite de Jérusalem, c'était la retarder de une ou deux semaines !

Le contre-amiral Ganteaume expédia l'ordre à la flottille mouillée à Damiette de se

---

(1) Ici est une courte lacune dans le manuscrit.

(*De Las Cases.*)

endre dans le port de Jaffa. Elle y arriva le 12 mars; elle portait l'équipage de siége nécessaire pour Acre. Cet amiral avait également expédié des dromadaires à Alexanrie, au contre-amiral Perrée, avec ordre d'appareiller avec ses trois frégates et de se endre à Jaffa.

Les soldats étaient depuis huit jours oisifs, un plus long séjour ne pouvait être que funeste à leur santé. Il était plus avantageux de faire diversion et d'occuper les esprits d'opérations militaires, que de les laisser raisonner sur les maladies de Jaffa, et sur les symptômes qu'on découvrait chaque jour. L'armée une fois en marche, les maladies cessèrent.

VII. Le lendemain de la prise de Jaffa, Kléber se porta dans la forêt de Meski. Diverses reconnaissances qu'il envoya dans les montagnes eurent des rencontres assez vives qui annoncèrent la présence de l'ennemi. Dans l'une d'elles le général Dumas, s'étant trop engagé, perdit quelques hommes et fut grièvement blessé. Le quartier général arriva à Meski le 14 mars. La forêt de Meski est la forêt enchantée du Tasse, c'est la plus grande de la Syrie; elle a été illustrée par une bataille sanglante entre Richard Cœur-le-Lion et Saladin. De Jaffa à Acre, il y a vingt-quatre lieues par la route qui longe la mer; il y en a vingt-six par celle qui traverse la plaine. Six ruisseaux qui descendent des montagnes traversent le milieu de la plaine; on a l'avantage de tourner le mont Carmel par la route qui suit la lisière de la plaine d'Esdrelon, au lieu que celle qui longe la mer arrive au détroit de Haïffa, passage difficile à forcer s'il était défendu. Le 15 mars, à midi, l'avant-garde arriva au caravansérail de Kahoun. Elle aperçut la cavalerie d'Abdallah, soutenue par quatre mille Naplousiens en bataille, parallèlement à la route d'Acre. L'armée fit un changement de front, l'aile gauche en avant. Le général Kléber forma la gauche, le général Lannes la droite, et le général Bon la réserve. L'ennemi fut chassé de toutes ses positions, culbuté des hauteurs, poursuivi aussi loin qu'il était nécessaire pour qu'il ne pût nous donner aucune inquiétude. La cavalerie de Djezzar se dirigea du côté d'Acre par la plaine d'Esdrelon; les Naplousiens gagnèrent leur ville. Le soir le camp fut dressé à Zaïtah. Le général Lannes éprouva dans le combat une perte assez considérable, il eut deux cent cinquante blessés. Les Naplousiens, c'est-à-dire les anciens Samaritains, eurent un millier d'hommes tués ou blessés, parmi lesquels plusieurs personnes de marque. Cette sévère leçon les contint pendant longtemps.

Le 16 mars l'armée campa à Sabarin, elle y arriva de bonne heure; elle était au débouché du mont Carmel et de la plaine d'Esdrelon, qu'elle apercevait sur sa droite. Le mont Carmel forme un promontoire dans la mer à trois lieues d'Acre; il est à l'extrémité gauche de la baie. Cette montagne a trois ou quatre lieues de longueur; elle se lie aux montagnes de Naplouse, mais elle en est séparée par un grand vallon. Le mont Carmel, escarpé de tout côté, est une position militaire assez forte. Sur le haut de cette montagne, il y avait un couvent et des fontaines. Le mont Carmel est élevé de quatre cents toises, domine toute la côte, et sert de point de reconnaissance aux navigateurs qui abordent en Syrie. Au pied coule la rivière de Keisoun; l'embouchure est à sept ou huit cents toises de Haïffa, petite ville située au bord de la mer, au pied du mont Carmel et à l'extrémité du cap Haïffa; elle a une population de deux à trois mille âmes et un petit port; elle est fermée par une enceinte à l'antique avec des tours, et dominée de très-près par les mamelons du Carmel.

VIII. L'armée campa sur la rive gauche du Keisoun. Derrière elle était le mont Carmel; à trois lieues sur la gauche était Haïffa; à sept lieues en avant était la ville de Saint-Jean-d'Acre. Il était important de s'emparer de Haïffa, afin de pouvoir y recueillir la flotte qui était partie de Jaffa. Le général en chef, après une légère résistance, y entra à cinq heures du soir. Djezzar avait fait évacuer le canon. Il restait un magasin de cent cinquante mille rations de biscuit, de riz, d'huile, etc. Ce fut de Haïffa que le général en chef découvrit la rade de Saint-Jean-d'Acre, et y aperçut deux vaisseaux anglais de quatre-vingts qui y étaient mouillés, *le Tigre* et *le Thésée*, commandés par le commodore sir Sidney Smith; ils étaient arrivés dans cette rade depuis deux jours, venant de Constantinople. Une patrouille de cavalerie se porta dans la direction de Tantourah, afin de prévenir la flottille de la présence de la croisière anglaise et lui apprendre l'entrée de l'armée dans le port de Haïffa. A une lieue au-delà de Tantourah, la flottille fut rencontrée et prévenue, les huit bateaux chargés de vivres venant de Jaffa entrèrent dans le port le 19 mars à la pointe du jour; mais les seize bâtiments français chargés de l'équipage de siége hésitèrent, mirent un moment en panne, virèrent de bord, et prirent le large. Les vaisseaux anglais leur donnèrent chasse. Tout fut bientôt hors de vue. Pendant la nuit on jeta deux ponts sur le Keisoun. A midi l'armée se mit en marche sur Saint-Jean-d'Acre, qu'elle ne tarda pas à découvrir. A la nuit, elle arriva au moulin de Cherdâm. L'infanterie y effectua son passage. Ce moulin était en bon état, il servit aux moutures pendant le siége. Au-delà du Keisoun est le Bélus, qui n'était pas guéable. L'armée prit position. Le colonel Bessières, avec deux cents gardes et deux pièces de canon, passa la rivière et prit en forme d'avant-garde position sur la rive droite. Les pontonniers travaillèrent toute la nuit à construire deux ponts; les tentes du général en chef furent placées à une demi-lieue de la mer, sur la gauche du Bélus. Le 19 mars, à la pointe du jour, l'avant-garde se porta sur le mont de la Mosquée, qui domine toute la plaine de Saint-Jean-d'Acre et la ville du côté de la mer; elle se trouvait ainsi devant cette capitale de la Galilée et sur la frontière de la Célé-Syrie ou Syrie-Creuse.

I. Saint-Jean-d'Acre est à trente lieues nord-nord-ouest de Jérusalem, à trente-six lieues sud-ouest de Damas, à dix lieues au sud des ruines de Tyr. Elle est située au nord de la baie de Haïffa, à trois lieues par mer de cette petite ville, à quatre lieues en suivant le rivage. Elle est environnée par une plaine de huit lieues de long, qui commence au cap Blanc et aux montagnes du Saron, et finit à celles du Carmel. Cette plaine, dans sa largeur depuis la mer à l'ouest, aux premiers mamelons des montagnes de Galilée à l'est, a deux lieues. Ces montagnes vont en s'élevant pendant six lieues, jusqu'à la crête supérieure, d'où elles descendent jusqu'au Jourdain. Il y a douze à quinze lieues d'Acre à cette rivière. Six ruisseaux traversent la plaine d'Acre; les trois principaux sont, au nord, le (1)....... qui coule au pied du mont Saron, il faisait aller trois moulins; le Bélus, qui se jette dans la mer à douze cents toises sud d'Acre; le Keisoun, qui descend du mont Thabor et se rend dans la mer à huit cents toises nord de Haïffa. Le coteau du Turon a trois mille toises de longueur; il est situé à douze cents toises de la ville, au nord-est, à une même distance de la mer, à quatre mille toises des premiers mamelons des montagnes; il va en glacis du côté de la mer et du côté des montagnes. La gauche de ce coteau est un mamelon élevé, qui domine la ville, la mer et toute la plaine, on l'appelle le mont de la Mosquée; au pied, du côté du sud de ce mont, est l'embouchure du Bélus.

L'armée campa sur le coteau du Turon. Elle occupait l'hypoténuse d'un triangle dont la ville formait le sommet opposé, et la mer les deux autres côtés. La division Reynier était à la gauche; Kléber à la droite, Lannes et Bon au milieu; entre elles, le quartier général, vis-à-vis d'un grand magasin, adossé à l'aqueduc. L'ordonnateur Daure construisit une manutention dans ce magasin. Au bord du Bélus, au pied du mont de la Mosquée, il y avait une grande maison carrée; il y établit la grande ambulance; ses hôpitaux furent disposés à Chafa-Arm, Haïffa, Ramléh et Jaffa. Tout le revers des montagnes de la Galilée était couvert d'oliviers, de chênes verts et autres arbres; l'artillerie, les mineurs, les troupes et la manutention s'y approvisionnaient. Sur la rive droite, en remontant le Bélus, à quatre cents toises du mont de la Mosquée, le premier mamelon gauche des montagnes de la Galilée avait la forme d'un pain de sucre; plus élevé que le mont de la Mosquée, il domine toute la rive droite et la rive gauche

---

(1) Le nom n'était pas écrit dans le manuscrit et ne se trouve pas sur les cartes.   (*De Las Cases.*)

du Bélus; on l'appelle le mont du Prophète. Du côté est, il appuyait la gauche d'un vaste camp de dix lieues carrées, dont les montagnes du Saron formaient le côté nord, la mer le côté ouest, et le Bélus, compris entre le mont de la Mosquée et celui du Prophète, le côté sud. On barra par des fossés, des abattis, tous les chemins des monts; on construisit trois ponts avec des flèches sur le Bélus. Personne, étranger à l'armée, ne pénétra dans ce grand camp, où se trouvaient de très-beaux pâturages, des blés, des jardins, des vergers, des bois, de l'eau, des moulins, et toutes les choses nécessaires au siége. Des grand'gardes de cavalerie et des piquets d'infanterie française veillaient aux divers débouchés.

Pendant le siége d'Acre par les chrétiens (1191), qui dura trois ans, le camp des croisés était aussi placé sur les collines du Turon, mais la gauche s'étendait sur le mont de la Mosquée et sur la rive gauche du Bélus. Alors, les armées n'avaient pas de canons, et les camps pouvaient s'approcher davantage des villes. Les croisés avaient établi deux rangs de retranchements, l'un au pied même de la colline du Turon, le second appuyé, la droite à la hauteur du Prophète, la gauche au mont Turon; le second retranchement forcé, ce qui arriva souvent, les assiégeants se réfugiaient derrière le premier. Saladin, avec son armée de secours, campait devant Chafa-Arm, sur les hauteurs du Kaocôba, à deux lieues sud-est du mont du Prophète, couvrant la route de Jérusalem, de Damas, et la plaine d'Esdrelon.

Napoléon ne voulant pas permettre aux patrouilles ennemies de pénétrer en-deçà du Jourdain, forma quatre corps pour en surveiller les rives : le premier, commandé par le colonel Lambert, observa le Carmel, la plaine d'Esdrelon, la plage de la mer, les routes de Naplouse; il tenait garnison à Haïffa et au Chafa-Arm; le second, commandé par le général Junot, occupait le fort de Nazareth, observant le Jourdain, au-dessous du lac de Tabariéh; le troisième, commandé par le général Murat, occupa la citadelle de Sâfed, observant le Jourdain au-dessus du lac de Tabariéh et le pont de Jacob; le quatrième, commandé par le général Vial, observait les débouchés du mont Saron, poussant des postes sur Tyr. Ces quatre corps d'observation affaiblissaient l'armée de deux mille hommes, mais les forts qui leur servaient de points d'appui n'exigeaient que peu d'hommes. Les colonnes étaient toujours en mouvement du camp aux frontières et de frontières au camp, ce qui les faisait paraître très-nombreuses. L'armée vivait : 1° des magasins de Haïffa, qui s'approvisionnaient par terre et par mer de celui de Jaffa; 2° de ceux de Chafa-Arm, qui se formaient des ressources du pays; 3° de ceux de Sâfed, qui étaient approvisionnés par le cheykh Daher. Depuis la bataille du mont Thabor, l'armée vécut des magasins que l'ennemi avait formés à Tabariéh, sur le lac de ce nom. Le fourrage était abondant dans la plaine d'Acre; s'il eût été nécessaire, on eût pu aller fourrager dans la plaine d'Esdrelon.

II. Le cheykh Daher fut le plus empressé de tous à se rendre au camp et à offrir ses services. Le 19 mars, à huit heures du matin, l'armée passait le Bélus et prenait son camp sur la colline du Turon. La fusillade et la canonnade étaient vives entre la division Reynier, chargée de l'investissement, et la garnison qui, logée dans les ruines en avant de la ville, ne voulait pas rentrer dans les murailles, lorsqu'on vit du côté de la montagne du Prophète un groupe de trois à quatre cents cavaliers : c'était le cheykh Daher, qui depuis deux jours attendait à Chafa-Arm le moment où l'armée arriverait devant Acre. A dix heures du matin il fut présenté, sur la hauteur de la Mosquée, à Napoléon, qui le revêtit d'une pelisse en signe d'investiture du commandement de la province de Sâfed. Pendant qu'il prêtait son serment, un boulet emporta son cheval, qui était à dix pas derrière lui. Ce prince resta deux jours au camp; il reçut la promesse d'être remis en possession de l'héritage de son père. A quelques semaines de là, il signa une convention par laquelle il s'engagea à fournir cinq mille hommes à pied et à cheval pour suivre l'armée au-delà du Jourdain, à garder Acre et la côte depuis le mont Blanc jusqu'à Césarée, et à payer un tribut qui serait convenu et calculé sur la moitié du revenu qu'il tirerait du pays qu'on lui donnerait. Ce cheykh fut fidèle; il entretint des correspondances suivies avec Damas; il donna des nouvelles exactes de ce qui s'y faisait; il nous concilia les Bédouins, qui ne causèrent aucune inquiétude à l'armée en Syrie; il approvisionna le camp de tout ce que pouvait fournir le pays.

Quelques jours après, les Moutoualis se présentèrent en masse, hommes, femmes, vieillards, enfants, au nombre de neuf cents; deux cent soixante seulement étaient armés, dont moitié montés et moitié à pied. Le général en chef revêtit d'une pelisse les trois chefs, et leur restitua les domaines de leurs ancêtres. Ces Moutoualis étaient autrefois dix mille; Djezzar les avait presque tous fait périr; c'étaient des musulmans Olydes et fort braves. Le général Vial passa le mont Saron, entra à Soûr, l'ancienne Tyr; c'était le domaine de ces Olydes. Ils se chargèrent d'éclairer la côte jusqu'au pied des montagnes; ils se recrutèrent et promirent cinq cents chevaux bien armés pour marcher sur Damas au mois de mai.

Les pères de la Terre-Sainte amenèrent la population de Nazareth, hommes et femmes, au nombre de plusieurs milliers; les populations chrétiennes de Chafa-Arm, de Sâfed, etc., firent leur visite en masse. Le bonheur de ces chrétiens ne se peut exprimer; après tant de siècles d'oppression, ils voyaient des hommes de leur religion! Leur plaisir était de parler de la Bible, qu'ils savaient mieux que les soldats français; ils avaient lu les proclamations du général en chef, dans lesquelles il disait qu'il était l'ami des musulmans, et ils applaudissaient à cette ligne de conduite; cela n'avait en rien diminué leur confiance en lui. Napoléon revêtit de pelisses trois de leurs chefs, qui avaient plus de quatre-vingt-dix ans; un d'eux avait cent un ans et lui présenta quatre générations. Le général en chef le fit dîner avec lui. Ce vieillard ne dit pas trois mots qu'il n'y mêlât une parole tirée de l'Ecriture sainte. La fidélité de ces chrétiens ne se démentit ni dans la bonne ni dans la mauvaise fortune de l'armée; ils lui furent utiles pendant toute la durée du siége; il y en avait toujours un grand nombre au camp. Le marché était très-fréquenté et très-abondant; ils y apportaient des farines, du riz, des légumes, du lait, du fromage, des bestiaux, des fruits, des figues, des raisins secs, du vin; ils donnèrent aux malades autant de soins que l'eussent fait les Français eux-mêmes.

Les musulmans du pachalik d'Acre partageaient la joie et l'espérance des chrétiens; ils se présentèrent au camp par députation; ils se plaignirent amèrement de la férocité du pacha; on ne rencontrait à tous moments que des hommes mutilés par les ordres de ce tyran; ce grand nombre d'hommes sans nez était un spectacle hideux.

Le climat de la Syrie avait plus d'analogie avec celui de l'Europe qu'avec celui de l'Egypte. Les habitants étaient plus aimables, plus affectueux; le musulman même était moins fanatique. Les soldats s'y plaisaient davantage. De tout temps, l'Egypte a été le pays des prêtres et des dieux. Les Juifs étaient assez nombreux en Syrie; une espérance vague les animait; le bruit courait parmi eux que Napoléon, après la prise d'Acre, se rendrait à Jérusalem et qu'il voulait rétablir le temple de Salomon. Cette idée les flattait. Des agents chrétiens, juifs, musulmans, furent dépêchés à Damas, à Alep, et jusque dans les Arménies; ils rapportèrent que la présence de l'armée française en Syrie agitait toutes les têtes. Le général en chef reçut des agents secrets et des communications fort importantes de plusieurs provinces de l'Asie-Mineure; il envoya des affidés en Perse. C'est de là que datent ses relations avec la cour de Téhéran.

III. Le 22 mars, on signala au mont de la Mosquée les deux vaisseaux de guerre anglais; une heure après, on aperçut six petites voiles que l'amiral Ganteaume reconnut pour être les tartanes de la flottille de Damiette qui portaient le canon de siége. On apprit depuis que les deux vaisseaux de guerre anglais les avaient chassées pendant trente-six heures et avaient amariné six bâtiments; que les six autres ayant fait fausse route, avaient gagné les côtes de France. Parmi ces derniers se trouvait le bâtiment du capitaine de frégate Hudelet, commandant la division. Cette perte, par elle-même, était de peu de valeur, mais les conséquences en furent des plus fâcheuses. Si ces bâtiments fussent entrés le 19 mars, comme ils le devaient et le pouvaient, à Haïffa, Acre eût été prise avant le 1er avril, Damas avant le 15, Alep avant le 1er mai; toutes les ressources de la Syrie auraient été mises en activité pendant six mois, et, à l'automne, l'armée se serait trouvée en état de tout entreprendre. Les opinions varièrent sur les motifs de la mauvaise conduite du capitaine Hudelet, commandant ce précieux convoi : les uns l'attribuèrent à son ignorance, à sa pusillanimité; d'autres à l'envie de retourner en France. Les deux vaisseaux anglais n'avaient qu'un très-mauvais mouillage près de Haïffa : *le Thésée* eut ses câbles coupés par les bancs de coraux, dériva, et fut un quart d'heure en perdition, ce qui décida sir Sidney Smith à s'emparer de Haïffa, véritable mouillage de cette baie. Il avait encore plusieurs mois de mauvais temps à craindre. Il fit embarquer, à la pointe du jour, le 26 mars, quatre cents hommes sur dix chaloupes. Le chef d'escadron Lambert, qui commandait le corps d'observation dans cette place (1)....... Il laissa les Anglais débarquer tranquillement, se former, entrer en ville; mais lorsqu'il les vit engagés dans les maisons, il les accueillit par la mitraille de trois pièces de campagne et la fusillade de cent hommes logés dans deux maisons crénelées, en même temps qu'il les chargea en flanc et en queue avec deux piquets chacun de

---

(1) Ici était une lacune dans le manuscrit.　　　　　　　　　　　　(*De Las Cases.*)

trente dragons Les Anglais, attaqués de tous côtés, se débandèrent; cent cinquante furent tués, pris ou blessés. La chaloupe du *Tigre*, armée d'une grosse caronade de trente-deux, tomba au pouvoir du vainqueur. Les obus et la mitraille accompagnèrent les chaloupes dans leur retraite, non sans leur tuer et blesser bien du monde. Le 1er avril, avant le jour, une frégate turque, venant de Constantinople, mouilla à une portée de fusil de Haïffa, à l'ancrage ordinaire. Lambert fit sur-le-champ arborer pavillon ottoman. Au jour, le capitaine descendit à terre, dans un grand canot, et fut fait prisonnier avec trente canotiers et sa chaloupe, armée d'une grosse caronade de vingt-quatre. Ces deux pièces furent utiles au siége ; on les mit en batterie de brèche, où elles firent bon effet.

IV. Le général Reynier avait investi la place. Il s'était à cet effet battu toute la journée, et avait sur le soir placé des vedettes à portée de pistolet des murailles. Les généraux Caffarelli et Dommartin, les colonels Samson et Songis, avaient employé la nuit du 19 au 20 mars et la journée du 20 à reconnaître la place ; le colonel Samson avait à deux heures du matin reconnu le fossé, il n'y trouva pas de contrescarpe : cette reconnaissance était dangereuse, il y fut blessé grièvement. Les officiers du génie et de l'artillerie se flattèrent d'entrer dans Acre aussi facilement qu'ils étaient entrés dans Jaffa ; des pièces de douze de campagne leur parurent suffisantes pour faire brèche à l'enceinte.

La surface qu'occupe la ville d'Acre est un trapèze, dont deux côtés sont baignés par la mer, et les deux autres formés par des murailles. Le côté de l'est a trois cents toises, il était flanqué par cinq petites tours; celui du nord a cinq cents toises, il était flanqué par sept petites tours, et par le palais du Pacha, qui est une espèce de citadelle. Ces deux côtés se rencontrent en formant un angle droit. A ce sommet est une grosse et vieille tour qui domine la ville et toutes les murailles. Elle est dominée elle-même par la hauteur de la Mosquée, qui en est éloignée de cinq cents toises. L'ancien port était comblé; un petit îlot où se trouvait un phare flanquait l'enceinte de l'est. Les environs des murailles à trois cents toises étaient couverts des ruines de l'ancienne ville et des anciennes fortifications; c'étaient des souterrains, des tours, des pans de murailles. Un aqueduc entrait dans la ville près de la grosse tour, du côté du nord. Cet aqueduc avait six mille toises de long, traversait la plaine, et portait les eaux du pied des montagnes dans les citernes de la ville. Acre avait été inhabitée pendant longues années ; elle avait été rétablie par Daher, embellie et augmentée par Djezzar, qui y avait fait construire une belle mosquée et un beau bazar.

Le général du génie Caffarelli proposa d'attaquer le front de l'est : 1° parce qu'il était dominé par le mont de la Mosquée, quoique d'un peu loin ; 2° parce que l'autre front, celui du nord, était battu par le canon du palais du Pacha ; 3° parce que les approches en étaient plus faciles. Si l'on faisait la brèche à une courtine, ou il faudrait se loger entre deux tours, ce qui serait difficile et très-meurtrier, ou il faudrait entrer dans la place, sans logement, ce qui serait périlleux. Si l'on faisait la brèche à une tour, une fois que l'armée en serait maîtresse, on aurait un débouché assuré pour entrer dans la ville. Il proposa de faire brèche à la grosse tour : 1° comme la plus éloignée de la mer; 2° comme la plus grande, la plus haute, celle qui domine toute l'enceinte et toute la ville; 3° comme la plus près de l'aqueduc, qui devait servir de place d'armes et de parallèle. Il est vrai, ajoutait-il, que la brèche serait plus difficile à faire à la maçonnerie de cette vieille construction; mais les pièces de douze étaient suffisantes pour l'ouvrir; que cette tour une fois prise, la place tomberait d'elle-même; que le tout n'était pas de prendre Acre, mais de la prendre sans y perdre l'armée; sept à huit mille hommes seraient bien vite perdus, si l'on se hasardait contre les Turcs dans des combats de maisons et de rues.

Le siége de Saint-Jean-d'Acre a duré soixante-deux jours, du 19 mars au 21 mai; il a deux époques : la première, du 19 mars au 25 avril (36 jours); la deuxième, du 25 avril au 21 mai (26 jours) : total 62 jours. Dans la première époque, les assiégeants ont fait jouer deux mines, tenté deux logements, donné un assaut; les assiégés ont fait six sorties qui toutes leur ont été funestes. Pendant la seconde époque, les assiégeants ont fait jouer trois mines, établi sept logements, donné deux grands assauts; ils ont pénétré dans la place et s'y sont établis. Les assiégés ont cheminé par des lignes de contre-attaque, ont fait douze sorties, ont perdu beaucoup de monde; toutefois ils ont reçu constamment des renforts qui non-seulement ont réparé les pertes, mais ont même accru les forces. Le général français aurait cependant pris la ville malgré l'arrivée d'une division de Rhodes, sans la peste, qui faisait de grands ravages, et sans les nouvelles d'Europe. Une deuxième coalition s'était formée contre la République, la guerre avait recommencé, et l'armée française était entrée dans Naples, ce qui fut considéré comme une fâcheuse nouvelle; l'affaiblissement de l'armée sur l'Adige faisait présager des désastres.

V. Pendant la première époque du siége, l'artillerie des assiégeants consistait en deux caronades de trente-deux et de vingt-quatre prises à Haïffa, quatre mortiers de six pouces, et trente-six bouches à feu de l'équipage de campagne. Douze pièces restaient pour le service des corps d'observation. Les caronades de trente-deux et de vingt-quatre n'avaient pas d'affûts; les ouvriers du parc en construisirent en peu de jours. L'artillerie n'avait pas de boulets de ce calibre, on fit ramasser tous ceux qui étaient épars dans les tranchées provenant des remparts et de la grande batterie des deux vaisseaux anglais. Le parc donna cinq sous par boulet; les soldats se mirent à la recherche et en apportèrent trois cents des deux calibres en peu de jours; ne pouvant plus en trouver, ils avisèrent à divers moyens pour s'en procurer; ils s'adressèrent aux passions bouillantes du commodore anglais, et employèrent plusieurs ruses pour les stimuler; tantôt ils faisaient courir des hommes à cheval sur la plage; tantôt ils portaient sur les dunes des tonneaux, des fascines, et se mettaient à travailler, à remuer la terre comme s'ils construisaient une batterie; quelquefois aussi, ils faisaient mouiller en rade, près du rivage, une chaloupe qu'ils avaient transportée de Haïffa. Aussitôt que sir Sidney Smith s'apercevait que l'on prétendait agir sous son canon, il levait l'ancre, s'approchait à toutes voiles de la terre, et lançait des boulets que les soldats ramassaient. Le parc fut bientôt abondamment pourvu.

Le 21 mars, les officiers du génie ouvrirent la tranchée à cent cinquante toises de la ville; elle était appuyée à l'aqueduc qui formait parallèle naturelle contre le feu de la place. L'artillerie construisit huit batteries, deux contre l'îlot où était le phare que l'on avait armé, trois contre les trois tours qui battaient les approches de la brèche. Ces cinq batteries furent armées de seize pièces de quatre, quatre pièces de huit; la sixième batterie fut armée de quatre mortiers de six pouces dirigés contre la grosse tour; les septième et huitième reçurent quatre pièces de douze, quatre de huit, deux obusiers pour battre en brèche la face est de la grosse tour; les 22, 23 et 24, les sapeurs cheminèrent par des boyaux de tranchée jusqu'à cinq toises du fossé, où ils se déployèrent en construisant une large parallèle qui servit à tous les mouvements du siége. Le 23 mars, le feu commença; en quarante-huit heures, les deux pièces de canon du phare furent réduites au silence, ainsi que les gros canons qui armaient les remparts sur le front qui était attaqué. Le 24, les batteries de brèche commencèrent à jouer; pendant les premières vingt-quatre heures, elles ne produisirent aucun effet sensible, ce qui fut attribué à l'incapacité du calibre de douze, et l'on accusait ouvertement les officiers du génie de s'être attachés à une ancienne maçonnerie, à l'abri même du calibre de vingt-quatre, lorsqu'à quatre heures après-midi tout le pan est de la grosse tour s'écroula avec un horrible fracas. Ce fut un cri de joie poussé par l'armée, et par trente mille spectateurs qui, accourus des contrées voisines, couronnaient les hauteurs. Un officier du génie s'avança pour reconnaître la brèche, mais il fut attaqué par quelques tirailleurs qui étaient le long des murs; vingt-cinq hommes commandés pour les chasser, et vingt-cinq sapeurs pour régaler le pied de la brèche. On espérait qu'ainsi que cela était arrivé pour Jaffa, Acre serait prise dans la soirée. Mais les vingt-cinq sapeurs furent arrêtés par la contrescarpe. Cette contrariété fut la première. Djezzar, qui avait embarqué ses trésors, ses femmes, et s'était embarqué lui-même, passa toute la nuit à bord. Les habitants s'attendaient à chaque instant à l'assaut et à la prise. Cependant les tours et les murailles restèrent couvertes de soldats qui firent toute la nuit un feu roulant de mousqueterie. Le 26 au soir, le pacha se rassura, rentra dans son palais, et fit une sortie qui ne lui réussit pas. Cette fâcheuse contrescarpe paralysa les efforts des assiégeants pendant quatre jours, temps nécessaire pour enfermer les mineurs et préparer la mine, qui fut chargée le 28; elle fit sauter la contrescarpe. Le capitaine d'état-major Mailly était commandé pour faire le logement de la tour avec cinq ouvriers, dix sapeurs et vingt-cinq grenadiers. L'adjudant commandant Laugier avec huit cents hommes était rangé derrière l'aqueduc, à quinze toises de la brèche, pour y monter aussitôt qu'il aurait reçu de Mailly le signal qu'elle était praticable. La division Bon, placée en colonnes, par bataillons, dans les places d'armes, était destinée à soutenir Laugier et à emporter la place; ces bataillons devaient se porter successivement sur la brèche. Mais, pour réussir, il était nécessaire qu'aucun soldat ne s'arrêtât en route, malgré le feu terrible de la fusillade des murailles.

Mailly se lança dans le trou de la mine, de là il se précipita dans le fossé sans se laisser arrêter par dix pieds de contrescarpe qui n'avaient pas été renversés; le mineur ne s'était pas assez enfoncé. Arrivé au pied de la tour, il y dressa trois échelles et monta dans le premier étage avec ses quarante hommes; alors il donna le signal à Laugier, qui partit au pas de charge, et arriva sur le bord du fossé, croyant la contrescarpe renversée; sa troupe fut surprise de la trouver presque entière. Laugier et le premier peloton se jetèrent dans le fossé et coururent à la brèche (1)....... Le second peloton eut son capitaine tué sur le bord de la contrescarpe; il s'arrêta, mesura de l'œil la profondeur du fossé, et se jeta à gauche pour chercher un endroit moins profond. Tourmenté par le feu des murs, le bataillon se déploya et se débanda en tirailleurs; cependant Mailly avait grimpé sur la plate-forme, y avait arraché le pavillon ottoman; dix braves étaient avec lui, les autres avaient été tués ou blessés. Laugier fut tué comme il traversait le fossé. Ceux qui l'avaient suivi se portèrent aux échelles de la tour, elles avaient été renversées; ils rétrogradèrent pour en chercher d'autres qui étaient restées sur le puits de la mine. Ce mouvement est pris pour une fuite, les hommes du piquet de Mailly qui étaient dans le premier étage de la tour descendent dans le fossé; il ne reste plus que Mailly, un sapeur et deux grenadiers sur la plate-forme. Mailly descend au premier étage pour appeler du secours, il est frappé d'une balle qui lui traverse les poumons; il tombe dans son sang, les grenadiers descendent pour le secourir. Cependant le général en chef s'était porté au puits de la mine, afin de voir pourquoi la colonne de Laugier hésitait; il reconnut la difficulté de franchir l'obstacle de la contrescarpe; rien n'était préparé pour cela; il envoya l'ordre au général Bon de ne point sortir de la tranchée, car l'assaut était manqué.

Aussitôt que le pacha avait vu le pavillon ottoman arraché du haut de la tour, il s'était porté à la marine et embarqué. Toute la garnison et les habitants, femmes, enfants, vieillards, quittaient la ville, se jetaient dans des barques ou se réfugiaient dans les mosquées. Tout paraissait perdu et la ville prise, lorsque cinq mameluks, trois noirs du Dârfour, deux Circassiens qui faisaient partie des braves de l'intérieur de Djezzar, et étaient de garde au palais pour empêcher les habitants de le piller, s'aperçurent qu'il n'y avait que deux ou trois Français sur la plate-forme de la tour, et que ce nombre n'augmentait pas. Ils se coulèrent le long de la muraille, grimpèrent sur la plate-forme, firent une décharge, et n'y trouvèrent plus qu'un sapeur qui se sauva. Ces intrépides musulmans descendirent de la plate-forme au premier étage, y trouvèrent Mailly et les deux soldats mourants; ils leur coupèrent la tête, remontèrent sur la plate-forme, arborèrent le pavillon ottoman et promenèrent les têtes dans la ville. Un corps de cinq cents Maugrabins et Arnautes placé au coin de la mosquée de Djezzar pour protéger l'embarquement du pacha, rentra dans les tours; la ville fut sauvée. Cet assaut coûta à l'armée française vingt-cinq hommes tués et quatre-vingt-sept blessés, parmi lesquels la moitié des quarante hommes de piquet du logement.

(1) Ici sont quelques mots écrits au crayon de la main de Napoléon; on n'a pu y lire que le mot *brave* ou *bravoure.*   (*De Las Cases.*)

La croisière anglaise, sous le prétexte d'éviter le mauvais temps et les vents de l'équinoxe, avait pris le large et disparu dès le 26 mars; en réalité, sir Sydney Smith ne voulait pas être présent à la prise de la ville, qu'il regardait comme immanquable. Mais lorsqu'il apprit que l'assaut avait échoué, il revint, et parut du 5 au 6 dans la rade. Il débarqua le colonel émigré Phelippeaux, Douglas et une centaine d'officiers et canonniers, ses marins les plus braves et les plus habiles. Il fit usage de l'artillerie prise aux Français, nos pièces de vingt-quatre, de seize, nos beaux mortiers de huit pouces défendaient la ville qu'ils avaient été destinés à battre et à soumettre. Tout contribua à rassurer la garnison, qui, chaque jour, recevait de Chypre et de Tripoli des secours en hommes, en vivres et en munitions.

Le général Caffarelli, qui dirigeait le siége, ordonna une nouvelle mine. Le 1er avril elle renversa la contrescarpe; l'artillerie mit en batterie les des caronades de trente-deux et de vingt-quatre, qui firent beaucoup d'effet. De son côté, l'assiégé n'avait pas perdu son temps; la brèche avait été rendue impraticable; on l'avait remplie de bombes, d'obus, de grenades chargées, de tonneaux de goudron, de fascines, de bois couverts de chemises de soufre, de pointes de fer. Cependant vingt-cinq hommes ordonnés pour préparer le logement se logèrent et franchirent tous les obstacles; mais ils furent bientôt au milieu d'un brasier ardent. Cinq grenadiers furent brûlés, plusieurs blessés, le reste gagna précipitamment le logement de la con-trescarpe. On fut convaincu alors de l'impossibilité de prendre la ville avec des pièces de campagne et en si petite quantité. Les Ottomans en triomphèrent avec une sorte de gaieté; ils criaient toutes les nuits aux canonniers français : *Sultan Selim, pan, pan, pan; Bonaparte, pin, pin, pin.* Il n'y eut plus d'espoir que dans la guerre souterraine. Caffarelli fit cheminer la mine sous le fossé, la dirigeant sous la grosse tour. L'assiégé eut recours aux contre-mines, mais les mineurs français, plus habiles, les étouffèrent.

Phelippeaux déclara que le danger était imminent; que d'un moment à l'autre la ville pouvait être enlevée. Il fit résoudre le pacha à une sortie pour éventer le puits de mine et y étouffer le mineur. Le 7 avril, pendant la nuit, trois colonnes, chacune de quinze cents hommes, se disposèrent : la première en avant du palais du pacha, la seconde à la porte de mer, la troisième à l'extrémité, le long du rivage de la mer. Au sud, cent cinquante Anglais et trois cents Turcs d'élite, sous les ordres du colonel Douglas et du major (1)....... étaient placés derrière la grosse tour pour masquer la brèche. A l'aube du jour, les trois colonnes commencèrent l'attaque; la fusillade devint très-vive; l'ennemi, comme d'usage, gagna d'abord du terrain. La colonne anglaise descendit alors la brèche au pas précipité, elle n'avait que quinze toises à parcourir pour s'emparer du puits. Déjà le major anglais était sur le puits, la mine était perdue, lorsque le bataillon, garde de réserve, marcha la baïonnette en avant, tua, blessa ou prit toute cette colonne qu'il avait débordée par la gauche et par la droite; à peu près au même

<hr>

(1) Le nom est omis dans le manuscrit.   (*De Las Cases.*)

moment, les réserves de la tranchée s'étaient avancées ; les Turcs furent rejetés avec précipitation dans la place ; plusieurs petites colonnes furent coupées et prises. Cette sortie coûta huit cents hommes aux assiégés, parmi lesquels soixante Anglais. Les blessés de cette nation furent soignés comme les Français, et les prisonniers campèrent au milieu de l'armée, comme s'ils eussent été des Normands, ou des Picards ; la rivalité des deux nations avait disparu à une telle distance de leur patrie et au milieu de peuples si barbares. Les Turcs montrèrent beaucoup de bravoure individuelle, d'impétuosité, de dévouement ; mais aucun art, aucun ensemble, aucun ordre, ce qui rendait toutes leurs sorties très-funestes pour eux. Le major anglais tué fut enterré avec les honneurs de la guerre ; le capitaine Wright fut blessé grièvement. Pendant cette première époque, l'armée n'a jamais été dans le cas d'aller au secours de la tranchée.

Aly, mameluk noir de Djezzar, à la fois son confident, son brave et son bourreau, était l'objet de la haine des chrétiens, qui en demandaient vengeance. Un officier de gendarmerie procéda à son interrogatoire. Napoléon voulut le voir ; cet intrépide musulman lui dit : « *Toute ma vie j'ai obéi à mon maître ; avant-hier j'ai coupé et porté la* » *tête de ton mameluk dans la ville que j'ai sauvée ; tiens, voilà la mienne, sultan,* » *coupe-la, mais coupe-la toi-même, et je meurs content ; le prophète a dit qu'il ne faut* » *pas rejeter la dernière demande d'un mourant.* » Le général en chef lui tendit la main, lui fit porter à manger. Depuis il a été reconnaissant. Il a été tué dans une charge à la bataille d'Aboukir, combattant à la tête d'un corps de cavalerie française.

VI. Le pacha de Damas avait réuni dans cette grande ville trente mille hommes à pied et à cheval. La cavalerie de Djezzar et celle d'Ibrahim-Bey étaient sur la rive gauche du Jourdain et maintenaient la communication de Damas avec Naplouse ; les Naplousiens avaient réuni six mille hommes, ils brûlaient de venger l'affront qu'ils avaient reçu au combat de Kakoun.

La Porte avait ordonné que l'armée de Damas passât le Jourdain aussitôt que l'armée de Rhodes serait débarquée dans Saint-Jean-d'Acre, afin de nous mettre entre deux feux. Mais les dangers que courait la place, la crainte surtout qu'inspirait la guerre souterraine, décidèrent Djezzar, en sa qualité de sérasquier, à donner l'ordre au pacha de Damas de passer le Jourdain sans plus tarder, de se joindre aux Naplousiens dans la plaine d'Esdrelon, et de couper les communications du camp d'Acre avec l'Egypte.

Le fils Daher donna avis que ses agents de Damas lui annonçaient le départ de l'armée ; qu'elle était innombrable. La position de l'armée française devenait délicate ; sur treize mille hommes qui étaient entrés en Syrie, mille avaient été tués ou blessés aux combats d'El-Arich, de Gaza, de Jaffa et pendant la première période du siége d'Acre ; mille étaient malades aux hôpitaux de Nazareth, de Chafa-Arm, de Ramléh, de Jaffa et de Gaza ; deux mille tenaient garnison à Katiéh, à El-Arich, à Gaza et à Jaffa ; cinq mille étaient nécessaires au siége pour garder les parcs et les positions ; il ne restait que quatre mille hommes disponibles pour observer et battre l'armée de Damas et des Naplousiens, qui était de quarante mille hommes. Le général Berthier, prévoyant de grands événements, fit évacuer les hôpitaux de Nazareth, Chafa-Arm, Haïffa, et les ambulances d'Acre, sur Jaffa, ainsi que les gros bagages, les prisonniers et tout ce qui pouvait embarrasser l'armée, qui, selon l'expression des marins, n'était plus que su une ancre.

L'armée du pacha de Damas arriva sur le Jourdain en deux colonnes; celle de droite, sous le commandement de son fils, forte de huit mille hommes, occupa le pont de Jacob, et envoya une avant-garde pour cerner le fort de Safed. Il essaya vainement de l'emporter d'assaut. Ses partis inondèrent toute la Galilée. Le pacha, avec vingt-cinq mille hommes, campa sur la rive gauce du Jourdain, vis-à-vis du gué de (1)....... dont il s'assura. Il envoya son avant-garde prendre position sur les hauteurs de Loûbiâ, sur la rive droite du Jourdain. Les Naplousiens campèrent dans la plaine d'Esdrelon.

Le général Murat partit du camp avec sa colonne mobile, qui fut complétée à mille hommes de toutes armes; fit lever le siége de Safed, força le pont de Jacob, s'empara du camp du fils du pacha, fit beaucoup de prisonniers; les tentes, les bagages, les chameaux, l'artillerie, tombèrent au pouvoir du vainqueur; le butin fut considérable. Le jeune fils du pacha avait commis la faute d'envoyer trop de monde en partis; il ne put réunir plus de deux mille hommes au moment où il fut attaqué. Aussitôt que les restes de sa division furent instruits que le pont de Jacob était enlevé, ils rejoignirent Damas en tournant les sources du Jourdain. De là Murat se porta sur Tabariéh, dont il s'empara. Dans cette ville étaient les magasins de l'ennemi; il y trouva du blé, de l'orge, du riz, de l'huile et du fourrage pour nourrir pendant six mois l'armée française.

Le général Junot occupait Nazareth avec sa colonne d'observation. Aussitôt qu'il apprit que l'avant-garde du pacha, de trois mille hommes, avait passé le Jourdain, il marcha à sa rencontre; il la trouva dans la plaine de Canaan, et la contint, quoiqu'il n'eût que quatre cents hommes. Ce combat lui fit beaucoup d'honneur, et couvrit de gloire le colonel de dragons Duvivier, un des plus braves officiers de cavalerie de l'armée française. Le général en chef donna l'ordre au général Kléber de se porter avec sa division à l'appui de la colonne du général Junot. Il le joignit le 11 avril, ayant deux mille cinq cents hommes sous ses ordres. Il marcha sur les hauteurs de Loûbiâ, où le pacha de Damas avait renforcé son avant-garde, jusqu'à sept mille hommes. Le combat ne fut pas douteux, l'ennemi fut battu; mais Kléber, craignant d'être coupé d'Acre, reprit le lendemain sa position sur les hauteurs de Nazareth.

Le pacha de Damas fit alors réoccuper les hauteurs de Loûbiâ, et, sous leur protection, marcha avec le reste de son armée par sa gauche. Il campa dans la plaine d'Esdrelon, se réunissant à la division de Naplouse. Quand ce mouvement fut fini, son avant-garde, devenue son arrière-garde, suivit son mouvement, abandonna les hauteurs de Loûbiâ et ses communications directes avec Damas. Kléber résolut de punir le pacha de cette audacieuse marche de flanc. Il instruisit le général en chef qu'il allait marcher entre le Jourdain et l'ennemi pour le couper de Damas, et qu'il calculait sa marche de

____

(1) Le nom est omis dans le manuscrit.   (*De Las Cases.*)

manière à surprendre le camp turc à deux heures du matin ; qu'il espérait le même
succès que le général Reynier avait obtenu à El-Arich. Le plan de Kléber était mal
combiné ; il supposait qu'il allait couper la ligne d'opération de l'ennemi, tandis que
celui-ci avait déjà quitté la ligne d'opération du Jourdain pour prendre celle de
Naplouse ; son mouvement n'en serait donc pas arrêté ; il continuerait à marcher sur
Acre ; le siége serait à découvert et en danger. L'espoir de surprendre le camp ennemi
par une attaque de nuit n'était pas raisonnable. Le général Reynier avait réussi à El-
Arich, parce qu'il avait reconnu avec ses officiers pendant deux jours consécutifs les
chemins que ses colonnes devaient tenir pendant la nuit, parce que la position du camp
d'Abdallah était fixe ; mais comment le général Kléber pourrait-il opérer de nuit, sur un
terrain que ni lui ni ses officiers ne connaissaient ? Lorsqu'il méditait cette attaque, il
était à cinq lieues de l'ennemi, et ne savait pas précisément où celui-ci camperait. Il
aurait fallu qu'il fût resté au moins vingt-quatre heures en présence, pour bien reconnaître les localités du camp musulman ; cela lui était impossible devant une armée aussi
supérieure. Napoléon prévit qu'il n'arriverait qu'au point du jour sur un terrain qu'il
n'aurait pas choisi, qu'il serait enveloppé par toute cette armée et courrait les plus
grands dangers, que cette division et l'armée de siége étaient également compromises.
Il partit à l'heure même (15 avril, une heure après-midi) avec une division d'infanterie,
toute la cavalerie qui se trouvait au camp et une batterie de réserve, marcha jusqu'à la
nuit et campa sur les hauteurs de Safariéh. A l'aube du jour, le 16, il se mit en marche
sur Soulin, suivant les gorges qui tournent les montagnes. A neuf heures du matin, il
découvrit toute la plaine d'Esdrelon, et à trois lieues nord-est il distingua avec sa bonne
lunette, au pied du mont Thabor, deux petits carrés de troupes environnés de fumée :
c'était évidemment la division française, qui était chargée et enveloppée de tous côtés
par une très-grande armée. La plaine d'Esdrelon est très-fertile ; elle était couverte de
moissons ; le blé avait déjà six pieds de haut. Napoléon forma sa division en trois colonnes, chacune d'un régiment ; il les fit marcher à quatre cents toises l'une de l'autre, se
dirigeant de manière à couper la retraite de Naplouse à l'armée ennemie. Les blés
cachaient entièrement le soldat qui s'approchait des camps de l'ennemi, sans que celui-
ci en eût aucune connaissance.

Kléber avait exécuté son projet ; il était parti dans la direction du Jourdain, et était
revenu sur les derrières de l'ennemi ; le jour avait paru avant qu'il eût pu le joindre ; à
sept heures du matin, il se trouva en présence ; il tomba sur les premiers postes, qu'il
égorgea. Mais l'alarme fut bientôt dans le camp ; toute cette multitude monta à cheval,
et ayant reconnu le petit nombre des Français, marcha sur eux. Kléber était perdu. En
homme de cœur et de tête, il fit tout ce qu'on pouvait attendre de lui ; il soutint et repoussa un grand nombre de charges ; mais les Turcs avaient gagné tous les chaînons
du mont Thabor, et tous les monticules qui cernaient les Français. Nos vieux soldats
comprenaient tout le danger de leur position, et les plus intrépides commençaient à
souhaiter qu'on enclouât l'artillerie, et qu'on se fît jour par les hauteurs escarpées de
Nazareth. Le général Kléber délibéra sur le parti à prendre ; sa position était cruelle

lorsque tout à coup des soldats s'écrièrent : « *Voilà le petit caporal.* » Des officiers d'état-major vinrent instruire le général Kléber de ce bruit; il se fâcha, en démontra l'impossibilité et ordonna que le conseil continuât de délibérer. Mais les vieux soldats de Napoléon, accoutumés à ses manœuvres, réitèrent leurs cris; ils croyaient avoir vu luire des baïonnettes. Kléber monta alors sur une hauteur, et braqua sa lunette, les officiers d'état-major en firent autant; mais ils ne découvrirent rien, les soldats eux-mêmes crurent s'être fait illusion; cette lueur d'espérance s'évanouit. Kléber se décida enfin à abandonner son artillerie et ses blessés, et ordonna que l'on formât la colonne pour forcer le passage. Il est probable que les soldats avaient aperçu le luisant des baïonnettes dans un moment où les colonnes s'étaient trouvées sur un terrain un peu plus élevé et plus découvert. Le général en chef mettait une grande importance à cacher sa marche, afin de pouvoir gagner un mamelon qui coupait toute retraite aux Turcs. Mais tout à coup son attention fut fixée par un mouvement de toute l'armée ennemie qui se serrait contre les carrés de Kléber. Plusieurs officiers d'état-major mirent pied à terre, braquèrent leurs lunettes, aperçurent distinctement que l'ennemi se préparait à une charge générale, et que les carrés de Kléber avaient l'air de perdre contenance; c'était la formation de la colonne d'attaque. Les moments étaient précieux. Kléber se trouvait entouré par trente mille hommes, dont plus de la moitié était à cheval; le moindre retard pouvait être funeste. Le général en chef ordonna à un carré de monter sur une digue. La tête des hommes et les baïonnettes furent aussitôt aperçues par les amis et les ennemis. En même temps une salve d'artillerie démasqua le mouvement. L'on aperçut bientôt le mouvement de Kléber qui se reformait en carrés, et les chapeaux au bout des baïonnettes, en signe d'allégresse; ce qui fut suivi d'une décharge d'artillerie de reconnaissance. L'armée ennemie, étonnée, surprise, s'arrêta court. Les mameluks d'Ibrahim-Bey, les plus lestes, qui se trouvaient le plus à portée, coururent ventre à terre pour reconnaître ces nouvelles troupes; ils furent suivis par tous les Naplousiens, les plus alarmés de voir des colonnes fermer le chemin de leur pays. Les trois carrés français s'arrêtèrent un moment et se coordonnèrent. Un détachement de trois cents hommes surprit et pilla le camp, et prit les blessés de l'armée turque; il mit le feu aux tentes, spectacle qui inspira de l'effroi aux ennemis. Quelques corps de cavalerie turque s'approchèrent à portée de fusil des carrés, mais accueillis par la mitraille, ils s'éloignèrent. De son côté, Kléber marcha; la jonction ne tarda pas à s'effectuer; le désordre, l'épouvante, devinrent extrêmes chez l'ennemi; cette armée se sauva, partie sur Naplouse, partie sur le Jourdain. On se peindrait difficilement les sentiments d'admiration et de reconnaissance des soldats. Les ennemis avaient perdu beaucoup de monde dans les différentes charges qu'ils avaient faites pendant la matinée; ils en perdirent davantage pendant la retraite. Plusieurs milliers se noyèrent dans le Jourdain; les pluies avaient élevé les eaux et rendu le gué très-difficile. Kléber eut deux cent cinquante à trois cents hommes tués ou blessés. La colonne du général en chef en eut trois à quatre. Telle est la bataille du mont Thabor. Napoléon monta sur cette montagne, qui est en pain de sucre élevé, dominant une partie de la Palestine. C'est là que, suivant quelques légendes, Jésus-Christ **fut transporté par** ly diable, qui lui offrit tout le pays qu'il voyait, s'il voulait l'adorer.

La nuit du 16 au 17 avril, Kléber coucha dans la tente du général en chef; il en partit à trois heures après minuit pour joindre sa division, qui était campée sur le Jourdain. Il poursuivit toute la journée du 17 les débris de l'armée de Damas; les soldats firent de riches prises. Kléber campa le soir du 17 au lieu où il se trouva, et attendit les ordres pour la journée du 18. Napoléon médita sur sa position; il ne restait que quatre mille hommes au camp d'Acre pour assiéger une garnison de huit mille hommes renforcée par deux vaisseaux anglais de quatre-vingts; cette garnison avait à chaque instant des secours; elle pouvait d'un moment à l'autre recevoir l'armée de Rhodes, dont le mouvement devait concourir avec celui de l'armée de Damas; il était donc urgent de faire rentrer toutes les troupes au camp de siége; on aurait pu à la rigueur en distraire les deux mille cinq cents hommes de Kléber, cinq cents chevaux et douze pièces de canon; il serait encore resté six mille hommes au camp, ce qui était suffisant; mais était-il raisonnable d'envoyer Kléber avec trois mille hommes dans une grande capitale, dont la population est de cent mille habitants, les plus méchants de l'Orient? n'était-il pas à craindre qu'aussitôt qu'ils auraient compté le petit nombre des Français, ils ne les entourassent de tous côtés? Cependant la prise de Damas pouvait avoir lieu au plus tard le lendemain matin, 18 ou 19, cela était bien tentant; quels avantages ne retirerait pas l'armée de cette conquête! Elle y trouverait des chevaux, des chameaux, des mulets dont elle avait besoin pour réparer ses pertes; des cuirs, des draps, des toiles, des effets d'habillement, de la poudre, des armes, de l'argent; on pouvait facilement y lever sept à huit millions de francs de contributions; et un avantage au-dessus de tout pour une armée conquérante, quel éclat cela ne jetterait-il pas sur les armes françaises? La bataille du mont Thabor allait rétablir leur réputation un peu obscurcie par la résistance d'Acre; mais que serait-ce si au Caire, à Tripoli, à Alep, à Acre on apprenait que le pavillon tricolore flottait sur la sainte, antique et riche Damas? cela ne produirait-il pas l'effet moral que l'on attendait de la prise d'Acre? Les Moutoualis, les Arabes, les Druses, les Maronites, tous les peuples de la Syrie se rangeraient sous les drapeaux de la France. Quelques fortes que fussent toutes ces considérations, il était impossible de risquer trois mille hommes seuls; mais si l'on pouvait les faire soutenir par six mille Naplousiens, cela serait différent. Le général en chef en parla le 17 au matin avec les députés des Druses et des Maronites qui suivaient l'armée. Ils déclarèrent qu'ils se regardaient comme autorisés après une aussi grande victoire que celle du mont Thabor, à engager leurs nations, ce qu'ils avaient ordre de ne faire qu'après la prise d'Acre, mais qu'il leur fallait au moins quinze jours pour réunir ce corps de troupes. Daher ne pouvait offrir sur-le-champ que deux cents hommes; les Bédouins, qui faisaient sa force, ne voulaient s'engager qu'au préalable Acre ne fût prise et remise dans ses mains. Mais puisqu'il n'était pas possible, avant la prise d'Acre, de s'emparer de Damas, Kléber ne pouvait-il pas au moins la mettre à contribution, ce qui n'exigeait que quarante-huit heures? Demander une contribution et repasser sur-le-champ le

Jourdain, était une expédition peu avantageuse, qui nuirait aux opérations ultérieures ; cela pouvait entraîner la perte des dix-huit mille chrétiens qui habitaient cette ville, et devaient un jour être si utiles à l'armée. Le 17 au matin, on fit brûler et piller trois gros villages naplousiens pour les punir ; des députés de Naplouse implorèrent le pardon de la ville, et donnèrent des otages. Kléber reçut ordre de repasser le Jourdain et de rester en observation sur cette rivière.

Le 18 avril, Napoléon coucha au couvent de Nazareth ; l'armée était dans la Terre-Sainte ; tous les villages étaient célèbres par les événements de l'Ancien et du Nouveau-Testament. Les soldats visitaient avec intérêt le lieu où Holopherne avait eu la tête coupée. On se peignait le Jourdain comme un fleuve large et rapide, à peu près comme le Rhin ou le Rhône ; on fut fort surpris de ne trouver qu'un filet d'eau moindre que l'Aisne ou l'Oise à Compiègne. En entrant dans le couvent de Nazareth, l'armée crut entrer dans une église d'Europe ; elle est belle ; tous les cierges étaient allumés, le Saint-Sacrement exposé ; l'armée assista à un *Te Deum ;* il y avait très-bon organiste ; les récollets étaient Espagnols et Italiens, un seul était Français ; ils montrèrent la grotte de la Nativité, où Notre Dame reçut la visite de l'ange Gabriel. Le couvent est très-beau, il y a assez de logements et de lits ; on y établit les blessés, les Pères les soignèrent. Les caves étaient fournies de très-bon vin. Le 19 avril, Napoléon rentra au camp d'Acre après avoir été absent seulement cinq jours. La bataille du mont Thabor eut l'effet que l'on s'en était promis ; les Druses, les Maronites, les populations chrétiennes de la Syrie, et quelques semaines après des députés des chrétiens d'Arménie, abondèrent au camp français. Par une convention secrète faite avec les Druses et les Maronites, il fut convenu que le général en chef prendrait à sa solde six mille Druses et six mille Maronites commandés par leurs officiers, qui joindraient l'armée française sur Damas.

VII. Aussitôt que le contre-amiral Perrée eut eu avis que l'armée était entrée en Syrie, il appareilla d'Alexandrie, dont sir Sidney Smith avait levé le blocus, et vint avec les frégates *la Junon, l'Alceste* et *la Courageuse* jeter l'ancre, le 15 avril, en rade de Jaffa. Il y reçut les ordres et les instructions pour s'approcher de Saint-Jean-d'Acre, de manière à ne pas être aperçu par le commodore anglais. Il reconnut le mont Carmel, et débarqua dans la petite anse de Tantourah six pièces de gros calibre, ainsi que beaucoup de munitions de guerre et de bouche. Cette opération importante se faisait à trois lieues de l'escadre anglaise. De là il prit le large, et établit sa croisière entre Rhodes et Acre, afin d'intercepter les bâtiments qui se rendaient dans cette place. Il donna dans le convoi de l'armée de Rhodes, prit deux bâtiments, sur lesquels étaient quatre cents hommes de l'armée, l'intendant, six pièces de campagne et un trésor de cent cinquante mille francs. Il retourna sur les côtes de Syrie, débarqua ses prisonniers, fit connaître ce qu'il avait appris et reçut de nouvelles instructions. Il fit plusieurs autres prises dans sa croisière ; poursuivit un convoi de petits bateaux chargés de Naplousiens qui voulaient entrer dans Acre, et le dispersa. Comme il était à la vue de l'escadre anglaise, sir Sidney Smith le poursuivit, mais sans pouvoir l'atteindre ; ses frégates n'étaient pourtant pas très-bonnes marcheuses. Cette expédition maritime fit le plus grand honneur à ce brave contre-amiral, qui tint la mer et mit Saint-Jean-d'Acre pour ainsi dire en état de blocus, pendant un mois, à la vue d'une escadre anglaise de deux vaisseaux de quatre-vingts, une frégate et huit ou dix avisos. C'est que le commodore sir Sidney Smith s'occupait beaucoup du détail des affaires de terre, qu'il n'entendait pas et où il pouvait peu, et négligeait les affaires de mer, qu'il savait et où il pouvait tout. Sans l'arrivée de l'escadre anglaise dans la baie de Saint-Jean-d'Acre, cette ville eût été prise avant le 1er avril, parce que le 19 mars les douze tartanes portant les équipages de siége seraient entrées à Haïffa, et que ces gros canons eussent en vingt-quatre heures rasé les remparts de Saint-Jean-d'Acre. En prenant ou dispersant ces douze tartanes, le commodore anglais sauva donc Djezzar-Pacha. Les secours et les conseils qu'il donna pour la défense de la place furent de peu d'importance. Il eût beaucoup mieux valu, après y avoir jeté Phelippeaux et une cinquantaine de canonniers anglais, cesser de se mêler des affaires de terre, s'occuper de se maintenir maître de la mer, empêcher toute communication par mer des assiégeants avec Damiette, enfin prendre les trois frégates ou au moins leur donner chasse. Ce sont les munitions et les canons qu'elles fournirent aux assiégeants qui causèrent la ruine d'Acre.

VIII. A cette seconde époque, le parc, indépendamment de l'artillerie qu'il avait à la première époque, s'était accru de deux pièces de vingt-quatre, de quatre de dix-huit, et de deux mortiers. Le 25 avril, on fit jouer la mine sous la grosse tour ; elle ne produisit pas tout l'effet qu'en avait espéré le mineur, un souterrain attenant aux anciennes constructions trompa ses calculs ; la moitié seulement de la tour fut renversée ; l'autre moitié fut ébranlée ; elle paraissait avoir été coupée avec un rasoir. Trois cents Turcs, quatre pièces de canon, tous les artifices qui avaient été préparés pour la défense de la brèche, furent culbutés dans le fossé. Un lieutenant du génie, dix sapeurs et vingt grenadiers se logèrent dans les étages inférieurs ; mais l'escalier qui conduisait à l'étage supérieur ayant été renversé, l'ennemi n'en put être délogé. On rappela le logement, et en peu d'heures les pièces de vingt-quatre rasèrent cette partie de la tour. L'officier du génie Liédat dirigea le logement qu'il établit sur ces débris. On se trouva ainsi maître du principal point de l'enceinte ; la place était ouverte, mais l'ennemi avait construit un retranchement derrière la grosse tour. On établit des batteries sur le logement pour battre ce retranchement et ruiner la défense du palais de Djezzar et de la Mosquée. En même temps, on battit en brèche la seconde tour du même front, et on enfonça le mineur, afin d'en faire sauter la contrescarpe.

L'artillerie des assiégeants avait pris le dessus sur celle des assiégés, dont les murailles étaient presque entièrement détruites. La place ne se défendait plus que par le grand nombre d'hommes qui composaient sa garnison et par l'espérance qu'elle avait de voir arriver l'armée de Rhodes. Les communications par mer lui étaient ouvertes, elle recevait tous les jours des secours ; de sorte qu'au lieu de s'affaiblir par les pertes journalières qu'elle faisait, la garnison était beaucoup plus forte qu'au commencement du siége. Les assiégés étaient très-braves ; ils s'avançaient avec une rare intrépidité sur les tranchées, arrachaient les fascines et les gabions des batteries, bravant une mort presque certaine. Sur dix qui s'aventuraient tous les jours à de pareilles expéditions, neuf étaient tués; mais le dixième qui rentrait dans la place, avec le gabion ou la fascine pris, y était reçu en triomphe, ce qui suffisait pour maintenir l'émulation. La lutte corps à corps, dans les boyaux et dans les places d'armes, était tellement sérieuse, que les soldats français furent obligés d'aiguiser les trois arêtes de leurs baïonnettes pour empêcher les Turcs de les arracher. L'Ottoman est en général adroit, fort, brave et bon tirailleur; il se défend parfaitement derrière un mur, mais en rase campagne, le défaut d'ensemble, de discipline et de tactique le rend très-peu redoutable. Des efforts isolés ne peuvent rien contre un mouvement d'ensemble. Toutes les sorties que la garnison faisait lui étaient très-funestes; elle en a fait vingt pendant le siége; plusieurs ont été des combats importants; elle y a perdu plus de neuf mille hommes, dont les deux tiers faits prisonniers. Aussitôt qu'ils étaient sortis de leurs tranchées, ils se livraient à leur impétuosité naturelle; il était facile aux officiers français, en reculant devant eux, de les entraîner dans des embuscades, ce qui rendait impossible leur retour dans la place.

Sur la fin d'avril, Djezzar, n'espérant plus conserver la ville, médita de l'évacuer. L'armée de Rhodes, qui depuis longtemps annonçait son arrivée, retardait de jour en jour, et cependant on était en danger d'être enlevé d'assaut. Dans cette situation délicate, le colonel Phelippeaux, qui dirigeait la défense, ne vit plus d'autres moyens, pour la prolonger et pour donner le temps à l'armée de Rhodes d'arriver, que de cheminer par des lignes de contre-attaque. Il dit au pacha : « Vous êtes supérieur à l'ennemi en » artillerie; votre garnison est plus forte d'un tiers que l'armée des assiégeants; vous » pouvez perdre autant de monde sans que cela vous compromette; car, pour un homme » tué, il vous en arrive trois. Les assiégeants ne sont pas plus de six à sept mille hom- » mes devant vous, puisque une partie de leurs troupes est en observation sur le Jour- » dain ou tient garnison à Jaffa, à Haïffa, à Gaza, à El-Arich, ou est employée à escor- » ter ses convois. Si votre garnison était aussi disciplinée qu'elle est brave, je vous » proposerais d'en embarquer la plus grande partie et de la débarquer dans la marine de » Naplouse, afin d'établir la guerre sur les derrières de l'armée française, ce qui » obligerait l'ennemi à lever le siége; mais l'exemple de ce que nous voyons tous les » jours aux diverses sorties, celui de l'armée de Damas, qui a été battue dans les plaines » d'Esdrelon par une poignée de monde, fait assez comprendre l'issue qu'aurait une » pareille entreprise. Il vous reste un moyen de salut, c'est de marcher à l'ennemi par » des lignes de contre-attaque. Vous avez des bras, vous êtes abondamment pourvu » d'outils, de balles de coton et de laine, de tonneaux, de bois, de sacs à terre, vous » aurez l'avantage dans cette guerre; l'assiégent sera lassé, perdra beaucoup de monde, » ce qui le minera, puisqu'il n'a aucun moyen de recrutement : à l'arrivée de l'armée » de Rhodes, vous pourrez alors le contraindre à lever le siége. » Ce projet fut adopté. Pendant la dernière semaine d'avril, les assiégés construisirent, en avant de la porte de Mer et en avant du palais du Pacha, deux grands redans en forme de places d'armes qu'ils armèrent de pièces de vingt-quatre, et de là dirigèrent des boyaux qui prenaient en flanc les attaques des assiégeants, et des revers sur le logement de la grosse tour. Ceux-ci furent obligés d'élever des batteries pour contre-battre les batteries des *redans* et de *se traverser;* ils cheminèrent contre les nouvelles lignes de l'ennemi, ce qui les entraîna dans de nouveaux travaux qui retardèrent la marche de tout le siége. Par ce moyen, l'assiégé gagna les quinze jours dont il avait besoin; ce qui donna le temps aux secours de Rhodes d'arriver.

Ce conseil de l'ingénieur Phelippeaux fut le chant du cygne Il mit tant d'activité dans le tracé et la conduite de ses ouvrages, qu'il prit un coup de soleil et mourut le 1er mai. Il était Français, élevé à l'Ecole militaire de Paris, était de la même classe que Napoléon, de celle du professeur Monge. Tous deux avaient été examinés le même jour par l'examinateur de La Place, et étaient entrés la même année dans le corps de l'artillerie; il y avait de cela quatorze ans. Phelippeaux avait émigré lors de la révolution. Rentré en France au moment de la réaction de fructidor, en 1797, il contribua à faire échapper sir Sidney Smith du Temple. Il obtint le grade de colonel au service d'Angleterre pour être employé dans le Levant. C'était un homme de quatre pieds dix pouces, mais d'une constitution robuste. Il rendit dans cette circonstance des services importants; toutefois son âme était bouleversée; dans ses derniers moments, il fut en proie aux plus cuisants remords; il eut occasion de montrer le fond de son cœur à des Français prisonniers. Il s'indignait contre lui-même de diriger la défense des barbares contre les siens : la patrie ne perd jamais entièrement ses droits! Le colonel Douglas remplaça Phelippeaux, mais il n'hérita ni de son instruction ni de ses connaissances.

Les travailleurs des deux armées marchaient les uns contre les autres, se côtoyant, n'étant séparés que par un massif de terre de deux ou trois toises. Lorsque les ingénieurs français jugeaient être arrivés sur le flanc de l'ennemi, les mineurs faisaient une amorce, coupaient la tranchée de l'ennemi, et tout ce qui était au-delà était égorgé ou pris. Les Turcs apprirent bientôt à faire la même manœuvre. Trois fois on enleva de vive force tous les ouvrages de l'ennemi, on les combla en partie; mais il était impossible de s'y maintenir, parce qu'ils étaient enfilés par des tirailleurs placés dans des tours qui dominaient tout le pays. Il fallait donc persister dans le système de guerre d'opposer tranchée à tranchée.

Le 4 mai, la brèche de la seconde tour était praticable, la courtine entre la grosse et la seconde tour était rasée; la mine pour faire sauter la contrescarpe était terminée; le 5 au matin, un assaut général devait avoir lieu. Le succès paraissait certain; mais dans la nuit les ingénieurs assiégés coupèrent la contrescarpe et cheminèrent contre le puits de mine par une double sape, avec tant d'activité, qu'à la pointe du jour ils avaient éventé la mine et étouffé le mineur avant que l'officier du génie de jour s'en fût aperçu. Il fallut creuser un nouveau puits de mine; ce fut un retard de quelques jours, dont on ne comprit pas d'abord toute l'importance. L'assaut serait donc donné le 9. Mais dans la journée du 7 on aperçut trente ou quarante bâtiments qui cinglaient vers la plage; c'était l'armée de secours que les assiégés attendaient depuis longtemps avec tant d'impatience. Le général en chef fit aussitôt prendre les armes et ordonna au général Lannes de monter à l'assaut et d'enlever la place. Le temps était calme et le peu de vent qui régnait venait de terre. Il n'était pas probable que ce convoi pût arriver dans la ville avant vingt-quatre heures. Le général Lannes forma trois colonnes. La première, sous les ordres du général Rambault, entra dans la place par la brèche de la courtine; la seconde, sous les ordres de l'adjudant général Lascal, déboucha par la grosse tour; le général Lannes se mit à la tête de la troisième, formant la réserve. Le général Rambault force la brèche, poursuit les Turcs dans la ville, s'empare de deux pièces de canon et de deux mortiers de l'ennemi; mais à la nuit le vent changea, les bâtiments arrivèrent, et avant le jour les secours étant débarqués, il fallut abandonner la partie de la ville qu'on avait prise, et se contenter d'occuper le logement de la grosse tour. Le général Rambault fut tué dans cette attaque.

A la pointe du jour, les troupes de l'armée de Rhodes, fières du petit succès que venait d'obtenir leur nombre, sortirent par les deux places d'armes de la porte de Mer et du palais du Pacha. Elles se flattaient de s'emparer des batteries des assiégeants et de leur faire lever le siége. Elles eurent effectivement d'abord de grands succès; elles s'emparèrent du logement de la tour, de la moitié des tranchées et des batteries; mais bientôt, manœuvré par les flancs, un corps de trois mille hommes fut coupé de la place; cerné de tous côtés, il mit bas les armes. Trois mille autres restèrent tués ou blessés dans les places d'armes et les tranchées. Deux mille seulement rentrèrent dans la place. L'issue de ce combat changea de nouveau l'état des choses; la consternation fut parmi les assiégés, et de nouvelles espérances excitèrent l'ardeur des assiégeants, qui montèrent à l'assaut, s'emparèrent de toute la partie de la ville qu'ils avaient déjà occupée et s'y barricadèrent; le combat dura plusieurs jours de maison en maison. La perte faite par les assiégeants depuis le commencement du siége était considérable; cette guerre de chicane l'augmentait tous les jours; il n'était pas possible de s'emparer de la ville sans perdre un millier d'hommes. La peste faisait d'effrayants ravages parmi la garnison, il n'y avait aucun moyen d'en préserver l'armée; si elle persistait dans son entreprise et prenait la ville d'assaut, elle perdrait encore un millier d'hommes de la peste. Ces considérations donnèrent fort à penser au général en chef; mais ce qui le décida à lever le siége, ce furent les nouveaux renseignements qu'il reçut dans la journée du 13 sur la situation nouvelle des affaires de la République.

Dès le mois d'avril, le colonel Phelippeaux, dans les pourparlers qui avaient souvent lieu à la tranchée, avait fait connaître qu'une deuxième coalition, plus redoutable que la première, s'était formée contre la France. Le contre-amiral Perrée avait raisonné avec des bâtiments sortant de Naples; ils l'avaient instruit que les Français étaient entrés dans cette ville, qu'ils en avaient chassé le roi et établi une république. Enfin il fut constant, par la déposition des prisonniers de l'armée de Rhodes et des prisonniers anglais, que la guerre était déclarée en Europe et que l'armée française était entrée à Naples. Il était facile de prévoir que le résultat de cette marche dans la basse Italie serait funeste, et que les trente ou quarante mille Français qui se trouvaient sur le Vésuve feraient faute sur l'Adige. Un nouvel état de choses se présentait aux yeux du général en chef. Le Directoire, peu considéré de la nation, était peut-être renversé; si les armées avaient éprouvé des échecs, les opérations de l'armée d'Orient étaient devenues secondaires; le général en chef ne pensa plus qu'au moyen de repasser en France. La Syrie, la Galilée, la Palestine, n'étaient plus d'aucune importance; il fallait ramener l'armée en Egypte, où elle était invincible; il pourrait alors la quitter et se jeter dans cet océan d'événements qui se présentait à sa pensée.

IX. La résolution de lever le siége fut masquée par un redoublement de feu; toute l'artillerie de siége fut mise en batterie : elle fit un feu continuel pendant six jours, rasa toutes les défenses de la Mosquée, du palais de Djezzar et le retranchement intérieur. Pendant ce temps, les blessés, les malades, les prisonniers et les gros bagages filèrent sur Jaffa; les hôpitaux de Ramléh, de Gaza et d'El-Arich s'évacuèrent sur le Caire. Le 20 mai, la division Reynier, qui était de tranchée, en sortit à dix heures du soir. L'armée marcha longeant la mer; le général Kléber forma l'arrière-garde. Une douzaine de pièces de canon de vingt-quatre et de dix-huit, ou d'un calibre inférieur, venues de Jaffa, ainsi que les caronades anglaises, furent mises hors de service et jetées à la mer. Les assiégés ne s'aperçurent que le 21 au jour que le siége était levé. Leur joie fut d'autant plus grande qu'ils croyaient leur position désespérée; ils s'attendaient à être enlevés d'assaut. Djezzar, n'ayant aucune cavalerie, ne put faire suivre l'armée française. Le 21, à huit heures du matin, l'avant-garde de l'armée prit position à Césarée, le corps de l'armée à Tantourah, l'arrière-garde à Haïfa.

L'ordre du jour dit à l'armée :

« Soldats,

» Vous avez traversé le désert qui sépare l'Afrique de l'Asie avec plus de rapidité » qu'une armée d'Arabes. L'armée qui était en marche pour envahir l'Egypte est dé- » truite; vous avez pris son général, son équipage de campagne, ses bagages, ses ou- » tres, ses chameaux.

» Vous vous êtes emparés de toutes les places fortes qui défendent les puits du désert; » vous avez dispersé au champ du mont Thabor, cette nuée d'hommes accourus de » toutes les parties de l'Asie, dans l'espoir de piller l'Egypte.

» Les trente vaisseaux que vous avez vus arriver devant Acre, il y a douze jours, por- » taient l'armée qui devait assiéger Alexandrie; mais obligée d'accourir à Acre, elle y » a fini ses destins; une partie de ses drapeaux ornera votre entrée en Egypte.

» Enfin, après avoir, avec une poignée d'hommes, nourri la guerre pendant trois » mois dans le cœur de la Syrie, pris quarante pièces de campagne, cinquante dra- » peaux, fait six mille prisonniers, rasé les fortifications de Gaza, Jaffa, Haïffa, Acre, » nous allons rentrer en Egypte; la saison des débarquements m'y rappelle.

» Encore quelques jours, et vous aviez l'espoir de prendre le pacha même, au milieu » de son palais. Mais dans cette saison la prise du château d'Acre ne vaut pas la perte

» de quelques jours. Les braves que je devrais d'ailleurs y perdre me sont aujourd'hui
» nécessaires pour des opérations plus essentielles.

» Soldats, nous avons une carrière de fatigues et de dangers à courir. Après avoir
» mis l'Orient hors d'état de rien faire contre nous pendant cette campagne, il nous fau-
» dra peut-être repousser les efforts d'une partie de l'Occident.

» Vous y trouverez une nouvelle occasion de gloire; et si, au milieu de tant de com-
» bats, chaque jour est marqué par la mort d'un brave, il faut que de nouveaux braves
» se forment, et prennent rang à leur tour parmi ce petit nombre qui donne l'élan dans
» les dangers et maîtrise la victoire. »

Le siége d'Acre a duré soixante-deux jours de tranchée ouverte; l'armée française y
a eu cinq cents hommes tués, parmi lesquels beaucoup d'officiers distingués : le général
de division Bon, le général de brigade Rambault, quatre adjudants généraux, dix
officiers du génie, trente officiers supérieurs et d'état-major; le capitaine Croisier, aide
de camp du général en chef; les colonels Beyer, du 18° de ligne, et Venoux, du 25°,
officiers de mérite. Mais la perte la plus sensible fut celle du général Caffarelli du Falga.
Il était né en Languedoc. Au moment de la révolution, il était capitaine dans le corps
du génie. Il aimait la révolution; mais au 10 août il refusa de prêter le nouveau serment. Cet exemple de courage fait assez connaître ses principes et son caractère. Il fut
destitué, puis réintégré. Il connut Napoléon à la fin de 1797, à son retour d'Italie, et le
suivit en Egypte. Il fut blessé le 20 avril à la tranchée d'un coup de fusil qui lui perça
le coude; il fallut l'amputer; il avait déjà perdu une jambe à l'armée de Sambre-et-
Meuse. Il souffrit beaucoup pendant six jours, et avait constamment le délire; mais
lorsque le général en chef entrait dans sa tente, Caffarelli éprouvait une commotion :
ses esprits reprenaient le dessus, et il s'entretenait avec assez de bon sens pendant
quinze ou vingt minutes. Il mourut le 25 avril, prononçant un discours très-éloquent
sur l'instruction publique, et sur le peu de succès que l'on devait se promettre des écoles
centrales et du système qu'on avait suivi jusqu'alors. Le nombre des blessés se monta à
deux mille cinq cents, mais huit cents le furent légèrement, et se guérirent au camp
même; mille sept cents, dont quatre-vingt-dix amputés, furent évacués en Egypte. On
craignait pour eux la traversée du désert, dans une saison déjà si chaude; on s'attendait à en perdre la moitié. On fut agréablement surpris en arrivant à Salhéyéh de n'en
avoir perdu que fort peu, ce que les officiers de santé ont attribué à la sécheresse de
l'atmosphère, l'humidité étant ce qui est le plus contraire aux blessures. Parmi les
blessés étaient le général Lannes, le colonel aide de camp Duroc, et le capitaine Eugène
Beauharnais.

Le général en chef, dans ce siége, fut légèrement blessé et eut un cheval tué sous
lui. Le 4 mai, se trouvant à la tranchée, il fut enterré dans un trou de bombe; les nommés Daumesnil et Carbonel, brigadiers de sa garde, qui se trouvaient à côté de lui, le
couvrirent de leur corps, de manière à le mettre à l'abri de l'éclat de la bombe, qui
effectivement éclata peu après et blessa légèrement Carbonel. Le capitaine Arrighi fut

blessé par une balle qui rasa le chapeau du général en chef, et frappa cet officier à la bouche.

Quinze mille Turcs sont successivement entrés dans Acre, cinq mille existaient encore au moment de la levée du siége. La perte a donc été de dix mille hommes tués, blessés ou prisonniers.

Le 22 mai, au moment de partir de Tantourah, on vint instruire le général en chef que deux cents blessés, jugés d'abord par les officiers de santé capables d'être évacués à pied, ne pouvaient marcher au-delà de la première journée. Il mit sur-le-champ tous ses chevaux à leur disposition ; le reste de l'état-major s'empressa d'imiter cet exemple. Un grenadier blessé craignait de salir une belle selle toute brodée ; il paraissait hésiter. « Va, lui dit le général en chef, il n'y a rien de trop beau pour un brave. » Les officiers de cavalerie se démontèrent ; ils envoyèrent tous leurs chevaux de main. Ce ne fut qu'après s'être assuré que tous les blessés étaient partis que le général monta sur un de ses chevaux.

X. Le 22 mai, le camp fut tendu à Césarée. Napoléon se baigna dans le port, qui est parsemé de tronçons de colonnes de marbre, de granit et de porphyre. Les ruines de cette ville donnent une idée avantageuse de ce qu'elle a été. Le 23, l'armée campa à Abouhaboura, marine des Naplousiens. Le 24, elle passa la rivière de la Bouche sur un pont de bateaux et coucha à Jaffa, où elle séjourna plusieurs jours, afin d'en faire sauter les fortifications et d'achever de faire évacuer les magasins et les hôpitaux. L'ordre était donné pour se mettre en marche le 27, mais à une heure du matin l'aide de camp Lavalette ayant fait la visite des magasins et des hôpitaux pour s'assurer de leur entière évacuation, fit le rapport qu'il avait trouvé onze malades encore à l'hôpital. Ayant demandé au chirurgien de service pourquoi ils n'étaient pas évacués, celui-ci lui répondit que ces malades avaient la peste, que le conseil d'évacuation ne les avait pas jugés transportables, que d'ailleurs ils n'avaient pas vingt-quatre heures à vivre. Mais ces malheureux, s'apercevant qu'on les abandonnait, demandaient qu'on les tuât plutôt que de les exposer à la cruauté des Turcs ; l'aide de camp ajoutait que le chirurgien de service demandait à être autorisé à mettre auprès d'eux une potion d'opium pour qu'ils pussent s'en servir au besoin. Le médecin en chef Desgenettes et le chirurgien en chef Larrey furent sur-le-champ mandés ; ils confirmèrent l'impossibilité d'évacuer ces pestiférés. On discuta s'il était convenable d'autoriser le chirurgien à mettre de l'opium à portée de ces malheureux. Desgenettes y répugna. « Je n'ai pouvoir, dit-il, de présenter aux malades que ce qui les doit guérir. » D'autres pensèrent qu'il était convenable de mettre de l'opium à la portée de ces malheureux ; qu'on ne pouvait se refuser à faire à autrui ce qu'on voudrait pour soi-même. « Je serai toujours disposé à faire pour mes » soldats ce que je ferais pour mon propre fils, dit Napoléon. Cependant, puisqu'ils » doivent mourir naturellement dans vingt-quatre heures, je ne partirai que cette nuit, » et Murat restera avec cinq cents chevaux jusqu'à demain deux heures après midi. » Il donna l'ordre au chirurgien qui resta avec l'arrière-garde, si, au moment de son départ, ils n'étaient pas morts, de mettre près d'eux de l'opium, en leur en désignant l'usage comme l'unique moyen de se soustraire aux cruautés des Turcs. La croisière anglaise était alors éloignée en pleine mer.

Le 28 mai, la division Reynier se porta de Jaffa à Ramléh, d'où elle longea le pied des montagnes de Jérusalem. La terre était couverte des plus belles récoltes. L'armée française y mit le feu, mesure qui fut jugée nécessaire. Le 29 au matin, elle campa à Gaza. Le désert au mois de juin est bien cruel; il ne ressemble en rien au désert du mois de janvier. Tout était aisé alors, tout était devenu difficile. Le sable était brûlant, et les rayons du soleil insupportables. L'armée campa à El-Arich le 2 juin. Les fortifications étaient en bon état, la garnison approvisionnée pour six mois; l'artillerie y laissa plusieurs pièces pour en accroître l'armement. Le 4, elle campa à Katiéh. Le fort construit en bois de palmier était suffisant pour résister aux Arabes. Le 5, le général en chef alla visiter Tinéh et Peluse; il se promena sur le rivage où avait été assassiné le grand Pompée. La chaleur était étouffante. Après avoir fait le tour de l'ancienne enceinte de la ville, il se mit à l'ombre d'un pan de muraille, reste d'une ancienne porte triomphale. Enfin, le 7, l'armée arriva à Salhéyéh. Il faut avoir souffert de la privation d'ombre et surtout de la soif pendant neuf jours pour croire au bonheur qu'éprouva le soldat de camper dans cette forêt de palmiers, ayant à discrétion de cette excellente eau du Nil. Les appels faits avec soin donnèrent onze mille cent trente-trois hommes présents. Il manquait donc deux mille hommes. Cinq cents tués sur le champ de bataille, sept cents morts aux hôpitaux, six cents qui étaient en garnison à El-Arich et à Katiéh, deux cents qui avaient précédé l'armée; mais, sur les onze mille présents, mille cinq cents étaient blessés, dont quatre-vingt-cinq amputés. Cinq amputés étaient morts dans le désert. Sur ces mille quatre cent quinze blessés, mille deux cents avaient rejoint leurs corps au moment de la bataille d'Aboukir. La perte que fit éprouver la guerre de Syrie fut de mille quatre cents hommes morts et de quatre-vingt-cinq amputés, à peu près quinze cents.

XI. De Salhéyéh, le général Kléber reçut l'ordre de se porter avec sa division sur Damiette pour y prendre ses cantonnements. L'armée continua sa route sur le Caire, où elle fit le 14 juin une entrée triomphale. Les habitants étaient sortis au-devant d'elle et l'attendaient à la Coubbe. Les députations des corps de métiers et de ceux des marchands avaient préparé des présents magnifiques qu'ils offrirent au sultan Kébir. C'étaient de belles juments superbement harnachées, de beaux dromadaires renommés par leur vitesse, des armes d'un travail précieux, de beaux esclaves noirs ou de belles négresses, de beaux Géorgiens ou de belles Géorgiennes, et jusqu'à de riches tapis de laine et de soie, des châles de cachemire, des cafetans, du café moka le plus précieux, des pipes de Perse, des cassolettes pleines d'encens et d'aromates. Les Français qui étaient au Caire avaient de leur côté fait préparer en plein champ un festin pour fêter l'arrivée de leurs camarades; ils s'embrassèrent, et on passa plusieurs heures à boire. Tant de bruits avaient couru sur les désastres de l'armée en Syrie que, quoique la division Kléber manquât, puisqu'elle s'était rendue directement sur Damiette, on fut étonné de voir l'armée si nombreuse et si peu affaiblie. Il y avait là présents sous les armes huit mille hommes. Les Français de retour de Syrie éprouvèrent à la vue du Caire la même satisfaction qu'ils auraient éprouvée à la vue de leur patrie. Les habitants, qui avaient la conscience de s'être bien comportés pendant l'absence de l'armée, se livrèrent à la joie durant plusieurs jours pour célébrer cet heureux retour. Le général en chef entra dans la ville par la porte des Victoires, précédé des chefs de milices, des corporations, des quatre muphtis et des ulémas de Gama-el-Azhar. Les mois qui se passèrent jusqu'à la bataille d'Aboukir furent employés à recevoir les députations des diverses villes et provinces, qui s'empressèrent de complimenter le sultan Kébir. Les régiments réparèrent leurs pertes par le grand nombre d'hommes qu'ils retrouvèrent aux dépôts et qui étaient sortis des hôpitaux. On forma quatre compagnies des amputés ou grièvement blessés ; ils furent chargés de la défense de la citadelle et des tours. La cavalerie fit des remontes, l'artillerie compléta ses équipages, et dès les premiers jours de juillet l'armée était reposée et dans le meilleur état.

On reçut des nouvelles de Syrie ; Djezzar-Pacha n'était point sorti de la ville ni ses troupes de son pachalik. La garnison d'El-Arick envoyait des patrouilles jusqu'à Khan-Iounès sans rencontrer d'ennemis. La moitié de l'armée de Rhodes avait été détruite en Syrie ; mais Mustapha, vizir à trois queues, pacha de Romélie, sérasquier en chef de cette armée, avait encore sous ses ordres trois divisions formant quinze à dix-huit mille hommes. Il attendait une autre division de janissaires qui se formait aux Dardanelles. Cela était peu redoutable, et ne pouvait inspirer aucune alarme sérieuse. Les cheyks de Gama-el-Azhar firent une proclamation au peuple conçue en ces termes :

« Les conseils sont ordonnés par la loi... Il est arrivé au Caire le bien gardé, le chef
» de l'armée française, le général Bonaparte, qui aime la religion de Mahomet. Il s'est
» arrêté avec ses soldats à Coubbe bien portant et sain, remerciant Dieu des faveurs
» dont il le comble. Il est entré au Caire par la porte des Victoires, le vendredi 10 du
» mois de moharram de l'an 1204 de l'hégire, avec une suite et une pompe des plus
» grandes. C'a été une fête de voir les soldats bien portants... Ce jour a été un grand
» jour, on n'en a jamais vu de pareil. Tous les habitants du Caire sont sortis à sa ren-
» contre. Ils ont vu et reconnu que c'était bien le général en chef Bonaparte en propre
» personne ; ils se sont convaincus que tout ce qui avait été dit sur son compte était
» faux... Les habitants de l'Egypte supérieure ont chassé les mameluks pour leur
» sûreté, celle de leurs familles et de leurs enfants, parce que la punition des méchants
» entraîne la perte des bons leurs voisins... Nous vous informons que Djezzar-Pacha,
» qui a été ainsi nommé à cause de ses grandes cruautés, ne faisant aucun choix de ses
» victimes, avait rassemblé un grand nombre de mauvais sujets qu'il encourageait par
» la promesse du pillage et du viol, voulant venir s'emparer du Caire et des provinces de
» l'Egypte... Le général en chef Bonaparte partit, battit les soldats de Djezzar... Il prit
» le fort d'El-Arich et tous les approvisionnements qui s'y trouvaient... Il se porta en-
» suite à Gaza, battit ce qu'il y trouva des troupes de Djezzar, qui prirent la fuite de-
» vant lui comme les oiseaux et les souris fuient devant le chat... Etant arrivé à Ramléh,
» il s'empara encore des approvisionnements de Djezzar et de deux mille outres fort

» belles qui étaient là pour sa route sur l'Egypte ; Dieu nous en a préservés. Il fut en-
» suite sur Jaffa et en fit le siége pendant trois jours… Les habitants égarés n'ayant pas
» voulu se soumettre et le reconnaître, ayant refusé sa protection, il les livra dans sa
» colère et par la force qui le dirige au pillage et à la mort ; environ cinq mille ont
» péri ; il a détruit leurs remparts et fait piller tout ce qui s'y trouvait. C'est l'ouvrage
» de Dieu, qui dit aux choses d'être, et elles sont. Il a épargné les Egyptiens, il les a
» honorés, nourris et vêtus… Il se trouvait à Jaffa environ cinq mille hommes des trou-
» pes de Djezzar, il les a tous détruits, bien peu se sont sauvés par la fuite. De Jaffa il
» se porta à la montagne de Naplouse, dans un endroit appelé Kayoun, et brûla cinq
» villages de la montagne. Ce qui était dans les destins a eu lieu : le maître de l'univers
» agit toujours avec la même justice. Après, il a détruit les murs d'Acre, le château de
» Djezzar… Il n'a pas laissé à Acre pierre sur pierre, et en a fait un tas de décombres,
» au point que l'on demande s'il a existé une ville dans ce lieu… Voilà la fin des édifices
» des tyrans. Il est retourné ensuite en Egypte pour deux motifs : le premier pour tenir
» la promesse qu'il avait faite aux Egyptiens de retourner à eux dans quatre mois, et
» ses promesses sont des engagements sacrés ; le second, c'est qu'il a appris que divers
» mauvais sujets mameluks et arabes semaient le trouble et la sédition pendant son ab-
» sence… Son arrivée les a tous dissipés ; toute son ambition est toujours la destruction
» des méchants, et son envie est de faire du bien aux bons… Retournez donc, créatures
» de Dieu, vers Dieu ; soumettez-vous à ses ordres, la terre lui appartient ; suivez ses
» volontés, et sachez qu'il dispose de la puissance et la donne à qui il veut ; c'est ce qu'il
» vous a ordonné de croire… Lorsque le général en chef est arrivé au Caire, il a fait
» connaître au divan qu'il aime les musulmans, qu'il chérit le prophète… qu'il s'instruit
» dans le Coran, qu'il le lit tous les jours avec attention… Nous savons qu'il est dans
» l'intention de bâtir une mosquée qui n'aura point d'égale dans le monde, et d'embras-
» ser la religion de Mahomet. »

BATAILLE D'ABOUKIR.

I. Evénements qui se sont passés en Egypte pendant les mois de février, mars, avril et mai. —
II. L'escadre française de Brest domine dans la Méditerranée pendant les mois de mai, juin et juillet.
— III. Mouvements des beys dans la basse Egypte en juillet. — IV. Apparition d'une escadre anglo-
turque à Aboukir le 12 juillet. — V. Débarquement de l'armée de Rhodes commandée par le vizir
Mustapha, elle prend le fort d'Aboukir le 16 juillet. — VI. Position des deux armées le 24 juillet. —
VII. Bataille d'Aboukir le 25 juillet ; le vizir Mustapha pacha à trois queues, sérasquier de l'armée de
Rhodes, est fait prisonnier. — VIII. Siége et prise du fort d'Aboukir (2 août 1799).

I. Les Egyptiens, pendant la guerre de Syrie, se montrèrent bons Français ; allant
au-devant des bonnes nouvelles, ils refusaient d'ajouter foi aux mauvaises. Le général
Desaix avait soumis la haute Egypte, le général Dugua avait maintenu la tranquillité

dans la basse. Les garnisons du Caire et d'Alexandrie s'étaient renforcées par les hommes sortis des hôpitaux. Les travaux de fortification des places, la construction de tours pour protéger la navigation du Nil, avaient été poussés avec activité. Les petites incursions faites par des Bédouins avaient été réprimées sans effort et n'avaient laissé aucune trace. Les ulémas de Gama-el-Azhar avaient montré du zèle et s'étaient employés avec succès pour éclairer le peuple et prévenir toute sédition. Deux mouvements seulement avaient eu lieu. Le premier avait été occasionné par la révolte de l'émir Hadjy. Les biens et les priviléges attachés à cette place étaient très-considérables. Il lui fallait six cents hommes pour l'escorte de la caravane des pèlerins de la Mecque; il demanda et obtint l'autorisation de se recruter dans le Charkiéh. Il fut fidèle tant que les armes françaises prospérèrent en Syrie; mais lorsqu'il crut savoir qu'elles avaient éprouvé des revers devant Acre, il prêta l'oreille aux insinuations des agents de Djezzar, et voulut mériter son pardon par quelque service éclatant. Il médita de s'emparer de Damiette; il répandit, le 18 avril, une proclamation où il annonçait que le sultan Kébir avait été tué devant Saint-Jean-d'Acre et son armée détruite; il en espérait un grand succès, mais elle fit peu d'effet. Trois villages seulement se déclarèrent pour lui; une tribu de Bédouins lui fournit un secours de deux cents cavaliers. Le général Lanusse, à la tête de sa colonne mobile, partit du Delta, passa le Nil, entra dans le Charkiéh, et, après diverses marches et contre-marches, le cerna, mit à mort tous ses adhérents, et brûla les trois villages qui s'étaient révoltés; l'émir Hadjy se sauva à Jérusalem, lui quinzième.

Un iman du désert de Derne, jouissant d'une grande réputation de sainteté parmi les Arabes de sa tribu, s'imagina ou voulut faire croire qu'il était l'ange El-Mohdi. Cet homme avait toutes les qualités propres à exciter le fanatisme de la multitude; il était éloquent, très-versé dans l'étude du Coran; il passait tout son temps en prières; il vivait, disait-il, sans manger. Tous les matins, au soleil levant, au moment où les fidèles remplissaient la mosquée, on lui portait en cérémonie une jatte de lait; il y trempait ses doigts avec beaucoup de solennité, les passait sur ses lèvres; c'était sa seule nourriture. Il séduisit cent vingt hommes de sa tribu, se rendit à leur tête dans la petite Oasis, y trouva une caravane de trois cents Maugrabins qui arrivaient du Fezzân; il la prêcha, s'en fit reconnaître, et la rangea sous ses drapeaux. Il se porta alors sur Damanhour, surprit et égorgea soixante Français de la légion nautique, s'empara de leurs fusils et d'une pièce de canon de quatre. La renommée grossit ce petit succès et lui valut un grand nombre de sectateurs; les fellahs accouraient de toutes les parties de la province dans la mosquée de Damanhour, où il prêchait et prouvait jusqu'à l'évidence sa mission divine : « Le prophète avait dit qu'il enverrait l'ange El-
» Mohdi au secours des fidèles, lorsque ceux-ci se trouveraient dans les circonstances
» les plus critiques. Or, l'Arabie n'avait jamais couru plus de dangers qu'aujourd'hui;
» elle était en proie à une armée innombrable d'Occidentaux idolâtres. Ceux qui com-
» battaient pour la défense de l'islamisme seraient invulnérables; ni les boulets, ni les
» balles, ni les lances, ni les sabres ne pouvaient rien contre eux. »

Le colonel Lefèbvre, commandant le petit fort de Rahmaniéh, alarmé des progrès que faisait cet imposteur, s'avança sur Damanhour avec quatre cents hommes; l'ange El-Mohdi marcha à sa rencontre avec mille hommes armés de fusils et trois ou quatre mille armés de lances et de fourches. Le colonel français, environné de tous côtés, se forma en bataillon carré, et, après avoir soutenu pendant plusieurs heures un combat aussi inégal, il fit sa retraite en bon ordre et rentra dans son fort. Les veuves et les enfants des morts, ceux qui avaient été blessés, éclatèrent en plaintes et adressèrent de vifs reproches à l'ange El-Mohdi. Les balles des Français ne devaient pas atteindre les fidèles; pourquoi donc tant de morts et tant de blessés? L'ange El-Mohdi étouffa ces murmures en s'appuyant de plusieurs versets du Coran; aucun de ceux qui avaient eu en lui une foi vraie n'avaient été touchés; ceux qui avaient été atteints étaient punis de leur manque de foi. Ainsi son crédit se consolida. Il était à craindre que le Baheireh tout entier ne se soulevât. Ce malheur fut prévenu par une proclamation des cheykhs du Caire, ce qui donna le temps au général Lanusse de quitter le Charkiéh et d'attaquer, le 8 mai, Damanhour. Il passa par les armes tout ce qui voulut faire résistance; le cadavre de l'ange El-Mohdi lui-même se trouva parmi les morts, quoique ses sectateurs aient longtemps prétendu qu'il vivait et qu'il paraîtrait quand le temps serait venu. Les Egyptiens, dans tous les siècles, furent faciles à émouvoir au nom de la Divinité, qu'on leur parlât du bœuf Apis, d'Osiris ou de Mahomet.

Le général Dommartin, commandant de l'artillerie, reçut l'ordre d'inspecter la place d'Alexandrie et les côtes pour en accélérer l'armement. Il partit le 17 juillet du Caire, sur une djerme. . . . .

. . . .

. . . . . . les coups de fusil, continuant toujours à naviguer. Il eut en tués ou blessés la moitié de son équipage, il reçut quatre coups de feu, et mourut à Rosette des suites de ses blessures. C'était un officier plein de courage. Le général Songis lui succéda dans le commandement de l'artillerie de l'armée (1).

Un vaisseau anglais de cinquante canons et une frégate mouillèrent devant Suez; ils venaient de Calcutta. Ils firent mine de vouloir s'emparer de la ville. Mais la trouvant en état de défense, le 5 mai ils levèrent l'ancre, disparurent et retournèrent dans l'Indoustan.

II. L'escadre de Brest, forte de vingt-cinq vaisseaux de ligne, dont quatre vaisseaux à trois ponts et huit frégates, commandés par l'amiral Bruix, appareilla de Brest le 26 avril. L'amiral Bridport, qui bloquait ce port avec seize vaisseaux de guerre, ne s'aperçut de son départ que trente-six heures après qu'elle avait apparcillé. Il la crut destinée pour l'Irlande, il se rendit à la hauteur du cap Clear. Aussitôt que l'amirauté apprit à Londres cet événement, les vaisseaux de réserve dans les ports de la Manche

---

(1) Ce paragraphe, depuis les mots *Le général Dommartin, commandant de l'artillerie*, est écrit au crayon de la main de Napoléon. Dans l'espace qui est laissé en blanc se trouvaient environ vingt-cinq mots très-effacés et qu'il a été impossible de déchiffrer. La date 17 *juillet* est douteuse; on n'a pu la vérifier.   (*De Las Cases.*)

allèrent renforcer les escadres du cap Clear et du Texel. A la fin de mai, l'escadre de Bridport était forte de trente vaisseaux, celle de l'amiral Duncan au Texel de vingt-deux. Ces deux escadres, faisant cinquante-deux vaisseaux, continuèrent à rester en observation pour protéger l'Irlande. La flotte française s'était dirigée vers l'Egypte et avait passé le détroit de Gibraltar le 4 mai; mais elle changea de route et mouilla le 9 mai à Toulon. Si elle eût continué sa première direction, elle serait arrivée avant le 16 mai sur les côtes de Syrie; sa seule présence eût fait tomber Acre et mis à sa disposition les flottes de bâtiments de transport que la Porte avait rassemblées à Rhodes. L'amiral, pour justifier cette fausse marche, allégua, comme c'est l'ordinaire des marins, le mauvais temps et le besoin de se réparer. Il dit aussi qu'il jugeait convenable de se réunir avec l'escadre espagnole, comme si son escadre n'était pas assez nombreuse pour la croisière d'Egypte, qui n'était que de deux ou trois vaisseaux. Les uns ont attribué cette fâcheuse conduite à l'irrésolution et au manque de caractère de l'amiral, qui avait épuisé tout ce qu'il avait d'énergie dans la traversée de Brest au détroit; d'autres, aux ordres qu'il reçut à Cadix par un courrier arrivé de Paris. Ils disent que le Directoire contremanda le mouvement de l'escadre sur l'Egypte, dans la crainte que Napoléon, instruit de ce qui se passait en Europe, ne revînt à Paris pour mettre à profit la position critique du gouvernement, dépopularisé par des défaites, et ne s'emparât de l'autorité. Le 20 mai, Massaredo joignit à Toulon l'escadre française avec vingt et un vaisseaux espagnols. Bruix appareilla avec ces quarante-six vaisseaux le 27 mai, croisa entre Gênes et Livourne, y débarqua des vivres et des troupes; le 9 juin, il repassa devant Toulon, entra à Carthagène et à Cadix, et mouilla le 8 août à Brest. Les Anglais, craignant toujours pour l'Irlande, n'osèrent pas disposer des escadres de l'amiral Bridport et de l'amiral Duncan; ils se contentèrent de faire observer l'amiral Bruix par l'escadre de lord Saint-Vincent, de dix-huit vaisseaux. Bruix fut maître de la Méditerranée pendant tous les mois de mai, juin et juillet. Si le 27 mai, jour où il sortit de Toulon, il eût navigué sur Alexandrie, il y aurait été à la mi-juin; il eût détruit tous les préparatifs de l'expédition d'Aboukir, il eût débloqué et ravitaillé Malte. Il ne fit aucune de ces opérations. Cependant, en croisant sur les côtes de l'Italie, il compromit davantage son escadre qu'il ne l'eût fait en se dirigeant sur Malte et l'Egypte. Ce qui prouve que sa conduite était commandée par des motifs politiques, c'est qu'il n'envoya pas même une escadre légère de cinq ou six bons marcheurs, qui eussent fait lever le blocus de Malte, chassé la croisière anglaise d'Alexandrie, porté des nouvelles et quelques secours à l'armée d'Orient. Il ne daigna pas même envoyer une frégate à une armée de trente mille Français cantonnés dans ces pays éloignés. Bruix était assez bon marin, il avait de l'esprit, mais il était sans caractère et toujours valétudinaire. Les regrets d'avoir manqué une aussi belle occasion d'assurer les possessions de Malte et de l'Egypte doivent être éternels.

III. La levée du siége de Saint-Jean-d'Acre et la retraite de l'armée exaltèrent la tête si légère du commodore anglais Sidney Smith; il se persuada qu'il était possible d'enlever Alexandrie d'un coup de main, et que cela obligerait cette armée d'invincibles à capituler. Il communiqua sa résolution à Patrona-Bey, vice-amiral turc, et au sérasquier de l'armée de Rhodes, vizir Mustapha, qui avait encore dix-huit mille hommes, reste de son camp de Rhodes, et sept mille janissaires d'élite qui étaient à sa disposition aux Dardanelles. « Avec ces vingt-cinq mille hommes, il pouvait se couvrir d'une » gloire immortelle, car l'armée française était à moitié détruite, fort mécontente, dé- » couragée, prête à se soulever ; elle avait éprouvé des pertes énormes par l'effet des » batteries hautes et basses des vaisseaux anglais et des frégates, car ils avaient tiré » plus de dix mille boulets ; ses pertes, en traversant le désert dans les chaleurs de juin, » n'avaient pas été moins considérables. » Tout en admettant ces assertions, les généraux turcs avaient de la répugnance à s'engager dans une opération en plaine, sans cavalerie et sans aucun attelage d'artillerie. Mais les mameluks et les Bédouins du désert eurent ordre de se réunir : Ibrahim-Bey et Elfi-Bey, avec les Arabes des trois déserts de la Thébaïde, des Hermites et de Suez, dans l'Ouady de Tomilât ; Mourad-Bey, avec les Arabes des Oasis de la Syrie, au lac Natron. Ces deux divisions de cavalerie fournissaient six à sept mille cavaliers à Mustapha-Pacha ; il aurait donc une armée d'au moins trente mille hommes dans la presqu'île d'Aboukir.

Effectivement, Elfi-Bey et Osman-Bey, avec trois cents cavaliers de leur maison, descendirent par la rive droite du Nil, furent joints par trois ou quatre cents Bédouins, et campèrent le 17 juillet près des puits de Sebabiar. Le général de brigade Lagrange, qui s'était mis à leur poursuite, cerna le camp dans la nuit du 9 au 10 juillet, s'empara des bagages, des chameaux, de tous les vivres, et fit prisonniers trente des plus braves mameluks. Les deux beys, après beaucoup de vicissitudes, parvinrent à regagner dans la plus grande détresse le désert de la Nubie. Ibrahim-Bey était déjà à deux jours de Gaza lorsqu'il apprit cette déconfiture ; il retourna en Syrie. Dans le même temps, Mourad-Bey se laissa voir sur la lisière du Faïoum, y rallia quelques centaines de Bédouins, et prit position au lac Natron. Le général Murat lui donna la chasse avec quelques escadrons de cavalerie et de dromadaires, le joignit, l'attaqua, lui prit un kachef et quinze mameluks, lui en tua plusieurs, et dispersa le reste dans le désert. Mourad-Bey fit une contre-marche, se porta aux Pyramides, monta sur la plus grande, et de là s'entretint par signes pendant toute la journée du 13 avec sa femme Sidem, qui était montée sur la terrasse de sa maison. Ce prince, chef de cette belle et brave milice, n'était plus suivi que de quelques centaines d'hommes découragés et dénués de tout. Le maître de toute cette productive vallée n'avait plus rien. Quelques jours après, sa femme, inquiète des bruits qui se répandirent contre elle dans la ville au sujet de criminelles intelligences, se rendit chez le général en chef pour en détruire l'effet. Elle fut reçue favorablement et comprit que chez un peuple civilisé de pareilles dénonciations n'étaient point accueillies. « Si vous aviez voulu voir votre mari, lui dit le général, je » lui aurais accordé vingt-quatre heures de suspension d'armes pour donner à lui et à » vous cette satisfaction. »

Cependant, que voulait donc le bey ? pourquoi tant de marches au milieu de ces arides déserts, dans une saison brûlante ? pour s'approcher du Caire à l'est et à l'ouest bravant tant d'embuscades et tant de périls? cela marquait quelques desseins. Napoléon crut à propos de quitter le Caire et de camper le 14 juillet aux pieds des Pyramides avec la commission des sciences et arts. Ces savants employèrent plusieurs jours à considérer, mesurer, étudier ces monuments qui depuis quarante siècles excitent l'attention des nations. Mourad-Bey disparut dans le désert et se réfugia dans la petite Oasis sans avoir été atteint.

IV. C'est dans ce camp des Pyramides que, le 15 juillet, à deux heures après midi, Napoléon reçut la nouvelle que treize vaisseaux de quatre-vingts et de soixante-quatorze, neuf frégates, trente chaloupes canonnières et quatre-vingt-dix bâtiments de transport chargés de troupes turques avaient mouillé le 12 au soir dans la rade d'Aboukir. Le fort d'Aboukir devait donc être déjà cerné. On calculait qu'il pouvait se défendre quinze jours. Il ne fallait pas perdre de temps pour marcher à son secours, car la position des Ottomans dans l'isthme resterait critique tant qu'ils ne seraient pas maîtres de ce fort. Le quartier général se rendit à Gizéh, et à dix heures du soir Berthier avait expédié tous les ordres pour mettre l'armée en mouvement depuis Syène jusqu'à Damiette, depuis El-Arich jusqu'à Alexandrie. Des commissaires étaient partis pour préparer les vivres sur la route. Le quartier général se mit en marche avant le jour sans rentrer au Caire.

C'était évidemment le reste de l'armée de Rhodes qui exécutait le plan qu'on avait abandonné par l'effet des événements de Syrie; car enfin était-il prudent, avec vingt ou trente mille Turcs, de vouloir combattre l'armée d'Orient? On comprit alors que le mouvement des beys avait pour but de se joindre à cette armée qui, venant par mer, était privée de cavalerie. Cependant, pour trouver quelque sagesse dans cette combinaison militaire, il fallait supposer qu'une division anglaise s'y était jointe. Le général en chef donna ses ordres comme s'il eût été assuré que les choses étaient ainsi. Desaix reçut l'ordre d'évacuer toute la haute Egypte et de se porter au Caire; Reynier, qui était à Belbeis, de laisser trois cents hommes en observation à Salhéyéh et de se diriger à marches forcées par le chemin le plus court sur Rahmaniéh; Kléber, qui était à Damiette, reçut le même ordre, son dépôt et quelques vétérans seraient suffisants pour la garde de Lesbé. La division Lannes, l'ancienne division Bon, et la cavalerie qui se trouvait au Caire, se mirent en marche à une heure du matin pour se rendre à Rahmaniéh. Le général Dugua resta pour commander au Caire avec quelques compagnies de Grecs. Les vétérans et les dépôts formaient les garnisons de la citadelle et de Gizéh; ainsi toute l'armée serait réunie dans un seul camp près de Rahmaniéh. Cette réunion opérée, elle serait forte de vingt mille hommes d'infanterie, trois mille chevaux et soixante pièces de canon attelées. Ces troupes étaient les meilleures du monde, tout ce qui était au pouvoir des hommes elles le feraient. Le 19 juillet, le quartier général arriva à Rahmaniéh, ayant fait trente-six lieues en trois jours. De Ramaniéh, le général en chef écrivit aux cheykhs de Gama-el-Azhar qu'une flotte ottomane-anglaise avait mouillé à Aboukir, y avait débarqué une armée d'Arnautes et de Russes, qu'il allait l'attaquer, l'envelopper, la faire entièrement prisonnière, que sous peu de jours ils verraient au Caire les drapeaux, les canons, les captifs entrer par la porte des Victoires. Il leur recommanda de veiller à la tranquillité publique.

Ceux-ci firent des proclamations pour éclairer les peuples, les mettre en garde contre les menées des malveillants. Les Français n'évacuaient pas l'Egypte, mais se concentraient pour attaquer et faire prisonnière une armée de Russes, d'Arnautes et d'Anglais qui était débarquée à Aboukir ; ils ordonnèrent des prières pour celui que le prophète protégeait et qui combattait pour garantir le pays des ravages de la guerre. Les Egyptiens restèrent tranquilles.

V. Arrivé à Rahmaniéh, on apprit que Mustapha avait débarqué le 14 juillet, s'était emparé du fort d'Aboukir le 16. Cet événement inattendu était de mauvais augure. La presqu'île d'Aboukir est comprise entre la mer et le lac Madiéh ; le côté de la mer, du camp des Romains à Aboukir, est de huit mille toises ; le côté du lac Madiéh ; du fort d'Aboukir au pont du canal du Nil, est de neuf mille toises, baigné par l'intérieur de la rade d'Aboukir et le lac Madiéh. L'isthme du camp des Romains, au pont du lac Madiéh, est de mille cent cinquante toises ; cette presqu'île a la forme d'un triangle ; l'angle, dont le fort d'Aboukir est le sommet, est aigu ; elle est sablonneuse et couverte de palmiers ; il y a au milieu un puits d'eau douce très-abondante, et en creusant sur le bord de la mer, on trouve fréquemment de l'eau potable. Entre Alexandrie et Aboukir, il existe une petite anse où peuvent aborder les chaloupes. La plage est à l'abri des vents du nord-ouest, qui règnent presque continuellement dans cette saison. Cette presqu'île contient un grand nombre de hautes dunes ; le fort d'Aboukir bat l'intérieur de la rade et le mouillage, il est environné de récifs qui en rendent l'abord très-difficile aux bâtiments. A cinq cents toises, dans le prolongement de la côte, est une île dont les canons peuvent protéger le mouillage de quelques vaisseaux de guerre. Du côté de terre, à environ cinq cents toises du fort, dans la direction d'Alexandrie, se trouve un beau village, au pied du mamelon du Vizir. A cent toises en avant de ce mamelon, il y a quelques grosses maisons qui portent le nom de faubourg d'Aboukir. A sept cents toises du mamelon du Vizir, au sud, est une grande falaise appelée le monticule du Puits, située à peu près à égale distance du fort et de l'embouchure du lac Madiéh ; elle domine toute la plage du côté de l'intérieur de la rade. A huit cents toises du mamelon du Vizir, au sud-ouest, est une seconde falaise appelée la montagne du Cheykh, qui domine le côté de la haute mer. Ces trois monticules forment un triangle ; au milieu est située une plaine rase parsemée de palmiers.]

Au mois de février, avant de partir pour la Syrie, le général du Falga avait ordonné au colonel Crétin de raser le village et le faubourg d'Aboukir pour découvrir les avenues du fort et d'employer les matériaux provenant de ces démolitions à construire une belle demi-lune en maçonnerie, avec fossés et contrescarpe, en avant du fort, afin de lui donner possibilité de résister à quinze jours de tranchée ouverte. Mais le général de brigade Marmont, qui commandait la province, profitant du moment où le quartier général était éloigné, suspendit l'exécution de cet ordre sous prétexte que les maisons du village étaient utiles pour cantonner ses troupes. Il crut y suppléer en ordonnant au colonel de construire une redoute en terre sur le mamelon du Vizir, entre le village et le faubourg, les dominant tous les deux.

Mustapha-Pacha avait débarqué sans obstacle le 14 juillet; il avait campé sur les monts du Puits et du Cheykh et attaqué la redoute du Vizir. Le commandant du fort....... s'enferma dans la redoute avec trois cents hommes, et laissa le capitaine du génie Vinache dans le fort avec soixante hommes. La redoute était armée de cinq pièces de canon et tint ferme toute la journée. Mais à cinq heures les tirailleurs turcs pénétrèrent dans le village et menacèrent de couper la redoute du fort. Elle fut enveloppée et la garnison sabrée. Le 17 à midi le fort, réduit à..... demanda à capituler (1). Depuis ce temps Mustapha n'avait fait aucun mouvement. Il s'était mis en position, occupant les deux mamelons du Puits et du Cheykh. Il attendait l'arrivée de sa cavalerie, de ses attelages et de sa division de janissaires des Dardanelles. Il avait réuni deux cents chevaux d'officiers dont il se servit pour se garder et faire quelques patrouilles. L'avant-garde de l'armée française se porta à Birket, où le camp fut tracé pour réunir toute l'armée. De là elle était à portée de tomber sur le flanc gauche de l'armée turque si celle-ci marchait sur Alexandrie; sur son flanc droit si elle marchait sur le Nil. Les travaux d'Alexandrie étaient dans un état aussi satisfaisant qu'on pouvait l'espérer, l'activité et les bonnes directions que leur avait données le colonel Crétin lui attirèrent les éloges du général en chef.

Peu de jours après, huit mille hommes étant réunis à Birket, ce camp fut levé et porté au Puits, au milieu de la presqu'île.

Mustapha n'avait aucune communication avec l'intérieur de l'Egypte. La cavalerie de la garnison d'Alexandrie avait occupé toutes les issues de l'isthme et les tenait fermées. On pouvait, dans cette situation, espérer de le surprendre dans son camp. Mais un capitaine du génie, avec une compagnie de sapeurs et un convoi d'outils, étant parti fort tard d'Alexandrie, s'égara, manqua le camp français, qui était caché derrière des falaises, et se jeta dans les feux de l'armée turque; dix sapeurs furent faits prisonniers. Les Turcs apprirent avec étonnement que l'armée française était à une lieue d'eux; ils passèrent toute la nuit sous les armes et firent leurs préparatifs pour repousser une attaque qui leur paraissait imminente.

VI. Le 25 juillet, avant le jour, l'armée se mit en marche. Le général Murat forma l'avant-garde, composée de la cavalerie, de la brigade Destaing et de quatre pièces de canon, en tout deux mille trois cents hommes; Lannes commandait la droite, de deux mille sept cents hommes avec cinq pièces de canon; Lanusse commandait la réserve forte de deux mille quatre cents hommes et six pièces de canon; le général Davoust, qui arriva du Caire au moment où l'armée se rangeait en bataille, fut placé en observation avec trois cents chevaux pour surveiller les communications de l'armée avec Alexandrie, et empêcher qu'aucun Bédouin ne s'introduisît dans la presqu'île. Patrona-

---

(1) Ce paragraphe est écrit en entier au crayon de la main de Napoléon. Les points indiquent des mots qu'il a été impossible de déchiffrer.   (*De Las Cases.*)

Bey avait fait entrer dans le lac Madiéh douze chaloupes canonnières qui inquiétaient le flanc droit de l'armée. Le général d'artillerie Songis fit avancer deux pièces de vingt-quatre, trois de douze et trois obusiers. Les canonnières s'éloignèrent après avoir reçu des avaries assez majeures. Le général Menou était arrivé à neuf heures du matin sur la rive du côté de Rosette avec deux pièces de canon et un bataillon d'infanterie. Les bateaux ennemis craignant d'être cernés dans ce lac, l'évacuèrent; l'armée ne fut plus inquiétée dans sa marche. Elle fit halte en présence de l'armée ennemie, qui était rangée de la manière suivante : la première ligne, de huit mille hommes, était divisée en trois corps; celui de droite occupait le monticule du Cheykh, celui de gauche le monticule du Puits; le troisième touchait aux maisons du faubourg; la deuxième ligne, forte de six ou sept mille hommes, s'étendait à cheval sur le monticule du Vizir, appuyant sa droite et sa gauche à la mer; la réserve de quatre ou cinq mille hommes occupait le village d'Aboukir et le fort; là étaient les bagages, le parc et le camp du vizir. Plusieurs chaloupes canonnières étaient embossées en pleine mer, appuyant la droite de la ligne ennemie, d'autres l'étaient dans l'intérieur de la rade, appuyant la gauche; trente pièces de campagne étaient réparties entre la première et la seconde ligne. Le générénal Songis fit avancer les grosses batteries, engagea la canonnade avec les canonnières de droite et de gauche, et les obligea à reculer. Une de celles qui étaient mouillées dans la rade fut coulée bas, presque toutes eurent des avaries plus ou moins majeures. Les divisions se déployèrent alors, la cavalerie sur trois lignes au centre, la brigade Destaing à gauche, la division Lannes à droite; Lanusse en deuxième ligne avec les guides (1). On voyait sur les deux monticules du Cheykh et du Puits des terres récemment remuées. Les janissaires paraissaient faire bonne contenance. Le pacha avec ses trois queues était sur le monticule du Vizir; des officiers anglais caracolaient à portée des lignes françaises. Avec leur curiosité ordinaire, ils s'avancèrent à dix pas et engagèrent la conversation avec des officiers de cavalerie français, au grand scandale et au grand étonnement des Turcs. A une lieue et demie en mer on apercevait une forêt de mâts; c'était la flotte de guerre et les transports, ainsi que plusieurs canots remplis d'officiers de marine turcs et anglais, parmi lesquels on distinguait le canot de sir Sidney Smith. Celui-ci était à terre, il faisait les fonctions d'adjudant du pacha; il était son conseil, quoiqu'il n'eût aucune connaissance en tactique ni aucune expérience de la guerre de terre. Le sérasquier de l'armée était le vizir Mustapha, pacha à trois queues, pacha titulaire de la Romélie; cette dernière fonction est un des postes les plus importants de l'empire.

VII. Les armées restèrent en présence pendant deux heures dans ce silence avant-coureur de la tempête. La canonnade s'engagea enfin entre les batteries turques placées sur les deux monticules et les batteries de campagne des divisions Lannes et Destaing. Le général Murat fit avancer deux colonnes de cavalerie de quatre escadrons, ayant chacune trois pièces d'artillerie légère; celle de droite se porta entre le monticule du

____

(1) La garde du général en chef.

Puits et le monticule du Vizir; l'infanterie turque faisait bonne contenance; l'engagement des tirailleurs était très-vif; mais lorsque les obus et les boulets des pièces d'artillerie légère qui étaient attachées aux colonnes de cavalerie commencèrent à frapper les ennemis par derrière, ils craignirent pour leur retraite et perdirent contenance. Les généraux Lannes et Destaing saisirent l'à-propos, gravirent les deux hauteurs au pas de charge; les Turcs dégringolèrent en descendant dans la plaine, la cavalerie les y attendait; ne pouvant opérer leur retraite, ils furent acculés à la mer, les uns dans l'intérieur de la rade, les autres dans la haute mer. Poursuivis par la mitraille et la fusillade, chargés par la cavalerie, ces fuyards bravèrent les flots. Ils cherchèrent à gagner leurs bâtiments à la nage; mais les neuf dixièmes furent engloutis. Le centre de la première ligne turque marcha alors en avant pour secourir les ailes; ce mouvement était imprudent. Murat commanda par escadron à droite et à gauche et l'enveloppa. L'infanterie de Lanusse, découverte par ce mouvement de notre cavalerie, marcha au pas de charge en colonne par bataillon, à distance de déploiement. Le désordre se mit dans ce centre pressé entre la cavalerie et l'infanterie. Ne pouvant plus opérer leur retraite, les Turcs n'ont d'autre ressource que de se jeter à la mer, s'échappant par la droite et par la gauche. Ils ont le même sort que les premiers, ils disparaissent engloutis. On n'aperçut bientôt plus sur les flots que plusieurs milliers de turbans et de châles que la mer jeta sur le rivage; c'était tout ce qui restait de ces braves janissaires, car ils méritaient ce nom de braves! mais que peut l'infanterie sans ordre, sans discipline, sans tactique? La bataille était commencée depuis une heure, et huit mille hommes avaient disparu : cinq mille quatre cents étaient noyés, quatorze cents étaient morts ou blessés sur le champ de bataille, douze cents s'étaient rendus prisonniers; dix-huit pièces de canon, trente caissons, cinquante drapeaux étaient entre les mains du vainqueur.

On reconnut alors la seconde ligne de l'armée ennemie; elle occupait une position formidable. La droite et la gauche étaient appuyées à la mer, flanquées par des chaloupes canonnières et couvertes par dix-sept bouches à feu de campagne. Le centre occupait la redoute du mont du Vizir. Il parut impossible de l'attaquer, même après le succès qu'on venait d'obtenir. Le général en chef pensa à prendre position sur les deux monts que l'on avait occupés, mais il reconnut qu'au pied de la falaise du Puits la plage s'avance en forme de cap dans la rade : une batterie placée à l'entrée de ce cap prendrait à revers toute la gauche de l'ennemi; en effet, elle l'obligea à se pelotonner entre la redoute et le village par un changement de front, la gauche en arrière. Ce mouvement laissait un vide de deux cents toises sur la gauche de la ligne, où l'on pourrait percer; cela s'exécuta. Conduit par le colonel Crétin, qui ambitionnait la gloire de rentrer le premier dans sa redoute, Murat pénétra par cette trouée avec six cents chevaux. Au même moment, Lanusse et Destaing soutenaient une vive canonnade contre le centre et la droite de l'ennemi. Le 18ᵉ de ligne, lancé mal à propos, lâcha pied au moment d'emporter la redoute, et laissa cinquante blessés sur le glacis. Les Turcs, selon l'usage, sortirent en foule pour couper la tête de ces malheureux et mériter l'aigrette d'argent. La 69°, irritée de ce spectacle cruel, se lança aù pas de charge sur la redoute et y pénétra. La cavalerie, passant entre le village et le mont du Vizir, prit en flanc toute cette seconde ligne et l'accula à la mer. Lannes se dirigea droit sur le village et s'y logea; il se porta de là sur le camp du pacha, où était la réserve. Toute cette extrémité de la presqu'île n'est plus qu'un champ de carnage, de désordre et de confusion. Le pacha, le kandjar au poing, environné des plus braves, fait des prodiges de valeur; il est grièvement blessé à la main par le général Murat, qu'il avait blessé à la tête d'un coup de pistolet. Il cède enfin à la nécessité et se rend prisonnier avec mille des siens. Les autres, épouvantés, fuient devant la mort, et cherchent leur salut dans les flots, préférant ces abîmes à la clémence du vainqueur. Sir Sidney Smith fut sur le point d'être fait prisonnier, et eut de la peine à gagner sa chaloupe. Les trois queues du pacha, cent drapeaux, tente-deux pièces d'artillerie de campagne, cent vingt caissons, toutes les tentes, les bagages, quatre cents chevaux, restèrent sur le champ de bataille. Trois à quatre mille fuyards s'étaient réfugiés vers le fort; ils se logèrent dans le village qui est en avant et s'y crénelèrent. Tout ce qu'on fit pour les déloger fut inutile.

La victoire était complète. Le général en chef était dans la redoute du mont du Cheykh, lorsqu'une explosion inattendue fit sauter plusieurs pièces de canon. Un cri d'alarme se fit entendre : La redoute est minée! Cette terreur panique ne dura qu'une minute.

Le colonel du génie Crétin fut tué d'un coup de fusil; c'était un des meilleurs officiers de cette arme. Le colonel Duvivier du 14° dragons fut tué d'un coup de kandjar par un officier du pacha. Il s'était couvert de gloire; il était à la fois intrépide, audacieux et prudent : c'était un des meilleurs colonels de cavalerie de la France. Le général Murat, qui fut grièvement blessé, eut la principale part à la gloire de cette journée. Le général en chef lui dit sur le champ de bataille : « *Est-ce que la cavalerie* » *a juré de tout faire aujourd'hui?* » L'aide de camp Guibert eut la poitrine percée d'un coup de biscaïen; comme on l'encourageait, ce brave jeune homme répondit : « Le courage ne manque pas, mais je souffre trop. » Le colonel Fugières du 18° de ligne eut les deux bras emportés par un boulet de canon. « Vous perdez un de vos sol- » dats les plus dévoués, dit-il au général en chef; un jour vous regretterez de ne pas » mourir comme moi au champ des braves (1). »

Le vizir Mustapha avait été conduit au camp près de l'embarcadère, et traité avec toutes les marques de la plus grande courtoisie. Le lendemain matin, le général en chef lui rendit une visite à la suite de laquelle le pacha expédia une tartane à Constantinople. Il conseilla à son fils et à son kyays, qui s'étaient renfermés dans le fort, de se rendre par capitulation, en obtenant la permission de se retirer avec la garnison sur l'escadre. Cette invitation fut communiquée au fort, mais les Osmaalis s'y refusèrent d'une voix

(1) Cette dernière phrase est écrite au crayon de la main de Napoléon. Par-dessus le mot *champ* il avait écrit un autre mot qu'on n'a pu déchiffre. (*De Las Cases.*)

unanime. Ils jurèrent de défendre ce poste jusqu'à la dernière extrémité; il fallut ouvrir la tranchée. Le général de division Lannes fut chargé de commander le siége, le chef de bataillon du génie Bertrand d'en diriger les travaux, et le colonel Faultrier d'en commander l'artillerie. Le général en chef se rendit à Alexandrie.

La perte des Français dans cette bataille a été de deux cents hommes tués et de cinq cent cinquante blessés. Les Turcs y ont perdu presque toute leur armée, deux mille tués, trois mille prisonniers, dix ou onze mille noyés; à peine s'il se sauva douze cents hommes (la garnison du fort est comprise dans ces calculs). Deux petites pièces de canon anglaises, dont le roi d'Angleterre avait fait présent au sultan Sélim, furent données à la brigade de cavalerie : on y grava les paroles du général en chef, les noms de Murat (1)....... de Duvivier et des régiments de cavalerie.

VIII. Le pacha Mustapha désapprouva l'obstination de son fils. Il lui écrivit de nouveau pour lui faire sentir qu'il avait tort de ne pas épargner un sang précieux, et de ne pas profiter de sa position pour sauver les braves qui étaient sous ses ordres. Il y eut une suspension d'armes de quelques heures pour remettre cette lettre. Le chef de bataillon Bertrand en profita pour reconnaître le fort, mais la fusillade s'engagea peu après. Les assiégés s'emparèrent de quelques maisons qui leur étaient nécessaires; le général Lannes indigné voulut les en chasser, l'ingénieur Bertrand l'en dissuada : « Pourquoi perdre du monde contre des hommes désespérés? En supposant qu'on » réussît, on en perdrait encore les jours suivants pour se maintenir dans ce village. Il » fallait laisser les assiégés tranquilles pendant deux ou trois jours, temps nécessaire » pour se préparer à ouvrir la tranchée. L'ennemi serait alors contenu dans l'enceinte de » son fort sans qu'il en coûtât un seul homme aux assiégeants. »

Le 28 juillet, l'ennemi, fier de son petit succès, fit une sortie et s'empara encore de quelques maisons du village; il devint alors audacieux, et sortit, menaçant la redoute du mont du Cheykh. Lannes ne put se contenir, marcha à lui, le repoussa, mais fut blessé d'un coup de fusil, qui l'obligea de quitter le siége. Le général Menou le remplaça dans le commandement. La tranchée était ouverte depuis plusieurs jours, les batteries étaient construites; on allait les démasquer, lorsque les assiégés, faisant une nouvelle sortie, s'emparèrent d'une place d'armes. Le général Davoust, qui était de tranchée, donna à la tête de la réserve, reprit le village, et jeta les assiégés dans le fort. Trois batteries de gros canon, deux de mortiers, commencèrent alors à jouer. Dans la nuit du 30, le mineur s'enfonça pour faire sauter la contrescarpe. Mais le 2 août, à la pointe du jour, sans capitulation, les assiégés sortirent en foule, demandant quartier. Ces malheureux manquaient d'eau; le fort était encombré de douze cents cadavres et de plus de dix-huit cents hommes mourants. Ce grand nombre de blessés turcs était embarrassant. On les rendit à leur flotte, ce qui établit des pourparlers entre les états-majors. Mustapha-Pacha avait déjà fait connaître que depuis six mois la guerre était

---

(1) Ces dernières lignes étaient écrites au crayon de la main de Napoléon. Après le nom de Murat se trouvait un nom propre qu'on n'a pu déchiffrer.   (*De Las Cases.*)

recommencée en Europe, et que les armées françaises avaient été partout battues. Le commodore anglais remit un paquet de gazettes anglaises et de Francfort; elles contenaient les nouvelles des mois d'avril, mai et juin.

La Porte fut avec raison très-mécontente, et le témoigna au commodore sir Sidney Smith, qu'elle accusa de cette fatale entreprise. Djezzar lui reprochait également de l'avoir entraîné dans plusieurs opérations imprudentes, qui lui avaient occasionné de grandes pertes. Les janissaires de Chypre et les équipages accusèrent le vice-amiral Patrona-Bey de complaisance et de soumission aux conseils des infidèles; ils le mirent à mort. Qu'espérait sir Sidney Smith en conseillant cette fausse opération? Conquérir l'Egypte avec dix-huit mille hommes d'infanterie indisciplinée, sans cavalerie, sans attelages d'artillerie? Décider l'armée française à négocier son retour en Europe? Mais il ne devait pas ignorer que Napoléon était le maître. Cette conduite doit donc être attribuée à l'ignorance absolue où était cet officier des affaires de terre. Il commit une plus grande faute quelques mois après en jetant à sa ruine, sur la plage de Damiette, une belle division de janissaires des Dardanelles. Si sir Sidney Smith ne montra ni jugement ni raison dans cette guerre, il déploya de l'intrigue, de l'adresse et de l'activité dans les négociations d'El-Arich et dans les affaires qui s'ensuivirent; il eut l'art de se rendre important, et de subjuguer Kléber.

Les généraux Murat et Lannes furent promus au grade de général de division, le colonel Faultrier au grade de général de brigade, et Bertrand au grade de colonel (1).

Les journaux que le commodore anglais eut la complaisance de remettre firent connaître tous les maux qui affligeaient la République. La seconde coalition était victorieuse; les armées de Russie et d'Autriche avaient battu le général Jourdan sur le Danube, Scherer sur l'Adige, Moreau sur l'Adda. La république cisalpine était détruite, Mantoue assiégée, les Cosaques étaient arrivés sur les frontières des Alpes. Masséna se soutenait avec peine dans les rochers de la Suisse.

Une troisième atteinte avait été portée à la constitution. Les jacobins du Manége avaient levé la tête, et à leur aspect la Vendée avait couru aux armes. De la tribune nationale on appelait à grands cris le général d'Italie au secours de la patrie. Un barbare, dégouttant du sang des infortunés Polonais, menaçait avec insolence le peuple français. Il n'y avait plus un moment à perdre; Napoléon résolut de se rendre en France, de sauver la patrie de la fureur des étrangers et de celle de ses propres enfants. Il ne lui échappa point que le désastre des armées françaises était le résultat des mauvais plans de campagne adoptés à Paris. Si les armées du Danube, d'Helvétie et du Bas-Rhin n'eussent formé qu'une seule masse; si l'armée de Naples et celle d'Italie eussent été réunies en mars sur l'Adige, la République n'eût essuyé aucun revers. Le général russe, qui en avril était vainqueur sur l'Adige, avait laissé arriver en juin l'armée de Naples sur le Pô (2). .Napoléon comprit

(1) C'est le général Bertrand, éditeur de ces Mémoires.   (*De Las Cases.*)

(2) Ici se trouvaient environ deux lignes écrites au crayon de la main de Napoléon, on n'a pu les déchiffrer.

qu'à son aspect tout changerait; les trois journées du 18 fructidor, du 22 floréal et du 30 prairial avaient détruit la constitution de 1795, qui désormais n'offrait plus de garantie à personne. Il lui serait facile de se mettre à la tête de la République; il était résolu, à son arrivée à Paris, de lui donner une nouvelle face et de satisfaire l'opinion nationale, qui dès 1798 l'avait appelé à la tête du gouvernement. La loi du 22 floréal 1798 avait dissipé chez lui tout prestige républicain.

BATAILLE D'AUSTERLITZ.

Après la capitulation d'Ulm, deux objets importants occupèrent Napoléon : il fallait d'abord compléter cette victoire; ensuite voler à de nouveaux succès en prévenant et surprenant d'autres ennemis qui s'avançaient, comme il avait surpris l'armée autrichienne de Souabe.

Pour compléter sa victoire, il ne restait à l'empereur qu'à empêcher les colonnes autrichiennes éparses de se rallier, et à les prendre en détail. Pour remporter de nouveaux avantages, il suffisait que l'armée française et son invincible chef pussent joindre promptement l'ennemi.

Les ordres et les instructions partirent en conséquence du quartier impérial le 18 octobre à une heure du matin. Le grand-duc de Berg, avec deux divisions de dragons et les chasseurs de la garde, fut envoyé directement à la poursuite de l'archiduc Ferdinand, qui suivait la route de la Franconie dans l'intention de gagner la Bohême. Pour soutenir le grand-duc de Berg, le duc de Montebello, à la tête des grenadiers du duc de Reggio et de la division de cuirassiers du comte Nansouty, fut dirigé sur Heydenheim. La division de dragons du comte Bourcier fut détachée plus à gauche, à Gcislingen, afin de ramasser les fuyards ennemis, qui, venant de Stockach ou des environs du lac de Constance, voudraient se jeter sur la rive gauche du Danube. Le corps du maréchal duc d'Elchingen fut provisoirement destiné à rester devant Ulm. Celui du duc de Raguse reçut d'abord la destination de remplacer à Biberach le maréchal duc de Dalmatie. Tous les autres corps de l'armée furent dirigés vers les frontières de l'Autriche : le prince de Ponte-Corvo en première ligne, le prince d'Eckmühl en seconde ligne, le duc de Dalmatie en troisième. La garde impériale reçut l'ordre d'être rendue à Augsbourg le 19 octobre.

Le grand-duc de Berg, après avoir pressé vivement l'archiduc Ferdinand pendant deux jours, déborda enfin sa colonne à quelque distance de Nuremberg, ce qui donna lieu, le 21 au soir, à un combat dans lequel tout le reste du parc d'artillerie, tous les bagages et une foule de soldats ennemis furent pris. Les chasseurs de la garde se couvrirent de gloire dans cette action. L'archiduc Ferdinand n'échappa qu'avec peine, et se sauva en Bohême avec un faible corps de cavalerie. Le soir, le grand-duc de Berg entra dans Nuremberg, et le lendemain il se mit en mouvement pour rejoindre l'armée en Bavière par Neumarck.

Cependant l'armée russe, commandée par le général Kutusof, et évaluée à 40,000 hommes, était arrivée sur l'Inn, où elle avait joint le général autrichien Kienmayer, qui avait déjà fait sa retraite sur cette rivière. Ainsi renforcé, le général autrichien médita de prendre l'offensive. Il repassa l'Inn, et son avant-garde était déjà arrivée à Haag, à douze lieues de Munich, lorsqu'il apprit que toute l'armée française se dirigeait sur lui. A cette nouvelle, le général ennemi renonça à toute résolution d'attaque; pour la seconde fois, il retourna à la hâte derrière l'Inn. On avait aussi des avis que l'archiduc Charles, avec une partie de son armée, méditait de revenir d'Italie par le Tyrol pour s'efforcer d'atteindre Salzbourg avant les Français. Dans ces conjonctures, les derrières de l'armée étant délivrés de la présence de l'ennemi, le septième corps arrivant d'ailleurs sur le Rhin et les armées de réserve s'organisant, l'Empereur appela encore en Bavière le duc de Montebello et toutes les troupes qu'il commandait. Il y fit venir également le second corps et la division de dragons du comte Bourcier.

Le 22, Napoléon arriva à Augsbourg. La situation de cette place lui ayant paru avantageuse pour ses desseins, l'Empereur décida qu'on en mettrait l'enceinte à l'abri d'un coup de main, qu'elle deviendrait dorénavant l'entrepôt général des armes, des magasins et des hôpitaux de l'armée. En conséquence, le duc d'Elchingen reçut l'ordre de faire transporter à Augsbourg toute l'artillerie autrichienne prise à Ulm. Il fut prescrit en même temps à ce maréchal de faire détruire tous les ouvrages élevés par les Autrichiens à Ulm et à Memmingen.

Le duc de Castiglione venait de passer le Rhin à Huningue. Le prince major général lui écrivit le 23 octobre : « Sa Majesté ordonne que vous vous mettiez en marche avec » votre corps d'armée pour vous rendre à Kempten. Vous me ferez connaître le jour que » vous y arriverez, en désignant chaque journée, afin que je puisse vous faire parvenir » de nouveaux ordres. Mais, comme il est impossible de prévoir les mouvements que » pourra faire l'ennemi, vous êtes autorisé à vous porter partout où vous croirez lui » faire le plus de mal possible et déconcerter ses projets.

» Quant à la manière dont vous ferez vivre votre armée, vous frapperez des réquisi- » tions régulières. Vous ferez donner dans les pays neutres des bons circonstanciés, les- » quels serviront à rembourser ce qui aura été ainsi fourni.

» Sur le pays ennemi, vous frapperez également des réquisitions, mais sans donner » de bons.

» Conformément à l'ordre du jour que je vous envoie, vous verrez qu'il ne doit pas » être levé de contributions, puisque l'Empereur les a données à l'armée. »

La marche continuait. Tous les corps avaient dépassé Munich. Napoléon entra dans cette capitale le 24 octobre, à six heures du soir, et fut reçu en triomphe. On supposait que l'Empereur resterait plusieurs jours dans cette ville; mais il la quitta le 28, et arriva à onze heures du soir à Haag. Les ordres étaient déjà partis pour le passage de l'Inn.

Le premier corps fut dirigé sur Wasserbourg par Harthausen et Græfing. Le second corps marchait en seconde ligne, à une journée de distance, derrière le premier. Le troisième corps fut dirigé sur Mühldorf par Ærding et Dœrfen. La réserve avait sa direction sur le même point par Hohenlinden et Haag. Le quatrième corps marcha derrière la réserve par la même route. Les ordres du cinquième corps lui assignaient le point de Braunau pour le passage de l'Inn ; ce corps s'y porta par Landshut et Wilsbibourg.

Tous les maréchaux commandant les corps avaient l'ordre de passer l'Inn, si l'ennemi ne se présentait pas en force. S'il faisait mine d'empêcher le passage, il était prescrit aux maréchaux de prendre position et d'attendre des instructions nouvelles, l'intention formelle de l'Empereur étant de n'engager aucune affaire particulière. Dans le même temps que les ordres s'expédiaient pour ce mouvement général, le duc d'Elchingen en recevait pour quitter Ulm, et entrer en Bavière par la route de Landsberg.

L'ennemi, incertain du point d'attaque, défendit faiblement l'Inn. Le prince de Ponte-Corvo, se présentant devant Wasserbourg, trouva le pont brûlé ; il le fit bientôt rétablir et passa l'Inn. Les Russes voulurent arrêter le prince d'Eckmühl au pont de Mühldorf, une vive canonnade les contraignit de l'abandonner ; ils brûlèrent le pont en se retirant. L'Empereur, qui était à Haag, arriva à Mühldorf une heure avant le jour. Il monta à cheval pour reconnaître les localités et presser la réparation du pont, qui ne tarda pas à être achevée. Le prince d'Eckmühl passa l'Inn, et continua sa marche sur Alt-Œting pour attendre la Salza auprès de Burghausen. Le quatrième corps, qui le suivait, accéléra sa marche sur Mühldorf, où il passa l'Inn le lendemain.

L'ennemi était partagé en deux corps. Le gros des forces autrichiennes s'était porté sur Salzbourg et l'armée russe sur Braunau. Ce dernier point allait être atteint par le duc de Montebello, qui continuait sans relâche son mouvement en avant. Le prince de Ponte-Corvo eut l'ordre de poursuivre les Autrichiens sur la route de Salzbourg et de s'emparer de cette ville. Le second corps vint passer l'Inn à Wasserbourg. De ce point le duc de Raguse reçut une direction intermédiaire entre le troisième corps et le premier. Cette marche était importante. L'empereur fit écrire au duc de Raguse, le 29 octobre :

« D'après les dispositions arrêtées par Sa Majesté, il faut, monsieur le duc, que vous
» connaissiez le rôle qu'elle vous destine. Son intention est que vous vous portiez à
» Straswalchen, Wocklabruck, Gmünden et Steyer. Par là vous vous trouverez avoir
» tourné toutes les positions de l'ennemi, s'il veut défendre la rivière qui coule à Wels ;
» vous aurez passé cette rivière dans les endroits où elle doit être très-faible, et consé-
» quemment facile à franchir. Si l'ennemi veut tenir le long de l'Ems, il faut que vous
» fassiez reconnaître la position entre Steyer et la source de cette rivière, afin que vous
» puissiez la passer à une journée au-dessus de Steyer, où elle doit être peu large. Mais
» il est nécessaire que vous sachiez que l'ennemi annonce vouloir livrer bataille dans la
» plaine de Wels, et alors il est indispensable que vos mouvements soient réglés de
» manière que vous puissiez vous trouver à la bataille, si elle a lieu. »

Pendant que le gros de l'armée avançait en Autriche, il était prescrit au duc d'Elchingen de se porter sur Inspruck, de se rendre maître à tout prix de l'importante forteresse de Kufstein, d'entretenir une communication avec le maréchal prince de Ponte-
Corvo à Salzbourg, et également avec le maréchal duc de Castiglione, qui arrivait à
Kempten. Par ces différentes dispositions, tous les débouchés de l'Italie étaient coupés
à l'ennemi. Il perdait la possibilité d'agir de concert avec l'armée de l'archiduc Charles.
Forcé de reculer sur la route de Vienne devant les forces redoutables des Français, il
n'avait aucun espoir d'arrêter leur marche en opérant sur leurs flancs.

La rapidité de tous ces mouvements en imposa à l'ennemi, qui fit sa retraite en toute
hâte. Dès ce moment, les événements se succédèrent avec une promptitude extraordinaire. Le 20, le duc de Montebello arriva devant Braunau. Cette place forte, armée de
40 pièces de canon, approvisionnée de munitions de guerre, de 3,000 tonneaux de
farine et de 80,000 rations de pain, tomba au pouvoir de l'armée française. Une conquête de cette importance ne retarda pas d'une heure les mouvements de l'armée, qui
continua sa marche.

Le 29 l'Empereur partit de Mühldorf et s'arrêta deux heures à Burghausen pour voir
marcher les trains d'artillerie, qui avaient beaucoup de peine à passer le défilé. Il arriva
à Braunau à cinq heures. Le temps était pluvieux. Au milieu des embarras de l'artillerie
et de toutes les fatigues d'une marche forcée, les soldats voyaient avec plaisir leur Empereur, couvert de pluie et de boue, partager leurs fatigues. Beaucoup de régiments,
qui ne devaient pas s'arrêter à Braunau, passèrent à une portée de fusil des glacis de
cette place. Telles étaient la nécessité des circonstances et la rapidité des mouvements,
que les soldats marchèrent deux ou trois lieues encore, au lieu de se reposer pendant le
mauvais temps.

L'Empereur dut s'arrêter à Braunau les 30 et 31 octobre, pour organiser les subsistances de l'armée et la défense de cette place importante, qui forme une si belle tête de
pont sur l'Inn. Pendant ces deux jours, malgré le froid et la pluie, il resta constamment
à cheval.

Le grand-duc de Berg avec le corps du prince d'Eckmühl se porta sur Ried. Le corps
du duc de Montebello se mit en marche de Scharding sur Lintz ; le duc de Dalmatie
quitta à Ried le chemin de Lambach et se porta sur Wels. Cette marche fut si rapide,
que le 1ᵉʳ novembre le grand-duc de Berg entra à Lambach. Une rencontre de cavalerie
avait eu lieu sur la route de Mersbach. Mais à Lambach, le 17ᵉ de ligne se trouva, pour
la première fois, aux prises avec huit bataillons russes. Ceux-ci, voulant donner le
temps à leurs bagages de passer la Traun, firent halte et prirent position pour retarder
d'une heure la marche des Français.

Culbutés, mis en fuite, ils laissèrent un grand nombre de prisonniers avec trois pièces
de canon. Dès ce moment, les généraux autrichiens commencèrent à craindre que leurs
alliés ne leur fussent pas d'un aussi grand secours qu'ils l'avaient espéré.

Le pont de Lambach était coupé, il ne put être rétabli que sous la protection d'une
vive fusillade. Le prince d'Eckmühl fit passer quelques troupes sur les bateaux qui ser-

vaient au transport du sel. Le général comte Bisson fut blessé dangereusement. La terre était couverte de neige, la saison rigoureuse, et le pays assez difficile. Mais l'ennemi n'essaya plus de disputer le terrain.

Le comte de Valmy, commandant l'avant-garde du prince de Ponte-Corvo, poursuivit une colonne ennemie qui de Salzbourg se retirait sur la Carinthie; il l'attaqua dans le défilé de Golling, tourna et prit le fort de Werfeu, fit 500 prisonniers, et dispersa le reste de la colonne dans les montagnes. Le prince de Ponte-Corvo et le duc de Raguse se dirigèrent de Salzbourg et Lauffen sur Lambach. Le duc de Dalmatie arriva à Wels et le duc de Montebello à Lintz, où il s'empara du pont sur le Danube, que l'ennemi voulut lui disputer.

L'empereur arriva à Ried le 1er novembre. Le temps était devenu beau. Un air froid et sec avait remplacé la pluie. Les chemins étaient couverts de neige. Le 2, Napoléon établit son quartier général à Haag. Le froid avait considérablement augmenté. Cette journée fut l'une des plus froides de l'hiver. L'Empereur arriva le 3 à Lambach, où il logea au couvent, et le 4 à Wels, où il passa le pont. Il fit le tour des collines environnantes. Le soir, il établit son quartier général à Lintz, au palais des Etats. Il y resta jusqu'au 9, et reconnut le système des positions qui environnaient la ville.

Le 4, le prince d'Eckmühl, appuyé par le duc de Raguse, se porta sur Steyer. Le grand-duc de Berg et le duc de Montebello se dirigèrent sur Enns. Le duc de Dalmatie et le prince de Ponte-Corvo suivirent la même route. Nous entrâmes à Enns et à Steyer, et la rivière d'Enns fut passée.

Le grand-duc de Berg et le duc de Montebello joignirent, le 5, l'arrière-garde des Russes, qui s'était postée sur les hauteurs d'Amstetten; elle voulait gagner la journée pour donner le temps à ses immenses bagages de passer la rivière d'Ips. Les grenadiers du duc de Reggio attaquant et culbutant, après une vive résistance, cette arrière-garde ennemie, lui firent 1,800 prisonniers. On trouva à Amstetten des vivres et une belle manutention. On raccommoda le pont de l'Ips; le grand-duc de Berg arriva à Mœlk le 7 novembre.

A mesure que l'on marche sur Vienne, le pays devient plus difficile; il n'y a plus qu'une seule route qui longe le Danube. C'est par cette route que toute l'armée fut obligée de passer, excepté le corps du prince d'Eckmül, qui fut envoyé par Waidhofen et Saint-Gaming sur Mariazell. Le 8, l'avant-garde étant encore à plusieurs lieues de Mariazell, rencontra le corps du général Merfeld, l'attaqua avec vigueur, le mit en déroute, et lui prit trois drapeaux et 16 pièces de canon avec 4,000 soldats.

Il devenait impossible de suivre constamment cette route sans s'éclairer sur la rive gauche du Danube. Le duc de Trévise avait été chargé de marcher en corps d'observation, sur la rive gauche, avec les divisions des généraux Dupont et Dumonceau, et la division de dragons du comte Klein. Il était parti de Lintz le 7 novembre, et était arrivé le même jour à Mauthausen, où il avait trouvé des magasins très-considérables.

Le duc de Raguse marchait de Steyer sur Leoben, où il fit des prisonniers.

Cependant la confusion devenait grande dans la capitale de l'Autriche. L'empereur d'Allemagne, ouvrant enfin les yeux sur ses dangers, envoya pour faire des propositions de paix le lieutenant général Giulay, prisonnier de guerre, revenu d'Ulm avec l'autorisation de Napoléon. L'empereur François déclarait toutefois qu'il ne pouvait en venir à un traité définitif avant de s'être concerté avec son allié l'empereur de Russie. Napoléon dit au général Giulay que son souverain était le maître d'attendre le consentement de l'empereur de Russie, mais que lui ne l'était pas de perdre son temps à de vains armistices; qu'il ne retarderait pas sa marche d'un jour, ni même d'une heure; que c'était à l'empereur François à voir ce qu'il lui convenait de faire, et s'il devait mettre en balance les intérêts de ses alliés avec ceux de ses peuples et de sa capitale, qui allait être exposée à toutes les horreurs de la guerre.

Le roi de Bavière venait d'arriver à Lintz. L'Empereur avait retardé son départ d'un jour pour se concerter avec ce souverain. Napoléon partit immédiatement après, et s'arrêta plusieurs heures au passage de l'Ips pour presser la réparation du pont. Il arriva le 10 à Mœlk, et le 11 à Saint-Polten, où il séjourna le 12. A son arrivée, il apprit que les Russes, en faisant une marche de flanc, avaient pris le chemin par lequel ils étaient venus, et avaient repassé le Danube sur le pont de Krems, qu'ils avaient ensuite brûlé.

Cependant le duc de Trévise, instruit que l'ennemi battait en retraite par la rive gauche et qu'il se retirait sur Znaym et la Moravie, se porta le 11 à Dirnstein, culbuta tous les postes ennemis, et s'empara de Loiben. Il n'avait avec lui que la division du comte Gazan; celle du comte Dupont, restée en arrière, et la division batave, étaient en retard d'une marche. Le duc de Trévise croyait n'avoir affaire qu'à une arrière-garde; mais les Russes, qui n'avaient pas eu le temps de faire filer leurs bagages, étaient restés sur ce point au nombre de 36,000 Etonnés de l'audace de cette division, qu'ils apprirent bientôt n'être forte que de 9 bataillons, ils se laissèrent conduire par le général Smith, officier autrichien distingué, qui fit passer un corps de 12,000 hommes sur les derrières de la division française. Ces 12,000 hommes, arrivés au château de Dirnstein, culbutèrent les quatre compagnies qu'on y avait laissées, et marchèrent de tous les côtés à l'attaque du village de Loiben.

Le duc de Trévise avait occupé près de ce village une assez belle position Cerné de toutes parts, il avait résisté partout et avait fait à l'ennemi un mal effroyable. Le combat fut en effet des plus opiniâtres et des plus meurtriers. Mais les cartouches venant à manquer, le duc de Trévise, voyant l'impossibilité de résister dans cette position, prit le parti de marcher sur le corps des Russes et de s'ouvrir le chemin de Dirnstein.

Le général Marchand, commandant l'avant-garde du comte Dupont, ayant entendu la canonnade, arriva avec le 9° d'infanterie légère et le 32° de ligne; il attaqua le général Smith, qui se trouva lui-même pris entre deux feux. Cette heureuse diversion facilita le mouvement de la division du comte Gazan Le général Smith fut tué de deux balles, sa division mise en déroute et obligée d'abandonner la position aux troupes françaises, qui y passèrent la nuit. De part et d'autre on fit des prisonniers. Les Russes prirent 400 hommes et les Français 300.

Sept cents hommes, que le général Kutusof avait embarqués sur le Danube, furent faits prisonniers par le comte Milhaud, vis-à-vis de Tuln. Un autre bataillon de cinq cents hommes fut arrêté aussi deux heures après.

Au même moment, le général Kutusof s'était mis en marche pour effectuer sa retraite et avait abandonné 1,800 blessés. Cependant, le grand-duc de Berg était arrivé le 11 à Sieghartskirchen, au débouché de la forêt de Vienne, aux portes de cette grande capitale. Il avait reçu une députation de cette ville, qui lui en apportait les clefs et qui faisait connaître que 6,000 habitants étaient armés pour maintenir le bon ordre et empêcher le pillage.

Pendant ce temps, le général Giulay était envoyé auprès de Napoléon à Saint-Polten par l'empereur d'Allemagne. Mais ce prince, au lieu de négocier franchement, afin de sauver sa capitale, avait chargé M. de Giulay de communiquer une note de M. de Cohenzell, qui annonçait que le roi de Prusse avait signé, le 2 novembre, une convention par laquelle il adhérait à la coalition. L'empereur d'Autriche demandait de nouveau un armistice; proposition inconsidérée, plus propre à accélérer la marche de Napoléon qu'à la retarder.

L'Empereur envoya, dans ces circonstances, le comte Bertrand, son aide-de-camp, porter au grand-duc de Berg l'ordre de se saisir du pont de Vienne. Les habitants de la capitale, et tout ce qu'il y avait de plus estimable parmi les Autrichiens, demandaient la paix à grands cris. Les idées d'armistice étaient dans toutes les têtes; personne ne croyait qu'on voulût encore tenter les hasards d'une guerre, qui paraissait sans espoir de succès et conduisait la monarchie à sa perte.

Ce fut dans cet état de choses que, le 13, le grand-duc de Berg, après avoir fait tourner la ville par plusieurs bataillons, employant la force et les négociations, s'empara du pont au moment où le général d'Auersperg venait d'ordonner qu'on le brûlât. A onze heures du soir, l'Empereur se porta au-delà du pont. Le général Giulay, qui l'avait laissé à Saint-Polten, fut étonné de le trouver, dès la pointe du jour, à la tête de son avant-garde, déjà en marche sur la Moravie. Dans la soirée, l'Empereur vint établir son quartier général à Schœnbrunn.

L'ennemi abandonna dans sa capitale plus de deux mille bouches à feu, une salle d'armes garnie de plus de cent mille fusils, et une immense quantité de munitions de guerre de toute espèce.

L'armée ne s'arrêta pas à Vienne; elle traversa la ville, et se mit en marche dans l'espérance de rencontrer le général Kutusof. Le 14, à la pointe du jour, le comte Milhaud se porta à Wolkersdorf, sur la route de Brünn, avec un corps de cavalerie; il fit 600 prisonniers, et prit le parc d'artillerie de campagne de l'ennemi, composé de 191 pièces de canon munies de leurs caissons, qu'on évacua sur Vienne.

Le grand-duc de Berg avait couché, le 13, à Stockeran. Une division de 4,000 Autrichiens, dont faisaient partie deux régiments de cuirassiers qui se trouvaient sur le bord du Danube, fut enveloppée par ce mouvement. Mais on avait tant parlé d'armistice que nos généraux eurent la simplicité d'y croire. Déjà ils avaient ordonné aux uirassiers de mettre pied à terre ; ils étaient sur le point de les désarmer, de les traiter comme prisonniers ; mais ils commirent la faute de les laisser aller, avec la promesse de ne point se battre contre nous pendant le reste de la campagne. Il est vrai qu'après la prise de Vienne, nos troupes ne pouvaient plus s'accoutumer à considérer les Autrichiens comme des ennemis. D'après les sentiments que la population de cette capitale témoignait à l'armée, et la haine générale que le pays montrait contre les Russes, le soldat se regardait en Autriche comme chez lui.

Le 14 novembre, le grand-duc de Berg séjourna à Stockeran. Le 15, il rencontra l'armée russe, qui était sur les hauteurs d'Hollabrünn. L'inquiétude des généraux ennemis était extrême. Ils avaient lieu de craindre qu'une colonne française ne fût déjà arrivée à la hauteur de Brünn. Ils envoyèrent M. de Wintzingerode, aide-de-camp de l'empereur de Russie, proposer qu'on leur permît de se retirer. Le grand-duc de Berg leur accorda la capitulation suivante :

« Il a été convenu ce qui suit entre M. le général comte Belliard, chef de l'état-
» major général et d'après l'autorisation de S. A. I. le grand-duc de Berg, grand
» amiral et lieutenant de Sa Majesté l'empereur des Français et roi d'Italie ;

» Et M. le baron de Wintzingerode, aide-de-camp de Sa Majesté l'empereur de toutes les Russies, d'après son autorisation, et général-major de l'armée :

» Il y aura armistice entre le corps d'armée aux ordres de S. A. I. le grand-duc de
» Berg et l'armée russe commandée par le général en chef comte de Kutusof, du moment
» de la signature des présentes conditions.

» L'armée russe quittera l'Allemagne, et se mettra aussitôt en marche par la route
» qu'elle a prise pour s'y rendre, et par journées d'étapes. Alors, le grand-duc de Berg
» consent à suspendre sa marche sur la Moravie.

» Les présentes conditions ne pourront être exécutées qu'après la ratification de S. M.
» l'empereur Napoléon ; et en attendant, l'armée russe et le corps d'armée du grand-
» duc de Berg resteront dans les positions qu'ils occupent maintenant. Dans le cas de
» non-acceptation de la part de l'Empereur, on se préviendra quatre heures avant de
» rompre l'armistice. »

Cependant la capitulation était à peine signée, que le général Kutusof se mit en marche avec la moitié de son armée.

L'Empereur, se doutant qu'on tendait un piége au grand-duc de Berg, pour se tirer d'un mauvais pas, lui envoya l'ordre de rompre la capitulation, et de faire à l'ennemi le plus de mal possible. Sa Majesté partit alors de Vienne, et arriva le soir à Hollabrünn. Sur la route, l'Empereur fut arrêté par les flammes qui dévoraient un village. Les malheureux habitants s'occupaient sans se plaindre, avec le sang-froid qui caractérise le Morave, à éteindre l'incendie. L'Empereur resta une demi-heure au milieu d'eux, et son escorte les aida à sauver leurs chaumières

Le grand-duc de Berg fit ses dispositions, et attaqua l'ennemi le même jour, le 10, après midi Le duc de Montebello assaillit les Russes de front, pendant qu'il les faisait tourner sur la gauche par la brigade de grenadiers du comte Dupas, le duc de Dalmatie les faisait tourner sur la droite par la brigade Levasseur, composée des 3° et 18° de ligne. Le comte Walther, avec sa brigade de dragons, chargea l'ennemi, et fit 300 prisonniers. La brigade du baron Laplanche-Mortière se distingua. Sans la nuit, rien n'eût échappé. On se battit plusieurs fois à l'arme blanche. Des bataillons russes montrèrent de l'intrépidité. Le duc de Reggio fut blessé. L'Empereur, voulant donner aux grenadiers une preuve de son estime, nomma le duc de Frioul pour les commander.

L'arrière-garde russe perdit, dans cette journée, 12 pièces de canon, 100 voitures de bagages, 2,000 prisonniers, 2,000 hommes restés sur le champ de bataille.

Le 17, à la pointe du jour, l'Empereur se mit à la tête de l'armée pour suivre les Russes et passa la Taya à Znaym. La journée était belle, mais froide. Napoléon, tant pour encourager les soldats à la marche que pour diminuer les fatigues de la journée, allait une lieue en avant, faisait allumer des feux, et attendait ainsi que la colonne fût arrivée à sa hauteur. Il suivit l'arrière-garde ennemie jusqu'à Tesswitz, revint à Znaym, où il établit son quartier général, et y séjourna le 18. Le comte Sébastiani, avec sa brigade de dragons, ramassa cinq à six cents fuyards russes.

L'aspect qu'offraient les beaux villages de Moravie était horrible. Les Russes mettaient le feu partout. Rien n'égalait le désespoir des habitants. Ils recevaient les Français comme leurs libérateurs, et couraient de tous les côtés pour arrêter les Russes, dont un grand nombre furent massacrés par les habitants.

On se figure facilement combien l'armée française devait être fatiguée. Quelque intérêt que l'Empereur eût de poursuivre les Russes, il crut devoir donner à ses troupes la journée du 18 pour prendre du repos. Le 19, à trois heures après midi, l'avant-garde entra à Brünn, que l'ennemi avait évacué avec une telle précipitation, qu'il y avait laissé 4,000 barils de farine, tous ses magasins de vivres, tous ses magasins de poudre et 60 pièces de canon. La citadelle fut occupée sur-le-champ. Napoléon coucha le 19 à Pohrlitz, et entra à Brünn le 20, à dix heures du matin. Se mettant aussitôt en marche pour suivre l'ennemi avec sa cavalerie, il s'établit près du village de Latein. Nos coureurs apprirent bientôt que la cavalerie ennemie était placée dans la plaine, ayant sa droite vers le Santon; elle paraissait vouloir disputer le terrain et se maintenir sur un champ de bataille qui devint célèbre, peu de jours après, par un des plus grands faits d'armes des temps modernes. L'infanterie ennemie bivouaquait derrière le village de Rausnitz.

La cavalerie française était au pied de la hauteur appelée depuis le bivouac de l'Empereur; la cavalerie de la garde, une lieue en arrière et en avant de Latein. Il s'engagea un combat de cavalerie de 5 à 6,000 chevaux de part et d'autre. Les cuirassiers français, fidèles à leur ancienne réputation, manœuvrèrent avec intrépidité et sang-froid. Un escadron du 11° de dragons, qui avait fait une marche de flanc sur la droite, fut chargé au même moment et obligé de se replier en tirailleurs. Dans le désordre, le porte-étendard ayant été tué, son aigle fut prise. Les différentes lignes ennemies abordèrent cet escadron à plusieurs reprises. A la fin de la journée, le duc d'Istrie fit, avec la garde, une charge brillante qui décida la déroute de la cavalerie russe; elle fut repoussée l'épée dans les reins jusqu'à Rausnitz. Une colonne de dragons russes, plusieurs officiers et une centaine d'hommes restèrent en notre pouvoir.

Le 20 au soir, Napoléon revint à Brünn, où il resta jusqu'au 28, jour où les Russes attaquèrent les avant-postes français à Wischau. Le 21, le grand-duc de Berg porta son quartier général à Rausnitz, et toute la cavalerie prit ses cantonnements entre Rausnitz et Wischau. Quatre cents chasseurs occupèrent cette petite ville en forme de grand'-garde.

Le temps s'était considérablement adouci ; les fourrages et les vivres étaient en abondance, mais la chaussure se trouvait dans le plus mauvais état et l'armée harassée de fatigues. L'Empereur occupait la position qu'il désirait prendre. Il voulut laisser à son armée quinze jours de repos dont elle avait besoin, pour se mettre à même d'agir ensuite selon les circonstances et la saison.

Derrière les cantonnements de la cavalerie, le corps du duc de Montebello occupait les villages en avant de Brünn, avec l'ordre de prendre position, à la première alerte, sur la hauteur de Latein. Le duc de Dalmatie, qui avait passé par le couvent de Raygern, couronnait les hauteurs d'Austerlitz, qui dominent la route de Brünn à Wischau. La garde impériale était à Brünn ; la division du comte Caffarelli, à Pohrlitz ; les deux autres divisions du prince d'Eckmühl, à Wolkensdorf et à Vienne ; le duc de Raguse, à Gratz. Le prince de Ponte-Corvo occupait Trebitsch, Eybentshitz, Budwitz, Jarmeritz et Znaym. Les Bavarois étaient à Iglau.

Les empereurs de Russie et d'Allemagne se trouvaient à Olmütz, avec les deux armées réunies. Le prince Ferdinand, avec un corps de 15 à 20,000 hommes, était en Bohême. Le prince Charles, avec un corps de 40 à 50,000 hommes, battant en retraite devant le prince d'Essling, était déjà arrivé à Laybach. Le général Chasteler, avec le corps qui s'était échappé du Tyrol, occupait Œdenbourg ; ce corps pouvait être considéré comme l'avant-garde du prince Charles. Telles étaient les positions respectives des deux armées.

L'Empereur, occupant un point central, pouvait réunir en peu de jours plus de forces que l'ennemi n'était capable de lui en opposer.

Les deux empereurs marchaient-ils pour lui livrer bataille ? il pouvait en trois jours être renforcé des corps du prince de Ponte-Corvo et du prince d'Eckmühl, ainsi que d'une partie de la garnison de Vienne. Restaient-ils au contraire sur la défensive, et le prince Charles marchait-il sur Vienne ? Napoléon pouvait employer comme avant-garde le corps commandé par le duc de Raguse et le renforcer en deux jours par les corps du prince d'Eckmühl et du duc de Trévise ; tandis que, par une retraite sûre et lente, les corps des ducs de Dalmatie et de Montebello et du prince de Ponte-Corvo retardaient la marche des deux empereurs dans les défilés de Nikolsbourg ou sur tout autre point de leur route, autant de temps qu'il aurait convenu. Napoléon se trouvait à cheval sur le Danube avec des magasins considérables et toutes les ressources de Vienne, et en position d'attaquer l'une ou l'autre armée avec toutes ses forces réunies.

Le prince Charles prenait-il le parti de traverser la Hongrie et de passer le Danube plus bas, pour se réunir aux deux armées russe et autrichienne? l'Empereur avait calculé qu'il fallait un mois à ce prince pour obtenir ce résultat. Alors, quand il l'aurait su engagé assez avant pour ne pouvoir plus marcher sur Vienne, il eût fait revenir le duc de Raguse dans cette capitale et aurait réuni le reste de ses forces pour tomber sur l'armée des deux empereurs et les culbuter en Pologne.

Cette combinaison lui paraissait la plus probable, parce qu'elle lui semblait offrir à l'ennemi l'avantage de réunir le plus de forces possibles pour une grande bataille. Elle assurait à l'Empereur quelques semaines de délai qu'il avait jugées nécessaires pour le ralliement et le repos de son armée. Chaque jour, ses forces augmentaient de plus de 500 hommes; car son armée, qui s'était rendue de Boulogne à Brünn, presque sans séjour, se renforçait à chaque instant de tous les détachements qui n'avaient pu rejoindre, de tous les moyens qu'on organisait dans les pays conquis, et que ceux même qui avaient été préparés sur le Rhin et en France, dans l'hypothèse d'une retraite ou d'une guerre incertaine.

Vers le 26 ou le 27 novembre, on ne tarda pas à s'apercevoir, d'après les mouvements que l'ennemi faisait à Olmütz, qu'il ne resterait pas longtemps tranquille. Le 27, le général Giulay et M. de Stadion vinrent au quartier général de Brünn, avec des pleins pouvoirs de l'empereur d'Allemagne, pour négocier et signer un traité de paix définitif. Différentes négociations eurent lieu. Il ne fut pas difficile à l'Empereur d'apercevoir que les espérances des ennemis étaient rehaussées. Pour mieux connaître encore leurs véritables sentiments, il leur proposa formellement une suspension d'armes; ils écartèrent cette proposition, sous le prétexte que l'empereur d'Allemagne ne pouvait y consentir sans le concours de l'empereur de Russie, qui dirigeait les opérations de l'armée, et qu'ils n'avaient point de pouvoirs de cet empereur. Napoléon avait de la peine à concevoir que l'empereur d'Allemagne voulût courir les plus grands risques et tenter les hasards d'un événement décisif, qui lui présentaient peu de chances favorables. Il envoya les plénipotentiaires à Vienne, dans l'intention de rouvrir les conférences de Molk.

M. le comte de Haugwitz, ministre des affaires étrangères du roi de Prusse, arriva, le 28, au quartier général de Brünn. Ce fut pendant la conférence que l'Empereur accorda au ministre prussien qu'on vint lui annoncer que l'avant-garde russe paraissait devant Wischau. Cette conférence dura quelques heures. L'Empereur alla plusieurs fois dans son cabinet pour donner des ordres et écouter les officiers d'état-major. La conférence étant finie, il fit connaître à M. de Haugwitz que Brünn allait devenir le théâtre de grands événements, et qu'il pourrait se trouver au milieu du choc. L'Empereur lui conseilla d'aller à Vienne. Le ministre partit dans la nuit pour cette capitale.

Cependant Wischau était cerné par l'ennemi. Toute l'armée russe prenait position. La cavalerie des deux armées était à cheval et en présence. Cent hommes du 6e régiment de dragons, qui étaient dans Wischau, ne tardèrent pas à se rendre. Le 28, l'Empereur, après avoir expédié les ordres aux princes de Ponte-Corvo et d'Eckmühl, ainsi qu'à la cavalerie, partit de Brünn et se rendit, à neuf heures du soir, à la maison de poste dite Posorzitzer-Post. Les trois divisions du duc de Dalmatie bivouaquaient sur les hauteurs situées entre Austerlitz et Welspitz; leur droite s'étendait vers Hodiegitz. La brigade Treilhard occupait encore Rausnitz, devant lequel se montraient quelques bataillons de chasseurs russes.

Des hauteurs d'Austerlitz, qu'occupait le duc de Dalmatie, on voyait l'armée ennemie placée derrière Wischau sur sept lignes, indépendamment de la réserve et de l'avant-garde. L'Empereur monta à cheval pour se porter sur ces hauteurs et s'assurer lui-même de la présence de l'ennemi et de la force de son armée. Ne voulant pas recevoir la bataille dans la position où il se trouvait, il avait intérêt cependant à ne pas perdre un pouce de terrain et à rester encore un jour dans cette position, si l'aspect des bivouacs ennemis ne faisait pas penser qu'ils voulussent attaquer le lendemain. Mais au moment où Sa Majesté montait à cheval, le duc de Rovigo, qu'il avait envoyé à l'empereur Alexandre, arriva de son quartier général et fit connaître que toute l'armée russe était en présence.

Le duc de Rovigo, parti de Brünn, était resté deux jours à Olmütz, et avait eu plusieurs conférences avec Alexandre. Il se louait beaucoup de l'empereur et du grand-duc Constantin; mais il témoignait beaucoup de dédain pour les propos légers et inconsidérés de cette foule d'officiers qui accompagnait les deux princes. A les entendre, ils marchaient moins à une bataille qu'à une victoire. Selon eux, les Français n'avaient vaincu que par la lâcheté des Autrichiens; et ces propos, ils se les permettaient devant les officiers autrichiens eux-mêmes : ils s'ôtaient par cela seul un moyen de vaincre.

Les Russes étaient dans une telle ignorance des événements passés, que l'affaire d'Hollabrünn leur était présentée comme une victoire, et qu'ils croyaient avoir fait 4 à 5,000 prisonniers. L'empereur Alexandre lui-même, malgré sa modération, partageait cette illusion. Toujours à cheval, il s'occupait des moindres détails du quartier général. L'imprudente confiance des officiers et leurs préventions ne pouvaient échapper à un soldat aussi expérimenté que le duc de Rovigo. D'après ce qu'il annonçait, comme d'après les rapports du duc de Dalmatie, qui arrivaient des hauteurs d'Austerlitz, l'Empereur n'avait plus besoin de s'y rendre; son opinion était fixée.

Il ordonna au duc de Dalmatie de battre en retraite. Le 29 novembre, au point du jour, il plaça lui-même son armée. Le temps était beau, mais froid. A huit heures du matin, tous les corps étaient placés et la retraite finie. Lorsque l'Empereur eut coordonné les positions que devaient occuper les divisions de l'armée, il se rendit à son quartier général, qui fut établi dans une mauvaise grange appelée *Gandio*, sur le plateau, en arrière de Kritschen, et à gauche de la route.

La position de l'armée, le 29 novembre, était fixée ainsi qu'il suit : le 17ᵉ d'infanterie légère se trouvait au Santon, très-belle position où il commençait à se retrancher; en avant de cette position et à la hauteur de Bozenitz, étaient les brigades Milhaud et Treilhard, sur les deux côtés de la route. La division du comte Suchet était diagonalement en arrière du Santon, au-delà du ruisseau de Wellatitz, sur la gauche de la route. En arrière, étaient les grenadiers du duc de Reggio, et la garde, en troisième ligne, derrière Kritschen. La cavalerie occupait les villages de Schlapanitz, Girschikowitz, Kritschen, Wellatitz et Bozenitz. La division du comte d'Unsbourg avait sa gauche appuyée au bois de Bellowitz, et refusait sa droite, ayant en deuxième ligne et diagonalement en arrière la division du comte Saint-Hilaire. La division du comte Legrand était derrière Kobelnitz. La cavalerie du baron Margaron couvrait l'extrémité méridionale des hauteurs de Pratzen. Les villages de Telnitz et de Sokolnitz étaient occupés par le bataillon corse et le bataillon du Pô, qui se trouvaient éclairés par le corps du baron Margaron. Le comte Caffarelli, arrivé de Pohrlitz à dix heures du matin, fut placé en réserve sur la hauteur de Latein, la droite appuyée à la route. L'éminence où fut établi depuis le bivouac de l'Empereur fut armée de douze pièces.

Napoléon, en battant en retraite, avait envoyé le duc de Rovigo auprès de l'empereur Alexandre pour lui demander une entrevue, ce prince ayant paru en témoigner quelque désir dans les différentes conversations qu'il avait eues avec cet aide-de-camp. Le 29, à midi, le duc de Rovigo revint annoncer à Napoléon qu'Alexandre avait désiré lui envoyer M. de Novosilzof ou le prince de Czartoryski. Il ajouta qu'il ne s'était pas cru autorisé à annoncer des envoyés diplomatiques, mais qu'il avait conduit jusqu'à nos avant-postes le prince Dolgorouki, aide-de-camp de l'empereur Alexandre. Napoléon s'y rendit. Le prince Dolgorouki fit à l'Empereur des propositions de paix qui tendaient non-seulement à lui faire évacuer toute l'Allemagne et à rétablir l'empereur d'Autriche dans tous ses Etats, mais encore à lui faire évacuer l'Italie entière, à rétablir le roi de Sardaigne en Lombardie et en Piémont, à replacer en Hollande l'ancien stathouder, et à livrer les places de la Meuse à l'Autriche, à la Prusse et à la Russie.

L'Empereur eut la patience d'écouter de semblables propositions : « Mais ne serait-il » pas juste, dit-il, que l'Angleterre revînt sur ses odieuses prétentions du droit de » blocus; qu'on rendît vaine cette négociation de la Baltique que Nelson a signée en » Finlande, et dans laquelle l'empereur de Russie a abandonné la cause des souverains » et de toutes les nations? »

Le prince Dolgorouki répondit que l'Angleterre n'était pas une puissance continentale, et qu'aucune puissance du continent ne pouvait se mêler de ses opérations. A ce discours, l'Empereur ne put contenir son indignation, et congédia l'aide-de-camp d'une manière assez brusque. Tous ceux qui l'entouraient s'en aperçurent.

Le 30, le prince d'Eckmühl était arrivé à Nikolsbourg avec le comte Friant et deux divisions de dragons. Le prince de Ponte-Corvo avec son corps d'armée était à une demi-journée, en arrière de Brünn. Le lendemain, les ennemis, encore éloignés, ne pouvaient que se placer devant l'armée française et commencer tout au plus quelques attaques qui n'auraient pas été décisives. Ils n'occupaient pas encore les hauteurs de Pratzen, qui étaient couvertes par notre cavalerie. Dès lors, ils ne pouvaient plus faire une attaque en force dans la journée du 1er décembre. Ils ne pouvaient plus déborder ni atteindre, dans cette journée, la droite de l'armée placée en arrière comme elle l'était.

En supposant même que l'ennemi voulût attaquer dans la journée du 1er décembre, il était évident, d'après ses dispositions de la nuit, qu'il ne pouvait attaquer que la position comprise entre le Santon et Girschikowitz sur plusieurs colonnes en masse, comme les Russes ont fait quelquefois. Douze pièces de canon placées sur le Santon, six sur le revers de cette hauteur, vingt-quatre placées dans les intervalles de la division du comte Suchet et des dragons, auraient fait un feu terrible et arrêté la marche des colonnes russes. Dans une position aussi avantageuse, la perte de l'ennemi, réuni en masse, paraissait indubitable, même sans un engagement sérieux de la part de l'armée française.

Mais s'il eût marché toute la journée du 29, s'il eût passé la nuit devant l'armée française, qu'eût fait alors l'Empereur? eût-il donné la bataille avec 20 ou 25,000 hommes de moins, qui devaient le joindre dans la journée du 1er décembre? Non. Son intention dans ce cas était de se placer sur les hauteurs de Brünn, derrière la Schwartza. Aussi l'Empereur avait-il constamment placé son armée, pendant la journée du 29, en-deçà des défilés, de manière à n'éprouver aucun retard et à battre en retraite avec autant de promptitude que s'il n'eût eu que 8,000 hommes; ce qui mettait nécessairement un jour de différence dans l'attaque.

Huit jours auparavant, l'Empereur avait reconnu les hauteurs de Brünn et choisi un champ de bataille; il avait compris que l'ennemi mettrait tous ses soins à déboucher par le couvent de Raygern, pour lui couper la route de Vienne et déborder sa droite. Par ce mouvement, la gauche de l'ennemi aurait été elle-même au-devant du duc de Trévise, qui occupait Vienne; celui-ci attendait que l'armée du duc de Raguse, qui avait déjà évacué Gratz, vînt garder à son tour cette capitale, pour joindre avec toutes ses forces le corps du prince d'Eckmühl à Nikolsbourg.

L'Empereur, appuyé à une forteresse couvrant le défilé de la Bohême et d'Iglau, par lequel arrivait le prince de Ponte-Corvo, aurait manœuvré sur les belles positions de Brünn contre l'armée russe, qui, par sa tendance à arriver sur Vienne avant l'Empereur, se serait placée elle-même entre deux corps d'armée, et aurait eu contre elle 30,000 hommes de plus qu'à la bataille d'Austerlitz.

Toute marche en arrière retardait l'affaire d'un jour, et chaque jour de retard rassemblant l'armée française mettait l'armée russe dans une position plus critique.

L'Empereur choisit dès lors son champ de bataille et résolut d'y attendre l'ennemi. Assuré d'être renforcé dans la journée du 1er décembre par les corps des princes d'Eckmühl et de Ponte-Corvo, il fit passer le défilé de Wellatitz à la division du comte Suchet, qui fut remplacée par la division du comte Caffarelli.

Pendant la journée du 30, il parcourut tous les plateaux en avant d'Augezd, de Pratzen et de Girschikowitz; il s'avança même si loin avec peu de monde, que le piquet de son escorte fut chargé par les Cosaques.

« Si je voulais, dit l'Empereur, empêcher l'ennemi de tourner ma droite, je me » placerais sur ces belles hauteurs, où je n'aurais qu'une bataille ordinaire. J'aurais, il » est vrai, l'avantage du poste. Mais, outre que je pourrais courir les risques d'avoir un » engagement sérieux le 1er, l'ennemi, nous voyant ainsi à découvert, ne pourrait

» guère commettre que des fautes de détail. Avec des généraux peu experts dans la
» grande guerre, nous devons chercher à profiter des fautes capitales. »

Le 1er décembre, à la pointe du jour, le comte Suchet avait sa première ligne en
bataille et la seconde en colonne sur le revers qui se prolonge depuis le Santon jusqu'à
Girschikowitz; les dragons du comte Walther occupaient le village. Le comte Caffarelli
fut placé en deuxième ligne, à cheval sur la route, ayant sa gauche appuyée à un
mamelon. Les hauteurs qui séparent le Santon du village de Wellatitz et de Horakow
étaient couronnées par différents postes. Le corps du duc de Dalmatie formait la droite
et la refusait, étant campée derrière Puntowitz et les lacs de Kobelnitz. Ces dispositions
montraient l'intention de l'Empereur de ne pas engager une affaire sur ces points.

La journée du 1er se passa en reconnaissances respectives. L'armée ennemie se montrait cependant de tous les côtés. Sa droite était appuyée à Posorsitz, son centre au
village de Blazowitz; sa gauche couronnait toutes les hauteurs de Pratzen. Différents
mouvements de cavalerie eurent lieu; ils étaient peu importants en eux-mêmes, mais
plus propres cependant à encourager l'ennemi dans ses attaques qu'à le décourager.

Vers trois heures après midi, l'ennemi parut faire sur sa gauche un mouvement plus
décidé. Il exécuta, à trois portées de canon de nos avant-postes, une marche de flanc
dont on apercevait tous les détails sans lunette. Nos éclaireurs de cavalerie, placés sur la
hauteur d'Augezd, se replièrent; à la nuit, ils se trouvèrent en avant de Telnitz et de
Sokolnitz. Pendant la nuit, les deux armées occupèrent les positions qu'elles avaient
prises dans la journée.

Les mouvements de l'ennemi, que l'Empereur avait toujours devinés, étaient alors
entièrement démasqués. Il était évident que les Russes voulaient tourner la droite par
les villages de Telnitz et de Sokolnitz; mais ils ne pouvaient faire ce mouvement qu'en
occupant quatre lieues de terrain, qu'en s'enfonçant dans les vallées et en occupant
faiblement les hauteurs principales. L'Empereur vit alors qu'en faisant une manœuvre
contraire à celle des Russes, en réunissant toutes ses forces de manière que l'extrémité
de sa droite se trouvât placée vis-à-vis de leur centre, il s'emparerait aisément des hauteurs de Pratzen, couperait l'armée ennemie en deux, jetterait toute la gauche dans les
marais et les bas-fonds, où elle se trouverait prise entre l'armée et le corps du prince
d'Eckmühl, qui était à Nikolsbourg, et dont l'avant-garde était déjà arrivée au couvent
de Raygern. Il vit encore que la ligne d'opération de l'armée russe, qui était la route
d'Olmütz, serait faiblement gardée et facile à enlever; qu'avec une bonne contenance
et un peu de fortune, on vaincrait presque sans combattre cette armée, qui se trouverait
perdue et anéantie, quelques efforts de courage qu'elle pût faire ensuite.

A neuf heures du soir, l'Empereur visita les bivouacs de son armée : c'était la veille
de l'anniversaire de son couronnement. Il avait fait lire aux troupes la proclamation
suivante :

« Soldats !

» L'armée russe se présente devant vous pour venger l'armée autrichienne d'Ulm. Ce

» sont ces mêmes bataillons que vous avez battus à Hollabrünn, et que vous avez pour-
» suivis constamment jusqu'ici.

» Les positions que nous occupons sont formidables. Pendant qu'ils marcheront *pour*
» *tourner ma droite, ils me présenteront le flanc.*

» Soldats ! je dirigerai moi-même tous vos bataillons. Je me tiendrai loin du feu si,
» avec votre bravoure accoutumée, vous portez le désordre et la confusion dans les rangs
» ennemis. Mais si la victoire était un moment incertaine, vous verriez votre Empereur
» s'exposer aux premiers coups. Car la victoire ne saurait hésiter, dans cette journée
» surtout, où il y va de l'honneur de l'infanterie française, qui importe tant à l'honneur
» de toute la nation.

» Que sous le prétexte d'emmener les blessés on ne dégarnisse pas les rangs ; que
» chacun soit bien pénétré de cette pensée qu'il faut vaincre ces stipendiés de l'Angle-
» terre, qui sont animés d'une si grande haine contre notre nation.

» Cette victoire finira la campagne. Nous pourrons reprendre nos quartiers d'hiver,
» où nous serons joints par les nouvelles armées qui se forment en France. Alors la paix
» que je ferai sera digne de mon peuple, de vous et de moi. »

Il serait impossible de peindre l'enthousiasme des soldats. Par un mouvement spon-
tané qui caractérise l'esprit dont ils étaient animés, des bottes de paille embrasées furent
placées en un instant au haut de plusieurs milliers de perches ; et quatre-vingt mille
hommes se portèrent au-devant de l'Empereur en le saluant par des acclamations qui
fêtaient l'anniversaire de son couronnement, et qui lui annonçaient que l'armée lui
donnerait le lendemain un bouquet digne de lui.

En passant devant le 28° de ligne, qui avait beaucoup de conscrits du Calvados et de
la Charente-Inférieure, l'Empereur lui dit : « J'espère que les Normands se distingue-
» ront aujourd'hui. » Napoléon, qui connaît la composition de chaque régiment, dit un
mot à chacun ; et ce mot, arrivant au cœur de ceux auxquels il était adressé, devenait
le cri de ralliement au milieu du feu. Il dit au 57° : « Rappelez-vous qu'il y a bien des
» années, je vous ai surnommé le terrible. » Un des plus vieux grenadiers s'approcha
en lui disant : « Empereur, tu n'auras pas besoin de t'exposer. Je te promets, au nom
» des grenadiers de l'armée, que tu n'auras à combattre que des yeux, et que nous
» t'amènerons demain les drapeaux et l'artillerie de l'armée russe pour célébrer l'an-
» niversaire de ton couronnement. »

L'Empereur dit en entrant dans son bivouac, qui consistait en une cabane de paille
sans toit que lui avaient faite les grenadiers : Voilà la plus belle soirée de ma vie. Mais
» j'éprouve du regret à penser que je perdrai beaucoup de ces braves gens. Je sens, au
» mal que j'en éprouve, qu'ils sont réellement mes enfants ; et en vérité je me reproche
» quelquefois ce sentiment, car je crains qu'il ne finisse par me rendre inhabile à la
» guerre. » Si l'ennemi vit ce spectacle, il dut en être épouvanté. Cependant il continuait ses mouvements et courait à grands pas à sa perte.

Le 2 décembre à minuit, lorque l'Empereur rentrait à son bivouac, il reçut le rapport
de son aide-de-camp, le duc de Rovigo, qu'il avait envoyé aux villages de Telnitz et de

Sokolnitz, pour s'assurer si l'ennemi avait de l'infanterie devant ces villages, et en quel nombre cette infanterie pouvait être. L'aide-de-camp lui rapporta que le baron Merle, qui commandait sur ce point, avait en présence un corps assez nombreux, non-seulement de cavalerie, mais d'infanterie, qui avait pris position devant lui. « En ce cas, dit » l'Empereur, il faut livrer bataille. Il n'y a plus de doute sur les projets erronés qui » dirigent les généraux de cette armée. Demain à cette heure elle sera à nous. »

L'Empereur fait sur-le-champ ses dispositions. Il ordonne au prince d'Eckmühl de se rendre à Raygern ; de prendre le commandement de la division du troisième corps d'armée qui y était arrivée ; d'agir d'une manière indépendante et détachée ; de se mettre en mouvement avant le jour pour tâcher de joindre l'ennemi au village de Telnitz ; et, dans le cas où les Russes l'auraient dépassé, de les contenir en les harcelant ; mais de ne les attaquer vigoureusement que lorsqu'ils seraient coupés, et qu'il verrait les hauteurs de Pratzen occupées par nos troupes.

Il confie au duc de Dalmatie le commandement de la droite ; il lui ordonne d'occuper en force, sur-le-champ, le village de Telnitz, et surtout celui de Sokolnitz, afin qu'ils ne soient pas enlevés par les coureurs ennemis, et qu'il ne soit pas obligé de faire ses dispositions pour les attaquer en règle ; le plan général de la bataille demandant que l'ennemi ne s'empare de ces villages que lorsque nous serons arrivés sur les hauteurs de Pratzen. Le baron Merle, avec le 3ᵉ régiment de ligne, le 26ᵒ d'infanterie légère et les tirailleurs du Pô, soutenu par la cavalerie légère du baron Margaron et six pièces de canon, est chargé d'occuper ces villages.

L'Empereur ordonne au duc de Dalmatie de faire prendre les armes à petit bruit et à quatre heures du matin ; de faire passer le ruisseau sur les ponts qu'il a établis, ayant soin cependant de laisser assez de monde au bivouac pour entretenir les feux jusqu'au jour ; de placer en avant de Kobelnitz, sur deux lignes et en colonnes d'attaque, la brigade du baron Levasseur, composée des 18ᵒ et 75ᵒ de ligne et des tirailleurs corses ; de former, sur trois lignes et en colonnes d'attaque, en avant de Puntowitz, les trois brigades de la division du comte Saint-Hilaire ; et de disposer dans le même ordre, en avant de Girschikowitz, les trois brigades de la division du comte d'Unsbourg.

Il donne le commandement du centre au prince de Ponte-Corvo, qui reçoit l'ordre de faire partir, une heure avant le jour, le comte de Valmy avec sa cavalerie légère, pour que cette cavalerie se réunisse à celle du grand-duc de Berg ; d'être rendu lui-même avec ses deux divisions d'infanterie à la hauteur du quartier général ; de passer le ruisseau au village de Girschikowitz ; enfin de lier sa droite au duc de Dalmatie et sa gauche à la cavalerie du grand-duc de Berg.

Il ordonne au grand-duc de Berg de prévenir tous les commandants de la cavalerie, et de faire ses dispositions pour la réunir à la gauche du village de Girschikowitz ; il lui prescrit aussi d'appuyer sa droite au prince de Ponte-Corvo et sa gauche au duc de Montebello.

L'Empereur confie au duc de Montebello le commandement de la gauche ; il lui ordonne de former les divisions des comtes Suchet et Caffarelli en avant du ruisseau ;

d'appuyer sa droite à la cavalerie du grand-duc de Berg; d'éclairer sa gauche avec la cavalerie légère du comte Milhaud; et de laisser le comte Claparède avec le 17° pour occuper le Santon.

Il ordonne aux ducs d'Istrie et de Reggio de se former au point du jour, sur deux lignes, en colonne serrée par bataillon et à distance de déploiement, avec l'artillerie dans les intervalles et la cavalerie en colonne serrée par escadron.

Les dispositions de l'ennemi étaient toutes différentes.

Le prince Bagration, commandant la droite, composée de 12 bataillons et de 40 escadrons, occupait les hauteurs de la Poste.

Le prince Lichtenstein, avec la plus grande partie de la cavalerie, se trouvait entre le centre et la droite.

Le général en chef Kutusof occupait le centre et garnissait les collines de Pratzen, avec la troisième colonne, forte de 24 bataillons, commandée par le général Przybyszewski, et la quatrième colonne sous les ordres du lieutenant général Kollowrath.

Le général Buxhowden commandait l'aile gauche, composée de deux colonnes : celle du général Langeron, forte de 18 bataillons, occupait les collines au-dessus d'Augezd; le général Wimpfen, à la tête de 18 bataillons, était à l'extrême gauche et occupait le village d'Augezd.

Le général Kienmayer, avec quelque infanterie et de la cavalerie, formait l'avant-garde de l'aile gauche. La réserve, que commandait le prince Constantin, devait occuper la colline de Pratzen. Le prince Repnin devait se placer à la hauteur, à droite de Blozowitz, où ce même prince fut ensuite présenté à l'Empereur, après la charge de la garde.

Par ces dispositions, l'extrémité de la droite de l'armée française se trouvait vers le centre de l'armée russe. Elle était débordée par la moitié du corps du général Kutusof, par celui du général Buxhowden et par celui du général Kienmayer.

La simplicité et la sagesse des dispositions de l'Empereur animaient tout le monde de la plus grande confiance. La nuit était belle et éclairée par la lune. L'immense quantité de feux des deux armées embrasait l'atmosphère. L'Empereur prit trois heures de repos. Il monta à cheval à trois heures du matin, pour voir si l'ennemi avait fait des mouvements pendant la nuit. La lune s'était couchée; le temps était devenu plus froid. A l'ivresse et aux fêtes de l'armée française avait succédé un profond silence. Tout le monde dormait. L'Empereur se rendit au village de Girschikowitz. Un régiment de dragons était de grand'garde dans la rue principale. Napoléon apprit par le rapport des sentinelles que les bruits de l'armée ennemie venaient de cesser; mais que jusqu'à deux heures du matin, on avait entendu le mouvement de la marche des troupes qui se dirigeaient toujours sur leur gauche, c'est-à-dire sur Telnitz et Sokolnitz. Les feux étaient effectivement prolongés de ce côté. Ce fut un nouvel espoir de succès, et une confirmation des fautes que commettait l'ennemi.

A la pointe du jour, les feux des bivouacs ennemis commencèrent à s'éteindre. Malgré l'obscurité, les collines de Pratzen paraissaient déjà dégarnies. L'Empereur était sur le petit monticule du bivouac, environné de tous les maréchaux. Ses dispositions avaient été ponctuellement exécutées. Il ne doutait pas que les ennemis ne suivissent l'exécution de leurs projets. Avant de donner le signal du combat, il attendit encore que le jour l'eût assuré qu'ils persistaient dans le même plan.

Cependant les cinq divisions de l'armée ennemie ne tardèrent pas à descendre des hauteurs et à se diriger entre le village de Telnitz et l'étang de Kobelnitz, avec le dessein de se porter sur Turas et de tourner la droite des Français. Le reste de l'armée devait alors appuyer ce mouvement. Le prince Bagration, la garde impériale et la cavalerie du prince Lichtenstein devaient poursuivre, sur le grand chemin de Brünn, la gauche de l'armée française, qu'on supposait devoir reculer pour soutenir la droite.

A la première lueur du jour, quelques coups de fusil se firent entendre au village de Telnitz. La fusillade devint vive, et la canonnade ne tarda pas à s'engager Cependant les différentes divisions de l'armée étaient placées dans des fonds, et ne pouvaient être aperçues à cause de la fumée des bivouacs et des brouillards, qui s'élèvent ordinairement avec l'aurore dans les environs des marais. Bientôt le soleil se montre. Ce jour, anniversaire du couronnement de l'Empereur, qu'allait illustrer un des plus beaux faits d'armes du siècle, parut devoir être aussi une des plus belles journées de l'automne. L'obscurité qui couvrait encore le sommet des hauteurs se dissipa. Bientôt elles parurent dégarnies de cette immense quantité de soldats ennemis qui y avaient passé la nuit; elles n'étaient même que faiblement gardées.

« Combien vous faut-il de temps, dit l'Empereur au duc de Dalmatie, pour arriver » sur les hauteurs de Pratzen avec vos divisions? — Moins de vingt minutes, lui répon- » dit le maréchal. — En ce cas, dit l'Empereur, attendons encore un quart d'heure. »

Le feu cependant devenait toujours plus vif, au village de Telnitz, où l'ennemi ne paraissait faire aucun progrès. Un aide-de-camp arriva bientôt de la droite, pour annon- cer que la gauche des Russes, qui paraissait forte de 40 à 50,000 hommes, descendait sur cinq colonnes; que déjà leurs masses avaient évacué les hauteurs; qu'elles voulaient forcer les villages de Telnitz et de Sokolnitz; qu'il fallait renforcer ces villages, si on voulait les conserver; que rien ne pouvait résister sur ce point à cette immense supé- riorité. Cet officier ignorait que l'abandon de ces villages entrait dans les plans de l'Empereur.

Napoléon donne les derniers ordres. Le grand-duc de Berg, le prince de Ponte-Corvo, les ducs de Montebello et de Dalmatie, partent au galop. Il était environ huit heures et demie. L'Empereur courut sur le front de bandière; il disait en passant : « Soldats, » finissons cette campagne par un coup de tonnerre qui confonde l'orgueil de nos en- » nemis. » Aussitôt les chapeaux au bout des baïonnettes et les cris de *Vive l'Empereur!* devinrent le signal du combat.

Les voltigeurs des divisions des comtes d'Unsbourg et Saint-Hilaire s'avancent et commencent le feu. En un moment, ces divisions gravissent les collines de Pratzen en colonnes et l'arme au bras. La cavalerie du grand-duc de Berg s'ébranle. La gauche de l'armée, commandée par le duc de Montebello, s'avance. Une canonnade terrible s'engage sur toute la ligne. Deux cents pièces de canon tonnent presque à la fois; et deux cent mille hommes sont aux prises.

Cependant l'ennemi s'aperçoit du mouvement qui menace son centre. Il renforce les hauteurs de tout ce qu'il peut trouver d'hommes disponibles, sans garder ni rang de division, ni rang de colonne. Il place partout, et au hasard, des bataillons en ligne. Le général Kutusof, qui commande le centre, s'avance avec toute sa réserve : faible et vaine ressource! Cette armée, surprise pendant une marche de flanc, se voyant attaquante d'abord et bientôt attaquée, se croit déjà à demi battue.

Le général Kutusof ne néglige aucune des mesures qui dépendent de lui. Il sent que le sort de la bataille est attaché à la possession des collines de Pratzen. L'armée française qu'il voit marchant sur trois colonnes serrées, pour s'emparer des collines, lui fait pressentir le destin de cette journée.

L'empereur de Russie et le général Kollovrath, qui avaient dû retarder leur mouvement pour donner le temps aux autres colonnes de filer, aperçoivent l'armée française au moment où, sortant du brouillard des marais, elle se montre à mi-côte, près d'arriver sur le sommet des collines.

A peine le général Kutusof a-t-il le temps de mettre en bataille la quatrième colonne, d'envoyer quelques bataillons dans le village de Pratzen, et de faire quelques dispositions de cavalerie, que le 10° d'infanterie légère du comte Saint-Hilaire, négligeant le village, passe le ruisseau, et marche droit sur les hauteurs.

Le duc de Dalmatie avait pensé que l'attaque du village le retarderait; il sentait l'importance de couronner les collines, dans le premier moment de surprise et de crainte. A cent cinquante pas, le 10° engagea le feu, culbuta l'ennemi, et s'empara de la position. Le comte Morand, qui commandait l'avant-garde, était soutenu par la brigade du général Thiébault, composée des 14° et 36° régiments de ligne. Le général Waré, avec la 3° brigade, formée des 43° et 55°, tourna la gauche du village, couronna les hauteurs, prit en flanc deux régiments russes destinés à soutenir ce village, les attaqua encore mal formés, et les dispersa. L'ennemi évacua Pratzen et fut poursuivi; le désordre et l'épouvante se propagèrent dans ses rangs.

La division du comte d'Unsbourg arrivait en ce moment à la hauteur de la brigade du général Waré. Elle attaqua sur-le-champ la quatrième colonne que le général Kutusof venait de ranger en bataille. Celle-ci, formée sur plusieurs lignes, refusait sa droite, placée sur les sommités du terrain, vers Krzenowitz. Ces sommités étaient hérissées de bouches à feu. La première ligne fut enfoncée et son artillerie prise; la seconde fut culbutée, et la cavalerie qui la soutenait fuit en désordre. Six bataillons qu'un mamelon masquait dans leurs mouvements, manœuvraient pour tourner la gauche de la division; le 4° de ligne les attaqua de front. Le baron Schiner avec le 24° d'infanterie légère prit l'ennemi en flanc, l'aborda sans tirer un coup de fusil et le tailla en pièces. Un régiment russe et le régiment de Salzbourg autrichien périrent presque en entier.

Cependant le grand-duc de Berg s'était porté, avec toute sa cavalerie, au village de Blazowitz. La cavalerie ennemie qui, au premier moment, était accourue pour soutenir la quatrième colonne, fut arrêtée brusquement dans son mouvement; elle retourna pour prendre sa première position, appuya la gauche du prince Bagration, et coopéra à la défense du village de Blazowitz, où devaient arriver la garde impériale et les deux empereurs.

Blazowitz était occupé par 1,200 Russes. Le général Ulanius avait placé trois bataillons dans les villages de Kruh et de Holubitz, et les hauteurs de Kruh étaient armées d'une artillerie formidable. Une nuée de Cosaques masquait les dispositions de la cavalerie ennemie. Bientôt cette nuée se dissipe; et au même instant l'artillerie de position vomit un feu terrible sur la cavalerie légère du comte de Valmy, que le général Essen charge aussitôt avec les hulans de la garde impériale russe. Les chasseurs passent dans les intervalles de l'infanterie; les hulans les suivent jusqu'aux batteries, et essuient à bout portant le feu de la mousqueterie du comte Caffarelli. Plusieurs charges se répètent avec le même succès. L'infanterie inébranlable fournit toujours un feu nourri. Les régiments des comtes de Valmy et Walther prennent huit pièces de canon, et renversent tout ce qui tente de leur résister. Le colonel Corbineau prend un drapeau au milieu d'un bataillon russe. Le comte Sébastiani attaque l'ennemi en flanc et le force à fuir en désordre.

Pendant ce temps, le duc de Montebello fait attaquer Blazowitz par le 13° d'infanterie légère, soutenu par le 17° de ligne. La division du comte Suchet marche contre l'infanterie du prince Bagration, dont l'extrémité droite dirige d'inutiles attaques sur le Santon; elles sont constamment repoussées par le comte Claparède avec le 17° d'infanterie légère.

La gauche de l'armée ennemie avait continué ses attaques. Le général Stuterheim, à la tête de quelques bataillons autrichiens, avait d'abord emporté la hauteur près de Telnitz. La première colonne russe, qui suivait l'avant-garde autrichienne, attaqua vivement le village de Telnitz. Les tirailleurs du Pô et le 3° régiment, profitant des fossés, des maisons, des vignes, et suppléant au nombre par le courage, résistèrent longtemps; mais ils durent enfin céder à ces masses, et se replier derrière Sokolnitz. L'ennemi se fortifiait déjà en avant du village, lorsque le prince d'Eckmühl, arrivant de Raygern à neuf heures avec la division du comte Friant et les dragons du comte Bourcier, attaqua et reprit le village de Telnitz. Les rues et les maisons furent jonchées de morts, et cinq pièces de canon prises. On fut obligé d'en abandonner deux, faute de chevaux pour les ramener. Le 108°, presque toujours mêlé à l'ennemi, lui enleva deux drapeaux.

Les Russes, culbutés, épouvantés, dans le plus grand désordre, étaient sur le point de mettre bas les armes, ils parlementaient déjà, lorsque le 26° régiment d'infanterie de ligne, qui faisait partie de la division du comte Legrand, formée sur la gauche et en arrière de Sokolnitz, vint se placer derrière le ruisseau, en avant duquel combattait le 108° régiment. Le brouillard ne lui permettant pas de reconnaître nos troupes, ce régiment engagea un feu très-vif, qui fit beaucoup souffrir la brigade du comte Heudelet. Alors les Russes reprirent les armes, tandis que quelques-uns de leurs bataillons, se déployant en plusieurs lignes sur la hauteur de Telnitz, y établirent des batteries et s'emparèrent une seconde fois du village : ils l'occupèrent par quelques bataillons, firent passer la cavalerie du général Kienmayer au-delà du défilé, et attendirent, pour se porter en avant, que la communication fût bien établie avec les deuxième et troisième colonnes. Ils attendirent également l'issue du combat sur les hauteurs de Pratzen.

Il était dix heures.

Depuis près de deux heures, les deuxième et troisième colonnes russes, appuyées par une batterie de douze pièces de canon, attaquaient Sokolnitz avec vigueur. Le baron Margaron protégeait ce village avec ses six pièces d'artillerie légère établies dans une bonne position.

La division du comte Legrand, accablée par les deuxième et troisième colonnes russes, fut enfin obligée d'évacuer Sokolnitz, et de se retirer sur les hauteurs en arrière. L'ennemi se déployait et manœuvrait pour couper la communication du comte Friant avec le comte Legrand. Alors le prince d'Eckmühl, laissant le comte de Bourcier avec sa cavalerie pour contenir l'ennemi devant Telnitz, se porta sur Sokolnitz avec les cinq régiments du comte Friant. Le baron Margaron chargea avec sa cavalerie, pendant que le général Lochet, à la tête du 48°, marchait à l'ennemi, secondé par la brigade du baron Kister et le 111°. Les Russes, enfoncés et culbutés, furent poursuivis jusque dans le village, qu'ils abandonnèrent. Le 48° s'empara de deux drapeaux et de six pièces de canon.

Mais l'ennemi, auquel son immense supériorité permettait de renouveler constamment ses attaques avec des troupes fraîches, parvint à repousser le 111°, qui tenait la gauche du village de Sokolnitz ; le 48° fut alors livré à lui-même pendant près de trois quarts d'heure. Le général Lochet, resté avec ce régiment, eut à soutenir le combat dans les rues, dans les granges et dans les maisons. Pour dégager le 48°, le comte Friant se porta sur Sokolnitz avec la brigade du baron Kister, et parvint à repousser un moment l'ennemi. Il jeta aussitôt dans le village le 15° régiment d'infanterie légère. Ce régiment, composé en grande partie de conscrits, s'y couvrit de gloire ; mais il ne put encore débarrasser le 48°. Il fut repoussé, ainsi que le 33°, après la plus vive résistance. Cette brigade, ralliée immédiatement, fut ramenée au combat.

Cependant le centre de l'ennemi renouvelle ses efforts pour reprendre le plateau de Pratzen, qu'occupent les 10°, 14°, 36°, et 43° régiments. La gauche de la troisième colonne, commandée par le général Kamensky, qui se trouve à portée, fait front et menace la droite du comte Saint-Hilaire. Les deux régiments russes de la deuxième colonne, Fanagorisky grenadiers et Rhyaski mousquetaires, restés en réserve sur la hauteur que cette colonne avait occupée pendant la nuit, se sont joints au général Kamensky et aux brigades autrichiennes Jurczeck et Rottermund. Une vingtaine de bataillons occupent une ligne très-étendue, à la naissance du revers qui tombe sur Augezd et Hostieradeck ; ils s'avancent avec une nombreuse artillerie pour envelopper les quatre régiments français. Le centre de cette ligne, à l'aide d'une supercherie, arrive jusqu'à trente pas sans essuyer de feu. Deux officiers crient en se portant en avant : « Ne tirez pas, nous sommes Bavarois! » Dès que cette ruse est reconnue, les deux bataillons du 36°, un bataillon du 14° et un autre du 10°, fondent avec fureur sur cette partie de la ligne, et la dispersent. Le comte Saint-Hilaire est blessé, et le colonel Mazas tué.

Le reste de cette ligne continuait son mouvement. Le second bataillon du 10° s'avance et est repoussé. Trois de nos bataillons vont se trouver aux prises avec 15 bataillons ennemis. Le baron Levasseur, resté en réserve en avant de Kobelnitz avec les tirailleurs corses et les 18° et 75° régiments de ligne, s'élance sur le flanc gauche de cette colonne, tandis que le comte Morand avec le premier bataillon du 14° et les deux bataillons du 10°, charge l'ennemi de front, et le précipite dans les ravins d'Augezd et de Nusle.

La queue de la colonne qui attaquait Sokolnitz suit le mouvement du baron Levasseur; mais elle est contenue par l'artillerie que commandait sur la hauteur le chef de bataillon Fontenay, et bientôt culbutée elle-même. Le comte Saint-Hilaire reste enfin maître du plateau.

Pendant ce temps, le comte d'Unsbourg, avec sa division, et le général Waré avec le 55°, achevaient de chasser l'ennemi de ses positions, lui enlevaient son artillerie, et le jetaient dans les bas-fonds de Klein-Hostieradeck.

Le prince Lichtenstein accourut avec une partie de sa cavalerie pour couvrir la retraite de la quatrième colonne, dont les débris se retirèrent sur Satzchan, et nous abandonnèrent entièrement les collines de Pratzen.

A la gauche, le village de Blazowitz avait été emporté après une vive résistance. Pendant que le 17° emmenait les 1,200 prisonniers faits dans ce village, un corps de cavalerie ennemie débouchait sur le flanc droit de ce régiment. Le général Debilly fit aussitôt former en bataillon carré le 61°, qui fut placé en seconde ligne derrière le 17°. Ce mouvement fut exécuté avec tant de rapidité, que la cavalerie ennemie se trouva engagée entre ces deux régiments, et écrasée par leur feu croisé.

Dans la confusion causée par sa défaite, cette cavalerie s'efforçant de se frayer un passage, sabre les Autrichiens, qu'elle ne reconnaît plus. Le grand-duc de Berg ne peut croire qu'elle est russe, en voyant ce combat; il la prend pour un corps bavarois, et va faire cesser le feu. Mais bientôt il aperçoit son erreur. Exposé à de grands dangers, il est obligé de charger l'ennemi avec son escorte et les officiers de son état-major. Il fait ensuite avancer la première division de grosse cavalerie aux ordres du comte Nansouty. Jamais on ne vit une charge plus brillante. Jaloux de soutenir leur ancienne réputation, les carabiniers, les 9° et 12° régiments de cuirassiers, enfoncent les escadrons ennemis, et les forcent de se replier; les 2° et 3° de cuirassiers, placés en seconde ligne, se mettent alors en mouvement. Rien ne peut résister à leurs charges successives. L'ennemi voit ses rangs éclaircis par le grand nombre de morts et de blessés qui tombent sur le champ de bataille ; il fuit en désordre, et nous laisse entièrement maîtres des hauteurs de Blazowitz et de Kruh.

Pendant ce temps, l'infanterie du prince Bagration, ayant sa gauche appuyée au village de Kruh et aux batteries formidables qui le flanquaient, avance sa droite soutenue par les Cosaques. Le duc de Montebello fait exécuter à la division du comte Suchet un changement de front, l'aile droite en avant ; tandis que la division du comte Caffarelli, secondant la belle charge des carabiniers, marche à l'attaque du plateau et du village de Kruh, et y prend 8 pièces de canon avec 1,500 hommes. La seconde ligne du comte Suchet, qui jusque-là avait marché en colonne d'attaque, se déploie ; la première marche à l'ennemi en colonnes serrées, l'ébranle et le renverse. Les cuirassiers du général d'Hautpoul le sabrent au même moment. Le général Valhubert a la cuisse emportée d'un boulet. Quatre soldats se présentent pour l'enlever : « Souvenez-vous de » l'ordre du jour, leur dit-il d'une voix de tonnerre, et serrez vos rangs. Si vous revenez » vainqueurs, on me relèvera après la bataille ; si vous êtes vaincus, je n'attache plus » de prix à la vie. »

Les Russes, rompus d'abord, puis pelotonnés, serrés, hérissés de lances, présentent l'aspect des phalanges de l'antiquité. Ils ne peuvent arrêter nos intrépides bataillons, qui se portent contre eux au pas de charge. Les cuirassiers s'élancent de nouveau sur l'ennemi, jonchent le terrain de morts et de blessés, font 3,000 prisonniers, et enlèvent 20 pièces de canon.

Les Russes, culbutés aussi dans les ravins d'Holubitz, derrière Kruh, vont se rallier sur les hauteurs de Rausnitz et d'Austerlitz.

Il était midi.

Déjà le prince de Ponte-Corvo avait occupé le centre de la position ennemie. La division du baron de La Raffinière était sur la sommité, également éloignée de Pratzen et de Krzenowitz. La division du comte d'Erlon manœuvrait sur la gauche.

L'Empereur, avec son fidèle compagnon de guerre, le prince de Neufchâtel et de Wagram, son premier aide-de-camp le duc d'Abrantès, qui arrivait de Lisbonne, et tout son état-major, se trouvait près de la réserve des dix bataillons de la garde et des dix bataillons de grenadiers du duc de Reggio, dont le duc de Frioul commandait une partie.

Cette réserve était rangée sur deux lignes, en colonnes par bataillon, à distance de déploiement, ayant dans les intervalles 40 pièces de canon servies par les canonniers de la garde. C'est avec ces forces que l'Empereur avait le projet de se porter partout où cela deviendrait nécessaire. On peut dire que cette réserve seule valait une armée. Lorsque ce renfort était arrivé au centre, l'Empereur avait fait marcher le comte d'Unsbourg pour appuyer le comte Saint-Hilaire, qu'il avait déjà fait renforcer d'une division de dragons.

Tous les officiers expérimentés, tant autrichiens que russes, voyaient que la journée était perdue. L'affreuse position des deux tiers de l'armée, cernés dans des bas-fonds et des marais, montrait déjà dans toute leur horreur les suites et les catastrophes de cette journée. L'ennemi n'avait plus qu'un parti à prendre, sinon pour ressaisir la victoire, du moins pour dégager sa gauche et prévenir par une retraite sa ruine totale. C'était de réunir toutes les réserves des troupes d'élite russes qui n'avaient pas encore combattu, et de marcher avec toutes ces forces à l'attaque des hauteurs de Pratzen, pendant que le général Buxhowden marchait de son côté avec les troupes de l'aile gauche.

La tête de cette réserve débouche du village de Krzenowitz ; son premier bataillon est culbuté par un bataillon du 4° régiment de ligne, que le comte d'Unsbourg avait laissé, avec le 24° d'infanterie légère, pour garder la gauche des hauteurs de Pratzen. Un bataillon de ce régiment s'étant trop avancé, est à son tour cerné par la cavalerie. Il n'a que le temps de se réfugier derrière le corps du prince de Ponte-Corvo, qui prenait position à cent pas de là.

Mais l'Empereur, ayant pressenti que ce mouvement devenait la seule ressource de l'ennemi, était arrivé avec sa réserve sur la sommité des hauteurs de Pratzen, qui se trouve entre ce village et Krzenowitz. Il envoie immédiatement le duc d'Istrie avec ses invincibles pour soutenir le prince de Ponte-Corvo. Le duc d'Istrie détache deux escadrons de chasseurs de la garde et les mameluks pour dégager le bataillon du 4°, et les fait soutenir par deux escadrons de grenadiers commandés par le colonel Dallemagne. Il envoie par sa droite, pour contenir une colonne de quatorze escadrons qui débouchait sur son flanc, le comte Ordener avec trois escadrons, soutenus à droite par l'escadron du prince Borghèse en échelons, et à gauche par l'artillerie de la garde.

Les deux escadrons de chasseurs passent dans les intervalles de la division du comte d'Erlon, dégagent le bataillon du 4°, mettent en déroute la cavalerie ennemie et la renversent sur l'infanterie, qu'ils sabrent. Mais bientôt, accablés par le nombre, ils se rallient entre la division du comte d'Erlon et les deux escadrons de réserve.

La division du comte d'Erlon engage avec la garde russe un feu très-vif de mousqueterie. Bientôt l'infanterie marche au pas de charge ; les grenadiers et les chasseurs de la garde chargent l'ennemi. En un instant le champ de bataille est couvert de morts et de blessés. Vainement le prince Repnin accourt avec les chevaliers de la garde russe pour rétablir l'affaire : il est lui-même blessé et fait prisonnier. Infanterie et cavalerie, tout fuit pêle-mêle, et repasse dans le plus grand désordre le ruisseau de Krzenowitz. Le 27° régiment entre avec l'ennemi dans le village et s'en rend maître. Le prince Repnin, un grand nombre d'officiers et quatorze pièces de canon restent en notre pouvoir.

Couvert de son sang et de celui des Russes, le comte Rapp vient donner à l'Empereur les détails de cette action, et lui présente le prince Repnin, commandant les chevaliers de la garde impériale de Russie, et quelques-uns des prisonniers les plus distingués. L'un d'eux, officier d'artillerie, se jette au-devant de Napoléon, et invoque la mort : « Je suis indigne de vivre, s'écrie-t-il : j'ai perdu mes canons. — Jeune homme, lui » répond l'Empereur avec bonté, j'apprécie vos larmes ; mais on peut être battu par » mon armée et avoir des titres à la gloire. »

Ainsi, une seule charge de la garde impériale et la fusillade du comte d'Erlon rendirent inutile cette dernière tentative des Russes, qui était leur unique ressource. Dans la situation des affaires, avec la position qu'occupaient le prince de Ponte-Corvo et la réserve, l'ennemi n'aurait pas rouvert la communication avec sa gauche, quand il aurait eu 40,000 hommes de troupes fraîches.

Dès ce moment, l'armée austro-russe n'eut plus aucune espérance, et ne tenta plus aucune attaque importante. Le feu se soutint cependant plusieurs heures encore à l'extrémité de la gauche de l'ennemi. Ces corps, cernés de tous les côtés dans les bas-fonds, se battaient pour disputer leur vie ou chercher une retraite ; mais ils ne se battaient plus pour la victoire. Jamais un plus beau triomphe ne fut décidé en moins de temps. On se battit le reste du jour ; mais on ne peut appeler des combats les engagements qui eurent lieu de brigade à brigade, de régiment à régiment. C'était la résistance de braves troupes qui ne voulaient point céder sans combattre.

Il était à peine une heure.

Déjà le combat avait cessé au centre et à la gauche. Toutes les hauteurs de la maison de Poste et de Pratzen étaient en notre pouvoir, avec l'artillerie, les bagages et un grand nombre de prisonniers. Les villages seuls de Telnitz et de Sokolnitz restaient encore au pouvoir de l'ennemi.

La victoire, décidée depuis longtemps, n'avait pas été un moment douteuse. Pas un homme de la réserve n'avait été nécessaire et n'avait paru au combat ; pas un corps n'avait fait un mouvement rétrograde. Aussi l'Empereur disait-il : « J'ai donné bien » des batailles comme celle-ci ; mais je n'en ai vu aucune où la victoire ait été aussi » prononcée et les destins si peu balancés. » La garde à pied de l'Empereur, qui n'avait pu donner, en pleurait de rage, et demandait avec instance à se battre. « Réjouissez- » vous, lui dit l'Empereur ; vous ne devez donner qu'en réserve : tant mieux si l'on n'a » pas besoin de vous aujourd'hui. »

Le comte d'Unsbourg avait rejoint la division Saint-Hilaire, et tout le corps d'armée du duc de Dalmatie était réuni sur les hauteurs de Pratzen, excepté la brigade du baron Merle, qui combattait avec la division du comte Friant de l'autre côté de Telnitz. Le duc de Dalmatie fit alors descendre sur le mamelon Saint-Antoine la division du comte Saint-Hilaire, et envoya un bataillon du 28° sur la route d'Augezd à Hostieradeck pour intercepter cette retraite aux vaincus.

La première colonne ennemie, renforcée des débris des 3° et 4°, était formée dans les vignes, au bas d'Augezd et en avant de Sokolnitz ; elle couvrait une partie des parcs d'artillerie. Voulant charger la division du comte Saint-Hilaire, elle gravissait déjà le coteau, quand la division du comte d'Unsbourg arriva. Le baron Ferrey marcha aussitôt à sa rencontre. En même temps, le comte Saint-Hilaire et le baron Levasseur se précipitèrent sur la ligne ennemie, qui fit d'abord un mouvement sur Kobelnitz, et bientôt effectua par la droite sa retraite sur Telnitz.

Aussitôt après la déroute de la garde russe, l'Empereur, laissant le corps du prince de Ponte-Corvo en position sur les hauteurs de Krzenowitz, avait fait avancer à grands pas l'infanterie de la garde pour terminer le combat à la droite, seul point où l'ennemi se défendait encore. Son opiniâtreté à Telnitz et à Sokolnitz assurait sa perte.

Il était deux heures, lorsque l'Empereur arriva avec sa garde et la réserve de grenadiers sur les hauteurs qui dominent Augezd.

Laissant les grenadiers du duc de Reggio en avant de Pratzen, il occupe avec sa garde le mamelon de la chapelle Saint-Antoine, fait marcher le corps du duc de Dalmatie pour achever de détruire l'aile gauche des ennemis, le fait soutenir par la cavalerie et par la moitié de l'infanterie de la garde. Il envoie le duc de Frioul avec les grenadiers du côté de Kobelnitz pour couper toute retraite à l'ennemi. Il ordonne au prince de Neufchâtel de se rendre à la droite. « Voyez, lui dit-il, ce que c'est encore » que cette canonnade avec ce feu de mousqueterie, et faites que cela finisse. »

Les deux colonnes qui se trouvaient vers Sokolnitz avaient persisté à suivre le premier projet de se porter sur Brünn par Schlapanitz et Turas. Depuis le matin, les divisions des comtes Legrand et Friant soutenaient sur ce point un combat que la supériorité de l'ennemi rendait très-inégal. La brigade du baron Kister etait débordée par sa gauche, lorsque le comte Friant ordonna très à propos un changement de front au 33°, rallia ses trois brigades, et se précipita sur l'ennemi au moment où le comte Saint-Hilaire faisait attaquer le château de Sokolnitz par le 36° régiment. Pendant ce temps, le 14° tournait le village par la gauche; le comte Morand, avec le 10° d'infanterie légère et le 43° de ligne, se portait de l'autre côté du village par la digue des étangs de droite pour couper toute retraite à l'ennemi.

Le général Thiebault venait d'être blessé. Le comte Saint-Hilaire, oubliant qu'il l'était aussi depuis le commencement de l'action, se trouvait à la tête de l'attaque. Fort de sa position, l'ennemi défendait le château avec opiniâtreté; enfin il cède à la valeur du 36°, qui, poursuivant ses succès, malgré la perte considérable qu'il vient d'essuyer, va se réunir au 33° et au 111°. Ces trois régiments le chargent en même temps, l'enfoncent et le taillent en pièces. En un instant la plaine est jonchée de morts et de blessés. La fureur redouble; 5,000 hommes sont égorgés ou pris dans ces défilés. L'artillerie avec les caissons tombe en notre pouvoir. Le général Wimpfen se rend à un détachement commandé par le lieutenant Sopranzi.

Une colonne ennemie de 3,000 hommes, ayant à sa tête trois généraux, avait débouché de Sokolnitz et dépassé la gauche du comte Legrand. La cavalerie légère du 4° corps d'armée aperçoit cette colonne. Le baron Franceschi venait d'arriver avec le 8° de hussards, après avoir fait une marche forcée pour se trouver à la bataille. Il charge de front sans prendre haleine. Saisissant le général qui commandait cette ligne, il le somme de se rendre avec sa troupe : tous à l'instant mettent bas les armes. Les 11° et 12° de chasseurs avaient manœuvré pour prendre cette colonne en flanc; mais le 8° de hussards les prévint contre toute attente.

Le comte Legrand avait été placé pendant toute la journée à un poste très-difficile. Par ses manœuvres, il obligea une colonne de 1,200 hommes, qui avait déjà atteint

Kobelnitz, à se jeter dans les marais, où elle fut noyée en grande partie. Le reste, en cherchant à gagner Schlapanitz, fut fait prisonnier.

La brigade de grenadiers, commandée par le comte Dupas, sous les ordres du duc de Frioul, arrivait sur le ruisseau de Kobelnitz. Elle manœuvra de manière à serrer et à tourner un corps de 5,000 hommes, que poursuivaient le 10ᵉ d'infanterie légère et le 43ᵉ, commandés par le comte Morand, et lui fit rendre les armes.

Les troupes qui avaient été dirigées sur la droite devenant alors en partie inutiles, la brigade du baron Ferrey reçut l'ordre de se porter rapidement à la gauche pour seconder l'attaque que dirigeait le comte d'Unsbourg sur les hauteurs entre Augezd et Telnitz. L'ennemi venait d'y réunir le reste de ses forces, tant infanterie qu'en cavalerie; il avait, pour les soutenir, trente-six pièces de canon qui vomissaient le feu le plus terrible.

Au même instant l'Empereur envoie quelques escadrons et l'artillerie de sa garde sur le flanc droit de l'ennemi pour le rejeter sur les étangs. Les Russes veulent hâter leur retraite; mais il ne leur reste pour l'effectuer que la digue entre les lacs. L'armée française, appuyée à ces lacs par les deux ailes, près d'Augezd et de Menitz, est maîtresse de tous les débouchés. L'ennemi, cerné de toutes parts, espère se sauver sur les étangs glacés; plusieurs milliers d'hommes, trente-six pièces de canon, une grande quantité de caissons et de chevaux s'engagent sur ces étangs. Les vingt-quatre pièces d'artillerie de la garde brisent la glace et vomissent la mort. Des colonnes entières sont englouties. Du milieu de ces lacs immenses, on entend s'élever les cris de plusieurs milliers d'hommes qu'on ne peut secourir. Ceux qui se trouvent le plus près de la digue défendent le passage en désespérés; ils placent ce qui leur reste d'artillerie sur une hauteur qui couvre la tête de la digue. La cavalerie du général Kienmayer soutient ces dispositions pour donner à l'infanterie le temps de se rallier.

Le comte Gardanne, aide-de-camp de l'Empereur, fait plusieurs charges avec une division de dragons déjà fatiguée du service de la nuit et des combats de la journée. Dans un mouvement rétrograde, lorsque la cavalerie ennemie s'avance, le chef d'escadron Digeon, avec six pièces d'artillerie de la garde chargées à mitraille, rompt les escadrons autrichiens. Les trois divisions du duc de Dalmatie arrivent bientôt et s'élancent au pas de charge. La cavalerie ennemie veut arrêter leur marche; mais elle est culbutée par deux escadrons de la garde réunis aux dragons.

La hauteur et l'artillerie qui la défend, dernier espoir de l'ennemi, sont emportées. La hauteur est garnie de canons français. Les débris de cette armée en jettent dans les étangs ou fuient vers Menitz, déjà occupé par le comte Friant. Sans ressource, sans retraite, foudroyés par l'artillerie de la garde, ces malheureux, saisis d'épouvante, se jettent sur la glace, et presque tous y trouvent la mort.

Le soleil achevait alors sa carrière. Ses derniers rayons réfléchis par la glace vinrent éclairer cette scène d'horreur et de désespoir. C'était ainsi qu'on avait vu, dans la journée d'Aboukir, 18,000 Turcs. poursuivis par le vainqueur, se jeter à la mer et s'y engloutir.

Il ne restait plus que quelques débris qui s'étaient échappés par les digues. L'Empereur, toujours infatigable, aussi ardent à compléter la défaite qu'à assurer la victoire, ordonna au duc d'Abrantès, son premier aide-de-camp, de poursuivre l'ennemi à la tête d'une division de dragons, tandis que deux escadrons de la garde, commandés par le colonel Dallemagne, tournaient les étangs au-dessus de Menitz. On fit encore 2,000 prisonniers; on prit plusieurs drapeaux et 11 pièces de canon. Le reste ne dut son salut qu'à la nuit.

L'ennemi perdit dans cette journée 8,000 hommes tués, 15,000 blessés, 23,000 prisonniers, dont 273 officiers, 10 colonels, 8 généraux, 180 pièces de canon, dont 143 russes, 50 drapeaux et 150 caissons.

L'armée française eut 1,500 hommes tués sur le champ de bataille et 4,000 blessés, dont 9 officiers généraux ; elle perdit si peu de prisonniers que l'ennemi, ne jugeant pas à propos de les garder, les renvoya le lendemain.

Le général Valhubert, mort des suites de sa blessure, écrivit à l'Empereur une heure avant de mourir : « J'aurais voulu faire plus pour vous. Je meurs dans une heure. Je » ne regrette pas la vie, parce que j'ai participé à une victoire qui vous assure un » règne heureux. Quand vous songerez aux braves qui vous étaient dévoués, pensez à » moi. Il me suffit de vous dire que j'ai une famille : je n'ai pas besoin de vous la re- » commander. »

Le comte Saint-Hilaire, blessé au commencement de l'action, resta toute la journée sur le champ de bataille et se couvrit de gloire. Les généraux de division comtes de Valmy et Walther, les généraux de brigade Thiébault, comte Sébastiani, Dumont, Marilly, les comtes Compans, et Rapp, aide-de-camp de l'Empereur, furent blessés. C'est ce dernier qui, en chargeant à la tête des grenadiers de la garde, avait pris le prince Repnin, commandant les chevaliers de la garde impériale russe.

Les chasseurs à cheval eurent à regretter leur colonel Morland, tué d'un coup de mitraille en chargeant l'artillerie de la garde impériale russe.

Le colonel Mazas du 14° de ligne fut tué, ainsi que le chef d'escadron Chaloppin, aide-de-camp du prince de Ponte-Corvo, et plusieurs autres colonels et chefs de bataillon.

Le baron Corbineau, écuyer de l'Impératrice, commandant le 5° régiment de chasseurs à cheval, eut cinq chevaux tués; il fut blessé en enlevant un drapeau.

Le comte Friant eut quatre chevaux tués sous lui. Les colonels Conroux et Dumoutier se firent remarquer.

Lebas, chasseur au 10° d'infanterie légère, ayant le bras gauche emporté par un boulet de canon, dit à son camarade : « Aide-moi à ôter mon sac, et cours me venger. » Mettant ensuite son sac sous le bras droit, il marche vers l'ambulance.

Le général Thiébault, dangereusement blessé, était transporté par quatre prisonniers russes. Six Français blessés l'aperçoivent, écartent les prisonniers russes et saisissent le brancard en disant : « C'est à nous seuls qu'appartient l'honneur de porter nos généraux blessés ! »

Les traits de courage furent si nombreux, qu'au moment où le rapport se faisait, l'Empereur dit : « Il faut toute ma puissance pour récompenser dignement tous ces » braves gens. »

Les colonels Lacour du 5e de dragons; le baron Digeon du 26e de chasseurs; le baron Bessières du 11e de chasseurs, frère du duc d'Istrie; le baron Gérard, colonel, aide-de-camp du prince de Ponte-Corvo; Marès, colonel, aide-de-camp du prince d'Eckmühl, furent blessés.

Les chefs de bataillon Perrier, du 36e régiment de ligne; Guye, du 4e de ligne; le baron Schwitz, du 57e de ligne; les chefs d'escadron Grumblot, du 2e régiment de carabiniers; Didelot, du 9e de dragons; Boudinhon, du 4e de hussards; le chef de bataillon du génie Abrissot; les chefs de bataillon Babin et Morbilliard, du 55e de ligne; Proffil, du 43e; les chefs d'escadron Tréville, du 26e de chasseurs, et David du 2e de hussards; les chefs d'escadron de la garde impériale Beurmann, Bohn et Thierry, furent aussi blessés.

Le capitaine Thervay, des chasseurs à cheval de la garde, mourut des suites de ses blessures.

Le capitaine Geist, les lieutenants Bureaux, Barbanègre, Guiod, Fournier, Adde, Bayeux et Renno, des chasseurs à cheval de la garde, et les lieutenants Messager et Rollet, des grenadiers à cheval de la garde, reçurent aussi des blessures.

Les voltigeurs rivalisèrent avec les grenadiers. On citerait le 43e, le 55e, le 14e, le 36e, le 40e, le 17e, les bataillons des tirailleurs corses et du Pô, si l'on pouvait nommer quelques corps; mais ce serait une injustice pour les autres. Tous ont fait des prodiges : il n'y avait pas un soldat, pas un officier, pas un général, qui ne fût décidé à vaincre ou à périr.

La cavalerie française se montra avec supériorité

Les soldats du train méritèrent les éloges de l'armée. L'artillerie fit un mal épouvantable à l'ennemi. Quand on en rendit comte à l'Empereur, il dit : « Ces succès me font » plaisir; car je n'oublie pas que c'est dans ce corps que j'ai commencé ma carrière » militaire. »

Ainsi éclata le coup de foudre si souvent prédit par l'Empereur, pour la fin de cette immortelle campagne; ainsi se termina cette journée mémorable, que le soldat se plaît à nommer *la journée de l'Anniversaire;* que d'autres ont appelée *la bataille des trois Empereurs,* et que Napoléon a désignée sous le nom de *bataille d'Austerlitz.*

Aux confins de la Hongrie, de la Pologne, de la Silésie et de la Bohême, dans les champs de la Moravie, où, des deux extrémités du monde, se trouvaient réunis le sauvage du Kamtschatka et l'habitant du Finistère, la destinée avait marqué le terme de cette supériorité de l'infanterie russe, trop longtemps et trop facilement établie; de ce prestige d'une puissance militaire, née subitement dans le siècle dernier; de cette influence politique usurpée sur l'Europe, et désormais renfermée dans les bornes fixées par l'intérêt des peuples et de la civilisation. C'est là que l'armée voulut célébrer, par la victoire la plus éclatante, l'anniversaire du jour où la France reconnaissante avait décerné à Napoléon le diadème impérial.

BATAILLE D'IÉNA.

Lorsque l'Empereur parut au milieu de son armée, la guerre n'était pas encore déclarée entre la France et la Prusse. C'était un spectacle remarquable de voir cette dernière puissance s'agiter, s'ébranler en masse, réunir ses forces, les transporter sans cesse d'un lieu à un autre, leur faire faire des marches et des contre-marches, menacer la France par ses mouvements militaires, par ses écrits et par ses propos, annoncer non-seulement le désir de combattre, mais même la certitude de vaincre, parler enfin de ses triomphes comme s'ils étaient certains.

Cependant la Prusse ne s'arrêtait à aucun plan fixe. Elle n'entamait aucune opération, reculait à l'instant de déclarer officiellement ses intentions hostiles, paraissait étonnée et confuse de ce que tant de bruit n'avait pas l'air d'être entendu par la France, et de voir l'armée que les Prussiens disaient être sûrs de battre, se porter tranquillement au-devant de sa ruine.

Cette conduite bizarre était l'effet du délire qui s'était emparé de toutes les têtes prussiennes, et surtout de l'irrésolution où était plongé le roi de Prusse lui-même. Ce prince se trouvait réellement entraîné à la guerre par une faction puissante, à la tête de laquelle était la reine. Mais avec son coup d'œil juste, il découvrait parfaitement les conséquences funestes de la démarche qu'on lui faisait faire, et l'abîme qu'on ouvrait sous ses pas. Napoléon lui avait fait sentir plusieurs fois la faute qu'il commettait en se séparant de l'alliance de la France. Frédéric III n'était que trop pénétré de cette vérité; cependant il cédait à une impulsion qui agissait continuellement sur lui, et l'empêchait de se conduire d'après sa volonté.

Du côté des Français, il régnait autant de calme et d'ordre qu'il y avait de trouble et de confusion chez les Prussiens. A la tête d'une armée superbe, constamment victorieuse et qui ne respirait que les combats, Napoléon, tranquille sur les événements, laissait néanmoins encore à son ennemi le choix de la paix ou de la guerre. Cependant il ne négligeait aucune précaution. Dès son arrivée à Würtzbourg, les ordres furent donnés pour assurer, par des réquisitions, la subsistance des troupes, et pour construire des fours à Bamberg, Cronach, Forcheim, Würtzbourg. Un ordre du jour, publié dans tous les corps, désigna les mêmes places pour devenir les dépôts où seraient renvoyés les convalescents, et où devraient se rendre les hommes qui arriveraient de France, une fois que l'armée aurait commencé à se porter en avant. Il fut également prescrit aux commandants des corps d'armée de diriger sur ces places les femmes, les bagages qui ne seraient pas absolument nécessaires, enfin toute espèce d'embarras, pour que l'armée fût plus mobile et plus légère.

Il y eut quelques changements dans l'assiette des cantonnements. Le quatrième corps eut l'ordre d'étendre les siens entre Amberg et Bayreuth; le sixième, entre Nüremberg et Bamberg. Le cinquième dut se réunir à Schweinfut, en tenant des piquets de cavalerie en avant d'Ummerstadt, et sur Heldburg, afin d'intercepter les communications entre Würtzbourg et la Saxe, et de favoriser les reconnaissances des officiers de l'état-major. Il fut ordonné aux généraux Milhaud et Lasalle, chefs de la cavalerie légère de la réserve, de tenir leurs brigades réunies, et d'avoir des piquets sur les communications de Cobourg. Le prince de Ponte-Corvo fut chargé de faire éclairer la communication de Leipsig. Le troisième corps était toujours à Bamberg. Il fut ordonné au septième de cantonner aux environs de Würtzbourg, sur la route de Bamberg.

Le 5 octobre, de nouveaux ordres partis du quartier général impérial imprimèrent un mouvement à toute l'armée, dans le but de la concentrer toujours davantage, et de la rapprocher des lieux où était l'ennemi. Le cinquième corps fut dirigé sur Cobourg; arrivé là, il devait continuer sa route sur Graffenthal. Le septième corps, destiné à appuyer le cinquième, eut également sa direction assignée sur Cobourg, et il devait être le 8 entre Bamberg et cette ville. Il fut enjoint au duc de Dalmatie d'entrer à Bayreuth le 7, avec ses forces réunies. Son ordre portait de continuer ensuite sa marche sur Hoff. Le duc d'Elchingen eut l'ordre d'appuyer ce mouvement. « Comme il n'y a » qu'une chaussée dans le pays de Bayreuth (manda le prince major général au maré- » chal), Sa Majesté a jugé convenable que vous marchiez toujours à une demi-journée » du corps du duc de Dalmatie; mais vous vous réuniriez à lui dans toutes les positions » où cela serait nécessaire. Vous observerez que la guerre ne doit pas être considérée » comme déclarée. Votre langage sera constamment que l'Empereur fait occuper le » pays de Bayreuth, pour appuyer son aile droite menacée par le rassemblement des » Prussiens et par l'invasion de la Saxe. »

La division bavaroise du général comte de Wrede suivait les quatrième et sixième corps; elle fut destinée à s'emparer de Kulmbach, petite forteresse du pays de Bayreuth, située sur le Mein, dans une forte position. Cependant il fut mandé au comte de Wrede de ne point arrêter toute sa division devant cette place; si elle résistait à la première sommation, il devait en faire le blocus par un ou deux régiments.

Le 6, le grand quartier général fut transporté à Bamberg, où la garde impériale arriva le même jour. Le troisième corps n'avait pas bougé de ses cantonnements près de cette ville; et le premier était toujours en avant de toute l'armée, près de Lichtenfels et de Cronach. La réserve de cavalerie était entre les premier et troisième corps, poussant des postes plus loin que Cronach. Dans cette position, les cinquième et septième for- maient la gauche de la Grande-Armée, à une demi-journée l'un de l'autre. Les premier et troisième étaient au centre, à la même distance. Les quatrième et sixième formaient la droite dans un pareil éloignement.

Ce fut le 7 octobre que l'Empereur reçut un courrier de Mayence, dépêché par le prince de Bénévent, son ministre des relations extérieures, et qui était porteur d'une longue lettre du roi de Prusse. Ce monarque, se répandant en plaintes amères contre la France, et énonçant toutes les raisons qu'il croyait avoir de recourir à la voie des armes, assignait lui-même la déclaration de guerre au jour de la réception de sa lettre. Napoléon se tourna vers le prince de Neuchâtel. « Connétable, lui dit-il, on nous donne » un rendez-vous d'honneur pour le 8. Jamais un Français n'y a manqué. Mais, comme » on dit qu'il y a une belle reine qui veut être témoin du combat, soyons courtois, et » marchons vers la Saxe sans nous arrêter. » La reine de Prusse était effectivement à l'armée, habillée en amazone, excitant par ses discours l'ardeur et le courage des troupes.

A la veille de commencer cette guerre, dans laquelle le gouvernement prussien abusé croyait voir un moyen de gloire et d'agrandissement, et dont le résultat a été si complètement contraire à ses espérances, l'Empereur ayant arrêté ses dispositions, les transmit aux chefs des différents corps d'armée par l'organe de son major général.

Il fut ordonné au prince de Ponte-Corvo de porter sur-le-champ son quartier général à Cronach; de placer deux de ses divisions en position sur les frontières de Saxe, et de laisser la troisième à Zettliz, en avant de Lichtenfels, jusqu'à l'arrivée du troisième corps, qui devait occuper ce point. Le premier devait se réunir, le 9, sur les hauteurs de Lobenstein, en Saxe. Lichtenfels fut assigné pour le quartier général du prince d'Eckmühl. Ce maréchal fut averti que l'intention de l'Empereur était que le 8 tout son corps d'armée pût être réuni en masse en avant de Cronach, et être en mesure de soutenir le prince de Ponte-Corvo, qui devait, dans la journée du 9, se porter sur Lobenstein et sur la Saale.

Le roi de Naples eut l'ordre de porter son quartier général à Cronach, et de rapprocher toutes ses divisions de ce point. « Quoique l'on puisse considérer la guerre comme » déclarée dès aujourd'hui, lui faisait mander l'Empereur, aucune cavalerie ne doit » cependant dépasser la frontière, afin de ne pas instruire l'ennemi plus tôt qu'il ne doit » l'être, du commencement des hostilités. Mais, demain, les deux brigades de cavalerie » légère de Votre Majesté, et celle du premier corps qui se trouve réunie à elles, passe- » ront le Mein, se porteront en avant, et iront battre et éclairer le pays. Il sera attaché » un officier du génie à chacune des brigades pour faire des reconnaissances, de sorte » que demain, vers minuit, l'Empereur puisse recevoir à Cronach, où il se trouvera, » des renseignements sur les points suivants : savoir, s'il y a des communications de » Saalburg à Saalfeld, de Saalburg à Hoff, de Lobenstein à Hoff et à Graffenthal; si » ces communications sont propres à l'infanterie, à la cavalerie et à l'artillerie; quelle » est la situation de l'ennemi du côté de Hoff, du côté de Saalburg, et particulièrement » sur la grande chaussée de Leipsig; quelle est enfin sa position sur Graffenthal et » Saalfeld. L'Empereur désire que Votre Majesté dirige personnellement cette recon- » naissance; car l'Empereur veut connaître autant que possible la position de l'ennemi, » et profiter de notre première irruption pour frapper un grand coup. »

Le mouvement des cinquième et septième corps, à la gauche, et des quatrième et sixième, à la droite, fut continué tel qu'il avait été prescrit par les ordres du 5. Le quartier général impérial partit le 8, à trois heures du matin, pour se transporter ce même jour à Cronach. De là, l'ordre fut envoyé à Jérôme, roi de Westphalie, de prendre le commandement de la division bavaroise qui était devant Kulmbach, ainsi que la direction du siége de cette place, que l'Empereur désirait presser vivement. Ce fut aussi de Cronach que Napoléon fit ordonner au prince de Porte-Corvo et au duc de Montebello d'attaquer l'ennemi, le premier à Saalburg, où l'on présumait qu'il devait le rencontrer; le second à Saalfeld, où l'on était instruit que cinq régiments avaient pris position.

L'Empereur fit écrire au duc de Montebello : « Si les forces de l'ennemi se trouvent
» plus considérables qu'on ne le croit, il est convenable, monsieur le maréchal, que vous
» pressiez l'arrivée du duc de Castiglione. Mais s'il n'y avait que 10 ou 12,000 hom-
» mes, dans une situation qui vous donnât l'avantage, vous pouvez les attaquer, après
» les avoir reconnus, en activant seulement l'arrivée du septième corps. L'intention de
» l'Empereur est que, dans l'ordre de bataille, chaque division forme une aile, et soit
» rangée sur plusieurs lignes, à 80 toises de distance.

» Vous êtes prévenu que le quartier général de l'Empereur sera le 9 au soir à
» Ebersdorf. Le prince d'Eckmühl sera à Lobenstein ; le roi de Naples, à Schleitz; le
» prince de Ponte-Corvo, entre ce dernier lieu et Saalburg; le duc de Dalmatie, vis-à-
» vis de Plauen; et le duc d'Elchingen à Hoff. Si l'on apprend demain que l'ennemi
» veuille défendre Saalfeld, et qu'il y ait réuni des forces considérables, l'intention de
» l'Empereur est de marcher avec 20 ou 25,000 hommes, dans la nuit du 9 au 10,
» pour arriver avant midi sur Saalfeld par Saalburg. Dans cette hypothèse, vous pren-
» drez position à Graffenthal; l'ennemi n'osera pas vous attaquer, ayant des forces si
» considérables sur son flanc gauche. Si cependant il le faisait, nul doute que vous ne
» dussiez battre en retraite pour l'engager et l'exposer à être pris par son flanc. Si, au
» contraire, l'ennemi fait sa retraite devant vous, arrivez le plus promptement possible
» à Saalfeld, et placez-vous-y militairement. »

Le premier engagement entre les Français et les Prussiens eut lieu à Schleitz. Ce bourg, assez considérable et fermé de murs, est situé en Saxe, dans un défilé entouré de hautes montagnes, entre Saalburg et Auma, à peu de distance de la rivière de la Saale. Le général prussien, comte Tauenzien, qui avait été quelque temps à Hoff à la tête des troupes prussiennes de la Franconie, s'était retiré à l'approche des Français, et avait dirigé sa marche sur Schleitz, pour se réunir à l'armée du prince de Hohenlohe. Il avait avec lui 6,000 hommes d'infanterie et 1,500 de cavalerie. L'ennemi fut rencontré par les troupes avancées du premier corps le 9 octobre, à cinq heures du matin, à Saalburg, où son arrière-garde était postée. Malgré la position avantageuse de Saalburg, sur un rocher qui domine la rive gauche de la Saale, où se présentaient les Français, l'ennemi ne défendit point cette ville, et se retira après avoir échangé quelques coups de canon.

Le 4° de hussards et le 27° d'infanterie légère la suivirent; le reste du corps d'armée appuyait cette petite avant-garde. La division du comte d'Erlon, qui avait la tête de la colonne, arriva devant Schleitz vers les quatre heures après-midi. L'ennemi occupait la ville avec de l'infanterie, et s'était établi à mi-côte, sur les hauteurs, à la rive gauche de la Wiesenthal; il appuyait sa droite à la chapelle de Bergfried, et refusait sa gauche. Le comte d'Erlon, chargé de l'attaque, jeta des voltigeurs et des grenadiers à travers le faubourg, pour passer la Wiesenthal à gué, gagner le vallon à droite de la chapelle, et tourner la position de l'ennemi. Le reste de la division s'avançait en même temps sur la ville. L'ennemi voulut la disputer; mais il en fut bientôt chassé. Sa droite fut culbutée au-delà de la chapelle; et, pour la seconde fois, il se mit en retraite, se dirigeant sur Ottersdorf.

Le 4° de hussards, ayant à sa tête le roi de Naples, qui arriva de sa personne sur le lieu du combat, poursuivait chaudement l'ennemi. Pour ralentir ce mouvement, et avoir le temps de filer sur Auma, le général Tauenzien prit position sur la crête, en arrière d'Ottersdorf, avec toute sa cavalerie, et porta de l'infanterie à côté du bois. Le 4° de hussards traversa ce village avec quelques compagnies du 27°. En même temps, les 94° et 95° de ligne marchaient par la gauche, menaçant toujours le flanc de l'ennemi. Celui-ci, qui avait une cavalerie très-supérieure et qui se trouvait sur un terrain favorable à cette arme, repoussa trois charges du 4° hussards. Mais un bataillon du 27° d'infanterie légère, s'étant formé en colonne, marcha au-devant de la cavalerie ennemie, arrêta sa poursuite, et donna au 5° régiment de chasseurs le temps d'arriver. Ce régiment, en débouchant d'Ottersdorf, n'eut pas le temps de se déployer; il fit en colonne une charge qui fut heureuse, et détermina la retraite de l'ennemi. Vivement poursuivis, les Prussiens se retirèrent avec précipitation, laissant 400 hommes morts sur le champ de bataille, et 5 à 600 prisonniers. Le premier corps bivouaqua le soir à Ottersdorf; et le lendemain 10, il suivit le général Tauenzien dans sa retraite, et prit position à Auma.

Ce même jour 10 éclaira une nouvelle victoire; et ce fut le cinquième corps qui en eut l'honneur. Suivant les ordres qu'il avait reçus, le maréchal duc de Montebello se rendit de Graffenthal à Saalfeld, où l'on avait la certitude que l'ennemi n'avait pas plus de troupes que les premiers avis n'en avaient annoncé. Saalfeld est situé en Saxe, dans une plaine d'une demi-lieue de largeur, sur les bords de la Saale, que l'on passe sur un pont de pierre. Cette ville, entourée de murs et de fossés, domine assez bien la plaine et surtout la rive droite de la rivière, ce qui facilite la défense du pont. La vallée de Saalfeld est formée particulièrement du côté gauche de la Saale par des montagnes boisées. La situation de Saalfeld, à l'entrée de cette vallée, qui devient de plus en plus riche et fertile en descendant vers Iéna, et à l'embranchement de plusieurs chemins dont le principal mène par Neustadt sur la route de Leipsig, rend cette ville intéressante pour des armées qui doivent agir par ces deux routes; elle l'était alors pour l'armée prussienne. Saalfeld était occupée par plusieurs régiments de l'avant-garde de l'armée du prince de Hohenlohe, qui, placée entre Rudolstadt et Saalfeld, formait à ce dernier point l'extrémité de l'aile gauche de toute la ligne prussienne.

Le prince Louis-Ferdinand de Prusse, commandant cette avant-garde, réunissait sous ses ordres 9,000 hommes d'infanterie et environ 3,000 chevaux. Il lui avait été expressément recommandé par le prince de Hohenlohe de ne s'engager dans aucune action avec les Français, avant d'avoir été rejoint par le général Blücher, qui devait lui amener des renforts et prendre le commandement général de l'avant-garde. Mais la rapidité de la marche de l'armée française ayant prévenu les projets et dérangé les mesures des Prussiens, les avant-postes du prince Louis furent attaqués par l'avant-garde du duc de Montebello et rejetés sur Saalfeld avant l'arrivée du secours que le prince prussien attendait. Ce jeune général, sans expérience, crut pouvoir se maintenir seul à son poste. Il réunit toutes ses troupes, et les rangea entre Saalfeld et le village d'Erosten, ayant devant son front une montagne couverte de bois, et derrière lui la rivière de la Saale. Ce fut dans cette position peu militaire qu'il attendit l'attaque des Français.

Le duc de Montebello fit occuper divers villages de la vallée de Saalfeld, en face de la position de l'ennemi, par une partie de la division du comte Suchet, à laquelle il joignit deux batteries d'artillerie légère. Pendant que ces troupes contenaient l'ennemi et que l'artillerie portait le ravage dans ses rangs, une multitude de tirailleurs gravirent les montagnes, se jetèrent dans les bois et tournèrent, sans être vus, la position de l'ennemi. Afin de lui couper la retraite, les 9e et 10e de hussards, traversan la vallée, se portèrent rapidement sur la petite rivière de la Schwarza, à la droite des Prussiens, et se rendirent maîtres des gués qui offraient à l'ennemi quelque facilité pour échapper.

Surpris et déconcerté par la promptitude des mouvements des Français, l'ennemi se battit sans ordre. Son infanterie fut bientôt rompue; elle recula contre la Saale et la Schwarza. La difficulté qu'elle trouva pour se retirer acheva de mettre parmi elle la plus grande confusion. Le prince Louis voyant la mauvaise tournure que prenait le combat, résolut de tenter un dernier effort. Il réunit toute sa cavalerie et fondit avec impétuosité sur les hussards français qui coupaient sa retraite. Ceux-ci soutinrent le choc avec autant de courage que les Prussiens en mirent à les attaquer. La mêlée fut chaude et meurtrière. Le prince s'engagea dans un combat corps à corps avec un maréchal des logis du 10e de hussards, qui lui proposa de se rendre. Le prince ayant répondu par un coup de sabre, le maréchal des logis lui en porta un à son tour, qui le blessa et le fit chanceler. Le prince fut achevé d'un coup de pistolet, 600 hommes restés sur le champ de bataille du côté des Prussiens, 1,000 prisonniers et 30 pièces de canon enlevées à l'ennemi, furent le résultat de ce combat, à la suite duquel le cinquième corps alla bivouaquer sur la route de Géra. Les autres corps reçurent en même temps une direction générale vers Schleitz et Saalfeld, et ensuite plus avant vers Neustadt, en inclinant à gauche, du côté de l'ennemi, dont on commençait à soupçonner la vraie position.

Le 10, au soir, le quartier général impérial était à Schleitz. Ce fut de là que l'ordre fut envoyé au duc de Montebello de se porter sur Neustadt, au duc de Castiglione, de suivre à grandes marches ce mouvement; au prince d'Eckmühl, de se rendre avec tout son corps à Auma, puis à Géra. Le prince de Ponte-Corvo avait déjà reçu l'ordre de faire des efforts pour occuper, dans la journée du 11, cette dernière ville, que l'Empereur voulait décidément avoir, afin de connaître ce que faisait l'ennemi. Il était prescrit au duc de Dalmatie de se diriger aussi sur Géra, en occupant d'abord la ville de Warda, où il devait se mettre en communication avec l'avant-garde du troisième corps. Le maréchal duc d'Elchingen arrivait à Schleitz. La réserve de cavalerie était entre les troisième et premier corps, sauf les brigades de cavalerie légère qui éclairaient, en avant de l'armée, les routes d'Iéna et de Zeitz. A cette époque, toute l'armée était concentrée entre l'Elster et la Saale, la tête du côté de Naumbourg; elle s'avançait rapidement sur la ligne d'opération de l'ennemi.

Dans la nuit du 11 au 12, le quartier général impérial fut transféré à Auma. De nouveaux renseignements, parvenus à Napoléon, l'ayant confirmé dans l'opinion que les principales forces de l'ennemi étaient du côté d'Erfurt, l'Empereur fit sur-le-champ donner l'ordre au roi de Naples de se porter à Zeitz, de jeter des coureurs sur Leipsig et sur Naumbourg, et de s'avancer même jusqu'à cette dernière ville, si les renseignements qu'il recevrait lui apprenaient que l'ennemi n'avait pas quitté Erfurt. Il était prescrit au prince de Ponte-Corvo d'appuyer le mouvement du roi de Naples; Naumbourg était également le point assigné au prince d'Eckmühl. Dans cette journée du 12, le duc de Dalmatie devait arriver à Géra; le duc d'Elchingen, à Mittel; le duc de Montebello, à Iéna; et le duc de Castiglione, à Eula.

Pendant que la Grande-Armée avançait en Saxe, Napoléon fit rapprocher les troupes de la Confédération rhénane pour occuper les lieux abandonnés par les Français. Les troupes de Bade, celles de Würtemberg et celles de Würtzbourg, eurent l'ordre de se rendre à Bayreuth. La division bavaroise, déjà formée, fut dirigée sur Schleitz. Celle qui se formait à Ingolstadt, sous les ordres du général Deroy, fut destinée à occuper le pays de Bayreuth et à fournir au blocus de Kulmbach.

Ce fut d'Auma que le prince major général écrivit au roi de Prusse, de la part de l'Empereur, la lettre suivante :

« Sire, l'Empereur Napoléon me charge d'avoir l'honneur de témoigner à Votre » Majesté toute la part qu'il prend à la peine qu'a dû lui faire la mort glorieuse du » prince Louis. »

Le 13 octobre, de grand matin, le quartier général impérial fut à Géra. Le maréchal duc de Montebello s'était rendu à Iéna et avait occupé les hauteurs en avant de cette ville. Il ne tarda pas à donner à l'Empereur l'avis que l'ennemi était en présence avec une armée nombreuse, et que tous ses mouvements annonçaient qu'il voulait attaquer Iéna. Cet avis fut transmis au prince de Ponte-Corvo et au maréchal prince d'Eckmühl; et il leur fut mandé à l'un et à l'autre que, s'ils entendaient, pendant la soirée, le canon du côté d'Iéna, ils devaient manœuvrer sur l'ennemi et déborder sa gauche. La marche de tous les corps fut accélérée vers ce point, qui paraissait devoir devenir dans peu de temps le théâtre d'un grand événement.

Le duc de Dantzig, qui commandait les grenadiers et les chasseurs à pied de la garde, eut l'ordre d'avancer en toute diligence sur Iéna. Il fut enjoint au duc de Castiglione de venir se placer en seconde ligne derrière le duc de Montebello. L'instruction du duc de Dalmatie portait de se rendre à Kosnitz, gros village sur la Saale à l'embranchement des routes d'Iéna et de Naumbourg. Roda fut assigné au duc d'Elchingen. La grosse cavalerie de la réserve et les dragons qui marchaient sur Naumbourg, furent prévenus de ne pas dépasser Auma sans recevoir de nouveaux ordres. D'après ces dispositions, l'on fut en mesure vis-à-vis de l'ennemi, soit qu'il voulût attendre la bataille dans le poste qu'il occupait, soit qu'il essayât de forcer le passage de la Saale ou d'effectuer sa retraite sur Berlin.

Les combats de Schleitz et de Saalfeld, la marche rapide de l'armée française, l'occupation d'Iéna, de quelques points de la Saale, et particulièrement de Naumbourg, qui se trouvait sur leur communication d'Erfurt à Leipsig, toutes ces circonstances firent connaître aux généraux prussiens le danger imminent où les avaient plongés le vague de leurs projets et l'irrésolution de leurs démarches.

Dans cette perplexité, le conseil du roi, qui, le 8 octobre, pensait encore à prendre l'offensive et à déboucher en trois colonnes sur Bamberg, Schweinfurt et Francfort, qui, le 11, se bornait déjà à la guerre défensive, qui prenait ses mesures pour couvrir la Saxe et fermer les routes de Dresde et de Leipsig, ne dut plus songer, dans la nuit du 12 au 13, qu'à ménager une retraite à l'armée et à lui conserver sa ligne d'opération menacée.

Dans cette nuit et dans la journée du 13, le général en chef de l'armée prussienne, qui avait déjà rassemblé tous ses corps détachés et réuni ses forces, quitta les bords de la Saale pour concentrer son armée entre Cappellendorf et Auerstaedt, dans l'intention d'employer la journée du 14 à déboucher par Naumbourg, en forçant le passage de la Saale, et à se retirer sur Magdebourg ou sur Berlin.

Le champ où allaient combattre le deux armées est une plaine ondulée, située au-delà des montagnes et des défilés qui bordent la rive gauche de la Saale. Cette plaine est traversée par la rivière d'Ilm, qui baigne les murs de Weymar, et vient se réunir à la Saale, non loin d'Auerstaedt. Cet espace était occupé par l'armée prussienne partagée en deux grands corps.

Le premier, fort de 45,000 hommes, était commandé par le roi et par son lieutenant, le duc de Brunswick. Ce corps, qui, dans la journée du 13, alla camper à Auerstaedt, était destiné à frayer, par Naumbourg, un passage à toute l'armée pour entrer par la Saxe dans le cœur de la monarchie.

L'autre armée, restée sous les ordres du prince de Hohenlohe, était forte de 70,000 hommes; elle s'étendait de Weymar à Isserstadt, village situé à l'entrée de la plaine, devant le plateau d'Iéna. La droite de cette armée, sous les ordres du général Rüchel, formait comme une réserve entre Franckendorf et Weymar. Le centre était à Cappellendorf, où se trouvait aussi le quartier général du prince de Hohenlohe.

Les avant-postes de la gauche occupaient en force, à l'entrée du défilé de Mühlthal, sur la chaussée d'Iéna à Weymar, une hauteur appelée le *Schneck*, qui domine ce défilé.

Les ennemis étaient encore répandus dans les villages de Lützerode, Cospoda, Closwitz, et dans tous les points qui pouvaient empêcher l'armée française de déboucher dans la plaine, de sorte qu'il paraissait que leur but était de retarder celle-ci jusqu'à ce que le roi de Prusse eût passé la Saale, et de suivre ensuite la retraite de l'armée du roi.

Par ces nouvelles dispositions, l'ordre de bataille des Prussiens était changé. Le corps du roi, qui en faisait précédemment le centre, en formait maintenant la gauche. Le corps de Hohenlohe, qui était la gauche, était devenu le centre. L'armée prussienne faisait face à la Saale, qu'elle avait auparavant sur son flanc. On pouvait évaluer à dix mille pas géométriques la distance entre l'armée prussienne du roi et celle du prince de Hohenlohe; il y avait de petits corps intermédiaires à Apolda, Pluhrsted, Eberstadt, pour entretenir la communication.

Le 13 octobre, à deux heures après midi, Napoléon arriva à Iéna. Du haut d'un petit plateau qu'occupait l'avant-garde du cinquième corps et qui domine la plaine, l'Empereur aperçut les dispositions de l'ennemi. Sa Majesté régla en conséquence, de la manière suivante, l'ordre de la bataille, qui fut transmis aux commandants des différents corps d'armée :

« Le maréchal duc de Castiglione commandera la gauche. Il placera sa première
» division en colonne sur la route de Weymar, jusqu'à une hauteur par où le général
» comte Gazan a fait monter son artillerie sur le plateau d'Iéna. Il tiendra les forces
» nécessaires sur le plateau de gauche, à la hauteur de la tête de sa colonne; il aura
» des tirailleurs sur toute la ligne ennemie, aux différents débouchés des montagnes.
» Quand le général Gazan aura marché en avant, le duc de Castiglione débouchera sur
» le plateau avec tout son corps d'armée et marchera ensuite, suivant les circonstances,
» pour prendre la gauche de l'armée.

» Le maréchal duc de Montebello commandera le centre; il occupera le plateau
» d'Iéna, du côté qui regarde la plaine. A la pointe du jour, il aura toute son artillerie
» dans ses intervalles de bataille.

» L'artillerie de la garde sera placée sur la hauteur d'Iéna; et la garde, rangée sur
» cinq lignes, occupera le derrière du plateau qui sera couronné par la première ligne
» composée des chasseurs.

» Le village de Closwitz, sur notre droite, sera foudroyé par toute l'artillerie du
» comte Suchet, et, immédiatement après, attaqué et enlevé. L'Empereur donnera le
» signal. On doit se tenir prêt à la pointe du jour.

» Le maréchal duc d'Elchingen marchera toute la nuit et tâchera d'être arrivé au
» jour à l'extrémité du plateau, pour pouvoir le monter, et se porter sur la droite du
» duc de Montebello, du moment que le village de Closwitz sera enlevé et qu'on aura
» de la place pour se déployer.

» Le maréchal duc de Dalmatie, arrivant du côté de Dornbourg, marchera jusqu'à
» ce qu'il soit parvenu à la hauteur d'Iéna; il se liera aux autres corps, de manière à
» former la droite de l'armée, et s'attachera à rester toujours lié.

» L'ordre de bataille, en général, sera sur deux lignes, sans compter la ligne de l'in-
» fanterie légère ; chaque ligne éloignée l'une de l'autre de cent toises au plus.

» La cavalerie légère de chaque corps d'armée sera placée à la disposition de chaque
» général pour servir suivant les circonstances. La grosse cavalerie sera placée, quand
» elle arrivera, sur le plateau, et sera en réserve derrière la garde pour se porter où les
» circonstances l'exigeront.

» Ce qui est important, c'est d'abord de se déployer en plaine. On fera ensuite les
» dispositions que les manœuvres de l'ennemi et les forces qu'il montrera indiqueront,
» afin de le chasser des positions qu'il occupe. »

Le maréchal prince d'Eckmühl reçut l'ordre de se porter de Naumbourg sur Kœsen
pour défendre les défilés de la Saale, près de ce village, si l'ennemi voulait marcher sur
Naumbourg et pour prendre l'ennemi à dos par Apolda, s'il restait dans la position où
il était le 13.

Le prince de Ponte-Corvo fut destiné à déboucher de Dornbourg pour tomber sur les
derrières de l'ennemi, soit qu'il se portât en force sur Naumbourg, soit qu'il se dirigeât
sur Iéna.

La nuit qui précéda la bataille, Napoléon bivouaqua sur le plateau d'Iéna, au milieu
de ses braves. Pendant toute la nuit, il fit travailler à un chemin dans le roc pour transporter aisément l'artillerie sur la hauteur, et il y réussit, malgré les obstacles qu'au
premier coup d'œil on aurait jugés insurmontables. Il fit pratiquer aussi des débouchés
dans la ville et dans les vallées voisines, pour faciliter le déploiement des troupes qui
n'avaient pu être placées sur le plateau. C'était la première fois qu'une armée devait
passer au travers d'un si petit débouché.

Le spectacle que les deux armées offrirent pendant cette nuit était remarquable.
L'une déployait son front sur six lieues d'étendue et embrasait l'atmosphère de ses feux.
Les bivouacs apparents de l'autre étaient concentrés sur un seul point.

On était à la petite portée de canon. Les sentinelles se touchaient presque, et il ne se
faisait pas un mouvement qui ne fût entendu. L'activité qui régna toute la nuit dans
l'une et l'autre armée était l'annonce d'un grand jour. Mais, selon toute apparence, elles
attendaient l'événement avec un espoir et des sentiments bien opposés. Ce jour arrive
enfin. Aussitôt qu'il paraît, l'armée prend les armes.

L'Empereur passe devant plusieurs lignes ; il recommande aux soldats de se tenir en
garde contre cette cavalerie prussienne qu'on peignait comme redoutable ; il les fait
ressouvenir qu'il y avait un an, à la même époque, ils avaient pris Ulm ; que l'armée
prussienne, comme l'armée autrichienne, était cernée, avait perdu sa ligne d'opération,
ses magasins ; qu'elle ne se battait plus dans ce moment pour sa gloire, mais pour sa
retraite ; qu'elle voulait se faire une trouée dans quelque point, mais que les corps d'armée qui la laisseraient passer seraient perdus d'honneur et de réputation..... A ce discours, les soldats répondent par les cris de *Marchons!* L'Empereur donne le signal :
toute l'armée s'ébranle. Les tirailleurs engagent l'action ; la fusillade devient vive presque aussitôt qu'elle a commencé.

A la pointe du jour, le maréchal duc de Dantzig avait fait ranger la garde impériale en bataillon carré au sommet du plateau d'Iéna. A droite du plateau était la division du comte Suchet; à gauche, celle du comte Gazan : chacun de ces corps avait ses canons dans les intervalles.

Précédées de leurs tirailleurs, les deux divisions du cinquième corps se portent en avant; celle du comte Suchet se dirige sur Closwitz; celle du comte Gazan marche, partie sur Cospoda, partie sur la route de Weymar. L'ennemi défend vivement la position du *Schneck.* Cependant il en est débusqué, et le cinquième corps, débouchant dans la plaine, commence à se déployer. Dans cette manœuvre, les 64° et 88° de ligne s'approchent du village de Lutzerode, défendu par un régiment ennemi. Ce village est enlevé presque en même temps qu'il est attaqué; quelques compagnies du 21° d'infanterie légère s'engagent sur la route de Weymar, jusqu'à Hohlstadt. Par ce mouvement rapide, le gros du centre de l'armée ennemie, placé à Isserstadt, voit déjà sa droite et sa gauche menacées.

Il était dix heures du matin.

Un brouillard épais avait, jusqu'à ce moment, obscurci le jour et caché aux ennemis les manœuvres des Français. Ce brouillard était enfin dissipé par un beau soleil d'automne. Les deux armées s'apercevaient à demi-portée de canon. Le septième corps, formant la gauche des Français, venait de traverser Iéna et débouchait sur le champ de bataille. La garde impériale était restée en réserve sur le plateau, derrière le centre. La droite, sous les ordres du duc de Dalmatie, s'étant mise en marche dès que le canon s'était fait entendre, se trouvait déjà engagée avec l'ennemi qu'elle avait rencontré dans le bois, en avant de Lobstadt. Le corps du maréchal duc d'Elchingen avait éprouvé de grandes difficultés dans sa marche de nuit; 3,000 hommes seulement de ce corps étaient arrivés pour prendre part au combat. La cavalerie et les dragons de la réserve étaient encore fort éloignés.

Dans ces conjonctures, l'Empereur dit qu'il aurait voulu retarder de deux heures d'en venir à une action générale, afin d'attendre, dans la position prise le matin, les troupes qui devaient le joindre, et surtout sa cavalerie. Mais l'ardeur française avait déjà emporté les soldats si loin, que l'ennemi, vivement alarmé de leurs progrès, lorsque la chute du brouillard lui en découvrit l'étendue, s'ébranla en masse pour chasser le cinquième corps des postes dont il s'était emparé. La bataille, loin de pouvoir être ralentie, se ranima avec une nouvelle chaleur. L'armée ennemie était nombreuse et montrait une belle cavalerie. Les manœuvres étaient exécutées avec précision et rapidité. Tous ses efforts paraissaient particulièrement dirigés vers le point d'Hohlstadt.

Napoléon ordonne au duc de Montebello de former ses divisions en échelons et de marcher pour soutenir ce village. On s'approche, on se joint, on s'attaque avec fureur. Les Prussiens, animés par la première chaleur de l'action, combattent avec intrépidité. Les Français, depuis si longtemps habitués à vaincre, ont la conviction d'être invincibles sous les yeux de leur Empereur. Dans cette lutte terrible, Vierzehnheiligen, sur la gauche d'Isserstadt, plusieurs fois pris et repris, devient la proie des flammes : bientôt il présente un affreux spectacle de décombres et de cadavres entassés.

Sur la droite de l'armée française, le maréchal duc de Dalmatie continue l'attaque du bois de Lobstadt. Une colonne, formée de la première division du quatrième corps, conduite par le comte Saint-Hilaire, attaque ce bois de front, tandis que la seconde division manœuvre pour le tourner vers Rodehen. Favorisé par les difficultés du pays, dont il a une connaissance plus parfaite que les Français, l'ennemi se défend avec une grande opiniâtreté. Le combat devient très-meurtrier sur ce point.

A gauche de l'armée, le septième corps avance pour se mettre en ligne avec le cinquième. La division commandée par le général Desjardins gravit, à travers les vignes, les montagnes qui se trouvent à gauche de la route de Weymar. Cette division se porte ensuite dans la direction de Münchenrode et de Rcinderode, sur la droite de l'ennemi; celui-ci a fait, de son côté, un mouvement pour aller à la rencontre des Français. Le 16° d'infanterie légère, qui a la tête de la colonne, et le 14° de ligne, qui le suit immédiatement, attaquent chaudement les premières troupes prussiennes, les repoussent, et commencent à frayer un chemin au reste de la division.

Dans cet instant la bataille est générale. Deux cent mille hommes, avec 700 pièces de canon, semant la mort dans un espace que l'œil peut facilement embrasser, présentent un de ces spectacles terribles et heureusement rares dans l'histoire. De part et d'autre on manœuvre comme à une parade. Parmi les troupes françaises, il n'y a jamais eu un instant de désordre ou d'hésitation. L'Empereur a auprès de lui, indépendamment de la garde impériale, un bon nombre de troupes de réserve, tirées des cinquième et septième corps; il peut ainsi parer à tout événement imprévu.

La seconde division du septième corps d'armée, retardée par l'artillerie qu'elle a rencontrée dans les chemins, et par les blessés qu'on rapportait à Iéna, est restée un peu en arrière de la première. Vers midi, elle sort enfin des défilés. N'éprouvant aucun obstacle de la part des Prussiens, elle se porte rapidement sur la gauche de la première division, et toutes deux arrivent à Gross et Klein-Schwabhausen sur la droite d'Isserstadt, point central de la ligne ennemie, en même temps que le duc de Montebello approchait du front de ce village.

Isserstadt se trouvait encore menacé d'un autre côté par le quatrième corps. Après deux heures d'un combat opiniâtre, le duc de Dalmatie s'était enfin emparé du bois de Lobstadt. Il avait fait aussitôt un mouvement en avant, et, passant par Krippendorf, il arrivait sur la gauche du village d'Isserstadt. Par ces mouvements simultanés, l'ennemi se voyait en péril d'être enveloppé. Il n'avait plus de retraite que sur Weymar, et la communication avec Naumbourg lui était déjà coupée.

Dans ce moment, on vient annoncer à l'Empereur que deux nouvelles divisions du duc d'Elchingen arrivent par Neucngonna, Nerkwitz et Lehcten, se placent sur le champ de bataille, en arrière du corps du duc de Dalmatie, et que la tête de la réserve de cavalerie, qui a déjà dépassé Dornbourg, descendant dans la plaine par la route de Zimmern et Stobra, prend l'ennemi à dos, entre Apolda et Isserstadt. Alors Napoléon fait avancer toutes les troupes de la réserve sur la première ligne; celle-ci, se trouvant ainsi appuyée, se précipite de nouveau sur l'ennemi, qui ne résiste pas à ce choc terrible. Il est jeté hors de sa position, et mis en pleine retraite sur Kotschau, Cappellendorf et Franckendorf.

La réserve prussienne, sous les ordres du lieutenant général Rüchel, postée auprès de ce dernier village, s'avance dans l'espoir d'arrêter les Français et de rallier les fuyards du corps d'armée principal, que les ducs de Montebello et de Castiglione poursuivent vivement. Le mouvement du général Rüchel, qui s'exécute vers Cappellendorf, le place en présence du duc de Dalmatie, qui s'avançait par Klein-Romstadt, et dont la première division avait déjà dépassé ce dernier lieu. Le duc de Dalmatie n'attend pas que l'ennemi ait pris son ordre de bataille, il l'attaque avec impétuosité et le culbute. Le général Rüchel fait sa retraite en toute hâte, repasse par Cappellendorf, et, sous la protection de sa cavalerie, il se met en position à Wiegendorf.

Le duc de Dalmatie, qui le suit de près, parvient presque en même temps que lui sur le nouveau champ de bataille. Les deux divisions du quatrième corps se forment en carrés et se disposent à recevoir la charge de la cavalerie prussienne, lorsque les divisions de cuirassiers et de dragons de la réserve, ayant à leur tête le roi de Naples, arrivent sur ce même terrain. Ces braves cavaliers ne peuvent souffrir que la victoire se décide sans eux. A l'aspect de l'ennemi, ils ne courent pas, mais ils se précipitent sur lui. Dans un clin d'œil le corps du général Rüchel, infanterie et cavalerie, est renversé et mis dans la plus affreuse confusion. Tout ce qui ne se rend pas est sabré. La réserve de cavalerie poursuit son avantage, et prend à revers les troupes du centre qui reculaient toujours sur Weymar, devant le cinquième et le septième corps. Vainement l'infanterie se forme en bataillons carrés : cinq ou six de ces bataillons sont enfoncés, écharpés, et leurs canons pris.

Dans moins d'une heure, la défaite du centre et de l'aile droite de l'armée prussienne est totale, et sa déroute l'une des plus désordonnées dont aucune armée ait donné l'exemple. Une partie des fuyards gagne Weymar; l'autre se disperse au loin et couvre la campagne. En les poursuivant, les Français entrent dans Weymar, et les dragons de la réserve poussent jusqu'à la vue d'Erfurt. Le prince de Hohenlohe, son état-major et quelques pelotons de cavalerie se sauvent par Buttelstadt, sur la route de Magdebourg. Le général Rüchel, grièvement blessé, est transporté dans un village voisin du lieu du combat, sur la même route.

Il était écrit que cette journée serait décisive, et que la victoire des Français serait complète. Dans le même temps qu'on se battait avec fureur dans les champs d'Iéna, le roi de Prusse et le duc de Brunswick, postés à Auerstaedt, à la tête de 45,000 hommes, parmi lesquels se trouvait toute la garde royale, avaient pris l'offensive, et avaient tenté de s'ouvrir un passage par Naumbourg. L'ennemi était arrivé le 13, à cinq heures du soir, à Auerstaedt; mais il avait négligé de s'emparer des défilés de Kœsen et du pont de pierre sur la Saale, qui est près du village. Plus prévoyant, et se conformant d'ailleurs aux ordres qu'il avait reçus, le maréchal prince d'Eckmühl s'empara de ce

poste important dans la nuit du 13 au 14, et toute la division du comte Gudin passa la **rivière** de Saale sur le pont de Kœsen le 14 à la pointe du jour. L'armée du roi de Prusse s'était mise en mouvement à la même heure, se dirigeant sur Kœsen.

La colonne française n'a pas fait une lieue sur le chemin de Hassenhausen, qu'elle rencontre une forte avant-garde de cavalerie commandée par le général prussien Blücher. Les 25e et 85e de ligne reçoivent avec intrépidité la charge des escadrons ennemis. Cette cavalerie repoussée se retire en désordre; une batterie d'artillerie à cheval, qui l'accompagne, est en partie démontée, et plusieurs pièces abandonnées par l'ennemi tombent au pouvoir des deux régiments. Ceux-ci continuent d'avancer. Les 12e et 21e de ligne viennent les soutenir. Les Français occupent Hassenhausen.

En arrière de ce village, l'armée prussienne, rangée en bataille, présentait une immense cavalerie.

La division du comte Gudin fait halte. Ce général jette quelques régiments dans le village, et range le reste de sa division en colonne sur la route de Kœsen. La seconde division du troisième corps, commandée par le comte Friant, va se placer, par les ordres du prince d'Eckmühl, à la droite de la division Gudin, dans la direction de Spielberg. La première division, commandée par le comte Morand, longeant la chaussée de Kœsen à Rehhausen, marche pour s'appuyer à la gauche du comte Gudin.

Le centre de l'armée ennemie était placé entre Hassenhausen et Tauchwitz; il était commandé par le général baron Schmettan. Derrière, en seconde ligne, était une division commandée par le prince d'Orange. La droite, sous les ordres du général comte de Wartensleben, s'appuyait à Rehhausen. La gauche, sous le commandement du général Blücher, était entre Zeckwar et Spielberg. Le général Kalkreuth, à la tête de la réserve, occupait le terrain entre Auerstaedt et Gernstaedt.

D'après la position des deux armées, le succès de la bataille doit dépendre de la possession de Hassenhausen. Les Prussiens, qui sentent l'importance dont ce village est pour eux, dirigent sur ce point des forces considérables. Leur centre, à la tête duquel le duc de Brunswick se met lui-même, attaque et déborde ce village. Dans le même temps, leur droite se porte par la vallée entre Rehhausen et Hassenhausen, pour venir encore tomber sur ce dernier point. La division du comte Gudin court le danger d'être enveloppée. Heureusement la première division, dirigée par le prince d'Eckmühl en personne, arrive à son secours. Mais à peine ces troupes ont-elles traversé la grande route pour se porter sur un plateau à gauche de Haussenhausen, qu'elles sont assaillies, près de Neusalza, par un corps nombreux de cavalerie ennemie sous les ordres du prince Guillaume de Prusse, frère du roi. Ce prince charge à plusieurs reprises la division du comte Morand; mais tous les régiments de cette division, formés en carrés, reçoivent l'ennemi avec autant de sang-froid que de courage, ils repoussent ses attaques réitérées aux cris de *Vive l'Empereur!* La cavalerie prussienne, très-maltraitée, se retire sur Auerstaedt par Sonnendorf.

Dans le même moment, le général Blücher, commandant l'aile gauche des Prussiens, fait une tentative semblable, entre Spielberg et Panscherau, sur les régiments de la troisième division qui occupaient la route de Kœsen, et qu'il a tournés pendant que le brouillard cachait ses mouvements. Malgré l'avantage de sa position et la persévérance qu'il met dans ses attaques, le général Blücher ne parvient pas à percer les redoutables carrés formés par l'infanterie française. Sa cavalerie est rejetée en grand désordre au-delà de Spielberg. La deuxième division du troisième corps, qui vient d'arriver sur le champ de bataille, suit l'ennemi. Le 108⁰ et le 111⁰ s'emparent de Spielberg et débordent Zeckwar. Entre ce village et l'angle saillant d'un bois, la colonne française essuie le feu d'une batterie ennemie qui lui cause d'abord quelque perte. Le second bataillon du brave 108⁰ court sur cette batterie et l'enlève. Les canons des Prussiens sont tournés contre eux-mêmes. Les tirailleurs français s'avancent vers Lisdorf.

Au centre, les succès ne sont pas moindres. Les Français défendent Hassenhausen avec acharnement. Désespéré de voir plusieurs de ses tentatives infructueuses, et voulant faire un dernier effort pour emporter ce village, le duc de Brunswick réunit ses grenadiers. Il leur parle pour exalter leur audace, lorsqu'il est atteint au visage d'un coup de biscaïen qui le renverse baigné dans son sang. Quelques moments auparavant, le général Schmettan avait été blessé et avait quitté le champ de bataille. L'incertitude, avant-coureur du désordre, commençait à régner dans les rangs des Prussiens. Cependant ils tiennent encore, et le feu continue sur toute la ligne.

La division du comte Morand gagne du terrain et marche rapidement sur Rehhausen. Elle rencontre, sur les hauteurs de Sonnendorf, les régiments des gardes du roi et une partie de la réserve prussienne, qui avancent dans l'espoir d'avoir bon marché de l'infanterie française, dénuée de cavalerie. Le 30⁰ et le 17⁰ régiments, soutenus de l'artillerie de la division, rendent inutiles ces nouveaux efforts de l'ennemi, et repoussent victorieusement les attaques des gardes prussiennes. On établit de l'artillerie sur les hauteurs entre Gernstaedt et Auerstaedt, et l'on met le feu à ce dernier village. L'ennemi prend le parti de l'évacuer. Bientôt après, il est occupé par les têtes des colonnes des trois divisions françaises qui s'avancent simultanément sur ce point, depuis Rehhausen, Hassenhausen et Poppel.

Les Prussiens, voyant leur champ de bataille perdu, se mettent en pleine retraite. Le roi ordonne d'abord qu'elle s'effectue sur Weymar. Mais, arrivé de sa personne aux environs de Marstaedt, il s'arrête en voyant des troupes sur les hauteurs d'Apolda. Apprenant bientôt que ce sont des Français qui poursuivent les débris de l'armée de Hohenlohe, il tourne à droite du côté de Zottelstaedt, et, après plusieurs détours, il parvient à Sommerda.

Dès cet instant, la retraite se fait dans un désordre affreux. Weymar, qui est le rendez-vous indiqué à l'armée du roi, vient d'être occupé par les Français. Les Prussiens, qui ne savent plus quelle direction prendre, choisissent celle que le hasard leur offre. La cavalerie se perd dans les détours des vallons, et s'embarrasse dans les chemins creux. Des bataillons, des pelotons, une foule de soldats isolés, errent dans les collines, dans les bois, dans les plaines; ils se croisent en tous sens, s'égarent et finissent par tomber au milieu des Français, croyant se réunir à leurs camarades. Beaucoup de blessés et de fuyards prennent par les hauteurs le chemin d'Erfurt. Le maréchal Molfendorf, blessé lui-même, parvient à atteindre ce dernier point avec les grenadiers des gardes. Le prince d'Orange, avec quelques débris de sa division, se rend aussi à Erfurt.

Ainsi finit la bataille. Rien ne manqua au triomphe des Français. Avant quatre heures après midi, cette armée brillante qui, le matin, couvrait de ses nombreux bataillons un espace que l'œil ne pouvait embrasser, était battue et dispersée. Elle se trouvait sans chef, sans drapeaux, sans patrie, et, dans cette extrémité, sa dernière espérance était dans la générosité du vainqueur.

Le nombre des morts et des blessés dans l'armée prussienne fut de 18 à 20,000 hommes. Celui des prisonniers passa 25,000, dès le jour même de la bataille. Le lendemain et les jours suivants, on en ramassa encore une grande quantité. Parmi les prisonniers se trouvaient plus de vingt généraux, entre autres le lieutenant général Schmettan. Indépendamment des généraux ennemis tués ou blessés, dont il a été fait mention, l'on apprit que, parmi les blessés, se trouvaient tous les frères du roi. Le monarque luimême eut un cheval tué sous lui. Trente drapeaux et deux cents pièces de canon tombèrent entre les mains de l'armée victorieuse.

La perte des Français fut de 1,100 hommes tués et de 5,000 blessés. On n'eut à regretter, parmi les généraux, que la perte du général de brigade Debilly, excellent militaire; parmi les blessés se trouva le général de brigade Conrouxel. Les colonels morts furent Vergès, du 12ᵉ régiment d'infanterie de ligne; Lamotte, du 36ᵉ; Barbanègre, du 9ᵉ de hussards; Marigny, du 20ᵉ de chasseurs; Dulembourg, du 1ᵉʳ de dragons; Nicolas, du 61ᵉ de ligne; Viala, du 81ᵉ; Higonet, du 108ᵉ. Ce dernier avait été tué à la tête de son régiment, qui enleva une batterie prussienne près du bois de Zeckwar. Harispe, du 16ᵉ d'infanterie légère, fut gravement blessé.

Les services rendus par les différents corps d'armée et par les régiments, dans cette journée mémorable, sont au-dessus de tout éloge. Les hussards et les chasseurs montrèrent la plus grande audace. La cavalerie prussienne ne tint jamais devant eux, et toutes les charges qu'ils exécutèrent sur l'infanterie furent heureuses. Il est superflu de parler de l'infanterie française, reconnue depuis longtemps pour la meilleure du monde. Après l'expérience des deux campagnes de 1805 et de la bataille d'Iéna, l'Empereur déclara que la cavalerie française n'avait pas non plus d'égale.

Dans une mêlée aussi chaude, pendant que l'ennemi perdait presque tous ses généraux, les Français durent remercier la Providence, qui protégeait leur armée : aucun des principaux chefs ne fut tué ni blessé. Un biscaïen rasa la poitrine du duc de Montebello sans le blesser. Le prince d'Eckmühl eut son chapeau emporté et un grand nombre de balles dans ses habits.

L'Empereur fut constamment accompagné, partout où il parut, du prince de Wagram et de Neuchâtel; du maréchal duc d'Istrie; du grand maréchal du palais, duc de Frioul; du grand écuyer, duc de Vicence; de ses aides de camp et écuyers de service. Rien ne peut se comparer à l'enthousiasme et à l'amour que les soldats témoignèrent à Napoléon. S'il y avait un moment d'hésitation, le seul cri de *Vive l'Empe-reur!* ranimait les courages et retrempait toutes les âmes. Au fort de la mêlée, Napo-léon, voyant ses ailes menacées par la cavalerie ennemie, se portant au galop pour ordonner des manœuvres, était salué à chaque instant par des cris de *Vive l'Empereur!* La garde impériale à pied voyait avec un dépit qu'elle ne pouvait dissimuler tout le monde aux mains et elle seule dans l'inaction. Plusieurs voix firent entendre les mots *En avant!*

« Qu'est-ce? » dit l'Empereur, « ce ne peut être qu'un jeune homme sans barbe, qui » veut préjuger ce que je dois faire; qu'il attende d'avoir commandé dans vingt » batailles rangées avant de prétendre me donner des avis. » C'étaient effectivement des vélites dont le jeune courage était impatient de se signaler.

Le soir de la bataille, le premier corps, qui avait été retardé par les difficultés ex-trêmes que lui firent éprouver les mauvais chemins pour le transport de son artillerie, et par l'inconvénient de passer en totalité par un défilé unique et très-escarpé qui con-duit de Dornbourg au plateau d'Apolda, n'arriva sur ce point qu'après la bataille, et y prit position pour la nuit. Le troisième corps bivouaqua à Eckartsberg; le quatrième, à Ulrichsalben; le cinquième, sur la route d'Iéna à Weymar; le sixième, à Weymar; le septième, au Belvéder, château voisin de cette ville. La réserve de cavalerie se plaça en avant de Weymar, sur la route d'Erfurt. Le grand quartier général et la garde impériale passèrent la nuit à Iéna.

BATAILLE D'EYLAU.

Après les différents combats qui avaient eu lieu depuis le renouvellement de la cam-pagne et dans lesquels les Français avaient obtenu le double avantage de faire éprouver une perte sensible à l'ennemi et de le forcer à ralentir sa retraite, les Russes ne pou-vaient plus suivre leur mouvement rétrograde sans s'exposer aux plus grands dangers. L'armée française les serrait de si près, que s'ils avaient continué à se retirer sans livrer une bataille, ils auraient fini par voir leurs flancs débordés, et par être coupés et détruits en détail.

Il n'y avait qu'un coup décisif qui pût de nouveau séparer les deux armées. Le général Bennigsen le sentait; et comme il se trouvait sur le champ de bataille qu'il avait en quelque sorte choisi lui-même, puisque son intention avait toujours été de n'accepter un engagement général qu'en plaine, il résolut de s'arrêter, persuadé d'ailleurs que l'intérêt et l'honneur de son armée, que la force des circonstances, lui prescrivaient également de combattre. Cette résolution du général russe était bien con-forme aux vœux des Français, qui, fatigués de poursuivre une armée fugitive, et de voir ainsi la gloire leur échapper, ne demandaient que de voir l'ennemi suspendre sa marche et leur faire tête. Au surplus, les Russes, qui ne reculaient que pour obéir à leur général, désiraient aussi le combat. Il régnait une égale ardeur dans les deux armées. L'une et l'autre présentaient l'élite des forces de deux puissants empires. L'une et l'autre étaient pénétrées de ce qu'elles devaient à leur réputation, et bien résolues de ne pas manquer à leur devoir. Tout pronostiquait donc une journée terrible et à jamais mémorable dans les fastes de la guerre.

Preusch-Eylau est une petite ville de la Prusse orientale, à dix lieues environ au midi de Kœnigsberg. Elle est située à la pointe septentrionale d'un lac, dans une vaste plaine, où la terre n'offre que de légères inégalités; mais cette plaine est prodigieusement entrecoupée de petits lacs, de marais et de ruisseaux. Ces accidents du sol n'étaient pas visibles le jour de la bataille. Toutes les eaux étaient gelées et recouvertes d'un pied de neige, au point que le pays ne présentait, à perte de vue, qu'un terrrin uni et sans obstacle.

Le 7 février, dans le milieu de la journée, lorsque l'armée française arriva devant Eylau, les Russes étaient en force dans cette ville; ils paraissaient déterminés à s'y maintenir et à soutenir leur avant-garde, qui avait pris position en avant. Le duc de Dalmatie détacha les brigades des barons Schiner et de Prade de la division du général Leval, pour obliger les Russes à quitter le plateau de Ziegelhof. Ces troupes devaient s'emparer d'abord de la tête du bois qui est à droite de Grünhœfchen, d'où longeant le rideau, elles devaient attaquer la position de l'ennemi par sa gauche. Une autre brigade de la même division, sous les ordres du baron Levasseur, fut destinée à attaquer le plateau de front, liant son mouvement avec ceux de la cavalerie de réserve, qui formait la colonne du centre. Enfin, le 57° de ligne et la division de cavalerie légère du quatrième corps, conduits par les généraux baron Ferrey et Margaron, durent s'emparer de la hauteur en avant de Tenknitten, pour menacer et contenir la droite de l'ennemi. Les divisions des généraux Legrand et Saint-Hilaire formaient la seconde et la troisième lignes.

L'ennemi fit une vigoureuse résistance. Le 18° de ligne, qui se présenta le premier au combat, fut maltraité par la cavalerie russe. Le 46°, qui s'avança pour le secourir, essuya plusieurs charges; mais il les soutint avec la plus grande intrépidité, et parvint à s'établir sur le sommet du plateau. Cependant les colonnes de gauche et de droite gagnaient du terrain et se tenaient à la hauteur de celle du centre. L'ennemi fut obligé de se retirer sur Eylau. Il fut mené battant par la cavalerie de la réserve jusqu'au faubourg, où quelques escadrons de dragons entrèrent avec lui. Le 24° d'infanterie légère suivit les dragons, et ce régiment fut suivi, à son tour, par toute la division du comte Legrand. Cette division traversa la ville, jonchant les rues de cadavres. Elle alla s'établir de l'autre côté, en présence de l'armée ennemie, et s'y maintint malgré les vigoureux efforts que les Russes firent pour l'en chasser.

Cependant le général russe Barclay de Tolly s'était retranché dans le cimetière attenant à l'église paroissiale d'Eylau, avec une brigade d'infanterie et une batterie. Il y fut attaqué par la brigade du général baron de Prade. Le combat dura deux heures; mais enfin, à huit heures du soir, les Russes plièrent. La brigade française entra dans le cimetière et y passa la nuit au milieu des morts et des mourants.

Ce n'était que le prélude de la terrible journée du lendemain. L'Empereur établit son quartier général à Eylau, le 7 au soir, et passa la nuit à ordonner ses dispositions. Les troupes du quatrième corps restèrent dans les postes qu'elles avaient glorieusement conquis; savoir, la division du général comte Legrand, à la tête de la ville, sur la route de Schmoditten et de Lampasch; la brigade du baron de Prade, au cimetière; celle du baron Ferrey, en tête du faubourg dit le Bailliage, à gauche de la ville.

La première division du quatrième corps, commandée par le comte Saint-Hilaire, qui n'avait pas pris part au combat d'Eylau, fut placée par l'Empereur sur un mamelon qui se liait à la position du cimetière, dans le prolongement de la brigade du baron de Prade. La division de dragons du comte Milhaud fut placée au soutien de la division Saint-Hilaire.

La cavalerie légère du quatrième corps d'armée, et partie de celle de la réserve, s'établirent en arrière du faubourg du Bailliage.

Le restant de la cavalerie de la réserve et la garde impériale furent placées en arrière de la ville, sur le centre.

Le septième corps d'armée, qui arriva pendant la nuit, fut placé sur la gauche, et occupa le plateau en avant de Tenknitten.

Le troisième corps, qui, suivant ses instructions, avait marché sur Eylau par Bartenstein, avait son avant-garde entre Mollwiten et Rothenen, dans la direction de Serpallen. Le reste de ce corps d'armée était éloigné.

Le corps du duc d'Elchingen était encore plus éloigné du champ de bataille. Il arrivait, chassant devant lui les Prussiens du général Lestocq. Celui-ci était parvenu, par un grand détour, à rétablir quelque communication entre lui et les Russes.

L'aile droite de l'armée ennemie, aux ordres du lieutenant général Tuczkof, protégée par une batterie de 40 pièces de canon du calibre de 12, s'appuyait au village de Schloditten. Le centre, commandé par le général baron de Sacken, couronnait les hauteurs au-delà d'Eylau, à la distance de huit à neuf cents pas de la ville, protégé sur son front par une batterie aussi formidable que celle de l'aile droite; le centre de l'armée russe avait en outre une batterie de 60 pièces du calibre de 6, que masquait l'infanterie. L'aile gauche, sous les ordres du lieutenant général comte Ostermann Tolstoï, s'étendait en avant de la métairie d'Auklapen, depuis cet endroit jusqu'à Klein-Sausgarten. Cette aile était, ainsi que le centre et l'aile droite, sous la protection d'une batterie de 40 pièces de 12.

La première ligne de l'armée russe avait sur son front 400 pièces d'artillerie de bataille. La seconde ligne était formée en colonne. Deux divisions, aux ordres du général Doctorof, composaient la réserve et étaient rangées en colonne sur le centre et sur l'aile gauche. La cavalerie régulière, cuirassiers, chevau-légers, dragons ou hussards, commandés par le lieutenant général prince Gallitzin, était répartie en différentes divisions sur toute la ligne. Les Cosaques couvraient les ailes à de grandes distances.

A la pointe du jour, les Russes commencent l'action par une effroyable canonnade sur la ville; ce qui semble annoncer l'intention d'attaquer Eylau sous la protection de ce feu terrible, pour en chasser les Français. Au milieu de cette tempête, l'empereur Napoléon vient s'établir au cimetière avec son état-major, sa garde à pied et quelques escadrons de sa garde à cheval, dont il forme une réserve. Il fait passer l'ordre au duc de Castiglione de se porter en avant avec tout son corps, et de se mettre en bataille à la droite d'Eylau.

Lorsque ce mouvement est exécuté, l'artillerie des quatrième et septième corps et celle de la garde prennent position, et 200 bouches à feu portent la mort au milieu des bataillons serrées des Russes. Aucun coup n'est perdu ; tous font leur effet dans l'ordre de bataille profond que l'ennemi a adopté. Malgré leur prodigieuse artillerie, les Russes souffrent incomparablement plus que les Français. La canonnade se soutient de part et d'autre pendant deux heures.

Dans l'intervalle, le corps du prince d'Eckmühl a le temps d'arriver et de se placer sur le champ de bataille. En débouchant, il attaque avec impétuosité la gauche de l'armée russe par son flanc. Il culbute cette aile, la chasse de Serpallen et poursuit l'ennemi jusque dans les bois de Klein-Sausgarten, où il se retire en désordre. La réserve des Russes avance aussitôt entre Auklapen et Klein-Sausgarten. L'ennemi se rallie sous la protection de ce renfort. Le prince d'Eckmühl, de son côté, a réuni ses troupes et a pris position. Le combat continue avec vivacité sur ce point.

Les Russes, forcés de céder du terrain à leur gauche, et très-maltraités au centre par le feu de l'artillerie française, se jettent en masse sur leur droite, autant par nécessité que par calcul. Ils se dirigent particulièrement sur un moulin à vent situé à peu de distance à la gauche d'Eylau, et ils menacent d'attaquer la ville. Si cette tentative eût pu réussir, elle eût partagé en deux l'armée française et renversé l'ordre de bataille. L'effort des Russes porta spécialement sur la division du comte Legrand et la brigade du baron Ferrey ; mais ces braves troupes soutinrent l'attaque de l'ennemi avec leur bravoure accoutumée.

Pour arrêter la manœuvre de l'ennemi, Napoléon ordonne à la division Saint-Hilaire de se porter sur l'extrémité gauche de la ligne russe, et de réunir ses efforts à ceux du prince d'Eckmühl. En même temps, il fait dire au duc de Castiglione de charger et de repousser les tirailleurs russes, qui venaient jusqu'au point du monticule où est située l'église d'Eylau ; de se joindre par sa droite à la gauche du comte Saint-Hilaire, et de former ainsi une ligne oblique qui s'étendrait d'Eylau à la position du prince d'Eckmühl.

Le commencement de ce mouvement dégagea sensiblement l'aile gauche de l'armée française, en obligeant le général ennemi à faire une attention particulière à la sienne. Mais une neige épaisse survient dans ce moment, et, au milieu du brouillard qui l'accompagne, et qui dure une demi-heure, la tête de la colonne du duc de Castiglione s'égare et donne trop à gauche. Cette colonne, tombant en plein dans le centre de l'armée ennemie, se trouve exposée à l'effort d'un adversaire très-supérieur en nombre, et au feu de la batterie masquée, qui se découvre en ce moment, et qui fait beaucoup souffrir l'infanterie du septième corps.

A la première éclaircie, Napoléon aperçoit le danger auquel ce corps est exposé. A l'instant l'Empereur porte en avant toute la cavalerie de la réserve et celle de la garde impériale qui étaient réunies au centre. Cette brave et nombreuse cavalerie exécute une charge générale avec tant de célérité et d'audace, qu'elle ne donne pas le temps à l'infanterie de se former en carrés pour la recevoir. Celle-ci, étonnée d'une attaque aussi brusque, plie et abandonne le champ de bataille, laissant même une partie de son artillerie au pouvoir des Français.

Cependant, l'élan de cette cavalerie a été si impétueux, que quelques escadrons des chasseurs de la garde ont traversé toute la ligne d'infanterie qui formait le centre de l'armée ennemie, et sont arrivés jusqu'à la ligne de cavalerie qui était derrière, et qui s'ébranlait pour secourir son infanterie. Environnés et accablés par un nombre infiniment supérieur, une centaine de ces intrépides chasseurs périssent, entraînant dans leur chute une bien grande quantité de leurs ennemis. Parmi les morts, se trouve malheureusement leur brave colonel Dahlmann, qui termine ainsi glorieusement une carrière militaire illustrée par une suite d'actions valeureuses.

Par la manœuvre aussi brillante qu'inattendue de la cavalerie, les affaires prennent une tournure plus décisive. C'est en vain que la cavalerie russe veut arrêter la nôtre et donner à son infanterie le temps de se reformer sous sa protection ; l'infanterie, livrée sans appui aux sabres des Français, n'a plus d'autres ressources que de se couvrir des difficultés qu'un terrain coupé offre à la poursuite de la troupe à cheval. Cette infanterie s'accule à des bois, où elle est obligée de se déployer et de s'étendre, mais en même temps elle s'affaiblit.

Dans ce moment survint un singulier incident qui prouve à quel point la neige et l'obscurité ont jeté de confusion dans les mouvements des deux armées. Une colonne russe de 4 à 5,000 hommes, égarée pendant le brouillard, a filé sur le flanc de la colonne du maréchal duc de Castiglione. Elle se présente tout à coup devant le cimetière où était resté l'Empereur, et elle paraît disposée à enlever ce poste. Napoléon ordonne au comte Dorsenne de se porter en avant avec un bataillon de sa garde. Les grenadiers ne veulent pas tirer, déclarant qu'ils ne doivent aller qu'à la baïonnette. Ils avancent l'arme au bras. La colonne russe s'arrête frappée de stupeur. L'escadron de la garde, qui se trouvait près de l'Empereur, la charge dans ce moment avec une indicible intrépidité. L'ennemi tourne le dos ; mais atteint dans sa fuite par les grenadiers à cheval, de 4 à 5,000 hommes qui composent cette colonne, presque tous sont hachés ou faits prisonniers.

Pendant que les Russes sont attaqués sur leur centre, le prince d'Eckmühl fait des progrès sur leur gauche, et parvient, après un combat des plus vifs, à enlever le plateau entre Auklapen et Kutschitten, où la première ligne qu'il avait battue avait de nouveau pris position sous la protection de sa réserve. Ce ne fut qu'à la suite d'efforts incroyables que les Français couronnèrent enfin cette position. A quatre heures après midi, l'ennemi, furieux, et ne se tenant pas encore pour vaincu, revient à la charge avec des régiments frais. Trois fois les Russes gravissent le plateau avec autant d'ardeur que de courage ; repoussés trois fois, ils éprouvent une grande perte. Ils cèdent enfin ce poste si vivement disputé, et se replient sur leur centre. Alors l'armée française, appuyant sa gauche à la ville d'Eylau, et sa droite au plateau et au bois de Kutschitten, se trouve maîtresse de la position que l'ennemi avait occupée toute la journée.

A compter de ce moment, la victoire n'est donc plus indécise. Néanmoins un nouvel adversaire se présente, mais il ne changera pas les destins de cette grande journée. Le général prussien Lestocq, échappé au maréchal duc d'Elchingen, débouche à Schmoditten, et arrive sur le champ de bataille, précisément dans l'instant où la gauche des Russes pliait sous l'ascendant du troisième corps. Lestocq voit l'état du combat. Filant derrière l'armée russe, il accourt au soutien de son aile gauche, et se porte en force au village de Kutschitten, que quelques compagnies françaises avaient déjà occupé. Les Français évacuent le village, mais ils disputent vivement celui d'Auklapen, ainsi que la forêt voisine.

Pendant ce combat, le duc d'Elchingen paraît du côté d'Althof; il s'empare de ce village, qui servait encore d'appui à l'aile droite des Russes. Sans s'arrêter, il attaque cette aile sur laquelle le duc de Dalmatie, qui n'avait fait jusqu'à ce moment que la contenir, prend à son tour l'offensive par le point opposé. Le duc d'Elchingen chasse les Russes de Schloditten, fait prendre position à son artillerie, et des hauteurs de ce village il met celui de Schmoditten en cendres, pour empêcher les Russes de s'y arrêter.

Cependant le général ennemi, qui ne voit plus d'espoir de rétablir la bataille perdue, songe à la retraite, et veut profiter de la nuit pour l'exécuter. Il juge que l'occupation de Schmoditten peut être favorable au mouvement qu'il projette ; il envoie 6 bataillons de grenadiers, les seuls de son armée qui n'eussent pas donné, pour s'emparer de ce village. Le 59⁰ de ligne et le 6⁰ d'infanterie légère venaient d'y entrer sous la protection de l'artillerie. Ces régiments reçoivent si vigoureusement les bataillons russes, que ceux-ci, n'osant pas essayer une seconde attaque, se replient promptement sur le gros de l'armée.

Bennigsen renonce alors à toute entreprise. Il rappelle de Kutschitten le corps du général Lestocq, rassemble toutes ses troupes, et commence à les faire filer sur la route de Kœnigsberg.

Les Russes laissèrent sur le champ de bataille d'Eylau 7,000 hommes morts, 5,000 blessés mortellement, 24 pièces de canon et 16 drapeaux ; 16,000 hommes, moins dangereusement blessés, furent tous portés à Kœnigsberg, mais il en mourut beaucoup par le froid. Telles furent, pour l'armée ennemie, les suites de cette bataille, à qui l'on pourrait donner, à plus juste titre qu'à celle de Marignan, le nom de *Bataille de Géants*.

L'armée française eut à regretter la perte de 1,800 hommes tués au champ d'honneur. De ce nombre étaient plusieurs officiers de marque. Le colonel Dahlmann, des chasseurs de la garde, succomba après avoir donné et reçu maints coups de sabre. Le général de brigade Corbineau, le colonel Lacuée, du 63°; le colonel Lemarrois du 43°, périrent emportés par des boulets. Le général de division d'Hautpoul, le colonel Bouvières, du 11° régiment de dragons, ne survécurent pas à leurs blessures. Il y eut en tout 5,000 Français blessés, parmi lesquels un millier grièvement. Le maréchal duc de Castiglione fut blessé d'une balle et obligé de quitter le champ de bataille; cet accident fut d'autant plus fâcheux qu'il laissa son corps d'armée sans chef, pendant le plus fort de la mêlée.

La cavalerie et l'artillerie firent des merveilles. La garde à cheval se surpassa; la garde à pied fut toute la journée l'arme au bras, sous le feu d'une épouvantable mitraille, sans tirer un coup de fusil. Mais qui aurait pu se plaindre d'être en butte aux plus grands dangers, lorsque Napóléon resta constamment exposé aux balles de l'ennemi et dirigea personnellement tous les mouvements de ses troupes?

Dans cette journée mémorable, où près de la moitié de l'armée française n'avait pas donné, les corps victorieux passèrent la nuit sur le champ de bataille.

Le troisième corps bivouaqua à Serpallen et Klein-Sausgarten;

Le septième, entre Eylau et Rothenen;

Le quatrième, en avant d'Eylau, du côté d'Auklapen;

Le sixième, à Althof et Schloditten;

La réserve de cavalerie, à droite du sixième corps, entre Althof et Eylau;

Le quartier général et la garde impériale, à Eylau.

A la pointe du jour, le roi de Naples poursuit l'ennemi l'espace de six lieues, sans trouver même un homme de cavalerie.

Les Russes avaient fait, avec la plus grande précipitation, leur retraite au-delà de la Prégel. Ainsi cette expédition offensive du général ennemi, qui avait pour but de se porter sur Thorn, en débordant la gauche de l'armée française, et qui, après lui avoir attiré tant de pertes partielles, se termina par le désastre d'Eylau, dut lui faire sentir vivement l'erreur qu'il avait commise en comptant surprendre l'activité des soldats de la Grande-Armée, et mettre en défaut le génie de leur chef.

L'Empereur fit à son armée la proclamation suivante :

« Soldats

» Nous commencions à prendre un peu de repos dans nos quartiers d'hiver, lorsque » l'ennemi a attaqué le premier corps, et s'est présenté sur la basse Vistule. Nous avons » marché à lui; nous l'avons poursuivi l'épée dans les reins, l'espace de 80 lieues. Il » s'est réfugié sous les remparts de ses places et a repassé la Prégel. Nous lui avons en» levé aux combats de Bergfried, de Deppen, d'Hoff, à la bataille d'Eylau, 45 pièces de » canon, 16 drapeaux, et tué, blessé ou pris 40 mille hommes. Les braves qui, de notre » côté, sont restés sur le champ d'honneur, sont morts d'un trépas glorieux : c'est celui » des vrais soldats. Leurs familles auront des droits constants à notre sollicitude et à » nos bienfaits.

» Ayant ainsi déjoué tous les projets de l'ennemi, nous allons nous rapprocher de la

» Vistule et rentrer dans nos cantonnements. Qui osera en troubler le repos s'en repen-
» tira! car au-delà de la Vistule, comme au-delà du Danube ; au milieu des frimas de
» l'hiver, comme au commencement de l'automne, nous serons toujours les soldats
» français, et les soldats français de la Grande-Armée. »

A la suite de la bataille d'Eylau, l'Empereur fit stationner ses troupes pendant plusieurs jours sur le même terrain qui avait été le théâtre de leur triomphe, tant pour les
reposer que pour s'assurer, avant de les éloigner, du parti que prendrait définitivement
l'ennemi. Jusqu'au 16 février, l'armée resta campée à peu près dans les mêmes positions qu'après la bataille, si ce n'est que les cantonnements furent étendus pour la
facilité des subsistances. Le premier corps eut l'ordre de venir former la gauche de l'armée, à Kreutzburg. Le troisième, qui formait la droite, prolongea ses postes jusqu'à
Domnau, sur la route de Friedland. Au centre étaient le sixième corps, dont le quartier
général fut fixé à Mülhausen, et le quatrième, dont le quartier général s'établit à
Schmoditten. Le septième corps, qui avait le plus souffert à la bataille, fut placé en
arrière d'Eylau, sur la route de Bartenstein. Le roi de Naples eut l'ordre de se porter de
sa personne à Vittenberg, sur la rive droite de la Frisching, ayant autour de lui la plus
grande partie de sa réserve. Ses instructions étaient de faire éclairer le pays dans toutes
les directions, pour savoir au juste quelles étaient les routes qu'avaient prises les différentes divisions de l'ennemi.

Deux divisions françaises de cuirassiers eurent l'ordre de venir le plus promptement
possible se réunir à la réserve, sous le commandement du roi de Naples, savoir : celle
du comte Nansouty, qui s'était rendue à Varsovie pour passer la revue à la fin de janvier, lorsque l'armée commença son mouvement, et qui, se trouvant trop en arrière,
n'avait pas pu rejoindre pour la bataille d'Eylau ; et celle du comte Espagne, qui,
suivant ses dernières instructions, était arrivée à Thorn.

Le grand quartier général et la garde impériale restèrent, pendant ces huit jours, à
Eylau. Il fut enjoint au duc de Dantzig, commandant le dixième corps, de se rendre à
Osterode.

Les objets principaux recommandés au duc de Dantzig étaient toujours de couvrir
Thorn, de maintenir libre la route de cette ville à Osterode, et d'assurer contre les partis
de Cosaques la communication entre le cinquième corps, qui était resté sur l'Omuleff,
et les cantons occupés par la Grande-Armée.

L'Empereur avait fait reconnaître la rivière de la Passarge, depuis les lacs de
Hohenstein, où elle prend sa source, jusqu'au bras de mer appelé Frisch-Haff, où cette
rivière a son embouchure. Le pays de Marienwerder et les différentes embouchures de la
Vistule avaient été également l'objet de reconnaissances détaillées. En se faisant donner ces renseignements, l'intention de Sa Majesté, manifestée par une lettre, était de
placer son armée de manière qu'en se reposant et en profitant, pour subsister, des ressources abondantes qu'offraient les contrées fertiles de la basse Vistule, elle pût en même
temps protéger efficacement le siége de Dantzig, que l'Empereur voulait pousser avec
la dernière vigueur. Les dispositions furent prises pour établir, en conséquence de ce

plan, les cantonnements de l'armée, et le 16 février les différents corps se mirent en mouvement pour se rendre à leur nouvelle destination.

Le premier corps, passant par Schlautenen, Seefeld, Lichtenau, eut l'ordre d'être rendu le 19 à Wormditt.

Le quatrième, suivant la route de Landsberg et de Frauendorf, dut être rendu le même jour à Liebstadt.

La destination des troisième et septième corps, pour l'époque du 19, fut Guttstadt.

Le sixième corps, qui formait l'arrière-garde de l'armée, dut être rendu le 19 à Freymarkt, passant par Eylau et Landsberg.

La réserve de cavalerie se partagea, et dut suivre par division les routes des divers corps d'armée jusqu'à ce que ses cantonnements fussent assignés. Le comte Saint-Sulpice fut nommé pour remplacer le général d'Hautpoul dans le commandement de la division de cuirassiers, vacant par la mort de ce dernier général.

Le quartier général impérial et la garde durent être le 17 à Landsberg, le 18 à Freymarkt, le 19 à Liebstadt.

Toutes ces dispositions furent ponctuellement exécutées.

Le 20 février, par un ordre fort détaillé, en date de Liebstadt, les cantonnements définitifs de l'armée furent fixés conformément au système suivant : les corps furent placés sur des lignes à peu près parallèles, présentant la tête des colonnes du côté de l'ennemi, et pouvant réunir en deux marches à Osterode, où devait être le point de rassemblement général en cas que l'ennemi fît un mouvement offensif.

En conséquence, le premier corps, ou la gauche de l'armée, eut l'ordre d'occuper Holland, Saalfeld et Braunsberg, à l'embouchure de la Passarge.

Le quatrième corps fut placé en avant du premier sur la ligne de Wormditt, Liebstadt, Mohrungen et Liebmühl.

Le sixième fut cantonné en avant du quatrième sur la rivière d'Alle, à Guttstadt et Allenstein.

Le troisième, formant la droite de l'armée, eut ses cantonnements à Hohenstein et Gilgenburg.

Le septième corps fut dissous par un ordre de Sa Majesté en date du 21. Son chef, le duc de Castiglione, blessé à la bataille d'Eylau, avait obtenu un congé pour se rendre à Paris. Les régiments de son corps d'armée furent répartis dans les autres. Le 7° d'infanterie légère fut réuni au troisième corps; le 16° d'infanterie légère, les 24° et 63° de ligne passèrent au corps du prince de Ponte-Corvo; les 14° et 165° de ligne rejoignirent celui du duc de Dalmatie; le 44° fut dirigé sur Osterode pour faire partie du dixième corps d'armée. La brigade de cavalerie légère, composée des 7° et 20° régiment de chasseurs, fut destinée à augmenter la réserve sous les ordres du roi de Naples.

La réserve de cavalerie fut répartie dans plusieurs cantonnements, ainsi qu'il suit :

Le quartier général du roi de Naples fut placé à Osterode.

La division de dragons, aux ordres du général Sahuc, fut détachée au corps du prince de Ponte-Corvo, celle du général Grouchy au corps du duc d'Elchingen, celle du général Milhaud au corps du prince d'Eckmühl; celle du général Klein fut cantonnée à Elbing et sur la route de Holland. Les dragons du comte de Mons étaient toujours avec le cinquième corps.

La brigade de cavalerie légère du général Durosnel, qui arrivait du septième corps, fut cantonnée à Elbing pour s'y refaire.

La division de la même arme, aux ordres du général Lasalle, fut cantonnée à Neidenburg et aux environs. Cette division avait été successivement renforcée des 3°, 11°, 22° et 24° régiments de chasseurs, du 1er de hussards, d'un régiment de chasseurs bavarois, d'un de chasseurs wurtembergeois, et enfin des chasseurs italiens. Elle était composée à cette époque de quatre brigades.

Les trois divisions de cuirassiers furent placées sur les derrières de l'armée, à Riesenburg, Freystadt, Bischofswerder, Neudorf, Kruczin et Strasburg.

La garde impériale et la division de grenadiers du duc de Reggio eurent leurs cantonnements ensemble à Osterode, Loebau, Rosenthal, Neumark.

Strasburg fut assigné au parc mobile de l'armée. Les dépôts de l'artillerie continuèrent de rester à Thorn.

Le quartier général impérial fut fixé à Osterode. L'armée était établie dans ses cantonnements le 23 février.

Le cinquième corps d'armée prit les siens le 25 en arrière d'Ostrolenka, à peu près dans la même position où il avait reçu l'ordre de rester au départ de l'armée. Mais avant d'être définitivement établi dans ses cantonnements, et même pendant la durée de la campagne qui venait d'avoir lieu, le cinquième corps avait eu plusieurs affaires avec l'ennemi. Pendant qu'on se battait sur l'Alle, le général Essen n'avait pas manqué, ainsi qu'on l'avait prévu, de manœuvrer pour favoriser les opérations de Bennigsen.

Dès le 6 février, Essen s'était mis en mouvement, et s'était rapproché d'Ostrolenka en poussant sur la rive droite de la Narew des partis qui s'étaient avancés jusqu'à Mysziniec.

Le duc de Rovigo détacha sur Mysziniec la division du comte Suchet. Il réunit le reste de son corps à Ostrolenka, et fit occuper Pultusk par la division du duc de Reggio, qui était sous ses ordres. Cependant les Russes montrèrent l'intention de reprendre Ostrolenka, et le duc de Rovigo fut instruit que leurs colonnes descendaient en prenant cette direction, depuis Nowogrod, le long des deux rives de la Narew.

Le duc de Rovigo marcha à la rencontre de l'ennemi, sur la droite de cette rivière, afin de ne pas perdre sa communication avec la division du comte Suchet, qui s'était portée à Mysziniec. Le corps se mit en marche le 16 février. A peu de distance d'Ostrolenka, la brigade du baron Graindorge, de la division du comte Gazan, qui était à l'avant-garde, rencontra l'ennemi dans les bois, entre la Rossaga et la Skwa. Le 31° d'infanterie légère, qui avait la tête de la colonne, et le 100° de ligne, qui le suivait de près, tombèrent tête baissée sur la colonne ennemie, la culbutèrent et la poursuivirent jusqu'à la Skwa.

Pendant ce temps, le général Essen dirigeait sa principale attaque par la rive gauche de la Narew, sur Ostrolenka. Sa colonne était composée de 20 bataillons, 30 escadrons et 30 pièces d'artillerie. Ostrolenka n'était défendu que par 8 bataillons français, sous les ordres du comte Reille; l'artillerie que ce général avait à sa disposition se bornait à 4 pièces de trois et 2 pièces de huit. Malgré cette infériorité, le comte Reille se défendit avec tant de vigueur, qu'il donna le temps au duc de Rovigo de revenir sur Ostrolenka avec la division du comte Suchet qui avait quitté Mysziniec pour se réunir à lui, la cinquième division de dragons et la cavalerie légère de son corps d'armée.

D'un autre côté, le duc de Reggio, à la tête de ses grenadiers, accourait de Pultusk à Ostrolenka; mais l'ennemi s'était déjà replié sur sa réserve et s'était mis en bataille en avant du bois de Lawy. Le duc de Rovigo forma ses troupes devant Ostrolenka. L'ennemi fut abordé avec vivacité; et, après un combat meurtrier, il fut chassé du bois où il s'était posté, avec perte de 3,000 hommes, parmi lesquels se trouvaient les généraux Bonthers, Souvarof et Lasey. Le cinquième corps prit position en avant du village de Lawy; et le 17, l'ennemi ayant fait sa retraite sur Nur, le duc de Rovigo revint à Ostrolenka, où il ne tarda pas à recevoir des ordres pour cantonner ses troupes et rejoindre ensuite le quartier général de l'Empereur.

Le commandement du cinquième corps fut dévolu au maréchal prince d'Essling, ainsi que celui d'une division bavaroise de 10,000 hommes, qui, sous les ordres du prince royal de Bavière, venait d'arriver à Varsovie. Les instructions du maréchal portèrent de prendre ses cantonnements entre l'Omuleff et la Narew, d'occuper Ostrolenka par un corps d'observation, et d'établir son quartier général à Pultusk. Cette ville, ainsi que Nasiclsk et tout le pays environnant, était mise à sa disposition. L'objet qu'avait à remplir le cinquième corps, pendant la durée des cantonnements, était toujours de couvrir Varsovie, de surveiller les troupes du général Essen, et de les tenir à une grande distance, enfin de protéger le pays contre les incursions des Cosaques pour maintenir libres les communications de l'armée.

Dans le but de lier plus intimement les postes de l'armée, et particulièrement Ostcrode avec Varsovie, l'Empereur ordonna à cette époque la formation, à Neidenburg, d'une division polonaise qui reçut le nom de corps d'observation, et dont le commandement fut confié au général Zayonchek. Ce corps fut composé de quatre régiments d'infanterie polonaise, créés, depuis l'entrée des Français en Pologne, dans les districts de Posen, Kaliez et Varsovie, et qui représentaient environ 8,000 hommes; d'un régiment de cavalerie de la levée polonaise, qui s'était organisé à Varsovie; enfin, de 2 compagnies d'artillerie servant 10 pièces bien approvisionnées. Les instructions du général polonais portaient de placer son quartier général à Neidenburg, d'occuper Mlawa, de former la liaison entre le quartier général impérial d'Osterode et Varsovie, d'établir la même liaison entre sa division et le cinquième corps, d'observer tous les mouvements de l'ennemi sur le centre de l'armée française, de faire de fréquentes et nombreuses reconnaissances sur l'Omuleff et sur Ortelsburg, et de repousser les partis de Cosaques qui débouchaient sans cesse des bois et des marais situés entre Mysziniec et Nikolaiken.

Lorsque les cantonnements de la haute Vistule furent assurés, l'Empereur appela auprès de lui la division de grenadiers du duc de Reggio. Il ordonna au prince d'Essling de joindre à cette division le 9e régiment de hussards. Avéc ces troupes réunies, l'Empereur forma un nouveau corps sous le nom de corps de réserve de la Grande-Armée, dont il donna le commandement au duc de Montebello. Ce corps devait être augmenté, par la suite, d'une division d'infanterie composée de plusieurs régiments qui étaient en route pour la Pologne. La destination du corps de réserve était d'être à la disposition particulière de l'Empereur, avec la garde impériale. Marienburg fut la place distinguée pour l'établissement du quartier général de ce nouveau corps.

Indépendamment des fortifications de Sierock, de Modlin et de Thorn, ainsi que des têtes de pont de Pultusk et de Prague, l'Empereur ordonna qu'il fût construit des ponts et des têtes de pont à Marienwerder et Dirschau sur la Vistule, et à Marienburg sur le Nogat, branche de la Vistule. Ces ouvrages, rendant plus formidable la ligne de la Vistule, assuraient en même temps les communications avec l'armée destinée au siége de Dantzig, ce siége étant l'opération majeure qui, à cette époque, occupait l'Empereur.

Le seul corps de l'armée qui éprouva quelques difficultés pour s'établir dans les cantonnements qui lui étaient prescrits, fut celui du prince de Ponte-Corvo. Depuis la bataille d'Eylau, la division des troupes prussiennes, sous les ordres du général Lestocq, renforcée d'un détachement d'infanterie russe, formait une ligne qui s'étendait de Mehlsack à Braunsberg, en occupant cette dernière ville; elle tenait le point le plus important de ceux que devait garder le premier corps. Il était donc essentiel de l'en chasser. Le comte Dupont, à la tête de sa division, qui venait d'être renforcée du 24e de ligne, eut l'ordre, le 26 février, d'attaquer l'ennemi dans sa position de Braunsberg. Il marcha aux Prussiens sur deux colonnes. Celle de droite les rencontra à Zagern et les rejeta sur une petite rivière qui est en arrière de ce village. Celle de gauche poussa l'ennemi sur Wittenberg, et toute la division ne tarda pas à déboucher hors des bois. L'ennemi, chassé des premiers postes qu'il occupait, fut contraint de se replier sur Braunsberg. Il y fut poursuivi, attaqué; et, quoiqu'il se défendît avec opiniâtreté pendant quelques heures, le résultat du combat fut que les Prussiens, chassés de la ville, repassèrent précipitamment la Passarge avec perte de 16 pièces de canon, de 2 drapeaux, d'une quantité de morts et de 2,000 prisonniers. A la suite de cette brillante affaire, la division du comte Dupont s'établit à Braunsberg, où elle forma l'extrème gauche de l'armée.

Les Russes avaient affecté de considérer comme une retraite la marche rétrograde de l'armée française pour prendre ses cantonnements derrière la Passarge. Le général ennemi s'était même flatté qu'avec de la persévérance il forcerait Napoléon à se retirer derrière la Vistule. Ce fut cet espoir mal fondé qui engagea Bennigsen à faire divers mouvements par lesquels, tâtant alternativement la gauche, le centre et la droite de l'armée française, il cherchait son point faible pour la débusquer de sa position.

A la fin de février, le général russe transporta son quartier général à Heilsberg. Le gros de son armée était entre cette ville et Bartenstein. L'avant-garde, sous les ordres du prince Bagration, était postée aux environs de Launau. Le corps du général comte Tolstoï s'étendait de Launau à Seeburg. Les Cosaques, sous les ordres de leur hetman Platof, occupaient le terrain entre Passeinheim et Malschewen, et appuyaient leur aile gauche au corps du lieutenant général comte de Wittgenstein, qui était chargé d'entretenir la communication entre la grande armée russe et le général Essen. Enfin, les troupes prussiennes s'étendaient à la droite des Russes, depuis Wormditt jusque vers le Frisch-Haff, passant par Mehlsack. C'était la droite de cette ligne qui avait été si maltraitée à Braunsberg par le comte Dupont.

Le 26 février, un détachement de trois bataillons ennemis, sous les ordres du major baron de Korf, s'avança depuis les environs de Heilsberg jusqu'au village de Peterswalde sur l'Alle, pour tâcher de surprendre quelques gardes avancées du sixième corps, ou pour observer sa position. Le duc d'Elchingen ayant été instruit de l'arrivée de ce détachement, envoya aussitôt à Peterswalde le baron Belair à la tête du 6° d'infanterie légère. La colonne ennemie, attaquée avec impétuosité, fut culbutée; son commandant fut pris avec 400 des siens, le reste n'échappa que par une prompte fuite.

Cependant l'ennemi ne se rebuta pas, et envoya sur tous les points de la ligne française des avant-gardes de cavalerie et d'infanterie. Il plaça même de l'artillerie vis-à-vis les quatre ponts de Spanden, Alcken, Sporthenen et Pittehnen. Le maréchal duc d'Elchingen jugea prudent d'évacuer Gattstadt et de se replier sur Deppen, où il était en mesure de se lier au corps du duc de Dalmatie et d'en être soutenu. L'Empereur donna aussitôt des ordres pour faire rapprocher d'Osterode le corps du prince d'Eckmühl et les divisions de cuirassiers des comtes Nansouty et Espagne. C'était dans la position d'Osterode que Napoléon avait résolu de recevoir les Russes et de leur livrer bataille s'ils passaient l'Alle et s'ils continuaient leur mouvement offensif.

Mais, pour prévenir la réunion des forces de l'ennemi sur l'Alle, l'Empereur fit, le 1er mars, une disposition générale de mouvement pour les journées du 2 et du 3. Le prince de Ponte-Corvo eut l'ordre de se porter, le 2, au point de Spanden; le maréchal duc de Dalmatie, de concentrer tout son corps d'armée à Liebstadt, avec la division des cuirassiers Espagne et celle des dragons Klein. Il fut enjoint au prince d'Eckmühl, réuni à la division Nansouty, de se porter à Mohrungen. Enfin, le duc d'Elchingen eut l'ordre de se préparer à attaquer Guttstadt avec toutes ses forces, par le chemin de Deppen.

Le 3, le duc de Dalmatie devait déboucher en deux colonnes, l'une par Alcken sur Wormditt, l'autre par Sporthenen sur Schwendt. Le prince de Ponte-Corvo débouchait de Spanden sur Mehlsack. Le duc d'Elchingen devait effectuer l'attaque projetée de Guttstadt. Enfin, le prince d'Eckmühl devait prendre position en réserve entre Mohrungen et Guttstadt.

« Cette expédition, » était-il mandé aux maréchaux, « doit être considérée sous le » même rapport que le serait la sortie d'une place forte; le résumé de la journée du 3 » a pour but de reprendre le poste de Guttstadt, d'enlever les canons de l'ennemi, de

» lui inspirer de l'épouvante, de culbuter son infanterie, de lui apprendre à ne plus
» approcher si près son artillerie et à se contenter de nous observer avec des détache-
» ments de troupes à cheval. »

Les têtes de colonne des quatrième et sixième corps ne parurent pas plus tôt, que l'ennemi, qui n'avait été apparemment aussi audacieux que dans l'attente qu'on reculerait
devant lui, s'empressa lui-même de faire sa retraite lorsqu'il vit qu'on avançait sur lui.
Il évacua les postes qu'il avait sur l'Alle et ceux qu'il tenait entre l'Alle et la Passarge,
depuis Wormditt jusqu'à Heilsberg; il prit le parti de se replier sur cette dernière ville
et sur Landsberg. La coopération des premier et troisième corps fut même inutile. Les
deux autres continuèrent leurs reconnaissances, poussant l'ennemi de poste en poste
pendant plusieurs jours. Guttstadt fut repris. Il n'y eut d'affaire un peu chaude que
celle du 5 dans les bois entre Launau et Zechera, où était l'avant-garde ennemie sous
les ordres de Bagration. Le 6° d'infanterie légère, les 27° et 39° de ligne du sixième
corps, se battirent longtemps contre des troupes qui se renouvelaient sans cesse. Enfin,
l'ennemi fut repoussé; il eut 200 hommes tués, un grand nombre de blessés, et on lui
fit 200 à 300 prisonniers.

L'ennemi, bien reçu par le centre et par la gauche de l'armée, donna quelques inquiétudes à la droite. Il envoya de nombreux détachements de Cosaques sur l'Omuleff
et entre Ortelsbourg et Willenberg, où était la cinquième division de dragons. Le
général Essen fit même courir le bruit qu'il avait détaché la division d'infanterie du
général Wolkoskof pour occuper Willenberg. L'Empereur détacha de son côté le roi de
Naples à la tête de 7,000 à 8,000 hommes de cavalerie, tirés des cantonnements qui
étaient derrière Osterode, pour repousser l'ennemi, en attendant que la division du
comte Gazan, qui avait l'ordre de se transporter à Willenberg, fût arrivée à sa destination. L'ennemi n'avait point d'infanterie à Willenberg. Le roi de Naples rencontra quelques escadrons de cavalerie qui voulurent défendre le pont de l'Omuleff. Le prince
Borghèse, à la tête de son régiment, les chargea, les culbuta, et fit une centaine de
prisonniers, dont 2 capitaines. Le 25 mars, un corps de 600 Cosaques parut tout à coup
au village de Rockloss, sur la route de Willenberg à Neidenbourg. Il y avait dans ce
village un faible détachement d'infanterie et 25 dragons du 25° régiment. Cette petite
troupe se comporta avec tant de courage, qu'elle força l'ennemi à renoncer au coup de
main qu'il avait projeté sur elle.

Le 26, la cinquième division de dragons se réunit à Willenberg avec un bataillon
d'infanterie du 21° léger et un escadron de hulans. On marcha sur Ortelsbourg, où
l'ennemi avait rassemblé du monde dans la nuit. Les Russes se retirèrent à l'approche
des Français, qui, de leur côté, après être restés jusqu'au lendemain à Ortelsbourg et
s'être assurés que l'ennemi n'avait pas dans les environs de forces imposantes, vinrent
reprendre leurs cantonnements à Willenberg.

Depuis cette époque, on poussa de temps en temps des reconnaissances sur Ortelsbourg, que l'ennemi réoccupa ; mais il n'en résulta que des combats d'avant-postes qui
ne changèrent rien pour le fond aux positions respectives. Ils n'apportèrent nul obstacle

17

au plan de l'Empereur, qui, invariable dans la résolution de rester tranquille dans ses cantonnements derrière la Passarge, voulait consacrer le reste de l'hiver à prendre Dantzig.

Le siége de cette place fut confié au dixième corps sous la direction du maréchal duc de Dantzig. Cette destination avait été affectée depuis longtemps au dixième corps, et il n'en avait été détourné que par le mouvement de l'ennemi sur la basse Vistule. Pendant que la Grande-Armée marchait à sa rencontre, le duc de Dantzig reçut d'abord, comme on l'a vu, l'ordre de couvrir Thorn. Lorsque l'éloignement de l'ennemi fit cesser les inquiétudes pour cette place, le dixième corps fut destiné à servir de réserve à la gauche de la Grande-Armée, et à prendre en conséquence sa direction sur Marienwerder et Elbing.

Le 6 février, le duc de Dantzig se mit en marche de Thorn; et, le 11 du même mois, étant arrivé à Marienwerder, il y rencontra un parti d'environ 3,000 hussards et dragons prussiens, qui cherchaient à inquiéter les derrières de la Grande-Armée et à s'emparer de quelques convois. L'avant-garde du dixième corps chargea vigoureusement cette cavalerie, la culbuta, lui tua beaucoup de monde, lui prit 300 hommes montés, et poursuivit le reste de cette troupe, qui alla se réfugier sous le canon de Dantzig. Le dixième corps continua d'avancer, et fut le 13 à Marienbourg, où le maréchal reçut des ordres pour se porter à Osterode, afin d'y maintenir la communication entre l'armée qui était encore sur le terrain d'Eylau et la haute Vistule.

Lorsqu'on fut assuré que l'ennemi n'était plus en mesure de faire des opérations d'une certaine importance, et qu'en conséquence les cantonnements de l'armée, pour le reste de l'hiver, furent définitivement arrêtés par l'Empereur, Sa Majesté prescrivit au maréchal chef du dixième corps de ne plus différer l'investissement de Dantzig. Les troupes qui furent chargées de cette opération étaient la division du général Menard, qui renfermait 10,000 Allemands; celle du général Dombrowski, composée au moins de 12,000 Polonais, et la brigade de cavalerie légère du général Dupré. La division d'infanterie du général Boivin et les troupes hessoises eurent l'ordre de rester à Marienbourg, où elles devaient former une réserve. Indépendamment de l'artillerie des troupes allemandes, le maréchal avait 12 pièces françaises. L'artillerie était commandée par le général Lariboissière, et les travaux du siége furent confiés au général du génie comte Chasseloup.

Le 20 février, le maréchal établit son quartier général à Subkau, sur la rive gauche de la Vistule. Deux jours après, le général Dombrowski attaqua Dirschau, qui était occupé par un détachement de la garnison de Dantzig. Dirschau fut emporté de vive force. L'ennemi perdit beaucoup de monde. On lui fit 600 prisonniers et on lui enleva 6 pièces de canon.

Le 1er mars, le quartier général du maréchal duc de Dantzig s'établit à Dirschau. On chassa entièrement l'ennemi de l'île de Nogat. C'est une île formée par deux bras de la Vistule et par la baie de Frisch-Haff. Le général Boivin reçut l'ordre du quartier général impérial de concourir à cette opération, depuis Marienbourg, et ensuite d'occuper cette île avec une partie de sa division, pour empêcher l'ennemi d'y faire des débarquements, protéger le pont qu'on allait construire sur le bras de la Vistule appelé le Nogat, et maintenir la communication entre les troupes du siége de Dantzig et la Grande-Armée. Le dixième corps s'approcha de jour en jour de la place; le 10 mars, les troupes s'établirent dans les villages autour de Dantzig, et prirent position sur la petite rivière de Radaune, qui coule tout près de cette ville, au midi.

L'investissement ayant été formé de ce côté, le maréchal jugea fort important de s'emparer d'un terrain étroit entre la Vistule et la mer, qui fait partie de cette grande langue de terre qu'on appelle la Frische-Nehrung, parce que, une fois maître de cet espace, il resserrait la ville du côté de l'orient et du nord, et gênait sa communication avec la mer. L'ennemi avait des troupes sur ce terrain. Le maréchal commanda pour cette expédition le général baron Schramm, avec deux bataillons saxons, un escadron du 19° de chasseurs, 100 lanciers polonais et 6 pièces d'artillerie. L'attaque eut lieu dans la nuit du 19 au 20 mars, avec le plus grand succès. L'ennemi fut battu et poursuivi jusque sous les ouvrages avancés de la place; il eut 400 hommes tués; on lui fit 600 prisonniers. Le 26, la garnison de Dantzig fit une sortie générale. Elle fut repoussée avec perte de 300 prisonniers et d'environ autant de morts.

Le 3 avril, un parti prussien de 300 hommes d'infanterie et de 100 chevaux, qui s'étaient embarqués à Kœnigsberg, abordèrent dans la presqu'île, et s'avancèrent jusqu'au village de Karlsberg, d'où ils repoussèrent un poste français. Le colonel Mainguernaud, aide-de-camp du duc de Dantzig, se porta sur ce point avec 2 compagnies d'infanterie et 400 chevaux. Il manœuvra si adroitement qu'il coupa toute l'infanterie de l'ennemi, et la força de se rendre prisonnière.

Les travaux du siége continuèrent pendant tout le mois d'avril avec activité de la part des Français, et ils auraient été couronnés d'un succès définitif, si l'on n'avait pas éprouvé, à cause des mauvais chemins, des lenteurs et des difficultés pour compléter l'équipage de siége et avoir un approvisionnement suffisant de munitions de guerre, qu'on tirait de Stettin, de Glogau et de Breslau. L'ennemi, qui avait beaucoup de moyens, mit à profit cette lenteur forcée pour améliorer sa défense. Le général prussien baron de Kalkreuth commandait Dantzig, dont la garnison consistait en 14,000 Prussiens et 2,000 Russes. Un triple rang de fortifications, un terrain marécageux et facile à inonder, enfin un fort situé à l'embouchure de la Vistule, nommé par cette raison Weichselmünde, et qui maintenait la communication de Dantzig avec la mer; tous ces moyens formidables avaient rendu difficiles les approches de la place. L'ennemi cherchait à retarder l'attaque par des sorties vigoureuses et souvent réitérées. Cependant cet expédient ne lui réussit pas. Il fut constamment repoussé, et, à chaque fois, la place fut serrée de plus près. Dès les premiers jours de mai, elle fut vivement canonnée.

Il y eut une affaire importante le 6 de ce mois. Ce fut la prise de l'île d'Oliva, située au nord-ouest de Dantzig, à l'embouchure du fleuve, et du côté opposé au fort de Weichselmünde. On avait posté dans cette île 1,000 Russes de ceux qui faisaient partie de la garnison de Dantzig. L'île et les retranchements qu'elle renfermait furent enlevés d'assaut. Sur les 1,000 Russes, 700 furent tués à la baïonnette; les 300 restants tombèrent entre les mains des Français, qui prirent en outre 17 bouches à feu et 300 chevaux d'artillerie. Le 8 mai, après une affaire très-chaude, on se logea dans le chemin couvert.

La place de Dantzig était aux abois, lorsque le général en chef russe, qui jusque-là s'était montré assez indifférent sur le sort de cette ville, résolut de faire une tentative sérieuse pour la secourir. Il fit d'abord quelques mouvements du côté de Pillau, port situé en face de l'extrémité orientale de la langue de terre appelée Frische-Nehrung.

L'Empereur, sur l'avis qu'il reçut de ce mouvement, conjectura, ainsi qu'il le fit mander au maréchal duc de Dantzig, en date du 11 mai, que ce mouvement n'était qu'une démonstration; que si l'ennemi avait réellement envie de secourir Dantzig, il le ferait par mer, et qu'il ne se hasarderait pas à longer la Frische-Nehrung en prêtant le flanc à toute l'armée française. Cependant Sa Majesté ordonna au duc de Montebello, chef du corps d'armée de réserve à Marienbourg, d'envoyer un bataillon à Fürstenwerden pour y jeter un pont et y travailler à une tête de pont qui mettrait à même de déboucher sur les derrières de l'ennemi, s'il s'avançait sur Dantzig.

La conjecture de l'Empereur ne tarda pas à être confirmée. L'avis parvint bientôt de l'armée qui était devant Dantzig, au quartier général impérial, que 50 bâtiments partis de Pillau étaient arrivés dans l'embouchure de la Vistule, et que, sous la protection du fort, 10,000 hommes d'infanterie russe et 500 chevaux, commandés par le général Kamensky, étaient débarqués. A l'instant, l'ordre fut expédié à la division de grenadiers du duc de Reggio, faisant partie du corps de réserve, de se porter devant Dantzig, sans s'arrêter.

En même temps, Napoléon prescrivit un grand mouvement de sa gauche à sa droite. Ce mouvement avait été prévu par les instructions envoyées au maréchal duc de Trévise, qui commandait le huitième corps en Poméranie, et au maréchal Brune, qui commandait l'armée de réserve en Hanovre. Le premier eut l'ordre de se rapprocher de l'armée qui assiégeait Danzig, jusqu'au point de pouvoir agir conjointement avec elle, suivant les circonstances; le second, de porter des forces le long de la Peene, de la Trebel, dans les îles d'Usedom et de Wollin, et de transporter pendant quelque temps son quartier général à Stettin, afin de pouvoir prendre, dans ces différents lieux, la place du huitième corps.

Les chefs de tous les corps d'armée, cantonnés sur l'Alle, la Passarge et la Narew, furent aussi prévenus, par des lettres du 13, que l'ennemi, pour favoriser son opération sur Dantzig, allait, suivant toutes les apparences, faire un mouvement général sur la ligne.

Cependant les Russes, après avoir mis leur artillerie à terre, débouchèrent, le 15 mai, du fort de Weichselmünde; et, formant trois colonnes, ils marchèrent sur Dantzig. Ils avaient une lieue à faire dans le Nehrung pour arriver jusqu'à la ville. Cet intervalle était occupé par les troupes françaises. Le baron Schramm, qui était au poste le plus avancé avec le 2° d'infanterie légère et un bataillon saxon, reçut le premier choc des ennemis, et les contint. Le duc de Dantzig accourut bientôt avec la division polonaise, le 12° d'infanterie légère et le bataillon de la garde de Paris; ces dernières troupes étaient arrivées depuis peu au siége. Les progrès de l'ennemi furent tout à fait arrêtés. Bientôt le duc de Reggio vint avec ses grenadiers achever de décider l'affaire. Après un combat opiniâtre, sur un terrain étroit, où les manœuvres n'étaient nullement praticables, et où le courage seul décidait de tout, les Russes furent repoussés jusque dans le fort de Weichselmünde, laissant plus de 2,000 morts sur le champ de bataille. Dès le soir même, l'ennemi commença son rembarquement; et, au bout de deux jours, il fit voile pour Kœnigsberg, n'emportant de son expédition que de la perte et de la honte.

Ce succès augmenta l'ardeur des assiégeants, et abattit le courage des assiégés, qui perdaient tout espoir d'être secourus. Le commandant de Dantzig, voyant sa garnison considérablement diminuée et ses remparts à moitié détruits, demanda à capituler, au moment où les colonnes françaises s'ébranlaient pour livrer un assaut général. La ville fut remise au maréchal le 27 mai. La garnison eut la liberté de se retirer a Kœnigsberg, mais avec serment de ne pas servir d'un an contre les Français. On lui laissa ses fusils et ses chevaux.

On trouva à Dantzig 800 pièces d'artillerie, des magasins immenses, des approvisionnements de toute espèce. Tels furent les avantages qu'on recueillit de cette conquête; mais un plus important encore fut celui d'acquérir une place du premier ordre, par laquelle l'armée française se trouvait solidement basée sur la Vistule. Le fort de Weichselmünde capitula le 29, aux mêmes conditions que la place.

Après la prise de Dantzig, le duc de Reggio eut l'ordre de se rendre à Dirschau. La division Dombrowski passa au huitième corps; le régiment de Paris et le 2° d'infanterie légère joignirent le corps d'armée de réserve. La garnison de Dantzig resta composée du 44° d'infanterie de ligne et des troupes de Bade. De cette manière, le dixième corps d'armée se trouva dissous, et le maréchal duc de Dantzig revint au quartier général de l'Empereur. Le général comte Rapp, aide-de-camp de Sa Majesté, fut nommé gouverneur de Dantzig. L'artillerie de siége fut embarquée et dirigée sur les environs de Graudentz, dont le siége allait désormais être poussé avec vigueur.

Lorsque le général russe eut pris la résolution de jeter du secours dans Dantzig, il fit inquiéter toute la ligne des cantonnements de l'armée, mais plus particulièrement ceux du cinquième corps, à la droite. C'était un moyen pour attirer l'attention vers ce point, le plus éloigné de celui où il voulait opérer. Les Russes se présentèrent à la tête du pont de Druczewo, où était le baron Gérard, avec le 88° de ligne, de la division du comte Suchet. Ce régiment fit bonne contenance. Le reste de la division arriva bientôt, et repoussa les Russes, qui se retirèrent à Ostrolenka. Cette affaire eut lieu le 13 mai.

Le même jour, l'ennemi attaqua Malga, où était cantonné un détachement du corps d'observation du général Zayoncheck, et il enleva un poste de Polonais. Mais le général Fischer marcha aux Russes, les culbuta, et leur tua 60 hommes, dont 1 colonel et 2 capitaines.

Il y eut une autre affaire le 13, près de Wyszkow sur le Bug. Les Russes avaient construit des radeaux dans cet endroit pour descendre facilement leur artillerie jusqu'à l'embouchure du Bug dans la Narew, ce qui était inquiétant pour Varsovie. L'Empereur donna au comte Lemarrois, son aide-de-camp, l'ordre de brûler ces radeaux. Ce général prit avec lui deux régiments de Bavarois, de ceux qui étaient arrivés à Varsovie avec le prince royal, et un régiment de Polonais du corps de Zayoncheck. Il passa la Narew à Wierzbice le 10 mai, se porta rapidement sur Wyszkow, surprit l'ennemi, le chassa de ce village, et brûla tous les radeaux; il revint ensuite de Wierzbice sans avoir éprouvé de perte.

L'ennemi voulut avoir sa revanche. Six mille Russes, venant de Nur par la rive gauche du Bug, se présentèrent le 13 devant les ouvrages de la tête de pont sur la Narew à Wierzbice. Le comte Lemarrois accueillit l'ennemi par un feu terrible de mitraille et de fusillade, le repoussa, lui tua 300 hommes; et lorsqu'il y eut du désordre parmi les Russes, le général français fit sortir ses troupes des retranchements, et poursuivit longtemps l'ennemi l'épée dans les reins.

Le 16 mai, l'ennemi tenta une nouvelle attaque sur le pont de Pultusk. Sept mille hommes partis de Brock, sous les ordres du général Tusskof, vinrent se présenter devant la tête du pont de la Narew, et firent des dispositions pour donner l'assaut aux retranchements. Ce poste important était défendu par six bataillons de Bavarois. Le prince d'Essling, dont le quartier général était à Przasznic, vint se mettre à leur tête.

Les Russes recommencèrent la charge à quatre reprises consécutives, et furent repoussés constamment. Ils éprouvèrent une perte considérable.

Pour ôter à l'ennemi toute idée d'entreprises semblables, l'Empereur fit parvenir au prince d'Essling l'ordre de s'emparer d'Ostrolenka, de réunir sur ce point la division du comte Suchet avec le corps du prince royal de Bavière, et de les y faire camper. « Ces » forces, lui était-il mandé, obligeront l'ennemi à se tenir à la distance de deux mar- » ches, à rester aussi réuni, et à ne plus faire d'expéditions partielles. La grande quan- » tité de troupes légères de l'ennemi nous rend inutile autant que désavantageuse la » guerre de poste; nous l'éviterons en campant. D'ailleurs, dans les camps, les troupes » sont plus sainement, plus aisées à nourrir, indépendamment de ce que la discipline et » l'instruction y gagnent. Au surplus, l'Empereur ne veut point placer son armée en » cordon. Sa Majesté adopte les camps, par divisions et en carré. »

Dans les plans de Napoléon, tout était lié, tout était en harmonie; les opérations des corps les plus éloignés les uns des autres concouraient à un but commun. Pendant la durée du siége de Dantzig, les opérations en arrière de l'armée avaient été continuées avec vigueur. Le huitième corps d'armée avait agi pour expulser les Suédois de l'Allemagne, ou du moins pour les empêcher de tenter quelque diversion depuis Stralsund. Le 30 janvier, le duc de Trévise fit le blocus de cette place du côté de la terre, après avoir chassé dans la ville tous les postes suédois qui en couvraient les approches. On travailla immédiatement à construire le long de la mer une ligne de redoutes qui furent armées, afin d'éloigner les chaloupes canonnières des Suédois. Ceux-ci, pendant le mois de février, firent de nombreuses sorties pour empêcher l'achèvement de ces travaux.

Dans le même temps, une division, commandée par le général Teullié, mais sous les ordres supérieurs du duc de Trévise, chef du huitième corps, manœuvrait devant Colberg. Cette division, composée de deux régiments italiens, d'un régiment de fusiliers de la garde impériale de la nouvelle formation et d'une compagnie de dragons d'ordonnance, attaque l'ennemi à Naugarten, près de Colberg, dans des retranchements hérissés de canons. Le colonel Boyer, à la tête de fusiliers de la garde, escalada ces retranchements, y pénétra, et en chassa l'ennemi, qui perdit 100 hommes tués, 300 prisonniers et 6 pièces de canon. On procéda alors à l'investissement de Colberg.

Quant à Stralsund, différentes raisons militaires et politiques empêchaient qu'on ne fît le siége régulier de cette place. « Il faudrait, » écrivit le prince major général au duc de Trévise, en date du 5 mai, « un équipage de siége pour prendre Stralsund. On » n'en a point. Cette opération doit être suspendue. Prenez une bonne position pour » surveiller cette place. Vivez en Poméranie; défendez les débouchés de l'Oder, et sur- » tout faites reposer vos troupes. L'Empereur, en se privant de votre corps d'armée, n'a » point eu pour but d'envahir la Poméranie ni de prendre Stralsund, mais seulement la » précaution et la nécessité de laisser un corps d'observation qui surveille à la fois » Berlin, Hambourg, Stettin et l'Oder, et qui s'oppose aux débarquements que, dans la » saison prochaine, les Anglais pourraient faire dans le nord, soit à Dantzig, Colberg, » Rostock, Stralsund, ou à l'embouchure de l'Elbe. Votre destination est de mettre » obstacle à ces débarquements, soit par vos propres forces, soit en coopérant avec les » troupes qui y feraient face sur les différents points désignés. Loin d'attaquer spéciale- » ment les possessions du roi de Suède, concluez même, si vous le voulez, une espèce » de trève avec le commandant de Stralsund. Si c'est un homme en crédit, parlez-lui » en ce sens : que nous nous voyons avec peine en guerre avec la nation suédoise, que » nous estimons, et à qui nous voudrions ne pas faire tort. Ces vérités peuvent avoir de » l'influence sur l'esprit du roi, ou tout au moins faire voir aux Poméraniens et aux » Suédois que c'est le roi seul qui prolonge les maux de la guerre que nous faisons » avec regret à la Suède. Protégez, monsieur le maréchal, le blocus de Colberg, qu'il » serait plus utile de prendre que Stralsund. L'Empereur veut que la division Teullié » continue d'être sous vos ordres et fasse partie de votre corps d'armée. »

La seule affaire qui eut lieu devant Stralsund, pendant le mois de mars, fut celle du 14. 2,000 hommes d'infanterie de la garnison, accompagnés de 2 escadrons de cavalerie et de 6 pièces de canon, débouchèrent sur une redoute à la gauche de la ligne où était la division du comte Dupas. Cette redoute, qui n'était point encore palissadée, était occupée par une seule compagnie de voltigeurs du 58° de ligne; bientôt accoururent quelques compagnies du 4° d'infanterie légère, qui n'était pas loin. Ce peu de troupes brava les efforts de toute la brigade suédoise, dont les tentatives réitérées furent inutiles, et qui finit par rentrer honteusement dans Stralsund.

Il y eut un combat brillant le 19 mai en avant de Colberg. L'ennemi avait construit des redoutes le long de la petite rivière de la Persante. Ces redoutes furent attaquées au point de Seltrow, et emportées avec beaucoup de résolution par le 1er régiment italien d'infanterie légère. Le 29 du même mois, le duc de Trévise se porta devant Colberg avec la plus grande partie de son corps d'armée. La seule division du général baron Grandjean resta en observation dans la Poméranie suédoise. Elle eut l'ordre de prendre position sur la Peene.

Deux jours après, la garnison de Stralsund fut renforcée de quelques Suédois. L'ennemi, profitant de l'éloignement du duc de Trévise, déboucha en force le 3 avril et se porta sur la Peene. Le général Grandjean, conformément à ses instructions, prit position à Anklam. Dès qu'on eut avis au quartier général impérial du mouvement des Suédois, l'ordre fut expédié le 7 avril au duc de Feltre, à Berlin, de faire marcher tous les régiments provisoires qui étaient dans cette ville, de même que toute la cavalerie disponible du dépôt de Potsdam. Il était enjoint au duc de Feltre de prévenir de ce qui se passait le maréchal Brune, qui était venu prendre le commandement de différents corps de troupes qu'on rassemblait dans le Hanovre, afin que ce maréchal inquiétât autant que possible les Suédois sur leur flanc droit pour les empêcher d'avancer. En même temps le duc de Feltre devait écrire au commandant de Magdebourg de redoubler de surveillance, et de se mettre en correspondance avec le maréchal Brune.

Le même jour, il fut ordonné au duc de Trévise de quitter promptement le siége de Colberg et de se porter à Stettin, où il devait réunir à son corps d'armée le 15e de ligne et les 3e, 5e, 6e, 7e et 8e régiments provisoires. « Ces renforts, monsieur le maréchal, lui » faisait écrire l'Empereur, vous composeront 30 à 32,000 hommes, avec lesquels vous » rejetterez l'ennemi au-delà de la Peene s'il a l'audace de passer cette rivière. Vous » recevrez d'ailleurs encore des renforts du maréchal Brune. Observez que votre ligne » d'opérations doit être sur Stettin ; couvrez Berlin, et surtout maintenez vos communi- » cations avec la Grande-Armée.

» L'Empereur blâme le général Grandjean d'avoir prévenu trop tard le duc de Feltre » de l'invasion des Suédois. Il exposait Berlin, d'où le duc de Feltre avait fait sortir la » garnison ; et vous aussi, monsieur le maréchal, vous avez commis une faute en pres- » crivant au général Grandjean de s'éloigner de Stralsund, lorsque l'ennemi s'y ren- » forçait. Vous avez en outre affaibli votre corps d'armée, en laissant vos parcs en arrière » sans prendre position, comme vos instructions l'indiquaient.

» Au surplus, l'Empereur trouve qu'il ne faut plus penser qu'à remédier au mal qui » est fait. Ne vous inquiétez plus de Colberg. Qu'importe Colberg, si l'ennemi pille » Berlin et nos derrières ! Votre corps sera augmenté du 3e de ligne, qui est parti de » Posen pour Stettin. C'est un beau et bon régiment. Franchissez la Peene ; poussez » l'ennemi, et, s'il le faut, revenez prendre position sur cette rivière, et faites-y con- » struire des têtes de pont, qui désormais en imposeront aux Suédois. L'Empereur a » préposé le général comte Loison pour diriger les opérations devant Colberg. Prévenez- » le qu'indépendamment des deux régiments italiens qu'il aura sous ses ordres, on va » lui envoyer 12,000 Polonais et 400 Wurtembergeois. »

Cependant les Suédois, protégés par une nombreuse flottille, avaient fait des débarquements sur différents points. Se jugeant en force, ils hasardèrent de passer la Peene. Ils débouchèrent sur Anklam et Demmin, et se dirigèrent ensuite sur Passewalk. Le 16 avril, le duc de Trévise réunit ses troupes à Passewalk. Il se porta rapidement sur la route d'Anklam, culbuta l'ennemi à Billing et Ferdinanshoff, fit 400 prisonniers, poussa les Suédois sur Anklam, entra dans cette ville en même temps qu'eux, et s'empara du pont sur la Peene.

Par ce mouvement, la colonne du général suédois Cardell, qui était à Ukermunde, fut coupée. Cette colonne fut attaquée dans Ukermunde le 17 avril par le général baron de Vaux. On lui tua beaucoup de monde, et on lui enleva 500 prisonniers et 3 pièces de canon. Le reste de cette troupe s'embarqua précipitamment sur le Haff.

En suite de ces événements, le baron d'Essen, qui commandait l'armée suédoise, en Poméranie, demanda un armistice au duc de Trévise. Ce maréchal, qui savait que cette mesure était dans les vues de l'Empereur, arrêta aussitôt sa poursuite, et consentit à une suspension d'armes, qui fut signée de part et d'autre le 18 avril, et par laquelle il était stipulé qu'on se préviendrait dix jours à l'avance, en cas de reprise des hostilités. Lorsque cet arrangement fut terminé, le maréchal reporta le gros de ses troupes devant Colberg.

Mais l'Empereur le fit blâmer de sa précipitation ; car, s'il avait suivi les Suédois jusqu'à Stralsund avant de conclure aucune trève, il aurait fait un grand nombre de prisonniers, et se serait probablement emparé de leurs chaloupes canonnières, que le mauvais temps retenait dans le Haff. D'un autre côté, Sa Majesté ne voulait point d'armistice qui l'empêchât de disposer du huitième corps, et elle trouvait par conséquent beaucoup trop bref le délai convenu de dix jours pour se prévenir, en cas que les hostilités dussent recommencer. En date du 24 avril, l'Empereur fit transmettre au duc de Trévise, pour le baron d'Essen, un modèle de lettre qui contenait en substance :

« Par l'article 6 de l'armistice signé entre nous, monsieur le général, il est dit » qu'avant de recommencer les hostilités on doit se prévenir dix jours d'avance. Cette » circonstance m'oblige à tenir mes troupes réunies ; ce qui, dans un pays épuisé par » le séjour des armées, fait beaucoup souffrir les troupes qui sont sous mes ordres. S. M. » l'Empereur et roi, comme commandant en chef son armée, me fait connaître qu'elle » ne peut approuver l'armistice qu'en y ajoutant la modification que le délai pour se » prévenir avant de recommencer les hostilités sera d'un mois, au lieu de dix jours. Je » me flatte que vous ne vous refuserez pas à une aussi légère modification, qui constate » de plus en plus les intentions pacifiques de l'Empereur. Mais si vous ne vouliez pas y » accéder, je ne pourrais voir dans l'armistice que vous-même m'avez demandé qu'une » ruse de guerre pour attendre l'arrivée de l'expédition anglaise ; et la prévoyance alors » me ferait un devoir de ne pas attendre pour recommencer les hostilités que de nou- » veaux ennemis soient venus augmenter votre armée.

» Au surplus, monsieur le général, l'Empereur m'autorise à vous transmettre ses » propres expressions sur le désir qu'il a de se réconcilier avec votre maître. Je n'ai rien

» de plus à cœur (me fait écrire Sa Majesté) que le rétablissement de la paix avec le roi
» de Suède. Les passions peuvent nous avoir désunis; mais l'intérêt du peuple, qui
» règle la conduite des souverains, doit nous rapprocher. La Suède ne peut pas se dis-
» simuler que, dans la lutte actuelle, elle est aussi intéressée que la France au succès
» de mes armes. Elle sentira bien davantage encore le contre-coup de l'accroissement
» de la puissance russe. Est-ce donc pour la destruction de l'empire de Constantinople
» que se battent les Suédois? Ne devaient-ils pas plutôt se battre avec nous, pour main-
» tenir l'indépendance de cet empire? Depuis l'envahissement de la Valachie et de la
» Moldavie par les Russes, depuis la dernière expédition des Anglais devant Constanti-
» nople, les vues de la Russie ne se trouvent-elles pas entièrement démasquées? La
» Suède n'est pas moins intéressée que la France à avoir aussi un contre-poids contre
» l'énorme puissance maritime des Anglais. Dans aucun cas, la Suède n'a rien à crain-
» dre de la France, mais tout de la Russie. Accoutumés par la tradition de nos pères à
» nous regarder comme des amis naturels, nos liens paraissent devoir se resserrer en-
» core après le partage de la Pologne et les dangers que court la Porte Ottomane. Nos
» intérêts politiques sont les mêmes. Nous devrions être alliés; au moins ne soyons pas
» ennemis.

» Si le général suédois ne veut pas consentir à la modification proposée (était-il
» ajouté au duc de Trévise), vous vous ferez appuyer par le maréchal Brune, qui a reçu
» des ordres pour vous seconder, et vous envahirez de nouveau la Poméranie. Il sera
» impossible à l'ennemi, sans le secours de cette province, de garder une si grande
» quantité de cavalerie dans Stralsund. D'ailleurs, l'occupation de la Poméranie
» placera le roi de Suède dans une situation violente. Il se compromettra aux yeux de
» ses peuples par son obstination à favoriser le parti qui est si opposé aux intérêts de la
» Suède.

» Au contraire, si M. d'Essen accède à ce que l'Empereur exige, vous renverrez
» aussitôt sur Dantzig, Marienwerder et Thorn les 3° et 7° de ligne, le 3° de chasseurs
» à cheval, et tous les régiments provisoires; vous établirez votre quartier général à
» Stettin. Vous cantonnerez vos troupes autour de Stettin, de Demmin et d'Anklam;
» vous ferez reconnaître avec soin les bords de la Peene, la position de Demmin et les
» bords de la Trebel; vous ferez fortifier et retrancher sur votre ligne les endroits qui
» en sont susceptibles, pour empêcher toute communication entre la Poméranie suédoise
» et les Etats de Prusse. Vous vous occuperez, sans délai, de la formation de l'équi-
» page de siége pour Colberg, dont les matériaux vous seront fournis par les places de
» Stettin, Custrin et Magdebourg; vous ne conserverez dans votre corps d'armée aucun
» embarras, afin qu'à chaque instant vous puissiez vous porter, soit du côté de Ham-
» bourg, soit sur la Vistule. Vous vous mettrez en correspondance avec le chargé d'af-
» faires de l'Empereur à Copenhague, et lui recommanderez de vous informer de tous
» les mouvements que pourraient faire, par le Sund, les Anglais, dont l'expédition qui
» se prépare dans la Tamise doit toujours être l'objet de votre surveillance. Ayez aussi
» une correspondance journalière avec le maréchal Brune et le duc de Feltre, de

» manière à pouvoir concerter ensemble toutes vos opérations. Il paraît, au surplus, par
» les rapports reçus d'Angleterre, que le débarquement ne peut avoir lieu avant quinze
» jours; et alors les divisions des généraux Boudet et Molitor, qui arrivent d'Italie, se-
» ront à Magdebourg et assureront les derrières de l'armée. »

La modification demandée par l'empereur Napoléon fut jointe à l'armistice conclu
entre le duc de Trévise et le baron d'Essen, par un article additionnel en date du
29 avril. Le huitième corps occupa les cantonnements qui lui avaient été prescrits;
mais ce ne fut pas pour longtemps. Les événements nécessitèrent d'autres dispositions.
L'Empereur organisa définitivement l'armée du maréchal Brune sous le nom de corps
d'observation de la Grande-Armée.

Par un ordre du 4 mai, ce corps devait être composé : 1° de toutes les troupes
hollandaises, montant à 14,000 hommes; 2° des troupes fournies par l'Espagne, en
raison de son alliance offensive et défensive avec la France; ces troupes, dont le nombre montait de 14,000 à 15,000 hommes, traversaient en ce moment la France, et
étaient attendues en Hanovre pour la fin de juin; 3° des divisions des généraux comtes
Boudet et Molitor, que le vice-roi d'Italie avait fait partir de Vicence et de Brescia,
d'après les ordres qu'il en avait reçus en date du 30 mars, et qui venaient d'arriver dans
le nord de l'Allemagne. Ces divisions réunies montaient de 12,000 à 14,000 hommes.

Les instructions du maréchal portaient que son corps était chargé de défendre les embouchures de l'Ems, du Weser, de l'Elbe; de tenir en échec la Poméranie suédoise, et
de garantir particulièrement Berlin, Magdebourg, Hameln et Stettin. Aussitôt qu'un
débarquement aurait été effectué par l'ennemi, le maréchal devait réunir ses forces pour
l'obliger à se rembarquer. Mais, afin d'opérer plus promptement cette réunion, il lui
était prescrit de répartir ses troupes de la manière suivante : sa gauche entre le Weser
et l'Elbe; son centre entre Lubeck et Demmin; sa droite entre Demmin et l'Oder; son
quartier général à Schwerin, et les divisions Molitor et Boudet en réserve à Magdebourg. De cette manière, il était à même de s'opposer promptement aux débarquements
de l'ennemi, soit en Hollande, soit aux embouchures de l'Elbe, de l'Oder, ou de la
Vistule.

Par ces arrangements, le corps d'observation de la Grande-Armée se trouvant remplacer le huitième corps, tant dans sa position que dans les fonctions qu'il avait à remplir, celui-ci fut rapproché du grand théâtre de la guerre. Il fut d'abord placé entre
Colberg et Dantzig, pour faire le siége de la première de ces places, et couvrir celui de
la seconde. A l'époque où les Russes débarquèrent à Weichselmünde, le huitième corps
reçut l'ordre de venir au secours de l'armée qui assiégeait Dantzig; mais les Russes
ayant déjà été battus et forcés à se rembarquer lorsque ce corps arriva, le duc de
Trévise prit position à l'abbaye d'Oliva, située sur la côte, à peu de distance et à l'ouest
de Dantzig.

Le huitième corps était là prêt à s'opposer aux entreprises d'une escadre anglo-russe,
qui croisait dans ces parages. Il garda cette position jusqu'au 1er juin. La direction du
siége de Colberg fut confiée au maréchal Brune, et la division du comte Loison, qui

faisait ce siége, passa sous les ordres de ce maréchal. La division du baron Grandjean y fut mise également. Trois régiments de ligne hollandais, qui avaient fait partie du huitième corps, faisaient maintenant partie du corps d'observation; de sorte que pendant quelque temps le corps du duc de Trévise se trouva réduit à la division du comte Dupas, composée de quatre régiments d'infanterie, de deux régiments de cuirassiers hollandais, et de quatre compagnies d'artillerie. Mais, le 31 mai, un ordre de l'Empereur augmenta ce corps de toute la division polonaise du général Dombrowski.

Les opérations en Silésie étaient les seules qui, par l'éloignement où était cette province dn théâtre des grands événements, ne fussent pas entièrement liées aux opérations de la Grande-Armée. Mais la conquête de la Silésie n'en était pas moins nécessaire pour achever celle de la monarchie prussienne, et pour jouir des ressources qu'offrait cette riche contrée. Depuis la défaite du prince d'Anhalt-Pless, il n'y avait plus en Silésie de corps ennemi tenant la campagne. Tous les obstacles consistaient dans la force plus ou moins considérable des places. Sur huit forteresses que renfermait cette province, quatre, qui dominaient le cours de l'Oder et la plaine, étaient déjà tombées dans les mains des Français. Il restait à soumettre, dans les montagnes, Neiss, Kosel, Silberberg et Glatz. La première de ces places était assiégée. Les deux suivantes inquiétaient peu, à cause de leur petitesse; la dernière, et c'était la plus importante, renfermait une garnison assez considérable, qui faisait des courses, et qui même hasarda quelques expéditions.

Le 27 mars, le général comte Lefebvre, aide-de-camp du roi de Westphalie, venant le faire une reconnaissance, passait près de Glatz avec trois escadrons de chevau-légers bavarois et un régiment d'infanterie de la même nation : 1,500 hommes sortirent le la place avec deux pièces de canon, et attaquèrent les Bavarois près de Wunckels-bourg. Le général Lefebvre les fit charger, et les rejeta sur les glacis, après avoir pris leurs canons, 100 soldats et plusieurs officiers. Pendant le mois d'avril, on pressa vivement le siége de Neiss. Le baron de Kleist, aide-de-camp du roi de Prusse, qui commandait dans Glatz, voulut essayer d'inquiéter le corps d'observation qui couvrait le siége de Neiss, et qui était posté à Frankenstein, sous les ordres du comte Lefebvre. Il sortit, le 13 avril, à la tête de 4,000 hommes; mais le comte Lefebvre, qui était sur ses gardes, accueillit vivement les Prussiens, et les repoussa avec une perte assez considérable.

Ce mauvais succès ne rebuta pas le baron de Kleist. Le 17 avril, il fit une autre tentative. Prenant avec lui 2,000 hommes et 6 pièces de canon, il marcha sur la droite de Frankenstein, pendant qu'une autre colonne de 800 hommes sortie de Silberberg arriva sur la gauche de la même position. Le roi de Westphalie, qui avait son quartier général à Münsterberg, partit au premier coup de canon, et arriva au camp de Frankenstein à dix heures du matin. L'affaire fut assez chaude; mais après quelques heures de combat, l'ennemi fut complètement défait. On lui tua 300 hommes; et, dans la poursuite qui eut lieu jusque sous le canon de Glatz. on lui prit 600 hommes et 3 pièces d'artillerie.

Comme Neiss est une place très-forte, tant par les ouvrages de l'art que par sa situation, ce siége se prolongeait et occupait la plus grande partie du neuvième corps. Le commandant de Glatz crut le moment favorable pour surprendre Breslau; il espérait aussi que cette diversion affranchirait Neiss. Le 12 mai, une colonne forte de 3,000 hommes sortit de Glatz. Au premier avis qu'il en reçut, le roi de Westphalie envoya le comte Lefebvre à la poursuite de cette colonne avec le 1er régiment de ligne bavarois, un détachement de 300 Saxons à pied et 200 chevaux de la même nation. Le général français atteignit la colonne ennemie près du village de Canth et enleva ce village, que l'arrière-garde ennemie voulut défendre; mais les Prussiens, étant revenus en force sur leurs pas, reprirent Canth, que la troupe beaucoup plus faible du comte Lefebvre fut obligée de leur céder.

Cependant le général Dumuy était sorti de Breslau, à la tête de 1,000 hussards et dragons, pour reconnaître l'ennemi. Avec ce renfort, les Français attaquèrent Canth de nouveau; ils s'en emparèrent, et obligèrent l'ennemi à se désister de son entreprise et à se retirer sur Glatz. Les Prussiens furent poursuivis et atteints près de Schweidnitz, où ils éprouvèrent de nouveau une perte considérable. Il ne rentra guère plus de 1,000 hommes de la troupe qui était sortie avec le général Kleitz. Cet échec contribua à la reddition de Neiss, qui capitula le 1er juin; 6,000 hommes, qui composaient la garnison de cette ville, furent faits prisonniers de guerre. On y trouva 300 bouches à feu et 300 milliers de poudre.

Tant de succès devaient donner aux alliés de la France la plus grande confiance dans les armes de l'Empereur. Les Turcs, tourmentés depuis longtemps par les Russes et les Anglais, prirent enfin de l'énergie. La guerre que la Russie avait entreprise subitement contre la Turquie, et dont elle espérait un grand succès, avait totalement échoué par l'arrivée de Napoléon en Pologne. Alors les Anglais, alliés des Russes, eurent recours à un autre moyen. Ils obligèrent les Turcs à faire la paix avec la Russie, et à déclarer la guerre à la France, en menaçant d'incendier Constantinople. Au mois de février, une escadre anglaise força le passage des Dardanelles, et vint mouiller devant le sérail; l'ambassadeur d'Angleterre, qui était sur l'escadre, fit ses inconvenantes propositions. Mais le sultan Ibrahim déploya une vigueur de caractère qu'on n'aurait pas attendue d'un prince qui n'était jamais sorti du sérail. Il rejeta hautement les propositions du ministre anglais, il anima tellement les habitants de Constantinople, qu'en très-peu de jours cette grande ville, ainsi que les côtes d'Europe et d'Asie, se trouvèrent couvertes de troupes, hérissées de batteries, et présentèrent un spectacle des plus imposants. L'amiral anglais, frappé de ces préparatifs formidables de défense, désespéra de les surmonter; il prit le parti de la retraite et repassa les Dardanelles, dix jours après avoir franchi ce détroit, pour se porter devant le Bosphore.

La nouvelle de ces grands événements fut aussitôt transmise de Constantinople à l'empereur Napoléon, qui habitait alors le château de Finkenstein. L'Empereur, empressé de se montrer pour les Turcs un allié aussi fidèle qu'utile, fit écrire par le prince major général au duc de Raguse, commandant en Dalmatie, la lettre suivante :

« Par une dépêche, en date du 3 mars, monsieur le duc, l'Empereur a reçu la nou-
» velle officielle que les Anglais ont été obligés de repasser les Dardanelles, et qu'en six
» jours de temps, 500 pièces de canon ont été mises en batterie devant le sérail. Un
» grand nombre de Turcs s'est porté au détroit, que les Anglais ont repassé; mais une
» escadre turque, supérieure en nombre, s'est mise à leur poursuite; ce qui est une
» mauvaise opération que notre ambassadeur, le général Sébastiani, ni le Grand-
» Seigneur même, n'ont pu empêcher, tant était grande l'effervescence du peuple à
» Constantinople. Dans cette situation, le sultan a demandé 600 canonniers français.
» L'ordre de l'Empereur est que, sur-le-champ, vous fassiez partir tout ce qui vous
» reste d'officiers du génie et d'artillerie, avec un corps complet de 600 hommes, artil-
» leurs, sapeurs et ouvriers, pour se rendre à Constantinople. Vous ferez armer de bons
» fusils et bien équiper toute cette troupe. Vous ferez partir avec ces 600 hommes pour
» trois mois de solde et même plus, si vous avez de l'argent. Les ouvriers doivent em-
» porter avec eux les outils les plus utiles qu'on ne trouverait pas à Constantinople; et
» les officiers d'artillerie et du génie auront l'attention d'emporter, autant qu'ils le
» pourront, les livres qui seraient de nature à leur être utiles suivant les circon-
» stances.

» Vous ferez connaître à la Porte que, si elle veut d'autres troupes, vous lui en en-
» verrez sur sa demande directe. Effectivement, général, l'Empereur vous autorise à
» envoyer jusqu'à la concurrence de 5,000 hommes, sans ordres ultérieurs de la part de
» Sa Majesté. Cependant il faut pour cela que vous ayez une réquisition bien énoncée
» du général Sébastiani, et que le pacha, sur le terrain duquel vous ferez passer ces
» troupes, ait un firman fort en règle de la Porte.

» N'épargnez pas les officiers d'artillerie et du génie pour les envoyer à Constanti-
» nople. Ils seront remplacés par des officiers que je donne l'ordre qu'on vous envoie du
» royaume d'Italie, et ceux-ci le seront par des officiers qui viendront de France. Si
» vous êtes en fonds, l'Empereur ordonne que vous fassiez passer 200,000 francs en or
» au général Sébastiani, pour les employer aux besoins des troupes, l'intention de Sa
» Majesté n'étant pas qu'elles soient en aucune manière à charge à l'empire ottoman.
» Si vous n'êtes pas en fonds, faites-le-moi connaître, afin que je prenne des mesures
» en conséquence. »

Ainsi, Napoléon, conquérant de la Prusse et de la Pologne, disposant des forces de
la France, de l'Espagne, de l'Italie, de l'Allemagne, solidement affermi dans ses conquêtes contre tous les efforts de la Russie, tant par sa nombreuse et valeureuse armée
que par l'acquisition des forteresses les plus importantes; Napoléon si redoutable déjà
pour la Russie, resserrait ses rapports avec d'anciens alliés des Français, et d'implacables
ennemis du nom russe, que l'éclat des victoires du chef de la France attachait plus que
jamais à cet empire.

C'est alors que le général russe imagina d'attaquer l'Empereur au retour de la belle
saison. Comme s'il avait calculé les moyens d'assurer sa défaite, ce général avait laissé
les Français s'organiser et se renforcer tranquillement pendant l'hiver, et n'avait fait

que peu d'efforts pour sauver une place dont la perte lui ôtait la possibilité de faire des diversions sur la ligne d'opération de ses ennemis.

BATAILLE DE FRIEDLAND.

Le 1er juin (1807), les Russes étaient toujours dans les positions qu'ils avaient prises à la fin de février, et depuis les tentatives infructueuses qu'ils avaient faites sur les cantonnements français. Dans le courant de mars, ils s'étaient bornés à attendre les renforts des troupes et les approvisionnements qui leur arrivaient de leur pays, à l'abri des retranchements qu'ils avaient construits entre la rive droite de l'Alle et la rivière de la Semse, près d'Heilsberg.

Au commencement d'avril, plusieurs milliers d'hommes, sortis des hôpitaux, et le 26° régiment de chasseurs à cheval, renforcèrent l'armée russe ; 6 régiments d'infanterie la joignirent quelques jours après. Le 16 avril arriva la 1re division de la garde impériale, forte de 28,000 hommes, et commandée par le grand-duc Constantin. L'empereur de Russie vint à son armée, dans le milieu du mois de mai. Il fixa son séjour à Tilsitt, sur le Niémen, où le roi de Prusse alla le joindre.

Après avoir reçu ces renforts, le général Bennigsen, se voyant à la tête d'une armée nombreuse, prit de la confiance. Reconnaissant que les cantonnements de l'armée française formaient une ligne étendue, il se persuada qu'en réunissant et concentrant sur un point toutes ses forces, il viendrait à bout de battre séparément les corps français, à chacun desquels il serait très-supérieur en nombre. En conséquence de ce plan, le général russe rassembla son armée devant Heilsberg, le 4 juin ; et, le 5, il attaqua sur sept colonnes les corps des maréchaux duc d'Elchingen, duc de Dalmatie et prince de Ponte-Corvo.

Le village de Spanden, sur la Passarge, faisait partie des cantonnements de ce dernier corps. On avait jeté près de ce village un pont qui était protégé par des retranchements que le général Frère, à la tête du 27° d'infanterie légère, était chargé de défendre. Ce poste fut attaqué le 5, à huit heures du matin, par 12 régiments russes et prussiens. Au premier coup de canon, le prince de Ponte-Corvo envoya du renfort, et accourut à Spanden. A son arrivée, il alla visiter les retranchements pour s'assurer de l'état des batteries. Il y était à peine entré, qu'il reçut à la tête un éclat de biscaïen, qui lui fit une blessure assez grave pour l'obliger à quitter le champ de bataille. La victoire ne s'en décida pas moins pour les Français. Sept fois les Russes revinrent à l'assaut des retranchements ; sept fois ils furent repoussés ; à la septième, l'ennemi montrant du désordre, le 17° de dragons en profita pour faire une charge qui eut le plus grand succès, et décida la retraite des Russes. Jusqu'à la guérison du prince de Ponte-

Corvo, l'Empereur confia le commandement de son corps d'armée au duc de Bellune, qui avait recouvré sa liberté par échange avec un général prussien.

En même temps que les Russes attaquaient le premier corps, à Spanden, ils faisaient une entreprise du même genre sur le quatrième corps, à la tête du pont de Lomitten. La brigade du baron Ferrey défendait cette position. Le combat dura presque toute la journée. Les 16° et 57° de ligne et le 24° d'infanterie légère repoussèrent constamment l'ennemi. Les abatis et les ouvrages restèrent couverts de cadavres russes. Le commandant fut tué. On évalua leur perte à 1,100 hommes tués et un grand nombre de blessés. On leur fit cent prisonniers.

Mais aucune de ces attaques ne fut aussi sérieuse que celle que l'ennemi dirigea ce même jour, 5 juin, depuis six heures du matin jusqu'à midi, contre les positions du 6° corps, le long de la rivière d'Alle, à Guttstadt, Altkirch, Glottau, Bergfried. Ces positions furent attaquées par le général en chef de l'armée russe lui-même et par le grand-duc Constantin, à la tête de trois divisions de la garde impériale. Le projet de l'ennemi était de couper le sixième corps, qui était placé fort en avant des autres, et de l'enlever ou de le détruire. L'ennemi réussit à forcer le pont de Bergfried, ce qui intercepta la communication entre le sixième corps et le troisième, qui était à sa droite. Néanmoins le duc d'Elchingen fit si ferme contenance, et reçut les Russes avec tant de vigueur, que, quoiqu'il eût affaire à 40,000 hommes, il parvint à se replier, sans être entamé, jusqu'à Deppen, sur la Passarge, où il prit position.

Le bruit de ces différentes affaires parvint bientôt au quartier général impérial, à Finkenstein. Aussitôt l'ordre fut donné à toute la garde, tant à pied qu'à cheval, de se réunir dans ce lieu même. Le roi de Naples reçut celui de rassembler, sans aucun délai, les divisions des cuirassiers des généraux Espagne, Nansouty et Saint-Sulpice, à Marienbourg, avec la cavalerie légère du général Lasalle, et de faire arriver à Osterode les divisions de dragons Grouchy, Michaud et Latour-Maubourg. Il fut enjoint au duc de Montebello de marcher sur Christburg, avec tout le corps d'armée de réserve. Le duc de Trévise, qui s'était déjà avancé jusqu'à Dirschau, eut l'ordre de presser sa marche sur Marienbourg, et de là sur Christburg, suivant en seconde ligne le duc de Montebello. Il fut écrit au maréchal duc de Dalmatie de faire tous ses efforts pour se maintenir à Mobrungen, et, s'il ne le pouvait pas, de se concerter avec le maréchal duc d'Elchingen, et de se diriger sur Saalfeldt. Les instructions du prince de Ponte-Corvo ou du duc de Bellune, qui le remplaçait, portaient de s'attacher surtout à couvrir Holland. L'Empereur approuva le duc d'Elchingen d'avoir reculé jusqu'à Deppen, et lui fit mander que, s'il était contraint de se rapprocher encore, il se plaçât dans les intervalles des lacs en avant de Siebmühl, pour défendre les routes entre ces lacs. On prescrivit au prince d'Eckmühl d'avancer pour défendre le passage d'Altramtem, et appuyer par Osterode le maréchal duc d'Elchingen, lorsque celui-ci prendrait position à Liebmühl. Le général Zayoncheck fut appelé de Mlawa à Gilgenburg, pour tenir, dans ce dernier lieu, la place du troisième corps, et suivre le mouvement général de l'armée par son flanc droit.

Le 6 juin, Napoléon porta son quartier général à Saalfeldt avec le projet de livrer bataille dans cette position, si l'ennemi continuait d'avancer. En partant, Sa Majesté fit écrire au prince d'Essling pour l'instruire de ce qui s'était passé dans la journée du 5, et pour l'avertir que sa destination était de couvrir Varsovie, de contenir les Cosaques et d'empêcher qu'aucun corps ennemi ne manœuvrât sur le flanc de l'armée, ou que des troupes détachées du corps du général Essen ne vinssent renforcer celles de Bennigsen. Dans cette journée du 6, les Russes, qui avaient suivi le duc d'Elchingen, l'attaquèrent à Deppen; mais cette tentative leur fut fatale. Constamment repoussés, ils perdirent, dans leurs attaques successives, 2,000 hommes morts et 2 à 3,000 blessés.

Le 7, les ducs de Dalmatie et de Bellune reçurent l'ordre de pousser de fortes reconnaissances, l'un sur Wolfsdorf, l'autre en avant de Spanden, pour faire des prisonniers, et savoir des nouvelles de l'ennemi. Ce jour-là, l'Empereur vint à Deppen, au quartier général du sixième corps.

La garde impériale et le corps d'armée de réserve eurent l'ordre de se rendre aussi à Deppen. Le duc de Trévise reçut celui de presser sa marche pour arriver, ce jour même, à Mohrungen, et de là sans s'arrêter jusqu'à Deppen. On fit venir dans le même lieu les divisions de la réserve, Lasalle, Grouchy et Nansouty. Les divisions Espagne et Saint-Sulpice durent se porter à Mohrungen. La division Latour-Maubourg fut envoyée au duc de Dalmatie; celle du général Milhaud au prince d'Eckmühl. La division de dragons du comte de Muns était toujours avec le cinquième corps, et celle du baron Sahuc avec le premier.

Le général Zayoncheck eut l'ordre d'avancer jusqu'à Osterode. Le prince d'Eckmühl fut prévenu de faire, si le sixième corps était encore attaqué, une diversion, en marchant sur la gauche de l'ennemi, et en soutenant la droite du duc d'Elchingen. Mais les Russes, étonnés de la vive résistance qu'ils venaient d'éprouver depuis deux jours, n'osèrent plus rien tenter, et se tinrent tranquilles toute la journée du 7.

L'armée ennemie, qui venait de montrer tant d'ardeur, s'arrêta au premier effort. Dès le 8, au matin, Napoléon prit à son tour l'offensive. Par ses ordres, le duc d'Elchingen se porta en avant et marcha sur Wolfsdorf, où il rencontra une colonne russe, commandée par le général Kamenski, le même qui avait été battu à Weichselmünde, et qui revenait, avec les débris de ses troupes, joindre le général Bennigsen. Le duc d'Elchingen attaqua l'ennemi, lui mit quatre à cinq cents hommes hors de combat, et lui fit 200 prisonniers. Le soir, le sixième corps alla prendre position à Altkirch.

Cependant le corps du duc de Montebello et les trois divisions de la réserve de cavalerie, qui avaient eu l'ordre de revenir auprès de l'Empereur se joindre à la garde impériale, étaient arrivés. Le quatrième corps, qui franchit le 8 la Passarge auprès de Wolfsdorf, fit sa jonction à Altkirch. Avec ces forces réunies, Napoléon se porta le 9 sur Guttstadt. L'arrière-garde de l'armée russe, forte de 15,000 hommes d'infanterie et de 10,000 de cavalerie, prit position à Glottau, et voulut disputer les approches de l'Alle. Par des manœuvres habiles et des charges vigoureuses, le roi de Naples, qui commandait l'avant-garde de l'armée française, ne permit pas à l'ennemi de garder une

seule de ses positions. Les Russes furent suivis l'épée dans les reins. On entra de **vive**
force dans Guttstadt. L'ennemi perdit ainsi toute la rive gauche de l'Alle. On lui tua
beaucoup de monde : on lui fit 1,000 prisonniers. Au nombre des régiments les plus
maltraités furent ceux de la garde à cheval de l'empereur de Russie.

L'armée russe rétrogradait sur Heilsberg par la rive droite de l'Alle, et l'armée française la suivait par la rive gauche. Le coude que forme cette rivière en avant de
Freymarkt, allongeant la courbe que l'armée française avait à décrire, la plaçait **tout**
naturellement sur le flanc droit des Russes, si ces derniers s'arrêtaient à Heilsberg. Ce
projet était déjà arrêté par le général ennemi. Heilsberg est dans une forte position, sur
la rive droite de l'Alle, sur un point où cette rive est très-haute et très-escarpée. La
rive gauche, plus basse, est couverte de mamelons qui présentent des facilités pour disputer le terrain.

Dans cette position, l'armée russe avait ses derrières et ses flancs couverts par les
collines, par la rivière et les forts construits sur l'Alle. Devant son front, étaient
plusieurs lignes de retranchements hérissés de canons, qui avaient coûté à l'ennemi
quatre mois de travaux. Bennigsen y avait réuni environ 80,000 hommes.

Le 10 juin, l'Empereur résolut d'attaquer les Russes à Heilsberg, pendant que d'un
autre côté il manœuvrerait pour tourner leur position sur l'Alle, et couperait leur retraite sur la Prégel. Ce fut en conséquence de ce plan qu'il fut écrit au chef du premier
corps, qui avait quitté les bords de la Passarge, de se porter sur Mehlsack, de s'emparer de cette ville, et de marcher ensuite par Landsberg sur Kœnigsberg. Le prince
d'Eckmühl eut l'ordre d'arriver ce jour à Altkirch, et le duc de Trévise de suivre ce
mouvement par Guttstadt. Ces deux corps étaient également destinés à couper la route
d'Heilsberg à Kœnigsberg, pendant qu'on attaquerait l'ennemi. Le corps du duc de
Montebello, celui du duc de Dalmatie, la cavalerie du roi de Naples, et les fusiliers de
la garde, commandés ce jour-là par le duc de Rovigo, furent envoyés directement sur
Heilsberg. Le reste de la garde et le corps du duc d'Elchingen restèrent en réserve auprès de l'Empereur.

Lorsque les troupes destinées à l'attaque des retranchements russes eurent dépassé
Launau, elles trouvèrent l'arrière-garde de l'armée ennemie en bataille. Cette arrière-
garde, commandée par le prince Bagration, avait 15,000 hommes de cavalerie et plusieurs lignes d'infanterie. La cavalerie de la réserve, ayant à sa tête le roi de Naples,
engagea le combat, exécuta plusieurs charges et gagna du terrain. A deux heures,
l'infanterie arriva sur le champ de bataille et se forma. Deux divisions du quatrième
corps, les fusiliers de la garde et le régiment de Paris, qui faisait partie du corps de
réserve, marchèrent sur le front de l'ennemi. La division du comte Legrand, du quatrième corps, soutint la cavalerie du roi de Naples, qui pressait vivement les Russes sur
leur gauche. La division du comte Verdier, du corps de réserve, et les grenadiers du
duc de Reggio, manœuvrèrent sur la droite de l'ennemi, pour l'empêcher d'échapper
par la rive gauche de l'Alle. Le général Bennigsen, qui avait des troupes nombreuses,

soutint les vives attaques des Français, alimenta ses colonnes, et fit des efforts prodigieux pour se maintenir dans ses positions en avant d'Heilsberg.

Le combat fut acharné et ne se termina qu'à la nuit. Le lendemain il aurait pu recommencer, et les Russes auraient été chassés d'Heilsberg de vive force; mais d'autres manœuvres avaient décidé du sort de cette ville et du camp formidable sur lequel l'ennemi fondait tant d'espérances. Le prince d'Eckmühl était déjà arrivé le 10 au soir à Grossendorf, sur la route de Preusch-Eylau; et, dès le 11, il continua sa marche sur cette dernière ville. Les sixième et huitième corps furent envoyés sur le même point : le premier par Eychen, le second par Dexen. Dans.la nuit du 10 au 11, le corps d'armée de réserve tourna la position d'Heilsberg par la droite, et ferma la route de Landsberg.

Alors le général russe, s'apercevant que sa communication directe avec le point important de Kœnigsberg était interceptée, et qu'il courait le risque, en s'arrêtant davantage, de perdre encore celle avec Wehlau, et de se voir fermer le passage de la Prégel, prit le parti de quitter dans la matinée du 11 son camp d'Heilsberg. Il fit repasser toute son armée sur la rive droite de l'Alle, et fila promptement par Bartenstein et Schippenbeil sur Friedland, abandonnant aux Français Heilsberg, ses blessés, beaucoup de provisions, et ses retranchements, fruits d'un travail si long et si pénible, et devant lesquels il s'était flatté d'arrêter longtemps son adversaire.

Le quartier général impérial se transporta à Heilsberg le 11 au soir. Le 12, il fut à Eylau. Toute l'armée marcha en avant, conformément aux différentes destinations affectées à chaque corps par les ordres antérieurs. Le premier corps seul, qui était en arrière, fut appelé le 12 à Landsberg. Ce même jour, il fut écrit au prince d'Essling d'envoyer la division du comte Gazan et les dragons du comte de Mons à Bischoffetein, pour tâcher de s'emparer des magasins qu'on savait que l'ennemi avait sur la route de Rastemburg. Cependant ce mouvement restait à la disposition du prince d'Essling, et ne devait avoir lieu qu'autant qu'il ne compromettrait pas le sort de Varsovie.

Le duc de Dalmatie eut l'ordre, le 13, d'aller droit sur Kœnigsberg par Kreutzburg. Le roi de Naples fit suivre ce mouvement par la division de cuirassiers du comte Saint-Sulpice, les dragons du comte Michaud et une partie de la cavalerie légère. Les divisions de dragons Latour-Maubourg et Grouchy, et les cuirassiers des généraux Nansouty et Espagne, furent avertis de se tenir prêts à faire tous les mouvements qu'exigeraient les événements de la journée. Il fut ordonné au duc de Montebello de prendre position à Lampasch, près d'Eylau, sur la route de Friedland, et au duc de Trévise de se porter en arrière de Lampasch, et de concerter les opérations de son corps avec celles du corps d'armée de réserve. Le maréchal duc d'Elchingen se porta à Schmoditten, à une lieue au-dessous d'Eylau. Le troisième corps continua son mouvement de Landsberg sur Kœnigsberg; et le premier arrivait en même temps à Landsberg, d'où il devait se porter où besoin serait.

Ce fut dans cette journée que le duc de Dalmatie, se rendant à sa destination, rencontra en avant de Kreutzburg l'arrière-garde du corps d'armée du général prussien

Lestocq, qui filait sur Kœnigsberg. Les dragons de la division du comte Milhaud, qui étaient à l'avant-garde, chargèrent la cavalerie prussienne au moment où elle essayait de se former, la culbutèrent, et enlevèrent quatre pièces de canon. A la suite de ce combat, l'ennemi courut précipitamment s'enfermer dans Kœnigsberg. Mais de grands événements devaient bientôt décider du sort de cette ville.

Dans la nuit du 13 au 14 juin, le maréchal duc de Montebello eut l'ordre de continuer de s'avancer sur Friedland. Il était prévenu que la division de dragons du comte Grouchy était à sa disposition, et qu'il était ordonné au duc de Trévise de se porter sans retard à Domnau pour le soutenir. On lui mandait que l'ennemi avait évacué Bartenstein, en jetant à l'eau ses magasins; qu'il continuait de se diriger sur la rive droite de l'Alle; qu'on ignorait encore s'il ferait sa retraite sur Grodno, ou s'il déboucherait par Friedland pour atteindre Kœnigsberg; mais que l'intention de l'Empereur était de l'empêcher de déboucher : c'était pour y mettre obstacle que le corps de réserve était envoyé à Domnau. Le maréchal avait la liberté d'attaquer Friedland, si l'ennemi n'y était pas trop en force; sinon il lui était prescrit de prendre position.

Le duc de Trévise partit le 14, à une heure du matin, pour suivre le duc de Montebello et faire place au duc d'Elchingen, qui marchait en troisième ligne. Les divisions de la réserve, Espagne, Nansouty et Latour-Maubourg, se rendirent aussi à Domnau. On manda au duc de Bellune de venir sur Eylau, et même de se préparer à une forte journée, afin de pouvoir dépasser Eylau, et d'être rendu de bonne heure dans la journée du 14 sur le champ de bataille de Friedland.

Le roi de Naples, qui était sur Kœnigsberg avec les divisions Saint-Sulpice, Milhaud et Lasalle, fut prévenu de tous les mouvements prescrits aux autres corps. Le prince major général lui manda qu'on s'attendait à une grande bataille; que l'intention de l'Empereur était qu'avec les troupes qu'il avait à ses ordres, et de concert avec le 3° corps d'armée, il gardât soigneusement les débouchés de la droite, dans le cas où l'ennemi se présenterait pour filer sur Kœnigsberg, et qu'il manœuvrât en même temps de manière à appuyer la gauche de l'armée, qui était en avant de Domnau, vers Friedland : les Prussiens, qui étaient seuls devant Kœnigsberg, ne devaient pas l'inquiéter, attendu que le duc de Dalmatie suffisait pour les contenir.

La garde impériale à pied et à cheval eut l'ordre de partir pour Domnau le 14, à quatre heures du matin. Napoléon fut rendu lui-même dans cette ville le même jour avant midi.

Le général en chef de l'armée russe avait l'ordre exprès de l'empereur Alexandre de sauver Kœnigsberg Cet ordre, joint à la crainte bien fondée d'être complètement débordé sur sa droite, avait été la cause de sa retraite précipitée d'Heilsberg. Le général Bennigsen se fit précéder dans la route qu'il devait suivre par le général Kamensky, auquel il donna l'ordre de se rendre à marches forcées à Kœnigsberg avec toute sa division. Le prince Gallitzin, qui commandait l'avant-garde de l'armée russe, arriva le 13 au soir à la vue de Friedland. Le duc de Montebello avait déjà fait occuper cette ville par le 9° régiment de hussards et quelques compagnies d'infanterie légère. Il ne fut pas difficile à l'ennemi, qui avait des forces infiniment supérieures à celles des Français, d'obliger ceux-ci à évacuer Friedland. Le prince Gallitzin traversa cette ville, et occupa en avant les postes de Sortlack, Posthenen et Heinrichsdorf.

Le général Bennigsen entra dans Friedland le 13 au soir. Comme il n'avait pas d'avis certain sur la proximité de l'armée française, il résolut, pour se conformer à l'intention de l'empereur de Russie, de risquer la marche sur Kœnigsberg. Le succès lui parut d'autant moins douteux que, débouchant avec toute son armée du pont de Friedland, il devait infailliblement culbuter le seul corps français qui fût en présence dans ce moment. Le général en chef russe avait d'ailleurs une grande confiance dans sa nombreuse cavalerie et dans sa formidable artillerie. Plein de son projet, Bennigsen pressa la marche de ses troupes; il leur ordonna de traverser Friedland à mesure qu'elles arriveraient, et d'aller prendre leur ordre de bataille dans la plaine au-delà.

Friedland est situé sur la rive gauche de l'Alle, qui coule du sud au nord, et va se jeter dans la Prégel à Wehlau. Friedland se trouve resserré entre la rivière et un étang formé par un ruisseau qu'on appelle le ruisseau du moulin, et qui se décharge dans l'Alle à peu de distance de la ville. Cet étang et la rivière servent de fossés à Friedland au midi et au nord. Du côté de l'est, cette ville est encore fermée par l'Alle, dont elle n'est séparée que par un espace d'environ 300 toises d'un terrain sec et élevé. Militairement parlant, Friedland n'est donc accessible que par le chemin d'Eylau qui passe par Posthenen. De tous les autres côtés, les avenues de cette ville sont fermées par des obstacles naturels. Au sortir de Friedland, du côté de Kœnigsberg, est une vaste et fertile plaine remplie de villages et entrecoupée de bois. Mais ces bois commencent seulement à la distance de trois quarts de lieue de la ville; car immédiatement en avant de Friedland le terrain est découvert, soit dans la direction d'Heinrichsdorf, soit dans celle de Posthenen.

C'est sur ce terrain même, qui est favorable par sa nudité au développement d'une armée, que Bennigsen rangea la sienne en bataille. Quatre divisions sous les ordres du prince Bagration, formèrent l'aile gauche, et s'étendirent depuis le ruisseau du moulin jusqu'à la pointe de l'Alle, à un quart de lieue de Sortlack, barrant ainsi le chemin d'Eylau, et par conséquent le seul accès de Friedland. L'aile droite, formée de trois divisions sous les ordres du prince Gorczakof, partant du ruisseau du moulin, décrivait une ligne qui se courbait du côté de l'Alle, à peu près à la hauteur d'Heinrichsdorf. Pour faciliter la communication des deux ailes, on jeta quatre ponts volants sur le ruisseau du moulin. Deux grands corps de réserve furent placés en colonne derrière les ailes par bataillons serrés en masse, afin de pouvoir facilement déployer de tous les côtés.

La cavalerie fut distribuée sur les deux ailes et dans les deux corps de réserve. La quatorzième division tout entière forma une autre réserve qui, placée sur le grand chemin de Schippenbeil à la rive droite de l'Alle, se trouvait à la disposition du général en chef pour être employée suivant le besoin. Les chasseurs de la garde, le bataillon de la milice de l'Empereur et les tirailleurs de tous les régiments de la garde formèrent un détachement qu'on envoya occuper la forêt de Sortlack. Tel fut l'ordre de bataille que prit l'armée russe dans la nuit du 13 au 14 juin, occupant une étendue de terrain de deux mille toises, ayant dans toute la longueur de sa position une rivière à dos, et pour unique retraite une ville étroite avec un pont à franchir. Cette armée manifestait une grande confiance dans la victoire.

Cependant l'armée française accourt pour la lui disputer. Le corps du duc de Montebello, faisant l'avant-garde, arrive à quatre heures du matin sur le champ de bataille. Les autres corps d'armée, savoir : ceux des ducs de Trévise et d'Elchingen, les divisions de cavalerie, la garde impériale et le duc de Bellune, formant l'arrière-garde, paraissent successivement.

Le corps d'armée de réserve, sous les ordres du duc de Montebello, était alors composé de la division de dix bataillons de grenadiers, commandée par le duc de Reggio ; de la division du comte Verdier, renfermant le 2° d'infanterie légère, les 3° et 72° de ligne, et le régiment de Paris. Le 9° de hussards et deux régiments de cuirassiers saxons étaient les seules troupes à cheval attachées spécialement à ce corps.

Celui du duc de Trévise se trouvait composé d'une division aux ordres du comte Dupas, renfermant le 4° d'infanterie légère, les 15° et 58° de ligne, 3 compagnies d'artillerie et 2 régiments de cuirassiers hollandais, et de la division du général Dombrowski, renfermant les 2°, 3° et 4° régiments d'infanterie polonaise, les 1er et 2° régiments de cavalerie de la même nation, 200 artilleurs et une compagnie de sapeurs.

Le corps du duc d'Elchingen était formé d'une première division aux ordres du comte Marchand, renfermant le 6° d'infanterie légère, les 39°, 69° et 76° de ligne, et deux compagnies d'artillerie ; d'une seconde division aux ordres du comte Bisson, renfermant les 25° et 31° d'infanterie légère, les 27°, 50° et 59° de ligne, et 2 compagnies d'artillerie. La cavalerie, sous les ordres du baron Colbert, était composée du 3° de hussards, des 10° et 15° de chasseurs.

La première division de cavalerie, sous les ordres du comte Nansouty, comprenait les 1er et 2° régiments de carabiniers, les 2°, 3°, 9° et 12° de cuirassiers. La seconde, sous les ordres du comte Espagne, était formée des 4°, 6°, 7° et 8° régiments de cuirassiers. La division de dragons du baron Latour-Maubourg renfermait les 1er, 2°, 4°, 14°, 20° et 26° régiments. Celle du comte Grouchy était composée des 3°, 6°, 10° et 11°. Enfin celle du baron Sahuc, qui se trouvait alors sous les ordres du général Lahoussaye, et qui venait d'arriver avec le premier corps, était formée des 17°, 18°, 19° et 27° dragons.

Le premier corps d'armée, momentanément aux ordres du duc de Bellune, était composé de la division d'infanterie du comte Dupont, qui comprenait le 9° d'infanterie légère, les 24°, 32° et 96° de ligne, et 2 compagnies d'artillerie ; de la division du baron de la Raffinière, formée du 10° d'infanterie légère, des 8°, 45°, 54° de ligne, et de deux compagnies d'artillerie ; et de la division du comte d'Erlon, renfermant le 27° d'infanterie légère, les 63°, 94° et 95° de ligne, et 2 compagnies de canonniers, comme les autres divisions. La cavalerie qui était attachée à ce corps d'armée était aux ordres du général Tilly, et comprenait les 2° et 4° régiments de hussards et le 5° de chasseurs.

La garde impériale était alors augmentée du 1er régiment de fusiliers et d'une compagnie des gendarmes d'ordonnance, corps nouvellement organisé. Elle renfermait en outre, comme au commencement de la guerre, une brigade de grenadiers à pied, une de chasseurs à pied, une de chasseurs à cheval ; de plus, le régiment de la garde royale italienne, quelques compagnies de la gendarmerie d'élite, et deux compagnies d'artillerie à cheval.

En débouchant dans la plaine de Friedland par Posthenen à la tête de la division de grenadiers du duc de Reggio, le maréchal duc de Montebello aperçoit l'ennemi dans la forêt de Sortlack et dans la plaine en-deçà. Aussitôt il ordonne aux batteries de la division de grenadiers de commencer le feu. Lorsque les premiers coups de canon furent entendus à Domnau, l'Empereur dit : « L'ennemi paraît vouloir livrer bataille aujour-
» d'hui ; tant mieux, c'est un jour de bonheur : c'est l'anniversaire de Marengo. »

Le duc de Montebello ne tarda pas à voir arriver le reste de son corps d'armée, et en même temps les cuirassiers de la division Nansouty avec les dragons de la division Grouchy. Le maréchal n'ignore pas qu'il a en présence la totalité de l'armée russe ; mais ses instructions sont précises. Il ne s'agit que de tenir l'ennemi dans l'incertitude, et, en lui dissimulant adroitement les forces qui lui sont opposées, de l'empêcher de commencer son mouvement sur Kœnigsberg. Pour remplir cet objet, le duc de Montebello appuie sa droite à la forêt de Sortlack, son centre en avant de Posthenen, et sa gauche au village d'Heinrichsdorf, qu'il fait occuper. La division Dupas, du troisième corps d'armée, joint en ce moment le corps de réserve. Le duc de Montebello la fait déployer, et l'étend de manière qu'elle remplit ou semble remplir l'intervalle entre Posthenen et Heinrichsdorf. Il place sa cavalerie dans les postes les plus avantageux pour soutenir son infanterie.

Profitant des inégalités du terrain, des bois et de la hauteur des blés pour cacher à l'ennemi ses manœuvres et le petit nombre de ses troupes, le duc de Montebello fait mouvoir constamment ses colonnes de la droite à la gauche et de la gauche à la droite. Il oppose partout des forces à l'ennemi ; le combat sur tous les points déconcerte ses projets, et parvient enfin à le tenir dans une incertitude extrêmement favorable aux succès ultérieurs de la journée. Plusieurs fois les Russes manœuvrent pour tourner tantôt la droite, tantôt la gauche de la position du maréchal ; ils sont constamment repoussés. Ils mettent de l'acharnement à s'emparer d'Heinrichsdorf ; mais leurs efforts sont vains. Leur aile droite veut filer sur le chemin de Kœnigsberg ; les dragons de la division Grouchy, les cuirassiers français et saxons exécutent plusieurs charges brillantes, culbutent les têtes des colonnes ennemies, et enlèvent 4 pièces de canon.

Pendant la durée de ce combat, l'armée française arrive et se déploie devant l'armée russe. A midi, Napoléon était à son bivouac. Le prince major général donne, de la part de l'Empereur, l'ordre de bataille suivant :

« Le maréchal duc d'Elchingen prendra la droite, depuis Posthenen jusque vers
» Sortlack, et il s'appuiera à la position actuelle du duc de Reggio.

» Le maréchal duc de Montebello formera le centre, qui commencera à la gauche du
» duc d'Elchingen, depuis Posthenen jusqu'à peu près vis-à-vis le village de Hein-

» richsdorf. Les grenadiers du duc de Reggio, qui forment actuellement la droite du
» duc de Montebello, appuieront insensiblement à gauche pour attirer sur eux l'atten-
» tion et les forces de l'ennemi.

    » Le duc de Montebello reploiera ses divisions autant qu'il le pourra, et par ce
» ploiement il aura la facilité de se placer sur deux lignes.

    » La gauche sera formée par le maréchal duc de Trévise, tenant Heinrichsdorf et la
» route de Kœnigsberg, et de là s'étendant en face de l'aile droite des Russes. Le duc
» de Trévise n'avancera jamais, le mouvement devant être fait par notre droite, qui
» pivotera sur la gauche.

    » La cavalerie du comte Espagne et les dragons du comte Grouchy, réunis à la
» cavalerie de l'aile gauche, manœuvreront pour faire le plus de mal possible à l'en-
» nemi, lorsque celui-ci, pressé par l'attaque vigoureuse de notre droite, sentira la
» nécessité de battre en retraite.

    » Le duc de Bellune et la garde impériale à pied et à cheval formeront la réserve, et
» seront placés à Grünhof, Bothkein et derrière Posthenen.

    » La division des dragons Lahoussaye sera sous les ordres du duc de Bellune; celle
» des dragons Latour-Maubourg obéira au maréchal duc d'Elchingen. La division de
» grosse cavalerie du comte Nansouty sera à la disposition du duc de Montebello, et
» combattra avec la cavalerie du corps d'armée de réserve.

    » L'Empereur sera à la réserve au centre.

    » On doit toujours avancer par la droite, et laisser l'initiative du mouvement au
» maréchal duc d'Elchingen, qui attendra les ordres de l'Empereur pour commencer.

    » Du moment que la droite se portera sur l'ennemi, tous les canons de la ligne de-
» vront doubler leur feu dans la direction la plus utile pour protéger l'attaque de la
» droite. »

Au moment d'engager l'action, et afin d'en prévoir toutes les chances, l'Empereur fit
écrire au roi de Naples : « L'ennemi est ici en bataille avec toute son armée. Il a
» d'abord voulu déboucher par la route de Stokheim sur Kœnigsberg; maintenant il ne
» paraît plus songer qu'à la bataille qui va s'engager. Sa Majesté espère que vous
» serez entré dans Kœnigsberg, et que, attendu que le corps du duc de Dalmatie et
» une division de dragons suffisent pour garder cette ville, vous aurez marché sur
» Friedland avec le reste de votre cavalerie et le corps du prince d'Eckmühl. Cela est
» d'autant plus urgent qu'il est possible que l'affaire dure encore demain. Tâchez donc
» d'arriver à une heure du matin. Si l'Empereur aperçoit au début de l'action que l'en-
» nemi est en très-grande force, il est possible qu'il se contente aujourd'hui de le
» canonner et qu'il vous attende. Communiquez cette lettre à MM. les maréchaux
» prince d'Eckmühl et duc de Dalmatie. »

A cinq heures du soir, Napoléon fait donner le signal par trois salves d'une batterie
de 20 pièces de canon. Aussitôt le corps du duc d'Elchingen s'ébranle. La division du
comte Marchand s'avance l'arme au bras, prenant sa direction sur les clochers de Friedland. La division du comte Bisson soutient la première. Dès l'instant que l'ennemi

s'aperçoit que la droite du sixième corps a quitté le bois où elle était en position, il la fait déborder par plusieurs régiments de cavalerie, précédés d'une nuée de Cosaques. Pour répondre à cette manœuvre, les dragons de la division Latour-Maubourg se forment au galop sur la droite, chargent vigoureusement la cavalerie ennemie, et la rejettent contre Sortlack et la rivière.

Cependant le duc de Bellune reçoit l'ordre de s'avancer sur le terrain que vient d'abandonner le duc d'Elchingen. Le centre du premier corps est précédé d'une batterie de 30 pièces de canon. Le général Senarmont, qui la commande, se porte à quatre cents pas dans la plaine, et fait un feu si terrible et si bien dirigé que l'ennemi, qui en souffre horriblement, ne peut réussir dans aucune des diversions qu'il entreprend pour suspendre la marche du sixième corps. D'ailleurs le duc d'Elchingen, ne s'inquiétant ni des mouvements ni des efforts de l'ennemi, continue d'avancer. Les grenadiers de son corps, détachés en avant et sur la droite de la colonne, accueillent à bout portant les bataillons ennemis qui se présentent pour l'attaquer, les chargent ensuite à la baïonnette et les précipitent dans l'Alle.

L'aile gauche des Russes, qui tente vainement d'arrêter l'impulsion terrible de la colonne française, recule pour gagner Friedland, et s'engouffre dans l'espace étroit qui est entre la rivière et l'étang. Bientôt la gauche du sixième corps atteint le ruisseau du moulin. Déjà elle touche à la pointe de l'étang, lorsque la garde impériale russe, qui était embusquée dans cet endroit, débouche avec intrépidité, fond sur la tête de la colonne française et la repousse l'espace de quelques toises, ce qui facilite la retraite dans la ville des troupes de l'aile gauche ennemie.

Pendant que la première division du sixième corps se remet d'un instant d'étonnement, la division du comte Dupont, qui forme la droite du premier corps, arrive sur le champ de bataille. Profitant d'un certain désordre que la charge impétueuse de la garde impériale russe a occasionné dans ses rangs, elle fond sur cette troupe avec ensemble et avec vigueur, la culbute, malgré toute sa résistance, et en fait un carnage affreux. L'ennemi rétrograde en toute hâte sur Friedland. Tant pour défendre ce point que pour se ménager une retraite, le général russe tire sans cesse de sa réserve de nouveaux combattants qui viennent remplacer les pertes qu'il éprouve.

De leur côté, les divisions françaises ne mettent pas moins d'acharnement pour pénétrer dans Friedland que les Russes pour s'y maintenir. Dans un espace de 200 toises carrées, 50,000 hommes se battent avec fureur, et semblent tous avoir juré qu'ils y trouveraient la mort. Napoléon s'est avancé jusqu'au milieu du feu. Il suit de l'œil tous les mouvements de ses braves troupes et le succès progressif de ses profondes combinaisons. Le prince major général s'élance plusieurs fois au fort de la mêlée, et donne les ordres propres à amener l'affaire à un heureux résultat. Enfin la victoire demeure aux Français. Leur bravoure imperturbable et réfléchie l'emporte sur le courage opiniâtre, mais aveugle, des Russes. Friedland est forcé; les rues de cette petite ville, où l'ennemi est poursuivi avec chaleur, sont jonchées de ses cadavres.

Pendant que ces événements se passent à la droite, le centre de l'armée française et surtout la gauche combattent l'ennemi sans le presser, et par ce feint ménagement l'excitent à se porter en avant. L'objet de cette manœuvre était d'empêcher Gorczakof de voir ce qui se passait sur sa gauche, et de l'attirer sur la route de Kœnigsberg, où il devait être enveloppé et pris entre deux feux par la droite de l'armée française, qui serait arrivée sur ses derrières après que Friedland aurait été enlevé.

Mais l'incendie de la ville avertit le prince Gorczakof du danger éminent auquel il était exposé. Il ne songe plus à des succès dont il s'était flatté un instant, lorsqu'il croyait que les Français hésitaient devant lui. Uniquement occupé du salut de ses troupes, il fait sa retraite avec précipitation et la dirige sur Friedland, croyant pouvoir s'échapper par le pont de l'Alle. Vain espoir! Friedland est occupé par les Français : le pont est la proie des flammes. Une division du corps de Gorczakof qui parvient à entrer dans la ville, croyant s'y réunir aux siens, est accueillie à coups de baïonnette et entièrement détruite.

Dans ce même moment, les grenadiers du duc de Reggio, le huitième corps et les fusiliers de la garde, commandés par le duc de Rovigo, s'étant portés en avant, font un carnage épouvantable des deux autres divisions de l'aile droite de l'ennemi, qui n'ont pas pu pénétrer dans Friedland. Acculés à la rivière, pressés en front par un adversaire terrible, qui ne leur présente d'autre alternative que de se rendre ou de mourir, les généraux russes commandent plusieurs charges d'infanterie et de cavalerie pour se dégager en faisant reculer les colonnes françaises.

Mais les efforts de leur désespoir ne servent qu'à prolonger la destruction de leurs soldats et à augmenter leur perte. Alors une foule de soldats russes veulent tenter un autre moyen de salut. Ils se jettent dans l'Alle, et essayent de la traverser, partie à la nage, partie à quelques gués qui s'y trouvaient, dans une saison où la chaleur avait fait baisser les eaux. Mais la rive droite de l'Alle étant fort escarpée, ce dernier refuge de l'ennemi lui devient encore funeste; et sans la nuit, qui cacha les mouvements, peu d'hommes de l'aile droite auraient échappé.

Cette mémorable soirée coûta à l'armée russe 15,000 morts, dans l'intervalle de six à neuf heures. Elle eut 25 généraux tués, pris ou blessés; 80 pièces de canon, une grande quantité de caissons, plusieurs drapeaux, tombèrent entre les mains de l'armée victorieuse. La cavalerie russe fit des pertes immenses.

Du côté des Français il y eut 1,000 à 1,200 morts et 3,000 blessés. Le général comte d'Erlon, du corps du duc de Montebello; le général Coborn, Hollandais; le colonel Regnaud, du 15ᵉ de ligne; le colonel Lajonquière, du 60ᵉ; le colonel Lamotte, du 4ᵉ de dragons, et le général de brigade Lebrun, furent blessés. Le général de division Latour-Maubourg fut atteint à la main; le colonel d'artillerie Dufourneaux et le chef d'escadron Hulin, aide-de-camp du duc de Reggio, furent tués; les aides-de-camp de l'Empereur comte de Lobau et la Coste furent légèrement blessés.

La bataille de Friedland est digne d'être placée à côté de celles de Marengo, d'Austerlitz et d'Iéna. L'ennemi était nombreux; il avait une belle et forte cavalerie, il se battit avec courage. Cependant la victoire ne fut pas un moment indécise, quoique toute l'armée française ne fût pas réunie, et que la garde impériale et deux divisions de la réserve, qui étaient présentes à la bataille, n'eussent pas été engagées. Tous les corps de l'armée, à l'envi les uns des autres, toutes les armes, se distinguèrent. Les carabiniers, les cuirassiers, les différentes divisions de dragons, se firent spécialement remarquer. Le nombre des braves qui se couvrirent de gloire fut si considérable, que les détails en échappent forcément à l'historien.

L'armée passa la nuit sur le champ de bataille.

Le corps de réserve bivouaqua sur la route de Kœnigsberg, entre Heinrichsdorf et Friedland;

Le huitième corps, partie en avant de Friedland, partie en-deçà de l'Alle, partie sur la rive droite;

Le premier corps, à Posthenen;

Le sixième corps, à Friedland, et en arrière de cette ville sur la rive gauche de l'Alle.

Les différentes divisions de la réserve de cavalerie bivouaquèrent auprès des corps d'armée auxquels elles avaient été attachées pendant la bataille.

L'Empereur passa la nuit dans la plaine, ayant autour de lui la garde impériale et l'état-major général.

Le lendemain de la bataille, le pont de Friedland, sur l'Alle, fut réparé à la faveur des brise-glaces qui n'avaient pas été brûlés. Plusieurs corps de cavalerie furent détachés du côté d'Allenbourg à la poursuite de l'ennemi. Le gros de l'armée continua, le 15, son mouvement sur la rive gauche de l'Alle. L'ennemi fit sa retraite avec une telle hâte, qu'il parvint à passer la Prégel à Welhau, sans essuyer de nouvelle perte. Il coupa tous les ponts, et continua sa marche vers le Niémen. Cependant il ne put pas éviter d'être atteint au-delà de la Pregel. En apprenant la victoire de Friedland, le roi de Naples quitta les environs de Kœnigsberg, passa la Prégel, à Tapian, avec sa cavalerie légère, joignit l'arrière-garde ennemie, et la mena battant l'espace de plusieurs lieues.

En se retirant, les Russes brûlèrent ou jetèrent à l'eau les immenses magasins qu'ils avaient sur l'Alle. Ils portèrent leur ligne de défense sur les frontières mêmes de la Russie. Kœnigsberg fut abandonné le 16 juin par la garnison prussienne et russe. Les généraux Kamensky et Lestocq, emmenant avec eux tout ce qui restait de troupes des deux nations dans cette ville, se dirigèrent sur Tilsitt pour se joindre aux débris de l'armée du général Bennigsen. Le quatrième corps entra dans Kœnigsberg. On trouva dans cette ville des richesses et des ressources considérables en tout genre; on s'empara de plusieurs centaines de milliers de quintaux de blé et de tout ce que l'Angleterre avait envoyé de munitions de guerre à la Russie, particulièrement de 160,000 fusils. Il y avait dans le port 200 gros bâtiments, tous chargés, venant des différents ports de Russie, et qui furent saisis. Kœnigsberg renfermait environ 20,000 blessés russes et prussiens. Par l'évacuation de cette place et par la retraite de l'armée russe, tout le beau et fertile pays situé entre la Prégel et le Niémen tomba au pouvoir des Français.

Le duc de Dalmatie reçut, le 16 juin au soir, l'ordre d'envoyer une de ses divisions bloquer Pillau. Le quartier général fut à Wehlau ce jour-là. Le 17, le prince d'Eckmühl, qui suivait, par la route de Labiau, les généraux Kamensky et Lestocq, tomba sur leur arrière-garde et leur fit plus de 1,000 prisonniers. Le duc de Bellune prit position à Taplacken, où les maréchaux ducs de Montebello et de Trévise durent aussi se rendre. Le général Zayonchek eut l'ordre de venir avec sa division à Schippenbeil, par la rive droite de l'Alle, et d'inquiéter l'ennemi sur la ligne de Grodno. La division Dombrowski fut jointe à celle de Zayonchek pour cette opération, et quitta momentanément le huitième corps.

Le 18, le quartier impérial était à Schirrau ; le roi de Naples reçut l'ordre de pousser de forts partis de cavalerie jusqu'au village de Skaisgirren, point d'intersection des routes d'Insterbourg et de Labiau à Tilsitt. Le corps de réserve du duc de Montebello campa en avant de Schirrau. Ceux des ducs de Bellune et de Trévise ne quittèrent pas leurs positions. Il fut recommandé au maréchal prince d'Echmühl de communiquer avec le roi de Naples, dont le quartier général était à Mehlaucken, et de pousser une division sur la route de Tilsitt, où elle devait prendre position.

L'Empereur fut à Tilsitt le 20. Les Russes avaient évacué cette ville la veille, et brûlé le pont sur le Niémen. L'empereur de Russie et le roi de Prusse, qui avaient passé ensemble trois semaines à Tilsitt, en étaient partis le lendemain de la bataille de Friedland. Le corps du duc d'Elchingen et la cavalerie légère de la réserve furent détachés à droite sur Schirwindt, pour suivre et enlever toutes les colonnes isolées de l'ennemi, qui avaient fui de ce côté, ou pour arrêter et repousser les partis de Cosaques qui pouvaient avoir passé le Niémen dans cette direction, afin d'inquiéter l'armée sur son flanc droit. Le maréchal duc de Dalmatie reçut aussi des instructions pour balayer les derrières de l'armée, et détruire toutes les troupes de partisans qui s'y étaient jetées. Il lui fut prescrit de former, pour cet objet, de petites colonnes mobiles, et de faire des exemples sévères de toutes les communes qui seconderaient les rôdeurs de l'ennemi.

Le prince major général écrivit le 20 au prince d'Essling pour l'instruire des victoires de l'armée, et lui mander, au nom de l'Empereur, de se porter avec tout ce qu'il avait de troupes à Bialystock. Le prince d'Essling était alors tranquille dans ses positions ; mais il avait été inquiété précédemment. Les Russes avaient attaqué quelques cantonnements du cinquième corps, dans le même temps qu'ils avaient fait un mouvement général contre la ligne de l'armée française sur l'Alle et la Passarge. Après diverses tentatives, ils avaient passé la Narew à Ostrolenka le 12 juin, et s'étaient portés sur la petite rivière d'Omulew à Drenzewo, où était la division du comte Claparède. Celui-ci avait soutenu vigoureusement les efforts de l'ennemi jusqu'à l'arrivée du prince d'Essling, qui était accouru en personne sur la ligne de l'Omulew. Les Russes avaient été repoussés sur tous les points, et, depuis cette époque, ils n'avaient fait aucune nouvelle tentative.

La nouvelle des importants succès qu'on venait d'obtenir fut aussi annoncée au maréchal Brune. On lui mandait que dans le cas où les Anglais joints aux Suédois oseraient encore tenter un débarquement à Stralsund, il devait s'y opposer avec les divisions

Molitor et Boudet, en laissant les Hollandais à Hambourg et les Espagnols en Hanovre, pour garder ces contrées.

Déjà les matériaux étaient prêts pour rétablir le pont du Niémen. Déjà, sous la conduite de leur chef invincible, les Français ne voyaient que de faciles conquêtes dans l'espace immense que leur offrait le pays ennemi, lorsqu'on reçut au quartier général de l'Empereur une demande de suspension d'armes de la part du général en chef de l'armée russe. Cette demande étant autorisée par l'empereur Alexandre, Napoléon, empressé d'arrêter l'effusion du sang, consentit à ce qu'on sollicitait de lui. L'armistice fut signé le 21 juin. La ligne de démarcation que devait occuper la Grande-Armée fut fixée depuis l'embouchure du Niémen, dans le Curische-Haïf, jusque vis-à-vis de Grodno; de là, elle se prolongeait sur les confins de la Russie jusque vers les sources du Bug.

En conséquence, les différents corps reçurent, en date du 24, les ordres relatifs aux cantonnements qu'ils devaient prendre. Kœnigsberg fut assigné au grand quartier général impérial, ainsi qu'à la garde à pied et à cheval. Cependant Napoléon resta à Tilsitt avec son état-major.

Le quartier général du quatrième corps fut fixé à Labiau; le corps, établi dans cette ville et aux environs.

Le prince d'Eckmühl eut son quartier général à Tilsitt. Sa surveillance s'étendait depuis l'embouchure du Niémen jusqu'à la route de Schirwindt à Wielona. Les dragons de la division Lahoussaye et la cavalerie légère du général Lasalle furent mis sous ses ordres.

Le quartier général du sixième corps fut à Marianpol, et sa surveillance s'étendait depuis Wielona jusqu'à Olitta. On mit la division des dragons Latour-Maubourg sous les ordres du duc d'Elchingen.

Le quartier général du duc de Trévise fut placé à Augustowo. Chargé de surveiller le pays depuis Olitta jusqu'à la rivière de la Bobr, ce maréchal avait sous son commandement les divisions Zayonchek et Dombrowski, ainsi que toute la cavalerie polonaise.

A la droite du huitième corps s'étendaient les cantonnements du cinquième, qui devait surveiller les bords de la Narew jusqu'au Bug. Le prince d'Essling établit son quartier général à Wizna.

Le premier corps fut placé en réserve à Vehlau. Sa surveillance se portait jusqu'à Insterbourg.

Le quartier général du corps de réserve de la Grande-Armée fut placé à Kœnigsberg; le corps devait occuper, avec cette ville, Brandenbourg à gauche, et Tapiau à droite.

Le roi de Naples eut aussi son quartier général à Kœnigsberg. Les divisions de grosse cavalerie Espagne, Saint-Sulpice, Nansouty et les divisions de dragons Grouchy et Milhaud furent cantonnées le long de la Prégel et de l'Alle, dans des plaines où les fourrages étaient abondants.

Il fut écrit au général comte Samson, chef des ingénieurs géographes, d'occuper les officiers de ce corps, pendant la durée de l'armistice, à reconnaître l'embouchure du

Niémen et toutes les petites rivières et ruisseaux qui forment des lignes sur le Niémen ou sur la Prégel. « Il faut, lui mandait le prince major général, faire lever exactement » à la planchette tous les endroits où nous avons eu des affaires, et les champs de » bataille. Il est également nécessaire de rectifier la belle carte de la Prusse orientale. »

« Vous avez connaissance de l'armistice, était-il écrit au général du génie comte » Chasseloup. L'intention de Sa Majesté est qu'on redouble d'activité pour tous les » travaux de l'artillerie et du génie. Il faut mettre Kœnigsberg en état de se défendre » pendant quelque temps. Il faut avoir à Vehlau, au confluent de l'Alle et de la Prégel, » des têtes de pont sur l'une et l'autre rivière, liées ensemble par des redoutes. Les » travaux de Sierock, de Marienbourg et de Modlin doivent être continués. Il faut en- » tretenir des têtes de pont sur la Passarge, perfectionner les fortifications de Thorn, » et surtout armer complètement Dantzig. »

Les deux empereurs de France et de Russie eurent une entrevue, le 25 juin, dans un pavillon élevé au milieu du Niémen. Le lendemain, l'empereur de Russie vint s'établir à Tilsitt. Plusieurs conférences, où se traitèrent les intérêts des deux empires et de l'Europe entière, eurent lieu entre les deux souverains. Enfin, le 8 juillet, la paix définitive fut signée par les ministres respectifs, et ratifiée par Leurs Majestés Impériales un jour après. Le 12 du même mois, la paix fut également conclue à Kœnigsberg entre la France et la Prusse.

Les principales conditions de cette paix furent la cession de la part de la Prusse de la majeure partie du territoire polonais qu'elle avait acquise depuis 1772 par les différents traités de partage. Il fut convenu que ces contrées formeraient, sous la dénomination de duché de Varsovie, un Etat dont la souveraineté fut donnée au roi de Saxe.

Le roi de Prusse céda en outre les provinces qu'il possédait entre l'Elbe et le Rhin. Ces pays devaient faire partie d'un nouveau royaume que l'empereur des Français érigeait, en faveur de son frère Jérôme Napoléon, sous le nom de royaume de Westphalie.

L'empereur de Russie et le roi de Prusse reconnurent toutes les créations et organisations nouvelles d'Etats et de dignités faites par Sa Majesté l'empereur Napoléon avant et depuis la guerre.

L'empereur de Russie fit cession à l'empereur des Français des bouches du Cattaro, au midi de la Dalmatie, et de l'archipel connu sous le nom des Sept-Iles dans la mer Adriatique.

La paix de Tilsitt fut déclarée commune à la Porte Ottomane; et il fut convenu que l'on prendrait des mesures pour la prompte conclusion d'un armistice entre les troupes de Sa Hautesse et celles de l'empereur de Russie.

Les ordres fussent aussitôt expédiés à Naples pour prévenir le roi que 4,000 hommes de troupes italiennes et napolitaines devaient sans délai former un camp entre Tarente et Otrante, afin de pouvoir être transportées à Corfou, aussitôt que les ordres de l'empereur de Russie pour l'évacuation de ces îles seraient arrivés. Le duc de Raguse, commandant en Dalmatie, reçut ses instructions pour occuper Cattaro et la ville même de

Raguse, qui devait désormais rester unie à la Dalmatie. Il fut mandé au prince vice-roi d'Italie d'envoyer des renforts en Dalmatie, afin d'y remplacer les troupes qui seraient employées à l'occupation des pays nouvellement acquis. Le général baron Guilleminot fut dépêché au quartier général du commandant de l'armée russe en Turquie, avec l'ordre de passer de là au camp du grand vizir, et de faire cesser immédiatement les hostilités entre les parties belligérantes.

L'empereur Napoléon partit de Tilsitt pour Kœnigsberg le 9 juillet au soir, et de là continua sa route pour Paris. Le 27 du même mois, Sa Majesté fut rendue aux vœux du peuple français.

Pendant que les plus grands événements se passaient sur le Niémen, le neuvième corps couronnait la belle campagne de Silésie par la prise de Glatz, qui avait été cerné aussitôt après la capitulation de Neiss. Les Prussiens tentèrent, mais inutilement, d'introduire du secours dans la place. Cette ville, très-forte, fut contrainte de capituler le 19 juin. Sa conquête acheva glorieusement les opérations du neuvième corps, qui, dans l'intervalle de huit mois, n'ayant pas plus de 15,000 combattants, avait pris 6 places fortes, 1,500 pièces de canon, une quantité considérable de munitions, et fait 20,000 prisonniers.

Par une convention signée à Kœnigsberg, le 12 juillet, entre le prince de Wagram et de Neufchâtel, major général et commandant en chef la Grande-Armée, en l'absence de l'Empereur, et le maréchal comte de Kalkreuth, de la part du roi de Prusse, il fut stipulé que les provinces rendues à la Prusse par le traité de Tilsitt seraient évacuées depuis le 20 juillet, époque à laquelle la ville même de Tilsitt serait remise aux troupes prussiennes, jusqu'au 1er octobre suivant; que la Silésie et toute la Prusse jusqu'à l'Elbe, devaient être restituées. Ainsi l'évacuation de la monarchie prussienne devait avoir lieu dans l'espace de deux mois et demi. Cependant les places de l'Oder, Stettin, Custrin et Glogau, furent gardées en dépôt jusqu'à l'entier accomplissement de la part de la Prusse de tous les articles du traité de Tilsitt. Par suite de cet arrangement, les corps français quittèrent successivement leurs cantonnements le long du Niémen, aux époques convenues, pour rentrer, soit en France, soit dans les pays de la Confédération du Rhin.

Le roi de Suède seul, malgré les victoires des Français, malgré le rapprochement que ces victoires avaient occasionné entre la France, la Russie et la Prusse, mit de l'obstination à continuer une guerre que ses intérêts lui défendaient de commencer, et qu'il ne pouvait pas conduire à une heureuse issue. Il comptait apparemment sur la coopération des Anglais, qui ne le secondèrent pas. Cependant, sur quelques craintes qu'on eut d'un débarquement de la part de ces derniers, il avait été ordonné au maréchal Brune, le 3 juillet, de rassembler toutes ses troupes, tant françaises que hollandaises et espagnoles, laissant seulement ce qui était indispensable à la garde de Hambourg et du Hanovre; d'envahir, avec ces forces réunies, la Poméranie suédoise, et de mettre le siége devant Stralsund.

L'investissement de cette place eut lieu. A la fin de juillet, le général Chasseloup fut envoyé au siége, pour en diriger lui-même les travaux, tandis que des ordres pressants. avaient été transmis au général Songis, commandant l'artillerie de la Grande-Armée, pour faire passer devant Stralsund l'artillerie et les munitions nécessaires au siége de cette ville. Le roi de Suède, qui affectait de se croire inexpugnable dans cette forteresse, prit subitement le parti de l'évacuer sans la défendre et d'abandonner toute la Poméranie à l'approche des Français. Les troupes aux ordres du maréchal Brune entrèrent dans Stralsund le 21 août. Ce fut le dernier succès d'une guerre où les triomphes s'étaient multipliés comme les pas du souverain qui conduisait les Français au combat.

BATAILLE D'ESSLING.

Lorsque l'archiduc Charles arriva à Engersdorf, tout présageait qu'un événement majeur aurait lieu prochainement. Les ponts qu'on avait construits sur le Danube à Ebersdorf, étaient achevés. En face de ce village, le fleuve est divisé en trois bras, séparés par deux îles. De la rive droite à la première île, il y a 240 toises; cette île a environ 1,000 toises de tour. De cette île à la grande, où est le courant principal, le canal présente 120 toises de largeur. Cette grande île, nommée la Lobau, a 7,000 toises de circuit, et le canal qui la sépare de la rive gauche est large de 70 toises. Nulle partie du fleuve n'était plus favorable au passage projeté. Les arbres et les bouquets de bois dont l'île de la Lobau est remplie couvraient les travaux, et en dérobaient la connaissance à l'ennemi.

L'île de la Lobau était une tête de pont naturelle. Par son étendue, elle formait comme une place d'armes où l'on pouvait rassembler les troupes et l'artillerie nécessaires pour forcer le passage du dernier bras qui sépare la Lobau de la vaste plaine appelée le Marschfeld. En débouchant dans cette plaine, on trouve à droite le village d'Essling, à gauche celui d'Aspern. Ces deux villages, dont toutes les maisons sont en pierre, ressemblent à deux bastions entre lesquels une ligne de fossés qui servent à l'écoulement des eaux, forme une courtine. Cette disposition des lieux assurait contre les efforts de l'ennemi le débouché des colonnes françaises sur la rive gauche du Danube. Le village d'Essling renferme une tour crénelée à trois étages, construite, dans des temps très-reculés, contre les incursions des Hongrois; cette tour peut contenir cent hommes. Dans Asper il y a un cimetière fortifié; ce dernier village a son flanc gauche appuyé à un bras du Danube. Essling et Aspern ont une communication sûre et commode avec l'île de la Lobau et les autres îles du fleuve : circonstance qui était très-importante pour un passage, puisqu'il en résultait la facilité de faire filer autant de troupes que l'on voulait sans qu'elles fussent aperçues de l'ennemi, et de s'établir sur une base solide avant d'aller en avant.

Le 19 mai 1809, à quatre heures du soir, l'ordre fut expédié au prince d'Essling de replier pendant la nuit tous ses postes avancés et de se concentrer sur la rive droite du Danube pour passer les ponts le 20 à la pointe du jour.

Les instructions du duc de Montebello portaient de tenir son corps d'armée prêt à passer le 20 à neuf heures.

Les trois divisions de cuirassiers furent averties de se préparer à se mettre en mouvement. Toutes les brigades de cavalerie légère de la réserve, celles des généraux Bruyère et Piré, celle du baron Colbert, celle du baron Marulaz, eurent l'ordre d'être rendues le 20, à cinq heures du matin, à Ebersdorf, pour passer les ponts. La brigade du comte Montbrun fut laissée pour couvrir la route de Presbourg.

Il fut enjoint à l'intendant général de l'armée de se rendre à Ebersdorf avec toute l'administration, et de faire charger les caissons de biscuit.

Le corps du prince d'Eckmühl s'étant rapproché de Vienne, se trouvait à Saint-Polten; il fut prescrit à la division du comte Friant, deuxième de ce corps d'armée, de se rendre à Vienne pour remplacer la division de grenadiers du duc de Reggio et faire le service de la place. La division du comte Gudin dut partir le 20, à trois heures du matin, de Sieghards-Kirchen, où elle était, pour être rendue à neuf heures entre Klosterneubourg et Vienne, à Nusdorf. De ce point, qui est sur la rive droite du Danube, la division devait surveiller toute la rive de ce fleuve jusqu'à Vienne. Le reste du corps d'armée eut l'ordre de partir de Saint-Polten à une heure convenable pour être rendu à Vienne le 20 à midi.

L'Empereur fit écrire au prince de Ponte-Corvo de pénétrer en Bohême et de manœuvrer sur Budweis. Cet ordre était conforme à la supposition très-plausible que l'archiduc Charles avait emmené avec lui toutes les troupes de la Bohême lors de sa marche sur Vienne par la Moravie.

La garde du pont de Lintz fut confiée au comte d'Unsbourg. Il lui fut ordonné de placer son quartier général à Ems, et d'être toujours prêt à se porter, suivant les circonstances, soit sur Lintz, soit sur Steyer, avec la masse de ses forces.

Ces dispositions faites, Napoléon se transporta le 20 dans l'île de la Lobau, accompagné du major général, prince de Wagram et de Neufchâtel, et suivi de sa maison militaire. Le corps du prince d'Essling avait passé dans l'île le matin, à l'heure qui lui avait été prescrite, emmenant avec lui 54 pièces de canon. L'Empereur fit établir, en sa présence, un pont sur le dernier bras de ce fleuve, dans le point mitoyen entre Aspern et Essling. Ce bras du Danube n'ayant de largeur que 70 toises, comme il a été dit, quinze pontons suffirent; et le pont fut jeté dans l'espace de deux heures.

Les Autrichiens attendaient l'armée française dans cette plaine, qui s'étend à perte de vue, depuis le Danube jusqu'à la rivière de la Marsch, sur les frontières de la Hongrie. L'intention de l'archiduc était d'attaquer les colonnes françaises lorsqu'elles déboucheraient dans cette plaine, de les rejeter sur le Danube, jusqu'au-delà du petit bras, et de s'emparer de l'île de la Lobau. Pour l'exécution de ce plan, qui n'était pas sans difficultés, l'archiduc avait réuni 80,000 hommes, divisés en six corps. C'étaient : 1° celui du général comte de Bellegarde, renfermant 20 bataillons et 16 escadrons; 2° du prince de Hohenzollern, formé de 22 bataillons et 8 escadrons; 3° du prince de Rosemberg, comprenant 26 bataillons et 24 escadrons; 4° du général Hiller, composé des restes des cinquième et sixième corps, et représentant encore 19 bataillons avec 22 escadrons; 5° le corps du prince Jean de Lichtensten ou la réserve de cavalerie, composée de 78 escadrons de cuirassiers, chevau-légers et dragons; 6° enfin la réserve de grenadiers, au nombre de 16 bataillons, sous les ordres du général Kienmayer.

L'armée autrichienne était rangée sur deux lignes, derrière Gerasdorf, entre la montagne dite le Bisamberg et la petite rivière nommée le Russbach. Le corps du général Hiller formait l'aile droite près de Stammersdorf; à sa gauche était celle du comte de Bellegarde, et immédiatement après celui-ci, le corps du prince de Hohenzollern, qui se prolongeait dans l'alignement du village de Wagram. Le prince de Rosemberg était sur le Russbach, formé en colonnes de bataillons; une partie de ses troupes occupait Wagram, et faisait à ce point l'extrémité de l'aile gauche de l'armée. Toute la réserve de cavalerie était en seconde ligne, et remplissait l'intervalle, entre l'aile gauche du corps de Hohenzollern et l'aile droite du corps de Rosemberg. La réserve de grenadiers était plus en arrière, à Sauring. L'armée avait sur son front 288 pièces de canon ou obusiers.

Les deuxième et quatrième corps français, la réserve de cavalerie et une partie de la garde impériale, se trouvèrent seuls à la bataille d'Essling, ce qui ne faisait que la moitié des troupes employées sous les ordres immédiats de l'Empereur.

Le deuxième corps était composé de la division du comte Saint-Hilaire, qui renfermait le 10° d'infanterie légère, 3°, 57°, 72° et 105° de ligne, et de la division de grenadiers du duc de Reggio, qui représentait dix bataillons.

Le quatrième corps renfermait quatre divisions d'infanterie. La première, commandée par le comte Legrand, était composée du 26° d'infanterie légère, des 18° et 19° de ligne français, des 1er, 2°, 3° régiments d'infanterie de Bade, et d'un bataillon de chasseurs du même pays.

La deuxième, sous les ordres du baron Carra Saint-Cyr, renfermait le 24° d'infanterie légère, les 4° et 46° de ligne, et quatre bataillons de troupes de Hesse-Darmstadt.

La troisième, commandée par le comte Molitor, renfermait les 2°, 16°, 37°, 61° de ligne.

La quatrième, aux ordres du comte Boudet, était formée des 3° et 5° d'infanterie légère, 56° et 93° de ligne.

La partie de la garde impériale qui prit part à la bataille fut le régiment de fusiliers, commandé par le comte de Lobau, aide-de-camp de l'Empereur; le régiment des tirailleurs, commandé par le baron Curial, et celui des anciens grenadiers, sous les ordres du comte Dorsenne.

La cavalerie de l'armée, sous le commandement général du duc d'Istrie, était composée de trois divisions de grosse cavalerie et d'une division de cavalerie légère.

La première division de grosse cavalerie était celle du comte Nansouty, formée des 1er et 2° régiments de carabiniers, 2°, 3°, 9° et 12° de cuirassiers.

La deuxième, celle du comte Saint-Sulpice, formée des 1er, 5e, 10e et 11e de cuirassiers.

La troisième, celle du comte Espagne, composée des 4e, 6e, 7e et 8e régiments de cuirassiers.

La division de cavalerie légère, composée de quatre brigades et commandée par le général Lasalle, était formée des 8e et 9e de hussards, des 3e, 7e, 13e, 14e, 16e, 19e, 20e, 23e et 24e régiments de chasseurs.

Le 21 mai, au jour naissant, l'Empereur, accompagné du prince major général et des maréchaux prince d'Essling et duc de Montebello, ayant reconnu la position de la rive gauche, arrêta sa ligne de bataille, la droite au village d'Essling et la gauche à celui d'Aspern. Ces deux villages et le terrain intermédiaire furent aussitôt occupés par les différentes divisions du quatrième corps, qui passèrent à neuf heures le dernier bras du fleuve. La division du comte Molitor s'établit à Aspern; celle du comte Legrand, entre Aspern et la Tuilerie; celle du baron Carra Saint-Cyr, à droite de celle du comte Legrand. Enfin, la division du comte Boudet prit poste à Essling.

Une partie de la réserve de cavalerie se porta dans la plaine, en avant des deux villages : les troupes légères en première ligne, les cuirassiers en seconde. L'autre partie de la réserve, la division Saint-Hilaire du deuxième corps, et les grenadiers du duc de Reggio, étaient en marche et ne franchirent les ponts que dans la nuit du 21 au 22.

La garde impériale était en réserve dans l'île de la Lobau.

Entre une heure et deux heures après midi, l'ennemi prend l'initiative, et on le voit s'avancer sur cinq colonnes. La première de ces colonnes se porte à droite d'Aspern; la seconde marche sur le front de ce village; la troisième sur la gauche. La quatrième se porte sur Essling. La cinquième se dirige pour tourner la petite ville d'Enzersdorf (où le général Boudet avait jeté quelques troupes), afin de prendre à revers la position d'Essling et de chercher en même temps à pénétrer dans l'île de la Lobau par ce point, que l'ennemi croyait plus faible que les autres. La cavalerie de la réserve des Autrichiens marchait entre la troisième et la quatrième colonne d'attaque. Le corps des grenadiers s'avançait de Sauring sur Gerasdorf.

Le village d'Aspern est assailli par l'ennemi avec la plus grande vigueur, la division Molitor n'en met pas moins à soutenir le choc et à se maintenir dans son poste; elle donne le temps à la division Legrand d'arriver à son secours. L'ennemi est repoussé; mais il revient à la charge. Etant très-supérieur en nombre, il parvient à se rendre maître de la tête du village. Les Français s'obstinent à reprendre le terrain qu'ils ont perdu; les Autrichiens mettent de l'acharnement à le garder. Le village devient, non pas un seul champ de bataille, mais le théâtre de mille petits combats sanglants et opiniâtres. Chaque rue, chaque maison, chaque grange, voit une scène de carnage; les charrues, les chariots, les herses, les fléaux, les fourches, les haches, sont employés, soit pour se couvrir et se retrancher, soit pour détruire l'ennemi, concurremment avec le fusil et le sabre. On combat dans l'église, dans le cimetière, autour des **grands** arbres; le moindre espace de terrain est disputé. Chaque parti semble dire au parti contraire que, pour être maître du village, il faut l'être de l'intérieur de toutes les habitations. Aspern est pris et repris jusqu'à six fois. Enfin, ce n'est que l'obscurité profonde qui sépare les combattants. Les Autrichiens restent dans la partie d'Aspern qui est du côté du Marschfeld, et les Français dans celle qui est du côté du Danube.

Dans l'intervalle de ce long et terrible combat, la troisième colonne autrichienne, soutenue par la réserve de cavalerie, a fait mille efforts pour pénétrer entre Aspern et Essling; mais elle a été constamment repoussée par la cavalerie française, qui a fourni plusieurs charges brillantes. Ce fut dans l'une de ces charges que le général Espagne, combattant à la tête de sa division avec l'intrépidité qui le distingua si longtemps, fut tué d'un coup de sabre au milieu de ses compagnons d'armes, qui donnèrent de vifs regrets à sa perte.

En même temps que la droite ennemie s'est portée à l'attaque d'Aspern, sa quatrième colonne, soutenue d'un terrible feu d'artillerie, a attaqué Essling. Les efforts de cette colonne n'ont pas tardé à être appuyés par ceux de la cinquième, qui, ayant réussi à s'emparer d'Enzersdorf, est arrivée sur Essling par la droite de ce village. La position des Français devint pénible. La seule division du comte Boudet, renfermée dans Essling, dut combattre contre des forces triples. Mais le duc de Montebello s'était porté à la tête de la division Boudet, qui avait été mise sous son commandement pour la bataille. Cet intrépide maréchal s'étant chargé personnellement de la défense d'Essling, ne permit pas à l'ennemi de pénétrer dans un seul point de l'enceinte de ce village. A la nuit, les Autrichiens prirent le parti de se retirer.

Le 22 mai, avant le jour, le corps des grenadiers du duc de Reggio, la division Saint-Hilaire, celle des cuirassiers Nansouty et le train d'artillerie passent le Danube. A quatre heures du matin, le combat recommence avec plus de fureur que le jour précédent. Aspern et Essling sont de nouveau attaqués par l'ennemi. Trois divisions du quatrième corps se sont concentrées pendant la nuit dans Aspern. Les Autrichiens attaquent en grand nombre, et sont soutenus d'une artillerie si formidable, qu'après un combat de quelques heures ils emportent le village. Ils n'en sont pas plus tôt maîtres, que le 24° d'infanterie légère y pénètre avec fureur, la baïonnette en avant, et les rechasse. Les Autrichiens, renforcés par des troupes qui leur sont envoyées des 2° et 3° colonnes, reviennent à la charge et reprennent l'église. Ils n'avaient pas eu le temps de s'établir dans ce poste, lorsque le 4°, le 40° de ligne et quelques régiments d'infanterie badoise s'avancent et l'enlèvent. L'ennemi, pendant ce temps-là, s'empare de quelques autres points du village. On court pour le forcer à les évacuer. Quatre fois les Autrichiens touchent au moment d'être maîtres de ce poste, à la possession duquel semble être attaché l'honneur des deux nations; quatre fois les Français les contraignent de l'abandonner presque en entier. Le jour est déjà avancé; on continue néanmoins de se disputer ce même champ de bataille. On ne peut encore décider à qui restera la victoire.

Pendant ce combat si prolongé, l'Empereur s'aperçoit que le centre de l'ennemi, composé de sa troisième colonne d'attaque, d'une partie de la seconde et de sa réserve de cavalerie, occupe au-dessus d'Essling un front fort étendu, qui se prolonge jusque vers Hirschstetten. Napoléon forme aussitôt le projet de partager en deux l'armée ennemie en la coupant par son centre; il confie cette opération au duc de Montebello. Le maréchal se met à la tête de la division Saint-Hilaire; le duc de Reggio avec les grenadiers est à sa gauche; la division du comte Boudet à sa droite; la cavalerie, rangée par masses, remplit les intervalles de la ligne de bataille.

L'ennemi s'aperçoit, aux dispositions faites contre lui, du danger auquel il est exposé. Il renforce promptement son centre, et l'archiduc généralissime vient en prendre lui-même le commandement. Le choc est terrible entre deux armées que l'honneur et l'amour de la gloire exaltent à l'envi. Mais les Français, combattant sous les yeux de Napoléon, se croient invincibles. La victoire effectivement se déclare pour eux; l'ennemi culbuté est déjà en pleine déroute.

Dans ce moment décisif, on vient avertir l'Empereur que de gros arbres et des moulins flottants, lancés par l'ennemi dans le grand courant du Danube, ont enlevé le pont qui joignait l'île de la Lobau à la petite île; que, par une suite de ce désastre, les parcs de réserve, la division des cuirassiers Saint-Sulpice, et tout le corps du prince d'Eckmühl, qui arrivaient pour prendre part à la bataille, sont arrêtés sur la rive droite du Danube. Napoléon juge qu'il est conforme à la prudence de suspendre le mouvement offensif du duc de Montebello. Il ordonne à ce maréchal de se replier, et lui fait prendre une position concentrée : sa droite est appuyée à Essling; sa gauche à un rideau où le quatrième corps touchait par sa droite, ayant toujours sa gauche dans Aspern.

L'ennemi, s'apercevant du mouvement que l'armée française fait sur elle-même, et du ralentissement de son feu, soupçonne que son stratagème a réussi; il se rallie, il revient à la charge avec une nouvelle confiance. Ses efforts se dirigent particulièrement contre le village d'Essling, qui est la clef de la position de l'armée française. Les Autrichiens attaquent ce village jusqu'à quatre fois, avec une grande résolution; mais ils sont toujours repoussés par l'effet prodigieux d'un courage supérieur. Enfin l'archiduc, déterminé à tout risquer pour emporter Essling, décide une cinquième attaque et fait avancer sa réserve de grenadiers.

Le généralissime autrichien ne croyait pas le succès douteux, contre des troupes harassées de fatigue, et dont les munitions étaient épuisées. Mais la garde impériale s'est portée sur le terrain du combat. Le comte de Lobau, à la tête des fusiliers et des tirailleurs, reçoit le nouveau choc des Autrichiens et rend nuls tous leurs efforts. L'ennemi se montre étonné d'une pareille résistance; le comte de Lobau l'attaque à son tour et culbute ses grenadiers. Par cette action brillante, il termine la journée et assure à l'armée française un champ de bataille si vivement et si longuement disputé.

Les tirailleurs de la garde, qui faisaient leurs premières armes, se signalèrent. Les grenadiers de la vieille garde étaient en seconde ligne, formant un mur d'airain capable d'arrêter l'armée autrichienne. Ce fut pendant cette terrible attaque d'Essling que le duc de Montebello eut la cuisse emportée par un boulet. Ce guerrier, aimé et admiré de l'armée, mourut quelques jours après, emportant au tombeau les regrets de son souverain, dont il était l'ami, et ceux de ses compagnons d'armes, dont il était le modèle.

L'armée se reposa quelques heures sur le terrain dont elle avait conservé si glorieusement la possession. Mais l'Empereur, jugeant qu'il était impossible de suivre aucune opération sur la rive gauche du Danube avant que les grands ponts fussent établis, se contenta d'assurer les têtes de pont; et, dans la matinée du 23, il fit repasser l'armée, partie sur la rive droite du fleuve, partie dans l'île de la Lobau, où elle prit position.

La perte des Autrichiens fut de plus de 10,000 hommes morts sur le champ de bataille. Ils eurent 23 généraux et 60 officiers supérieurs tués ou blessés; 1,500 prisonniers, au nombre desquels le général Weber, et 4 drapeaux, restèrent au pouvoir des Français. La perte de l'armée française se monta à 2,000 hommes tués et 3 à 4,000 blessés; parmi ces derniers se trouvaient le maréchal duc de Montebello et le général comte Saint-Hilaire, qui moururent, peu de jours après la bataille, de leurs blessures.

L'ennemi, assez heureux pour pouvoir créer momentanément, entre lui et l'armée française, un obstacle insurmontable, recula ainsi le jour décisif de la campagne. L'Empereur avait à réparer le mal produit par les caprices de la fortune et à se mettre en mesure de n'avoir plus à les redouter. Le général de division comte Bertrand fut chargé de diriger la construction d'un nouveau pont, dont la solidité serait à l'abri de toutes les tentatives de l'ennemi. Pendant que ces travaux s'exécutaient, différentes dispositions furent prises pour remplacer les pertes de l'armée et augmenter ses forces, pour achever glorieusement la guerre par un coup mémorable.

Le prince d'Eckmühl, dont le corps était resté intact sur la rive droite du Danube, fut chargé de la surveillance de Vienne. Le corps du prince d'Essling fut destiné à rester dans l'île de Lobau, qui désormais prit le nom d'île Napoléon. Le deuxième corps, dont le commandement avait été confié au duc de Reggio, fut placé dans les îles et sur les bords du fleuve, en seconde ligne derrière celui du prince d'Essling. La garde impériale, une partie des cuirassiers et des troupes légères de la réserve, en général tout ce qui avait le moins souffert à la journée du 22 fut ramené sur la rive droite, afin d'appuyer le prince d'Eckmühl si l'ennemi faisait des tentatives de passage. L'Empereur et le grand quartier général restèrent quelques jours à Ebersdorf.

Dans cet intervalle, le prince major général écrivit au prince de Ponte-Corvo, en date du 24 mai, pour l'instruire des résultats de la bataille d'Essling, et lui faire passer les ordres de l'Empereur, qui lui prescrivirent de garder avec les Saxons la tête du pont de Lintz, d'occuper Enns, Steyer, Ips et Walsee, et de faire de fortes et fréquentes incursions sur la rive gauche du Danube, sans néanmoins s'engager trop avant dans la Bohême, jusqu'à ce que les ponts fussent rétablis, et que l'Empereur fût en mesure de déboucher de nouveau sur la rive gauche. Le général comte d'Unsbourg eut en même temps l'ordre de quitter Lintz avec les Wurtembergeois, de venir s'établir à Saint-Polten, Molk, Mautern, et d'éclairer la rive droite du Danube depuis ce dernier lieu jusqu'à Vienne.

Aussitôt que le mouvement du huitième corps serait exécuté, le prince d'Eckmühl devait retirer les troupes qu'il avait encore dans ces différents postes, et concentrer provisoirement son corps d'armée sur Vienne. Sa destination ultérieure était de porter son quartier général à Neustadt, et de s'étendre avec les 50,000 hommes sous son commandement entre cette ville et Brück.

Il fut prescrit au maréchal duc d'Istrie de placer la division légère de la réserve, commandée par le général Montbrun, à Brück ; celle du général Colbert à Neustadt, et celle du général Lasalle à Haimbourg. Les divisions de cuirassiers des généraux Nansouty et Saint-Sulpice, celle du feu général Espagne (qui fut remplacé par le duc de Padoue) furent cantonnées à mi-chemin entre Fischament et Neustadt.

Le but de cette répartition de troupes était de se mettre en mesure contre tout ennemi qui déboucherait, soit du côté de Leoben, soit du côté de Presbourg et du pays compris entre cette ville et le lac d'Œdenbourg. Il était spécialement recommandé au duc d'Istrie d'entretenir la communication la plus étroite entre ces différentes divisions, de couvrir toute la frontière et d'éclairer soigneusement la rive du Danube du côté de Presbourg, afin de s'assurer si l'ennemi ne travaillait pas à quelque passage dans cette partie.

Après la prise d'Inspruck, le duc de Dantzig avait mandé qu'il se portait sur Leoben avec deux divisions bavaroises, laissant la troisième à la garde du Tyrol, sous les ordres du général Deroi. Il fut écrit le 26 au duc de Dantzig de continuer et même d'accélérer sa marche, et de se rapprocher de Vienne, afin de pouvoir prendre part aux événements qui se préparaient. Il lui était recommandé d'envoyer, aussitôt qu'il serait sur Leoben, une avant-garde sur le Simmering, haute montagne qui sépare la Syrie de l'archiduché d'Autriche. Le général comte Lauriston avait déjà été détaché sur cette montagne depuis Vienne avec une brigade d'infanterie des troupes de Bade, et la brigade de cavalerie du général Colbert pour aller au-devant de l'armée d'Italie et faciliter sa jonction avec l'armée impériale.

L'armée d'Italie, dont le quartier général était à Klagenfurt le jour de la bataille d'Essling, avait continué sa marche, toujours divisée en deux colonnes : l'une, sous les ordres immédiats du prince vice-roi, était entrée en Syrie ; l'autre, commandée par le duc de Tarente, s'était portée, après la prise de Trieste et d'Idria, sur Laybach en Carniole, et avait fait capituler les forts qui défendent cette ville et dans lesquels se trouvaient 65 bouches à feu, 8,000 fusils et des magasins considérables de vivres. Le 24 mai, le prince vice-roi, arrivant à Knittelfeld en Styrie, reçut l'avis que les débris du général Jellachich, échappés à l'armée d'Allemagne, et formant environ 7,000 hommes avec quelques troupes éparses qui s'étaient ralliées à ce corps, se dirigeaient sur Leoben. Le prince ordonna au général comte Serras de forcer de marche avec sa division pour arriver avant l'ennemi à l'embranchement des routes de Leoben et de Knittelfeld à Lintz.

Le 25, à neuf heures du matin, l'avant-garde française rencontra l'ennemi qui débouchait par la route de Mautern, et qui se forma aussitôt sur la position avantageuse de Saint-Michel. Mais toute la division étant arrivée à deux heures, l'ennemi, abordé sur toute sa ligne, fut culbuté et mis en déroute. Il perdit 500 hommes; on lui fit 4,000 prisonniers; le reste se dispersa. Le général Jellachich se sauva avec une cinquantaine d'hommes. Les Français entrèrent dans Leoben le 25 au soir. Le 26 à midi, l'armée d'Italie arriva à Brück, où elle fit sa jonction avec le général Lauriston.

Pendant ce temps, l'archiduc Jean, continuant sa retraite, avait pris sa route par Gratz. Mais il évacua cette ville le 27, après avoir jeté une garnison dans la citadelle. Le duc de Tarente, qui s'était rapproché du prince vice-roi après la prise de Laybach, suivait les traces de l'ennemi. Il entra le 30 mai à Gratz, et y trouva d'immenses magasins de vivres et d'effets d'habillement et d'équipement. Il fit aussitôt cerner la citadelle par la division du général Broussier. Quant au vice-roi, qui avait continué sa marche sur la Hongrie à la suite de l'archiduc Jean, il arriva à Œdenbourg le 5 juin.

Ce même jour l'Empereur retourna à Schœnbrunn, et y transporta le quartier général impérial. Comme la bataille de Saint-Michel avait détruit le seul rassemblement ennemi qui aurait pu donner de l'inquiétude du côté des montagnes de Styrie, l'ordre avait été envoyé dès le 28 mai au duc de Dantzig de venir remplacer à Lintz le prince de Ponte-Corvo. Celui-ci dut concentrer son corps d'armée (qui fut renforcé à cette époque d'une division d'infanterie française et d'une division de dragons) à Saint-Polten, où il devait se tenir prêt à recevoir d'un jour à l'autre une destination particulière. Par une suite du même mouvement, le comte d'Unsbourg fut rapproché de Vienne et cantonné entre Molk et cette capitale.

Dans le même temps, le duc de Raguse continuait sa marche à la tête du onzième corps et arrivait en Carniole, d'où il pouvait pénétrer en Styrie et se porter sur Vienne, si les circonstances l'exigeaient, aussitôt qu'il en recevrait l'ordre.

Tous les jours l'armée, se resserrant, prenait une position plus formidable. Les diverses provinces composant le cercle d'Autriche, depuis le Danube jusqu'à l'Italie, étaient soumises. La rive droite du Danube était parfaitement nettoyée. Chaque heure voyait ajouter de nouveaux obstacles aux entreprises que l'ennemi pouvait hasarder depuis la rive gauche. Les passages étaient exactement surveillés, les postes nombreux. L'ennemi, ayant fait le 30 mai quelques démonstrations pour passer le fleuve à Krems, fut contenu par la promptitude avec laquelle le comte d'Unsbourg rassembla ses troupes. Les Autrichiens ne réussirent qu'à faire passer un jour quelques centaines d'hommes, qui allèrent égorger à Amstetten un poste français.

La tête du pont de Lintz se fortifiait par un réduit où l'on estimait que 3,000 hommes auraient la possibilité de se défendre contre 30,000. Les ordres étaient donnés pour la construction d'une redoute palissadée et fraisée à Mauthausen, au confluent de l'Enns et du Danube. L'île Napoléon (de la Lobau) était défendue par 48 pièces de canon. On avait armé six bateaux portant chacun deux pièces de canon et une batterie flottante de trois pièces de 18, dont la destination était de croiser dans le fleuve pour empêcher l'ennemi de s'établir dans les îles et d'avoir des communications avec la rive droite.

Les derrières de l'armée étaient assurés par différents corps placés à Augsbourg, à

Hanau et sur le Mein, aux ordres des généraux Rivaud, Lameth, Clément, Lagrange. Le nord de l'Allemagne était protégé par l'armée westphalienne et les troupes hollandaises. Il y avait une division d'infanterie allemande aux ordres du général Rouyer à Passau, et 12 escadrons de dragons et de chasseurs dans le haut Palatinat, sous le commandement du général Laroche. Ces deux corps étaient sous les ordres supérieurs du général sénateur Beaumont.

Malgré le voisinage de ces forces, de nouveaux troubles s'étaient manifestés dans le Tyrol depuis le départ de l'armée. Lorsque Inspruck, principal foyer de l'insurrection, eut été pris, la plupart des habitants du Tyrol, qui voyaient que les Autrichiens, forcés à une retraite précipitée par les mouvements de l'armée d'Italie, les abandonnaient à eux-mêmes, auraient désiré rentrer paisiblement dans leurs foyers. Mais l'esprit de parti entraîne aveuglément certaines têtes : il se reforma un nouveau noyau d'insurgés dans le Vorarlberg, canton de l'Autriche antérieure, voisin du Tyrol. Ce noyau avait des ramifications dans la vallée supérieure de l'Inn, où des montagnes inaccessibles ayant empêché les troupes de pénétrer, les rebelles n'avaient jamais été entièrement soumis.

Un cabaretier, nommé Hofer, se mit à la tête de ce parti insurrectionnel, qui grossit bientôt, lorsque les rebelles s'aperçurent qu'ils n'avaient plus affaire qu'à une seule division bavaroise. Le général Deroy, pour ne pas compromettre inutilement l'honneur des armes de son souverain, prit le parti de se replier vers les frontières de la Bavière; il se mit dans une position défensive en attendant les événements, qui, selon toute apparence, devaient bientôt décider du sort des Tyroliens. Cette position du général bavarois, soutenue par les troupes que le général baron Beaumont commandait au débouché du Tyrol, contenait les rebelles, dont les mouvements inquiétèrent peu les communications de la Grande-Armée.

La Hongrie était le pays où les opérations avaient à cette époque le plus d'activité. D'Œdenbourg, où il était le 5 juin, le prince vice-roi, ayant continué son mouvement, arriva le 7 à Günz. Le général comte Lauriston se réunit à lui avec son corps d'observation et forma sa gauche. Le 9, le vice-roi se porta sur Sarvar. Le duc de Tarente, venant de Gratz, arriva à Kormeud. Des ordres avaient été envoyés au prince d'Eckmühl, qui était près de Presbourg, pour entretenir une communication intime avec le vice-roi, et détacher au besoin une division à son secours. Cependant l'archiduc Jean était parvenu par des marches forcées à opérer sa jonction avec l'archiduc palatin, son frère, qui commandait l'insurrection hongroise. Leur réunion eut lieu le 12, entre Papa et Teth. Ce même jour, l'armée d'Italie, débouchant par le pont de Merse sur Papa, s'avança sur Raab. On fut en présence le 14.

Les deux archiducs prirent position sur des hauteurs, la droite appuyée à Raab, ville fortifiée, et la gauche, couvrant la route de Comorn, autre place forte de la Hongrie. Ils avaient sous leurs ordres 35,000 hommes. L'armée française était à peu près d'égale force; mais elle venait d'être augmentée par la division de cavalerie légère du troisième corps, sous les ordres du comte Montbrun. Le vice-roi plaça sur sa droite cette division, les dragons du comte Grouchy et la brigade légère du baron Colbert. Il rangea son infanterie au centre, en échelons, et mit une division en réserve. Le corps du comte Lauriston et la brigade de cavalerie du baron Sahuc formaient la gauche, et observaient la place de Raab.

A deux heures après midi, la canonnade commença. A trois heures, le centre de l'armée française, formée en échelons, s'engagea successivement avec l'ennemi. La fusillade devint terrible. La première ligne de l'ennemi fut culbutée. La seconde arrêta un instant l'attaque des Français, qui ne tardèrent pas à être renforcés, et qui rompirent l'ennemi. Alors la réserve autrichienne se présenta. Le prince vice-roi mena en personne la sienne à sa rencontre. La belle position des Autrichiens fut enlevée. A quatre heures, la victoire était pleinement décidée. L'ennemi laissa sur le champ de bataille 3,000 morts. On lui fit un pareil nombre de prisonniers. Il fut vivement poursuivi dans la soirée du 14 et dans la journée du 15, sur la route de Comorn et de Pest. Les Autrichiens passèrent le Danube sur le pont de Comorn.

A la suite de cette brillante action, l'armée d'Italie s'empara du beau camp retranché des Autrichiens devant Raab. Cette ville fut investie. Le comte Lauriston fut chargé de la conduite du siége. L'Empereur lui ordonna, de même qu'au prince vice-roi, de faire faire, chacun de leur côté, un levé du champ de bataille et du camp, tant sur la rive gauche que sur la rive droite de la Raab. Sa Majesté voulait avoir des renseignements positifs qui la missent à même de prendre un parti sur ce qu'il fallait conserver ou détruire de ces ouvrages, pour avoir une ligne contre l'ennemi. Comme dans ce système la possession de Raab était très-essentielle, il fut ordonné d'en presser la reddition, en y jetant beaucoup d'obus.

Depuis la bataille de Raab, l'ennemi se tint tranquille en Hongrie. Il ne parut plus rien attendre de ce côté. Ses efforts, son activité, ses espérances, tout se porta sur les bords du Danube, en face de Vienne, où les Autrichiens firent d'immenses préparatifs pour empêcher le passage de l'armée française. Afin de mieux remplir son but, et dans l'espoir de diviser les forces des Français, l'archiduc Charles imagina une diversion qui aurait pu avoir des suites graves, si l'empereur Napoléon n'avait pas pourvu à la sûreté des derrières de l'armée, ou si l'ennemi n'avait pas été tellement contenu sur le Danube par l'attitude menaçante des Français, qu'il ne pouvait faire agir de grandes forces d'un autre côté.

Le 9 juin, l'archiduc Charles fit sortir de Bohême deux colonnes : l'une de 5,000 hommes sous les ordres du général Amende, à laquelle se joignirent 1,500 hommes que le duc de Brunswick-Oets, fils de celui qui avait été tué à Iéna, avait rassemblés à ses frais. Ces troupes se portèrent sur Dresde, que la garnison saxonne évacua à leur approche. Quelques jours après, les Autrichiens s'avancèrent sur Leipsig, où la cour de Saxe s'était retirée. Le roi de Saxe et sa famille se transportèrent à Francfort lorsqu'ils surent que l'ennemi approchait. L'autre colonne se porta à l'improviste sur Bayreuth en Franconie. Cette ville fut occupée sans résistance par trois bataillons d'infanterie et deux escadrons de hulans. Les Autrichiens s'avancèrent jusqu'à Bamberg.

L'avis de ces invasions ne tarda pas à parvenir à Schœnbrun. Le prince major géné-

ral écrivit au duc de Valmy : « L'Empereur ordonne, monsieur le maréchal, que vous
» mettiez en mouvement les deux brigades du général Rivaud, auxquelles vous join-
» drez le 46° de ligne, le régiment du grand-duc de Berg, et 12 pièces d'artillerie, pour
» marcher contre le corps qui a débouché de Bohême. Je donne l'ordre au général
» Bourcier, qui est à Passau, d'envoyer le régiment de dragons qui se trouve à Ratis-
» bonne, ainsi qu'un autre régiment qui va arriver dans cette ville, pour se joindre, du
» côté de Nuremberg, à la division du général Rivaud. J'écris au roi de Westphalie,
» qui, ayant réuni à Erfurth ses troupes avec les hollandaises, a 8,000 hommes sous
» ses ordres, de manœuvrer de concert avec le général Rivaud. L'Empereur s'en rap-
» porte à vous pour exécuter ses intentions, desquelles vous ne devez pas vous écarter.
  » La colonne ennemie, dont les mouvements importent à l'Empereur, est celle qui a
» débouché sur Bayreuth. Celle qui s'est dirigée sur Dresde n'a rien de commun avec
» son armée ; et avant qu'elle ait pu faire quelque chose d'essentiel, l'Empereur aura
» passé le Danube et sera sur ses derrières. Mais la colonne qui a débouché sur
» Bayreuth peut se porter sur Amberg et Ratisbonne, ou sur Cham et Straubing ; elle
» approcherait de très-près la ligne de communication de l'Empereur, et serait dans
» une position dangereuse pour l'armée ; ce qui obligerait Sa Majesté à faire un déta-
» chement qui l'affaiblirait dans un moment décisif.
  » Ainsi, que la colonne ennemie qui a débouché sur Bayreuth se soit portée à Bam-
» berg, Amberg ou Ratisbonne, ou qu'elle soit restée à Bayreuth, il faut marcher sur
» elle ; prendre poste d'abord à Würtsbourg ; se réunir à une colonne composée de tout
» ce qu'il y aura de Bavarois sur ce point, et aux deux régiments de dragons venant
» de Ratisbonne ; se concerter avec le roi de Westphalie, qui, d'Erfurth, marchera
» dans la même direction ; et, avec ces forces réunies, battre et détruire ce corps en-
» nemi. Cette opération consommée, vous marcherez contre le corps qui a débouché sur
» Dresde.
  » N'oubliez pas, monsieur le duc, que l'objet le plus important à remplir, pour ne
» point déranger les combinaisons de l'Empereur, c'est de couvrir le Danube et la ligne
» d'opération de l'armée. Si les circonstances étaient telles (ce que l'Empereur est loin
» de penser) qu'on ne puisse pas remplir les deux objets, savoir : d'empêcher l'ennemi
» de pénétrer dans le nord de l'Allemagne, ou de l'empêcher de pénétrer sur le Danube,
» il faut avant tout atteindre ce dernier but, car tout ce qui peut arriver du côté de la
» ligne de communication de l'armée est plus dangereux, et influerait plus dans le
» nord de l'Allemagne, que les mouvements que l'ennemi ferait réellement de ce
» côté-là. »
  Ces ordres, qui embrassaient toutes les circonstances, s'étendaient au-delà de ce que
les Autrichiens osèrent entreprendre. Lorsqu'ils s'aperçurent qu'on était en mesure de
les recevoir, ils abandonnèrent d'eux-mêmes leurs faciles conquêtes. Le 25 juin, le
général Amende évacua Leipsig ; le 29, il évacua Dresde, et rentra en Bohême. La
colonne qui avait marché sur la Franconie se pressa de faire sa retraite en même temps,
et de mettre les montagnes de la Bohême entre elle et les Français. Telle fut la fin

d'une expédition dont les Autrichiens ne retirèrent d'autres fruits que quelques contributions qu'ils levèrent sur les pays envahis, avec quelques armes et munitions dont ils
s'emparèrent dans Dresde.

Avant l'invasion des Autrichiens en Saxe, une folle entreprise avait été tentée pour
exciter des mouvements en Allemagne contre les Français. Un officier prussien, Schill,
qui avait montré de l'audace dans le service des troupes légères, pendant la dernière
guerre de Prusse, et qui avait été promu au grade de major, commandant un régiment
de hussards, déserta de Berlin avec tout son régiment, qu'il entraîna en montrant des
ordres supposés. Cet officier se porta, dans les premiers jours de mai, sur Wittemberg,
en Saxe, et cerna cette ville. Le général gouverneur de Berlin fit mettre Schill à l'ordre du jour comme déserteur. Le roi de Prusse, dès qu'il fut instruit de ce grave délit,
ordonna la réunion d'un conseil de guerre, pour juger ce major rebelle et ses fauteurs.

Schill ne surprit pas Wittemberg, comme il avait compté le faire. Il alla à Dessau,
publiant des proclamations, qui n'ébranlèrent personne, et vivant aux dépens du pays.
De Dessau, Schill se dirigea sur Hall et Halberstadt; il eut l'audace de s'approcher de
Magdbebourg. Le général Michaud, commandant de cette ville, se mit à la poursuite
de Schill, avec un régiment d'infanterie et quelques troupes à cheval; d'un autre côté,
trois escadrons de cuirassiers saxons, de Zastrow, partirent de Leipsig, pour le même
objet. Pour éviter le général Michaud, Schill se porta en toute hâte dans le Mecklen-
bourg. Mais 3,000 hommes de troupes hollandaises partirent aussitôt des frontières de
Hollande, sous les ordres du général Gratien, et arrivèrent à Lunebourg le 20 mai.

Schill avait espéré gagner les bouches de l'Elbe pour s'embarquer. Voyant son projet
déjoué, il se rejeta sur l'Oder; et, faisant des marches forcées, il parvint, le 27, à
Stralsund, où il se retrancha. Le général Gratien eut bientôt atteint le dernier refuge
de Schill. Celui-ci ne voulait que se maintenir assez dans Stralsund pour préparer son
embarquement et se rendre en Angleterre; mais il n'en eut pas le temps. Le 31 mai, le
général Gratien fit donner l'assaut aux retranchements, qui furent emportés. Presque
tout ce qui composait le corps rebelle fut tué ou pris. Schill lui-même fut atteint et
massacré sur la grande place de Stralsund, lorsqu'il se dirigeait vers le port pour tenter
de s'échapper sur quelque barque.

Dans le même temps que les détachements autrichiens commençaient leur retraite
de Saxe et de Franconie, la place de Raab, cédant à un bombardement de quelques
jours, se rendit au comte de Lauriston. La capitulation fut signée le 24 juin, et la
garnison fut prisonnière de guerre, au nombre de 2,500 hommes. Sa Majesté nomma le
général Louis de Narbonne commandant de cette ville et de la partie de la Hongrie
soumise à ses armes. Il fut ordonné à ce général de mettre la place en état de soutenir
un siége. L'intention de l'Empereur était que le commandant de Raab s'enfermât dans
la place pour s'y défendre, si les circonstances forçaient à se replier le cordon de troupes qui devait être laissé de ce côté.

A cette époque, où tout présageait dans un avenir prochain les événements les plus
importants, la position de l'armée était brillante. Le cours du Danube lui était soumis

depuis sa source jusqu'à Raab, dans un espace de 250 lieues. Les insurgés tyroliens, les seuls alliés que l'Autriche eût en Allemagne, étaient tous les jours victimes de leur aveuglement et de leur opiniâtreté. Ils s'exposaient à de grandes calamités, sans que leurs efforts dérangeassent le moins du monde les opérations de l'armée française ni les plans de l'Empereur. Depuis Bregenz, qui était devenu le nouveau centre de leur insurrection, ils pénétraient quelquefois en Souabe. Ils osèrent même faire une tentative sur Lindau. Mais ils furent repoussés avec la plus grande énergie par le général baron Beaumont, qui commandait dans toute la ligne des débouchés du Tyrol.

Indépendamment des forces que ce général avait sous ses ordres depuis le commencement de la campagne, on lui fit passer de Stralsund deux demi-brigades provisoires, fortes chacune de 1,500 hommes ; et lorsque les Autrichiens, sortis de Bohême, y furent rentrés, et qu'on n'eut plus d'inquiétude de ce côté, le général Beaumont fut autorisé à employer contre le Tyrol les troupes que le roi de Wurtemberg avait encore en Souabe à la disposition de la France, et même au besoin la colonne de cavalerie du général Laroche. Dès lors il lui fut enjoint, par une lettre du 27 juin, de ne plus se tenir sur la défensive, mais de prendre l'offensive, et de faire un exemple de Bregenz. On lui mandait de se concerter à ce sujet avec les ministres de l'Empereur près les cours de Bavière, de Wurtemberg et de Bade, pour faire concourir au succès de cette expédition les troupes de ces trois princes, et réunir contre Bregenz un corps de 7 à 8,000 hommes.

Afin de prévenir de nouvelles invasions des Autrichiens en Allemagne, on forma un corps d'observation en Franconie, sous les ordres du duc d'Abrantès. Ce corps, composé des divisions d'infanterie des généraux barons de la Raffinière, de Lameth, comte Lagrange, et de la brigade de cavalerie du général Laroche, présentait au total une force de 14 à 15,000 hommes ; il fut réparti entre le Danube et Bayreuth. La division du général comte Lagrange resta à Augsbourg. Le quartier général du duc d'Abrantès fut placé à Bayreuth. Les instructions que l'Empereur lui fit parvenir portaient que le premier but que devait avoir le corps d'observation qu'il commandait était de maintenir libre le pays depuis Bayreuth jusqu'au Danube, de sorte que l'ennemi ne pût s'établir solidement et en force sur Amberg, Waldmünchen ou Cham, ni inquiéter sérieusement les rives du Danube, ou passer ce fleuve pour couper la ligne de communication de l'armée.

Une partie du corps d'observation du duc d'Abrantès était aussi destinée à seconder les opérations du roi de Westphalie, dans l'hypothèse où, après avoir repris Dresde, ce prince pénétrerait en Bohême. Napoléon fit écrire à son frère en date du 29 juin : « L'intention de l'Empereur est qu'après que Votre Majesté aura réuni la division » hollandaise du général Gratien, le régiment du grand-duché de Berg, sa propre » armée, et quelques régiments saxons, ce qui formera un corps de 20,000 hommes (qui » prendra la dénomination du 10° de la Grande-Armée), Votre Majesté porte son quar- » tier général à Dresde, et se prépare à entrer en Bohême. L'Empereur a donné l'ordre » au duc d'Abrantès de concerter ses opérations avec celles de Votre Majesté ; et dans

» le cas où Votre Majesté entrerait en Bohême, d'envoyer la division du baron de la
» Raffinière avec un régiment de cavalerie, et 12 pièces de canon pour la soutenir.
» Alors, Sire, vous auriez sous vos ordres une armée respectable en infanterie, cavalerie
» et artillerie; et aussitôt que vous auriez débouché en Bohême, nous ne tarderions pas
» à vous joindre, l'Empereur étant dans l'intention d'y faire marcher le corps du duc
» de Dantzig, en même temps que l'armée passera le Danube, ce qui ne tardera pas.
» Si, au contraire, les forces de l'ennemi ou toutes autres raisons étaient cause que
» Votre Majesté ne jugeât pas à propos d'entrer en Bohême, l'intention de l'Empereur
» est que la division du général de la Raffinière reste sur Bayreuth et dans le haut
» Palatinat, pour, de concert avec la brigade du général Laroche, menacer la Bohême
» de ce côté, garantir tout le haut Palatinat, et surtout empêcher que rien n'arrive sur
» le Danube, depuis Passau jusqu'à Donauwerth. »

L'empereur Napoléon organisait ainsi les moyens de porter de toutes parts des coups mortels à la monarchie autrichienne. Pendant que les forces ennemies allaient recevoir de front, sur le Danube, le plus terrible choc, que les communications de leur gauche avec la Hongrie étaient rendues très-difficiles, et que leur flanc droit était menacé du côté de la Bohême, la sûreté de leurs derrières ne courait pas de moindres dangers. En effet, le prince Poniatowski continuait d'obtenir des succès; et les Polonais poursuivaient l'archiduc Ferdinand, qui se retirait en toute hâte. Le 22 juin, le prince Poniatowski passa la Vistule et se réunit au général Zayonschek, qui avait formé un corps d'insurgés sur la rive gauche du fleuve. Le 27, l'Empereur fit écrire au prince Poniatowski qu'il supposait les Russes arrivés à Cracovie, ou du moins très à portée de cette ville; que ce prince devait les engager à se diriger sur Olmütz, et, s'il était possible, s'y porter lui-même. Le but de ce double mouvement devait être d'occuper le corps de l'archiduc Ferdinand, de le harasser par des marches et des combats, et de l'empêcher de se réunir à l'archiduc Charles.

Pendant que ces dispositions s'exécutaient, les ordres étaient donnés pour rapprocher tous les corps de l'armée, et les concentrer au point où Napoléon avait le dessein de passer le Danube. Le plus éloigné de ceux qui étaient destinés à prendre une part active à cette grande opération était le corps du duc de Raguse. Parti de Fiume à la fin du mois de mai, pour rejoindre l'armée d'Italie, le duc de Raguse était le 3 juin à Laybach, en Carniole. A cette époque, le général ennemi Chasteler, échappé du Tyrol, manœuvrait pour gagner la Hongrie par la Carinthie et la Styrie; il fut prescrit au duc de Raguse de se mettre à sa poursuite, et non-seulement de l'empêcher de rien entreprendre contre la division du général comte Broussier, qui assiégeait la citadelle de Gratz, mais encore d'accélérer, par sa présence, la reddition de cette forteresse. Le duc de Raguse, n'ayant pas pu se procurer assez de renseignements sur la marche de l'ennemi, s'arrêta trop longtemps à Laybach, et manqua Chasteler, qui entra en Hongrie et alla s'établir aux environs du lac de Platten.

Le duc de Raguse ne partit de Laybach que le 16 juin, et n'était pas encore à Gratz le 26. Le général Giulay, qui commandait une division en Hongrie, et qui avait reçu les renforts de Chasteler, profita de l'inaction du duc de Raguse pour donner des alarmes au général Broussier, et tâcher de l'éloigner de Gratz. Heureusement que la victoire de Raab avait rendu les affaires des Autrichiens fort mauvaises en Hongrie. Les deux généraux ennemis n'osèrent pas se montrer trop entreprenants, ni faire des expéditions sérieuses au-dehors.

Au surplus, le comte Broussier avait l'ordre, s'il était attaqué par des forces supérieures, de lever, sans hésiter, le siége de Gratz et de se retirer sur l'armée d'Italie en attendant l'arrivée du duc de Raguse. L'Empereur fit écrire le 30 juin à ce dernier :
« Sa Majesté n'entend pas vos dispositions ; vous deviez être le 24 à Gratz, et vous n'y
» êtes arrivé que le 27. Sa Majesté me charge de vous dire que ce qui convient à la
» guerre, c'est de la simplicité et de la sûreté ; or la simplicité et la sûreté de vos mou-
» vements voulaient que vous allassiez directement à Gratz. Là, vous vous seriez trouvé
» sur la rive droite de la Mur, et vous auriez eu des nouvelles de l'ennemi. Au lieu de
» cela, vous avez donné le temps à Chasteler de vous échapper ; et maintenant vous
» manquez Giulay, qui, après avoir fait une tentative inutile pour délivrer Gratz, a
» exécuté tranquillement sa retraite sur Rachersbourg, le 27. Et dans le même temps
» que cette nouvelle parvient au quartier général, vous me mandez que vous avez com-
» mencé à poursuivre cette colonne ennemie le 28. Vous n'ignorez pas cependant,
» monsieur le duc, que le destin des armées et des plus grands événements dépend d'une
» heure. Par votre retard, vous vous êtes ôté l'espoir d'atteindre le corps ennemi que
» vous poursuiviez, et vous vous êtes mis, en vous éloignant, hors de la main de
» l'Empereur.

» Sa Majesté ordonne que vous dirigiez sur-le-champ le général Broussier, avec les
» troupes à ses ordres, par la route la plus courte, sur Vienne. L'intention de l'Empe-
» reur est qu'avec tout votre corps d'armée, vous reveniez aussi à grandes journées sur
» Vienne, aussitôt que vous aurez éloigné le corps du général Giulay. Si vous pouvez
» prendre le château de Gratz, vous y laisserez une garnison ; ce qui serait fort avan-
» tageux pour maintenir nos communications. Si vous ne le pouvez pas, vous laisserez
» une arrière-garde pour bloquer ce château, et vous donnerez pour instruction au com-
» mandant de n'évacuer la ville que deux jours après votre départ.

» Il faut que vous marchiez avec rapidité, afin d'arriver à Vienne dans quatre à cinq
» jours. Il est essentiel que vous soyez rendu à six lieues de cette ville le 4 juillet. »

BATAILLE DE WAGRAM.

Les ordres que recevait le duc de Raguse concordaient avec ceux qui avaient été transmis aux autres corps, et qui tous étaient relatifs au grand événement qui se préparaît. L'obstacle qu'un fleuve rapide et difficile à dompter avait opposé à l'ardeur des guerriers français venait de disparaître.

Le 1ᵉʳ juillet (1809) les ponts dont la construction avait été confiée par l'Empereur aux soins du comte Bertrand furent terminés. Ils excitaient l'étonnement et l'admiration. Sur l'un des fleuves les plus rapides du monde et sur une largeur de 400 toises, on avait jeté d'abord un pont formé de 60 arches, où trois voitures pouvaient passer de front. Un second pont de pilotis, de la largeur de huit pieds, avait été construit pour l'infanterie. Après ces deux ponts, il y en avait un de bateaux. Ils étaient assurés tous contre les insultes de l'ennemi, même contre l'effet des brûlots et machines incendiaires, par des estacades sur pilotis, construites entre les îles dans différentes directions, et dont les plus éloignées étaient à 250 toises des ponts. Ces immenses travaux avaient été exécutés en vingt jours. Ils étaient défendus par des têtes de pont, ayant chacun 1,600 toises de développement, formées de redoutes palissadées, fraisées et entourées de fossés pleins d'eau.

L'île Napoléon, où ces ponts aboutissaient, était devenue une place forte. Il y avait à l'époque du 1ᵉʳ juillet des manutentions de vivres pour toute l'armée, 100 pièces de canon de gros calibre et 20 mortiers ou obusiers de siége en batterie. Ces grands ouvrages étant achevés, le prince d'Essling, dont le corps était dans l'île Napoléon, fit jeter le 30 juin un pont sur le dernier bras du fleuve en face d'Aspern. Ce pont fut immédiatement construit en pilotis, et se trouva couvert momentanément par un retranchement construit lors du premier passage.

L'ennemi gardait en force une petite île, nommée île du Moulin, entre ce dernier pont et l'île Espagne. L'ordre fut donné de prendre possession de l'île du Moulin, et d'y construire un pont de bateaux, avec une batterie de six pièces de 12 et quatre mortiers. Cette opération fut exécutée le 2 juillet en plein midi par un aide-de-camp du prince d'Essling (le chef de bataillon Pelot).

L'île Montebello, qui battait Enzersdorf, fut armée de dix mortiers et de vingt pièces de 18. Entre cette île et l'île Espagne, on établit encore une batterie égale en force à celle de l'île Montebello. Toutes ces batteries avaient pour objet de détruire les ouvrages de l'ennemi sur la rive gauche du fleuve. L'île nommée Alexandre, située à la droite de celle dont il vient d'être question, fut armée de quatre mortiers, de dix pièces de 12 et de douze pièces de 6, dont le but était de battre la plaine et de protéger le placement et le reploiement des ponts.

Le 1ᵉʳ juillet, l'Empereur quitta Schœnbrunn et se rendit dans l'île Napoléon, où le quartier général et la garde impériale furent établis. Ce jour même le duc de Reggio, chef du deuxième corps, reçut l'ordre de commencer à neuf heures du soir le passage des premiers ponts pour entrer dans l'île Napoléon. Tous les postes occupés par les troupes du quatrième corps durent être relevés au jour par les troupes du duc de Reggio. Les divisions des généraux Molitor et Boudet, en faisant place à celles du deuxième corps, avaient l'ordre de se concentrer près du dernier bras du Danube. Il fut enjoint au général comte d'Unsbourg de venir occuper Vienne avec les Wurtembergeois. Il devait y être rendu le 2 au soir. Les instructions du prince de Ponte-Corvo portaient d'avoir son quartier général le 2 à Ebersdorf, où tout son corps d'armée devait être réuni. Le duc d'Istrie, à la tête de la réserve de cavalerie, eut la même destination. Le comte Lariboissière, commandant en chef l'artillerie de l'armée, reçut aussi l'ordre de transporter son quartier général à Ebersdorf.

Il fut écrit le 1ᵉʳ juillet au prince vice-roi : « L'ennemi nous a montré ce matin toute » son armée et s'est mis en bataille. Nous vous attendons, monseigneur, avec votre » corps d'armée, pour le 4 de ce mois. Vous passerez les ponts d'Ebersdorf sans vous » arrêter; à cet effet, il sera nécessaire que vos troupes aient pour deux jours de » vivres. »

L'ordre donné au prince vice-roi fut adressé également au prince d'Eckmühl, dont le quartier général était toujours à Haimbourg. Il lui fut prescrit de ne quitter sa position que dans la nuit du 4 au 5 juillet, et sans s'arrêter de filer dans l'île Napoléon. Le duc de Raguse, à la tête du onzième corps, n'était plus qu'à une marche de Vienne. Quant aux troupes bavaroises, elles restèrent à Lintz, sauf la division d'infanterie du comte de Wrede, qui fut appelée à Vienne et destinée à agir le jour de la bataille avec la garde impériale.

L'archiduc généralissime de l'armée autrichienne avait employé tout le temps écoulé depuis la bataille d'Essling jusqu'au 1ᵉʳ juillet à fortifier le champ de bataille sur lequel il voulait disputer à l'armée française l'entrée du cœur des Etats héréditaires. Le dessein de l'archiduc, semblable à celui qu'il avait déjà conçu pour la journée d'Essling, n'était pas d'empêcher les Français de passer le Danube, mais de les combattre à leur débouché sur la rive gauche. Dans cette pensée, le généralissime avait mis son armée en position sur le rideau qui domine la plaine du Marchfeld, à peu près comme elle était la veille de la bataille d'Essling, si ce n'est que le village de Wagram, auquel aboutissait alors l'extrémité de la gauche de l'armée autrichienne, était devenu son point central. Sa droite s'appuyait à Stammersdorf, et sa gauche à Markgrafen-Neusiedl. L'archiduc avait jeté une forte avant-garde dans les postes d'Aspern, d'Essling et de Stadt-Enzersdorf. Ces villages étaient environnés de redoutes, et ils étaient liés l'un à l'autre par une chaîne de retranchements.

L'armée de l'archiduc était composée de six corps, plus un corps de réserve de cavalerie et un de grenadiers. Le premier corps était sous les ordres du comte de Bellegarde, le deuxième sous les ordres du prince de Hohenzollern, le troisième sous ceux du général d'artillerie comte Kollowrath; le quatrième était commandé par le prince de Rosemberg, le cinquième par le prince de Reuss, et le sixième par le lieutenant feld-maréchal comte de Klenau, en l'absence du général Hiller, qui était malade. La cavalerie de réserve avait à sa tête le prince de Lichtenstein. Les grenadiers étaient commandés par le lieutenant feld-maréchal baron Prochaska. Ces corps réunis présentaient sous les armes 120,000 combattants, soutenus par 410 pièces d'artillerie de différents calibres réparties sur la ligne.

La position de l'armée autrichienne semblait inexpugnable, surtout lorsqu'on réfléchissait que, pour l'en débusquer, il fallait déboucher et se former sous son feu. Mais Napoléon avait son plan, dont le développement devait causer une grande surprise à son armée, aussi bien qu'à l'ennemi. Le 2 juillet, l'ordre suivant partit du quartier général impérial :

« Le 4, à neuf heures du soir, le duc de Reggio fera embarquer un général de brigade avec trois bataillons de voltigeurs pour aller s'emparer des bois qui sont dans les fonds autour de Mühllenten. Le capitaine de vaisseau Baste, avec huit bateaux armés, se portera en avant et protégera le débarquement de ces troupes par une vive canonnade en enfilant les batteries ennemies, qui en même temps seront canonnées par nos batteries.

» Le capitaine des pontonniers fera établir son pont, qui devra être construit en deux heures. Immédiatement après, le duc de Reggio débouchera avec son corps, chassera l'ennemi de tous les bois, portera une de ses divisions jusqu'à la Maison-Blanche et une autre sur Mühllenten.

» Un quart d'heure après que la canonnade aura commencé sur la droite, le prince d'Essling fera partir cinq bacs, portant dix pièces de canon avec 1,000 coups à tirer et 1,500 hommes d'infanterie, qui doubleront l'île Alexandre et iront débarquer le plus haut qu'ils pourront.

» Aussitôt que ces bacs auront doublé l'île Alexandre, le pont de quatre-vingts toises, d'une seule pièce, préparé par le chef de bataillon Dessales, descendra un peu plus bas que l'île Alexandre, sera rabattu et placé. Tout le corps du prince d'Essling passera sur ce pont.

» Un pont de radeaux sera construit vis-à-vis de l'île Alexandre. Le prince d'Eckmühl surveillera la construction de ce pont, qui doit servir au passage de ses troupes.

» Le pont sur pontons sera jeté au même moment à côté de celui de radeaux; il servira au passage de l'artillerie du corps du prince d'Essling et à celui de la cavalerie légère.

» Le corps du prince de Ponte-Corvo, la garde impériale, à laquelle seront jointes les troupes du duc de Raguse et la division du général de Wrede, les divisions de cuirassiers et l'armée du prince vice-roi, passeront immédiatement après sur les différents ponts.

» L'armée sera placée de la manière suivante : trois corps en première ligne, celui du prince d'Essling à la gauche, celui du duc de Reggio au centre, celui du prince d'Eckmühl à la droite.

» En seconde ligne : le corps du prince de Ponte-Corvo à la gauche, la garde, le corps du duc de Raguse et la division de Wrede au centre, l'armée du prince Eugène à la droite.

» Les cuirassiers formeront une réserve à part, placés en troisième ligne, sous les ordres du maréchal duc d'Istrie.

» La cavalerie légère sera répartie, savoir : les brigades des barons Piré, Marulaz et Bruyère, réunies sous les ordres du général de division Lasalle, avec le corps du prince d'Essling ; la brigade du général baron Colbert, avec le corps du duc de Reggio ; la division du comte de Montbrun, composée de deux brigades, commandées par les généraux Pajol et Jacquinot, avec le corps du prince d'Eckmühl.

» Le général de division comte Régnier sera chargé du commandement et de la défense de l'île Napoléon, avec six bataillons fournis par différents corps. Toutes les batteries des îles et la garde de tous les ponts seront sous les ordres de ce général. »

En conséquence de ces dispositions, les trois corps qui devaient former la première ligne de l'armée se préparèrent à passer sur la rive gauche du Danube dans la nuit du 4 au 5. Les chefs des autres corps, qui étaient arrivés à Ebersdorf, reçurent des ordres particuliers pour se concentrer dans l'île Napoléon pendant la journée du 4. Les cuirassiers, qui devaient être en troisième ligne, eurent ordre de s'arrêter le 4 à Ebersdorf pour ne passer le pont qu'après l'armée. Les troupes de Wurtemberg restèrent à Vienne.

La composition de l'armée présentait les données suivantes : le quatrième corps avait ses quatre divisions d'infanterie composées comme le jour d'Essling. Le deuxième corps avait éprouvé des mutations ; la division de grenadiers avait été dissoute, et les grenadiers étaient rentrés dans leurs régiments respectifs. Ce corps renfermait maintenant trois divisions ; celle du feu comte Saint-Hilaire, remplacé par le général Grandjean, était toujours composée comme le 21 mai. La division du comte Tharreau était composée de détachements des 6°, 9°, 25°, 27° d'infanterie légère, des tirailleurs corses, des 8°, 24°, 45°, 54°, 63°, 94°, 95° et 96° de ligne. La troisième division était formée par une légion portugaise, commandée par le général de brigade Carcome-Lobo, et composée de la treizième brigade d'infanterie d'élite portugaise et d'un régiment de chasseurs à pied de la même nation.

Le troisième corps, dont la division Saint-Hilaire avait été séparée depuis longtemps, avait ses trois anciennes divisions d'infanterie, commandées par les généraux comte Morand, Friant et Gudin ; il était composé comme le jour de la bataille d'Eckmühl.

Le neuvième corps avait deux divisions de troupes saxonnes, composées des 1er, 2°, 3° et 4° régiments saxons d'infanterie de ligne, d'un détachement des gardes du corps du roi de Saxe, de trois régiments de chevau-légers et d'un régiment de hussards. La seconde division était une division française, commandée par le comte Dupas. Cette division avait été réunie au neuvième corps à son arrivée à Lintz, et augmentée de quelques régiments depuis son arrivée à Vienne. Elle était composée des 16°, 17°, 21°, 28° d'infanterie légère, des tirailleurs du Pô, et de détachements des 40°, 59°, 64°, 69°, 76°, 88°, 100° et 103° de ligne.

L'armée d'Italie avait à cette époque quatre divisions d'infanterie française, une division d'infanterie italienne et deux divisions de dragons. La première division française, commandée par le général comte Broussier, était formée des 9°, 84° et 92° de ligne. La deuxième, commandée par le général Lamarque, renfermait les 13°, 29°, 35° et 53° de ligne. La troisième, sous les ordres du général Durutte, était composée des 23° d'infanterie légère, 62° et 102° de ligne. La quatrième, sous les ordres du général baron

Pacthod, renfermait les 1⁰ʳ, 52ᵉ, 106ᵉ et 112ᵉ d'infanterie de ligne. La division italienne, sous les ordres du général Severoli, était composée des 1⁰ʳ, 2ᵉ, 3ᵉ et 7ᵉ régiments italiens d'infanterie de ligne, et d'un régiment dalmate. Une division de dragons, aux ordres du comte Grouchy, renfermait le régiment italien des dragons de la Reine, les 7ᵉ et 30ᵉ régiments de dragons français. L'autre division, commandée par le général Pully, était formée des 23ᵉ, 28ᵉ et 29ᵉ régiments de dragons français.

Les deux divisions de cuirassiers des généraux Nansouty et Saint-Sulpice, et celle du duc de Padoue, qui avait remplacé le général Espagne, étaient composées comme le jour d'Essling.

La garde impériale forma un corps nombreux, auquel furent attachés pour la journée de Wagram le onzième corps d'armée, sous les ordres du duc de Raguse, et la division de troupes bavaroises du général comte de Wrede. La garde, commandée en chef par le général de division comte Walther, était composée en infanterie des grenadiers et chasseurs à pied, des fusiliers et des tirailleurs, et en cavalerie des grenadiers à cheval, des dragons de la garde, des chasseurs à cheval et des chevau-légers polonais.

Le onzième corps était formé de deux divisions d'infanterie; l'une, qui avait été réunie à ce corps à son arrivée à Vienne, était commandée par le comte Claparède, et renfermait le 18ᵉ d'infanterie légère, les 2ᵉ, 79ᵉ et 81ᵉ de ligne; l'autre, commandée par le général Clauzel, était composée des 8ᵉ d'infanterie légère, 11ᵉ et 23ᵉ de ligne.

La division du comte de Wrede était formée par les 3ᵉ, 6ᵉ, 7ᵉ et 13ᵉ régiments de ligne bavarois, par un bataillon d'infanterie légère et par deux régiments de chevau-légers.

Les trois brigades de cavalerie légère qui combattaient avec le corps du prince d'Essling comprenaient neuf régiments de chasseurs, savoir : les 3ᵉ, 6ᵉ, 9ᵉ, 13ᵉ, 14ᵉ, 16ᵉ, 19ᵉ, 23ᵉ et 24ᵉ; plus le 8ᵉ de hussards et huit escadrons de troupes de Hesse-Darmstadt et de Bade.

Celles qui furent attachées au corps du prince d'Eckmühl avaient quatre régiments de hussards, les 5ᵉ, 7ᵉ, 11ᵉ et 12ᵉ, et deux régiments de chasseurs, les numéros 1 et 2.

La brigade qui accompagna le corps du duc de Reggio était formée par les 7ᵉ et 20ᵉ de chasseurs et le 9ᵉ de hussards.

L'armée française avait 450 pièces d'artillerie, dont un grand nombre du calibre de 12.

Le 4 juillet, à dix heures du soir, les 1,500 voltigeurs qui devaient précéder le corps du duc de Reggio partent sous les ordres du général Conroux. Protégés par le feu des chaloupes canonnières, ils débarquent au-delà du petit bras de l'île Napoléon. Les batteries de l'ennemi sont écrasées, et on le chasse des bois jusqu'à Mühllenten.

A onze heures, toutes les batteries dirigées contre Enzersdorf commencent leur feu. Cette malheureuse petite ville, brûlée par les obus, ne présente bientôt qu'un monceau de ruines. Une nuit d'une obscurité profonde, une pluie effroyable ajoutent à l'horreur du spectacle de cette ville en flammes; mais cet horrible temps est propice au passage de l'armée française, **dont** l'ennemi ne peut ni reconnaître ni empêcher les différents mouvements.

En conséquence de l'ordre de juillet, les trois corps du prince d'Essling, du prince d'Eckmühl et du duc de Reggio passent les ponts dans la nuit. Le 5, à six heures du matin, ils sont établis sur la rive gauche. Le troisième corps, se dirigeant de manière à former la droite de l'armée, marche sur Wittau. Le deuxième corps, qui devait en former le centre, se porte sur Mühllenten. Le quatrième, qui devait en être la gauche, marche à l'attaque d'Enzersdorf, où l'ennemi avait conservé du monde, malgré l'incendie. Le 46° de ligne, de la division du baron Carra Saint-Cyr, enfonce les portes et pénètre le premier dans cette ville; le reste de la division le soutient. Les Autrichiens sont chassés; le général Carra Saint-Cyr les poursuit, se dirigeant toujours à gauche. Les autres divisions du corps marchant après lui se portent à l'attaque des redoutes d'Essling et d'Aspern, qui sont successivement enlevées.

A neuf heures du matin, cette première et importante opération est terminée. Le système de défense de l'ennemi est anéanti. Alors la profonde pensée de l'Empereur est mise au jour. L'armée française, qui tout entière a franchi le Danube, est en bataille sur l'extrémité de la gauche de l'ennemi, dont tous les camps retranchés sont tournés et tous les ouvrages rendus inutiles.

La nombreuse avant-garde de l'ennemi, qui occupait Mühllenten, Enzersdorf, Essling, Aspern, poussée par la marche rapide et les succès des deuxième et quatrième corps, se replie tout entière sur la position de son armée entre Gerasdorf et Markgrafen-Neusiedl. Le quatrième corps suit le mouvement de l'ennemi : la division Legrand sur Breitenlee, celle Carra Saint-Cyr sur Leopoldau, les deux autres divisions au centre. Le gros de l'armée s'avance dans la direction de Grosshofen et d'Aderklaa, perpendiculairement sur la gauche et le centre de l'armée autrichienne.

Le prince d'Eckmühl a reçu en même temps l'ordre de l'Empereur de marcher constamment en s'étendant vers la droite pour envelopper l'aile gauche de l'armée ennemie. Ce mouvement avait deux objets importants : premièrement, il devait priver cette aile du secours qu'elle pouvait attendre de l'archiduc Jean, qui marchait pour se rapprocher de l'armée de l'archiduc généralissime; secondement, il séparait entièrement l'armée autrichienne de la Hongrie, lorsqu'on serait parvenu à lui faire quitter sa position actuelle et à décider sa retraite.

Le duc de Reggio attaque Grosshofen et s'en empare. La cavalerie légère française se porte sur Aderklaa et Markgrafen-Neusiedl. Les corps de Bellegarde, Hohenzollern et Rosemberg, qui couronnaient les hauteurs de Neusiedl et de Wagram, s'ébranlent dans ce moment. La bataille devient générale. Le canon tonne sur toute la ligne. Baumersdorf est mis en feu, et les troupes des deux partis s'avancent, se chargent et multiplient leurs efforts pour s'emparer du village.

L'archiduc généralissime vient en personne avec une partie des forces de Bellegarde au secours des corps battus. Il rallie les fuyards, attaque les colonnes françaises et reprend Baumersdorf. Les Français se replient jusqu'au Russbach, où ils se remettent en

ligne pour soutenir un nouveau et vigoureux combat contre le corps de Hohenzollern
et une partie de la réserve de cavalerie, qui les suivaient de trop près. Dans cette circonstance, l'archiduc Charles, qui conduit lui-même les charges de cavalerie, reçoit
d'un coup de feu une légère blessure. Les Français, malgré les efforts prodigieux de
l'ennemi, le repoussent et reprennent tranquillement leurs premières positions sur le
Russbach.

Cependant, le neuvième corps passait le Russbach sur deux colonnes, et attaquait
l'ennemi avec impétuosité. Une colonne, composée de la division Dupas, se jetait entre
le corps de Bellegarde et celui de Hohenzollern. Elle mettait en désordre l'aile gauche
du premier et poursuivait ses succès.

L'autre colonne, composée de Saxons, était allée par les hauteurs attaquer Wagram.
Mais cette attaque ne pouvait pas réussir, n'étant pas soutenue par le reste du neuvième
corps. Les Saxons souffrirent dans cette circonstance une perte assez considérable,
parce qu'ils se trouvèrent en butte à l'immense supériorité de l'ennemi. L'obscurité, qui
était déjà grande, causa même une méprise qui seule aurait fait manquer l'attaque de
Wagram. Une colonne de Français et une colonne de Saxons se prirent pour des ennemis et tirèrent l'une sur l'autre. L'objet de son mouvement étant manqué, la division
saxonne fut obligée de revenir, comme la division Dupas, prendre position derrière le
Russbach.

Sur ces entrefaites, la nuit survint. Les deux armées s'arrêtèrent, et de part et d'autre on s'occupa de la disposition pour la journée décisive du lendemain. La gauche de
l'armée autrichienne resta à Markgrafen-Neusiedl, le centre à Wagram; la réserve de
cavalerie fut placée à Gerasdorf; la réserve de grenadiers était à Sauring. La droite,
composée de deux corps d'armée, les troisième et sixième, fut placée, savoir : le
troisième corps près de Hagenbrunn, et le sixième sur les hauteurs de Stammersdorf.

L'armée française appuya sa droite à Glinzersdorf, que le prince d'Eckmühl fit occuper. Le centre était à Raschdorf, où les corps du vice-roi, du duc de Raguse, la
garde, les cuirassiers et les Bavarois formaient sept à huit lignes. A la gauche étaient
les corps des princes d'Essling et de Ponte-Corvo : le premier occupant Breitenlee,
Sussenbrünn, Aspern et Hirschstatten, et le deuxième gardant Aderklaa.

Dans l'état où les choses étaient restées la veille, la situation de l'armée autrichienne
était critique. L'armée française avait effectué le passage du Danube presque sans
obstacle et sans perte. Elle était arrivée sur l'ennemi, s'était emparée de plusieurs de
ses postes, l'avait resserré dans les autres, et lui avait rendu le parti de la retraite aussi
difficile que celui de se porter en avant. A la tête des masses nombreuses et redoutables
qui formaient son centre, l'empereur Napoléon épiait les intentions et les mouvements
du général ennemi. Il était à même de contrarier tous ses projets et de profiter de toutes
ses fautes pour le battre. En conséquence, le centre de l'armée française n'eut pas
d'autre ordre, le 6, lorsque le jour parut, que de se former et de se tenir prêt à marcher partout où l'Empereur le jugerait convenable. Les instructions du prince d'Essling,
à la gauche, furent de mettre tous les obstacles qu'il pourrait aux progrès de l'ennemi,

qui était très-fort à son aile droite; celles du prince d'Eckmühl, qui avait la droite de
l'armée française, portaient de manœuvrer toujours pour déborder l'aile gauche des
Autrichiens.

L'archiduc Charles, sentant très-bien tout ce que sa position avait d'embarrassant,
résolut de prendre l'initiative et d'attaquer les Français, plutôt, selon toute apparence,
dans le but de se donner du terrain pour sa retraite que dans celui d'obliger une armée
comme celle qu'il avait en tête à repasser le Danube. Il destina les troisième et sixième
corps et celui des grenadiers à l'attaque de l'aile gauche de Napoléon. Le premiei
corps, soutenu par la réserve de cavalerie, devait marcher sur Aderklaa; le second
avait ordre de conserver sa position derrière le Russbach et de canonner constamment
avec ses grosses pièces le centre de l'armée française, jusqu'au moment où le premier
corps, ayant gagné du terrain, franchirait le Russbach et se mettrait en ligne avec lui.
Le quatrième corps, celui du prince de Rosemberg, avait l'ordre d'attaquer l'aile droite
des Français et de gagner autant de terrain qu'il pourrait vers sa gauche, pour faciliter
sa jonction avec le corps de l'archiduc Jean, qui arrivait par Presbourg, et qui, suivant
les calculs du généralissime autrichien, devait être rendu de bonne heure dans la
journée du 6 juillet sur le champ de bataille. Le cinquième corps de l'armée autrichienne, sous le commandement du prince de Reuss, resta dans une position qu'il occupait au pied du Bisamberg et sur le haut du Danube jusqu'à Krema. Ce corps ne prit
aucune part à la bataille de Wagram.

A cinq heures du matin, le mouvement offensif de l'armée autrichienne commence
par sa gauche. Le prince de Rosemberg marche pour chasser les Français de Grosshofen
et de Glinzendorf. Le prince d'Eckmühl avait une partie de son infanterie dans
Grosshofen, derrière lequel était de la cavalerie rangée sur deux lignes. Glinzendorf
était occupé de même. L'intervalle avait été rempli par une chaîne de tirailleurs. Les
colonnes françaises reçoivent avec leur intrépidité accoutumée l'attaque de l'ennemi et
la repoussent. L'Empereur détache au soutien du troisième corps quelques brigades
d'infanterie et la division de cuirassiers du duc de Padoue. Ce secours s'avance par
Ober-Siebenbrünn, menaçant le flanc du prince de Rosemberg. Pendant que celui-ci
est attentif à ce mouvement, il reçoit l'ordre de l'archiduc généralissime de s'arrêter,
ordre motivé sur ce que l'attaque des corps de l'aile droite ayant été retardée, ces corps
ne sont plus en concordance avec ceux de l'aile gauche, et sur ce que l'on n'a point de
nouvelles de l'archiduc Jean. Le prince d'Eckmühl, à l'aspect de cette suspension qui
décèle la faiblesse du corps ennemi qu'il avait devant lui, fait redoubler le feu de son
artillerie, et porte ses colonnes en avant. Les Autrichiens sont culbutés et obligés de
reprendre précipitamment leur position du matin à Markgrafen-Neusiedl.

Cependant le feu s'est étendu sur toute la ligne. Le premier corps de l'armée ennemie s'est mis en mouvement; et le général de Bellegarde ayant remarqué que le
prince de Ponte-Corvo avait abandonné Aderklaa, pour se rapprocher du centre, marche sur ce village, s'en empare et s'y établit. Napoléon fait passer au prince d'Essling
l'ordre de reprendre Aderklaa; cette position, occupée par l'ennemi, pouvant gêner les

projets que l'Empereur avait toujours sur Wagram. Trois divisions du corps du prince d'Essling s'avancent en échelons. Les Autrichiens, de leur côté, sont joints par leur réserve de grenadiers et une nombreuse cavalerie. La division Carra Saint-Cyr attaque Aderklaa en colonnes; elle est ramenée et mise en désordre.

Le prince de Ponte-Corvo, qui a suspendu son mouvement pour attendre les mouvements des Autrichiens, appuie alors sur le quatrième corps, et envoie sa division saxonne pour appuyer celle du général Carra Saint-Cyr. Les Saxons, écrasés par le feu terrible de l'ennemi, qui a réuni dans cet endroit une prodigieuse artillerie, sont aussi repoussés et quittent le champ de bataille. Les divisions Molitor et Legrand, s'avançant pour recueillir les troupes battues, arrêtent les progrès de l'ennemi.

Pendant le combat d'Aderklaa, la droite des Autrichiens s'est portée à sa destination. Les troisième et sixième corps, après s'être formés en colonnes de bataillons serrés en masse devant Leopoldau, ont attaqué Aspern. La division Boudet, qui gardait autour du village les retranchements conquis sur l'ennemi, cède à la grande supériorité des forces qui l'accablent. Elle évacue Aspern ainsi qu'Essling, et se retire sur le pont jeté le 30 juin. Le général Klenau, chef du sixième corps, fait occuper les retranchements que les Autrichiens avaient abandonnés la veille, et met la plus grande partie de son corps en bataille entre Aspern et Breitenlee. Le général Kollowrath, chef du troisième corps, s'avance entre Essling et une ferme appelée Neu-Wirtshaus. Dans cette position il menace le flanc gauche de l'Empereur, qui était toujours à Raschdorf.

Le moment où l'ennemi vient d'obtenir un succès plus apparent que solide est précisément celui que l'Empereur choisit pour enlever la victoire. Dans ce que les Autrichiens ont considéré comme une opération avantageuse, Napoléon voit une faute majeure : celle d'avoir beaucoup trop étendu leur droite; il ne perd pas une minute pour en profiter. L'Empereur ordonne au duc de Tarente de former en colonne d'attaque les divisions Broussier et Lamarque. Il les fait soutenir par les cuirassiers Nansouty, la garde à cheval et cent pièces de canon, parmi lesquelles soixante de l'artillerie à cheval de la garde.

Le général comte Lauriston, qui commandait toute cette artillerie, s'avance au trot sur la ligne ennemie, arrive à demi-portée de canon, et l'écrase d'un feu terrible qui éteint totalement le sien. Le duc de Tarente marche alors au pas de charge, soutenu par le général comte Reille, qui est à la tête des fusiliers et des tirailleurs de la garde. Le centre et une partie de la droite de l'armée autrichienne, qui déjà s'était concentrée entre Aderklaa et Neu-Wirtshaus, sont jetés hors de ces positions. Le corps de Bellegarde abandonne Aderklaa et se replie sur Wagram. Celui de Kollowrath bat en retraite sur Breitenlee; et la réserve du prince de Lichtenstein, sur Siessenbrünn. Mais de nouveaux dangers les attendent sur ces différents points. Le prince d'Essling, secondant le mouvement du centre de l'armée, reforme ses divisions en ligne, les mène sur le front de l'ennemi, et engage avec la droite de l'armée autrichienne un combat terrible qui ne doit pas finir à l'avantage de l'ennemi.

Un mouvement non moins décisif a été prescrit à la droite de l'armée. Le prince d'Eckmühl, suivant ses instructions, avait entretenu la fusillade de tirailleurs avec l'avant-garde du prince de Rosemberg retiré sur les hauteurs de Markgrafen-Neusiedl; en même temps il n'avait cessé de manœuvrer sur le flanc gauche du général autrichien. Lorsque l'Empereur décida l'attaque du centre de la ligne ennemie, il envoya l'ordre au prince d'Eckmühl de former ses divisions en colonnes, pour charger et culbuter sans délai le corps qu'il avait devant lui. En exécution de cet ordre, le prince d'Eckmühl se porta en avant, dirigeant particulièrement ses mouvements de manière à isoler l'infanterie ennemie de la cavalerie.

Le prince de Rosemberg opposa de la résistance et se retrancha dans une vieille tour qui est au-dessus de Markgrafen-Neusiedl. Mais rien ne put arrêter l'impétuosité française : le village fut enlevé d'assaut; la tour subit le même sort, malgré l'arrivée du 3° régiment d'infanterie que le prince de Hohenzollern détachait au secours du corps de Rosemberg. Pendant ces combats, la cavalerie française déborda le flanc de l'ennemi. Le duc de Padoue mit alors sa division en colonne et exécuta une charge générale. Les généraux comte Wartensbleen et prince de Cobourg, à la tête de la cavalerie du quatrième corps autrichien et d'une partie de celle du second, s'avancèrent au-devant des Français. La mêlée fut des plus chaudes. Les Autrichiens se battirent avec courage. Mais l'artillerie à cheval française, manœuvrant avec une extrême vélocité, écrasa l'ennemi d'un feu qu'il ne put soutenir. Les Autrichiens, renversés, prirent la fuite. Ils ne s'arrêtèrent que près de la montagne au pied de laquelle se trouve le village de Boekfluss.

Au moment où la déroute de l'aile gauche autrichienne commençait, le corps de l'archiduc Jean, si impatiemment et si inutilement attendu pendant toute la matinée, parut vers Sichenbrünn; mais il n'était plus temps. L'archiduc n'apercevant que les colonnes françaises, au lieu de celles qu'il venait chercher, jugea sa présence superflue, et s'en retourna en silence derrière la rivière de Marsch.

Il est une heure après midi. Déjà la bataille est gagnée par la défaite de l'aile gauche ennemie, quoique les Autrichiens n'aient pas encore évacué le terrain. A cet instant, Napoléon prend ses mesures pour que cette évacuation ne soit plus reculée. Il ordonne au prince d'Eckmühl de poursuivre sa marche victorieuse et de se porter de flanc sur la position de Wagram, pendant qu'il fait attaquer cette même position de front, par les corps réunis des ducs de Raguse et de Reggio. Ce double mouvement, et, d'un autre côté, la retraite de son aile gauche qui le laisse à découvert, exposent le centre de l'armée autrichienne à une entière destruction. Le prince de Hohenzollern, jugeant l'étendue du danger, n'attend pas le choc, et se retire. Une brigade du corps de Bellegarde qui était restée dans la position de Wagram, fait sa retraite en même temps, et le reste du corps, qui était en position au-dessus d'Aderklaa, se voit pris en flanc par le duc de Reggio. Le comte de Bellegarde n'est donc plus le maître de retarder son mouvement rétrograde, et il le commence à l'instant même. L'archiduc Charles, qui est avec le premier corps, dirige en personne sa retraite, et il donne en même temps ses ordres pour celle de toute son armée.

Le centre de l'armée autrichienne se replia sur Enzesfeld, au-delà du grand chemin de Vienne à Brünn. Il arriva dans ce lieu à la chute du jour. La retraite des corps de l'aile droite se fit sur Hagenbrün, au-dessous d'Enzesfeld. L'aile gauche, qui s'était d'abord retirée à Boekfluss, gagna la route de Brünn, du côté de Wolkersdorf.

Les corps français ne laissèrent pas l'ennemi exécuter tous ces mouvements avec tranquillité. Lorsque le corps de Kollowrath atteignit les hauteurs de Stammersdorf, où il passait pour gagner Hagenbrün, les tirailleurs et les fusiliers de la garde le chargèrent vigoureusement, et lui enlevèrent une batterie. La cavalerie autrichienne s'avança pour la reprendre. Mais celle de la garde se porta à sa rencontre, et la culbuta; poursuivant ses succès, elle fit trois attaques consécutives sur Bellegarde, qui marchait en retraite à la gauche de Kollowrath, lui sabra beaucoup de monde, et lui enleva des prisonniers. L'extrême droite des Autrichiens, commandée par le général Klenau, ne fut pas plus heureuse. Pressée dans son mouvement sur Stammersdorf par le prince d'Essling, elle fut d'abord chassée de Léopoldau, où elle voulut un instant arrêter l'ardeur des Français; elle fut vivement poursuivie jusqu'à la route de Brünn, où la nuit qui survint suspendit les progrès de l'armée victorieuse.

Ainsi finit la bataille de Wagram, que l'on peut considérer comme la plus mémorable des temps modernes, tant par les masses imposantes qui combattirent dans cette terrible journée que par la durée et l'opiniâtreté de la lutte, et par la grandeur, la variété des moyens que chaque parti employa pour obtenir la victoire.

La perte des Autrichiens devait être et fut immense. Ils avouèrent eux-mêmes 24,000 hommes tant tués que grièvement blessés, parmi lesquels 3 généraux tués et 10 blessés. L'archiduc généralissime fut du nombre des derniers. Les Français conservèrent pour témoignage de leur éclatante victoire plusieurs milliers de prisonniers, des drapeaux et 30 pièces de canon enlevées à l'ennemi.

Après une bataille aussi vivement disputée, la perte de l'armée française fut notable aussi : elle eut 2,000 hommes tués sur le champ de bataille, et 4,000 blessés. Le maréchal duc d'Istrie reçut une contusion à la cuisse d'un coup de canon qui emporta son cheval. Le général de division Lasalle, officier de cavalerie très-estimé, fut tué d'une balle au front, dans une vive charge qu'il conduisait contre les Autrichiens, qui étaient en retraite, au-delà de Léopoldau. L'adjudant commandant Dupont fut tué d'un coup de canon. Les généraux Gudin, d'Unsbourg, Wrede, Vignolles, Serras, Grenier, Frère, Saluce, de France, Colbert, le colonel prince Aldobrandini, les majors de la garde Daumesnil et Corbineau, furent blessés.

L'armée française passa la nuit du 6 au 7, la gauche placée entre Jetelsee et Floris, longeant la route de Brünn; le centre sur Obersdorf, et la droite à Gross Engersdorf, poussant des postes de cavalerie jusqu'à Schonkirchen. L'Empereur passa la nuit près d'Aderklaa.

L'ennemi continua sa retraite pendant la nuit. L'archiduc Charles établit momentanément son quartier général à Leobensdorf, et donna aux premier, deuxième, troisième et sixième corps de son armée, ainsi qu'aux deux réserves de cavalerie et de grenadiers, de prendre la route de la Bohême. Le cinquième corps, qui n'avait pas assisté à la journée de Wagram, reçut l'ordre de suivre la chaussée de Znaym, avec le reste de l'armée. Le quatrième corps seul fut dirigé sur la route de Brünn, afin de couvrir la capitale de la Moravie.

Par les savantes manœuvres de la journée de Wagram, l'Empereur avait obtenu les avantages décisifs qui distinguent les batailles gagnées par l'influence immédiate de l'art et du génie, de ces boucheries cruelles où les armées s'entremêlent et s'égorgent, sans autre résultat qu'une effroyable destruction d'hommes. Ici les suites probables n'étaient rien moins que le démembrement de la monarchie autrichienne, et sa disparition du rang des grandes puissances, si son gouvernement persistait dans la lutte qu'il avait commencée. L'armée de l'archiduc Charles, qui renfermait la force et les espérances de l'empire autrichien, se trouvait non-seulement très-affaiblie et désorganisée, mais elle était séparée de la Hongrie, qui seule pouvait lui fournir des subsistances et des renforts. Elle abandonnait totalement aux Français l'archiduché d'Autriche. Elle se voyait enlever la Moravie. Enfin elle était rejetée en Bohême, pays peu fertile, dont les ressources en tout genre étaient déjà épuisées, et où elle allait se voir attaquée, au midi par la Grande-Armée française, à l'est par les Polonais et les Russes, à l'ouest et au nord par les armées de la confédération du Rhin et par les réserves françaises.

Le 7 juillet, de grand matin, Napoléon prescrivit les mesures convenables pour recueillir les fruits de sa victoire. Il fit écrire à Vienne, au comte d'Unsbourg, de surveiller la rive droite du Danube, et de faire battre la plaine d'Œdenbourg, afin que, lorsque l'armée s'éloignerait du fleuve, quelques partis, sortant de la Hongrie, ne vinssent pas faire des tentatives sur la tête de pont d'Ebersdorf. Le prince de Ponte-Corvo alla à Statdt-Enzersdorf, pour y rallier et réorganiser son corps, qui avait beaucoup souffert.

Le duc de Reggio eut l'ordre de rester dans la position de Wagram; le prince d'Eckmühl, de se rendre avec son corps d'armée à Wolkersdorf, où le quartier général impérial s'était transporté; le prince d'Essling, d'occuper en premier lieu Jetelsec, et de marcher de là sur Stockerau, par où la plus grande partie de l'armée ennemie se retirait. Ce bourg est à l'embranchement de deux routes, dont l'une mène à Znaym et l'autre à Brünn. On savait que les Autrichiens avaient à Stockerau des magasins considérables d'habillement, dont il était important de s'emparer. Il était encore recommandé au prince d'Essling d'envoyer des partis sur Krems, pour se saisir des hôpitaux, ramasser les hommes isolés, et communiquer avec les postes des Wurtembergeois, qui étaient devant Krems, sur l'autre rive du Danube. La division des cuirassiers Saint-Sulpic edevait accompagner le quatrième corps, et était mise aux ordres du prince d'Essling.

Il fut écrit au duc de Raguse de porter son corps d'armée le plus près possible de Nicolsbourg et de presser vivement l'arrière-garde du corps autrichien de Rosemberg, qui se retirait par cette route. L'Empereur mit sous les ordres du duc de Raguse la division bavaroise du général de Wrede, avec 34 pièces d'artillerie, et les 3 brigades de cavalerie légère des généraux Jacquinot, Pajol et Colbert, réunies sous la direction du général de division comte Montbrun.

Les deux divisions de cuirassiers des ducs de Padoue et comte Nansouty, l'armée du vice-roi et la garde impériale, restèrent auprès du quartier général.

L'Empereur fit mettre à l'ordre du jour la proclamation suivante : « La journée » d'Enzersdorf et la bataille décisive de Wagram ont complété la grande opération pré- » parée par les travaux et les combats qui ont précédé ces deux journées si glorieuses » pour nos armes. Les ennemis y ont perdu plusieurs drapeaux et 30 pièces de canon. » Nous leur avons fait 25,000 prisonniers. Le champ de bataille est couvert de leurs » morts, et les villages que nous avons enlevés, autour et au-delà du champ de bataille, » sont remplis de leurs blessés. Sa Majesté témoigne sa satisfaction à l'armée.

» Le corps de l'artillerie, par la vigueur de ses attaques, celui du génie, les ponton- » nieres et les marins, soit par la rapidité avec laquelle les différents ponts ont été jetés » sous le feu de l'ennemi, soit par les travaux immenses qui, en peu de jours, ont été » exécutés pour assurer le passage sur les bras du Danube et sur les îles par des ponts » de pilotis, des digues et des chaussées, ont puissamment contribué au succès des » journées d'Enzersdorf et de Wagram. L'Empereur leur en témoigne en particulier » sa satisfaction. »

La nouvelle de la victoire de Wagram fut envoyée au duc d'Abrantès, que l'on sup- posait être déjà à Bayreuth, depuis la retraite des Autrichiens. La dépêche portait que si le roi de Westphalie était entré de son côté à Dresde, il devait se réunir à lui et pénétrer en Bohême, où leur présence à la tête de 25,000 hommes donnerait beaucoup d'embarras à l'ennemi.

Le 8, le duc de Raguse reçut pour instructions de faire ses efforts, afin d'atteindre promptement la gauche de l'ennemi. Si, après son arrivée à Nicolsbourg, il jugeait que ce but fût plus tôt atteint en se portant sur Znaym que sur tout autre point, l'Em- pereur lui laissait le choix de sa direction.

Il fut ordonné au prince d'Eckmühl d'aller prendre position à Wilfersdorf et de se mettre en communication avec le duc de Raguse. La division de dragons du comte Grouchy fut attachée à son corps d'armée. Les cuirassiers du duc de Padoue suivaient son mouvement à une certaine distance.

Il était recommandé au prince d'Essling de ne point s'arrêter à Stockerau, mais de poursuivre l'archiduc, avec tout son corps d'armée, sur la route de Znaym, par où l'en- nemi effectuait sa retraite.

L'Empereur fit donner, le 9, aux commandants généraux de l'artillerie et du génie, l'ordre de mettre la ville de Vienne en état de soutenir un siége, de retrancher et fer- mer les bastions pour qu'ils pussent servir en cas de besoin contre l'insurrection des habitants, d'armer cette place de cent bouches à feu, et d'y disposer des magasins suffisants pour une garnison de six mille hommes pendant six mois. L'ordre fut donné en même temps d'armer Raab de quarante bouches à feu, et, sur les derrières, de ter- miner promptement les fortifications de Mœlck, de Lintz et de Passau.

Ce même jour, l'Empereur prononça la dissolution du neuvième corps de l'armée d'Allemagne. Les Saxons furent destinés à former une division particulière, sous les ordres du général comte Régnier. La division Dupas, qui avait prodigieusement souffert à Wagram, fut répartie dans les divisions Legrand et Boudet, du quatrième corps.

Le major général écrivit au prince vice-roi :

« Monseigneur, l'Empereur met sous vos ordres la division saxonne dont Sa Majesté a donné le commandement au général Régnier. Elle y ajoute le détachement de » dragons composé des régiments provisoires que commande le général Baraguey-» d'Hilliers, le corps du général Rusca et toutes les troupes de Wurtemberg. Ces forces, » réunies aux vôtres, vous composeront une armée de quarante à quarante-cinq mille » hommes, avec lesquels votre objet sera d'être opposé à l'insurrection hongroise et au » corps d'armée de l'archiduc Jean. Il paraît que ce prince voulait se réunir à l'ar-» chiduc Charles, et que l'issue de la bataille du 6 l'en a empêché. Ce qu'il y a de plus » probable, c'est qu'il aura laissé un corps d'observation sur la basse Marsch, et se sera » porté avec le reste de ses forces et l'insurrection hongroise sur Goding, pour main-» tenir autant que possible la communication du prince Charles avec la Hongrie, et » inquiéter la droite de notre armée dans sa marche sur Brünn. Tout cela peut n'être » que conjectural. Quoi qu'il en soit, Monseigneur, pour remplir les vues de l'Empe-» reur, il faut vous tenir partout devant l'archiduc Jean. Partant de ce principe, s'il est » vrai que ce prince remonte la Marsch, dans le dessein de se rallier à l'armée de l'ar-» chiduc Charles, il faut que votre quartier général soit placé de manière à rejoindre » alors promptement l'Empereur. Mais s'il passait le Danube à Presbourg, le général » Baraguey-d'Hilliers, réuni au comte d'Unsbourg, peut retarder assez sa marche pour » que vous ayez le temps de passer le Danube au pont d'Ebersdorf et de venir à sa ren-» contre. L'Empereur espère que dans la journée de demain vous aurez balayé la rive » droite de la Marsch, que vous serez maître des ponts, et que cette rivière sera entre » vous et l'ennemi. »

Le prince d'Essling, qui suivait avec activité sur la route de Znaym l'arrière-garde ennemie, commandée par le général Klenau, après avoir eu avec elle de petits engagements les jours précédents, la serra enfin, le 9, de si près, à quelque distance d'Hollabrunn, que Klenau fut obligé de s'arrêter et d'accepter le combat. Le prince d'Essling porta toute sa cavalerie sur le front de l'ennemi, qui était à Hollabrunn, pendant qu'il le faisait tourner par Fellabrunn sur son flanc droit. Ces mouvements étaient soutenus par une vive canonnade et par un feu d'obus qui incendièrent Hollabrunn. Cette circonstance fut favorable à la retraite des Autrichiens. Comme le combat avait commencé tard, la nuit fut encore utile à l'ennemi et suspendit la poursuite des Français. L'archiduc Charles, après cette affaire, réunit à lui le sixième corps, que commandait le général Klenau, et chargea le cinquième, sous les ordres du prince de Reuss, de faire l'arrière-garde de son armée.

Le duc de Raguse, qui avait poursuivi le prince de Rosemberg sur la route de Brünn avec autant de vivacité que le prince d'Essling en avait mis à ne pas quitter la trace de l'archiduc Charles sur Znaym, atteignit aussi, le 9, l'arrière-garde du corps ennemi à Laab. Il culbuta cette arrière-garde, et, après l'avoir chassée quelque temps, tourna du côté de Znaym, dans l'espoir d'atteindre cette ville avant les Autrichiens, et par conséquent de leur couper la retraite sur la Bohême. Ce mouvement était de la plus haute importance ; l'Empereur résolut de l'appuyer de toutes ses forces.

Un ordre partit du quartier général impérial, qui était le 10 à Wilfersdorf, pour diriger sur le point de Znaym, afin de soutenir le duc de Raguse, le prince d'Eckmühl, dont le corps était arrivé, le 9, à Nicolsbourg. L'Empereur partit lui-même de Wilfersdorf, à 10 heures du matin, à la tête de la cavalerie de sa garde et des divisions de cuirassiers du comte Nansouty et du duc de Padoue, avec trente-six pièces de l'artillerie légère de la garde, pour se porter sur la route par laquelle arrivait le duc de Raguse et se réunir à lui. La garde à pied et le deuxième corps d'armée eurent l'ordre de suivre ce mouvement, en tirant vers la gauche. Le prince d'Essling continuait d'avancer directement sur Znaym. Tout se disposait pour que les environs de cette ville devinssent le théâtre d'un événement décisif si l'ennemi osait y prendre position et attendre l'armée française.

L'archiduc Charles, instruit, le 9 au soir, à Guntersdorf, où était son quartier général, de la marche du duc de Raguse sur Znaym, sentit de quelle conséquence il pouvait être pour lui que les Français le prévinssent à cette hauteur et se saisissent des défilés de la Thaya, près de Znaym, qui sont la clef de la Bohême. L'archiduc ordonna donc à sa division de grenadiers et à sa réserve de cavalerie de se porter en toute diligence sur Znaym et d'occuper les défilés. Lui-même, avec le reste de son armée, leva son camp à minuit et prit aussi la route de Znaym.

Les Autrichiens n'arrivèrent pas jusqu'à cette ville sans avoir leur arrière-garde aux prises d'un côté avec le prince d'Essling, de l'autre avec le prince d'Eckmühl et le duc de Raguse ; le premier arrivant sur la droite, les deux autres sur la gauche de la position de l'ennemi. L'archiduc aurait voulu éviter un engagement et se contenter de défendre la tête des défilés pendant que son armée les aurait passés ; mais l'embarras occasionné par le train d'artillerie, les équipages de pont et les bagages, qui encombraient la route de la Bohême, arrêta la marche de l'armée autrichienne, qui fut obligée de faire tête aux Français.

L'archiduc fit prendre à son armée une position sur la rive gauche de la Thaya, et la rangea sur deux lignes entre Znaym, où était sa droite, et Brenditz, où appuyait sa gauche. Le 11, le soleil avait à peine paru sur l'horizon, que les tirailleurs des troisième et onzième corps, qui s'étaient réunis, arrivèrent par Teschwitz, en remontant la rive gauche de la Thaya, sur la position de l'ennemi, et commencèrent l'attaque en manœuvrant pour le déborder. Presque en même temps, la colonne du prince d'Essling déboucha par la route d'Hollabrunn, força le pont de la Thaya, que les Autrichiens n'avaient pas eu le temps de détruire, et qui n'était que barricadé ; elle marcha sur Znaym. Au moment où la droite de l'ennemi était vivement abordée par le quatrième corps, les troisième et onzième formèrent trois colonnes pour emporter de vive force la gauche de sa position. L'une marcha par la vallée de la Thaya sur le village de Zuckerhandel, que les Autrichiens occupaient en force; l'autre colonne se dirigea sur leur cavalerie, qui était en bataille au-dessus et à gauche de ce même village; la troisième se déploya contre les troupes ennemies qui garnissaient un plateau et des vignes à droite de Zuckerhandel.

Le combat se prolongea de ce côté pendant deux heures sans succès prononcé. L'archiduc Charles détachait sans cesse vers sa gauche des renforts qui empêchaient les progrès des Français. A leur droite, les Autrichiens qui couvraient Znaym furent culbutés par le prince d'Essling, qui arriva en les poursuivant jusqu'à la porte de la ville; mais il fut arrêté par la réserve de grenadiers qui était accourue de la gauche à la droite pour sauver Znaym. Il s'engagea sur la route une mêlée terrible. Une forte pluie qui tomba dans ce moment avait détrempé le terrain et l'avait rendu glissant; cet obstacle empêcha quelque temps les cuirassiers de la division Saint-Sulpice d'avancer jusque sur le champ de bataille. Mais, avant que l'affaire fût décidée, le soleil, très-ardent dans cette saison, sécha la terre; et, au plus fort du combat, le prince d'Essling lança ses cuirassiers. Ces braves, chargeant avec leur courage et leur vélocité ordinaire, fondirent comme la foudre sur la colonne autrichienne, qui ne s'attendait pas à ce terrible choc. Ils percèrent les bataillons, les foulèrent aux pieds, en sabrèrent une grande partie, firent le reste prisonnier et s'emparèrent de tous leurs canons.

Les Autrichiens se réfugièrent précipitamment dans Znaym. Le prince d'Essling les poursuivit et se préparait à donner l'assaut, lorsque des cris de *Cessez le feu!* se firent entendre tout à coup. On vit les officiers d'état-major français et autrichiens se précipiter au milieu des combattants, pour annoncer aux deux partis qu'un armistice avait été conclu entre les deux empereurs.

Les principales conditions de cet armistice portaient :

1º Que la ligne de démarcation serait la frontière qui sépare l'Autriche de la Bohême, le cercle de Znaym, celui de Brünn et une ligne tracée de la frontière de la Moravie sur Raab, qui commencerait au point où la frontière du cercle de Brünn touche la Marsch; puis en descendant la Marsch, jusqu'au confluent de la Thaya, et de là à Saint-Johann et la route, jusqu'à Presbourg; Presbourg et une lieue de terrain autour de la ville; le grand Danube, jusqu'à l'embouchure de la Raab et une lieue autour; la Raab, jusqu'à la frontière de la Styrie; la Styrie, la Carniole, l'Istrie et Fiume;

2º Que les citadelles de Brünn et de Gratz seraient évacuées immédiatement après la signature de la présente suspension d'armes;

3º Que les détachements de troupes autrichiennes qui étaient dans le Tyrol et dans le Vorarlberg évacueraient ces deux pays;

4º Qu'en Pologne, les deux armées prendraient la ligne qu'elles occupaient le jour de la signature de l'armistice;

5º Que la suspension d'armes durerait un mois.

En conséquence de cet armistice, les corps français occupèrent les différents cercles compris dans la ligne de démarcation.

Le quatrième corps fut cantonné dans le cercle de Znaym avec la brigade de cavalerie légère du général Marulaz. Le quartier général de ce corps fut à Znaym.

Le onzième corps occupa le cercle de Vienne, et son quartier général fut placé à Kornenbourg. La division bavaroise du général de Wrede eut ordre de se séparer de ce corps d'armée et de retourner par petites journées à Lintz.

Le cercle de Brünn fut assigné au troisième corps, auquel la division de cavalerie légère du comte Montbrun resta attachée. Le quartier général du prince d'Eckmühl s'établit à Brünn.

Le deuxième corps fut placé en avant de Vienne, à Am-Spitz, et cantonné à deux lieues autour de ce village, où fut le quartier général du duc de Reggio.

La division de cuirassiers du duc de Padoue eut ses cantonnements assignés à Stockerau ; celle du comte de Saint-Sulpice, aux environs d'Am-Spitz, où elle reçut les ordres du maréchal duc de Reggio ; celle du comte Nansouty fut placée entre Laxenbourg et la Leyta.

Les divisions d'infanterie Durutte et Pacthod, de l'armée du prince vice-roi, la division saxonne, les deux divisions de dragons Grouchy et Pully, et la brigade de cavalerie légère du général Thiry, furent cantonnées sur la Marsch et dans le cercle de Presbourg. La ville de Presbourg fut le quartier général du vice-roi.

Les divisions d'infanterie Broussier et Lamarque, et une brigade de cavalerie légère, partirent sous les ordres du duc de Tarente pour aller occuper Gratz et la Styrie. La division d'infanterie italienne du général Severoli, qui était sous le commandement du duc de Tarente, fut envoyée à Klagenfurth.

Les troupes wurtembergeoises furent détachées sur le Simmering pour occuper la partie de la Styrie qui confine au pays de Salzbourg, où était la division bavaroise du général Deroi.

L'Empereur revint à Schœnbrunn le 14. La garde impériale, qui suivit Sa Majesté, prit ses cantonnements à Schœnbrunn, Laxenbourg, et dans l'intervalle qui sépare ces deux châteaux.

La nouvelle de l'armistice fut adressée au roi de Westphalie : on lui manda en même temps qu'il était convenu (quoique cette condition de fût pas énoncée textuellement dans l'armistice) que ses limites seraient le territoire de la Confédération du Rhin ; et celles des Autrichiens, la Bohême, où ils feraient rentrer tous les détachements qu'ils pourraient avoir encore en Allemagne.

La convention eut la même valeur du côté où était le duc d'Abrantès. Ainsi ce général eut l'ordre de replier tous les postes qu'il aurait en Bohême, le jour où il serait instruit de l'armistice, de même que l'ennemi devait retirer ceux qu'il pourrait avoir encore dans la Bavière, la Franconie ou la Saxe.

Les différents corps de l'armée furent baraqués dans les cantonnements où ils étaient établis. L'ordre fut donné à tous les maréchaux ou généraux commandant des corps d'armée d'employer le temps de l'armistice à s'occuper de l'instruction des troupes, à remonter la discipline, à réorganiser les corps et à réparer tout ce qu'ils avaient perdu en personnel et en matériel. Les mesures furent prises pour établir les hôpitaux sur le meilleur pied. La liberté de la navigation du Danube et l'approvisionnement de Vienne par ce fleuve attirèrent aussi toute la sollicitude de l'empereur Napoléon. Des instructions relatives à ces objets importants furent envoyées aux commandants des détachements français ou confédérés qui étaient répartis sur le Danube depuis Ulm jusqu'à Lintz.

L'armistice et les conventions particulières qui l'avaient suivi, et par lesquelles toutes les difficultés étaient levées d'avance, avaient rétabli la tranquillité en Autriche et dans toutes les parties de l'Allemagne qui avaient été le théâtre de la guerre. Le Tyrol seul s'obstinait à rejeter le repos qu'on lui avait offert plusieurs fois. Comme il était essentiel d'en finir avec ce peuple fanatisé, l'Empereur fit écrire au maréchal duc de Dantzig en date du 20 juillet :

« L'intention de l'Empereur, monsieur le maréchal, est que vous vous prépariez à » reconquérir le Tyrol. Vous partirez de Lintz le 23, avec la division bavaroise du » prince royal. Vous appellerez à vous celle du général Deroi et aussi la division de » troupes allemandes du général Rouyer, qui est à Passau. Enfin, vous ferez parvenir » au général Beaumont l'ordre de vous amener toutes les troupes françaises, tant infan- » terie que cavalerie, dont il peut disposer.

» Vous pénétrerez dans le Tyrol par divers débouchés, et vous vous porterez directe- » ment sur Inspruck. La division du général Severoli, qui marche sur Klagenfurth, et » celle du général Rusca, qui était restée à Gortiz et à Laybach, et qui doit rejoindre » Severoli à Klagenfurth, ont l'ordre de pénétrer en Tyrol par la partie orientale, en » remontant la vallée de la Drave, en même temps que vous pénétrerez dans ce pays » par le nord. L'Empereur désire que vous soyez rendu le 1er août à Inspruck ; et il » espère que le général Rusca sera le même jour à Brixen. D'un autre côté, il ordonne » au général Caffarelli, qui est à Milan, de diriger une colonne de deux à trois mille » hommes sur Trente. Les rois de Bavière et de Wurtemberg sont prévenus de vos » opérations, et ils sont invités à vous seconder de tout leur pouvoir.

» En pénétrant dans le Tyrol, vous sommerez les commandants autrichiens de » l'évacuer conformément à l'armistice. Vous ferez brûler les villages qui ne se soumet- » tront pas ; et vous ferez des exemples sévères des chefs des insurgés. Dès que vous » serez arrivé à Inspruck, mettez-vous en communication sur Brixen avec le général » Rusca, et ensuite avec le général Deaumont, qui se sera avancé de son côté sur » Inspruck par la route d'Augsbourg. Tous ensemble, vous vous porterez sur le » Vorarlberg, et vous aurez des forces plus que suffisantes pour soumettre et désarmer » ce pays avant l'expiration de l'armistice.

» La division du général de Wrede, qui rentre sous vos ordres, doit être à Lintz le » 22. Vous lui donnerez l'ordre d'occuper Lintz et la tête de pont et d'envoyer un es- » cadron et deux ou trois bataillons à Passau pour garder cette ville en place du » général Rouyer. »

Le maréchal duc de Dantzig pénétra effectivement à la fin de juillet dans le Tyrol, d'où le général autrichien Buol s'était déjà retiré en laissant une proclamation qui engageait les habitants à se soumettre et à rentrer dans l'ordre. Mais les esprits étaient tellement exaltés, et de mauvaises têtes, qui trouvaient leur compte à l'insurrection, avaient tellement monté la population, qu'elle resta sous les armes et se prépara à se défendre contre les Français et les Bavarois.

Malgré la résistance des Tyroliens, le maréchal entra à Inspruck le 30 juillet. Mais les rebelles livrèrent à ses troupes des combats sur d'autres points : le 11 août, il y eut un engagement sanglant entre Sterzing et Brixen. Le duc de Dantzig, n'étant point encore secondé par les divisions de l'armée d'Italie, n'entra point dans cette dernière ville. Il revint à Inspruck, où il ne tarda pas à se voir environné d'une foule d'insurgés qui, ayant regardé comme une victoire le ralentissement des progrès du maréchal, étaient devenus plus audacieux et s'étaient soulevés de toutes parts. Le maréchal mit tous ses soins à entretenir ses communications avec le pays de Salzbourg, jusqu'à ce qu'il pût être secondé par l'armée d'Italie. La coopération des deux armées commença dans le mois de septembre. Brixen et Trente ne tardèrent pas à tomber. L'on se porta sur le Vorarlberg, et ce pays était déjà soumis par les armes, lorsque la conclusion de la paix ramena à des sentiments paisibles les hommes les plus exaltés, parce qu'ils virent l'impossibilité de se soutenir seuls. La pacification du Tyrol fut consommée à cette époque.

La paix entre la France et l'Autriche fut signée à Vienne, le 14 octobre, par M. le duc de Cadore, ministre des relations extérieures de France, pour Sa Majesté l'Empereur et Roi, et par le prince de Lichtenstein pour Sa Majesté l'empereur d'Autriche. L'échange des ratifications eut lieu le 20. L'Empereur partit incontinent après de Schœnbrunn et fut rendu à Fontainebleau le 26 du même mois.

Par cette paix, l'Autriche céda en toute propriété à la France le comté de Goritz, le gouvernement et la ville de Trieste, la Carniole, le cercle de Villach en Carinthie, une partie de la Croatie provinciale, six districts de la Croatie militaire, Fiume et le littoral, l'Istrie autrichienne et toutes les îles dépendantes des pays cédés. Ces contrées, réunies à la Dalmatie, que la France avait acquise par la paix de Presbourg, furent annexées à l'Empire français sous la dénomination de Provinces illyriennes.

Par ce même traité, l'Autriche céda la principauté de Salzbourg, qu'elle avait eue en échange du territoire vénitien en 1805. L'empereur Napoléon donna cette principauté au roi de Bavière, son fidèle allié. L'empereur François céda au roi de Saxe toute la Gallicie occidentale, un arrondissement autour de Cracovie et le cercle de Zamosc dans la Gallicie orientale. Les territoires concédés furent joints au duché de Varsovie, que le roi de Saxe tenait de la munificence de l'Empereur des Français depuis la paix de Tilsitt.

Le Tyrol rentra dans la dépendance du royaume de Bavière, dont ce pays faisait partie depuis la paix de Presbourg.

Il fut convenu que toutes les parties de l'Autriche occupées par les armées françaises, et qui n'étaient pas cédées par le traité de Vienne, seraient évacuées successivement, de manière que l'entière évacuation eût lieu dans deux mois et demi à dater du jour de l'échange des ratifications.

Cette convention fut exécutée. Les différents corps composant la Grande-Armée rentrèrent, aux époques désignées, d'un côté, en Italie; de l'autre, dans le territoire de la confédération du Rhin.

Ainsi finit une campagne mémorable où l'empereur Napoléon, ayant par les plus étonnantes victoires mis son adversaire sur le bord du précipice, consentit à ne pas achever sa ruine, et, pour prix de sa générosité, ne demanda quelques concessions que pour récompenser ses alliés, ne réservant pour lui, de toutes ses conquêtes, qu'une portion de territoire peu étendue, mais intéressante par les avantages qu'elle pouvait procurer au commerce de son empire et du royaume d'Italie.

BATAILLE DE LIGNY.

I. Marches de l'armée française pour livrer bataille à l'armée prusso-saxonne. — II. Bataille de Ligny, 16 juin 1815. — III. Combat des Quatre-Bras, 16 juin. — IV. Position des armées dans la nuit du 16 au 17. — V. Leurs manœuvres dans la journée du 17. — VI. Leurs positions dans la nuit du 17 au 18 juin.

I. Le maréchal Ney reçut l'ordre, dans la nuit, de se porter, le 16, à la pointe du jour, en avant des Quatre-Bras, d'occuper une bonne position à cheval sur la route de Bruxelles, en gardant les chaussées de Nivelles et de Namur, par ses flanqueurs de gauche et de droite. Le comte de Flahaut, aide-de-camp général, porta ces ordres, et demeura toute la journée avec ce maréchal. La division du général Girard, la 3ᵉ du 2ᵉ corps, qui était en observation vis-à-vis Fleurus, reçut ordre de rester dans sa position, devant opérer sous les ordres immédiats de l'Empereur, qui, avec le centre et la droite de l'armée, marcha pour combattre l'armée prussienne, avant que son 4ᵉ corps, commandé par le général Bülow, l'eût jointe, et que l'armée anglo-hollandaise fût rassemblée sur sa droite.

Les tirailleurs se rencontrèrent au village de Fleurus. Après quelques coups de canon, ceux de l'ennemi se reployèrent sur leur armée, qu'on aperçut alors en ordre de bataille : la gauche au village de Sombref, à cheval sur la chaussée de Namur; le centre au village de Ligny; la droite au village de Saint-Amand; les réserves sur les hauteurs du moulin à vent de Bry, occupant une ligne de trois mille toises. L'armée française fit halte et se forma; il était dix heures du matin : le 3ᵉ corps en avant de Fleurus, ayant à douze cents toises sur sa gauche la division Girard, le 4ᵉ corps au centre, le maréchal Grouchy avec les corps de cavalerie de Pajol et d'Excelmans formant la droite. La garde, cavalerie, infanterie, artillerie, et le corps des cuirassiers de Milhaud se formèrent, en deuxième ligne, sur le rideau qui domine la plaine derrière Fleurus.

L'Empereur, peu accompagné, parcourut la chaîne des vedettes, monta sur des hauteurs et des moulins à vent, et reconnut parfaitement la position de l'armée ennemie;
elle présentait une force certainement supérieure à quatre-vingt mille hommes. Son
front était couvert par un ravin profond, sa droite était en l'air. La ligne de bataille
était perpendiculaire à la chaussée de Namur, aux Quatre-Bras, et dans la direction du
village de Sombref à celui de Gosselies; le point des Quatre-Bras était perpendiculaire
derrière le milieū de la ligne. Il est évident que le maréchal Blücher ne s'attendait pas
à être attaqué ce jour même; il croyait avoir le temps de compléter le rassemblement
de son armée, et d'être appuyé sur sa droite par l'armée anglo-hollandaise, qui devait
déboucher sur les Quatre-Bras, par les chaussées de Bruxelles et de Nivelles, dans la
journée du 17.

Un officier d'état-major de la gauche fit le rapport que le maréchal Ney, au
moment où il prenait les armes pour marcher à la position en avant des Quatre-Bras,
avait été arrêté par la canonnade qui s'était fait entendre sur son flanc droit, et par les
rapports qu'il avait reçus; que les deux armées anglo-hollandaise et prusso-saxonne
avaient déjà opéré leur réunion aux environs de Fleurus; que dans cet état de choses,
s'il continuit son mouvement, il serait tourné; que, du reste, il était prêt à exécuter les
ordres que l'Empereur lui enverrait aussitôt qu'il connaîtrait ce nouvel incident. L'Empereur le blâma d'avoir déjà perdu huit heures; ce qu'il prétendait être un nouvel incident existait depuis la veille; il lui réitéra l'ordre de se porter en avant des Quatre-
Bras, et qu'aussitôt qu'il aurait pris position, il eût à détacher une colonne de huit mille
hommes d'infanterie avec la division de cavalerie de Lefebvre-Desnouettes et vingt-huit
pièces de canon, par la chaussée des Quatre-Bras à Namur; qu'elle quitterait cette
chaussée au village de Marchais pour attaquer les hauteurs de Bry, sur les derrières de
l'armée ennemie; ce détachement parti, il lui resterait encore dans sa position des
Quatre-Bras trente-deux mille hommes et quatre-vingts pièces de canon, ce qui était
suffisant pour tenir en échec les cantonnements de l'armée anglaise, qui pourraient arriver dans la journée du 16. Le maréchal Ney reçut cet ordre à onze heures et demie :
il était avec son avant-garde près de Frasne, il devait avoir pris à midi sa position en
avant des Quatre-Bras : or, des Quatre-Bras aux hauteurs de Bry, il y a quatre mille
toises; la colonne qu'il détacherait sur les derrières du maréchal Blücher devait donc
arriver avant deux heures au village de Marchais. La ligne qu'occupait l'armée près de
Fleurus n'était pas offensive, une partie était masquée; l'armée prussienne dut être
sans inquiétude.

II. Mais, à deux heures l'Empereur ordonna un changement de front sur Fleurus, la
droite en avant. Cette manœuvre porta le 3e corps à deux portées de canon de Saint-
Amand, le 4e à deux portées de canon de Ligny, la droite à deux portées de canon de
Sombref. Le général Girard, avec la 3e division du 2e corps, se trouva être en potence
sur l'extrémité de la droite de l'armée prussienne. Le ravin qui couvrait le front de la
position de l'ennemi prenait naissance entre le 3e corps et la division Girard, de sorte
que cette division était sur la rive gauche de ce ravin. La garde et la cavalerie de

Milhaud firent la même manœuvre, et se trouvèrent en deuxième ligne à six cents toises derrière le 3° et le 4° corps. Le 6° corps, qui était en route de Charleroi, reçut ordre d'accélérer sa marche, et de prendre position en avant de Fleurus, en réserve générale. Tout annonçait la perte de l'armée prussienne. Le comte Gérard s'étant approché de l'Empereur pour demander quelques instructions pour l'attaque du village de Ligny, ce prince lui dit : « Il se peut que dans trois heures le sort de la guerre soit décidé. Si » Ney exécute bien ses ordres, il ne s'échappera pas un canon de l'armée prussienne; » elle est prise en flagrant délit. »

A trois heures après midi, le 3° corps aborda le village de Saint-Amand. Un quart d'heure après, le 4° corps aborda le village de Ligny, et le maréchal Grouchy reploya la gauche de l'armée prussienne. Toutes les positions et maisons situées sur la droite du ravin furent emportées, et l'armée ennemie rejetée sur la rive gauche. Le reste du 3° corps de l'armée prussienne arriva pendant la bataille par le village de Sombref, ce qui porta la force de l'armée ennemie à quatre-vingt-dix mille hommes. L'armée française, y compris le 6° corps, qui resta constamment en réserve, était de soixante-dix mille hommes; moins de soixante mille donnèrent. Le village de Ligny fut pris et repris quatre fois. Le comte Gérard s'y couvrit de gloire et y montra autant d'intrépidité que de talent. L'attaque fut plus faible au village de Saint-Amand, qui fut aussi pris et repris; mais il fut emporté par le général Girard, qui, ayant reçu l'ordre d'avancer par la gauche du ravin avec sa division, la 3° du 2° corps, y déploya cette intrépidité dont il a donné tant d'exemples dans sa carrière militaire. Il culbuta à la baïonnette tout ce qui voulut s'opposer à sa marche, et s'empara de la moitié du village; mais il tomba blessé à mort. Le 3° corps se maintint dans l'autre partie de ce village. Il était cinq heures et demie; l'Empereur faisait exécuter plusieurs manœuvres à l'infanterie de sa garde pour la porter sur Ligny, lorsque le général Vandamme donna avis qu'une colonne de trente mille hommes, infanterie, cavalerie, artillerie, s'avançait sur Fleurus, qu'on l'avait d'abord prise pour la colonne détachée de la gauche; mais, outre qu'elle était beaucoup plus forte, elle venait par une route différente; que les troupes du général Girard l'ayant reconnue pour ennemie, avaient en conséquence abandonné l'extrémité du village, et avaient pris position au bois pour couvrir Fleurus; que son 3° corps lui-même en était ébranlé, et que si la réserve n'arrivait pas pour arrêter cette colonne, il serait obligé d'évacuer Saint-Amand et de battre en retraite. La manœuvre de cette colonne parut inexplicable. Elle avait donc passé entre le maréchal Ney et le maréchal Blücher, ou bien entre les Quatre-Bras et Charleroi. Toutefois, l'avis s'en réitérant, l'Empereur arrêta la marche de la garde, et envoya en toute diligence son aide-de-camp, le général Dejean, officier de confiance, pour reconnaître le nombre, la force et les intentions de cette colonne. Une heure après, on sut que cette colonne, prétendue anglaise, était le 1er corps, commandé par le comte d'Erlon, qui, ayant été laissé en réserve à deux lieues et demie des Quatre-Bras, accourait pour soutenir l'attaque de Saint-Amand; que la division Girard, détrompée, avait repris sa position, et le 3° corps sa contenance. La garde continua alors son mouvement sur Ligny. Le général Pecheux, à la tête de sa division, passa le ravin ; le comte Gérard, toute la garde, infanterie, cavalerie, artillerie, et les cuirassiers de Milhaud appuyèrent son mouvement. Toutes les réserves de l'ennemi furent culbutées à la baïonnette ; le centre de sa ligne fut percé. Quarante pièces de canon, huit drapeaux ou étendards, bon nombre de prisonniers sont les trophées de cette journée. Le maréchal Grouchy, les généraux Excelmans et Pajol se sont fait remarquer par leur intrépidité. Le lieutenant général Monthion fut dans la nuit chargé de poursuivre la gauche des Prussiens. L'ennemi, dans ses rapports officiels, fait porter sa perte à vingt-cinq mille hommes tués, blessés ou prisonniers ; sans compter vingt mille hommes qui se débandèrent et ravagèrent les rives de la Meuse jusqu'à Liége. La garde et le 6º corps ne firent aucune perte ; elle fut considérable au 4º corps et aux corps de cavalerie d'Excelmans et de Pajol, et beaucoup moins considérable au 3º corps. La division Girard, du 2º corps, fut celle qui perdit davantage. La perte totale fut de près de six mille neuf cent cinquante hommes tués ou blessés. Plusieurs généraux ennemis furent tués ou blessés. Le maréchal Blücher fut culbuté par une charge de cuirassiers et foulé aux pieds des chevaux ; mais les cuirassiers français continuèrent leur charge sans le voir : il faisait déjà nuit. Ce maréchal parvint à se sauver froissé et à moitié estropié. La disproportion que l'on remarque entre les pertes des armées prussienne et française provient de ce que les réserves de l'armée française furent tenues pendant toute la bataille hors de la portée du canon ; de ce que les 3º et 4º corps, qui étaient en première ligne, étaient masqués par des plis du terrain, tandis que l'armée prussienne était toute massée sur l'amphithéâtre qui va de Saint-Amand et Ligny aux hauteurs de Bry. Tous les boulets de l'armée française qui manquaient les premières lignes frappaient dans les réserves ; pas un coup n'était perdu. Le général Girard s'était distingué au passage du Tesin en 1800 ; il avait beaucoup contribué au gain de la bataille de Lutzen en 1813 ; c'était un des plus intrépides soldats de l'armée française ; il avait éminemment le feu sacré. L'Empereur, satisfait du comte Gérard, commandant le 4º corps, lui destinait le bâton de maréchal de l'Empire ; il le considérait comme une des espérances de la France.

III. Le prince d'Orange, dont le quartier général était à Braine-le-Comte, ne reçut qu'à la pointe du jour, le 16, l'ordre du duc de Wellington de réunir ses troupes. Il se porta avec la 2º brigade de la 3º division belge aux Quatre-Bras pour soutenir une de ses brigades que commandait le prince Bernard de Saxe, qui, dès le 15, après avoir défendu Frasne, avait pris position entre les Quatre-Bras et Gennapes. Le prince d'Orange resta toute la matinée avec huit ou neuf mille Belges ou troupes de Nassau, infanterie, cavalerie, artillerie, sur cette position importante. Il savait que tous les cantonnements de l'armée anglo-hollandaise étaient levés et se dirigeaient par les routes de Bruxelles et de Nivelles sur les Quatre-Bras. Il sentait toute l'importance de cette position, puisque, si les alliés la perdaient, tous leurs cantonnements, venant par la chaussée de Nivelles, ne pourraient faire leur jonction que par la traverse et derrière Gennapes. Si donc le maréchal Ney eût exécuté ses ordres, et se fût porté, avec ses quarante-trois mille hommes, à la pointe du jour du 16, sur les Quatre-Bras, il se fût emparé de cette position, et avec sa nombreuse cavalerie et son artillerie légère il eût mis en déroute et éparpillé cette division ; bien plus, il pouvait attaquer les divisions de l'armée anglaise en marche, isolées sur les chaussées de Nivelles et de Bruxelles. A midi, ce maréchal ayant reçu les nouveaux ordres que l'Empereur lui envoya de Fleurus, marcha avec les trois divisions d'infanterie du 2ᵉ corps, une division de cavalerie légère et une division des cuirassiers de Kellermann, en tout seize mille hommes d'infanterie, trois mille hommes de cavalerie et quarante-quatre pièces de canon (vingt-un ou vingt-deux mille hommes). Il laissa en réserve en avant de Gosselies, pour observer Fleurus et assurer sa retraite, le 1ᵉʳ corps, fort de seize mille hommes d'infanterie, la division de cavalerie légère de la garde du général Lefebvre-Desnouettes, et une division des cuirassiers de Kellermann, formant un total de seize mille hommes d'infanterie, quatre mille cinq cents hommes de cavalerie et soixante-quatre bouches à feu. Ses tirailleurs engagèrent le combat à deux heures ; mais ce ne fut qu'à trois heures, lorsque la canonnade de la bataille de Ligny se fit entendre dans toute sa force, qu'il aborda franchement l'ennemi. Le prince d'Orange et sa division furent bientôt culbutés ; mais elle fut soutenue par la division du prince de Brunswick et la 5ᵉ division anglaise, qui arrivaient en toute hâte et mal en ordre. Ces deux divisions étaient parties de Bruxelles à dix heures du matin et avaient fait huit lieues ; elles n'avaient ni artillerie ni cavalerie. Le combat se renouvela avec chaleur ; l'ennemi avait la supériorité du nombre, puisque la 2ᵉ ligne du maréchal Ney était à trois lieues en arrière, mais l'artillerie et la cavalerie française étaient beaucoup plus nombreuses. Les troupes de Brunswick, repoussées comme celles de Nassau, laissèrent beaucoup de morts, parmi lesquels le prince régnant de Brunswick. Le 42ᵉ régiment écossais de la division Picton, s'étant mis en carré pour soutenir une charge de cuirassiers, fut enfoncé et taillé en pièces ; son colonel fut tué, son drapeau fut pris. Les tirailleurs français arrivaient déjà à la ferme des Quatre-Bras, lorsque la division des gardes anglaises n° 1 et la division Alten, n° 5. arrivèrent au pas de course sur la chaussée de Nivelles ; elles étaient également sans artillerie et sans cavalerie. Alors le maréchal Ney sentit le besoin de sa seconde ligne. Il l'envoya chercher, mais il était trop tard ; il était six heures, elle ne pouvait arriver sur le champ de bataille que vers huit heures. Le maréchal se battit cependant avec son intrépidité ordinaire, les troupes françaises se couvrirent de gloire, et l'ennemi, quoique double en infanterie, continuant à être fort inférieur en artillerie et en cavalerie, ne put faire aucun progrès ; mais il profita du bois qui flanquait cette position et la conserva jusqu'à la nuit. Le maréchal Ney prit son quartier général à Frasne, à mille toises des Quatre-Bras, et sa ligne de bataille à deux portées de canon de l'armée ennemie. Il fut joint par le 1ᵉʳ corps, que commandait le comte d'Erlon, dont le mouvement par Saint-Amand ne retarda l'arrivée que d'une demi-heure. La perte de l'armée anglo-hollandaise est portée à neuf mille hommes dans les récits officiels. La perte de l'armée française a été de trois mille quatre cents hommes. On sent facilement la cause de cette disproportion de pertes, lorsque l'on réfléchit que l'armée anglo-hollandaise, privée d'artillerie et de cavalerie, dut rester en masse sous la mitraille de cinquante pièces de canon qui ne cessèrent pas de tirer depuis trois heures après midi jusqu'à huit heures du soir.

IV. Le 3° corps de l'armée française bivouaqua sur le champ de bataille en avant de Saint-Amand : le 4° corps en avant de Ligny, le maréchal Grouchy à Sombref, la garde impériale sur les hauteurs de Bry, la cavalerie légère ayant des avant-postes jusque sur la chaussée de Namur; le 6° corps en réserve derrière Ligny. Blücher battit en retraite sur Wavres en deux colonnes, l'une par Tilly, l'autre par Gembloux, où arriva à onze heures du soir, venant de Liége, le 4° corps, commandé par le général Bulow. Les fuyards prussiens couvraient tout le pays et y commettaient les plus horribles ravages; Namur, les pays entre la Sambre et la Meuse en étaient les victimes. La défaite de ces oppresseurs de la Belgique et de la rive gauche du Rhin remplissait d'espoir et de joie les habitants de ces treize départements, qui se voyaient déjà restitués à la grande famille de leurs affections. Le duc de Wellington passa la nuit aux Quatre-Bras; les troupes anglaises continuèrent à lui arriver par les deux chaussées; elles étaient harassées de fatigues; elles avaient été en route la nuit du 15 au 16, la journée du 16 et la nuit du 16 au 17.

V. A la pointe du jour du 17, le général Pajol, avec une division de son corps de cavalerie légère et la division d'infanterie Teste, du 6° corps, se mit à la poursuite de l'armée prussienne dans la direction de Wavres par les routes de Tilly et de Gembloux, et prit grand nombre de chariots et plusieurs parcs de caissons. Le maréchal Ney avait reçu l'ordre de se porter sur les Quatre-Bras à la pointe du jour, et d'attaquer vivement l'arrière-garde anglaise. Le comte de Lobau, avec deux divisions d'infanterie de son corps, sa cavalerie légère et les cuirassiers de Milhaud, se porta par la chaussée de Namur sur les Quatre-Bras, pour favoriser l'attaque du maréchal Ney, en prenant l'armée anglaise par son flanc. Le maréchal Grouchy partit avec le corps de cavalerie d'Excelmans et le 3° et le 4° corps d'infanterie, pour appuyer le général Pajol et suivre Blücher l'épée dans les reins, afin de l'empêcher de se rallier. Il avait l'ordre positif de se tenir toujours entre la chaussée de Charleroi à Bruxelles et Blücher, afin d'être constamment en communication et en mesure de se réunir sur l'armée; il était probable que le maréchal Blücher se retirerait sur Wavres; cet ordre prescrivait qu'il y fût en même temps que lui; si l'ennemi continuait à marcher sur Bruxelles et qu'il passât la nuit couvert par la forêt de Soignes, qu'il le fît suivre jusqu'à la lisière de la forêt; s'il se retirait sur la Meuse, pour couvrir ses communications avec l'Allemagne, qu'il le fît observer par l'avant-garde du général Pajol et occupât Wavres avec la cavalerie d'Excelmans, le 3° et le 4° corps d'infanterie, afin de se trouver en communication avec le quartier général, qui marchait sur la chaussée de Charleroi à Bruxelles. La 3° division du 2° corps, qui avait beaucoup souffert à la bataille de Ligny, resta pour garder le champ de bataille et porter secours aux blessés. Ainsi l'armée française marchait en deux colonnes sur Bruxelles, l'une de soixante-neuf mille hommes, et l'autre de trente-quatre mille.

L'Empereur visita le champ de bataille, fit donner du secours aux blessés. La perte des Prussiens était énorme; on voyait six de leurs cadavres pour un cadavre français. Un grand nombre de blessés qui n'avaient pas été secourus le furent. Tous les pages et plusieurs officiers restèrent pour les veiller. Le jeune Gudin, fils du brave général de ce nom qui fut tué en Russie au combat de Valontina, se distingua par sa pitié. Ce devoir sacré rempli, Napoléon se porta au galop pour arriver aux Quatre-Bras en même temps que la cavalerie du comte de Lobau. Il la joignit au village de Marchais; mais arrivé à la vue de la ferme des Quatre-Bras, il s'aperçut qu'elle était encore occupée par un corps de cavalerie anglaise. Un moment après, une reconnaissance de cent hussards français revint, vivement poussée par un régiment de cavalerie anglaise. La cavalerie française prit position, les cuirassiers de Milhaud sur la droite, la cavalerie légère sur la gauche; l'infanterie se plaça en deuxième ligne, et les batteries se mirent en position. Un parti de cinq cents chevaux fut envoyé pour communiquer avec Frasne et avoir des nouvelles de la gauche. Comment était-elle encore dans son camp, elle qui devait être en marche depuis six heures du matin? Arrivés à la lisière du bois, les hussards commencèrent à tirailler; mais ils ne tardèrent pas à se reconnaître avec les lanciers rouges de la garde, qu'ils avaient pris pour des Anglais. Des officiers furent envoyés à Ney pour le presser de déboucher sur les Quatre-Bras; et immédiatement après, le comte de Lobau se reforma et marcha en avant. Une vivandière anglaise, qu'on amena prisonnière, donna des nouvelles des mouvements de son armée. Le duc de Wellington n'avait appris que fort avant dans la nuit le désastre de Ligny; il avait sur-le-champ ordonné de battre en retraite dans la direction de Bruxelles, laissant le général Uxbridge avec un corps de cavalerie et des batteries d'artillerie légère pour l'arrière-garde. Le général Uxbridge se retira aussitôt qu'il aperçut le corps d'armée du comte de Lobau. L'Empereur, arrivé à la ferme des Quatre-Bras, fit mettre douze pièces d'artillerie légère en batterie, qui s'engagèrent avec deux batteries anglaises. La pluie tombait par torrents : cependant les troupes de la gauche ne débouchaient pas encore; impatienté, on envoya l'ordre directement aux chefs de corps. Le comte d'Erlon parut enfin. Il prit la tête de la colonne et se mit en devoir de pousser vivement l'arrière-garde anglaise; le général Reille, avec le 2° corps, le suivit. Lorsque Ney parut, l'Empereur lui témoigna son mécontentement de tant d'incertitude, de tant de lenteur, et de ce qu'il venait de lui faire perdre trois heures bien précieuses. Ce maréchal balbutia, s'excusa sur ce qu'il croyait que Wellington était encore aux Quatre-Bras avec toute son armée. Le corps du comte de Lobau suivit le 2° corps, la garde marcha après. Les cuirassiers de Milhaud, éclairés par une division de cavalerie légère de Pajol, commandée par le général Subervie, formèrent une colonne intermédiaire. L'Empereur se porta à la tête de l'armée. Le temps était affreux; sur la chaussée le soldat avait de l'eau jusqu'à mi-jambe, dans les terres il enfonçait jusqu'aux genoux; l'artillerie ne pouvait pas y passer, et la cavalerie n'y passait qu'avec peine; c'est ce qui rendit difficile la retraite de la cavalerie ennemie, et mit à même l'artillerie française de lui faire quelque mal. A six heures du soir, l'ennemi, qui n'avait jusqu'alors soutenu la retraite qu'avec quelques pièces de canon, en démasqua quinze. Le temps était trèsbrumeux, il était impossible de distinguer la force de son arrière-garde. Il était évident qu'elle était depuis peu de moments renforcée; et comme on n'était pas éloigné de la forêt de Soignes, il était probable qu'elle voulait tenir cette position pendant la nuit. Pour s'en assurer, les cuirassiers de Milhaud se déployèrent, et, sous la protection du feu de quatre batteries d'artillerie légère, firent mine de charger; l'ennemi démasqua alors cinquante ou soixante pièces de canon; toute l'armée y était. Il aurait fallu deux heures de jour de plus pour pouvoir l'attaquer. L'armée française prit position en avant de Planchenoit : le quartier général se plaça à la ferme de Caillou, à deux mille quatre cents toises du village de Mont-Saint-Jean.

Pendant cette retraite, plusieurs officiers de cavalerie anglaise furent pris et amenés à l'Empereur; plusieurs étaient blessés; il les fit panser par son chirurgien avant de les interroger; après quoi il les questionna sur la situation de leur armée, en se servant du général Flahaut pour interprète. Parmi ces officiers se trouvait le capitaine Elphinston. En traversant la chaussée de Bruxelles aux Quatre-Bras il fut facile d'évaluer combien grande avait été la perte des Anglais, quoiqu'ils eussent déjà enterré la plus grande partie de leurs morts.

Le maréchal Grouchy avait poursuivi Blücher par les routes de Mont-Guibert et de Gembloux; mais des rapports lui ayant fait croire que la majeure partie de l'armée prussienne s'était retirée par Gembloux, il se porta avec ses principales forces sur ce point; il y arriva le 16, à quatre heures du soir; il y apprit que le corps de Bulow y était arrivé dans la nuit, et n'avait pas assisté à la bataille; que le désordre était grand dans plusieurs corps de l'armée prussienne; que tous les villages environnants étaient pleins de blessés et de fuyards; que la désertion était déjà très-considérable parmi les troupes saxonnes, westphaliennes et même parmi les propres Prussiens. Il envoya des reconnaissances dans les deux directions de Wavres et de Liége à la suite des deux arrière-gardes ennemies, qui s'y étaient retirées. Cela fait, Grouchy fit prendre position à ses troupes; il n'avait cependant fait que deux lieues. Sur le soir, il reçut des renseignements positifs que les principales forces de l'ennemi étaient dirigées sur Wavres; mais il était plus de six heures, les soldats faisaient leur soupe, il jugea qu'il serait à temps le lendemain de suivre l'ennemi, qui se trouvait ainsi avoir gagné trois heures sur lui. Cette funeste résolution est la cause principale de la perte de la bataille de Waterloo.

Pendant la nuit, la pluie continua à tomber, ce qui rendit à peu près impraticable pour l'artillerie, la cavalerie et même l'infanterie, tout le plat pays. Pendant la journée du 17, et la nuit même du 17 au 18, les flanqueurs de droite de l'armée française rendirent compte qu'ils étaient en communication avec ceux du maréchal Grouchy, qui avait poursuivi toute la journée le maréchal Blücher, sans qu'il se fût passé aucun événement important. A neuf heures du soir, le général Milhaud, qui avait marché avec son corps pour maintenir les communications avec le maréchal Grouchy, rendit compte qu'il avait eu connaissance d'une colonne de cavalerie ennemie qui de Tilly s'était reployée en toute hâte sur Wavres. Un corps de deux mille chevaux fut dirigé sur Hal, menaçant de tourner la droite de la forêt de Soignes et de se porter sur Bruxelles; le duc de Wellington, alarmé, y envoya sa 4° division d'infanterie. Dans la nuit, la cavalerie française rentra au camp, la division anglaise resta en observation et se trouva paralysée pendant la bataille.

VI. L'Empereur, avec les 1er, 2°, 6° corps d'infanterie, la garde, une division de cavalerie légère de Pajol, et les deux corps de cuirassiers de Milhaud et de Kellermann, en tout soixante-huit mille neuf cent six hommes et deux cent quarante-deux pièces de canon, était campé en avant de Planchenoit, à cheval sur la grande route de Bruxelles, à quatre lieues et demie de cette grande ville, ayant devant lui l'armée anglo-hollandaise, forte de quatre-vingt-dix mille hommes et deux cent cinquante-cinq pièces de canon, dont le quartier général était à Waterloo. Le maréchal Grouchy, avec trente-quatre mille hommes et cent huit pièces de canon, devait être à Wavres, mais il était en effet en avant de Gembloux, ayant perdu de vue l'armée prussienne. Celle-ci était à Wavres; ses quatre corps y étaient réunis, forts de soixante-quinze mille hommes.

A dix heures du soir, l'Empereur expédia un officier au maréchal Grouchy, que l'on supposait sur Wavres, pour lui faire connaître qu'il y aurait le lendemain une grande bataille; que l'armée anglo-hollandaise était en position en avant de la forêt de Soignes, sa gauche appuyée au village de la Haye; qu'il lui ordonnait de détacher avant le jour de son camp de Wavres une division de sept mille hommes de toutes armes et seize pièces de canon sur Saint-Lambert, pour se joindre à la droite de la Grande-Armée et opérer avec elle; qu'aussitôt qu'il serait assuré que le maréchal Blücher aurait évacué Wavres, soit pour continuer sa retraite sur Bruxelles, soit pour se porter dans toute autre direction, il devait marcher avec la majorité de ses troupes pour appuyer le détachement qu'il aurait fait sur Saint-Lambert.

A onze heures du soir, une heure après que cette dépêche était expédiée, on reçut un rapport du maréchal Grouchy, daté de Gembloux, cinq heures du soir. Il rendait compte qu'il était avec son armée à Gembloux, ignorant la direction qu'avait prise le maréchal Blücher, et s'il s'était porté sur Bruxelles ou sur Liége; qu'en conséquence, il avait établi deux avant-gardes, l'une entre Gembloux et Wavres, et l'autre à une lieue de Gembloux, dans la direction de Liége. Ainsi, le maréchal Blücher lui avait échappé et était à trois lieues de lui!!! Le maréchal Grouchy n'avait fait que deux lieues dans la journée du 17. Un second officier lui fut envoyé à quatre heures du matin pour lui réitérer l'ordre qui lui avait été expédié à dix heures du soir. Une heure après, à cinq heures, on reçut un nouveau rapport, daté de Gembloux, deux heures du matin; ce maréchal rendait compte qu'il avait appris à six heures du soir que Blücher s'était dirigé avec toutes ses forces sur Wavres; qu'en conséquence, il avait voulu l'y suivre à l'heure même; mais que les troupes ayant déjà pris leur camp et fait la soupe, il ne partirait qu'au jour pour arriver de bonne heure devant Wavres, ce qui aurait le même effet; que le soldat serait bien reposé et plein d'ardeur.

BATAILLE DE WATERLOO.

I. Pendant la nuit, l'Empereur donna tous les ordres nécessaires pour la bataille du lendemain, quoique tout lui indiquât qu'elle n'aurait pas lieu. Depuis quatre jours que les hostilités étaient commencées, il avait, par les plus habiles manœuvres, surpris ses ennemis, remporté une victoire éclatante et séparé les deux armées. C'était beaucoup pour sa gloire, mais pas encore assez pour sa position!!! Les trois heures de retard que la gauche avait éprouvé dans son mouvement l'avaient empêché d'attaquer, comme il l'avait projeté, l'armée anglo-hollandaise dans l'après-midi du 17, ce qui eût couronné la campagne! Actuellement il était probable que le duc de Wellington et le maréchal Blücher profitaient de cette même nuit pour traverser la forêt de Soignes, et se réunir devant Bruxelles; après cette réunion, qui serait opérée avant neuf heures du matin, la position de l'armée française deviendrait bien délicate!!! les deux armées ennemies se renforceraient de tout ce qu'elles avaient sur leurs derrières. Six mille Anglais étaient débarqués à Ostende depuis peu de jours; c'étaient des troupes de retour d'Amérique. Il serait impossible que l'armée française se hasardât de traverser la forêt de Soignes pour combattre au débouché des forces plus que doubles, formées et en position; et cependant, sous peu de semaines, les armées russe, autrichienne, bavaroise, etc., allaient passer le Rhin, se porter sur la Marne. Le 5e corps, en observation en Alsace, n'était que de vingt mille hommes.

A une heure du matin, fort préoccupé de ces grandes pensées, il sortit à pied, accompagné seulement de son grand maréchal; son dessein était de suivre l'armée anglaise dans sa retraite, et de tâcher de l'entamer, malgré l'obscurité de la nuit, aussitôt qu'elle serait en marche. Il parcourut la ligne des grand'gardes. La forêt de Soignes apparaissait comme un incendie; l'horizon entre cette forêt, Braine-la-Leud, les fermes de la Belle-Alliance et de la Haye, était resplendissant du feu des bivouacs, le plus profond silence régnait. L'armée anglo-hollandaise était ensevelie dans un profond sommeil, suite des fatigues qu'elle avait essuyées les jours précédents. Arrivé près des bois du château d'Hougomont il entendit le bruit d'une colonne en marche; il était deux heures et demie. Or, à cette heure, l'arrière-garde devait commencer à quitter sa position si l'ennemi était en retraite; mais cette illusion fut courte Le bruit cessa; la pluie

⁺ombait par torrents. Divers officiers envoyés en reconnaissance et des affidés, de retour à trois heures et demie, confirmèrent que les Anglo-Hollandais ne faisaient aucun mouvement. A quatre heures les coureurs lui amenèrent un paysan qui avait servi de guide à une brigade de cavalerie anglaise qui avait été prendre position sur l'extrême gauche au village d'Ohain. Deux déserteurs belges, qui venaient de quitter leur régiment, lui rapportèrent que leur armée se préparait à la bataille, qu'aucun mouvement rétrograde n'avait eu lieu; que la Belgique faisait des vœux pour les succès de l'Empereur; que les Anglais et les Prussiens y étaient également haïs.

Le général ennemi ne pouvait rien faire de plus contraire aux intérêts de son parti et de sa nation, à l'esprit général de cette campagne, et même aux règles les plus simples de la guerre, que de rester dans la position qu'il occupait; il avait derrière lui les défilés de la forêt de Soignes; s'il était battu, toute retraite lui était impossible. Les troupes françaises étaient bivouaquées au milieu de la boue; les officiers tenaient pour impossible de donner bataille dans ce jour; l'artillerie et la cavalerie ne pourraient manœuvrer dans les terres, tant elles étaient détrempées; ils estimaient qu'il faudrait douze heures de beau temps pour les étancher. Le jour commençait à poindre; l'Empereur rentra à son quartier général plein de satisfaction de la grande faute que faisait le général ennemi, et fort inquiet que le mauvais temps ne l'empêchât d'en profiter. Mais déjà l'atmosphère s'éclaircissait; à cinq heures, il aperçut quelques faibles rayons de ce soleil qui devait avant de se coucher éclairer la perte de l'armée anglaise; l'oligarchie britannique en serait renversée! la France allait se relever dans ce jour, plus glorieuse, plus puissante et plus grande que jamais!

L'armée anglo-hollandaise était en bataille sur la chaussée de Charleroi à Bruxelles, en avant de la forêt de Soignes, couronnant un assez beau plateau. La droite, composée des 1ʳᵉ et 2ᵉ divisions anglaises et de la division de Brunswick, commandées par les généraux Cook et Clinton, s'appuyait à un ravin au-delà de la route de Nivelles; elle occupait en avant de son front le château d'Hougomont par un détachement. Le centre, composé de la 3ᵉ division anglaise et des 1ʳᵒ et 2ᵉ divisions belges, commandées par les généraux Alten, Collaert et Chassé, était en avant de Mont-Saint-Jean; sa gauche était appuyée à la chaussée de Charleroi, et occupait la ferme de la Haie-Sainte par une de ses brigades. La gauche, composée des 5ᵉ et 6ᵉ divisions anglaises, et de la 3ᵉ division belge, commandées par les généraux Picton, Lambert et Perchoncher, avait sa droite appuyée à la chaussée de Charleroi, sa gauche en arrière du village de la Haye, qu'elle occupait par un fort détachement. La réserve était à Mont-Saint-Jean, intersection des chaussées de Charleroi et de Nivelles à Bruxelles. La cavalerie, rangée sur trois lignes à la hauteur de Mont-Saint-Jean, garnissait tous les derrières de la ligne de bataille de l'armée, dont l'étendue était de deux mille cinq cents toises. Le front de l'ennemi était couvert par un obstacle naturel. Le plateau était légèrement concave à son centre, et le terrain finissait en pente douce par un ravin plus profond. La 4ᵉ division anglaise, commandée par le général Colville, occupait en flanqueurs de droite tous les débouchés depuis Hal jusqu'à Braine-la-Leud. Une brigade de cavalerie anglaise occupait en flanqueurs de gauche tous les débouchés depuis le village d'Ohain. Les forces que l'ennemi montrait étaient diversement évaluées ; mais les officiers les plus exercés les estimaient, en y comprenant les corps de flanqueurs, à quatre-vingt-dix mille hommes, ce qui s'accordait avec les renseignements généraux. L'armée française n'était que de soixante-neuf mille hommes, mais la victoire n'en paraissait pas moins certaine. Ces soixante-neuf mille hommes étaient de bonnes troupes ; et dans l'armée ennemie, les Anglais seuls, qui étaient au nombre de quarante mille hommes au plus, pouvaient être comptés comme tels.

A huit heures, on apporta le déjeuner de l'Empereur, où s'assirent plusieurs officiers généraux. Il dit :

« L'armée ennemie est supérieure à la nôtre de près d'un quart ; nous n'en avons » pas moins quatre-vingt-dix chances pour nous, et pas dix contre. — Sans doute, » dit le maréchal Ney, qui entrait dans ce moment, si le duc de Wellington était » assez simple pour attendre Votre Majesté ; mais je viens lui annoncer que déjà ses » colonnes sont en pleine retraite, elles disparaissent dans la forêt. — Vous avez mal » vu, lui répondit ce prince, il n'est plus à temps, il s'exposerait à une perte certaine, » il a jeté les dés, et ils sont pour nous !!! » Dans ce moment des officiers d'artillerie, qui avaient parcouru la plaine, annoncèrent que l'artillerie pouvait manœuvrer, quoique avec quelques difficultés, qui, dans une heure, seraient bien diminuées. Aussitôt l'Empereur monta à cheval ; il se porta aux tirailleurs vis-à-vis la Haie-Sainte, reconnut de nouveau la ligne ennemie, et chargea le général du génie Haxo, officier de confiance, de s'en approcher davantage, pour s'assurer s'il avait été élevé quelques redoutes ou retranchements. Ce général revint promptement rendre compte qu'il n'avait aperçu aucune trace de fortification. L'Empereur réfléchit un quart d'heure, dicta l'ordre de bataille, que deux généraux écrivaient assis par terre. Les aides-de-camp le portèrent aux divers corps d'armée, qui étaient sous les armes, pleins d'impatience et d'ardeur. L'armée s'ébranla et se mit en marche sur onze colonnes.

II. Ces onze colonnes étaient destinées, quatre à former la première ligne, quatre la seconde ligne, trois la troisième. Les quatre colonnes de la première ligne étaient : celle de gauche formée par la cavalerie du 2° corps ; la deuxième, par trois divisions d'infanterie du 2° corps ; la troisième, par les quatre divisions d'infanterie du 1er corps ; la quatrième, par la cavalerie légère du 1er corps. Les quatre colonnes de la seconde ligne étaient : celle de gauche formée par le corps de cuirassiers de Kellermann ; la deuxième, par les deux divisions d'infanterie du 6° corps ; la troisième, par deux divisions de cavalerie légère, l'une du 6° corps, commandée par le général de division Daumont, l'autre détachée du corps de Pajol et commandée par le général de division Subervie ; la quatrième par le corps de cuirassiers de Milhaud. Les trois colonnes de la troisième ligne étaient : celle de gauche formée par la division de grenadiers à cheval et de dragons de la garde, commandée par le général Guyot ; la seconde, par les trois divisions de la vieille, moyenne et jeune garde, commandées par les lieutenants généraux Friant, Morand et Duhesme ; la troisième, par les chasseurs à cheval et les lanciers de la garde, commandés par le lieutenant général Lefèvre-Desnouettes. L'artillerie marchait sur les flancs des colonnes; les parcs et les ambulances à la queue.

A neuf heures, les têtes des quatre colonnes formant la première ligne arrivèrent où elles devaient se déployer. En même temps on aperçut plus ou moins loin les sept autres colonnes qui débouchaient des hauteurs; elles étaient en marche, les trompettes et tambours sonnaient au champ, la musique retentissait des airs qui retraçaient aux soldats le souvenir de cent victoires. La terre paraissait orgueilleuse de porter tant de braves. Ce spectacle était magnifique; et l'ennemi, qui était placé de manière à découvrir jusqu'au dernier homme, dut en être frappé : l'armée dut lui paraître double en nombre de ce qu'elle était réellement.

Ces onze colonnes se déployèrent avec tant de précision qu'il n'y eut aucune confusion; et chacun occupa la place qui lui était désignée dans la pensée du chef; jamais de si grandes masses ne se remuèrent avec tant de facilité. La cavalerie légère du 2e corps, qui formait la première colonne de gauche de la première ligne, se déploya sur trois lignes à cheval sur la chaussée de Nivelles à Bruxelles, à peu près à la hauteur des premiers bois du parc d'Hougomont, éclairant par la gauche toute la plaine, et ayant des grand'gardes sur Braine-la-Leud; sa batterie d'artillerie légère sur la chaussée de Nivelles. Le 2e corps, sous les ordres du général Reille, occupa l'espace compris entre la chaussée de Nivelles et celle de Charleroi; c'était une étendue de neuf cents à mille toises; la division du prince Jérôme, tenant la gauche près la chaussée de Nivelles et le bois d'Hougomont, le général Foy le centre, et le général Bachelu la droite, qui arrivait à la chaussée de Charleroi près la ferme de la Belle-Alliance. Chaque division d'infanterie était sur deux lignes, la 2e à trente toises de la première, ayant son artillerie sur le front, et ses parcs en arrière près la chaussée de Nivelles. La troisième colonne, formée par le 1er corps, et commandée par le lieutenant général comte d'Erlon, appuya sa gauche à la Belle-Alliance sur la droite de la chaussée de Charleroi, et sa droite vis-à-vis la ferme de la Haye, où était la gauche de l'ennemi. Chaque division d'infanterie était sur deux lignes; l'artillerie, dans les intervalles des brigades. Sa cavalerie légère, qui formait la quatrième colonne, se déploya à sa droite sur trois lignes, observant la Haye, Frischermont, et jetant des postes sur Ohain, pour observer les flanqueurs de l'ennemi; son artillerie légère était sur sa droite.

La première ligne était à peine formée, que les têtes des quatre colonnes de la deuxième ligne arrivèrent au point où elles devaient se déployer; les cuirassiers de Kellermann s'établirent sur deux lignes à trente toises l'une de l'autre, appuyant leur gauche à la chaussée de Nivelles, à cent toises de la deuxième ligne du 2e corps, et leur droite à la chaussée de Charleroi. L'espace était de onze cents toises. Une de leurs batteries prit position sur la gauche, près la chaussée de Nivelles; l'autre sur la droite, près la chaussée de Charleroi. La deuxième colonne, commandée par le lieutenant général comte de Lobau, se porta à cinquante toises derrière la deuxième ligne du 2e corps; elle resta en colonne serrée par division, occupant une centaine de toises de profondeur, le long et sur la gauche de la chaussée de Charleroi, avec une distance de dix toises entre les deux colonnes de division, son artillerie sur son flanc gauche. La troisième colonne, celle de sa cavalerie légère, commandée par le général de division Daumont, suivie par celle du général Subervié, se plaça en colonne serrée par escadron, la gauche appuyée à la chaussée de Charleroi, vis-à-vis son infanterie, dont elle n'était séparée que par cette chaussée; son artillerie légère était sur son flanc droit. La quatrième colonne, le corps de cuirassiers Milhaud, se déploya sur deux lignes à trente toises d'intervalle et à cent toises derrière la deuxième ligne du 1er corps, la gauche appuyée à la chaussée de Charleroi, la droite dans la direction de Frischermont; il occupait une étendue d'environ neuf cents toises; ses batteries étaient sur sa gauche, près la chaussée de Charleroi, et sur son centre.

Avant que cette deuxième ligne fût formée, les têtes des trois colonnes de la réserve arrivèrent à leurs points de déploiement. La grosse cavalerie de la garde se plaça à cent toises derrière Kellermann, en bataille sur deux lignes, à trente toises d'intervalle; la gauche du côté de la chaussée de Nivelles, la droite du côté de celle de Charleroi, l'artillerie au centre. La colonne du centre, formée par l'infanterie de la garde, se déploya sur six lignes, chacune de quatre bataillons, à distance de dix toises l'une de l'autre, à cheval sur la route de Charleroi et un peu avant la ferme de Rossomme. Les batteries d'artillerie appartenant aux différents régiments se placèrent sur la gauche et la droite; celle à pied et à cheval de la réserve derrière les lignes. La troisième colonne, les chasseurs à cheval et les lanciers de la garde, se déploya sur deux lignes à trente toises d'intervalle, à cent toises derrière le général Milhaud, la gauche à la chaussée de Charleroi, et la droite du côté de Frischermont, son artillerie légère sur son centre. A dix heures et demie, ce qui paraît incroyable, tout le mouvement était achevé, toutes les troupes étaient à leur position, le plus profond silence régnait sur le champ de bataille.

L'armée se trouvait rangée sur six lignes formant la figure de six V; les deux premières d'infanterie ayant la cavalerie légère sur les ailes; la troisième et la quatrième de cuirassiers; la cinquième et la sixième de cavalerie de la garde, avec six lignes d'infanterie de la garde, perpendiculairement placées au sommet des six V, et le 6e corps, en colonne serrée, perpendiculairement aux lignes qu'occupait la garde. L'infanterie sur la gauche de la route, sa cavalerie sur la droite. Les chaussées de Charleroi et de Nivelles étaient libres, c'étaient les moyens de communication pour que l'artillerie de réserve pût arriver rapidement sur les divers points de la ligne.

L'Empereur parcourut les rangs; il serait difficile d'exprimer l'enthousiasme qui animait tous les soldats : l'infanterie élevait ses schakos au bout des baïonnettes; les cuirassiers, dragons et cavalerie légères, leurs casques ou schakos au bout de leurs sabres. La victoire paraissait certaine; les vieux soldats qui avaient assisté à tant de combats admirèrent ce nouvel ordre de bataille; ils cherchaient à pénétrer les vues ultérieures de leur général; ils discutaient le point et la manière dont devait avoir lieu l'attaque. Pendant ce temps, l'Empereur donna ses derniers ordres, et se porta à la tête de sa garde au sommet des six V, sur les hauteurs de Rossomme, mit pied à terre; de là il découvrait les deux armées; la vue s'étendait fort au loin à droite et à gauche du champ de bataille.

Une bataille est une action dramatique qui a son commencement, son milieu et sa fin. L'ordre de bataille que prennent les deux armées, les premiers mouvements pour en venir aux mains sont l'exposition; les contre-mouvements que fait l'armée attaquée forment le nœud, ce qui oblige à de nouvelles dispositions et amène la crise d'où naît le résultat ou dénoûment. Aussitôt que l'attaque du centre de l'armée française aurait été démasquée, le général ennemi ferait des contre-mouvements, soit par ses ailes, soit derrière sa ligne, pour faire diversion ou accourir au secours du point attaqué; aucun de ces mouvements ne pouvait échapper à l'œil exercé de Napoléon dans la position centrale où il s'était placé, et il avait dans sa main toutes ses réserves pour les porter à volonté où l'urgence des circonstances exigerait leur présence.

III. Dix divisions d'artillerie, parmi lesquelles trois divisions de douze, se réunirent, la gauche appuyée à la chaussée de Charleroi sur les monticules au-delà de la Belle-Alliance et en avant de la division de gauche du 1er corps. Elles étaient destinées à soutenir l'attaque de la Haie-Sainte, que devaient faire deux divisions du 1er corps et les deux divisions du 6e, dans le temps que les deux autres divisions du 1er corps se porteraient sur la Haye. Par ce moyen, toute la gauche de l'ennemi serait tournée. La division de cavalerie légère du 6e corps, en colonne serrée, et celle du 1er corps qui était sur ses ailes, devaient participer à cette attaque, que les 2e et 3e lignes de cavalerie soutiendraient, ainsi que toute la garde à pied et à cheval. L'armée française, maîtresse de la Haye et de Mont-Saint-Jean, couperait la chaussée de Bruxelles à toute la droite de l'armée anglaise, où étaient ses principales forces. L'Empereur avait préféré tourner la gauche de l'ennemi plutôt que sa droite : 1° afin de le couper d'avec les Prussiens, qui étaient à Wavres, et de s'opposer à leur réunion s'ils l'avaient prémédité; et quand même ils ne l'eussent pas préméditée, si l'attaque se fût faite par la droite, l'armée anglaise, repoussée, se serait reployée sur l'armée prussienne; au lieu que faite sur la gauche, elle en était séparée et jetée dans la direction de la mer; 2° parce que la gauche parut beaucoup plus faible; 3° enfin, parce que l'Empereur attendait à chaque instant l'arrivée d'un détachement du maréchal Grouchy pour sa droite, et ne voulait pas courir les chances de s'en trouver séparé.

Pendant que tout se préparait pour cette attaque décisive, la division du prince Jérôme sur la gauche engagea la fusillade au bois d'Hougomont. Bientôt elle devint très-vive. L'ennemi ayant démasqué près de quarante pièces d'artillerie, le général Reille fit avancer la batterie d'artillerie de sa 2e division, et l'Empereur envoya l'ordre au général Kellermann de faire avancer ses douze pièces d'artillerie légère; la canonnade devint bientôt fort vive. Le prince Jérôme enleva plusieurs fois le bois d'Hougomont, et plusieurs fois en fut repoussé; il était défendu par la division des gardes anglaises, les meilleures troupes de l'ennemi, qu'on vit avec plaisir être sur sa droite, ce qui rendait plus facile la grande attaque sur la gauche La division Foy soutint la division du prince Jérôme; il se fit de part et d'autre des prodiges de valeur; les gardes anglaises couvrirent de leurs cadavres le bois et les avenues du château, mais non sans vendre chèrement leur sang. Après diverses vicissitudes qui occupèrent plusieurs heures de la journée, le bois tout entier resta aux Français; mais le château, où s'étaient crénelés plusieurs centaines de braves, opposait une résistance invincible. L'Empereur ordonna de réunir une batterie de huit obusiers, qui mirent le feu aux granges et aux toits, et rendirent les Français maîtres de cette position.

Le maréchal Ney obtint l'honneur de commander la grande attaque du centre; elle ne pouvait pas être confiée à un homme plus brave et plus accoutumé à ce genre d'affaire. Il envoya un de ses aides-de-camp prévenir que tout était prêt, et qu'il n'attendait plus que le signal. Avant de le donner, l'Empereur voulut jeter un dernier regard sur tout le champ de bataille, et aperçut dans la direction de Saint-Lambert un nuage qui lui parut être des troupes. Il dit à son major général : « Maréchal, que » voyez-vous sur Saint-Lambert? — J'y crois voir cinq à six mille hommes; c'est pro- » bablement un détachement de Grouchy. » Toutes les lunettes de l'état-major furent fixées sur ce point. Le temps était assez brumeux. Les uns soutenaient, comme il arrive en pareille occasion, qu'il n'y avait pas de troupes, que c'étaient des arbres; d'autres que c'étaient des colonnes en position; quelques-uns que c'étaient des troupes en marche. Dans cette incertitude, sans plus délibérer, il fit appeler le lieutenant général Daumont, et lui ordonna de se porter avec sa division de cavalerie légère et celle du général Subervie pour éclairer sa droite, communiquer promptement avec les troupes qui arrivaient sur Saint-Lambert, opérer la réunion si elles appartenaient au maréchal Grouchy, les contenir si elles étaient ennemies. Ces trois mille hommes de cavalerie n'eurent qu'à faire un à droite par quatre pour être hors des lignes de l'armée; ils se portèrent rapidement et sans confusion à trois mille toises, et s'y rangèrent en bataille en potence sur toute la droite de l'armée.

IV. Un quart d'heure après, un officier de chasseurs amena un hussard noir prussien qui venait d'être fait prisonnier par les coureurs d'une colonne volante de trois cents chasseurs, qui battait l'estrade entre Wavres et Planchenoit. Ce hussard était porteur d'une lettre; il était fort intelligent, et donna de vive voix tous les renseignements que l'on put désirer. La colonne qu'on apercevait à Saint-Lambert était l'avant-garde du général prussien Bulow, qui arrivait avec trente mille hommes : c'était le quatrième corps prussien, qui n'avait pas donné à Ligny. La lettre était effectivement l'annonce de l'arrivée de ce corps; ce général demandait au duc de Wellington des ordres ultérieurs. Le hussard dit qu'il avait été le matin à Wavres, que les trois autres corps de l'armée prussienne y étaient campés, qu'ils y avaient passé la nuit du 17 au 18, qu'ils n'avaient aucun Français devant eux, qu'il supposait que les Français avaient marché sur Planchenoit, qu'une patrouille de son régiment avait été dans la nuit jusqu'à deux lieues de Wavres sans rencontrer aucun corps français. Le duc de Dalmatie expédia sur-le-champ la lettre interceptée et le rapport du hussard au maréchal Grouchy, auquel il réitéra l'ordre de marcher de suite sur Saint-Lambert, et de prendre à dos le corps du général Bulow. Il était onze heures; l'officier n'avait au plus que quatre ou cinq lieues à faire, toujours sur de bons chemins, pour atteindre le maréchal Grouchy. Il promit d'y être à une heure. Par la dernière nouvelle reçue de ce maréchal, on savait qu'il devait à la pointe du jour se porter sur Wavres. Or, de Gembloux à Wavres il n'y a que trois lieues : soit qu'il eût ou non reçu les ordres expédiés dans la nuit du quartier impérial, il devait être indubitablement engagé à l'heure qu'il était devant Wavres. Les lunettes dirigées sur ce point n'apercevaient rien ; on n'entendait aucun coup de canon. Peu après, le général Daumont envoya dire que quelques coureurs bien montés qui le précédaient avaient rencontré des patrouilles ennemies dans la direction de Saint-Lambert ; qu'on pouvait tenir pour sûr que les troupes que l'on y voyait étaient ennemies ; qu'il avait envoyé dans plusieurs directions des patrouilles d'élite pour communiquer avec le maréchal Grouchy et lui porter des avis et des ordres.

L'Empereur fit ordonner immédiatement au comte de Lobau de traverser la chaussée de Charleroi par un changement de direction à droite par division, et de se porter pour soutenir la cavalerie légère du côté de Saint-Lambert ; de choisir une bonne position intermédiaire où il pût, avec dix mille hommes, en arrêter trente mille si cela devenait nécessaire ; d'attaquer vivement les Prussiens aussitôt qu'il entendrait les premiers coups de canon des troupes que le maréchal Grouchy avait détachées derrière eux. Ces dispositions furent exécutées sur-le-champ. Il était de la plus haute importance que le mouvement du comte Lobau se fît sans retard. Le maréchal Grouchy devait avoir de Wavres détaché six à sept mille hommes sur Saint-Lambert, lesquels se trouveraient compromis, puisque le corps du général Bulow était de trente mille hommes ; tout comme le corps du général Bulow serait compromis et perdu si, au moment qu'il serait attaqué en queue par six à sept mille hommes, il était attaqué en tête par un homme du caractère du comte de Lobau. Dix-sept à dix-huit mille Français disposés et commandés ainsi étaient d'une valeur bien supérieure à trente mille Prussiens ; mais ces événements portèrent du changement dans le premier plan de l'Empereur. Il se trouva affaibli sur le champ de bataille de dix mille hommes qu'il était obligé d'envoyer contre le général Bulow ; ce n'était plus que cinquante-neuf mille hommes qu'il avait contre quatre-vingt-dix mille. Ainsi, l'armée ennemie contre laquelle il avait à lutter venait d'être augmentée de trente mille hommes déjà rendus sur le champ de bataille ; elle était de cent vingt mille hommes contre soixante-neuf mille : c'était un contre deux. « *Nous avions ce matin quatre-vingt-dix chances pour nous*, dit-il au duc de » Dalmatie, *l'arrivée de Bulow nous en fait perdre trente, mais nous en avons encore* » *soixante contre quarante ; et si Grouchy répare l'horrible faute qu'il a commise hier* » *de s'amuser à Gembloux, et envoie son détachement avec rapidité, la victoire en* » *sera plus décisive, car le corps de Bulow sera entièrement perdu.* »

On était sans inquiétude pour le maréchal Grouchy ; après le détachement qu'il aurait pu faire sur Saint-Lambert, il lui restait encore vingt-sept à vingt-huit mille hommes. Or, les trois corps que le maréchal Blücher avait à Wavres, qui devant Ligny étaient de quatre-vingt-dix mille hommes, étaient réduits à quarante mille, non-seulement par la perte de trente mille qu'il avait éprouvée dans la bataille, mais aussi par celle de vingt mille hommes qui s'étaient débandés et ravageaient les bords de la Meuse, et par quelques détachements auxquels ce maréchal avait été obligé pour les couvrir, ainsi que les bagages qui se trouvaient dans la direction de Namur et de Liége. Or, quarante-cinq mille Prussiens, battus, découragés, ne pouvaient pas en imposer à vingt-huit mille Français bien placés et victorieux.

V. Il était midi : les tirailleurs étaient engagés sur toute la ligne; mais le combat n'avait réellement lieu que sur la gauche, dans le bois et au château d'Hougomont. Du côté de l'extrême droite, les troupes du général Bulow étaient encore stationnaires; elles paraissaient se former et attendre que leur artillerie eût passé le défilé. L'Empereur envoya l'ordre au maréchal Ney de commencer le feu de ses batteries, de s'emparer de la ferme de la Haie-Sainte et d'y mettre en position une division d'infanterie; de s'emparer également du village de la Haye et d'en déposter l'ennemi, afin d'intercepter toute communication entre l'armée anglo-hollandaise et le corps du général Bulow. Quatre-vingts bouches à feu vomirent bientôt la mort sur toute la gauche de la ligne anglaise; une de ses divisions fut entièrement détruite par les boulets et la mitraille. Pendant que cette attaque était démasquée, l'Empereur observait avec attention quel serait le mouvement du général ennemi. Il n'en fit aucun sur sa droite; mais il s'aperçut qu'il préparait sur la gauche une grande charge de cavalerie. Il s'y porta au galop. La charge avait eu lieu; elle avait repoussé une colonne d'infanterie qui s'avançait sur le plateau, lui avait enlevé deux aigles et désorganisé sept pièces de canon. Il ordonna à une brigade de cuirassiers du général Milhaud, de la deuxième ligne, de charger cette cavalerie. Elle partit aux cris de : Vive l'Empereur! La cavalerie anglaise fut rompue; la plus grande partie resta sur le champ de bataille; les canons furent repris, l'infanterie protégée. Diverses charges d'infanterie et de cavalerie eurent lieu; le détail en appartient plus à l'histoire de chaque régiment qu'à l'histoire générale de la bataille, où ces récits multipliés ne porteraient que du désordre. Il suffit de dire qu'après trois heures de combat la ferme de la Haie-Sainte, malgré la résistance des régiments écossais, fut occupée par l'infanterie française, et le but que s'était promis le général français obtenu. Les 6ᵉ et 5ᵉ divisions anglaises furent détruites; le général Picton resta mort sur le champ de bataille.

L'Empereur parcourut pendant ce combat la ligne d'infanterie du 1ᵉʳ corps, la ligne de cavalerie des cuirassiers Milhaud et celle en troisième ligne de la garde, au milieu des boulets, de la mitraille et des obus; ils ricochaient d'une ligne à l'autre. Le brave général Devaux, commandant l'artillerie de la garde, qui était à ses côtés, fut enlevé par un boulet : perte sensible, surtout dans ce moment, puisqu'il savait mieux que personne les positions qu'occupaient les réserves de l'artillerie de la garde, fortes de quatre-vingt-seize bouches à feu. Le général de brigade Lallemand lui succéda, et fut blessé peu après.

Le désordre était dans l'armée anglaise : les bagages, les charrois, les blessés, voyant les Français s'approcher de la chaussée de Bruxelles et du principal débouché de la forêt, accouraient en foule pour opérer leur retraite. Tous les fuyards anglais, belges, allemands, qui avaient été sabrés par la cavalerie, se précipitaient sur Bruxelles. Il était quatre heures : la victoire aurait dès lors été décidée ; mais le corps du général Bulow opéra dans ce moment sa puissante diversion. Dès deux heures après midi, le général Daumont avait fait prévenir que le général Bulow débouchait sur trois colonnes, et que les chasseurs français tiraillaient tout en se retirant devant l'ennemi, qui lui paraissait très-nombreux. Il l'évaluait à plus de quarante mille hommes ; il disait de plus que ses coureurs, bien montés, avaient fait plusieurs lieues dans diverses directions, n'avaient rapporté aucune nouvelle du maréchal Grouchy ; qu'il ne fallait donc pas compter sur lui. Dans ces mêmes moments, l'Empereur reçut de Gembloux des nouvelles bien fâcheuses. Le maréchal Grouchy, au lieu d'être parti de Gembloux à la petite pointe du jour, comme il l'avait annoncé par sa dépêche de deux heures après minuit, n'avait pas encore quitté ce camp à dix heures du matin. L'officier l'attribuait à l'horrible temps qu'il faisait : motif ridicule. Cette inexcusable lenteur, dans des circonstances si délicates, de la part d'un officier aussi zélé, ne se pouvait expliquer.

VI. Cependant la canonnade tarda peu à s'engager entre le général Bulow et le comte de Lobau. L'armée prussienne marchait en échelons, le centre en avant. Sa ligne de bataille était perpendiculaire sur le flanc droit de l'armée, parallèlement à la chaussée de la Haie-Sainte à Planchenoit. L'échelon du centre démasqua une trentaine de bouches à feu ; l'artillerie lui en opposa un pareil nombre. Après une heure de canonnade, le comte de Lobau, s'apercevant que le premier échelon n'était pas soutenu, marcha à lui, l'enfonça et le repoussa fort loin ; mais les deux autres lignes, qui paraissaient avoir été retardées par les mauvais chemins, rallièrent le premier échelon, et sans essayer d'enfoncer la ligne française, elles cherchèrent à la déborder par un à gauche en bataille. Le comte de Lobau, craignant d'être tourné, exécuta sa retraite en échiquier en s'approchant de l'armée. Les feux des batteries prussiennes doublèrent, on compta jusqu'à soixante bouches à feu ; les boulets tombaient sur la chaussée en avant et en arrière de la Belle-Alliance, où se trouvait l'Empereur avec la garde : c'était la ligne d'opération de l'armée. Au moment le plus critique, l'ennemi s'était tellement approché que sa mitraille labourait cette chaussée ; l'Empereur ordonna alors au général Duhesme, qui commandait la jeune garde, de se porter sur la droite du 6° corps avec ses deux brigades d'infanterie et vingt-quatre bouches à feu de la garde. Un quart d'heure après, cette formidable batterie commença le feu ; l'artillerie française ne tarda pas à acquérir la supériorité, elle était mieux servie et mieux placée. Aussitôt que la jeune garde fut engagée, le mouvement des Prussiens parut arrêté : on remarqua du flottement dans leur ligne ; mais cependant ils continuèrent encore à la prolonger par leur gauche, débordant la droite française arrivant jusqu'à la hauteur de Planchenoit. Le lieutenant général Morand se porta alors avec quatre bataillons de vieille garde et seize pièces de canon à la droite de la jeune garde, deux régiments de vieille garde prirent position en avant de Planchenoit ; la ligne prussienne se trouva débordée, le général Bulow fut repoussé, sa gauche fit un mouvement en arrière, convergea, et insensiblement toute sa ligne recula. Le comte de Lobau, le général Duhesme et le général Morand marchèrent en avant; ils occupèrent bientôt les positions qu'avait occupées l'artillerie du général Bulow. Non-seulement ce général avait épuisé son attaque, démasqué toutes ses réserves, mais d'abord contenu, il était à présent en retraite. Les boulets prussiens non-seulement n'arrivaient plus sur la chaussée de Charleroi, mais n'atteignaient pas les positions qu'avait occupées le comte de Lobau; il était sept heures du soir.

VII. Il y avait deux heures que le comte d'Erlon s'était emparé de la Haye, avait débordé toute la gauche anglaise et la droite du général Bulow. La cavalerie légère du 1er corps, poursuivant l'infanterie ennemie sur le plateau de la Haye, avait été ramenée par une cavalerie supérieure en nombre; le comte Milhaud gravit alors la hauteur avec ses cuirassiers et fit prévenir le général Lefebvre-Desnouettes, qui se mit aussitôt au trot pour le soutenir. Il était cinq heures : c'était le moment où l'attaque du général Bulow était la plus menaçante, où, loin d'être contenu, il montrait toujours de nouvelles troupes qui étendaient sa ligne sur la droite. La cavalerie anglaise fut repoussée par les intrépides cuirassiers et les chasseurs de la garde. Les Anglais abandonnèrent tout le champ de bataille entre la Haie-Sainte et Mont-Saint-Jean, celui qu'avait occupé toute leur gauche, et furent acculés sur leur droite. A la vue de ces charges brillantes, des cris de victoire se firent entendre sur le champ de bataille. L'Empereur dit : « *C'est trop tôt d'une heure; cependant il faut soutenir ce qui est fait.* » Il envoya l'ordre aux cuirassiers Kellermann, qui étaient toujours en position sur la gauche, de se porter au grand trot pour appuyer la cavalerie sur le plateau. Le général Bulow menaça dans ce moment le flanc et les derrières de l'armée; il était important de ne faire aucun mouvement rétrograde nulle part, et de se maintenir dans la position, quoique prématurée, qu'avait prise la cavalerie. Ce mouvement au grand trot de trois mille cuirassiers qui défilaient aux cris de : Vive l'Empereur! et sous la canonnade des Prussiens fit une diversion heureuse dans ce moment de crise. La cavalerie marchait comme à la poursuite de l'armée anglaise, et l'armée du général Bulow faisait encore des progrès sur le flanc et les derrières. Pour savoir si on était vainqueur ou en danger, le soldat, l'officier même cherchaient à deviner dans le regard du chef, mais il ne respirait que la confiance. C'était depuis vingt ans la cinquantième bataille rangée qu'il commandait. Cependant la division de grosse cavalerie de la garde, sous les ordres du général Guyot, qui était en deuxième ligne derrière les cuirassiers Kellermann, suivait au grand trot et se portait sur le plateau. L'Empereur s'en aperçut; il envoya le comte Bertrand pour la rappeler : c'était sa réserve. Quand ce général arriva, elle était déjà engagée et tout mouvement rétrograde eût été dangereux. Dès cinq heures du soir l'Empereur se trouva ainsi privé de sa réserve de cavalerie, de cette réserve qui, bien employée, lui avait donné tant de fois la victoire. Cependant ces douze mille hommes de cavalerie d'élite firent des miracles; ils culbutèrent toute la cavalerie plus nombreuse de l'ennemi qui voulut s'opposer à eux, enfoncèrent plusieurs carrés d'infanterie, désorganisèrent, s'emparèrent de soixante bouches à feu, et prirent au milieu des carrés six drapeaux que trois chasseurs de la garde et trois cuirassiers présentèrent à l'Empereur devant la Belle-Alliance. L'ennemi, pour la seconde fois de la journée, crut la bataille perdue, et voyait avec effroi combien le mauvais champ de bataille qu'il avait choisi allait apporter de difficultés à sa retraite. La brigade Ponsonby, chargée par les lanciers rouges de la garde, commandés par le général Colbert, fut enfoncée; son général fut percé de sept coups de lance et tomba mort. Le prince d'Orange, sur le point d'être pris, fut blessé grièvement. Mais, n'étant pas soutenue par une forte masse d'infanterie qui était encore retenue par l'attaque du général Bulow, cette brave cavalerie dut se borner à conserver le champ de bataille qu'elle avait conquis. Enfin, à sept heures, lorsque l'attaque du général Bulow eut été repoussée et que la cavalerie se maintenait toujours sur le plateau qu'elle avait conquis, la victoire était gagnée; soixante-neuf mille Français avaient battu cent vingt mille hommes. La joie était sur toutes les figures et l'espoir dans tous les cœurs. Ce sentiment succédait à l'étonnement qu'on avait éprouvé pendant la durée de cette attaque de flanc, faite par une armée tout entière, et qui pendant une heure avait menacé la retraite même de l'armée. Dans ce moment on entendit distinctement la canonnade du maréchal Grouchy; elle avait dépassé Wavres dans le point le plus éloigné et dans le point le plus près : elle était derrière Saint-Lambert.

VIII. Le maréchal Grouchy n'était parti qu'à dix heures du matin de son camp de Gembloux, se trouvant entre midi et une heure à mi-chemin de Wavres. Il entendit l'épouvantable canonnade de Waterloo. Aucun homme exercé ne pouvait s'y tromper; c'était plusieurs centaines de bouches à feu, et dès lors deux armées qui s'envoyaient réciproquement la mort. Le général Excelmans, qui commandait la cavalerie en fut vivement ému; il se rendit près du maréchal et lui dit : « L'Empereur est aux mains » avec l'armée anglaise; cela n'est pas douteux, un feu aussi terrible ne peut pas être » une rencontre. Monsieur le maréchal, il faut marcher sur le feu. Je suis un vieux » soldat de l'armée d'Italie ; j'ai cent fois entendu le général Bonaparte prêcher ce prin- » cipe. Si nous prenons à gauche, nous serons dans deux heures sur le champ de » bataille. — Je crois, lui dit le maréchal, que vous avez raison ; mais si Blücher dé- » bouche de Wavres sur moi, et me prend en flanc, je serai compromis pour n'avoir » point obéi à mon ordre, qui est de marcher contre Blücher. » Le comte Gérard joignit dans ce moment le maréchal, et lui donna le même conseil que le général Excelmans. « Votre ordre porte, lui dit-il, d'être hier à Wavres, et non aujourd'hui; le plus sûr est » d'aller sur le champ de bataille. Vous ne pouvez vous dissimuler que Blücher a gagné » une marche sur vous; il était hier à Wavres, et vous à Gembloux, et qui sait main- » tenant où il est! S'il est réuni à Wellington, nous le trouverons sur le champ de » bataille, et dès lors votre ordre est exécuté à la lettre! s'il n'y est pas, votre arrivée » décidera de la bataille! Dans deux heures nous pouvons prendre part au feu, et si » nous avons détruit l'armée anglaise, que nous fait Blücher déjà battu? » Le maréchal parut convaincu; mais dans ce moment il reçut le rapport que sa cavalerie légère était arrivée à Wavres et était aux mains avec les Prussiens; que toutes leurs forces y étaient réunies, et qu'elles consistaient au moins en quatre-vingt mille hommes. A cette nouvelle, il continua son mouvement sur Wavres; il y arriva à quatre heures après midi. Croyant avoir devant lui toute l'armée prussienne, il mit deux heures pour se ranger en bataille et faire ses dispositions. C'est alors qu'il reçut l'officier expédié du champ de bataille à dix heures du matin. Il détacha le général Pajol avec douze mille hommes pour se porter sur Limate, pont sur la Dyle à une lieue derrière Saint-Lambert. Ce général y arriva à sept heures du soir; il traversa la rivière; pendant ce temps le maréchal Grouchy attaqua Wavres.

IX. Le maréchal Blücher avait passé la nuit du 17 au 18 à Wavres avec les quatre corps de son armée, formant soixante-quinze mille hommes. Instruit que le duc de Wellington était décidé à recevoir la bataille en avant de la forêt de Soignes, s'il pouvait compter sur son concours, il détacha dans la matinée son 4⁰ corps, qui passa la Dyle à Limate et se réunit à Saint-Lambert. Ce corps était entier; c'était celui qui n'avait pas donné à Ligny. La cavalerie légère du maréchal Blücher, qui battait l'estrade à deux lieues de son camp de Wavres, n'avait encore aucune nouvelle du maréchal Grouchy; à sept heures du matin, elle ne voyait que quelques piquets de coureurs. Blücher en conclut que toute l'armée était réunie devant Mont-Saint-Jean, il mit en mouvement le 2⁰ corps commandé par le général Pirch. Ce corps était réduit à dix-huit mille hommes. Il marcha lui-même avec le 1ᵉʳ corps du général Zietten, réduit à treize mille hommes, et laissa le général Thielman avec le 3⁰ corps en position à Wavres.

Le 2⁰ corps du général Pirch marcha par Lasne; et Blücher avec le 1ᵉʳ corps marcha sur Ohain, où il se réunit à six heures du soir à la brigade de cavalerie anglaise qui était en flanqueurs. Il y reçut le rapport que le maréchal Grouchy, avec des forces considérables, s'était présenté devant Wavres à quatre heures; qu'il faisait des dispositions d'attaque, que le 3⁰ corps n'était pas en mesure de lui résister. Le maréchal Blücher n'avait pas deux partis à prendre. Il appuya sur ses principales forces, le général Bulow et les Anglais, et envoya l'ordre au général Thielman de tenir aussi longtemps que possible, et de se retirer sur lui s'il y était forcé. Effectivement, il n'était plus en mesure de retourner sur Wavres. Il n'y serait arrivé qu'à la nuit close; et si l'armée anglo-hollandaise était battue, il se serait trouvé entre deux feux : tandis que s'il continuait sur l'armée anglo-hollandaise et qu'elle eût la victoire, il serait toujours à temps de retourner contre le maréchal Grouchy. Son mouvement fut fort lent, ses troupes étaient très-fatiguées et les chemins tout à fait défoncés et pleins de défilés. Ces deux colonnes, fortes ensemble de trente-un mille hommes, ouvrirent la communication entre le général Bulow et les Anglais. Le premier, qui était en pleine retraite, s'arrêta; Wellington, qui était au désespoir et n'avait devant lui que la perspective d'une défaite assurée, vit son salut. La brigade de cavalerie anglaise, qui était à Ohain, le rejoignit, ainsi qu'une partie de la 4⁰ division des flanqueurs de droite. Si le maréchal Grouchy eût couché devant Wavres, comme il le devait et en avait l'ordre, le soir du 17, le maréchal Blücher y fût resté en observation avec toutes ses forces, se croyant poursuivi par toute l'armée française. Si le maréchal Grouchy, comme il l'avait écrit à deux heures après minuit, de son camp de Gembloux, eût pris les armes à la pointe du jour, c'est-à-dire à quatre heures du matin, il ne fût pas arrivé à Wavres à temps pour empêcher le détachement du général Bulow, mais il eût arrêté les trois autres corps du maréchal Blücher. La victoire était encore certaine. Mais le maréchal Grouchy n'arriva qu'à quatre heures et demie devant Wavres, et n'attaqua qu'à six heures; il n'était plus temps! L'armée française, forte de soixante-neuf mille hommes, qui, à sept heures du soir, était victorieuse d'une armée de cent vingt mille hommes, occupait la moitié du champ de bataille des anglo-hollandais et avait repoussé le corps du général Bulow, se vit arracher la victoire par l'arrivée du maréchal Blücher avec trente mille hommes de troupes fraîches, renfort qui portait l'armée alliée en ligne à près de cent cinquante mille hommes, c'est-à-dire deux et demi contre un.

X. Aussitôt que l'attaque du général Bulow eut été repoussée, l'Empereur donna des ordres au général Drouot, qui faisait les fonctions d'aide-major général de la garde, pour rallier toute sa garde en avant de la ferme de la Belle-Alliance, où il était avec huit bataillons qui étaient rangés sur deux lignes; les huit autres avaient marché pour soutenir la jeune garde et défendre Planchenoit. Cependant la cavalerie, qui continuait à occuper la position sur le plateau d'où elle dominait tout le champ de bataille, s'étant aperçue du mouvement du général Bulow, mais prenant confiance dans les réserves de la garde qu'elle voyait là pour les contenir, n'en conçut pas d'inquiétude et poussa des cris de victoire lorsqu'elle vit ce corps repoussé. Elle n'attendait que l'arrivée de l'infanterie de la garde pour décider de la victoire; mais elle éprouva de l'étonnement lorsqu'elle aperçut l'arrivée des colonnes nombreuses du maréchal Blücher. Quelques régiments firent un mouvement en arrière; l'Empereur s'en aperçut. Il était de la plus haute importance de redonner contenance à la cavalerie; et voyant qu'il lui fallait encore un quart d'heure pour rallier toute sa garde, il se mit à la tête de quatre bataillons, et s'avança sur la gauche en avant de la Haie-Sainte, envoyant des aides-de-camp parcourir la ligne pour annoncer l'arrivée du maréchal Grouchy, et dire qu'avec un peu de contenance la victoire allait se décider. Le général Reille réunit tout son corps sur la gauche en avant du château d'Hougomont, et prépara son attaque. Il était important que la garde s'engageât toute à la fois; mais les huit autres bataillons étaient encore en arrière. Maîtrisé par les événements, voyant la cavalerie décontenancée, et qu'il fallait une réserve d'infanterie pour la soutenir, il ordonna au général Friant de se porter avec ses quatre bataillons de la moyenne garde au-devant de l'attaque de l'ennemi; la cavalerie se rassit et marcha en avant avec son intrépidité accoutumée. Les quatre bataillons de la garde repoussèrent tout ce qu'ils rencontrèrent; des charges de cavalerie portèrent la terreur dans les rangs anglais. Dix minutes après, les autres bataillons de la garde arrivèrent. L'Empereur les rangea par brigades, deux bataillons en bataille et deux en colonnes sur la droite et la gauche; la 2e brigade en échelons, ce qui réunissait l'avantage des deux ordres. Le soleil était couché; le général Friant, blessé, passant dans ce moment, dit que tout allait bien, que l'ennemi paraissait former son arrière-garde pour appuyer sa retraite, mais qu'il serait entièrement rompu aussitôt que le reste de la garde déboucherait. Il fallait un quart d'heure! C'est dans ce moment que le maréchal Blücher arriva à la Haye et culbuta le corps français qui la défendait; c'était la 4ᵉ division du 1ᵉʳ corps, elle se mit en déroute et ne rendit qu'un léger combat. Quoiqu'elle fût attaquée par des forces quadruples, pour peu qu'elle eût montré quelque résolution, ou qu'elle se fût crénelée dans les maisons, il était nuit, le maréchal Blücher n'aurait pas eu le temps de forcer le village. C'est là où l'on dit avoir entendu le cri de sauve qui peut. La trouée faite, la ligne rompue par le peu de vigueur des troupes de la Haye, la cavalerie ennemie inonda le champ de bataille. Le général Bulow marcha en avant, le comte de Lobau fit bonne contenance. La cohue devint telle qu'il fallut ordonner un changement de front à la garde, qui était formée pour se porter en avant. Ce mouvement s'exécuta avec ordre : la garde fit face en arrière, la gauche du côté de la Haie-Sainte, et la droite du côté de la Belle-Alliance, faisant front aux Prussiens et à l'attaque de la Haye ; immédiatement après, chaque bataillon se forma en carré. Les quatre escadrons de service chargèrent les Prussiens. Dans ce moment la brigade de cavalerie anglaise, qui arrivait d'Ohain, marcha en avant. Ces deux mille chevaux pénétrèrent entre le général Reille et la garde. Le désordre devint épouvantable sur tout le champ de bataille ; l'Empereur n'eut que le temps de se mettre sous la protection d'un des carrés de la garde. Si la division de cavalerie de réserve du général Guyot ne se fût pas engagée sans ordre à la suite des cuirassiers Kellermann, elle eût repoussé cette charge, empêché la cavalerie anglaise de pénétrer sur le champ de bataille, et la garde à pied eût alors pu contenir tous les efforts de l'ennemi. Le général Bulow marcha par sa gauche, débordant toujours tout le champ de bataille. La nuit augmentait le désordre et s'opposait à tout ; s'il eût fait jour, et que les troupes eussent pu voir l'Empereur, elles se fussent ralliées : rien n'était possible dans l'obscurité. La garde se mit en retraite ; le feu de l'ennemi était déjà à quatre cents toises sur les derrières, et les chaussées coupées. L'Empereur, avec son état-major, resta longtemps avec les régiments de la garde sur un mamelon. Quatre pièces de canon qui y étaient tirèrent vivement dans la plaine ; la dernière décharge blessa lord Paget, général de la cavalerie anglaise. Enfin, il n'y avait plus un moment à perdre. L'Empereur ne put faire sa retraite qu'à travers champs : cavalerie, artillerie, infanterie, tout était pêle-mêle. L'état-major gagna la petite ville de Gennapes, il espérait pouvoir y rallier un corps d'arrière-garde ; mais le désordre était épouvantable, tous les efforts qu'on fit furent vains. Il était onze heures du soir. Dans l'impossibilité d'organiser une défense, il mit son espoir dans la division Girard, 3ᵉ du 2ᵉ corps, qu'il avait laissée sur le champ de bataille de Ligny, et à laquelle il avait envoyé l'ordre de se porter aux Quatre-Bras pour soutenir la retraite.

Jamais l'armée française ne s'est mieux battue que dans cette journée, elle a fait des prodiges de valeur ; et la supériorité des troupes françaises, infanterie, cavalerie, artillerie, était telle sur l'ennemi, que, sans l'arrivée des 1ᵉʳ et 2ᵉ corps prussiens, la victoire avait été remportée et eût été complète contre l'armée anglo-hollandaise et le corps du général Bulow : c'est-à-dire un contre deux (soixante-neuf mille hommes contre cent vingt mille).

La perte de l'armée anglo-hollandaise et celle du général Bulow furent, pendant la bataille, de beaucoup supérieures à celle des Français, et les pertes que les Français éprouvèrent dans la retraite, quoique très-considérables, puisqu'ils eurent six mille prisonniers, ne compensent pas encore les pertes des alliés dans ces quatre jours, pertes qu'ils avouent être de soixante mille hommes; savoir : onze mille trois cents Anglais, trois mille cent Hanovriens, huit mille Belges, Nassaus, Brunswickois; total vingt-deux mille huit cents pour l'armée anglo-hollandaise : Prussiens, trente-huit mille; total général, soixante mille huit cents. Les pertes de l'armée française, même y compris celles éprouvées dans la déroute jusqu'aux portes de Paris, ont été de quarante-un mille hommes.

La garde impériale a soutenu son ancienne réputation; mais elle s'est trouvée engagée dans de malheureuses circonstances; elle était débordée par la droite, et la gauche inondée de fuyards et d'ennemis lorsqu'elle a commencé à entrer en ligne; car, si cette garde eût pu se battre, les flancs appuyés, elle eût repoussé les efforts des deux armées ennemies réunies. Pendant plus de quatre heures, douze mille hommes de cavalerie française ont été maîtres d'une partie du champ de bataille de l'ennemi, ont lutté contre toute l'infanterie et contre dix-huit mille hommes de cavalerie anglo-hollandaise qui ont été constamment repoussés dans toutes leurs charges. Le lieutenant général Duhesme, vieux soldat couvert de blessures, et de la plus grande bravoure, fut fait prisonnier en voulant rallier une arrière-garde. Le comte de Lobau a été pris de même.

Cambronne, général de la garde, est resté grièvement blessé sur le champ de bataille. Sur vingt-quatre généraux anglais, douze ont été tués ou blessés grièvement. Les Hollandais ont perdu trois généraux. Le général français Duhesme a été assassiné le 19 par un hussard de Brunswick, quoique prisonnier; ce crime est resté impuni. C'était un soldat intrépide, un général consommé, qui s'est toujours montré ferme et inébranlable dans la bonne comme dans la mauvaise fortune.

RALLIEMENT.

I. La chaussée de Charleroi est très-large, elle suffisait pour la retraite de l'armée; le pont de Gennapes est de même largeur, cinq ou six files de voitures peuvent y passer de front; mais dès que les premiers fuyards arrivèrent, les parcs qui s'y trouvaient jugèrent convenable de se barricader, en plaçant sur la chaussée des voitures renversées, de manière à ne laisser qu'un passage de trois toises. La confusion fut bientôt épouvantable. Gennapes est d'ailleurs dans un fond ; les premières troupes prussiennes qui poursuivaient l'armée étant arrivées à onze heures du soir sur les hauteurs qui le dominent, parvinrent facilement à désorganiser une poignée de braves qu'avait ralliés l'intrépide général Duhesme, et entrèrent dans la ville ; parmi les voitures qu'ils prirent se trouva la chaise de poste de l'Empereur, dans laquelle il n'était pas monté depuis Avesnes. L'usage était qu'elle suivît sur le champ de bataille derrière les réserves de la garde ; elle portait toujours un nécessaire, un rechange d'habillement, une épée, un manteau et un lit de fer. A une heure du matin, l'Empereur arriva aux Quatre-Bras, mit pied à terre à un bivouac, et expédia plusieurs officiers au maréchal Grouchy pour lui annoncer la perte de la bataille et lui ordonner de faire sa retraite sur Namur.

Les officiers qu'il avait envoyés du champ de bataille pour prendre la division Girard à Ligny et la mettre en position aux Quatre-Bras, ou l'avancer jusqu'à Gennapes, si on en avait le temps, lui rapportèrent la fâcheuse nouvelle qu'il leur avait été impossible de trouver cette division. Le général d'artillerie Nègre, officier du plus grand mérite, était aux Quatre-Bras avec les parcs de réserve ; mais il n'avait qu'une faible escorte ; quelques centaines de chevaux se rallièrent, le comte de Lobau se mit à leur tête et prit toutes les mesures possibles pour organiser une arrière-garde. Les soldats des 1er et 2e corps, qui avaient passé la Sambre sur le pont de Marchiennes, se dirigeaient sur ce pont et quittaient la chaussée aux Quatre-Bras ou à Gosselies pour prendre la traverse.

Les troupes de la garde et du 6e corps se retirèrent sur Charleroi. L'Empereur envoya le prince Jérôme à Marchiennes avec ordre de rallier l'armée entre Avesnes et Maubeuge, et de sa personne il se rendit à Charleroi ; quand il y arriva, à six heures du matin, un grand nombre d'hommes et surtout de cavalerie avaient déjà dépassé la Sambre, marchant sur Beaumont. Il s'arrêta une heure sur la rive gauche, expédia quelques ordres, et se dirigea sur Philippeville, afin d'être plus à portée de communiquer avec le maréchal Grouchy et d'envoyer ses ordres sur les frontières du Rhin ; après s'être arrêté quatre heures dans cette ville, il prit la poste pour se rendre à Laon, où il arriva le 20, à quatre heures après midi. Il conféra avec le préfet, chargea son aide-de-camp, le comte de Bussy, de surveiller la défense de cette place importante, envoya le comte Dejean à Guise, et le comte de Flahaut à Avesnes. Il attendit les dépêches du prince Jérôme, qui lui fit connaître qu'il avait rallié plus de vingt-cinq mille hommes derrière Avesnes et une cinquantaine de pièces de canon ; que le général Morand commandait la garde à pied, et le général Colbert la cavalerie de la garde ; qu'à toute heure l'armée augmentait à vue d'œil, que la plupart des généraux étaient arrivés, que sa perte n'était pas aussi considérable qu'on pouvait le croire ; plus de la moitié du matériel de l'artillerie était sauvé ; cent soixante-dix bouches à feu étaient perdues, mais les hommes et les chevaux étaient arrivés à Avesnes. L'Empereur ordonna qu'ils se rendissent à la Fère pour y prendre des pièces, et chargea des officiers de confiance d'y organiser un nouvel équipage de campagne ; le maréchal Soult eut ordre de se placer à Laon avec le grand quartier général. Le préfet prit toutes les mesures pour compléter les magasins de la ville et assurer les approvisionnements pour une armée de quatre-vingts à quatre-vingt-dix mille hommes, qui serait réunie sous peu de jours autour de cette ville. L'Empereur s'attendait à ce que les généraux ennemis, profitant de leur victoire, pousseraient leur armée jusque sur la Somme ; il ordonna au prince Jérôme de quitter Avesnes le 22 avec l'armée et de l'amener sous Laon, point de réunion donné au maréchal Grouchy et au général Rapp. N'étant éloigné que de douze heures de marche de Paris, il jugea nécessaire de s'y rendre ; sa présence était inutile à l'armée pendant les journées des 21, 22, 23 et 24 ; il comptait être de retour à Laon le 25 ; ces six jours dans la capitale, il les emploierait à organiser la crise nationale et achever les préparatifs de défense de Paris, et à activer tous les secours que pouvaient fournir les dépôts et les provinces. Il était facile dès lors de juger, en supposant, comme on n'en pouvait pas douter, que le corps du maréchal Grouchy arrivât intact, que la perte de l'armée française serait inférieure à celle que les armées ennemies avaient éprouvée aux batailles de Ligny et de Waterloo, et au combat des Quatre-Bras ; il a effectivement été constaté depuis que la perte des alliés s'est élevée à soixante-trois mille hommes, et que celle des Français n'a pas dépassé quarante-un mille hommes, y compris les prisonniers qu'on leur a faits dans la retraite.

II. Le 18, le maréchal Grouchy avait attaqué Wavres à six heures du soir ; le général Thielman opposa une vive résistance, mais il fut battu. Le comte Gérard, à la tête du 4ᵉ corps, força le passage de la Dyle. Le lieutenant général Pajol, avec douze mille hommes, avait été détaché sur Limate ; il y repoussa l'arrière-garde du général Bulow, passa la Dyle, et couronna les hauteurs opposées ; mais l'obscurité de la nuit devint telle à dix heures du soir, qu'il ne pouvait alors continuer sa marche ; et n'entendant plus d'ailleurs la canonnade de Mont-Saint-Jean, il prit position. Le comte Gérard fut grièvement blessé à l'attaque de Wavres, une balle lui traversa la poitrine ; mais heureusement sa blessure ne fut pas mortelle. Le 19, à la pointe du jour, le général Thielman attaqua le maréchal Grouchy et fut vivement repoussé. Le village de Bielau et toutes les hauteurs au-delà de Wavres furent emportées par les Français. Le général de brigade, officier distingué, fut blessé à mort dans ce combat. Le maréchal Grouchy ordonnait de poursuivre l'ennemi et de marcher dans la direction de Bruxelles, lorsqu'il reçut la nouvelle de la perte de la bataille et l'ordre de l'Empereur de faire sa retraite sur Namur. Il la commença sur-le-champ. Les Prussiens le suivirent avec précaution ; mais s'étant cependant trop avancés, ils furent repoussés et perdirent quelques pièces de canon et quelques centaines de prisonniers. Le général Vandamme prit position sur Namur, le maréchal Grouchy sur Dinan. Le général Thielman échoua dans toutes les attaques qu'il tenta. Le 24, tout le corps du maréchal Grouchy était à Rethel ; le 26, il se réunit à l'armée de Laon ; il comptait trente-deux mille hommes, dont six mille cinq cents de cavalerie, et cent huit pièces de canon, indépendamment d'un millier d'hommes écloppés ou petits dépôts de cavalerie qui étaient à la suite.

III. La position de la France était critique après la bataille de Waterloo, mais non désespérée. Tout avait été préparé, dans l'hypothèse qu'on échouât dans l'attaque de la Belgique. Soixante-dix mille hommes étaient ralliés le 27 entre Paris et Laon; vingt-cinq à trente mille hommes, y compris les dépôts de la garde, étaient en marche de Paris et des dépôts; le général Rapp, avec vingt-cinq mille hommes de troupes d'élite, devait être arrivé dans les premiers jours de juillet sur la Marne; toutes les pertes du matériel de l'artillerie étaient réparées. Paris seul contenait cinq cents pièces de canon de campagne, et on n'en avait perdu que cent soixante-dix. Ainsi, une armée de cent vingt mille hommes, égale à celle qui avait passé la Sambre le 15, ayant un train d'artillerie de trois cent cinquante bouches à feu, couvrirait Paris au 1er juillet. Cette capitale avait, indépendamment de cela, pour sa défense, trente-six mille hommes de garde nationale, trente mille tirailleurs, six mille canonniers, six cents bouches à feu en batterie, des retranchements formidables sur la rive droite de la Seine, et en peu de jours ceux de la rive gauche eussent été entièrement terminés. Cependant les armées anglo-hollandaise et prusso-saxonne, affaiblies de plus de quatre-vingt mille hommes, n'étant plus que de cent quarante mille, ne pouvaient dépasser la Somme avec plus de quatre-vingt-dix mille hommes; elles y attendraient la coopération des armées autrichienne et russe, qui ne pouvaient être avant le 15 juillet sur la Marne. Paris avait donc vingt-cinq jours pour préparer sa défense, achever son armement, ses approvisionnements, ses fortifications, et attirer des troupes de tous les points de la France; au 15 juillet même il n'y aurait que trente ou quarante mille hommes arrivés sur le Rhin la masse des armées russe et autrichienne ne pouvait entrer en action que plus tard. Ni les armes, ni les munitions, ni les officiers ne manquaient dans la capitale; on pouvait porter facilement les tirailleurs à quatre-vingt mille hommes, et augmenter l'artillerie de campagne jusqu'à six cents bouches à feu.

Le maréchal Suchet, réuni au général Lecourbe, aurait, à la même époque, plus de trente mille hommes devant Lyon, indépendamment de la garnison de cette ville, qui serait bien armée, bien approvisionnée et bien retranchée. La défense de toutes les places fortes était assurée; elles étaient commandées par des officiers de choix et gardées par des troupes fidèles. Tout pouvait se réparer, mais il fallait du caractère, de l'énergie, de la fermeté de la part des officiers du gouvernement, des chambres, de la nation tout entière!!! Il fallait qu'elle fût animée par le sentiment de l'honneur, de la gloire, de l'indépendance nationale, qu'elle fixât les yeux sur Rome après la bataille de Cannes, et non sur Carthage après Zama!!! Si la France s'élevait à cette hauteur, elle était invincible; son peuple contenait plus d'éléments militaires qu'aucun autre peuple du monde; le matériel de la guerre était en abondance et pouvait suffire à tous les besoins.

Le 21 juin, le maréchal Blücher et le duc de Wellington entrèrent sur deux colonnes sur le territoire français. Le 22, le feu prit au magasin à poudre d'Avesnes; la place se rendit. Le 24, les Prussiens entrèrent dans Guise, et le duc de Wellington à Cambrai; le 26, il était à Péronne. Pendant tout ce temps, les places de 1re, 2e et 3e lignes de la

Flandre étaient investies. Cependant ces deux généraux apprirent le 25 l'abdication de l'Empereur, qui avait eu lieu le 22 ; l'insurrection des chambres ; le découragement que ces circonstances jetèrent dans l'armée, et les espérances qu'en concevaient les ennemis intérieurs ; dès lors ils ne songèrent plus qu'à marcher sur la capitale, sous les murs de laquelle ils arrivèrent les derniers jours de juin avec moins de quatre-vingt-dix mille hommes : démarche qui leur aurait été funeste et eût entraîné leur ruine totale, s'ils l'eussent hasardée devant Napoléon ; mais ce prince avait abdiqué !!!

FIN.

TABLE

—

FIN DE LA TABLE.

Limoges. — Imp. Eugène ARDANT et Cⁱᵉ.